日本目録規則
2018年版

日本図書館協会目録委員会編

公益社団法人
日本図書館協会

2018

Nihon Mokuroku Kisoku
(Nippon Cataloging Rules)
2018 Edition

Prepared by
the Committee on Cataloging,
Japan Library Association

© 2018, Japan Library Association

日本目録規則 ／ 日本図書館協会目録委員会編. － 2018年版
東京 ： 日本図書館協会, 2018. － xi, 761 p
ISBN 978-4-8204-1814-6

キャリア種別：冊子
表現種別：テキスト
言語：日本語
優先タイトル：日本目録規則 || ニホン　モクロク　キソク
創作者：日本図書館協会. 目録委員会 || ニホン　トショカン　キョウカイ. モクロク　イインカイ
BSH 4：資料目録法
NDC 10：014.32

目録委員会報告

　日本図書館協会（JLA）は、主に継続資料と和古書・漢籍に関わる改訂を反映した『日本目録規則1987年版改訂3版』を、2006年6月に刊行した。第28期（2001～2002年度）から第30期（2005～2006年度）のJLA目録委員会による仕事であり、刊行時点の委員会は次の構成であった。
　委員長　永田治樹（筑波大学）
　委　員　荻原寛（国立情報学研究所）、鈴木智之（国立国会図書館（NDL））、
　　　　　原井直子（NDL）、平田義郎（横浜国立大学附属図書館）、古川肇（近畿大学）、
　　　　　増井ゆう子（国文学研究資料館）、横山幸雄（NDL）、渡邊隆弘（帝塚山学院大学）

　『改訂3版』の「目録委員会報告」では、その改訂について「日本目録規則1987年版の最後の改訂作業であると位置づけている。」と記している。1998年に刊行されたFRBR（書誌レコードの機能要件）を基盤としてICP（国際目録原則）やRDA（Resource Description and Access）の検討が進むなか、次の日本目録規則（NCR）は全体にわたる抜本的な見直しを経たものであるべきとの認識によるものである。
　抜本的な改訂を検討する準備作業として、委員会では以前から海外の動向に関する調査研究活動を行ってきたが、『改訂3版』刊行後はこれを活動の主軸に据えることとなり、ICP、RDA、ISBD（国際標準書誌記述）等に関する諸情報の検討を行った。特にICPについては、2006年8月にソウルで開催された「第4回国際目録原則に関するIFLA専門家会議（IME ICC 4）」に永田委員長および原井、増井、横山、渡邊の各委員が参加した。
　なお、2006年11月に鈴木委員が退任した。

＜第31期（2007～2008年度）＞
　2007年6月、第31期目録委員会が発足した。永田委員長が退任し、中井万知子新委員長(NDL)が就任した。また、荻原、原井、増井各委員が退任し、稲濱みのる委員（NDL）、木下直委員（東京大学附属図書館）が就任した。
　当期は、ICPの発表（2009年2月）、RDAの全体草案発表（2008年11月）など新しい原則・規則が完成に向かっていく時期で、委員会では引き続き海外の動向に関する調査研究活動を行った。さらにICP草案に対する数次の投票やコメントの送付、ISBD統合版に対する日本語例示の提供など、IFLA関係の諸事項への対応を行ったほか、RDAの草案に関する分析も継続的に行った。

＜第32期（2009～2010年度）＞

　2009年5月、中井委員長が退任し、原井直子新委員長（NDL）のもとで第32期目録委員会が発足した。また、稲濱委員が退任し、東弘子委員（NDL）が就任した。さらに、酒見佳世委員（慶應義塾大学メディアセンター）、鴇田拓哉委員（筑波大学大学院）が2009年度に、高橋菜奈子委員（国立情報学研究所）、本多信喜委員（東京都立中央図書館）が2010年度に就任し、各方面にバランスのとれた陣容となった。

　当期も、RDA（2010年6月刊行）等の分析やIFLAによるNames of Personsの改訂への協力など、引き続き海外の動向に関する調査研究活動を行った。また、「目録の作成と提供に関する調査」を企画し、公共図書館、大学図書館等を対象として、2010年4月1日を基準日とする調査を実施した。1997年以来、通算6回目となる全国調査であり、次期委員会までかかり2012年2月に報告書を刊行した。目録をめぐる状況変化を把握し後世に残すことが継続的な調査の目的であるが、あわせてNCR改訂の検討に役立てる目的もあった。

　これらの活動と並行して2009年秋から、NCR改訂の方向性についての検討を重ね、2010年9月、方針文書「『日本目録規則』の改訂に向けて」を委員会ウェブサイトに掲載した（『図書館雑誌』104巻10号にも掲載）。また、2010年度全国図書館大会（奈良大会）で、9月17日に奈良県立大学を会場として分科会「新時代の目録規則へ向けて」を開催し、53名の参加があった。本分科会では、目録委員が分担して海外動向等の報告を行った後、原井委員長が今後の改訂方針を発表し、参加者を交えて討議を行った。

　「『日本目録規則』の改訂に向けて」では、「国際標準にあわせつつ，日本で必要な規定を盛り込むこと」、「ウェブ環境に適合した目録規則とすること」の2点を改訂作業の目標として掲げた。国際的な動向に合わせFRBRモデルを基盤としつつも、日本で実運用される規則として、RDAの翻訳ではなく新しいNCRが必要との認識に基づいた方針である。ICPへの準拠を明記する一方、RDAについては「長所を個別に検討して取り込む。」とした。またこの時点では、「201X年版」の表現を用い、完成時期は明記できていなかった。なお、本方針について2010年末まで意見を募集したが、直接に寄せられた意見は特になかった。

＜第33期（2011～2012年度）＞

　第33期目録委員会では2011年度に、酒見委員に代わって河野江津子委員（慶應義塾大学メディアセンター）が、東委員に代わって佐藤良委員（NDL）がそれぞれ就任した。年度途中に、横山幸雄委員が退任した。2012年度に入って高橋委員が退任し、藤井眞樹委員（国立情報学研究所）、村上一恵委員（NDL）が就任した。

　前期中の2010年度後半以降、1987年版と比べ特に大きな変更が予想されるアクセス・ポイントおよび関連について委員会内で検討を開始していたが、当期に入り、暫定的な構成案に基づいて各委員の分担を決め、論点整理や素案作成を行って委員会で検討する体制をとった。

検討作業がある程度進捗を見た2013年2月、文書「『日本目録規則』改訂の方針と進捗状況」を委員会ウェブサイトに公表した。2010年9月の「『日本目録規則』の改訂に向けて」に述べた基本的方針に変更はないとしたうえで、その後の検討に基づいて改訂の主な内容、全体構成、進行状況を述べたものである。この時点では、「総説」、「資料に関する記録」、「典拠形アクセス・ポイント」、「関連」の4部構成としていた。「資料に関する記録」の構成案では、総説に続けて資料種別（表現種別、機器種別、キャリア種別）の規定を置き、体現形・著作・表現形・個別資料という実体別にエレメントを配置するとした。「典拠形アクセス・ポイント」の構成案では、総則に続けて、「資料」、「行為主体」、「主題」に対するアクセス・ポイントの規定を配置するとした。また、資料種別の素案をあわせて公表した。この時点では表現種別について、ISBDの「エリア0」に沿って構造的に記録する案としていた。

＜第34期（2013～2014年度）＞

　第34期目録委員会では2013年度に、佐藤委員、村上一恵委員に代わって田代篤史委員、津田深雪委員（ともにNDL）が就任した。また、年度途中に藤井委員が、年度末に鴇田委員が退任した。2014年度に入って本多委員も退任し、横山英子委員（図書館流通センター）、野美山千絵子委員（トーハン）、村上遥委員（東京外国語大学附属図書館）が就任した。

　2013年5月、NDLから目録委員会に対して「新しい書誌データ作成基準策定に関する連携について（提案）」の申し入れがなされた。NDLは、同年2月に策定・公表した方針文書「国立国会図書館の書誌データ作成・提供の新展開（2013）」で「資料と電子情報のそれぞれの特性に適した書誌データ作成基準を定める。」を方針の一つとし、国内外の動向に留意しつつ「特に"Resource Description and Access : RDA"に対応した書誌データの作成基準を定める。」と述べていた。新NCRをこの新たな「作成基準」として位置付け、目録委員会との連携によって策定を進めるとの提案であった。目録委員会としても、委員会単独では限界のある作業速度の向上が見込め、全国書誌作成機関との連携作業は規則制定後のスムーズな実装にも資するため、大いに歓迎すべきものと考えられた。

　2013年8月、目録委員会とNDL収集書誌部は、連名による方針文書「『日本目録規則』改訂の基本方針」を確認した。9月にはこれに加えて、連携の経緯と今後の見通しを記した「『日本目録規則』改訂におけるNDLとの連携について」（目録委員会）、「新しい『日本目録規則』の策定に向けて」（NDL収集書誌部）の両文書を公表し、10月から連携作業を本格的に開始することとなった。NCRの歴史の中でJLAとNDLという組織同士の連携は初めてで、目録の大きな転換期に対処するのにふさわしい画期的な体制といえる。

　「基本方針」の内容は2010年時点の方針文書を概ね踏襲しているが、「改訂の留意事項」の一つに「RDAに対応すること」を明記し、原則としてエレメントを一対一対応させるなど、RDAへの意識を強めたものとした。RDAはこの年に広範な適用がはじまり準国際的な目録規

則となりつつあったため、相互運用性の担保が重要との判断による。また、連携に関する文書では「想定されるスケジュール」として、2015年度に条文案を公開し関係機関との調整や検討集会の開催、2016年度に試行データの作成と評価、それを踏まえた調整の後2017年度中に新規則の公開、という道筋を示した。その他、新規則はJLAが冊子体で刊行すること、ウェブ環境に適した形でも公開すること、規則のタイトルは「日本目録規則」としRDA対応を明示する語句を付すこと、なども両者で確認した。

これ以降、章ないしエレメントの単位で、まず目録委員会が条文の原案を作成してNDLに送付し、NDLでは内部検討を経て修正案を委員会に戻し、委員会は再度検討し必要に応じて両者で協議を重ねて成案としていくという手順をとった。この際、策定関係者内で意見が分かれるなどして完全な成案が得られていなくとも、条文案はできる限り早く公開していくべきとの考えから、今後の検討課題等をコメントとして付した形で公表していくこととした。また、概ねアクセス・ポイント（著作、表現形、個人・家族・団体）、記述（体現形、著作の内容、表現形の内容）、関連の順に条文案を作成していくこととした。

2014年2月28日、NDLによる「平成25年度書誌調整連絡会議」が、「日本の目録規則と書誌情報の将来像」をテーマとして開催された。本会議では、改訂の基本方針が確認されるとともに、全体構成案、資料の種別（表現種別、機器種別、キャリア種別）に関する条文案が示され、4月にはこれらの資料がNDLウェブサイトで公開された。会議の性格上、NDLからの説明資料となっているが、目録委員会との調整を経たものである。この時の全体構成案では、2013年2月段階の4部構成案を改め、「第1部　総説」、「第2部　属性」、「第3部　関連」の3部構成とし、属性の部を「属性の記録」と「アクセス・ポイントの構築」に分けるとした。章立ての細部に若干の異なりはあるが、完成版に近い構成となった。また、資料の種別に関する条文案は、目録委員会とNDLとの協議を経て成案となった最初の条文案であった。2013年2月段階の委員会原案と比較すると、RDAの語彙と対応させた形に改めたものとなった。

連携作業の開始とともに目録委員会では、第33期から続けていた条文案検討作業について、原案が完成していた若干の部分（標準番号など）をNDLに送付するとともに、スケジュールを再整理した。その結果、2013年末にアクセス・ポイントに関する委員会原案をまとめてNDLに送付した。続いて体現形の属性の記録に関して検討を重ね、2014年6月にタイトル、責任表示、版表示、逐次刊行物の順序表示、2015年3月にはキャリアに関する事項、上位レベル（シリーズ表示等）についての各委員会原案をNDLに送付した。その他、著作および表現形の内容に関する事項についても、条文案の検討を進めた。

2015年2月27日、「平成26年度書誌調整連絡会議」が「アクセス・ポイントの可能性：新しい『日本目録規則』が目指すもの」をテーマとして開催された。本会議では、著作、表現形、個人・家族・団体の各実体について、属性の記録（第4〜8章。ただし、著作、表現形の内容に関する事項を除く）とアクセス・ポイントの構築（第22〜23、26〜28章）の各章および

アクセス・ポイントの構築総則（第21章）という計11章の条文案が示され、会議後にNDLウェブサイトに公表された。

＜2015～2016年度＞

　2015年4月、3期にわたって務めた原井委員長が退任し、渡邊隆弘委員（帝塚山学院大学）が委員長に就任して2015～2016年度目録委員会（JLAの公益法人化を機に、年度による表記に）が発足した。ここからの2期は、策定の詰めの段階にさしかかるため、委員の異動を最小限に抑えた陣容で継続的に作業に取り組むこととした。2015年度末をもって古川委員が退任したが、目録委員会の依頼によりその後も完成まで条文案等のコメントに従事した。なお当期にもICP 2016年改訂版の草案（2015）に対する意見送付など、海外動向の研究調査活動も行っているが、第33期委員会以降は大半の時間を新NCR策定作業に充てている。

　2013年に公表した想定スケジュールでは2015年度に条文案を公開して関係機関との調整および検討集会を実施することとしていたが、それが困難になってきたことからスケジュール変更を検討し、2015年9月に公表した。全体条文案の公開は2016年度へ先送りするが、関係機関との調整や検討集会は同年度に済ませ、2017年度中の完成予定は変更しないというものであった。

　目録委員会では残る部分の委員会原案作成に注力し、2015年4月に著作の内容に関する事項、体現形の刊行方式等、9月に出版表示等、10月に体現形の下位レベル、11月に場所の属性、10～12月にかけて表現形の内容に関する事項の各原案を順次NDLに送付した。関連に関する諸章（関連指示子の表を含む）と序説、総説、属性総則、体現形（通則）については検討に時間を要し、2016年4月に委員会原案をようやく固め、NDLに送付した。体現形と表現形の注記については、他のエレメントがある程度固まってから作業を進め、2016年8月に委員会原案をNDLに送付した。

　原案作成と並行し、NDLから戻ってきた修正案に対する検討・協議を行った。その結果、2016年初めまでに体現形の属性の主要部分（タイトル、責任表示、版表示、逐次刊行物の順序表示、出版表示・制作表示等、シリーズ表示、キャリアに関する事項）を固めることができた。なお、体現形の属性として構成部分の記録を行う「下位レベル」については、目録委員会が原案を作成していたが、RDAにおける扱いが不透明なことなどから保留事項とした。体現形の属性（第2章）の条文案は、2016年3月3日に「新しい『日本目録規則』：記述の規定を中心に」をテーマとして開催された「平成27年度書誌調整連絡会議」の検討材料とし、会議後にNDLウェブサイトに公開された。なお、2015年11月、NDLウェブサイトに「新しい『日本目録規則』（新NCR）」ページが開設され、条文案をはじめとする情報を一覧しやすくなった。

　2016年度に入り、公開できていない部分の条文案について目録委員会とNDLで検討・協議を続け、2016年11～12月に序説、総説（第0章）、属性総則（第1章）、体現形（通則）、識

別子等、注記（以上、第2章の一部）、個別資料（第3章）、著作の内容に関する事項（第4章の一部）、表現形の内容に関する事項（第5章の一部）、場所（第12章）、関連に関する諸章（第41～44、46章）の各条文案をNDLウェブサイトで公開した。

　これら条文案の検討・公開作業と並行する形で、2016年10～11月にNDLを中心として目録委員会も加わり、主要な書誌データ作成機関の担当者からの意見聴取を行った。意見聴取に協力いただいたのは、国立情報学研究所、国文学研究資料館、図書館流通センター、トーハン、トッカータの各機関である。

　2016年までに付録を除くすべての条文案（刊行時点で保留とする章を除く）を公開したが、策定に時間を要し方針の変更も発生しているため、各章間で整合がとれていない箇所も生じていた。このため、全体を通じた見直し作業を一定程度行って、2017年2月に全体条文案を改めて公開する予定とした。これに先立ち、刊行にいたるスケジュールと諸要件に関する協議をJLAとNDLで行った。その結果、2018年3月にPDF版をウェブ上で公開すること、2018年度に入ってJLAが冊子体を刊行すること、連携作業は今後も継続するが著者表示は連名ではなく目録委員会単独とすること、検討集会の開催とパブリック・コメント募集は目録委員会が窓口となること、タイトルは当面『日本目録規則2018年版』（仮称）とし刊行までに決定すること、などを申し合わせた。なお、想定スケジュールに挙げられていた試行データの作成と評価については、実装方法が定まらない状況での大規模な実施は困難なため、NDLによるデータ事例の検討にとどめることとした。

　2016年末から翌年初めにかけて条文案の見直し作業を行い、2017年2月3日、全体条文案を公開した。公開はNDLウェブサイトで行う一方、委員会ウェブサイトに「『日本目録規則（NCR）2018年版』（仮称）」ページを新設し、条文案にリンクするとともに関係情報を整理した。7月末を期限とするパブリック・コメント募集も委員会ウェブサイトで行った。また、『図書館雑誌』111巻2号に「『日本目録規則2018年版』（仮称）の完成に向けて」を委員会名で掲載した。なお、全体条文案はこれまでの公開分と同様、策定関係者内で意見が分かれた点など今後の検討課題をコメントとして付した形で公開した。性急に結論を出すよりも、パブリック・コメント等をいただいたほうが有益と考えたためである。

　全体条文案公開後、関東・関西の2箇所で検討集会を実施することとし、まず2017年3月5日に大阪市立中央図書館を会場として「関西検討集会」を開催した。開催にあたり大阪市立中央図書館、日本図書館研究会、同研究会情報組織化研究グループに多大なご協力をいただき、101名（委員会関係者を含む）の参加があった。検討集会では委員会から規則概要を報告した後、情報組織化研究グループの和中幹雄氏（大阪学院大学）からの提言、そしてフロアからの質問・意見をいただいた。検討会用資料として冊子『「日本目録規則（NCR）2018年版」（仮称）全体条文案概要』を作成・配布した（検討集会記録を付して2017年9月に市販版刊行）。

　2017年3月16日、「平成28年度書誌調整連絡会議」が「利用者志向の図書館目録を目指して：

新しい『日本目録規則』とFRBR」をテーマとして開催された。

＜2017〜2018年度＞

　2017〜2018年度目録委員会は、前期の陣容を維持して刊行に向けた大詰めの作業にあたることとした。ただし、2018年度に入り、津田委員に代わって村上一恵委員（NDL）が再就任した。

　2017年5月12日にJLAを会場として「東京検討集会」を開催し、73名（委員会関係者を含む）の参加があった。関西と同様に委員会から規則概要を報告した後、フロアからの質問・意見をいただいた。両検討集会を通じ、いただいた意見は多岐にわたる貴重なものであった。

　7月末までのパブリック・コメント募集には、11の個人・団体からコメントを寄せていただいた。それぞれ、重要な問題への提起や多岐にわたる詳細な意見など、極めて有益であった。なかでも、日本図書館研究会情報組織化研究グループからは事前に協力の申し出があり、条文案に逐一コメントする形式の、大変詳細な意見をいただいた。

　パブリック・コメントおよび検討集会でいただいた意見を項目別に整理すると約900件にのぼった。また、全体条文案上でコメントを付していた検討課題も、相当数あった。予想を上回るコメント数であったことからスケジュールを再検討し、委員会ウェブサイトから2017年10月に公表した。当初PDF版を刊行するとした2018年3月には「予備版」（PDF）を公開することとし、その後の調整を経て2018年12月ごろに冊子体刊行とPDF版（本版）公開を行うというものである。あえて予備版という段階を設けたのは、データ作成機関等による実装の検討が、全体としてある程度固まった版がないと進みにくいと思われたためである。このため、予備版段階で規則の骨格を固め、以後に条文の大幅な組み換えや重要な用語の見直しは行わないことを表明した。

　このスケジュールに沿い、予備版公開に向けて、パブリック・コメント等でいただいた意見および全体条文案時点での課題について一つ一つ検討し、また全体的なチェックを行った。この際、重要な検討事項の一つに、規則名称の問題があった。『日本目録規則』の名称を継承することについては、RDAと異なる方針であり、疑問視する意見も寄せられた。しかしながら、本規則は図書館における目録作成を基本的な適用範囲とするもので、NCR 1987年版を継承する内容も多いことなどから、全体条文案時点で「仮称」としていた『日本目録規則2018年版』の名称を採用することとした。

　2018年3月28日、『日本目録規則2018年版』（予備版）をPDF形式で委員会ウェブサイトに公開した。PDFファイルは章単位を原則とし、最も長い第2章（体現形の属性）のみ6ファイルに分割して公開した。ページレイアウトは全体条文案を踏襲し、各ファイルにカバーページを付した。

　予備版公開に合わせて委員会ウェブサイトを整理し、NCR 2018年版に関する諸情報を「日本目録規則（NCR）2018年版関連情報」のページに集約した。「『日本目録規則2018年版』（予

備版）公開と今後のスケジュールについて」、「パブリック・コメントその他検討課題への対応について」等の関連文書を公開したほか、『現代の図書館』55巻4号掲載の「新しい『日本目録規則』のすがた：何が新しくなるのか」（渡邊隆弘）を転載した。

　なお、予備版は、条文本体については全章（刊行時点で保留とする章を除く）を公開したが、付録については一部しか含めることができなかった。2016年以降、付録についても順次検討を進めていたが、条文本体を優先したため成案化が遅れることとなった。

　2018年度に入り、未完成の付録の作成に注力するとともに、全体の精査を行った。予備版公開時の方針に沿って大幅な修正は行っていないが、語彙のリストの用語の部分的修正や条文をより読みやすくするための修正、表現の統一等を可能な限り行った。また、PDF版は予備版のレイアウトを踏襲するが、冊子体についてはレイアウトの検討、目次・索引の作成等の作業を行った。

　今般、『日本目録規則2018年版』の冊子体刊行ならびにPDF版公開の運びとなった。最新スケジュールどおりではあるが、2013年時点の予定からの遅延をお詫び申し上げる。

　序説の末尾に記しているように、和古書・漢籍に関する規定のように検討が不十分な箇所や、国際標準との関係等から保留している部分など今後の課題が少なからずある。これらについては、刊行後の課題となる。特に、IFLAの新たな概念モデルであるIFLA LRMが2017年に発表され、RDAがこれに対応したベータ版を2018年6月に公開したことは、国際標準への準拠ならびにRDAとの相互運用性の担保を方針としている本規則にとって重要な意味があり、今後検討が求められる。

　最後に、ご協力をいただいた多くの方々に委員会として謝意を表したい。特に、刊行物上の表示としては「日本図書館協会目録委員会編」となるが、2013年以降のNDLとの連携作業がなければ本規則の完成は大幅に遅延したと思われる。同館に厚くお礼申し上げる。また、パブリック・コメント、検討集会、意見聴取等を通じて様々な意見を寄せてくださった多くの方にも、お礼申し上げる。

2018年11月1日

　　　　　　　　　　　　　　　　　　　　　　　　　　　　　　　　日本図書館協会目録委員会

2006年6月以降現在までに本規則に関わった目録委員会関係者
委員長（就任順）
　　　永田　治樹（～ 2007.6）
　　　中井　万知子（2007.6 ～ 2009.5）
　　　原井　直子（2009.5 ～ 2015.4）
　　　渡邊　隆弘（2015.4 ～現在）
委　員（五十音順）
　　　東　弘子（2009.5 ～ 2011.8）
　　　稲濱　みのる（2007.6 ～ 2009.5）
　　　荻原　寛（2006.5 ～ 2007.7）
　　　木下　直（2007.9 ～現在）
　　　河野　江津子（2011.5 ～現在）
　　　酒見　佳世（2009.6 ～ 2011.5）
　　　佐藤　良（2011.8 ～ 2013.5）
　　　鈴木　智之（～ 2006.11）
　　　髙橋　菜奈子（2010.4 ～ 2012.5）
　　　田代　篤史（2013.7 ～現在）
　　　津田　深雪（2013.10 ～ 2018.6）
　　　鴇田　拓哉（2009.6 ～ 2014.3）
　　　野美山　千絵子（2014.6 ～現在）
　　　原井　直子（～ 2007.6）　＊2009.5以降委員長
　　　平田　義郎（～現在）
　　　藤井　眞樹（2012.5 ～ 2013.9）
　　　古川　肇（～ 2016.3）
　　　本多　信喜（2010.6 ～ 2014.5）
　　　増井　ゆう子（～ 2007.6）
　　　村上　一恵（2012.7 ～ 2013.6、2018.6 ～現在）
　　　村上　遥（2014.9 ～現在）
　　　横山　英子（2014.5 ～現在）
　　　横山　幸雄（～ 2011.8）
　　　渡邊　隆弘（～ 2015.3）　＊2015.4以降委員長

目 次

目録委員会報告　　iii
序　説　　5

第1部　総　説　　19
第0章　総説　　21

第2部　属　性　　39
＜属性の記録＞

セクション1　属性総則
第1章　属性総則　　41

セクション2　著作、表現形、体現形、個別資料
第2章　体現形　　67
第3章　個別資料　　325
第4章　著作　　333
第5章　表現形　　385

セクション3　個人・家族・団体
第6章　個人　　417
第7章　家族　　451
第8章　団体　　463

セクション4　概念、物、出来事、場所
第9章　概念（保留）
第10章　物（保留）
第11章　出来事（保留）
第12章　場所　　497

＜アクセス・ポイントの構築＞

セクション5　アクセス・ポイント
第21章　アクセス・ポイントの構築総則　　513
第22章　著作　　519

第23章　表現形　　　547
第24章　体現形（保留）
第25章　個別資料（保留）
第26章　個人　　　553
第27章　家族　　　561
第28章　団体　　　567
第29章　概念（保留）
第30章　物（保留）
第31章　出来事（保留）
第32章　場所（保留）

第3部　関連　　　575

セクション6　関連総則
第41章　関連総則　　　577

セクション7　資料に関する関連
第42章　資料に関する基本的関連　　　581
第43章　資料に関するその他の関連　　　593
第44章　資料と個人・家族・団体との関連　　　605
第45章　資料と主題との関連（保留）

セクション8　その他の関連
第46章　個人・家族・団体の間の関連　　　621
第47章　主題間の関連（保留）

付　録　　　629

付録A.1　片仮名記録法　　　631
付録A.2　大文字使用法　　　639
付録A.3　略語使用法　　　645
付録B.1　語彙のリストの用語　　　652
付録B.2　三次元資料の種類を示す用語と用いる助数詞（追加分）　　　671
付録C.1　関連指示子：資料に関するその他の関連　　　680
付録C.2　関連指示子：資料と個人・家族・団体との関連　　　696

付録C.3　関連指示子：資料と主題との関連（保留）
付録C.4　関連指示子：個人・家族・団体の間の関連　　706
付録C.5　関連指示子：主題間の関連（保留）
付録D　　用語解説　　709

索　引　　740

序　説

1．目録と目録規則
1-1)　目録
1-2)　目録規則とその標準化
2．NCR の展開
2-1)　NCR 制定の経緯
2-2)　NCR 1987 年版
3．目録規則の抜本的見直し
3-1)　見直しの背景
3-2)　概念モデルの FRBR、FRAD、FRSAD
3-3)　国際目録原則（ICP）と ISBD 統合版
3-4)　RDA
4．本規則の策定方針と特徴
4-1)　本規則の策定方針
4-2)　本規則の特徴
4-3)　本規則の今後

序説
1．目録と目録規則
1-1）目録

　目録は、利用者が図書館で利用可能な資料を発見・識別・選択・入手できるよう、資料に対する書誌データ、所在データおよび各種の典拠データを作成し、適切な検索手段を備えて、データベース等として編成するものである。目録に収録される書誌データは、各資料に関する諸情報を圧縮・構造化した記録である。また典拠データは、特定の個人、団体、主題等に関連する資料を確実に発見できるよう、それらに対するアクセス・ポイントを一貫して管理するための記録である。

　今日その比重を急速に高めている電子資料においては、全文検索など資料自体を直接に検索対象とすることが可能で、書誌データの必要性は、従来型の資料のようには自明でない。しかし、ウェブ情報技術の世界でもメタデータが重要視されているように、資料に関する重要な情報を一定のルールのもとで構造化した書誌データには、全文検索では代替できない有用性がある。図書館は、適切な書誌データ、所在データおよび典拠データを作成し、目録を編成して利用に供することで、資料のもつ利用可能性を最大限に顕在化しなければならない。

1-2）目録規則とその標準化

　目録がその役割を発揮するためには、資料に対する書誌データを作成する作業や、典拠データを通してアクセス・ポイントを適切に管理する典拠コントロール作業が、一定の基準に基づいて行われる必要がある。これらの作業のための基準が目録規則であり、これは目録の編成に必須のツールである。今日につながる近代的な目録規則は19世紀半ばに誕生し、欧米における図書館近代化の動きの中で発展を重ねた。同世紀後半に登場したカード目録が広く普及すると、目録規則もそれを一般的な提供形態と想定するようになった。また、資料を十分に識別するために必要な書誌的事項を設定し記録の基準を定めた記述（書誌記述）のルールと、資料を適切に検索するために必要な情報の選択と形式を定めた標目（アクセス・ポイント）のルールから構成されるのが、一般的な目録規則の姿となった。

　個々の図書館が独自の目録規則を用いた場合、総合目録の編成などで問題が生じる。標準的な目録規則が必要となる所以である。20世紀に入ると、各国もしくは各言語圏で共通に用いられる標準目録規則が整備されていった。さらに、20世紀後半には、目録法の国際的標準化が目指された。1961年、国際図書館連盟（International Federation of Library Associations and Institutions: IFLA）主催の目録原則国際会議がパリで開催され、通称「パリ原則（Paris Principles）」という、著者書名目録における標目の選択と形式に適用される諸原則の国際合意が成立した。1969年には、記述の国際的標準化を図る「国際標準書誌記述（International Standard Bibliographic Description: ISBD）」の策定が開始され、一般原則と資料種別ごとのISBDが1970年代以降順次制定されるに至った。

パリ原則と ISBD は、各国の標準目録規則の国際的な整合性を維持するための大綱を定めたものであり、各国で、目録作成の対象となる出版物やその国の言語の特性に応じた目録規則が制定されてきた。その中には「英米目録規則第2版（Anglo-American Cataloguing Rules. Second Edition: AACR 2）」のように、世界各国で広く適用され、準国際的な目録規則となったものもある。

「日本目録規則（Nippon Cataloging Rules: NCR）」は、可能な限り国際的な諸基準との整合性を図りつつ、日本における出版慣行や日本語の特性も考慮して策定された、日本の標準目録規則である。

2．NCRの展開

2-1) NCR制定の経緯

近代日本における最初の目録規則は、1892（明治25）年に創立された日本文庫協会が、翌1893（明治26）年に制定した「和漢図書目録編纂規則」である。1910（明治43）年には、日本文庫協会の後身である日本図書館協会（Japan Library Association: JLA）がこれを改訂し、「和漢図書目録編纂概則」を制定した。これらの規則は和漢書を対象とし、書名記入を基本とする考え方に立つものであった。その後、大正期には洋書目録法の研究が進み、昭和期に入ると、その和漢書への適用が積極的に検討された。1932（昭和7）年、JLA の和漢書目録法調査委員会は「和漢図書目録法（案）」を公表したが、基本記入について著者・書名のいずれとも決定しなかったので、いわゆる主記入論争を生み、JLAによる標準目録規則の制定は実現しなかった。

1942（昭和17）年、青年図書館員聯盟は、英米目録規則の1908年版にならい、著者基本記入制をとる和漢書・洋書共通の「日本目録規則 1942 年版」を作成した。戦後、NCR を受け継いだ JLA は、1952（昭和27）年、「米国図書館協会目録規則 1949 年版（A.L.A. Cataloging Rules for Author and Title Entries. Second Edition）」等を参照し、著者基本記入の原則を継承しながら、和漢書の取り扱いを主とする「日本目録規則 1952 年版」を刊行した。

さらに JLA は 1961（昭和36）年、パリ目録原則国際会議に参加し、1965（昭和40）年、その原則に従った「日本目録規則 1965 年版」を刊行した。これは著者基本記入制を堅持し、和漢書・洋書共通の、著者書名目録を対象とする規則である。

その後 1960 年代後半以降、公共図書館を中心に目録業務の簡便化の要請から、基本記入制をとらず、記述だけのユニット・カードをまず作成し、複製した個々のカードに必要な標目を相互に対等に与えるという方式が、広く行われるようになった。こうした状況のもとで 1977（昭和52）年、JLA は「日本目録規則 新版予備版（以下「NCR 新版予備版」）」を刊行した。これは、ISBD への準拠と記述ユニット・カード方式の採用という特徴をもつものであった。一方で、和書のみを対象とする比較的簡略な規則で、「本版」までの過渡的な位置づけのものであった。

2-2) NCR1987年版

JLAがNCR新版予備版の本版化に向けた本格的な作業を開始したのは1983（昭和58）年で、1987（昭和62）年に「日本目録規則1987年版（以下「NCR1987年版」）」を刊行した。これの「序説」では「図書館界およびこれをめぐる社会一般の環境・情勢も情報社会を指向して、徐々に変化しつつある。そこで、オンライン書誌情報入力も視野に入れた、書誌情報作成の基準ツールとなるよう」新規則を制定することになったと述べている。より具体的には、1981（昭和56）年にJAPAN/MARCの頒布が開始されたこと、1985（昭和60）年に学術情報センター（現・国立情報学研究所）によってNACSIS-CATの運用が開始されたこと、図書館業務システムの導入が進みつつあったこと、等が背景にあった。

　NCR1987年版の特徴を挙げると、次のとおりである。
　① 多様な資料を対象とする規則
　　　和書のみを対象とするNCR新版予備版に対して、和漢書・洋書を対象とする規則となった。また、図書を主な対象とし他の資料に関する対応が弱かったそれまでのNCRに対して、「記述の部」で「記述総則」に続いて「図書」に始まり「逐次刊行物」に終わる13章を配置し、多様な資料に対応できる規則となった。
　② 記述ユニット方式（非基本記入方式）の採用
　　　NCR新版予備版の記述ユニット・カード方式を継承し、基本記入標目を設定しない記述ユニット方式を採用した。NCR1987年版の「序説」では、日本の状況において基本記入制の必要性が薄れてきたという認識に加え、記述ユニット方式が「多様な検索を可能とする機械可読目録に、より一層適した方式」であると述べている。
　③ ISBDへの準拠
　　　NCR新版予備版ですでに準拠していたが、本則はISBDを尊重するとの方針のもとで整合性を再検討した結果、ISBD区切り記号法の採用や並列タイトルに関する規定の見直しなどを行った。
　④ 記述の精粗
　　　3段階の水準を設定して、記述の精粗の規定を整備した。
　⑤ 書誌階層構造
　　　書誌データの電子化や共有化を背景として、上下の関係にある複数の「書誌レベル」から成る階層構造として資料をとらえる考え方をとり、一般に記述の本体とする「基礎書誌レベル」の定義なども行った。

　JLA目録委員会は、NCR1987年版を3度改訂している。1994（平成6）年刊行の改訂版では、初版段階で未刊であった「書写資料」、「静止画資料」、「博物資料」の各章の完成や書誌階層規定の再構成などを行った。2001（平成13）年刊行の改訂2版では、「コンピュータファイル」の章について、リモート・アクセス資料にも対象を拡張した改訂内容（2000（平成12）年公表）を組み込み、これの章名を「電子資料」に改めた。2006（平成18）年刊行の改訂3版では、「逐

次刊行物」の章を更新資料をも対象とするよう拡張し、その章名を「継続資料」に改めるとともに、和古書・漢籍に関する規定をも整備して「図書」、「書写資料」の両章を改訂した。

JLA目録委員会は、改訂3版の「目録委員会報告」で当該改訂をNCR 1987年版の「最後の改訂作業」と位置づけ、以後は規則全体にわたる抜本改訂の準備を行うこととなった。

3．目録規則の抜本的見直し

3-1）見直しの背景

前述のように、各国・言語圏の目録規則は、長らく1960～70年代に制定されたパリ原則とISBDを基盤として制定・運用されてきた。対象資料の多様化と目録の作成・提供環境の電子化が進展する中で、一定の改訂は行われてきたものの、それでは十分でないとして既存の原則の抜本的な見直しを求める議論が、1990年前後から本格的に展開されるようになった。

このうち対象資料の多様化については、記述の部における特定の資料種別の章を改訂する措置がとられてきたが、ネットワーク情報資源を含む電子資料の発達によって、章ごとの改訂では対応しきれない、より根本的な問題が明らかとなった。一言でいえば、資料の内容的側面（コンテンツ）と物理的側面（キャリア）に関わる問題である。様々な表現形式を包含して生成され得る電子資料の登場により、従来の「資料種別」ごとの規則構成はそぐわなくなってきた。また、電子情報においては、内容的側面の一部変更も物理的側面であるキャリアの移転も、旧来のメディアよりはるかに簡便に行えるが、これによる「バージョン」の多様化は、これまでの目録規則が拠ってきた「著作」と「版」という資料把握の枠組みに見直しを迫るようになった。

一方、目録の作成・提供環境の電子化の進展も、目録規則に抜本的な見直しを迫るものであった。今日、書誌データは電子的に作成・操作され、ほとんどの図書館でOPAC（Online Public Access Catalog）が提供されており、目録規則もそうした状況に対応したものでなくてはならない。特に、検索（発見）のための標目（アクセス・ポイント）については、カード目録を前提とした既存の規定に対する根本的な見直しが避けられない。識別のための記述については、アクセス・ポイントに比べれば電子化の影響は大きくないが、人間の目による識別・理解だけでなく、コンピュータによる識別・操作にも問題のない、機械可読性の高いデータを作成できる規定が求められる。また、コンピュータ目録では記述データからもインデックス生成を行えるなど、記述とアクセス・ポイントの関係性は従来とは異なってくる。典拠コントロールの側面を考えれば記述とアクセス・ポイントの区別が意味をもたないわけではないが、記述の部と標目の部に大きく分かれる伝統的な規則構造は必ずしも適切ではなくなってきた。

さらに、1990年代半ば以降のインターネットの急速な普及により、情報流通のコストが劇的に下がり、様々な情報が大量かつシームレスに行き交う時代が到来した。このことも、目録と目録規則の置かれた環境に二つの面で大きな影響を及ぼした。一つは、国際的な書誌データの流通が容易になった分、国際的な標準化の重要性が、これまで以上に高くなったことである。もう一つは、図書館以外のコミュニティで生成されるメタデータとの相互運用性を考慮する必

要が出てきたことである。図書館界のみで完結したデータ作成・活用ではなく、作成面においても活用面においても、より広い想定が求められる。最近では、主に公共的なデータをLOD（Linked Open Data）として開放的に提供し、広く自由な活用を促す動きがあり、図書館による諸情報もその一翼を担うことが期待されている。書誌データの作成等について規定する目録規則も、こうした動きに対応できるものであることが求められる。

3-2) 概念モデルのFRBR、FRAD、FRSAD

IFLAは1998年に、「書誌レコードの機能要件（Functional Requirements for Bibliographic Records: FRBR）」と題する報告書を刊行した。FRBRは、目録が対象とする書誌的世界を実体関連分析（E-R分析）の手法で分析し、概念モデルを提示したものである。FRBRでは、典拠データに関わる部分について大枠の言及にとどまっていたが、2009年に「典拠データの機能要件（Functional Requirements for Authority Data: FRAD）」が、2011年に「主題典拠データの機能要件（Functional Requirements for Subject Authority Data: FRSAD）」が発表された。

FRBR等の概念モデルでは、知的・芸術的成果である資料を、著作、表現形、体現形、個別資料という、順次具現化されていく階層的な4実体（第1グループの実体）としてとらえる。従来、ある著作の「版」の違いとしてとらえられていたものを、内容的側面を示す表現形と物理的側面を示す体現形とに分けて設定し、資料の構造的把握を行った点が特に注目された。これらに加えて、資料に関わる行為主体を個人、家族、団体の3実体（第2グループの実体）として、著作の主題を概念、物、出来事、場所の4実体（第3グループの実体）として、それぞれとらえる。また、FRADにおいてはこれらの実体に加えて、名称、識別子、統制形アクセス・ポイントなど、典拠コントロールの仕組みに必要な実体も設定している。

このような実体設定を行ったうえで、FRBR等の概念モデルでは、各実体に関する属性と実体間の関連を設定することによって、書誌的世界を表現している。属性と関連は、FRBRにおいては発見・識別・選択・入手、FRADにおいては発見・識別・関連の明確化・根拠の提供という「利用者タスク」に基づいて設定されている。このうち実体間の関連には、従来の書誌データと典拠データとの関連づけに当たるものに加え、資料間に存在する派生や継続といった関連など、実体間の多様な関係が含まれる。実体とその属性を把握し、実体間の関連を管理するモデル化は、電子化された目録作成・提供環境との親和性が高い。

FRBR等の概念モデルは、資料の多様化に対応するという点からも、目録の作成・提供環境の電子化に対応するという点からも、有用性の高いものと認識され、21世紀の目録規則の基盤を成すものとなった。

3-3) 国際目録原則（ICP）とISBD統合版

IFLAは2009年に、「国際目録原則覚書（Statement of International Cataloguing Principles）」を発表した。パリ原則を約半世紀ぶりに見直した、新たな国際目録原則（ICP）である。ICPの策定にあたっては、「国際目録原則に関するIFLA専門家会議（IME ICC）」が2003年から大陸

単位で5度にわたって開催された。

ICPの主な特徴としては、次の諸点が挙げられる。

- コンピュータ目録を前提としてFRBRの枠組みを全面的に取り入れたこと
- 図書だけでなくあらゆる種類の資料を対象と考えること
- 書誌・典拠データのあらゆる側面を取り扱うこと
- 書誌・典拠データとは別に目録の探索・検索上の要件にも言及していること

パリ原則が標目の選択と形式に特化した原則であるのと比較すると、包括的な内容となっている。FRBRの枠組みを取り入れているが、描かれる目録の姿は、書誌データと典拠データから成る従来の形とも比較的親和性の高いものである。その後ICPは、2016年に改訂版が発表されている。

一方でIFLAはISBDの改訂にも取り組み、2007年に予備統合版を、2011年に統合版を発表した。その名のとおり、従来の資料種別ごとの編成を取りやめ、一本に統合してエリア別の構成としたことが最大の改訂点である。あわせて、資料の内容表現の基本的な形式を示す「表現形式（content form）」と媒介機器の有無・種別を示す「機器種別（media type）」に資料種別を整理し、新設の「エリア0」に収めることとなった。その他の部分では従来の形を踏襲する規定が多く、FRBRの概念モデルを大きく取り入れるには至っていない。ISBDは従来、エレメントの定義、値を入力するルール、区切り記号法を用いた記録方法を規定し、各目録規則の記述の部の元となる標準として機能してきたが、後述のように目録規則が記述文法等の構文規則を扱わなくなる方向性の中で、その規範的役割を変容させつつある。すなわち、記述文法やエレメントの記載順序が目録規則で規定されないことを前提として、書誌データの伝統的かつ有力な表示方法を示すという役割が強くなってきている。

3-4）RDA

AACR2の後継規則として2010年に刊行された「RDA: Resource Description and Access」は、英語圏のみならず他の言語圏にも適用が広がっており、準国際的な目録規則となっている。これはFRBR等の概念モデルとICPに沿い、一方でAACR2との継続性にも配慮した規則である。

RDAは、AACR2とは大きく異なり、FRBR等の概念モデルに密着した構造をとっている。10セクション（計37章）のうち、前半部のセクション1～4がそれぞれ「体現形・個別資料」、「著作・表現形」、「個人・家族・団体」、「概念・物・出来事・場所」の各実体に関する属性の記録を扱い、後半部のセクション5～10が実体間の様々な関連の記録を扱っている。なお、FRBRにおける第3グループの実体、すなわち著作の主題となる実体に関する属性・関連を扱う章については、2010年の刊行段階では一部を除いて未刊である。

AACR2との比較におけるRDAの主な特徴としては、次の諸点が挙げられる。

- FRBR等の概念モデルに密着した規則構造をとること
- 著作や個人等を実体ととらえることで、典拠コントロール作業が規則上明確に位置づけら

れたこと
- 資料の内容的側面と物理的側面の整理が図られたこと
- 実体間の関連が、実体の属性とは独立して扱われ重視されるようになったこと
- 属性、関連のエレメントが大幅に増強されたこと
- 情報源からの転記によらないエレメントの多くで、語彙のリストを提示して値の表現に一定の統制を図ったこと
- 記述文法等の構文的側面を規則から排除し、意味的側面に特化したこと

これらは、それぞれの意義をもつとともに、機械可読性の向上という側面からもとらえられる。RDA 本体には含まれていないが、その策定過程では、エレメント分析に関する文書（エレメントごとに、その値の性格や適用されるスキーマなどを整理したもの）が作成されるなど、機械可読性が意識されていた。

また、相互運用性と国際性への志向も特徴といえる。文書館・博物館など、図書館以外のコミュニティとの相互運用性を意識している。さらに、記述に用いる言語などの面で英語圏偏重を改め、国際的な普及を志向している。

以上のように AACR2 から大きな変貌をとげた RDA であるが、これは一方で従来の規則や目録慣行との継続性も考慮している。体現形に対する記述を書誌データの根幹とすること、著作に対する典拠形アクセス・ポイントを、本則では最も主要な責任を有する創作者に対する典拠形アクセス・ポイントと優先タイトルの結合形としていること（AACR2 の基本記入標目を継承している）など、従来の原則に近い形となっている。その他の条項でも、AACR2 の規定を継承している箇所が多数ある。

4．本規則の策定方針と特徴

4-1）本規則の策定方針

「目録委員会報告」に記したように、JLA 目録委員会が本規則の策定作業を本格的に開始したのは 2010 年である。その後 2013 年からは、JLA 目録委員会と国立国会図書館収集書誌部との共同による策定作業となった。策定作業にあたっての方針は、次のとおりである。

- ICP 等の国際標準に準拠すること
- RDA との相互運用性を担保すること
- 日本における出版状況等に留意すること
- NCR 1987 年版とそれに基づく目録慣行に配慮すること
- 論理的でわかりやすく、実務面で使いやすいものとすること
- ウェブ環境に適合した提供方法をとること

国際標準への準拠と RDA との相互運用性は、本規則が FRBR 等の概念モデルを基盤とするものとなったことを意味する。RDA との相互運用性を特に重視し、RDA に存在するエレメントは本規則でもすべて定義することとした。規定についても、日本における出版状況や目録慣行

にそぐわないものを除いては反映に努め、その結果アクセス・ポイント関係など NCR 1987 年版に比べ飛躍的に詳細となった部分もある。

ただし、論理的なわかりやすさ、実務面の使いやすさの観点から、あえて RDA とは異なった構成や規定とした箇所もある。例えば、RDA では属性の記録を扱う章にアクセス・ポイントの構築に関する規定を含むが、属性の組み合わせとして表現されるアクセス・ポイントの規定が属性自体の規定と混在するのはわかりにくいため、本規則では属性の部を「属性の記録」と「アクセス・ポイントの構築」に分け、それぞれに総則と実体別の各章を配置する構成とした。

4-2）本規則の特徴

NCR 1987 年版との比較における本規則の特徴としては、次の諸点が挙げられる。

① FRBR 等の概念モデルに密着した規則構造

「第1部 総説」に続いて、「第2部 属性」、「第3部 関連」に大きく分け、扱う実体ごとの章立てとしている。RDA の規則構造と類似しているが、第2部を「属性の記録」と「アクセス・ポイントの構築」に分けたこと、「属性総則」、「アクセス・ポイントの構築総則」、「関連総則」をそれぞれ置いたことなど、異なる部分もある。

② 典拠コントロールの位置づけ

RDA と同じく FRBR 等の概念モデルに準拠して、著作や個人等を実体ととらえ、それぞれに属性・関連のエレメントを設定している。記述に付す標目や参照を規定するのみの NCR 1987 年版とは異なり、典拠データを作成・管理する典拠コントロール作業を規則上に明確に位置づけた。次に述べる著作の扱いを含め、典拠データの比重が相対的に高められた。本規則では、各実体に必要な属性が記録され、それらをもとに典拠形アクセス・ポイントと異形アクセス・ポイントの構築が行われる。

③ 全著作の典拠コントロール

RDA と同じく、著作の識別および著作とその表現形・体現形との関連を重視し、すべての著作に対して典拠コントロールを行って典拠形アクセス・ポイントを構築するよう規定している。統一タイトルの適用を限定してきた NCR 1987 年版からは大きな転換となる。

RDA に準じて、著作に対する典拠形アクセス・ポイントは、著作の優先タイトルと創作者に対する典拠形アクセス・ポイントを結合した形をとることを原則としている。この場合、著作の態様に応じて、創作者とみなす範囲や、優先タイトルのみの単独形をとる場合などの判断を行う必要がある。その際、RDA が AACR2 における基本記入標目選定に関する規定を一部修正のうえ援用して、著作に対する典拠形アクセス・ポイント構築の規定としているのを受けて、本規則もそれにほぼ準じる規定としている。この結果、記述ユニット方式を採用していた NCR 1987 年版にはなかった規定を大幅に盛り込んでいる。

④ 資料の内容的側面と物理的側面の整理

FRBR における第1グループの4実体ごとに属性の記録を章立てすることで各属性の位

置づけを明確にし、とりわけ資料の内容的側面と物理的側面の整理を図っている。著作に対する典拠形アクセス・ポイントを必須とすること、著作・表現形に対して新たな属性を多数追加していることなど、NCR 1987 年版に比べ内容的側面を重視したといえる。なお、RDA では体現形・個別資料の属性と著作・表現形の属性を各々まとめて扱うセクションを設定し、一つの章に複数の実体に関する属性の規定を収める場合があるが、本規則の属性の部では、例外なく実体ごとに章を分けている。

資料の種別について、表現形の種類を表す「表現種別」、体現形の種類を表す「機器種別」、「キャリア種別」、刊行方式の区分を設定して、多元的にとらえる。また、ISBD や RDA に準じて、従来の目録規則がとっていた資料種別による章立ては行わない。

⑤　関連の記録

FRBR 等の概念モデルに準拠した結果、関連を実体の属性とは別立ての部とし、これを重視することとなった。実体間の関連の記録という形をとることで、目録提供時のリンク機能が無理なく提供できるなどの効果を期待できる。なお、一部の関連については、RDA に準じて、関連の詳細を示す「関連指示子」を設定している。

⑥　書誌階層構造

NCR 1987 年版における書誌階層構造の考え方を維持している。書誌階層構造は、FRBR で規定する体現形における関連の一種（全体と部分）に相当する。体現形の記述を行う場合に推奨するレベルとして、基礎書誌レベルを設定する。なお、形態的に独立した資料だけでなく、その構成部分も記述対象とできるよう規定する。

⑦　エレメントの設定

利用者の利便性とデータ処理上の柔軟性に鑑みて、従来の規則の「注記に関する事項」、「その他の形態的細目」等を多数のエレメントに細分するなど、より小さな単位でエレメントを設定している。また、RDA との相互運用性を重視して、RDA に存在するエレメントは、すべて本規則にも設定している。

NCR 1987 年版に設けていた記述の精粗のレベルの規定は置かず、RDA に準じて、記録を必須とする「コア・エレメント」を明示する方式をとっている。

⑧　語彙のリスト

RDA に準じて、情報源からの転記によらないエレメントの多くで、用いる語彙のリストを提示している。この種のものは NCR 1987 年版にもいくつかあったが、本規則では RDA の語彙をベースとし、RDA に存在する語はできる限り採録したうえで、日本独自のものを加えている。

⑨　意味的側面と構文的側面の分離

ISBD 区切り記号法等を規定していた NCR 1987 年版とは異なり、RDA と同じく規定対象をエレメントの記録の範囲と方法に限定し、エレメントの記録の順序、エンコーディング

の方式、提供時の提示方式は、原則として規定していない。意味的側面（エレメントの定義や値のルール）と構文的側面（記述文法やエンコーディング）の分離は、メタデータ関連の諸標準で意識される事項である。構文的側面については、図書館界にとどまらない相互運用性を備えた方式が採用され、LODとして開放的に提供された書誌データの広範な活用につながることが望ましい。

⑩　機械可読性の向上

　　上記9項目に述べたことは、それぞれの意義をもつとともに、機械可読性の向上という側面からもとらえられる。FRBR等の概念モデルを基盤とし、RDAとの相互運用性を担保した規則とすることで、NCR 1987年版に比べて機械可読性の高い書誌データを作成できる。

⑪　統制形アクセス・ポイントの言語・文字種と読み、排列の扱い

　　NCR 1987年版では、タイトル・著者等の標目について、和資料は片仮名で、洋資料はローマ字で表すこととしていた。表示形を標目としないのは、カード目録における排列を考慮した規定であった。本規則では、作成・提供の電子化が進んでからの目録慣行を踏まえて、日本語の優先タイトルおよび日本の個人・家族・団体、場所の優先名称について表示形とし、あわせて読みを記録することを原則としている。外国語（中国語および韓国・朝鮮語を除く）の優先タイトルおよび外国の個人等の優先名称については、表示形または翻字形とする本則と、片仮名表記形とする別法を設け、データ作成機関の選択に委ねる。

　　NCR 1987年版は、記述の部、標目の部に続けて排列の部を設けていたが、目録の作成・提供の電子化を考慮して、本規則では排列は扱っていない。

⑫　RDAとの互換性

　　準国際的な目録規則であるRDAを適用して作成された書誌データとの互換性に配慮している。前述のとおり、エレメントの設定をRDAと整合させている。また、NCR 1987年版とRDAの規定が異なる場合は、RDAの規定に優位性がある場合はもちろん、優劣つけがたい場合もRDAにあわせる規定とした。日本の出版状況や目録慣行からRDAと異なる規定をとる場合もあるが、その際は原則としてRDAの方式を別法に規定した。さらに、目録用言語に英語を採用した場合の記録の方法をできる限りRDAと一致させる、語彙のリストを日英併記とする、等の措置も行っている。

⑬　NCR 1987年版からの継続性

　　一般に体現形に対する記述を書誌データの根幹とする点などは、NCR 1987年版による目録作成と変わらない。また、規則構造は大きく変わったが、個々の条項ではNCR 1987年版を継承する規定も少なからずある。

　　日本の出版状況や目録慣行から、NCR 1987年版の規定を継承した方がよいと判断した場合は、RDAと異なっていても採用している。また、RDAに準じて変更した箇所の多くで、

NCR 1987年版の方式を別法とした。

4-3) 本規則の今後

現時点の本規則には、規定の策定を保留している未刊の部分がある。また、本規則は従来のNCRと異なり、数年以上の間隔をおいてなされる改訂版の刊行まで固定されたものではない。RDAや国際標準の改訂に伴う事項を含めて随時見直し、改訂を行っていく予定である。

現時点で、以下の点を検討すべき問題と認識している。

① IFLA LRM への準拠

　IFLAは2017年に、FRBR、FRAD、FRSADの3つの概念モデルを統合して再検討を加えた新たな概念モデルとして、IFLA LRM（Library Reference Model）を発表した。ICPは2016年の改訂でIFLA LRMの考え方を一部取り入れている。また、RDAは2018年に、これに対応した改訂を行ったベータ版を公開している。本規則も、対応を図る必要がある。

② FRBRの第3グループの実体を扱う章の完成

　FRBRの第3グループの実体については、場所の属性の一部を除き、保留（未刊）である。RDAでも多くの章が未刊であるが、刊行されている部分もあり、相互運用性の担保が求められる。

③ 体現形および個別資料に対するアクセス・ポイントの構築を扱う章の完成

　章を設けているが、保留（未刊）である。RDAにも該当する規定はないが、ICPは2016年の改訂で、体現形および個別資料に対しても典拠形アクセス・ポイントが作成され得ることを明確にしている。国際標準等の動向を見ながら、対応する必要がある。

④ 属性の記録における、上位書誌レベルおよび下位書誌レベルの情報の扱い

　上位書誌レベルおよび下位書誌レベルの情報の記録は、関連の記録として行うことができるが、体現形の属性の記録における扱いについては、引き続き検討しなければならない。雑誌記事などの構成部分を記述対象とする場合に、収録紙誌等の情報をシリーズ表示等のエレメントとして記録することを検討したが、現時点では除外することとした。また、内容細目等を想定して下位レベルの記録の条項を設けて検討したが、現時点では不使用とした。国際標準等の動向によっては、これらの扱いについて見直す必要がある。

⑤ 和古書・漢籍に関する規定の充実

　全体にわたって、和古書・漢籍に関する規定については、検討が不十分な状態である。充実を図る必要がある。

⑥ 語彙のリスト等における日本独自の用語の検討

　RDAの語彙をベースとし、必要に応じて日本独自の用語を加えたが、追加分の数は比較的少ない。特に、関連指示子については、日本独自の用語をまったく追加していない。検討する必要がある。

第1部
総　説

第0章　総説　21

第0章 総説

- ＃0　総説
- ＃0.1　本規則の目的
- ＃0.2　他の標準・規則との関係
- ＃0.2.1　RDAとの相互運用性
- ＃0.3　本規則が依拠する概念モデル
- ＃0.3.1　実体
- ＃0.3.2　属性
- ＃0.3.3　関連
- ＃0.3.4　名称、識別子と統制形アクセス・ポイント
- ＃0.4　目録の機能
- ＃0.5　本規則の概要
- ＃0.5.1　エレメント
- ＃0.5.2　属性の記録
- ＃0.5.3　資料の種別
- ＃0.5.4　アクセス・ポイントの構築
- ＃0.5.5　関連の記録
- ＃0.5.6　書誌階層構造
- ＃0.5.7　記録の順序等
- ＃0.5.8　語彙のリスト等
- ＃0.5.9　保留している部分
- ＃0.6　本規則の構成
- ＃0.7　別法と任意規定
- ＃0.7.1　別法
- ＃0.7.2　任意規定
- ＃0.8　例示
- ＃0.8.1　区切り記号法等
- ＃0.9　言語・文字種
- ＃0.9.1　表記の形
- ＃0.9.2　言語および文字種の選択
- ＃0.9.3　優先言語および文字種
- ＃0.9.4　目録用言語
- 付表　コア・エレメント一覧

#0　総説

#0.1　本規則の目的

本規則は、日本における標準的な規則として策定された目録規則である。

本規則は、公共図書館、大学図書館、学校図書館など、多様なデータ作成機関における使用を想定している。また、国際的な標準に準拠する一方、日本語資料の特性や従来の規則との継続性にも配慮している。

#0.2　他の標準・規則との関係

1990年代後半以降、相次いで目録の新しい概念モデルであるFRBR、FRAD、FRSAD、それらに基づく国際標準であるICP、ISBD、および準国際的に普及しつつある目録規則RDAが刊行された。これらのモデル、標準、規則によって果たされる目録の機能改善の重要性と、書誌データ、典拠データの国際流通の必要性に鑑みて、本規則はこれらの標準・規則との整合性を保つものとする。

#0.2.1　RDAとの相互運用性

本規則は、作成されたデータが国際的に流通可能であること、およびRDAに従って作成されたデータが日本でも利用可能であることを念頭に、RDAとの相互運用性を意識して策定している。

#0.3　本規則が依拠する概念モデル

本規則が依拠する概念モデルは、FRBR等の概念モデルを基本としている。FRBR等は実体関連分析の手法を使用した概念モデルであり、実体、関連、属性をその構成要素とする。

本規則が依拠する概念モデルの概要を、図0.3に示す。

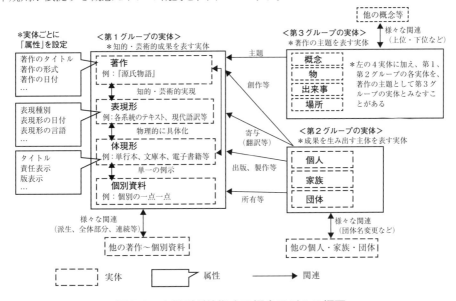

図0.3　本規則が依拠する概念モデルの概要

第0章　総　説

#0.3.1　実体

　実体は、書誌データの利用者の主要な関心対象を表す単位である。目録は、各種の実体についての記述（属性および関連の記録）から成る。

　本規則における実体は、第1グループ、第2グループ、第3グループの3種から成り、合わせて11個ある。

　第1グループの実体は、知的・芸術的成果を表す。次の4つの実体があり、著作、表現形、体現形、個別資料の順に、順次具現化される構造をもつ。

　a）著作

　　　個別の知的・芸術的創作の結果、すなわち、知的・芸術的内容を表す実体である。例えば、紫式部による『源氏物語』の知的・芸術的内容は、著作である。著作には、法令等、音楽作品などを含む。また、雑誌など多くの著作を収録した資料も、その全体の知的・芸術的内容を、著作ととらえる。

　b）表現形

　　　文字による表記、記譜、運動譜、音声、画像、物、運動等の形式またはこれらの組み合わせによる著作の知的・芸術的実現を表す実体である。例えば、著作『源氏物語』の原テキスト（厳密には各系統がある）、各種の現代語訳、各種の外国語訳、朗読（話声）などは、それぞれ表現形である。音楽作品の場合は、ある作品（著作）の記譜や個々の演奏が、それぞれ表現形である。

　c）体現形

　　　著作の表現形を物理的に具体化したものを表す実体である。例えば、著作『源氏物語』のある現代語訳のテキスト（表現形）の単行本、文庫本、大活字本、電子書籍などは、それぞれ体現形である。

　d）個別資料

　　　体現形の単一の例示を表す実体である。例えば、刊行された図書の、図書館等に所蔵された個別の一点一点は、それぞれ個別資料である。2巻組の辞書のように、複数のユニットから成ることもある。

　本規則では、第1グループの実体の総称として、「資料」の語を用いる。また、体現形または表現形を種類分けする場合（例えば、更新資料、地図資料、三次元資料）、情報源に言及する場合（例えば、資料自体、資料外）などに、必要に応じて「資料」の語を用いることがある。

　第2グループの実体は、知的・芸術的成果を生み出す主体を表す。次の3つの実体がある。

　e）個人

　　　人を表す実体である。複数の人が共同で設定するアイデンティティ、または人が使用範囲を定めて使い分ける各アイデンティティの場合もある。また、伝説上または架空の人、人間以外の実体をも含む。

f) 家族

出生、婚姻、養子縁組もしくは同様の法的地位によって関連づけられた、またはそれ以外の手段によって自分たちが家族であることを示す複数の個人を表す実体である。

g) 団体

一体として活動し特定の名称によって識別される組織、あるいは個人および（または）組織の集合を表す実体である。会議、大会、集会等を含む。

第3グループの実体は、著作の主題となるものを表す。次の4つの実体がある。

h) 概念

抽象的観念や思想を表す実体である。

i) 物

物体を表す実体である。自然界に現れる生命体および非生命体、人間の創作の所産である固定物、可動物および移動物、もはや存在しない物体を含む。

j) 出来事

行為や事件を表す実体である。

k) 場所

名称によって識別される空間の範囲を表す実体である。

さらに、第1グループおよび第2グループの各実体を、著作の主題として、第3グループの実体とみなすことがある。

本規則では、第3グループの実体の総称として、「主題」の語を用いることがある。

#0.3.2　属性

属性は、実体の発見・識別等に必要な特性である。実体ごとに必要な属性を設定する。属性の記録は、関連の記録とともに、実体についての記述を構成する。

#0.3.3　関連

関連は、実体（資料、個人・家族・団体、主題）間に存在する様々な関係性である。異なる実体間に存在する関連（例えば、著作とそれを創作した個人との関連）と、同じ種類の実体間に存在する関連（例えば、ある著作とそれを映画化した別の著作との関連）とがある。関連の記録は、属性の記録とともに、実体についての記述を構成する。

#0.3.4　名称、識別子と統制形アクセス・ポイント

本規則における実体の識別には、名称および（または）識別子、名称を基礎とする統制形アクセス・ポイントが重要な役割を果たす。

名称は、それによって実体が知られている、語、文字および（または）その組み合わせである。本規則では、資料の名称には「タイトル」の語を使用する。

識別子は、実体を一意に表し、その実体と他の実体を判別するのに役立つ番号、コード、語、句などの文字列である。

第0章　総　説

　目録の機能を実現するためには、典拠コントロールを行い、各実体に対して統制形アクセス・ポイントを設定する必要がある。統制形アクセス・ポイントは、一群の資料に関するデータを集中するために必要な一貫性をもたらす。統制形アクセス・ポイントには、典拠形アクセス・ポイントと異形アクセス・ポイントがある（参照：＃0.5.4を見よ）。統制形アクセス・ポイントは、名称またはタイトルを基礎として構築する。

＃0.4　目録の機能

　目録は、利用者が資料を発見・識別・選択・入手するための手段を提供し、資料のもつ利用可能性を最大限に顕在化する道具でなければならない。

　目録データは、種々の利用者ニーズに対応する必要がある。ICPに準拠し、利用者ニーズとして、次のものを想定する。

　a）　特定の資料の発見
　b）　次の資料群の発見
　　①　同一の著作に属するすべての資料
　　②　同一の表現形を具体化するすべての資料
　　③　同一の体現形を例示するすべての資料
　　④　特定の個人・家族・団体と関連を有するすべての資料
　　⑤　特定の主題に関するすべての資料
　　⑥　言語、出版地、出版日付、表現種別、キャリア種別、その他の検索項目によって特定されるすべての資料
　c）　特定の資料または個人・家族・団体の識別（記述された実体と求める実体との一致の確認、類似する複数の実体の判別）
　d）　ニーズに適合する資料の選択
　e）　選択した資料の入手（取得またはアクセスの確保）
　f）　目録内外における各種実体への誘導

＃0.5　本規則の概要

＃0.5.1　エレメント

　本規則は、目録の機能の実現に必要となる、実体の属性および実体間の関連を「エレメント」として設定し、記録の範囲や方法を規定する。

＃0.5.1.1　下位のエレメント

　エレメントを細分する場合がある。この場合、下位のエレメントには、エレメント・サブタイプとサブエレメントとがある。

　エレメント・サブタイプは、エレメントを種類によって区分したときの下位のエレメントである。例えば、エレメント「タイトル」における本タイトル、並列タイトル、タイトル関連情報などである。

#0.5 本規則の概要

サブエレメントは、エレメントの構成部分となる下位のエレメントである。例えば、エレメント「出版表示」における出版地、出版者、出版日付などである。

#0.5.1.2 コア・エレメント

エレメントのうち、資料の発見・識別に欠かせないものを「コア・エレメント」とする。特定の条件を満たす場合にのみコア・エレメントとするものもある。コア・エレメントは、適用可能でかつ情報を容易に確認できる場合は、必ず記録するものとする。
（参照：＃0末尾の付表を見よ。）

当該のエレメントがコア・エレメントであるとき、規定の冒頭においてその旨を明記した。明記していないエレメントは、任意のエレメントである。

#0.5.1.3 エレメントの記録の方法

記録の方法の観点から見て、エレメントには次の種類がある。

a) 情報源における表示の転記を原則とするエレメント
b) 統制形による記録を行うエレメント
c) 本規則に提示された語彙のリストからの選択を原則とするエレメント
d) 計数・計測した値（量や大きさなど）の記録を原則とするエレメント
e) 上記のいずれにもよらず、文章等により記録を行うエレメント

（参照：＃1.9を見よ。）

#0.5.1.4 実体の記述

各実体について、その属性および関連のエレメントの記録を行ったデータの集合を、「記述」と呼ぶ。

#0.5.2 属性の記録

実体ごとに、その発見・識別等に必要な属性のエレメントを設定している。このうち、体現形に関する属性の記録が、資料の識別に根幹的な役割を果たす。
（参照：＃1.3を見よ。）

著作、表現形、個人・家族・団体、概念、物、出来事、場所に関する属性の記録の多くは、典拠コントロールに用いる。

#0.5.3 資料の種別

資料の種別について、表現形の種類を表す「表現種別」（参照：＃5.1を見よ。）、体現形の種類を表す「機器種別」（参照：＃2.15を見よ。）と「キャリア種別」（参照：＃2.16を見よ。）、刊行方式の区分（参照：＃2.12を見よ。）を設定して、多元的にとらえる。

従来の目録規則がとっていた資料種別による章立ては行わない。属性等の記録において、特定の種別の資料に適用される規定がある場合は、原則として一般的な規定の後に置く。

#0.5.4 アクセス・ポイントの構築

実体ごとに、規定に基づいて必要な属性を組み合わせ、実体に対する典拠形アクセス・ポイ

第0章 総説

ントと異形アクセス・ポイントを構築する。

#0.4に挙げた機能を実現するためには、典拠コントロールを行う必要がある。当該実体を他の実体と一意に判別する典拠形アクセス・ポイントは、典拠コントロールに根幹的な役割を果たし、関連の記録にも用いる。他方、異形アクセス・ポイントは、典拠形アクセス・ポイントとは異なる形から実体を発見する手がかりとなる。

両者は、ともに統制形アクセス・ポイントである。ほかに非統制形アクセス・ポイントがある。
（参照：#21を見よ。）

#0.5.5 関連の記録

資料や実体の発見、識別に必要な、実体間の様々な関係性を表現する、関連のエレメントを規定している。

関連する実体の識別子、典拠形アクセス・ポイント等によって、関連の記録を行う。エレメントによっては、関連の詳細な種類を示す「関連指示子」を設け、用いる語彙のリストを提示する。

#0.5.6 書誌階層構造

体現形の構造を固有のタイトルを有する複数のレベルから成る書誌階層構造ととらえ、記述対象を任意の書誌レベルから選択できることとする。特に、形態的に独立した資料だけでなく、その構成部分も記述対象とできるよう規定した。一方で、記述対象として選択することが望ましい基礎書誌レベルについても規定している。書誌階層構造は、FRBRで規定する体現形における関連の一種（全体と部分）に相当する。一つの書誌レベルの記述において、上位書誌レベルの情報は属性の記録および関連の記録として規定し、下位書誌レベルの情報は専ら関連の記録として規定する。
（参照：#1.5.1を見よ。）

#0.5.7 記録の順序等

規定対象をエレメントの記録の範囲と方法に限定し、エレメントまたはエレメントのグループの記録の順序、エンコーディングの方式、提供時の提示方式は、原則として規定しない。

ただし、典拠形アクセス・ポイントの構築については、優先タイトルまたは優先名称に付加する識別要素の優先順位を規定する。

#0.5.8 語彙のリスト等

本規則では、記録に用いる語彙のリストを提示しているエレメントがある。それらのエレメントでは、提示されたリストから用語を選択して記録することを原則とする。ただし、適切な用語がない場合に、データ作成機関がその他の簡略な用語を定めて記録することができるエレメントもある。

この種のエレメントについては、使用する語彙体系を明確に識別すれば、本規則が提示した語彙とは異なる体系を使用してもよい。

#0.5 本規則の概要

あるエレメントについて単一の名称や用語を入力すると規定している場合は、使用する語彙体系を明確に識別すれば、任意の体系に基づく値で代替してもよい（例：ISO 3166-1 の国名コードの使用）。

#0.5.9 保留している部分

他の標準・規則の状況を勘案し、次の事項に関する部分は規定の策定を保留している。

a) 概念、物、出来事の属性およびアクセス・ポイントの構築
b) 名称（主に行政地名）を除く場所の属性およびアクセス・ポイントの構築
c) 体現形、個別資料に対するアクセス・ポイントの構築
d) 資料と主題との関連
e) 主題間の関連

第1章以下では、全体構成を示す場合などを除き、保留している部分に言及しない。

#0.6 本規則の構成

「第1部 総説」では、本規則全体を通じた一般的事項を「第0章 総説」で述べる。

「第2部 属性」は、大きく「属性の記録」と「アクセス・ポイントの構築」に分かれる。

「属性の記録」は、次のセクションおよび章から構成される。

 セクション1 属性総則
  第1章 属性総則
 セクション2 著作、表現形、体現形、個別資料
  第2章 体現形
  第3章 個別資料
  第4章 著作
  第5章 表現形
 セクション3 個人・家族・団体
  第6章 個人
  第7章 家族
  第8章 団体
 セクション4 概念、物、出来事、場所
  第9章 概念（保留）
  第10章 物（保留）
  第11章 出来事（保留）
  第12章 場所（一部保留）

「アクセス・ポイントの構築」は、次のセクションおよび章から構成される。

 セクション5 アクセス・ポイント
  第21章 アクセス・ポイントの構築総則

第0章　総　説

　　　　第22章　著作
　　　　第23章　表現形
　　　　第24章　体現形（保留）
　　　　第25章　個別資料（保留）
　　　　第26章　個人
　　　　第27章　家族
　　　　第28章　団体
　　　　第29章　概念（保留）
　　　　第30章　物（保留）
　　　　第31章　出来事（保留）
　　　　第32章　場所（保留）

「第3部　関連」は実体間の関連を扱い、次のセクションおよび章から構成される。
　　　　セクション6　関連総則
　　　　　第41章　関連総則
　　　　セクション7　資料に関する関連
　　　　　第42章　資料に関する基本的関連
　　　　　第43章　資料に関するその他の関連
　　　　　第44章　資料と個人・家族・団体との関連
　　　　　第45章　資料と主題との関連（保留）
　　　　セクション8　その他の関連
　　　　　第46章　個人・家族・団体の間の関連
　　　　　第47章　主題間の関連（保留）

付録として、次のものを付す。
　　　A.1　片仮名記録法
　　　A.2　大文字使用法
　　　A.3　略語使用法
　　　B.1　語彙のリストの用語
　　　B.2　三次元資料の種類を示す用語と用いる助数詞（追加分）
　　　C.1　関連指示子：資料に関するその他の関連
　　　C.2　関連指示子：資料と個人・家族・団体との関連
　　　C.3　関連指示子：資料と主題との関連（保留）
　　　C.4　関連指示子：個人・家族・団体の間の関連
　　　C.5　関連指示子：主題間の関連（保留）
　　　D　　用語解説

#0.7 別法と任意規定

本規則では、条項番号・条項名の末尾に「別法」、「任意追加」、「任意省略」を付していない条項は、すべて本則である。

#0.7.1 別法

別法は、本則と択一の関係にある条項であり、対応する本則の直後に置く。ただし、本則に対する任意規定がある場合は任意規定の後に、本則に表が付随する場合は表の直後に置く。対応する本則の条項番号・条項名の末尾に「別法」の語を付すことで本則との区別を示す。複数の別法がある場合は、「別法1」、「別法2」等の形で区別する。各データ作成機関は、本則と別法のいずれを採用するかについて、方針を定める必要がある。

別法を置く場合は、本則どおりの部分も繰り返し記した上で、本則と異なる部分（文を単位とする。）の始点と終点に「*」を付している。

#0.7.2 任意規定

任意規定には、本則または別法の内容を拡充する場合と限定する場合とがあり、いずれも対応する本則または別法の直後に置く。内容を拡充する場合は、対応する条項番号・条項名の末尾に1字空けて「任意追加」の語を付すことで本則または別法との区別を示す。内容を限定する場合は、対応する条項番号・条項名の末尾に「任意省略」の語を付すことで本則または別法との区別を示す。同じ本則または別法に対応する「任意追加」または「任意省略」が複数ある場合は、それぞれの後ろに1、2等の連番を付して区別する。各データ作成機関は、任意規定の採否について、方針を定める必要がある。

#0.8 例示

NCRにおける例は、各規定を理解するための例示であり、本文に明記のない規定を例が暗示することはない。

例は、通常は、当該エレメントに記録すべき情報をそのまま示す。ただし、記述対象に表示された形をあわせて示す必要がある場合、または説明が必要な場合などは、その情報を丸がっこに入れて添える。また、エレメント名を示す必要がある場合は、例示の前にエレメント名を隅付きかっこ（【】）に入れて添える。

また、特定のエレメントの例において、必要に応じて他のエレメントをあわせて示すことがある。例えば、タイトル関連情報の例に本タイトルも添えて示す場合などである。

#0.8.1 区切り記号法等

原則として、例には特定のエンコーディングの方式による区切り記号等は使用しない。ただし、例外的に次の場合などは使用することがある。この場合も、特定のエンコーディングの方式を規定するものではない。

a) 読みを示す場合

　　湯川, 秀樹 || ユカワ, ヒデキ

第0章 総 説

  （#6.1.4.1において、個人の優先名称を例示している。統制形の記録において、読みをあわせて記録することを規定しているが、二重縦線（||）の使用は規定していない。）

b) 統制形アクセス・ポイントを構築する場合

  園部, 三郎 || ソノベ, サブロウ, 1906-1980; 山住, 正己 || ヤマズミ, マサミ, 1931-2003. 日本の子どもの歌 || ニホン ノ コドモ ノ ウタ

  （#22.1.2において、著作に対する典拠形アクセス・ポイントを例示している。優先タイトルと創作者に対する典拠形アクセス・ポイントを結合させることを規定しているが、結合の順序やピリオド、セミコロン等の使用は規定していない。）

c) 複数のエレメントの対応関係を示す場合

  土佐日記 / 紀貫之著 ; 池田弥三郎訳. 蜻蛉日記 / 藤原道綱母著 ; 室生犀星訳

  （#2.2.1.2.2において、総合タイトルのない資料の責任表示を例示している。個別のタイトルと責任表示の対応がわかるように記録することを規定しているが、ISBD区切り記号法の使用は規定していない。）

d) 複合記述または構造記述を使用して関連の記録を行う場合

  異版: 図解ギリシア神話 / 松村一男監修. ― 東京 : 西東社, 2011

  （#43.3.1において、関連指示子に続けて、構造記述を使用した記録を例示している。標準的な表示形式の使用を規定しているが、ISBD区切り記号法に限定した規定ではない。）

#0.9 言語・文字種

#0.9.1 表記の形

本規則の各条項では、エレメントの記録に用いる表記の形について次の用語を用いる。

a) 表示形

  情報源に表示された形。漢字（繁体字または簡体字を含む。）、仮名、ハングル、ラテン文字、キリル文字、ギリシャ文字等や、数字、記号など、各種文字種を含む。

b) 翻字形

  ラテン文字以外の文字種をラテン文字に翻字して表記する形。データ作成機関が採用した翻字法に従って表記し、翻字法については、必要に応じて注記として記録する。ラテン文字だけでなく、数字、記号等の各種文字種を含むことがある。

c) 片仮名表記形

  日本語、中国語、韓国・朝鮮語以外の言語のタイトルまたは名称を片仮名で表記する形。片仮名だけでなく、数字、記号およびラテン文字等の各種文字種を含むこともある。

d) 読み形

  表示形等とあわせて、その読みを表記する形。読み形のみで記録を行うことはない。

（参照：＃1.12を見よ。）
① 片仮名読み形
　　読み形のうち、主として片仮名で表記する形。片仮名だけでなく、数字、記号およびラテン文字等の各種文字種を含むこともある。
② ローマ字読み形
　　読み形のうち、主としてローマ字で表記する形。ローマ字だけでなく、数字、記号およびラテン文字等の各種文字種を含むこともある。
③ ハングル読み形
　　読み形のうち、主としてハングルで表記する形。ハングルだけでなく、数字、記号およびラテン文字等の各種文字種を含むこともある。

＃0.9.2　言語および文字種の選択

情報源における表示を転記するエレメントにおいては、情報源に表示されている言語および文字種（表示形）によることを原則とする。
（参照：＃1.10を見よ。）

ただし、転記ができない言語および文字種の場合は、データ作成機関が採用した翻字法に従って翻字形を記録する。

その他のエレメントについては、データ作成機関が選択する優先言語および文字種ならびに目録用言語を用いる。
（参照：＃0.9.3、＃0.9.4を見よ。）

＃0.9.3　優先言語および文字種

統制形による記録を行う場合は、使用する言語および文字種をデータ作成機関が定める。これを優先言語および文字種という。
（参照：＃1.11を見よ。）

日本語のみを選択することも、資料の言語によって、日本語と日本語以外の言語を使い分けることも可能である。

＃0.9.4　目録用言語

目録用言語は、情報源における表示からの転記または統制形による記録のいずれにもよらない場合のために、データ作成機関が定めて用いる言語である。データ作成機関は、目録用言語として、次のいずれかを選択する。
a）　常に日本語を使用する。
b）　日本語資料については、常に日本語を使用する。日本語以外の言語の資料については、データ作成機関が定めた言語を使用する。

本規則の各条項では、目録用言語を日本語とする場合および英語とする場合に対応している。他の言語を目録用言語とする場合は、語彙のリストや規定に指示された語句を、必要に応じて

第0章 総　説

目録用言語による表現に置き換えて記録する。

付表　コア・エレメント一覧

体現形の属性
  a)　タイトル
     本タイトル（参照：＃2.1.1を見よ。）
  b)　責任表示
     本タイトルに関係する責任表示（複数存在する場合は最初に記録する一つ）（参照：＃2.2.1を見よ。）
  c)　版表示
     ①　版次（参照：＃2.3.1を見よ。）
     ②　付加的版次（参照：＃2.3.5を見よ。）
  d)　逐次刊行物の順序表示（順序表示の方式が変化した場合は、初号の巻次および（または）年月次については最初の方式のもの、終号の巻次および（または）年月次については最後の方式のもの）
     ①　初号の巻次（参照：＃2.4.1を見よ。）
     ②　初号の年月次（参照：＃2.4.2を見よ。）
     ③　終号の巻次（参照：＃2.4.3を見よ。）
     ④　終号の年月次（参照：＃2.4.4を見よ。）
  e)　出版表示
     ①　出版地（複数存在する場合は最初に記録する一つ）（参照：＃2.5.1を見よ。）
     ②　出版者（複数存在する場合は最初に記録する一つ）（参照：＃2.5.3を見よ。）
     ③　出版日付（複数の種類の暦によって表示されている場合は、優先する暦のもの）（参照：＃2.5.5を見よ。）
  f)　非刊行物の制作表示
     非刊行物の制作日付（複数の種類の暦によって表示されている場合は、優先する暦のもの）（参照：＃2.8.5を見よ。）
  g)　シリーズ表示
     ①　シリーズの本タイトル（参照：＃2.10.1を見よ。）
     ②　シリーズ内番号（参照：＃2.10.8を見よ。）
     ③　サブシリーズの本タイトル（参照：＃2.10.9を見よ。）
     ④　サブシリーズ内番号（参照：＃2.10.16を見よ。）
  h)　キャリア種別（参照：＃2.16を見よ。）

付表　コア・エレメント一覧

　　i)　数量（次の場合）（参照：#2.17を見よ。）
　　　・資料が完結している場合
　　　・総数が判明している場合
　　j)　体現形の識別子（複数ある場合は国際標準の識別子）（参照：#2.34を見よ。）

著作の属性
　　a)　著作の優先タイトル（参照：#4.1を見よ。）
　　b)　著作の形式（同一タイトルの他の著作または個人・家族・団体と判別するために必要な場合）（参照：#4.3を見よ。）
　　c)　著作の日付（次の場合）（参照：#4.4を見よ。）
　　　・条約の場合
　　　・同一タイトルの他の著作または個人・家族・団体と判別するために必要な場合
　　d)　著作の成立場所（同一タイトルの他の著作または個人・家族・団体と判別するために必要な場合）（参照：#4.5を見よ。）
　　e)　著作のその他の特性（責任刊行者など）（同一タイトルの他の著作または個人・家族・団体と判別するために必要な場合）（参照：#4.6、#4.7を見よ。）
　　f)　著作の識別子（参照：#4.9を見よ。）
　　g)　演奏手段（音楽作品において、同一タイトルの他の作品と判別するために必要な場合）（参照：#4.14.3を見よ。）
　　h)　音楽作品の番号（音楽作品において、同一タイトルの他の作品と判別するために必要な場合）（参照：#4.14.4を見よ。）
　　i)　調（音楽作品において、同一タイトルの他の作品と判別するために必要な場合）（参照：#4.14.5を見よ。）

表現形の属性
　　a)　表現種別（参照：#5.1を見よ。）
　　b)　表現形の日付（同一著作の他の表現形と判別するために必要な場合）（参照：#5.2を見よ。）
　　c)　表現形の言語（記述対象が言語を含む内容から成る場合）（参照：#5.3を見よ。）
　　d)　表現形のその他の特性（同一著作の他の表現形と判別するために必要な場合）（参照：#5.4を見よ。）
　　e)　表現形の識別子（参照：#5.5を見よ。）
　　f)　尺度
　　　①　地図の水平尺度（参照：#5.23.2を見よ。）
　　　②　地図の垂直尺度（参照：#5.23.3を見よ。）

個人の属性

第0章　総　説

- a)　個人の優先名称（参照：＃6.1を見よ。）
- b)　個人と結びつく日付
  - ①　生年（参照：＃6.3.3.1を見よ。）
  - ②　没年（生年、没年はいずれか一方または双方）（参照：＃6.3.3.2を見よ。）
  - ③　個人の活動期間（生年、没年がともに不明な場合に、同一名称の他の個人との判別が必要なとき）（参照：＃6.3.3.3を見よ。）
- c)　称号（次の場合）（参照：＃6.4を見よ。）
  - ・王族、貴族、聖職者であることを示す称号の場合
  - ・同一名称の他の個人と判別するために必要な場合
- d)　活動分野（次の場合）（参照：＃6.5を見よ。）
  - ・個人の名称であることが不明確な場合に、職業を使用しないとき
  - ・同一名称の他の個人と判別するために必要な場合
- e)　職業（次の場合）（参照：＃6.6を見よ。）
  - ・個人の名称であることが不明確な場合に、活動分野を使用しないとき
  - ・同一名称の他の個人と判別するために必要な場合
- f)　展開形（同一名称の他の個人と判別するために必要な場合）（参照：＃6.7を見よ。）
- g)　その他の識別要素（次の場合）（参照：＃6.8を見よ。）
  - ・聖人であることを示す語句の場合
  - ・伝説上または架空の個人を示す語句の場合
  - ・人間以外の実体の種類を示す語句の場合
  - ・同一名称の他の個人と判別するために必要な場合
- h)　個人の識別子（参照：＃6.18を見よ。）

家族の属性

- a)　家族の優先名称（参照：＃7.1を見よ。）
- b)　家族のタイプ（参照：＃7.3を見よ。）
- c)　家族と結びつく日付（参照：＃7.4を見よ。）
- d)　家族と結びつく場所（同一名称の他の家族と判別するために必要な場合）（参照：＃7.5を見よ。）
- e)　家族の著名な構成員（同一名称の他の家族と判別するために必要な場合）（参照：＃7.6を見よ。）
- f)　家族の識別子（参照：＃7.10を見よ。）

団体の属性

- a)　団体の優先名称（参照：＃8.1を見よ。）
- b)　団体と結びつく場所（次の場合）（参照：＃8.3を見よ。）

- 会議、大会、集会等の開催地の場合（参照：＃8.3.3.1を見よ。）
- 同一名称の他の団体と判別するために必要な場合

c) 関係団体（次の場合）（参照：＃8.4を見よ。）
- 会議、大会、集会等の開催地より識別に役立つ場合
- 会議、大会、集会等の開催地が不明または容易に確認できない場合
- 同一名称の他の団体と判別するために必要な場合

d) 団体と結びつく日付（次の場合）（参照：＃8.5を見よ。）
- 会議、大会、集会等の開催年の場合（参照：＃8.5.3.4を見よ。）
- 同一名称の他の団体と判別するために必要な場合

e) 会議、大会、集会等の回次（参照：＃8.6を見よ。）

f) その他の識別要素
  ① 団体の種類（次の場合）（参照：＃8.7.1を見よ。）
    - 優先名称が団体の名称であることが不明確な場合
    - 同一名称の他の団体と判別するために必要な場合
  ② 行政区分を表す語（同一名称の他の団体と判別するために必要な場合）（参照：＃8.7.2を見よ。）
  ③ その他の識別語句（次の場合）（参照：＃8.7.3を見よ。）
    - 優先名称が団体の名称であることが不明確な場合に、団体の種類を使用しないとき
    - 同一名称の他の団体と判別するために必要な場合

g) 団体の識別子（参照：＃8.12を見よ。）

資料に関する基本的関連

a) 表現形から著作への関連（参照：＃42.2を見よ。）

b) 体現形から表現形への関連（複数の表現形が一つの体現形として具体化された場合は、顕著にまたは最初に名称が表示されている体現形から表現形への関連）（参照：＃42.6を見よ。）

ただし、著作と体現形を直接に関連づける場合は、次のものをコア・エレメントとする。

c) 体現形から著作への関連（複数の著作が一つの体現形として具体化された場合は、顕著にまたは最初に名称が表示されている体現形から著作への関連）（参照：＃42.4を見よ。）

資料と個人・家族・団体との関連

a) 創作者（参照：＃44.1.1を見よ。）

b) 著作と関連を有する非創作者（その個人・家族・団体に対する典拠形アクセス・ポイントを使用して、著作に対する典拠形アクセス・ポイントを構築する場合）（参照：＃44.1.2を見よ。）

第2部
属　性

<属性の記録>

セクション1　属性総則

　　第1章　属性総則　41

セクション2　著作、表現形、体現形、個別資料

　　第2章　体現形　67

　　第3章　個別資料　325

　　第4章　著作　333

　　第5章　表現形　385

セクション3　個人・家族・団体

　　第6章　個人　417

　　第7章　家族　451

　　第8章　団体　463

セクション4　概念、物、出来事、場所

　　第9章　概念（保留）

　　第10章　物（保留）

　　第11章　出来事（保留）

　　第12章　場所　497

＜アクセス・ポイントの構築＞

セクション5　アクセス・ポイント

　　第21章　アクセス・ポイントの構築総則　513

　　第22章　著作　519

　　第23章　表現形　547

　　第24章　体現形（保留）

　　第25章　個別資料（保留）

　　第26章　個人　553

　　第27章　家族　561

　　第28章　団体　567

　　第29章　概念（保留）

　　第30章　物（保留）

　　第31章　出来事（保留）

　　第32章　場所（保留）

第1章
属性総則

＃1　属性総則
＃1.1　記録の目的
＃1.2　記録の範囲
＃1.2.1　構成
＃1.2.2　コア・エレメント
＃1.3　記述対象
＃1.4　刊行方式
＃1.4.1　単巻資料
＃1.4.2　複数巻単行資料
＃1.4.3　逐次刊行物
＃1.4.4　更新資料
＃1.5　書誌階層構造と記述のタイプ
＃1.5.1　書誌階層構造
＃1.5.2　記述のタイプ
＃1.6　識別の基盤
＃1.6.1　複数の部分から成る記述対象
＃1.6.2　更新資料
＃1.7　新規の記述を必要とする変化
＃1.8　情報源
＃1.8.1　体現形、個別資料
＃1.8.2　著作、表現形
＃1.8.3　個人・家族・団体
＃1.8.4　場所
＜＃1.9～＃1.13　記録の方法＞
＃1.9　記録の方法
＃1.10　転記
＃1.10.1　漢字、仮名

＃1.10.2　ラテン文字
＃1.10.3　漢字、仮名、ラテン文字以外の文字種
＃1.10.4　句読記号
＃1.10.5　句読記号以外の記号等
＃1.10.6　計量の単位
＃1.10.7　イニシャル・頭字語
＃1.10.8　再読を意図して表示された文字または語句
＃1.10.9　略語
＃1.10.10　数、日付
＃1.10.11　誤表示
＃1.11　統制形の記録
＜＃1.11.1～＃1.11.4　言語＞
＃1.11.1　日本語
＃1.11.2　中国語
＃1.11.3　韓国・朝鮮語
＃1.11.4　日本語、中国語、韓国・朝鮮語以外の言語
＜＃1.11.5～＃1.11.11　統制形の記録の補足規定＞
＃1.11.5　大文字使用法
＃1.11.6　数
＃1.11.7　アクセント、発音符号等
＃1.11.8　冒頭の冠詞
＃1.11.9　ハイフン
＃1.11.10　イニシャル・頭字語の後のスペース
＃1.11.11　略語
＃1.12　読みの記録

＃1.12.1　片仮名読み形

＃1.12.2　ローマ字読み形

＃1.12.3　ハングル読み形

＃1.13　注記

＃1.13.1　引用

＃1.13.2　参照

＃1.13.3　対象部分の特定

#1 属性総則

#1.1 記録の目的

実体の属性の記録の目的は、次のとおりである。

a) 統制形アクセス・ポイントを構成する要素として、または非統制形アクセス・ポイントとして、実体の発見に寄与する。

b) 特定の実体を識別する(すなわち、記述された実体と求める実体との一致を確認する、または類似した複数の実体を判別する)。

c) 利用者のニーズに適合する資料を選択する(すなわち、内容、キャリア等に照らして利用者の要求を満たす資料を選択する、または利用者のニーズに適合しない資料を除外する)。

d) 記述された個別資料を入手する(すなわち、個別資料を取得する、または個別資料へのアクセスを確保する)。

#1.2 記録の範囲

書誌データおよび典拠データとして、著作、表現形、体現形、個別資料、個人・家族・団体、概念、物、出来事および場所という各実体の属性を記録する。

#1.2.1 構成

セクション1の本章は、各実体の属性を記録するにあたって、前提となる規定および共通の規定を扱っている。

次いで第2章～第12章は、実体別に次のように構成している。

セクション2 著作、表現形、体現形、個別資料
 第2章 体現形
 第3章 個別資料
 第4章 著作
 第5章 表現形

セクション3 個人・家族・団体
 第6章 個人
 第7章 家族
 第8章 団体

セクション4 概念、物、出来事、場所
 第9章 概念(保留)
 第10章 物(保留)
 第11章 出来事(保留)
 第12章 場所(一部保留)

#1.2.2 コア・エレメント

第1章 属性総則

コア・エレメントについては、#0末尾の付表を見よ。

#1.3 記述対象

　書誌データの根幹は、体現形の記述である。当該の資料全体の刊行方式と書誌階層構造を把握した上で、その資料から特定の体現形を選択し、記述対象とする。
（参照：刊行方式については、#1.4～#1.4.4を見よ。書誌階層構造については、#1.5.1を見よ。）

　記述対象が複数の部分（巻号、部編など）から成る場合、または複数のイテレーション（更新資料における更新状態）をもつ場合は、#1.6～#1.6.2に従う。

　記述対象とする体現形の属性を記録し、あわせて個別資料の記述、その体現形が属する著作および表現形の記述を作成する。また、必要に応じて関連するその他の実体（個人・家族・団体、場所）の記述を作成する。

　ただし、書写資料、肉筆の絵画、手稿譜等については、個別資料を記述対象として、体現形の記述を作成する。

#1.3 記述対象　別法

　書誌データの根幹は、体現形の記述である。当該の資料全体の刊行方式と書誌階層構造を把握した上で、その資料から特定の体現形を選択し、記述対象とする。
（参照：刊行方式については、#1.4～#1.4.4を見よ。書誌階層構造については、#1.5.1を見よ。）

　記述対象が複数の部分（巻号、部編など）から成る場合、または複数のイテレーション（更新資料における更新状態）をもつ場合は、#1.6～#1.6.2に従う。

　記述対象とする体現形の属性を記録し、あわせて個別資料の記述、その体現形が属する著作および表現形の記述を作成する。また、必要に応じて関連するその他の実体（個人・家族・団体、場所）の記述を作成する。

　ただし、和古書・漢籍、初期印刷資料、書写資料、肉筆の絵画、手稿譜等については、個別資料を記述対象として、体現形の記述を作成する。

#1.4 刊行方式

　セクション2では、体現形の刊行方式ごとに規則を定めている場合がある。刊行方式による区分には、単巻資料、複数巻単行資料、逐次刊行物、更新資料がある。

#1.4.1 単巻資料

　物理的に単一のユニットとして刊行される資料（例えば、1冊のみの単行資料）である。無形資料の場合は、論理的に単一のユニットとして刊行される資料（例えば、ウェブサイトに掲載されたPDFファイル）である。

#1.4.2 複数巻単行資料

　同時に、または継続して刊行される複数の部分から成る資料で、一定数の部分により完結す

#1.4 刊行方式

る、または完結することを予定するものである。例えば、2巻組の辞書、1セット3巻組のオーディオカセット、複数巻から成る全集、終期を予定するシリーズがある。

#1.4.3 逐次刊行物

終期を予定せず、同一タイトルのもとに、部分に分かれて継続して刊行され、通常はそれぞれに順序表示がある資料である。雑誌、新聞、終期を予定しないシリーズなどがある。特定のイベントに関するニュースレターなど、刊行期間は限定されているが、連続する巻号、番号、刊行頻度など逐次刊行物としての特徴を備えた資料や、逐次刊行物の複製をも含む。

#1.4.4 更新資料

追加、変更などによって内容が更新されるが、一つの刊行物としてのまとまりは維持される資料である。更新前後の資料は、別個の資料として存在するのではなく、更新箇所が全体に統合される。例えば、ページを差し替えることにより更新されるルーズリーフ形式のマニュアル、継続的に更新されるウェブサイトがある。

#1.5 書誌階層構造と記述のタイプ

#1.5.1 書誌階層構造

体現形は、シリーズとその中の各巻、逐次刊行物とその中の各記事のように、それぞれが固有のタイトルを有する複数のレベルとして、階層的にとらえることができる。これを書誌階層構造という。

書誌レベルは、書誌階層構造における上下の位置づけを示す。記述対象として選択することが望ましい書誌レベルを、基礎書誌レベルという。その上下の書誌レベルを、それぞれ上位書誌レベル、下位書誌レベルと定める。

データ作成者は、任意の一つの書誌レベルを選択し、体現形の記述（包括的記述または分析的記述）を作成する。
（参照：#1.5.2.1、#1.5.2.2を見よ。）

複数の書誌レベルを選択し、それらの記述を組み合わせた階層的記述を作成することもできる。
（参照：#1.5.2.3を見よ。）

一つの書誌レベルの記述において、上位書誌レベルの情報は、属性の記録（シリーズ表示）、および（または）関連の記録（体現形間の上位・下位の関連）として記録することができる。下位書誌レベルの情報は、専ら関連の記録（体現形間の上位・下位の関連）として記録することができる。異なる書誌レベルにそれぞれ対応した複数の記述を作成し、関連の記録によって相互に結びつけることもできる。
（参照：#43.3を見よ。）

第1章　属性総則

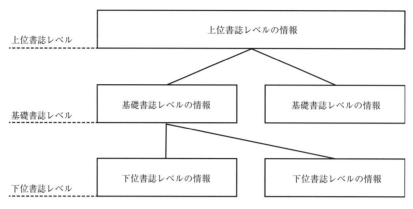

図1.5.1　書誌階層構造

基礎書誌レベルについては、刊行方式に応じて、次のとおりに設定する。
  a)　単巻資料
    それ自体を基礎書誌レベルとする。
  b)　複数巻単行資料
    全体を構成する各部分が固有のタイトルを有する場合は、そのタイトルを有する部分（1巻、複数巻）を基礎書誌レベルとする。各部分が固有のタイトルを有しない場合は、全体を基礎書誌レベルとする。
  c)　逐次刊行物
    その全体を基礎書誌レベルとする。ただし、それぞれ独立した順序表示をもつ部編等に分かれている場合は、部編等を基礎書誌レベルとする。
  d)　更新資料
    その全体を基礎書誌レベルとする。

なお、固有のタイトルを有しない物理的（または論理的）な単位に記述対象を分割して扱う場合は、その単位を物理レベルとよぶ。物理レベルで記述を作成してもよい。

#1.5.2　記述のタイプ
体現形の記述のタイプには、包括的記述、分析的記述、階層的記述がある。
データ作成の目的にあわせて、いずれかの記述のタイプを採用する。

#1.5.2.1　包括的記述
包括的記述は、体現形の全体を記述対象とする記述である。書誌階層構造でいえば、下位書誌レベルが存在する場合の上位書誌レベルの記述が該当する。また、単一の書誌レベルしか存在しない場合の記述も該当する。
包括的記述を採用するのは、次のような体現形の全体を記述対象とする場合である。
  a)　単巻資料

b)　複数巻単行資料
   c)　逐次刊行物
   d)　更新資料
   e)　個人収集者、販売者、図書館、文書館等が収集した、複数の部分から成るコレクション

　単巻資料、逐次刊行物、更新資料については、包括的記述が基礎書誌レベルのデータ作成に相当する。複数巻単行資料については、各部分が固有のタイトルを有しない場合に限り、包括的記述が基礎書誌レベルのデータ作成に相当する。

　包括的記述を採用した場合は、資料の部分に関する情報（著作に関する情報をも含む）を次のいずれかの方法で記録することができる。
   f)　キャリアに関する記録の一部として（参照：#2.14.0.4を見よ。）
   g)　関連する著作の記録として（参照：#43.1を見よ。）
   h)　関連する体現形の記録として（参照：#43.3を見よ。）

　また、包括的記述とは別に、各部分を記述対象とする分析的記述を作成し、相互に関連づけることもできる。

#1.5.2.2　分析的記述

　分析的記述は、より大きな単位の体現形の一部を記述対象とする記述である。複数の部分から成る体現形のうちの一つの部分を記述対象とする場合や、シリーズのうちの1巻を記述対象とする場合などがある。書誌階層構造でいえば、上位書誌レベルが存在する場合の下位書誌レベルの記述が該当する。また、物理レベルでの記述もこれに該当する。

　分析的記述を採用するのは、次のような体現形の部分を記述対象とする場合である。部分の数は任意であり（一つの部分、選択した複数の部分、全部分のいずれの場合もある）、それぞれに対するデータを作成することができる。
   a)　単巻資料の一部（1冊の歌曲集のうちの1曲など）
   b)　複数巻単行資料の一部（本編と索引から成る2巻組のうちの索引など）
   c)　逐次刊行物の一部（1号のうちの1記事、全号のうちの1号全体、選択した複数号など）
   d)　更新資料の一部
   e)　個人収集者、販売者、図書館、文書館等による、複数の部分から成るコレクションの一部

　分析的記述を採用した場合は、より大きな単位の資料に関する情報（著作に関する情報をも含む）を、次の方法で記録することができる。
   f)　分析的記述におけるシリーズ表示の記録として（参照：#2.10.0.4を見よ。）
   g)　関連する著作の記録として（参照：#43.1を見よ。）
   h)　関連する体現形の記録として（参照：#43.3を見よ。）

　また、作成した分析的記述とは別に、より大きな単位の体現形を記述対象とする記述を作成

第1章　属性総則

し、相互に関連づけることもできる。

分析的記述を採用した場合に、さらに小さな単位の部分が存在するときは、小さな単位の部分に関する情報を次のいずれかの方法で記録することができる。

　　i)　キャリアに関する記録の一部として（参照：＃2.14.0.4を見よ。）
　　j)　関連する著作の記録として（参照：＃43.1を見よ。）
　　k)　関連する体現形の記録として（参照：＃43.3を見よ。）

＃1.5.2.3　階層的記述

包括的記述に一つまたは複数の分析的記述を連結した記述である。複数の部分から成るあらゆる体現形は、その全体と部分をそれぞれ包括的記述と分析的記述の双方によって記録することができる。分析的記述は、複数の階層に細分できる場合がある。

＃1.6　識別の基盤

記述対象の体現形が複数の部分（巻号、部編など）から成る場合、または複数のイテレーションをもつ場合は、＃1.6.1、＃1.6.2に従って、識別の基盤となる部分またはイテレーションを選定する。

単巻資料に対する包括的記述を作成する場合、または単一の部分に対する分析的記述を作成する場合は、記述対象全体を識別の基盤とする。

次のエレメントについては、識別の基盤となる部分またはイテレーションから情報源を選定して記録する。

　　a)　タイトル（参照：＃2.1を見よ。）
　　b)　責任表示（参照：＃2.2を見よ。）
　　c)　版表示（参照：＃2.3を見よ。）
　　d)　逐次刊行物の順序表示（参照：＃2.4を見よ。）
　　e)　出版表示（参照：＃2.5を見よ。）
　　f)　頒布表示（参照：＃2.6を見よ。）
　　g)　製作表示（参照：＃2.7を見よ。）
　　h)　非刊行物の制作表示（参照：＃2.8を見よ。）

＃1.6.1　複数の部分から成る記述対象

複数巻単行資料または逐次刊行物に対する包括的記述など、記述対象が複数の部分（巻号、部編など）から成る場合は、次のように識別の基盤を選定する。

　　a)　各部分に順序を示す番号付がある場合は、最も小さな番号が付された部分（逐次刊行物の初号など）を識別の基盤とする。それが入手できない場合は、入手できた範囲で最も小さな番号が付された部分を識別の基盤とし、識別の基盤とした部分について、注記として記録する。

　　　　（参照：＃2.41.12.2.1～＃2.41.12.2.1.3を見よ。）

#1.6 識別の基盤

刊行が終了した逐次刊行物の順序表示、出版日付、頒布日付、製作日付、非刊行物の制作日付については、最も大きな番号が付された部分（終号）も識別の基盤とする。

b) 各部分に番号付がない場合、または番号付が部分の順序決定の役割を果たさない場合は、出版等の日付が最も古い部分を識別の基盤とする。それが入手できない場合は、入手できた範囲で出版等の日付が最も古い部分を識別の基盤とし、識別の基盤とした部分について、注記として記録する。
（参照：#2.41.12.2.1～#2.41.12.2.1.3を見よ。）

出版日付、頒布日付、製作日付、非刊行物の制作日付については、出版等の日付が最も新しい部分も識別の基盤とする。

c) セットとして扱う記述対象（同時に刊行された複数巻単行資料など）のうち、番号付がない場合、または番号付が順序を示していない場合は、記述対象全体を識別の基盤とする。

（参照：複数の情報源については、あわせて#2.0.2.2.4～#2.0.2.2.4.4を見よ。）

#1.6.2 更新資料

記述対象が更新資料である場合は、最新のイテレーションを識別の基盤とし、基盤としたイテレーションについて注記として記録する。
（参照：#2.41.12.2.2を見よ。）

出版日付、頒布日付、製作日付、非刊行物の制作日付については、出版等の日付が最も古いイテレーションおよび最も新しいイテレーションを識別の基盤とする。

#1.7 新規の記述を必要とする変化

実体の種類ごとに、新たな実体が生じたとみなして新規の記述を作成する変化について規定する。体現形については#2.0.5～#2.0.5C、著作については#4.0.4～#4.0.4.2B、個人については#6.1.3.1～#6.1.3.1B、家族については#7.1.3.1～#7.1.3.1A、団体については#8.1.3.2に従う。著作に新規の記述を作成する変化があった場合は、表現形にも新規の記述を必要とするとみなす。

#1.8 情報源

資料に対する情報源は、資料自体の情報源と資料外の情報源に区分される。資料自体の範囲については、#2.0.2.1で規定する。また、資料自体の情報源から、#2.0.2.2～#2.0.2.2.4.4に従って優先情報源を選定する。

#1.8.1 体現形、個別資料

体現形、個別資料の属性を記録するにあたっては、その情報源は、各エレメントの情報源の規定が異なっていない限り、#2.0.2.2～#2.0.2.3.2別法を適用して選定する。

#1.8.2 著作、表現形

著作、表現形の属性を記録するにあたっては、どの情報源に基づいて記録してもよい。ただし、著作の優先タイトルの情報源については、#4.1.2に従う。

第1章　属性総則

（参照：著作の属性の情報源については、＃4.0.2を見よ。表現形の属性の情報源については、＃5.0.2を見よ。）

#1.8.3　個人・家族・団体

個人・家族・団体の属性を記録するにあたっては、どの情報源に基づいて記録してもよい。ただし、個人・家族・団体の優先名称の情報源は、次のものをこの優先順位で採用する。

a)　個人・家族・団体と結びつく資料の優先情報源
b)　個人・家族・団体と結びつく資料に表示された、形式の整ったその他の情報
c)　その他の情報源（参考資料を含む）

（参照：個人の属性の情報源については、＃6.0.2を見よ。家族の属性の情報源については、＃7.0.2を見よ。団体の属性の情報源については、＃8.0.2を見よ。）

#1.8.4　場所

場所の属性を記録するにあたっては、どの情報源に基づいて記録してもよい。ただし、場所の優先名称の情報源は、次のものをこの優先順位で採用する。

a)　データ作成機関で定める言語による地名辞典等の参考資料
b)　場所が属する法域で刊行された、その法域の公用語による地名辞典等の参考資料

（参照：＃12.0.2を見よ。）

＜＃1.9～＃1.13　記録の方法＞

#1.9　記録の方法

属性は、＃0.5.1.3に示したエレメントの種類に応じて、次のように記録する。

a)　情報源における表示の転記を原則とするエレメント

　　＃1.10～＃1.10.11別法に従って、情報源における表示を転記する。

　　例外的に、当該エレメントの記録の方法の規定に従って、転記によらない記録を行う場合がある。その場合は、データ作成機関で定める目録用言語を用いて記録する。

　　（参照：＃0.9.4を見よ。）

b)　統制形による記録を行うエレメント

　　＃1.11～＃1.11.11に従って記録する。典拠ファイルなどの手段で統制を行う。

c)　本規則に提示された語彙のリストからの選択を原則とするエレメント

　　当該エレメントの記録の方法の規定に示された語彙のリストから、適切な用語を選択して記録する。リストに適切な用語がない場合に、データ作成機関がその他の簡略な用語を定めて記録することができるエレメントもある。

　　データ作成機関の定める目録用言語を用いて記録する。日本語または英語以外の言語を目録用言語とする場合は、リストの用語を目録用言語による表現に置き換えて記録する。

　　（参照：＃0.9.4を見よ。）

　　データ作成機関の判断により、本規則で規定する語彙のリストとは異なる語彙体系を用

#1.9 記録の方法

いて記録することもできる。その場合は、データ作成機関が用いた語彙の体系を明らかにする必要がある。
（参照：#0.5.8を見よ。）

　d)　計数・計測した値（量や大きさなど）の記録を原則とするエレメント
　　　当該エレメントの記録の方法の規定に従い、計数・計測した値とその単位を記録する。記録の一部に、提示された語彙のリストからの選択を含む場合がある。
　　　データ作成機関の定める目録用言語を用いて記録する。
　（参照：#0.9.4を見よ。）

　e)　文章等により記録を行うエレメント
　　　当該エレメントの記録の方法の規定に従い、データ作成機関の定める目録用言語を用いて記録する。
　（参照：#0.9.4を見よ。）

#1.10　転記

#2の次のエレメントでは、特に指示のある場合を除いて、情報源における表示を転記する。
（参照：#0.9.2を見よ。）

　a)　タイトル（参照：#2.1.0.4を見よ。）
　b)　責任表示（参照：#2.2.0.4を見よ。）
　c)　版表示（参照：#2.3.0.4を見よ。）
　d)　逐次刊行物の順序表示（参照：#2.4.0.4を見よ。）
　e)　出版表示（参照：#2.5.0.4を見よ。）
　f)　頒布表示（参照：#2.6.0.4を見よ。）
　g)　製作表示（参照：#2.7.0.4を見よ。）
　h)　非刊行物の制作表示（参照：#2.8.0.4を見よ。）
　i)　著作権日付（参照：#2.9.2を見よ。）
　j)　シリーズ表示（参照：#2.10.0.4を見よ。）

情報源における表示を転記する場合は、文字の大小の表示は再現せず、#1.10.1～#1.10.11別法およびそれらの規定が参照する付録に従って記録する。

なお、他機関が作成したデータを使用する場合、または自動的なコピー、スキャン、ダウンロード、メタデータのハーベストなどによるデジタル情報源を使用する場合は、データを修正せずに使用してよい。

#1.10　転記　別法

#2の次のエレメントでは、特に指示のある場合を除いて、情報源における表示を転記する。
（参照：#0.9.2を見よ。）

　a)　タイトル（参照：#2.1.0.4を見よ。）

第1章　属性総則

b) 責任表示（参照：＃2.2.0.4を見よ。）
c) 版表示（参照：＃2.3.0.4を見よ。）
d) 逐次刊行物の順序表示（参照：＃2.4.0.4を見よ。）
e) 出版表示（参照：＃2.5.0.4を見よ。）
f) 頒布表示（参照：＃2.6.0.4を見よ。）
g) 製作表示（参照：＃2.7.0.4を見よ。）
h) 非刊行物の制作表示（参照：＃2.8.0.4を見よ。）
i) 著作権日付（参照：＃2.9.2を見よ。）
j) シリーズ表示（参照：＃2.10.0.4を見よ。）

＊情報源における表示を転記する場合は、データ作成機関が定める、または採用すると定めた基準に従って記録する。この場合は、＃1.10.1～＃1.10.11別法およびそれらの規定が参照する付録に従う必要はない＊。

なお、他機関が作成したデータを使用する場合、または自動的なコピー、スキャン、ダウンロード、メタデータのハーベストなどによるデジタル情報源を使用する場合は、データを修正せずに使用してよい。

＃1.10.1　漢字、仮名

漢字は、原則として情報源に使用されている字体で記録する。楷書以外の書体は楷書体に改める。入力できない漢字は、入力できる漢字に置き換えるか、読みや説明的な語句に置き換え、その旨が分かる方法（コーディングや角がっこの使用など）で示し、必要に応じて説明を注記として記録する。

仮名はそのまま記録するが、変体仮名は平仮名に改める。

＃1.10.1　漢字、仮名　別法

＊漢字は、原則として常用漢字表に収録されている字体で記録する。常用漢字表の字体に置き換えられない漢字は、情報源に使用されている字体のとおりに記録する＊。楷書以外の書体は楷書体に改める。入力できない漢字は、入力できる漢字に置き換えるか、読みや説明的な語句に置き換え、その旨が分かる方法（コーディングや角がっこの使用など）で示し、必要に応じて説明を注記として記録する。

仮名はそのまま記録するが、変体仮名は平仮名に改める。

＃1.10.2　ラテン文字

ラテン文字は、原則として情報源に表示されているとおりに記録する。大文字使用法については、当該言語の慣用に従う。発音符号は、情報源に表示されているとおりに記録する。
（参照：大文字使用法については、付録#A.2を見よ。）

＃1.10.2　ラテン文字　任意追加

情報源に表示されていない発音符号は、当該言語の慣用に従って追加して記録する。

#1.10.3 漢字、仮名、ラテン文字以外の文字種

　漢字、仮名、ラテン文字以外の文字種は、原則として情報源に使用されているとおりに記録する。入力できない文字は、入力できる文字に置き換えるか、説明的な語句に置き換え、その旨が分かる方法（コーディングや角がっこの使用など）で示し、必要に応じて説明を注記として記録する。大文字使用法については、当該言語の慣用に従う。
（参照：大文字使用法については、付録 #A.2 を見よ。）

#1.10.3 漢字、仮名、ラテン文字以外の文字種　別法

　漢字、仮名、ラテン文字以外の文字種は、入力できる文字種に置き換えて記録する。置き換えについては、必要に応じて説明を注記として記録する。大文字使用法については、当該言語の慣用に従う。
（参照：大文字使用法については、付録 #A.2 を見よ。）

#1.10.4 句読記号

　句読記号は、原則として情報源に表示されているとおりに記録する。句読記号を表示されているとおりに記録することで、かえって意味が不明確になる場合は、記録しないか、他の句読記号に置き換える。識別のために重要な場合は、その旨を注記として記録する。

　　　　【本タイトル】　　　　　Companion animal
　　　　【タイトルに関する注記】　Title appears within square brackets on both title page and cover.
　　　（情報源の表示：[Companion ANIMAL]）

　別のエレメントとして記録する情報との間に表示されている句読記号は、記録しない。

　　　　【本タイトル】　　　　　The Lidov-Kozai effect
　　　　【タイトル関連情報】　　applications in exoplanet research and dynamical astronomy
　　　（情報源の表示：The Lidov-Kozai Effect - Applications in Exoplanet Research and Dynamical
　　　　Astronomy）

　また、同一のエレメントとして記録する情報との間に表示されている句読記号は、記録しない。

　　　　【出版地】　　Amsterdam
　　　　【出版地】　　Boston
　　　　【出版地】　　Heidelberg
　　　　【出版地】　　London
　　　（情報源の表示：Amsterdam・Boston・Heidelberg・London）

　改行して表示されている情報を続けて記録する場合などに、必要に応じて句読記号を追加する。

　　　　【本タイトルに関係する責任表示】　Peter Watts Jones, Peter Smith
　　　（情報源では、1名ずつ改行して表示されている。）

#1.10.5 句読記号以外の記号等

第1章 属性総則

　記号等は、原則として情報源に表示されているとおりに記録する。再現不能な記号等は、説明的な語句に置き換え、その旨が分かる方法（コーディングや角がっこの使用など）で示す。さらに必要がある場合は、説明を注記として記録する。記号を再現することで、かえって意味が不明確になる場合は、記録しないか、他の記号に置き換える。識別のために重要な場合は、その旨を注記として記録する。他の情報と分離するためなどレイアウトに使用した記号等は、記録しない。

＃1.10.6　計量の単位

　計量の単位は、情報源に表示されているとおりに記録する。

＃1.10.7　イニシャル・頭字語

　情報源に表示されているイニシャルや頭字語の間にスペースがある場合は、スペースを入れずに記録する。ピリオドは省略しない。

＃1.10.8　再読を意図して表示された文字または語句

　一度の表示で明らかに再読を意図して表示されている文字または語句は、繰り返して記録する。

　　　　　【本タイトル】　　視ることば聴くことば
　　　　（情報源の表示は、次のとおり。）
　　　　　　　　　　聴
　　　　　　　　　　く
　　　　　　　　　　こ
　　　　　　　　　　と
　　　　　　　　視ることば

＃1.10.9　略語

　略語は、付録＃A.3.2に従って記録する。

＃1.10.10　数、日付

　数または日付は、数字で表示されている場合と、語句で表示されている場合とがある。次のエレメントで数または日付を記録する場合は、特に指示のある場合を除いて、＃1.10.10.1～＃1.10.10.5に従う。

　a）　逐次刊行物の順序表示（参照：＃2.4.0.4を見よ。）

　　①　初号の巻次
　　②　初号の年月次
　　③　終号の巻次
　　④　終号の年月次
　　⑤　初号の別方式の巻次
　　⑥　初号の別方式の年月次
　　⑦　終号の別方式の巻次

#1.10 転記

⑧ 終号の別方式の年月次
b) 出版日付（参照：#2.5.5.2を見よ。）
c) 頒布日付（参照：#2.6.5.2を見よ。）
d) 製作日付（参照：#2.7.5.2を見よ。）
e) 非刊行物の制作日付（参照：#2.8.5.2を見よ。）
f) 著作権日付（参照：#2.9.2を見よ。）
g) シリーズ内番号（参照：#2.10.8.2を見よ。）
h) サブシリーズ内番号（参照：#2.10.16.2を見よ。）
i) 学位授与年（参照：#4.23.3を見よ。）

その他のエレメントで数または日付を転記する場合は、情報源に表示されているとおりに、#1.10.1～#1.10.9に従って記録する。

和古書・漢籍については、出版日付、非刊行物の制作日付を記録する場合に、#1.10.10.5の規定を適用せず、#2.5.5.2A、#2.8.5.2Aに従ってそれぞれ記録する。

初期印刷資料については、逐次刊行物の順序表示、出版日付、頒布日付、製作日付、非刊行物の制作日付を記録する場合に、#1.10.10.1～#1.10.10.5の規定を適用せず、情報源に表示されているとおりに記録することができる。

#1.10.10.1 数字

数が、情報源に数字で表示されている場合に、アラビア数字に置き換えることで理解が困難にならないときは、アラビア数字で記録する。

【シリーズ内番号】 3
（情報源の表示：三）
【シリーズ内番号】 2
（情報源の表示：弐）

#1.10.10.1 数字 別法

数が、情報源に数字で表示されている場合は、表示されているとおりに記録する。必要に応じてアラビア数字を付加する。この場合は、資料外の情報源から採用したことを注記および（または）その他の方法（コーディングや角がっこの使用など）で示す。

【シリーズ内番号】 三
（情報源の表示：三）
【シリーズ内番号】 弐
（情報源の表示：弐）
【シリーズ内番号】 参 [3]
（情報源の表示：参）

#1.10.10.2 語句で表示された数

数が、語句で表示されている場合は、アラビア数字に置き換えて記録する。

第 1 章　属性総則

　　　　　【初号の巻次】　Volume 2
　　　　　（情報源の表示：Volume two）

#1.10.10.3　省略された数

範囲を示す数または日付の一部が省略されている場合は、完全な形で記録する。

　　　　　【シリーズ内番号】　801-815
　　　　　（情報源の表示：801-15）

#1.10.10.4　序数

序数は、数字と語句のいずれで表示されていても、当該言語の標準的な序数を示す表記の形式に従って、数字として記録する。

　a)　日本語、中国語または韓国・朝鮮語の場合
　　　「第」を省略せずに「第 8」、「第 3 巻」などと記録する。
　b)　英語の場合
　　　「1st」、「2nd」、「3rd」、「4th」などと記録する。
　c)　その他の言語の場合
　　　フランス語は、「1er」、「1re」、「2^{e}」、「3^{e}」などと記録する。
　　　ドイツ語は、「1.」、「2.」、「3.」などと記録する。
　　　イタリア語は、「1º」、「1ª」、「2º」、「2ª」、「3º」、「3ª」などと記録する。
　　　当該言語の使用法が不明な場合は、「1.」、「2.」、「3.」などと記録する。

#1.10.10.5　日付

日付は、当該エレメントの記録の方法の規定に従った暦で記録する。

　　　　　【初号の年月次】　平成 8 年版
　　　　　（情報源の表示：平成八年版）
　　　　　【出版日付】　　　2013
　　　　　（情報源の表示：平成 25 年　#2.5.5.2 本則を採用した場合）

西暦以外の暦で記録した場合は、必要に応じて西暦を付加することができる。この場合は、資料外の情報源から採用したことを注記および（または）その他の方法（コーディングや角がっこの使用など）で示す。

　　　　　【出版日付】　　　平成 2 年［1990］
　　　　　（情報源の表示：平成 2 年　#2.5.5.2 別法を採用した場合）

情報源に表示されていない日付を記録する必要がある場合は、資料外の情報源から採用したことを注記および（または）その他の方法（コーディングや角がっこの使用など）で示す。実際の日付が不明な場合、二つのいずれの年か不明な場合、日付が推測できる場合、ある期間のいずれかであることが推測できる場合、特定の時点より以前または以降であることのみ判明している場合等は、その旨が分かるように記録する。

　　　　　【出版日付】　　　［2015］

　　　　　　　　　　　　　　　　　　　　　　　　　　　　　　　　　＃1.10　転記

　　　【出版日付】　　　［2013 または 2014］
　　　【出版日付】　　　［2013 or 2014］
　　　【出版日付】　　　［2008?］
　　　【出版日付】　　　［1990 年代］
　　　【出版日付】　　　［2000 から 2009 の間］
　　　【出版日付】　　　［1881 から 1886 の間？］
　　　【出版日付】　　　［between 1846 and 1853?］

#1.10.11　誤表示

　誤記または誤植は、当該エレメントに関する規定が特にない場合は、情報源に表示されているとおりに記録する。識別またはアクセスに重要な場合は、正しい表記について注記する。誤記または誤植がタイトル中に存在して、それが重要とみなされる場合は、正しい表記を異形タイトルとして記録する。
（参照：＃2.1.0.4.1を見よ。）

#1.10.11　誤表示　別法

　＊誤記または誤植は、当該エレメントに関する規定が特にない場合は、正しい表記に改め、その旨を注記および（または）その他の方法（コーディングや角がっこの使用など）で示す。識別またはアクセスに重要な場合は、誤った表記について注記する＊。

#1.11　統制形の記録

　統制形は、＃4～＃12におけるタイトルおよび名称の記録に使用する。統制形の記録にあたっては、データ作成機関が優先する言語および文字種を定めておく必要がある。
（参照：＃0.9.3を見よ。）

　著作の優先タイトルおよび個人・家族・団体、場所の優先名称は、選択した言語および文字種で記録する。著作の異形タイトルおよび個人・家族・団体、場所の異形名称は、必要に応じて適切な言語および文字種で記録する。

　統制形は、用いる言語および文字種によって、＃1.11.1～＃1.11.4.3に従って記録する。
（参照：言語および文字種の選択については、＃4.1.3Ｃ、＃6.1.3.2Ａ～＃6.1.3.2Ｂ別法、＃8.1.3.1Ａ～＃8.1.3.1Ｂを見よ。）

　統制形の記録にあたっては、文字の大小の表示は再現しない。略語については、付録 #A.3 に示すものを使用する。

　情報源に誤表示がある場合は、正しい表記に改め優先タイトルまたは優先名称を記録する。誤表示が重要な場合は、これを異形タイトルまたは異形名称として記録する。

　著作、表現形、個人・家族・団体における識別要素の記録の方法は、＃4～＃8で規定する。
（参照：＃4.0.3、＃5.0.3、＃6.0.3、＃7.0.3、＃8.0.3を見よ。）

＜＃1.11.1～＃1.11.4　言語＞

#1.11.1　日本語

第 1 章　属性総則

　日本語のタイトルまたは名称の統制形は、日本語の表示形を用いて記録する。あわせて統制形の読みを、♯1.12～♯1.12.2別法に従って片仮名読み形および（または）ローマ字読み形で記録する。
（参照：片仮名読み形については、♯1.12.1、♯1.12.1別法を見よ。ローマ字読み形については、♯1.12.2、♯1.12.2別法を見よ。）
　漢字は、原則として情報源に表示されている字体で記録する。楷書以外の書体は楷書体に改める。入力できない漢字は、入力できる漢字に置き換えるか、入力できないことを示す「げた記号」（〓）に置き換え、必要に応じて説明を注記として記録する。
　仮名はそのまま記録するが、変体仮名は平仮名に改める。
　その他の数字、記号、ラテン文字等の各種文字種は、情報源に表示されているとおりに記録する。これらのうち、入力できない文字は、入力できる文字に置き換え、必要に応じて説明を注記として記録する。

　　　　　観覧車物語
　　　　　龍馬の生きざま
　　　　　ぐりとぐら
　　　　　タモリ
　　　　　現代詩100周年
　　　　　クイズ123
　　　　　京都・奈良宿泊＆レジャーガイド

♯1.11.1　日本語　別法

　日本語のタイトルまたは名称の統制形は、日本語の表示形を用いて記録する。あわせて統制形の読みを、♯1.12～♯1.12.2別法に従って片仮名読み形および（または）ローマ字読み形で記録する。
（参照：片仮名読み形については、♯1.12.1、♯1.12.1別法を見よ。ローマ字読み形については、♯1.12.2、♯1.12.2別法を見よ。）
　＊漢字は、原則として常用漢字表に収録されている字体で記録する＊。楷書以外の書体は楷書体に改める。＊常用漢字表に収録されている漢字に置き換えられない漢字は、情報源に表示されている字体のとおりに記録するか、入力できないことを示す「げた記号」（〓）に置き換え、必要に応じて説明を注記として記録する＊。
　仮名はそのまま記録するが、変体仮名は平仮名に改める。
　その他の数字、記号、ラテン文字等の各種文字種は、情報源に表示されているとおりに記録する。これらのうち、入力できない文字は、入力できる文字に置き換え、必要に応じて説明を注記として記録する。

　　　　　観覧車物語
　　　　　竜馬の生きざま

#1.11 統制形の記録

　　　（情報源の表示：龍馬の生きざま）
　　ぐりとぐら
　　タモリ
　　現代詩100周年
　　クイズ123
　　京都・奈良宿泊＆レジャーガイド

#1.11.2　中国語

　中国語のタイトルまたは名称の統制形は、中国語の表示形を用いて記録する。あわせて統制形の読みを、#1.12～#1.12.2別法に従って片仮名読み形および（または）ローマ字読み形で記録することができる。
（参照：片仮名読み形については、#1.12.1、#1.12.1別法を見よ。ローマ字読み形については、#1.12.2、#1.12.2別法を見よ。）

　漢字は、原則として情報源に表示されている字体で記録する。楷書以外の書体は楷書体に改める。入力できない漢字は、入力できる漢字に置き換えるか、入力できないことを示す「げた記号」（〓）に置き換え、必要に応じて説明を注記として記録する。

　その他の数字、記号、ラテン文字等の各種文字種は、情報源に表示されているとおりに記録する。これらのうち、入力できない文字は、入力できる文字に置き換え、必要に応じて説明を注記として記録する。

　　RDA全視角解読
　　漢詩用例辭典

#1.11.2　中国語　別法

　中国語のタイトルまたは名称の統制形は、中国語の表示形を用いて記録する。あわせて統制形の読みを、#1.12～#1.12.2別法に従って片仮名読み形および（または）ローマ字読み形で記録することができる。
（参照：片仮名読み形については、#1.12.1、#1.12.1別法を見よ。ローマ字読み形については、#1.12.2、#1.12.2別法を見よ。）

　＊漢字は、原則として常用漢字表に収録されている字体で記録する＊。楷書以外の書体は楷書体に改める。＊常用漢字表に収録されている漢字に置き換えられない漢字は、情報源に表示されている字体のとおりに記録するか、入力できないことを示す「げた記号」（〓）に置き換え、必要に応じて説明を注記として記録する＊。

　その他の数字、記号、ラテン文字等の各種文字種は、情報源に表示されているとおりに記録する。これらのうち、入力できない文字は、入力できる文字に置き換え、必要に応じて説明を注記として記録する。

　　RDA全視角解読
　　（情報源の表示：RDA全視角解读）

第1章 属性総則

> 漢詩用例辞典
> （情報源の表示：漢詩用例辭典）

#1.11.3 韓国・朝鮮語

　韓国・朝鮮語のタイトルまたは名称の統制形は、韓国・朝鮮語の表示形を用いて記録する。あわせて統制形の読みを、#1.12～#1.12.3に従って片仮名読み形および（または）ローマ字読み形、もしくはハングル読み形で記録することができる。
（参照：片仮名読み形については、#1.12.1、#1.12.1別法を見よ。ローマ字読み形については、#1.12.2、#1.12.2別法を見よ。ハングル読み形については、#1.12.3を見よ。）
　ハングルは、情報源に表示されているとおりに記録する。
　漢字は、原則として情報源に表示されている字体で記録する。楷書以外の書体は楷書体に改める。入力できない漢字は、入力できる漢字に置き換えるか、入力できないことを示す「げた記号」（〓）に置き換え、必要に応じて説明を注記として記録する。
　その他の数字、記号、ラテン文字等の各種文字種は、情報源に表示されているとおりに記録する。これらのうち、入力できない文字は、入力できる文字に置き換え、必要に応じて説明を注記として記録する。

#1.11.4 日本語、中国語、韓国・朝鮮語以外の言語

　日本語、中国語、韓国・朝鮮語以外の言語のタイトルまたは名称の統制形は、表示形、翻字形、または片仮名表記形を用いて記録する。

#1.11.4.1 表示形

　表示形は、原則として情報源に表示されているとおりに記録する。表示形では、読みは、原則として記録しない。入力できない文字は、入力できる文字に置き換え、必要に応じて説明を注記として記録する。
　大文字使用法、数、アクセント・発音符号等、冒頭の冠詞、ハイフン、イニシャル・頭字語の後のスペース、略語については、#1.11.5～#1.11.11に従う。

> Library of Congress
> Толстой, Лев Николаевич

#1.11.4.2 翻字形

　翻字形は、情報源に表示されている形を、データ作成機関が採用した翻字法に従って、ラテン文字に翻字して記録する。翻字形では、読みは、原則として記録しない。翻字法については、必要に応じて注記として記録する。
　大文字使用法、数、アクセント・発音符号等、冒頭の冠詞、ハイフン、イニシャル・頭字語の後のスペース、略語については、#1.11.5～#1.11.11に従う。
　ただし、翻字法によって規定されている場合は、そのまま記録する。

> Iḥyā' maktabat al-Iskandarīyah

#1.11 統制形の記録

(情報源の表示: إحياء مكتبة الاسكندرية)

#1.11.4.3 片仮名表記形

片仮名表記形は、情報源に表示されている形を、その発音に従って、片仮名を用いて記録する。あわせて統制形の読みを、#1.12～#1.12.2別法 に従って片仮名読み形および（または）ローマ字読み形で記録することができる。

（参照：片仮名読み形については、#1.12.1、#1.12.1別法を見よ。ローマ字読み形については、#1.12.2、#1.12.2別法を見よ。）

付録#A.1に従い、適切な単位に分かち書きして記録する。

その他の数字、記号等の各種文字種は、情報源に表示されているとおりに記録する。これらのうち、入力できない文字は、入力できる文字に置き換え、必要に応じて説明を注記として記録する。

＜#1.11.5～#1.11.11 統制形の記録の補足規定＞

#1.11.5 大文字使用法

著作のタイトルは大文字で始める。ただし、小文字を使用すべき語で始まる場合は、小文字で始める。

   iPhone 6s 究極の快適設定

個人・家族・団体、場所の名称の大文字使用法については、次のとおりとする。

 a) 各名称の冒頭の語は、原則として大文字で始める。

 b) 各名称の2番目以降の語は、当該言語の慣用に従って大文字とするか小文字とするかを決定する。

 c) 冒頭の語について、例外的に小文字とする場合がある。

（参照：付録#A.2を見よ。）

#1.11.6 数

著作のタイトルに含まれる数は、語句で表示されているものもアラビア数字で表示されているものも、情報源に表示されているとおりに記録する。

著作の部分の優先タイトルにおける部分の順序を表す数は、情報源の表示にかかわらず、アラビア数字で記録する。

個人・家族・団体、場所の名称に含まれる数は、語句で表示されているものもアラビア数字で表示されているものも、情報源に表示されているとおりに記録する。

#1.11.7 アクセント、発音符号等

著作のタイトルに含まれるアクセント、発音符号等は、情報源に表示されているとおりに記録する。

個人・家族・団体、場所の名称に含まれるアクセント、発音符号等は、情報源に表示されているとおりに記録する。情報源で省略されている場合でも、それが名称に不可欠である場合は、

第 1 章　属性総則

付加して記録する。大文字使用法の規定によって、情報源に表示されている大文字を小文字で記録する場合に、当該言語の慣用ではアクセント、発音符号等が必要なときは、これを付加する。

#1.11.7　アクセント、発音符号等　任意追加

　著作のタイトルに含まれるアクセント、発音符号等が、情報源に表示されていない場合は、当該言語の慣用に従って付加して記録する。

#1.11.8　冒頭の冠詞

　著作のタイトル、団体および場所の名称の冒頭に冠詞がある場合は、それを省略せずに記録する。

#1.11.8　冒頭の冠詞　別法

　* 著作のタイトル、団体および場所の名称の冒頭に冠詞がある場合は、その冠詞を省略する。ただし、タイトルや名称が個人名や地名のような固有名から始まる場合など、その冠詞の下に検索される場合は、それを省略せずに記録する *。

#1.11.9　ハイフン

　個人の名称に含まれるハイフンは、当該名称の保持者が使用している場合は、そのまま記録する。

#1.11.10　イニシャル・頭字語の後のスペース

　著作のタイトルにイニシャルや頭字語が含まれる場合は、次のように記録する。

a)　イニシャルが続く場合は、その間のピリオドの後にスペースを空けずに記録する。

　　　Buddhist remains in South India and early Andhra history, 225 A.D. to 610 A.D.

b)　独立した文字やイニシャルが間にピリオドをはさまずに続いている場合は、間にスペースを空けずに記録する。

　　　WHO 分類による脳腫瘍の MRI

個人または家族の名称にイニシャルが含まれる場合は、次のように記録する。

c)　名または姓を表すイニシャルの後に続くピリオドと、次のイニシャルまたは名の間に、スペースを空けて記録する。

　　　Keystone, J. S.

d)　名称が、全体としてまたは主として独立した文字から構成されている場合は、文字の後のピリオドの有無にかかわらず、間にスペースを空けて記録する。

　　　X Y Z

e)　名称に称号や敬称の一部を形成するイニシャルまたは略語が含まれる場合は、そのイニシャルや略語と、それに続くイニシャル、略語、番号または語との間に、スペースを空けて記録する。

　　　Dr. K

団体または場所の名称にイニシャルが含まれる場合は、次のように記録する。

f) イニシャルが続く場合は、その間のピリオドの後にスペースを空けずに記録する。
> A.H. Belo Corporation

g) 独立した文字やイニシャルが、間にピリオドをはさまずに続く場合は、間にスペースを空けずに記録する。
> NHK 出版

#1.11.11　略語

著作のタイトルの記録に際して、略語はそれがタイトルの不可欠な構成部分である場合に限って使用する。
> 現代アート etc

個人・家族・団体、場所の名称の記録に際して、略語はそれが名称の不可欠な構成部分である場合に限って使用する。
> DJ Joe T

#1.12　読みの記録

統制形による記録を行うエレメントでは、使用する言語および文字種に応じて、あわせて統制形の読みを記録する。統制形をとらないエレメントにおいても、必要に応じてその読みを記録することができる。

読みは、読みの対象となる文字列との対応が分かるように、適切なコーディングを用いて記録する。

使用する言語および文字種により、表1.12に従って読みの有無および表記の形を選択する。

表1.12　読みの文字種

対象となる文字列の言語および文字種	読みの表記の形
日本語	片仮名読み形および（または）ローマ字読み形
（片仮名のみ）	片仮名読み形および（または）ローマ字読み形、または記録しない
（ラテン文字のみ）	片仮名読み形および（または）ローマ字読み形、または記録しない
中国語	片仮名読み形および（または）ローマ字読み形、または記録しない
韓国・朝鮮語	片仮名読み形および（または）ローマ字読み形、またはハングル読み形、または記録しない
（ハングルのみ）	（原則として記録しない）
その他の言語	
（表示形）	（原則として記録しない）
（翻字形）	（原則として記録しない）
（片仮名表記形）	片仮名読み形および（または）ローマ字読み形、または記録しない

第1章　属性総則

#1.12.1　片仮名読み形

　　片仮名読み形は、付録#A.1に従い、適切な単位に分かち書きして記録する。記号、アラビア数字、ラテン文字等は、情報源に読みが表示されている場合は、それを片仮名に置き換えて記録する。読みが表示されていない場合は、そのまま記録する。記号については、意味を損なわない限り、省略できる。対象となる文字列が、片仮名読み形と完全に一致する場合は、読みの記録を省略できる。

　　　　　観覧車物語 || カンランシャ　モノガタリ
　　　　　ぐりとぐら || グリ　ト　グラ
　　　　　現代詩100周年 || ゲンダイシ　100　シュウネン
　　　　　クイズ123 || クイズ　ワン　ツー　スリー
　　　　　（情報源に読みが「ワン　ツー　スリー」と表示されている場合の例）
　　　　　クイズ123 || クイズ　1 2 3
　　　　　（情報源に読みが表示されていない場合の例）
　　　　　新制度Q&A || シンセイド　Q & A
　　　　　京都・奈良の寺社 || キョウト　ナラ　ノ　ジシャ
　　　　　（記号を省略した例）
　　　　　RDA全視角解読 ||RDA　ゼンシカク　カイドク
　　　　　（読みに日本語読みを選択した例）
　　　　　タモリ || タモリ
　　　　　（読みを記録した例）
　　　　　タモリ
　　　　　（名称が片仮名読み形と一致し、読みの記録を省略した例）

#1.12.1　片仮名読み形　別法

　　片仮名読み形は、付録#A.1に従い、適切な単位に分かち書きして記録する。記号、アラビア数字、ラテン文字等は、情報源に読みが表示されている場合は、それを片仮名に置き換えて記録する。＊読みが表示されていない場合は、アラビア数字、ラテン文字については、想定される発音に従って、片仮名に置き換えて記録する＊。記号については、意味を損なわない限り、省略できる。＊読みが必要なときは、想定される発音に従って、片仮名に置き換えて記録する＊。対象となる文字列が、片仮名読み形と完全に一致する場合は、読みの記録を省略できる。

　　　　　観覧車物語 || カンランシャ　モノガタリ
　　　　　ぐりとぐら || グリ　ト　グラ
　　　　　現代詩100周年 || ゲンダイシ　ヒャクシュウネン
　　　　　クイズ123 || クイズ　ワン　ツー　スリー
　　　　　（情報源に読みが「ワン　ツー　スリー」と表示されている場合の例）
　　　　　クイズ123 || クイズ　イチ　ニ　サン
　　　　　（情報源に読みが表示されていない場合の例）
　　　　　新制度Q&A || シンセイド　キュー　アンド　エイ

#1.12 読みの記録

　　　　京都・奈良の寺社 || キョウト ナラ ノ ジシャ
　　　（記号を省略した例）
　　　　RDA 全視角解読 || アールディーエイ ゼンシカク カイドク
　　　（読みに日本語読みを選択した例）
　　　　タモリ || タモリ
　　　（読みを記録した例）
　　　　タモリ
　　　（名称が片仮名読み形と一致し、読みの記録を省略した例）

#1.12.2　ローマ字読み形

　ローマ字読み形は、適切な単位に分かち書きして記録する。記号、アラビア数字、ラテン文字等は、情報源に読みが表示されている場合は、それをローマ字読みに変換して記録する。読みが表示されていない場合は、そのまま記録する。対象となる文字列が、ローマ字読み形と完全に一致する場合は、読みの記録を省略できる。

　　　　観覧車物語 || Kanransha monogatari
　　　　ぐりとぐら || Guri to Gura
　　　　現代詩100周年 || Gendaishi 100shunen
　　　　クイズ123 || Kuizu wan tsu suri
　　　（情報源に読みが「ワンツースリー」と表示されている場合の例）
　　　　クイズ123 || Kuizu 1 2 3
　　　（情報源に読みが表示されていない場合の例）
　　　　新制度Q&A || Shinseido Q & A
　　　　京都・奈良の寺社 || Kyoto・Nara no jisha
　　　　RDA 全視角解読 || RDA zenshikaku kaidoku
　　　（読みに日本語読みを選択した例）

　中国語の表示形に対するピンインを、ローマ字読み形として扱うことができる。

#1.12.2　ローマ字読み形　別法

　ローマ字読み形は、適切な単位に分かち書きして記録する。*記号、アラビア数字、ラテン文字等は、そのまま記録する*。対象となる文字列が、ローマ字読み形と完全に一致する場合は、読みの記録を省略できる。

　　　　観覧車物語 || Kanransha monogatari
　　　　ぐりとぐら || Guri to Gura
　　　　現代詩100周年 || Gendaishi 100shunen
　　　　クイズ123 || Kuizu 1 2 3
　　　　新制度Q&A || Shinseido Q & A
　　　　京都・奈良の寺社 || Kyoto・Nara no jisha
　　　　RDA 全視角解読 || RDA zenshikaku kaidoku
　　　（読みに日本語読みを選択した場合）

　中国語の表示形に対するピンインを、ローマ字読み形として扱うことができる。

第1章 属性総則

#1.12.3 ハングル読み形
ハングル読み形は、適切な単位に分かち書きして記録する。
> 漢詩用例辭典 || 한시 용례 사전

#1.13 注記
注記は、#1.13.1～#1.13.3に従って記録する。

#1.13.1 引用
資料自体またはその他の情報源からの引用を行う場合は、かぎかっこまたは引用符で囲んで記録し、続けて情報源を示す。ただし、その情報源が優先情報源である場合は、情報源を示さない。
> 「本書の執筆編集は松田民俗研究所及び御殿場市教育委員会が行った」-- 凡例
> "A two-volume set which is part of a project entitled 'International relations theory and South Asia'"--Volume 1, preface.
> "With a new preface by the author."
> （優先情報源（タイトル・ページ）の表示を引用した例）

#1.13.2 参照
次のいずれかの場合は、資料自体またはその他の情報源にある情報および（または）参照先を記録する。

a) 記録内容の裏付けを示す場合
> Preface signed by David Darrow, John Meacham, and Benjamin S. Youngs, of whom the first two named "signed their names not as authors, but as counsellors, and as sanctioning the work"--Cf. p. xiv, 4th ed.

b) その他の情報源を参照すれば情報を容易に得られるため、情報の内容そのものの記録を省略する場合
> Detailed description in: A Jussi Bjoerling discography / by Jack W. Porter and Harald Henrysson.
> Table of contents http://d-nb.info/1044275677/04

#1.13.3 対象部分の特定
注記の内容が記述対象全体に該当しない場合は、該当する部分またはイテレーションを識別できるように記録する。
> 下巻の責任表示：マイク・アシュレイ編；スティーヴン・バクスター［ほか］著；日暮雅通訳
> Volume 4 has subtitle: Building resilient regions

第2章
体現形

＃2　体現形
＃2.0　通則
＃2.0.1　記録の目的
＃2.0.2　情報源
＃2.0.3　記録の方法
＃2.0.4　複製
＃2.0.5　新規の記述が必要な変化
＃2.1　タイトル
＃2.1.0　通則
＃2.1.1　本タイトル
＃2.1.2　並列タイトル
＃2.1.3　タイトル関連情報
＃2.1.4　並列タイトル関連情報
＃2.1.5　先行タイトル
＃2.1.6　後続タイトル
＃2.1.7　キー・タイトル
＃2.1.8　略タイトル
＃2.1.9　異形タイトル
＃2.2　責任表示
＃2.2.0　通則
＃2.2.1　本タイトルに関係する責任表示
＃2.2.2　本タイトルに関係する並列責任表示
＃2.3　版表示
＃2.3.0　通則
＃2.3.1　版次
＃2.3.2　並列版次
＃2.3.3　版に関係する責任表示

＃2.3.4　版に関係する並列責任表示
＃2.3.5　付加的版次
＃2.3.6　並列付加的版次
＃2.3.7　付加的版に関係する責任表示
＃2.3.8　付加的版に関係する並列責任表示
＃2.4　逐次刊行物の順序表示
＃2.4.0　通則
＃2.4.1　初号の巻次
＃2.4.2　初号の年月次
＃2.4.3　終号の巻次
＃2.4.4　終号の年月次
＃2.4.5　初号の別方式の巻次
＃2.4.6　初号の別方式の年月次
＃2.4.7　終号の別方式の巻次
＃2.4.8　終号の別方式の年月次
＜＃2.5～＃2.9　出版表示、制作表示等＞
＃2.5　出版表示
＃2.5.0　通則
＃2.5.1　出版地
＃2.5.2　並列出版地
＃2.5.3　出版者
＃2.5.4　並列出版者
＃2.5.5　出版日付
＃2.6　頒布表示
＃2.6.0　通則
＃2.6.1　頒布地
＃2.6.2　並列頒布地

#2.6.3　頒布者
#2.6.4　並列頒布者
#2.6.5　頒布日付
#2.7　製作表示
#2.7.0　通則
#2.7.1　製作地
#2.7.2　並列製作地
#2.7.3　製作者
#2.7.4　並列製作者
#2.7.5　製作日付
#2.8　非刊行物の制作表示
#2.8.0　通則
#2.8.1　非刊行物の制作地
#2.8.2　非刊行物の並列制作地
#2.8.3　非刊行物の制作者
#2.8.4　非刊行物の並列制作者
#2.8.5　非刊行物の制作日付
#2.9　著作権日付
#2.9.1　記録の範囲・情報源
#2.9.2　記録の方法
#2.10　シリーズ表示
#2.10.0　通則
#2.10.1　シリーズの本タイトル
#2.10.2　シリーズの並列タイトル
#2.10.3　シリーズのタイトル関連情報
#2.10.4　シリーズの並列タイトル関連情報
#2.10.5　シリーズに関係する責任表示
#2.10.6　シリーズに関係する並列責任表示
#2.10.7　シリーズのISSN
#2.10.8　シリーズ内番号
#2.10.9　サブシリーズの本タイトル
#2.10.10　サブシリーズの並列タイトル
#2.10.11　サブシリーズのタイトル関連情報
#2.10.12　サブシリーズの並列タイトル関連情報
#2.10.13　サブシリーズに関係する責任表示
#2.10.14　サブシリーズに関係する並列責任表示
#2.10.15　サブシリーズのISSN
#2.10.16　サブシリーズ内番号
#2.11　下位レベルの記録
#2.12　刊行方式
#2.12.1　記録の範囲
#2.12.2　情報源
#2.12.3　記録の方法
#2.13　刊行頻度
#2.13.1　記録の範囲
#2.13.2　情報源
#2.13.3　記録の方法
#2.13.4　変化
＜#2.14～#2.33　キャリアに関する情報＞
#2.14　キャリアに関する情報
#2.14.0　通則
＜#2.15～#2.33　キャリアに関する情報のエレメント＞
#2.15　機器種別
#2.15.0　通則
#2.16　キャリア種別
#2.16.0　通則
#2.17　数量
#2.17.0　通則
＜#2.17.1～#2.17.5　各種の資料の数量＞
#2.17.1　テキストの数量
#2.17.2　楽譜の数量
#2.17.3　地図資料の数量
#2.17.4　静止画の数量
#2.17.5　三次元資料の数量
#2.18　大きさ

\#2.18.0　通則
<\#2.18.1～\#2.18.2　各種の資料の大きさ>
\#2.18.1　地図等の大きさ
\#2.18.2　静止画の大きさ
\#2.19　基底材
\#2.19.0　通則
\#2.20　付加材
\#2.20.0　通則
\#2.20.1　マイクロフィルム・マイクロフィッシュの感光剤
\#2.21　マウント
\#2.21.0　通則
\#2.22　制作手段
\#2.22.0　通則
\#2.23　世代
\#2.23.0　通則
\#2.24　レイアウト
\#2.24.0　通則
\#2.25　書型・判型
\#2.25.0　通則
\#2.26　フォント・サイズ
\#2.26.0　通則
\#2.27　極性
\#2.27.0　通則
\#2.28　縮率
\#2.28.0　通則
\#2.28.1　縮率を示す語句
\#2.28.2　縮率を示す語句の詳細
\#2.29　録音の特性
\#2.29.0　通則
\#2.29.1　録音の方式
\#2.29.2　録音の手段
\#2.29.3　再生速度
\#2.29.4　音溝の特性

\#2.29.5　フィルムのトラック構成
\#2.29.6　テープのトラック構成
\#2.29.7　再生チャンネル
\#2.29.8　特定の再生仕様
\#2.30　映画フィルムの映写特性
\#2.30.0　通則
\#2.30.1　映写方式
\#2.30.2　映写速度
\#2.31　ビデオの特性
\#2.31.0　通則
\#2.31.1　ビデオ・フォーマット
\#2.31.2　テレビ放送の標準方式
\#2.32　デジタル・ファイルの特性
\#2.32.0　通則
\#2.32.1　ファイル種別
\#2.32.2　デジタル・コンテンツ・フォーマット
\#2.32.3　ファイル・サイズ
\#2.32.4　解像度
\#2.32.5　リージョン・コード
\#2.32.6　ビットレート
\#2.32.7　地図資料のデジタル表現
\#2.33　装置・システム要件
\#2.33.0　通則
\#2.34　体現形の識別子
\#2.34.0　通則
<\#2.34.1～\#2.34.2　楽譜の識別子>
\#2.34.1　楽譜の出版者番号
\#2.34.2　楽譜のプレート番号
\#2.35　入手条件
\#2.35.1　記録の範囲
\#2.35.2　情報源
\#2.35.3　記録の方法
\#2.36　連絡先情報
\#2.36.1　記録の範囲

#2.36.2　情報源

#2.36.3　記録の方法

#2.37　アクセス制限

#2.37.1　記録の範囲

#2.37.2　情報源

#2.37.3　記録の方法

#2.38　利用制限

#2.38.1　記録の範囲

#2.38.2　情報源

#2.38.3　記録の方法

#2.39　URL

#2.39.1　記録の範囲

#2.39.2　情報源

#2.39.3　記録の方法

#2.39.4　URLの追加、更新、削除

#2.40　優先引用形

#2.40.1　記録の範囲

#2.40.2　情報源

#2.40.3　記録の方法

#2.41　体現形に関する注記

#2.41.0　通則

#2.41.1　タイトルに関する注記

#2.41.2　責任表示に関する注記

#2.41.3　版表示に関する注記

#2.41.4　逐次刊行物の順序表示に関する注記

#2.41.5　出版表示に関する注記

#2.41.6　頒布表示に関する注記

#2.41.7　製作表示に関する注記

#2.41.8　非刊行物の制作表示に関する注記

#2.41.9　著作権日付に関する注記

#2.41.10　シリーズ表示に関する注記

#2.41.11　刊行頻度に関する注記

#2.41.12　識別の基盤に関する注記

#2.41.13　体現形の識別子に関する注記

#2.42　キャリアに関する注記

#2.42.0　通則

#2.42.1　数量に関する注記

#2.42.2　大きさに関する注記

#2.42.3　キャリアに関するその他の情報の変化に関する注記

#2 体現形

#2.0 通則

この章では、体現形の属性の記録について規定する。

#2.0.1 記録の目的

体現形の属性の記録の目的は、体現形の識別を可能とすること、ならびに利用者のニーズに合致する体現形の選択および入手に役立つことである。

#2.0.2 情報源

体現形の属性の記録にあたって、その情報を#2.0.2.1～#2.0.2.3および#2.1.0.3をはじめとする各エレメントの情報源の規定に従って採用する。資料外の情報源から採用する場合は、必要に応じてその情報源を注記として記録する。

#2.0.2.1 資料自体の範囲

情報源となる資料自体の範囲は、資料の形状により異なる。資料（紙、テープ、フィルムなど）および資料と分かち難い収納物（カセット、カートリッジなど）は、資料自体の一部として扱う。資料刊行時の容器は資料自体の一部として扱い、資料刊行後に作製された容器（所有者が作製した容器等）は資料外として扱う。

また、資料自体の範囲は、記述のタイプによっても異なる。資料全体を対象として包括的記述を作成する場合は、付属資料も資料自体の一部として扱う。資料の一つまたは複数の部分を対象に分析的記述を作成する場合は、その部分に対する付属資料は資料自体の一部として、資料全体に対する付属資料は資料外（関連する資料など）として扱う。

（参照：包括的記述については、#1.5.2.1を見よ。分析的記述については、#1.5.2.2を見よ。）

#2.0.2.2 優先情報源

優先情報源は、#2.0.2.2.1～#2.0.2.2.3.1に従って、資料自体から選定する。該当する優先情報源が複数存在する場合は、#2.0.2.2.4～#2.0.2.2.4.4に従って選定する。

体現形を識別する情報が資料自体のどの情報源にも表示されておらず、優先情報源を得られない場合は、#2.0.2.3に従って、資料外の情報源を選定する。

#2.0.2.2.1 ページ、リーフ、シート、カードで構成される資料

ページ、リーフ、シート、カードで構成される資料には、紙媒体の他に、それを画像化したものを収録した媒体（マイクロフィルム、PDFを収録したコンピュータ・ディスク等）を含む。また、同様に構成されたオンライン資料（PDF、EPUB等）をも含む。

（参照：レイアウトが固定されていないテキストを収録したコンピュータ・ディスク等については、#2.0.2.2.3を見よ。）

優先情報源の選定において、有形の電子資料およびマイクロ資料については、#2.0.2.2.1Aまたは#2.0.2.2.1A別法に従う。和古書・漢籍については、#2.0.2.2.1.3に従う。それ以外の資料については、#2.0.2.2.1.1～#2.0.2.2.1.2Cに従う。いずれにおいても、その他の情

第 2 章　体現形

報源を使用することがあり、その場合は＃2.0.2.2.1.4に従う。

#2.0.2.2.1A　有形の電子資料、マイクロ資料

　有形の電子資料、マイクロ資料については、収録されている画像から＃2.0.2.2.1.1～＃2.0.2.2.1.3に従って、優先情報源を選定する。＃2.0.2.2.1.1～＃2.0.2.2.1.3で規定するどの情報源も存在しない場合、またはどの情報源にもタイトルが表示されていないか不十分な場合は、次の優先順位で優先情報源を選定する。

　a)　タイトルが表示されている、資料内部の情報源
　b)　タイトルが表示されている、資料に印刷または貼付されたラベル、または肉眼で読めるヘッダー
　c)　資料刊行時の容器、または資料自体の一部として扱う付属資料（参照：＃2.0.2.1を見よ。）

#2.0.2.2.1A　有形の電子資料、マイクロ資料　別法

　＊有形の電子資料、マイクロ資料については、次の優先順位で優先情報源を選定する。

　a)　タイトルが表示されている、資料に印刷または貼付されたラベル、または肉眼で読めるヘッダー
　b)　資料刊行時の容器、または資料自体の一部として扱う付属資料（参照：＃2.0.2.1を見よ。）
　c)　タイトルが表示されている、資料内部の情報源（参照：＃2.0.2.2.1.1～＃2.0.2.2.1.4を見よ。）＊

#2.0.2.2.1.1　タイトル・ページ等がある資料

　資料にタイトル・ページ、タイトル・シートまたはタイトル・カード（またはその画像）がある場合は、これを優先情報源として使用する。

#2.0.2.2.1.1　タイトル・ページ等がある資料　別法

　資料にタイトル・ページ、タイトル・シートまたはタイトル・カード（またはその画像）がある場合は、これを優先情報源として使用する。
　＊ただし、和逐次刊行物については、次の優先順位で優先情報源を選定する。
　a)　表紙
　b)　タイトル・ページ、タイトル・シートまたはタイトル・カード
　c)　キャプション
　d)　奥付
　e)　背またはカバー
　この場合は、＃2.0.2.2.1.1.1Aを適用しない＊。

#2.0.2.2.1.1.1　タイトル・ページの情報が不十分な和資料

　和資料については、タイトル・ページがあっても、その情報が不十分な場合は、

#2.0 通則

#2.0.2.2.1.1.1A、#2.0.2.2.1.1.1Bに従って、優先情報源を選定することができる。
#2.0.2.2.1.1.1A　逐次刊行物
　和資料のうち逐次刊行物については、タイトル・ページがあっても、その情報が不十分な場合は、次の優先順位で優先情報源を選定することができる。
　　a)　背・表紙またはカバー
　　b)　キャプション
　　c)　奥付

#2.0.2.2.1.1.1B　その他の和資料
　逐次刊行物以外の和資料については、タイトル・ページがあっても、その情報が不十分な場合は、次の優先順位で優先情報源を選定することができる。この場合は、必要に応じてタイトル・ページ以外のものを情報源とした旨を、注記として記録する。
　　a)　奥付
　　b)　背・表紙またはカバー
　　c)　キャプション

#2.0.2.2.1.2　タイトル・ページ等がない資料
　資料にタイトル・ページ、タイトル・シート、タイトル・カード（またはその画像）がない場合は、次の優先順位で優先情報源を選定する。
　　a)　奥付
　　b)　背・表紙またはカバー
　　c)　キャプション
　　d)　マストヘッド
　ただし、逐次刊行物、洋図書等（日本国内刊行を除く）、初期印刷資料（和古書・漢籍を除く）については、#2.0.2.2.1.2A～#2.0.2.2.1.2Cに従って優先情報源を選定する。

#2.0.2.2.1.2A　逐次刊行物
　逐次刊行物については、タイトル・ページがない場合は、次の優先順位で優先情報源を選定する。
　　a)　背・表紙またはカバー
　　b)　キャプション
　　c)　マストヘッド
　　d)　奥付

#2.0.2.2.1.2A　逐次刊行物　別法
　逐次刊行物については、タイトル・ページがない場合は、次の優先順位で優先情報源を選定する。
　　a)　表紙

第 2 章　体現形

　　b)　キャプション
　　c)　マストヘッド
　　d)　奥付
　　e)　背またはカバー

#2.0.2.2.1.2B　洋図書等

　洋図書(日本国内刊行を除く)およびアジア諸言語図書(中国語図書、韓国・朝鮮語図書を除く)については、タイトル・ページ、タイトル・シート、タイトル・カードがない場合は、次の優先順位で優先情報源を選定する。

　　a)　背・表紙またはカバー
　　b)　キャプション
　　c)　マストヘッド
　　d)　奥付

#2.0.2.2.1.2C　初期印刷資料（和古書・漢籍を除く）

　初期印刷資料（和古書・漢籍を除く）については、タイトル・ページ、タイトル・シート、タイトル・カードがない場合は、次の優先順位で優先情報源を選定する。

　　a)　奥付
　　b)　背・表紙またはカバー
　　c)　キャプション

（参照：複製については、#2.0.2.2.4.3を見よ。）

#2.0.2.2.1.3　和古書・漢籍

　和古書・漢籍については、おおむね次の優先順位で優先情報源を選定する。ただし、時代、ジャンルまたは造本等の事情を考慮する。

　　a)　巻頭、題簽、表紙
　　b)　目首、自序、自跋、巻末
　　c)　奥付、見返し、扉、版心、著者・編者以外の序跋
　　d)　小口書、識語等

（参照：複製については、#2.0.2.2.4.3を見よ。）

#2.0.2.2.1.4　その他の情報源の使用

　ページ、リーフ、シート、カードで構成される資料において、#2.0.2.2.1A～#2.0.2.2.1.3で規定するどの情報源も存在しない場合、またはどの情報源にもタイトルが表示されていないか不十分な場合は、タイトルが表示されている資料自体の他の情報源を優先情報源として使用する。その場合は、表示されている形式が整った情報を優先する。

#2.0.2.2.2　動画で構成される資料

　動画で構成される資料には、映画、ビデオ・ゲーム等を含む。これらの資料については、

#2.0 通則

#2.0.2.2.2A～#2.0.2.2.2Bに従って、優先情報源を選定する。いずれにおいても、その他の情報源を使用することがあり、その場合は#2.0.2.2.2.1に従う。

#2.0.2.2.2A　有形資料

有形資料については、次の優先順位で優先情報源を選定する。
a）　タイトル・フレームまたはタイトル・スクリーン
b）　資料に印刷または貼付された、タイトルが表示されているラベル
c）　資料刊行時の容器、または資料自体の一部として扱う付属資料（参照：#2.0.2.1を見よ。）
d）　（電子資料の）内部情報源

複数のコンテンツが収録されている資料について、タイトル・フレームまたはタイトル・スクリーンにそれら個別のタイトルしか列挙されていない場合は、総合タイトルが整った形式で表示されている情報源を優先する。

#2.0.2.2.2A　有形資料　別法1

＊有形資料については、次の優先順位で優先情報源を選定する。
a）　資料に印刷または貼付された、タイトルが表示されているラベル
b）　資料刊行時の容器、または資料自体の一部として扱う付属資料（参照：#2.0.2.1を見よ。）
c）　タイトル・フレームまたはタイトル・スクリーン
d）　（電子資料の）内部情報源＊

#2.0.2.2.2A　有形資料　別法2

＊有形資料については、次の優先順位で優先情報源を選定する。
a）　資料刊行時の帯・容器、または資料自体の一部として扱う付属資料（参照：#2.0.2.1を見よ。）
b）　資料に印刷または貼付された、タイトルが表示されているラベル
c）　タイトル・フレームまたはタイトル・スクリーン
d）　（電子資料の）内部情報源＊

#2.0.2.2.2B　オンライン資料

オンライン資料については、次の優先順位で優先情報源を選定する。
a）　タイトル・フレームまたはタイトル・スクリーン
b）　内容に現れる文字情報
c）　資料に埋め込まれた（タイトルを含む）メタデータ（文字情報）

#2.0.2.2.2.1　その他の情報源の使用

動画で構成される資料において、#2.0.2.2.2A～#2.0.2.2.2Bで規定するどの情報源にもタイトルが表示されていないか不十分な場合は、タイトルが表示されている資料自体のどの部

第 2 章　体現形

分を優先情報源として使用してもよい。その場合は、表示されている形式が整った情報を優先する。

#2.0.2.2.3　その他の資料

その他の資料とは、#2.0.2.2.1、#2.0.2.2.2のいずれにも該当しない資料である。オーディオ・ディスク、プログラムやレイアウトが固定されていないテキストを収録したコンピュータ・ディスク等が、これに当たる。これらの資料については、#2.0.2.2.3A～#2.0.2.2.3Bに従って、優先情報源を選定する。いずれにおいても、その他の情報源を使用することがあり、その場合は#2.0.2.2.3.1に従う。

#2.0.2.2.3A　有形資料

有形資料は、次の優先順位で優先情報源を選定する。

a)　資料に印刷または貼付された、タイトルが表示されているラベル

b)　タイトルを含む内部情報源（タイトル・スクリーンなど）

c)　資料刊行時の容器、または資料自体の一部として扱う付属資料（参照：#2.0.2.1を見よ。）

#2.0.2.2.3A　有形資料　別法

* 有形資料は、次の優先順位で優先情報源を選定する。

a)　資料刊行時の帯・容器、または資料自体の一部として扱う付属資料（参照：#2.0.2.1を見よ。）

b)　資料に印刷または貼付された、タイトルが表示されているラベル

c)　機器等によって内部情報源を確認できる場合は、タイトルが表示されている内部情報源（タイトル・スクリーンなど）*

#2.0.2.2.3B　オンライン資料

オンライン資料は、次の優先順位で優先情報源を選定する。

a)　内容に現れる文字情報

b)　資料に埋め込まれた（タイトルを含む）メタデータ（文字情報）

#2.0.2.2.3.1　その他の情報源の使用

その他の資料において、#2.0.2.2.3A～#2.0.2.2.3Bで規定するどの情報源にもタイトルが表示されていないか不十分な場合は、資料を構成するどの部分を優先情報源として使用してもよい。その場合は、表示されている形式が整った情報を優先する。

#2.0.2.2.4　複数の優先情報源

優先情報源の規定（参照：#2.0.2.2.1～#2.0.2.2.3.1を見よ。）に該当する情報源が複数存在する場合は、規定に挙げられた情報源のうち最初に出現するものを優先情報源として選定する。ただし、複数の言語または文字種によるもの、複数の日付を表示しているもの、複製と原資料の情報源が存在するもの、全体と部分を示すものについては、#2.0.2.2.4.1～

#2.0.2.2.4.4 に従う。

#2.0.2.2.4.1　複数の言語・文字種

複数の言語または文字種による複数の優先情報源が存在する場合は、次の優先順位で優先情報源を選定する。

a) 資料の内容（または内容の大部分）が記されている言語または文字種による情報源
b) 同一内容を複数の言語または文字種で記した資料で、翻訳を目的とすることが判明している場合は、翻訳言語または文字種の情報源
c) 同一内容を含む複数の言語または文字種の資料で、原文の言語または文字種が識別できる場合は、それによる情報源
d) 複数の情報源のうち、最初に出現するもの
e) 資料が複数の言語または文字種を同等に扱って、向かい合わせに製本されているような場合（テートベーシュ等）は、データ作成機関で定める言語または文字種の情報源

#2.0.2.2.4.1　複数の言語・文字種　別法

＊複数の言語または文字種による複数の優先情報源が存在する場合は、データ作成機関で定める言語または文字種の情報源を優先情報源として選定する＊。

#2.0.2.2.4.2　複数の日付の表示

資料が複数の日付を表示している場合は、最新の日付を示す情報源を優先情報源として選定する。ただし、包括的記述を行う場合の複数巻単行資料および逐次刊行物を除く。

#2.0.2.2.4.3　複製と原資料

複製が原資料の優先情報源に相当するものと、複製の優先情報源に相当するものの双方を有する場合は、後者を優先情報源として選定する。

#2.0.2.2.4.4　全体と部分

識別の基盤（参照：#1.6を見よ。）の全体に対する優先情報源と、その部分に対する優先情報源が存在する場合は、全体に対する情報源を優先情報源として選定する。

全体に対する優先情報源がなく各部分に対する優先情報源のみが存在する場合は、主要な著作または内容に対する情報源があれば、それを優先情報源とみなして選定する。主要な著作または内容を特定できない場合は、各部分に対する情報源の総体を優先情報源として扱う。

#2.0.2.3　資料外の情報源

資料を識別する情報が資料自体のどの情報源にも表示されていない場合は、次の優先順位で情報を採用する。

a) 分析的記述を作成する場合の、資料全体に対する付属資料（参照：#2.0.2.1を見よ。）
b) 資料の批評・解説として刊行された資料
c) 資料刊行後に作製された容器（所有者が作製した容器など）
d) その他の資料（参考資料など）

第2章 体現形

#2.0.2.3.1 情報源の記録
　資料外の情報源から次に示したエレメントの情報を採用した場合は、その旨を注記および（または）その他の方法（コーディング、角がっこの使用等）で示す。
　タイトル（本タイトル、並列タイトル、タイトル関連情報、並列タイトル関連情報）
　責任表示（本タイトルに関係する責任表示、本タイトルに関係する並列責任表示）
　版表示（版次、並列版次、版に関係する責任表示、版に関係する並列責任表示、付加的版次、並列付加的版次、付加的版に関係する責任表示、付加的版に関係する並列責任表示）
　逐次刊行物の順序表示（初号の巻次、初号の年月次、終号の巻次、終号の年月次、初号の別方式の巻次、初号の別方式の年月次、終号の別方式の巻次、終号の別方式の年月次）
　出版表示（出版地、並列出版地、出版者、並列出版者、出版日付）
　頒布表示（頒布地、並列頒布地、頒布者、並列頒布者、頒布日付）
　製作表示（製作地、並列製作地、製作者、並列製作者、製作日付）
　非刊行物の制作表示（非刊行物の制作地、非刊行物の並列制作地、非刊行物の制作者、非刊行物の並列制作者、非刊行物の制作日付）
　シリーズ表示（シリーズの本タイトル、シリーズの並列タイトル、シリーズのタイトル関連情報、シリーズの並列タイトル関連情報、シリーズに関係する責任表示、シリーズに関係する並列責任表示、シリーズのISSN、シリーズ内番号、サブシリーズの本タイトル、サブシリーズの並列タイトル、サブシリーズのタイトル関連情報、サブシリーズの並列タイトル関連情報、サブシリーズに関係する責任表示、サブシリーズに関係する並列責任表示、サブシリーズのISSN、サブシリーズ内番号）

#2.0.2.3.2 識別情報を有しない種類の資料
　通常は識別情報を有しない種類の資料（写真、自然物、コレクション等）については、資料外から情報を採用した旨を、注記としても、その他の方法（コーディングや角がっこの使用など）によっても、記録しない。

#2.0.2.3.2 識別情報を有しない種類の資料　別法
　＊通常は識別情報を有しない種類の資料（写真、自然物、コレクション等）については、資料外から情報を採用した旨を、コーディングや角がっこの使用などによって示す＊。

#2.0.3　記録の方法
　体現形の属性は、採用した情報源にある情報を、#1.9、#1.10〜#1.10.11別法および体現形の各エレメントの記録の方法の規定に従って記録する。

#2.0.4　複製
　複製を記述対象として体現形の記述を作成する場合は、複製自体についてのデータを記録する。原資料についてのデータは、関連する著作または関連する体現形のエレメントとして記録する。

＃2.0.4 複製　別法

複製を記述対象として体現形の記述を作成する場合は、複製自体についてのデータを記録する。原資料についてのデータは、関連する著作または関連する体現形のエレメントとして記録する。

＊ただし、逐次刊行物の複製について体現形の記述を作成する場合は、原資料のデータを記録し、複製のデータは、注記として記録する＊。

＃2.0.5　新規の記述が必要な変化

複数巻単行資料、逐次刊行物、または更新資料については、何らかの変化によって、新規の記述の作成を必要とする場合がある。
（参照：＃2.0.5A～＃2.0.5Cを見よ。）

＃2.0.5A　複数巻単行資料

次の場合に体現形に対する新規の記述を作成する。

a) 刊行方式の変化
b) 機器種別の変化（参照：＃2.14.0.6を見よ。）

＃2.0.5B　逐次刊行物

次の場合に体現形に対する新規の記述を作成する。

a) 刊行方式の変化
b) 機器種別の変化（参照：＃2.14.0.6を見よ。）
c) オンライン資料のキャリア種別の変化（参照：＃2.14.0.6を見よ。）
d) 本タイトルの重要な変化（参照：＃2.1.1.4、＃2.1.1.4.1を見よ。）
e) 責任表示の重要な変化（参照：＃2.2.0.6を見よ。）
f) 版表示の変化（参照：＃2.3.0.6を見よ。）

＃2.0.5C　更新資料

次の場合に体現形に対する新規の記述を作成する。

a) 刊行方式の変化
b) 機器種別の変化（参照：＃2.14.0.6を見よ。）
c) 加除式資料のベースの更新
d) 版表示の変化（参照：＃2.3.0.6を見よ。）

＃2.1　タイトル

タイトルは、エレメントである。

＃2.1.0　通則

＃2.1.0.1　記録の範囲

体現形のタイトルを記録する。タイトルは、資料自体の情報源、カバーやケース、付属資料などに複数表示されている場合がある。また、参考資料に記載されているタイトル、データ作

第 2 章　体現形

成者が付与するタイトルなど、記述対象には表示されていないタイトルもある。

#2.1.0.2　エレメント・サブタイプ

タイトルには、次のものがある。

a)～i)は、タイトルのエレメント・サブタイプであり、#2.1.0.3～#2.1.9.2.2で規定する。

a)～i)のうち、本タイトルはコア・エレメントである。

a)　本タイトル（参照：#2.1.1を見よ。）
b)　並列タイトル（参照：#2.1.2を見よ。）
c)　タイトル関連情報（参照：#2.1.3を見よ。）
d)　並列タイトル関連情報（参照：#2.1.4を見よ。）
e)　先行タイトル（参照：#2.1.5を見よ。）
f)　後続タイトル（参照：#2.1.6を見よ。）
g)　キー・タイトル（参照：#2.1.7を見よ。）
h)　略タイトル（参照：#2.1.8を見よ。）
i)　異形タイトル（参照：#2.1.9を見よ。）

j)～q)については、シリーズ表示のサブエレメントであり、#2.10.0.3～#2.10.12.2で規定する。

j)　シリーズの本タイトル（参照：#2.10.1を見よ。）
k)　シリーズの並列タイトル（参照：#2.10.2を見よ。）
l)　シリーズのタイトル関連情報（参照：#2.10.3を見よ。）
m)　シリーズの並列タイトル関連情報（参照：#2.10.4を見よ。）
n)　サブシリーズの本タイトル（参照：#2.10.9を見よ。）
o)　サブシリーズの並列タイトル（参照：#2.10.10を見よ。）
p)　サブシリーズのタイトル関連情報（参照：#2.10.11を見よ。）
q)　サブシリーズの並列タイトル関連情報（参照：#2.10.12を見よ。）

#2.1.0.3　情報源

本タイトル、並列タイトル、タイトル関連情報、並列タイトル関連情報、先行タイトル、後続タイトル、キー・タイトルは、その情報源に関する規定を各エレメントに関する規定の中で定める。

（参照：#2.1.1.1.2、#2.1.2.1.2、#2.1.3.1.2、#2.1.4.1.2、#2.1.5.1.2、#2.1.6.1.2、#2.1.7.1.2を見よ。）

略タイトルおよび異形タイトルは、どの情報源に基づいて記録してもよい。

（参照：#2.1.8.1.2、#2.1.9.1.2を見よ。）

#2.1.0.4　記録の方法

タイトルは、情報源の表示を句読点、記号、略語、大文字使用法、数字なども含め、#1.10

#2.1 タイトル

~#1.10.11 別法に従って記録する。

> 地球温暖化ビジネスのフロンティア
> An illustrated guide to civil procedure
> ねじれた家、建てちゃいました。
> 「未納が増えると年金が破綻する」って誰が言った?

タイトルの一部として意図されていない説明的な導入句は、タイトルとして扱わない。

> The Beatles 50th Anniversary Special!!
> (タイトル・ページの表示:Crossbeat presents The Beatles 50th Anniversary Special!!)

日本語のタイトルは、原則としてスペースを入れずに続けて記録する。意味上の区切りがある場合や、続けて記録することによって読解が困難になると判断される場合は、情報源に表示されているスペースを省略せずに記録するか、または語句の間に適宜スペースを挿入することができる。

> 福島第一原子力発電所事故その全貌と明日に向けた提言
> (スペースを入れずに続けて記録している例)
> 昔噺 人買太郎兵衛
> (スペースで区切って記録している例)

長いタイトルは必要不可欠な情報を残した上で省略できる。省略部分は省略記号(...)で示す。欧文タイトルの場合は、冒頭の5語を省略してはならない。

> The commercial products of the animal kingdom employed in the arts and manufactures, shown in the collection of the Bethnal Green Branch ...

#2.1.0.4.1 誤表示

情報源に表示されているタイトルに誤記、誤植、脱字などがあっても、そのままの形で記録し、その旨を注記として記録する。正しい形がわかり、識別またはアクセスに重要な場合は、訂正したものを異形タイトルとして記録する。

(参照:#2.41.1.2.3、#2.1.9.1.1e)を見よ。)

> 広告ポタスー銘鑑
> (異形タイトル:広告ポスター銘鑑)
> (タイトルに関する注記:正しい本タイトル:広告ポスター銘鑑)
> Economic Deveploment Administration oversight
> (異形タイトル:Economic Development Administration oversight)
> (タイトルに関する注記:Title should read:Economic Development Administration oversight)

ただし、逐次刊行物または更新資料の場合は、明らかな誤りは正しい形に改めたものを記録し、情報源に表示されている形を注記として記録する。識別またはアクセスに重要な場合は、情報源に表示されている形を異形タイトルとして記録する。誤りかどうか判断できない場合は、情報源に表示されている形をそのまま記録する。

(参照:#2.41.1.2.3、#2.1.9.1.1e)を見よ。)

第 2 章　体現形

#2.1.0.4.1　誤表示　別法

　情報源に表示されているタイトルに誤記、誤植、脱字などがある場合は、正しい表記に改め、その旨を注記および（または）その他の方法（コーディングや角がっこの使用など）で示した上で、情報源に表示されている形を注記として記録する。識別またはアクセスに重要な場合は、情報源に表示されている形を異形タイトルとして記録する。誤りかどうか判断できない場合は、情報源に表示されている形をそのまま記録する。

（参照：#2.41.1.2.3、#2.1.9.1.1e）を見よ。）

　　　　　　広告ポ[スタ]ー銘鑑
　　　　　　（異形タイトル：広告ポタスー銘鑑）
　　　　　　（タイトルに関する注記：表紙のタイトル（誤植）：広告ポタスー銘鑑）
　　　　　　Economic Deve[lop]ment Administration oversight
　　　　　　（異形タイトル：Economic Devepment Administration oversight）
　　　　　　（タイトルに関する注記：Title appears on title page as：Economic Devepment Administration oversight）

#2.1.0.4.2　総称的な語句、数字、略語

　情報源に表示されている総称的な語句、数字、略語も、タイトルとして記録する。

　　　　　　詩集
　　　　　　Selected papers
　　　　　　諸絵図
　　　　　　地図新編
　　　　　　版画集
　　　　　　構図
　　　　　　研究報告
　　　　　　紀要
　　　　　　Journal
　　　　　　1984
　　　　　　E.T.

（参照：音楽資料の楽曲形式等については、#2.1.1.2.13、#2.1.1.2.13別法を見よ。）

#2.1.0.4.3　不可分な数値、番号など

　情報源に表示されているタイトルが、不可分な数値、番号などを含む場合は、それらを含めてタイトルとして記録する。

　　　　　　MAB 1：図書館用機械交換フォーマット
　　　　　　Brandenburgische Konzerte 3, 5, 6
　　　　　　映画音楽ベスト 14
　　　　　　退屈な風景 No. 16
　　　　　　37 design & environment projects
　　　　　　婦人像 II

#2.1 タイトル

(参照:地図資料の尺度については、#2.1.1.2.14を見よ。)

#2.1.0.4.4　個人・家族・団体または場所の名称

情報源に表示されているタイトルが、個人・家族・団体または場所の名称のみから成る場合は、それをタイトルとして記録する。

　　　梅原龍三郎
　　　古今亭志ん生
　　　Rosa Luxemburg
　　　徳川家
　　　高知市民図書館
　　　The British Museum
　　　東京
　　　横浜港近辺

本来、責任表示や出版者、頒布者等として扱われる名称が、タイトルの不可分な一部として表示されている場合は、それらをタイトルに含めて記録する。

　　　ヴォート基礎生化学
　　　有斐閣法律用語辞典
　　　Horowitz in London

(参照:#2.2.0.4、#2.5.0.4、#2.6.0.4、#2.7.0.4、#2.8.0.4を見よ。)

#2.1.0.5　複製

複製については、原資料のタイトルではなく、複製自体のタイトルを記録する。原資料のタイトルは、関連する体現形のタイトルとして記録する。
(参照:#43.3を見よ。)
　ただし、原資料のタイトルが同一の情報源に表示されている場合は、#2.1.1.3に従う。

#2.1.0.5　複製　別法

複製については、原資料のタイトルではなく、複製自体のタイトルを記録する。原資料のタイトルは、関連する体現形のタイトルとして記録する。
(参照:#43.3を見よ。)
　＊ただし、原資料のタイトルが同一の情報源に表示されている場合は、#2.1.1.3別法に従う。
　他の形態から変換されたマイクロ資料または逐次刊行物の複製については、原資料のタイトルを記録する。複製のタイトルが原資料のタイトルと異なる場合は、#2.1.1.3別法に従う＊。

#2.1.0.6　変化

複数巻単行資料、逐次刊行物または更新資料においては、タイトルが変化することがある。
　本タイトルの変化については、#2.1.1.4、#2.1.1.4別法に従って記録する。
　本タイトル以外のタイトルの変化については、#2.1.2.3、#2.1.3.3、#2.1.4.3に従って記録する。

第 2 章　体現形

（参照：＃2.0.5 を見よ。）

＃2.1.1　本タイトル

本タイトルは、タイトルのエレメント・サブタイプである。

本タイトルは、コア・エレメントである。

＃2.1.1.1　記録の範囲・情報源

＃2.1.1.1.1　記録の範囲

本タイトルは、体現形を識別するための固有の名称である。情報源に表示されている主なタイトルを本タイトルとして扱う。

複数巻単行資料、逐次刊行物または更新資料の場合は、記述対象全体を通じて共通する固有の名称を本タイトルとして扱う。

資料自体と資料外の情報源のどこにもタイトルが表示されていない場合は、データ作成者が本タイトルを付与する。

電子資料については、ファイル名、データセット名は、本タイトルとして扱わない。ただし、資料自体に他にタイトルが表示されていない場合は、本タイトルとして扱う。

＃2.1.1.1.2　情報源

本タイトルは、＃2.0.2.2 で規定する優先情報源から採用する。ページ、リーフ、シート、カードで構成される和資料（逐次刊行物を除く）について、＃2.0.2.2.1.1.1B によってタイトル・ページ以外の情報源を優先情報源としてそこから本タイトルを採用した場合は、その旨を注記として記録する。

（参照：＃2.41.1.2.1.1 を見よ。）

和古書・漢籍について、＃2.0.2.2.1.3 によって巻頭以外の情報源を優先情報源としてそこから本タイトルを採用した場合は、その情報源を注記として記録する。

（参照：＃2.41.1.2.5 を見よ。）

資料自体のどの情報源にもタイトルが表示されていない場合は、資料外の情報源から採用する。この場合は、その旨を注記として記録する。

（参照：＃2.0.2.3～＃2.0.2.3.2 を見よ。）

（参照：＃2.41.1.2.1.1 を見よ。）

優先情報源と資料自体の他の情報源で表示されているタイトルが異なる場合は、他の情報源に表示されているタイトルは異形タイトルとして扱う。

（参照：＃2.0.2.2、＃2.1.0.3 を見よ。）

　　　　　　　Official パーツマニュアル
　　　　　　　（異形タイトル：K-car スペシャル・パーツマニュアル）
　　　　　　　（異形タイトルの情報源は背）

＃2.1.1.2　記録の方法

本タイトルは、情報源から#2.1.0.4～#2.1.0.4.4に従って記録する。
   工業技術英語入門
   歌曲集≪美しき水車小屋の娘≫
   Concertos for Jew's harp, mandora and orchestra
   West Side story

#2.1.1.2.1 　別タイトル

情報源に表示されている別タイトルは、本タイトルの一部として記録する。
   ジュリエット物語又は悪徳の栄え
   ドン・アルバロあるいは運命の力
   大日本驛路全圖一名皇國道路志る遍
   Under the hill, or, The story of Venus and Tanhäuser

#2.1.1.2.1 　別タイトル　別法

情報源に表示されている別タイトルは、タイトル関連情報として扱い、本タイトルに含めない。
   ジュリエット物語
    （タイトル関連情報：又は悪徳の栄え）
   ドン・アルバロ
    （タイトル関連情報：あるいは運命の力）
   大日本驛路全圖
    （タイトル関連情報：一名皇國道路志る遍）

#2.1.1.2.2 　上部または前方の語句

情報源において、明らかに本タイトルと判定される部分の上部または前方に表示されている語句は、次のように扱う。

a) 語句が、本タイトルの一部として意図されていない説明的な導入句である場合は、本タイトルに含めない。
（参照：#2.1.0.4を見よ。）

b) 語句が、明らかに本タイトルと判定される部分と不可分な場合は、本タイトルの一部として記録する。複数行に割って書かれた割書きは1行書きとし、また文字の大小にかかわらず原則として続けて記録する。
（参照：#2.1.0.4を見よ。）
   NHK名曲アルバム
   Digital/DMMによるルネッサンスのオルガン音楽
   宮城県図書館蔵書目録CD-ROM
   作句と鑑賞のための俳句の文法
    （情報源の表示：「作句と鑑賞のための」が割書き）
   図解電子計算機用語辞典

第2章　体現形

   （情報源の表示：「図解」が割書き）
  浩軒公勧学説
   （外題の表示：「浩軒公」が小さな文字）
  社寺緊要諸布告布達摘録
   （扉題の表示：「社寺緊要」が割書き）
  最新東京都道路地図
   （題字欄の表示：「最新」が割書き）

c)　語句が、本タイトルの一部とみなされず、タイトル関連情報、責任表示、版次、出版者、シリーズの本タイトル等の別のエレメントと判断される場合は、情報源に表示されている順序にかかわらず、本タイトルに含めず、それぞれの該当するエレメントとして記録する。

  お祭りの太鼓
   （タイトル関連情報：鈴木信太郎随筆集）
   （タイトル・ページの表示：鈴木信太郎随筆集　お祭りの太鼓）
  古美術の目
   （本タイトルに関係する責任表示：安東次男）
   （タイトル・ページの表示：安東次男　古美術の目）
  青梅
   （タイトル関連情報：表層地質図）
   （題字欄の表示：表層地質図　青梅）
  環境アセスメント関係法令集
   （版次：改訂）
   （タイトル・ページの表示：改訂　環境アセスメント関係法令集）

#2.1.1.2.2　上部または前方の語句　任意追加

 上部または前方に表示されている語句を本タイトルの一部として記録しなかった場合に、識別またはアクセスに重要なときは、その語句を含めた形を異形タイトルとして記録する。
（参照：#2.1.9を見よ。）

#2.1.1.2.3　ルビ

 情報源に表示されたタイトルに付記されたルビは、本タイトルに含めない。識別またはアクセスに重要な場合は、ルビを含めたタイトルを異形タイトルとして記録する。
（参照：#2.1.9.1.1h)、#2.1.9.2.1を見よ。）

  青い思想
   （情報源の表示：青い思想〔こころ〕）

#2.1.1.2.4　併記された語句

 同義語による別の表現、原語形とその略語、外来語とその原語などが、タイトルに併記されている場合は、情報源での表示順序、配置、デザイン等に基づいて本タイトルを選定する。この場合に、識別またはアクセスに重要なときは、他方を異形タイトルとして記録する。

(参照：#2.1.9.1.1i)、#2.1.9.2.2を見よ。)

  誰でもわかる!狂牛病対策マニュアル
   （異形タイトル：誰でもわかる!BSE対策マニュアル）
  ツイッター完全活用術
   （異形タイトル：twitter完全活用術）
  Androidアプリ事典
   （異形タイトル：アンドロイドアプリ事典）

　情報源でタイトル全体が、複数の言語および（または）文字種で併記されている場合も、情報源での表示順序、配置、デザイン等に基づいて本タイトルを選定する。この場合に、識別またはアクセスに重要なときは、他方を並列タイトルとして記録する。
(参照：#2.1.2を見よ。)

#2.1.1.2.5　内容と異なる言語・文字種によるタイトル

　情報源に表示されているタイトルの言語および（または）文字種が、主な内容で使われている言語および（または）文字種と異なっていても、情報源に表示されているタイトルを本タイトルとして記録する。
(参照：表現形の言語については、#5.3を見よ。内容の言語については、#5.12を見よ。内容の文字種については、#5.13.1を見よ。)

  An introduction to Brazil
   （本文は日本語）
  Super PC engine fan deluxe
   （本文は日本語）

#2.1.1.2.6　複数の言語・文字種によるタイトル

　情報源に複数の言語または文字種によるタイトルがある場合は、主な内容で使われている言語または文字種によるタイトルを本タイトルとして記録する。
　内容が言語表現によらない資料、または主な内容が一言語でない資料の場合は、情報源での表示順序、配置、デザイン等に基づいて本タイトルを選定する。
　本タイトルとしなかったタイトルは、識別またはアクセスに重要な場合は、並列タイトルとして記録する。
(参照：#2.1.2を見よ。)

  Concerto for piano and orchestra, no. 20 in D minor, K. 466
   （並列タイトル：ピアノ協奏曲　第20番　ニ短調）

#2.1.1.2.6　複数の言語・文字種によるタイトル　別法

　情報源に複数の言語または文字種によるタイトルがある場合は、その情報源での表示順序、配置、デザイン等に基づいて本タイトルを選定する。
　本タイトルとしなかったタイトルは、識別またはアクセスに重要な場合は、並列タイトルと

第 2 章　体現形

して記録する。
（参照：＃2.1.2 を見よ。）

>Concerto for piano and orchestra, no. 20 in D minor, K. 466
>（並列タイトル：ピアノ協奏曲　第 20 番　ニ短調）

#2.1.1.2.7　同一の言語・文字種による複数のタイトル

　情報源に、一つの体現形に対して、同一の言語および文字種による複数のタイトルが表示されている場合は、その情報源での表示順序、配置、デザイン等に基づいて本タイトルを選定する。表示順序、配置、デザイン等から判断できない場合は、最も包括的なタイトルを本タイトルとして記録する。
（参照：複数の著作に対するタイトルについては、＃2.1.1.2.9、＃2.1.1.2.10 を見よ。）

>Village of Bird-in-Hand, map & visitors guide, Lancaster County, PA
>（情報源の表示：Village of Bird-in-Hand, map & visitors guide, Lancaster County, PA と Village of Bird-in-Hand, along Route 340, a AAA scenic byway）

　ただし、逐次刊行物または更新資料で、情報源にイニシャルまたは頭字語形とその展開形のタイトルの双方が表示されている場合は、表示順序等にかかわらず、展開形を本タイトルとして記録する。

>Japanese journal of parenteral and enteral nutrition
>（情報源の表示：Japanese journal of parenteral and enteral nutrition と JJPEN）

　いずれの場合も、本タイトルとしなかったタイトルが、識別またはアクセスに重要な場合は、タイトル関連情報または異形タイトルとして記録する。
（参照：＃2.1.3、＃2.1.9 を見よ。）

#2.1.1.2.7　同一の言語・文字種による複数のタイトル　別法

　情報源に、一つの体現形に対して、同一の言語および文字種による複数のタイトルが表示されている場合は、その情報源での表示順序、配置、デザイン等に基づいて本タイトルを選定する。表示順序、配置、デザイン等から判断できない場合は、最も包括的なタイトルを本タイトルとして記録する。
（参照：複数の著作に対するタイトルについては、＃2.1.1.2.9、＃2.1.1.2.10 を見よ。）

>Village of Bird-in-Hand, map & visitors guide, Lancaster County, PA
>（情報源の表示：Village of Bird-in-Hand, map & visitors guide, Lancaster County, PA と Village of Bird-in-Hand, along Route 340, a AAA scenic byway）

　＊イニシャルまたは頭字語形とその展開形のタイトルの双方が表示されている場合も、その情報源での表示順序等に基づいて本タイトルを選定する＊。

>JJPEN
>（情報源の表示：Japanese journal of parenteral and enteral nutrition と JJPEN。JJPEN が大きく表示されている。）

#2.1 タイトル

いずれの場合も、本タイトルとしなかったタイトルが、識別またはアクセスに重要な場合は、タイトル関連情報または異形タイトルとして記録する。
（参照：#2.1.3、#2.1.9を見よ。）

#2.1.1.2.8　部編、補遺等のタイトル

複数巻単行資料、逐次刊行物または更新資料で、独立して刊行された部編、補遺等を記述対象とする場合、情報源にその部編、補遺等のタイトルと、すべての部編、補遺等に共通するタイトルの双方が表示されているときと、一方のみが表示されているときがある。これらのときは、#2.1.1.2.8A～#2.1.1.2.8Cに従っていずれのタイトルを本タイトルとして記録するかを決定する。

その結果、選定した本タイトルが、共通タイトルと従属タイトルおよび（または）順序表示から構成されている場合は、次の順に記録する。

a)　共通タイトル、従属タイトル
b)　共通タイトル、順序表示、従属タイトル
c)　共通タイトル、順序表示

なお、部編等は複数階層になっていることがある。この場合は、#2.1.1.2.8A～#2.1.1.2.8Cに従って判断し、次の順に記録する。

d)　共通タイトル、従属タイトル、従属タイトル…
e)　共通タイトル、順序表示、従属タイトル、順序表示、従属タイトル…

階層によって、順序表示のみ、従属タイトルのみ、または双方が存在するなど異なっていることがある。これらの場合は、存在するものを同一階層内の順序表示、従属タイトルの順に記録する。

f)　共通タイトル、順序表示、順序表示…

#2.1.1.2.8A　共通するタイトルが表示されていない場合

情報源に、部編、補遺等のタイトルのみが表示されていて、すべての部編、補遺等に共通するタイトルが表示されていない場合は、部編、補遺等のタイトルを本タイトルとして記録する。すべての部編、補遺等に共通するタイトルは、シリーズ表示の一部としてまたは関連する著作のタイトルとして記録する。

　　　　Arctic tern migration
　　（シリーズの本タイトル：Animal migrations）

#2.1.1.2.8B　部編、補遺等のタイトルと共通するタイトルの双方が表示されている場合

情報源に、部編、補遺等のタイトルと、すべての部編、補遺等に共通するタイトルの双方が表示されている場合は、双方のタイトルを次のように扱う。

a)　部編、補遺等のタイトルのみで十分識別できる複数巻単行資料

部編、補遺等のタイトルを本タイトルとして記録する。すべての部編、補遺等に共通す

第 2 章　体現形

るタイトルは、シリーズ表示の一部として、または関連する著作のタイトルとして記録する。

　　　　影との戦い
　　　（シリーズの本タイトル：ゲド戦記）

b)　部編、補遺等のタイトルのみでは識別が困難な複数巻単行資料

　本タイトルは、共通タイトルと従属タイトルから構成されるものとする。すべての部編、補遺等に共通するタイトルは共通タイトルとして、部編、補遺等のタイトルは従属タイトルとして扱い、共通タイトル、従属タイトルの順に記録する。

（参照：＃2.1.1.2.8a）、＃2.1.1.2.8d）を見よ。）

　　　　わかさ美浜町誌．総目次・総索引
　　　　新・医用放射線技術実験．臨床編
　　　　検索入門野鳥の図鑑．水の鳥
　　　　5万分1北海道区分図．函館
　　　　フランス古典歌曲集．メゾ・アルト編
　　　　The 2nd International Music Competition of Japan. Piano section 1983
　　　（ISBD区切り記号法を用いて記録した例）

　部編、補遺等が、タイトルだけではなく、共通するタイトルに対する順序表示をも有する場合は、それも本タイトルに含めて、共通タイトル、順序表示、従属タイトルの順に記録する。

（参照：＃2.1.1.2.8b）、＃2.1.1.2.8e）を見よ。）

　　　　パソコン統計解析ハンドブック．1, 基礎統計編
　　　（ISBD区切り記号法を用いて記録した例）

c)　逐次刊行物または更新資料

　逐次刊行物または更新資料については、すべての部編、補遺等に共通するタイトルを共通タイトルとして、部編、補遺等のタイトルを従属タイトルとして扱う。共通タイトルと従属タイトルをあわせて本タイトルとして扱い、共通タイトル、従属タイトルの順に記録する。

（参照：＃2.1.1.2.8a）、＃2.1.1.2.8d）を見よ。）

　　　　鹿児島県立短期大学紀要．自然科学篇
　　　　鹿児島県立短期大学紀要．人文・社会科学篇
　　　　わが国企業の経営分析．企業別統計編．非製造業
　　　　電子情報通信学会技術研究報告．CS, 通信方式
　　　（ISBD区切り記号法を用いて記録した例）

　部編、補遺等が、タイトルだけではなく、共通するタイトルに対する順序表示をも有する場合は、それも本タイトルに含めて、共通タイトル、順序表示、従属タイトルの順に記

録する。
（参照：＃2.1.1.2.8b）、＃2.1.1.2.8e）を見よ。）

> 農業技術研究所報告. A, 物理統計
> 農業技術研究所報告. B, 土壌・肥料
> 北海道教育大学紀要. 第1部. A. 人文科学編
> Historical abstracts. Part A, Modern history abstracts 1775-1914
> Historical abstracts. Part B, Twentieth century abstracts 1914-1970
> 　　（ISBD区切り記号法を用いて記録した例）

（参照：「第2期」のような語句を、逐次刊行物の順序表示の一部または全体として扱う場合は、＃2.4.1.1、＃2.4.1.2.3を見よ。）

#2.1.1.2.8C 部編、補遺等のタイトルが表示されていない場合

情報源に共通するタイトルのみ表示されていて、部編、補遺等のタイトルが表示されていない場合がある。部編、補遺等にタイトルが存在しない場合もある。これらの場合は、順序表示を本タイトルに含めて、共通タイトル、順序表示の順に記録する。
（参照：＃2.1.1.2.8c）、＃2.1.1.2.8f）を見よ。）

> ファウスト. 第1部
> 琉球大学教育学部紀要. 第二部
> 満州経済年報. 昭和12年. 下
> Transactions of the Institute of Electronics and Communication Engineers of Japan. Section E
> 　　（ISBD区切り記号法を用いて記録した例）

「第2期」のような語句が、共通するタイトルとともに表示されている場合は、順序表示の一部として扱い、本タイトルに含める。

> 世界文学全集. 第2期 第13
> 　　（ISBD区切り記号法を用いて記録した例）

複数巻単行資料の共通するタイトルとともに「新シリーズ」、「第2期」などの語句が表示されていて、他に巻次がない場合は、それらの語句を部編等のタイトルとみなし、従属タイトルとして記録する。

> 詩歌全集・作品名綜覧. 第Ⅱ期
> New directions in the law of the sea. New series
> 　　（ISBD区切り記号法を用いて記録した例）

（参照：「第2期」のような語句を、複数巻単行資料のシリーズ内番号として扱う場合は、＃2.10.8.2.3を見よ。）

#2.1.1.2.9 総合タイトルのある資料

#2.1.1.2.9.1 包括的記述

情報源に総合タイトルと個別のタイトルの双方が表示されている場合は、総合タイトルを本タイトルとして記録する。

第2章　体現形

　　　　　文学逍遥の記
　　　　　　（個別のタイトル：英語ア・ラ・カルト；英語の万華鏡；随想；鳥ありてこそ）
　識別またはアクセスに重要な場合は、個別のタイトルを関連する体現形のタイトルとして扱う。
（参照：＃43.3を見よ。）
（参照：関連する著作のタイトルとして扱う場合は、＃43.1を見よ。）

#2.1.1.2.9.2　分析的記述
　情報源に総合タイトルと個別のタイトルの双方が表示されている場合は、個別のタイトルを本タイトルとして記録する。総合タイトルを記録する場合は、関連する体現形のタイトルとして扱う。
（参照：＃43.3を見よ。）
　ただし、個別のタイトルだけでは記述対象を識別するために不十分な場合は、総合タイトルと個別のタイトルをあわせて本タイトルとして記録する。
（参照：＃2.1.1.2.8を見よ。）
（参照：関連する著作のタイトルとして扱う場合は、＃43.1を見よ。）

#2.1.1.2.10　総合タイトルのない資料
　資料自体のどの情報源にも総合タイトルが表示されていない場合に、包括的記述を作成するときは、すべての個別のタイトルを本タイトルとして、情報源に表示されている順に記録する。
（参照：＃2.1.2.2.1、＃2.1.3.2.4、＃2.2.1.2.2を見よ。）
　　　　　侏儒の言葉；文芸的な、余りに文芸的な／芥川竜之介著
　　　　　枕草子／清少納言著．徒然草／吉田兼好著
　　　　　板橋雑記／余懐［著］；岩城秀夫訳．蘇州画舫録／西溪山人［著］；岩城秀夫訳
　　　　　播州平野；風知草／宮本百合子著
　　　　　四季交代；粋なそよ風；青い子守歌；十月の森；夕日／作曲片岡良和
　　　　　たけくらべ；随筆／樋口一葉；朗読．幸田弘子
　　　　　Concerto for orchestra ; Dance suite / Bartok
　　　　　湯屋番／笑福亭仁鶴．紙入れ間男／林家染二
　　　　　Cello concerto, op. 129 / Schumann. Cello concerto no. 1, op. 33 / Saint-Saëns
　　　　　（ISBD区切り記号法を用いて責任表示等との対応関係を示した例）

　個別のタイトルを表示する情報源がそれぞれにあり、そのすべてをあわせて一つの包括的な情報源とみなす場合も、すべての個別のタイトルを本タイトルとして記録する。
　　　　　無量壽經起信論 3巻；觀無量壽佛經約論；阿彌陀經約論／(清)彭際清述
　　　　　おあむ物語／山田去暦女著．おきく物語
　　　　　かも；あしかり；ゆや；うとう；みわ
　　　　　Moonlight sonata ; Waldstein sonata
　　　　　（ISBD区切り記号法を用いて責任表示等との対応関係を示した例）

#2.1 タイトル

#2.1.1.2.10　総合タイトルのない資料　任意省略

情報源の最初に表示された個別のタイトルを本タイトルに採用し、他のタイトルは記録しない。2番目以降の個別のタイトルを省略したことを、注記および（または）その他の方法（コーディングや角がっこの使用など）で示す。

（参照：#2.41.1.2.4.1を見よ。）

#2.1.1.2.10　総合タイトルのない資料　別法

＊資料自体のどの情報源にも総合タイトルが表示されていない場合に、包括的記述を作成するときは、データ作成者が本タイトルを付与する＊。

（参照：#2.1.1.2.11、#2.1.1.2.11別法を見よ。）

（参照：#2.41.1.2.6を見よ。）

　　　　上院制度参考書
　　　　　（タイトルに関する注記：「上院改革私見」以下10冊を合本して「上院制度参考書」のタイトルを付与したもの）
　　　　救偏瑣言 10巻 附備用良方 1巻
　　　　　（タイトルに関する注記：本タイトルは国立国会図書館による）
　　　　　（内容：救偏瑣言 10巻；瑣言備用良方 1巻）
　　　　各國新聞論調. 第8輯
　　　　　（タイトルに関する注記：「滿洲事變ニ關スル各國新聞論調」以下27冊を合本して「各國新聞論調」のタイトルを付与したもの）
　　　　　（ISBD区切り記号法を用いて記録した例）

　＊識別またはアクセスに重要な場合は、個別のタイトルを関連する体現形のタイトルとして扱う＊。

（参照：#43.3を見よ。）

#2.1.1.2.11　タイトルのない資料

資料自体のどの情報源にもタイトルが表示されていない場合は、資料外の情報源によって本タイトルを選定する。その情報源は、注記として記録する。本タイトルは、資料外の情報源から採用したことが分かる方法（コーディングや角がっこの使用など）で示すことができる。

（参照：#2.1.0.3、#2.1.1.1.2を見よ。）

（参照：#2.41.1.2.1.1を見よ。）

　　　　雙玉紀行
　　　　　（タイトルに関する注記：本タイトルは「国書総目録」による）
　　　　遊女手鑑
　　　　　（タイトルに関する注記：本タイトルは「東京大学総合図書館霞亭文庫目録」による）
　　　　江戸出場限朱引絵図
　　　　　（タイトルに関する注記：本タイトルは東京都立中央図書館所蔵本による）
　　　　　（本タイトルの記録に角がっこを使用しない例）

第 2 章　体現形

　　　　［諸國産物繪圖帳］
　　　　（タイトルに関する注記：本タイトルは白井光太郎「日本博物学年表 改訂増補版」(昭和 18 年)
　　　　による）
　　　　（本タイトルの記録に角がっこを使用した例）

　資料自体に通常はタイトルが表示されていない資料（美術作品、写真、ポスターなど）は、公表の際に付与されたタイトル、伝来のタイトル、所蔵機関が付与したタイトル、および資料外の情報源（箱書、キャプション）によるタイトルも、本タイトルとして使用できる。資料の種類によっては、＃2.1.1.2.11 A ～ ＃2.1.1.2.11 D も適用して本タイトルを付与する。
（参照：電子資料については、＃2.1.1.1.1 を見よ。）

　資料外の情報源によって本タイトルを選定できない場合は、データ作成者が本タイトルを付与する。この場合、記述対象の内容に適した言語および文字種、またはデータ作成機関が定めた言語および文字種を用いる。データ作成者は、次のいずれかの方法で本タイトルを付与する。資料の種類によっては、＃2.1.1.2.11 A ～ ＃2.1.1.2.11 D も適用して本タイトルを付与する。

　　a)　資料の様式、形式、形態を表す簡略な語句（地図、小説草稿、日記、広告など）
　　　　　　日記
　　　　　　十字型土偶
　　　　　　桧唐津花入
　　　　　　秋田八丈半天
　　　　　　舞楽面
　　　　　　ぐい呑

　　b)　資料の主題を表す簡略な語句（個人・家族・団体、物、活動、出来事、場所、日付など）
　　　　　　日本石炭産業関連資料コレクション
　　　　　　文久二年句合
　　　　　　全日空機，羽田空港，2014 年 1 月 3 日

　　c)　詩などの本文の冒頭の語句
　　　　　　　　Birdies may grow upon trees

　　d)　資料を特徴づけるその他の語句

　　e)　関連資料に基づくタイトル

　記述対象の内容から本タイトルの記録にふさわしい言語および文字種が明らかでない場合、またはそれらによって記録できない場合は、データ作成機関が定めた言語および文字種を用いる。

　データ作成者が本タイトルを付与した旨を注記として記録する。ただし、タイトルなどの情報を通常は保持しない資料（写真（私的なもの、未公開のもの等）、自然物、コレクション等）については、注記として記録する必要はない。
（参照：＃2.1.0.3、＃2.1.1.1.2、＃2.1.1.2.10 別法を見よ。）

#2.1 タイトル

（参照：#2.41.1.2.1.1を見よ。）
  選挙の記録
   （タイトルに関する注記：本タイトルは国立国会図書館による）
  関東大震災記録写真
  武士用革合羽

#2.1.1.2.11　タイトルのない資料　別法
　資料自体のどの情報源にもタイトルが表示されていない場合は、資料外の情報源によって本タイトルを選定する。その情報源は、注記として記録する。本タイトルは、資料外の情報源から採用したことが分かる方法（コーディングや角がっこの使用など）で示すことができる。
（参照：#2.1.0.3、#2.1.1.1.2を見よ。）
（参照：#2.41.1.2.1.1を見よ。）
  雙玉紀行
   （タイトルに関する注記：本タイトルは「国書総目録」による）
  遊女手鑑
   （タイトルに関する注記：本タイトルは「東京大学総合図書館霞亭文庫目録」による）
  江戸出場限朱引絵図
   （タイトルに関する注記：本タイトルは東京都立中央図書館所蔵本による）
   （本タイトルの記録に角がっこを使用しない例）
  ［諸國産物繪圖帳］
   （タイトルに関する注記：本タイトルは白井光太郎「日本博物学年表　改訂増補版」（昭和18年）による）
   （本タイトルの記録に角がっこを使用した例）

　資料自体に通常はタイトルが表示されていない資料（美術作品、写真、ポスターなど）は、公表の際に付与されたタイトル、伝来のタイトル、所蔵機関が付与したタイトル、および資料外の情報源（箱書、キャプション）によるタイトルも、本タイトルとして使用できる。資料の種類によっては、#2.1.1.2.11A～#2.1.1.2.11Dも適用して本タイトルを付与する。
（参照：電子資料については、#2.1.1.1.1を見よ。）
　資料外の情報源によって本タイトルを選定できない場合は、データ作成者が本タイトルを付与する。この場合、記述対象の内容に適した言語および文字種、またはデータ作成機関が定めた言語および文字種を用いる。＊データ作成者は、次のいずれかの方法で本タイトルを付与し、その旨が分かるような方法（コーディングや角がっこの使用など）で記録する＊。資料の種類によっては、#2.1.1.2.11A～#2.1.1.2.11Dも適用して本タイトルを付与する。
 a)　資料の様式、形式、形態を表す簡略な語句（地図、小説草稿、日記、広告など）
   ［日記］
   ［十字型土偶］
   ［桧唐津花入］

第 2 章　体現形

　　　　　　［秋田八丈半天］
　　　　　　［舞楽面］
　　　　　　［ぐい呑］

b)　資料の主題を表す簡略な語句（個人・家族・団体、物、活動、出来事、場所、日付など）
　　　　　　［日本石炭産業関連資料コレクション］
　　　　　　［文久二年句合］
　　　　　　［全日空機，羽田空港；2014 年 1 月 3 日］

c)　詩などの本文の冒頭の語句

d)　資料を特徴づけるその他の語句

e)　関連資料に基づくタイトル

＊重要な場合は、データ作成者が本タイトルを付与した旨を注記として記録する＊。ただし、タイトルなどの情報を通常は保持しない資料（写真（私的なもの、未公開のもの等）、自然物、コレクション等）については、注記として記録する必要はない。
（参照：＃2.1.0.3、＃2.1.1.1.2、＃2.1.1.2.10 別法を見よ。）
（参照：＃2.41.1.2.1.1 を見よ。）
　　　　　　［選挙の記録］
　　　　　　（タイトルに関する注記：本タイトルは国立国会図書館による）
　　　　　　［関東大震災記録写真］
　　　　　　［武士用革合羽］

＃2.1.1.2.11A　　音楽資料

音楽資料の本タイトルの付与にあたっては、楽曲形式、演奏手段、番号（一連番号、作品番号、主題目録番号等）、調および（または）その他の特性を含めたものとする。
（参照：＃2.1.1.2.13、＃2.1.1.2.13 別法を見よ。）
　　　　　　交響曲第 10 番ト長調 K. 74
　　　　　　Sonatas, piano, no. 8, op. 13, C minor

＃2.1.1.2.11B　　地図資料

地図資料の本タイトルの付与にあたっては、対象地域を示す名称または情報を必ず含める。必要に応じて、主題（使用目的、地図の種類など）も含める。
　　　　　　五千分一東京図
　　　　　　薩摩・大隅・日向三國圖
　　　　　　General map of the Baltic States cartographic material
　　　　　　Vientiane tourist map

＃2.1.1.2.11B　　地図資料　　別法

＊地図資料の本タイトルの付与にあたっては、対象地域を示す名称または情報、または主題（使用目的、地図の種類など）のいずれかを必ず含める＊。

#2.1 タイトル

#2.1.1.2.11C　動画資料

　短い広告フィルムまたは広告ビデオの本タイトルの付与にあたっては、広告対象の製品、サービス等を示す名称または情報を含め、「広告」または「advertisement」の語を付加する。

　未編集の映像資料（複数の映像、ニュース・フィルムなどを含む）の本タイトルの付与にあたっては、出現順に主要な要素（場所、イベント日付・撮影日付、個人名、主題など）を含める。

#2.1.1.2.11C　動画資料　任意追加

　未編集の映像資料（複数の映像、ニュース・フィルムなどを含む）の場合は、各映像の内容や長さを、関連する体現形として記録する。

（参照：#43.3を見よ。）

#2.1.1.2.11D　文書、コレクション

　文書、コレクションの本タイトルの付与にあたっては、創作者、収集者、または出所の名称のうち、適切なものを含める。

　　　　対馬宗家文書
　　　　高橋誠一郎文庫

#2.1.1.2.12　和古書・漢籍の書誌的巻数

　和古書・漢籍については、書誌的巻数を本タイトルの一部として記録する。巻数を示す数字は、アラビア数字で記録する。記述対象が1巻または巻立てがない場合は、書誌的巻数を本タイトルに含めなくてもよい。

　　　　古今和歌集 20巻
　　　　杜律集解 五言4巻七言2巻
　　　　東華続録 咸豊朝100巻同治朝100巻
　　　　桂洲先生文集 50巻首1巻附年譜1巻

　欠巻がある場合は、完本の巻数を記録し、続いて記述対象の現存巻数を「存」を冠して丸がっこに入れて付加する。完本の巻数が不明な場合は、現存巻数のみを「存」を冠して丸がっこに入れて付加する。存巻ないし欠巻の詳細については注記として記録する。

（参照：#2.41.1.2.5を見よ。）

　　　　八家四六文註 8巻補1巻（存7巻）
　　　　（タイトルに関する注記：欠巻：第4, 補）
　　　　天地冥陽水陸雑文（存2巻）
　　　　（タイトルに関する注記：存巻：疏下・牒下）

　巻立てを有するものの零本等の場合は、形態的に独立した特定の部分だけを本タイトルとして採用することができる。巻次を含めて本タイトルとして記録するときは、アラビア数字に置き換えることはせず、情報源に表示されているとおりに記録する。

　　　　源氏物語若紫巻
　　　　大般若波羅密多経巻三百八十二

第 2 章　体現形

　　　　　水族写真巻之一

#2.1.1.2.12　和古書・漢籍の書誌的巻数　任意省略

　記述対象が完本でない場合は、書誌的巻数を本タイトルの一部として記録しない。

#2.1.1.2.12　和古書・漢籍の書誌的巻数　任意追加

　巻立てがない漢籍について、書誌的巻数を本タイトルに含める場合は、「1巻」、「不分巻」等と記録する。

#2.1.1.2.13　音楽資料の楽曲形式等

　音楽資料について、楽曲形式等（楽曲形式、演奏手段、調、番号、作曲年）が表示されている場合は、次のいずれかの方法で本タイトルを選定する。

　a)　楽曲形式等のみから成る表示は、それを本タイトルとして扱い、情報源に表示されている順に記録する。

　　　　　ピアノ小曲 1956 作品 14
　　　　　交響曲第四十番ト短調 KV 550
　　　　　ヴァイオリンと管弦楽のための協奏曲ニ長調作品 77

　b)　その他の表示は、楽曲形式等をタイトル関連情報として扱い、本タイトルに含めない。

　いずれに該当するか判断できない場合は、a) を適用する。

#2.1.1.2.13　音楽資料の楽曲形式等　別法

　音楽資料について、楽曲形式等（楽曲形式、演奏手段、調、番号、作曲年）が表示されている場合は、次のいずれかの方法で本タイトルを選定する。

　a)　楽曲形式等のみから成る表示は、それを本タイトルとして扱い、情報源に表示されている順に記録する。

　　　　　ピアノ小曲 1956 作品 14
　　　　　交響曲第四十番ト短調 KV 550
　　　　　ヴァイオリンと管弦楽のための協奏曲ニ長調作品 77

　b)　＊その他の表示は、情報源での表示順序、配置、デザイン等に基づいて本タイトルを選定する。本タイトルに含める情報は、情報源に表示されているとおりに記録する。本タイトルに含めない情報は、タイトル関連情報として扱う＊。

　いずれに該当するか判断できない場合は、a) を適用する。

#2.1.1.2.14　地図資料の尺度

　地図資料について、尺度（縮尺）がタイトルと不可分な場合は、本タイトルの一部として記録する。

　　　　　20万分の1北海道実測地図
　　　　　1/5000 道路地図

#2.1.1.2.15　逐次刊行物、更新資料の変化前のタイトルを示す表示

＃2.1　タイトル

　逐次刊行物または更新資料について、本タイトルが変化した場合に、変化前のタイトルまたは吸収されたタイトルを示す表示は、それが不可分な一部として表示されているとしても、本タイトルの一部としては記録しない。省略記号（...）も使用しない。変化前のタイトルまたは吸収されたタイトルを示す情報は、関連する著作として扱う。
（参照：＃43.1を見よ。）

　　　　　The journal of fluid control
　　　　　　（情報源の表示：The Journal of Fluid Control including Fluidics Quarterly）

＃2.1.1.1.2.16　複数巻単行資料、逐次刊行物の巻号ごとに変わる日付、名称、番号等

　複数巻単行資料または逐次刊行物のタイトルが、巻号ごとに変わる日付、名称、番号を含む場合は、本タイトルの記録においてそれらを省略する。省略部分は省略記号（...）で示す。

　　　　　日韓歴史共同研究プロジェクト第...回シンポジウム報告書
　　　　　　（各巻の情報源の表示：第11回、第12回などの回次が変化）
　　　　　Report of the ... Annual conference of the Labour Party
　　　　　　（各巻の情報源の表示：second、thirdのように変化）

＃2.1.1.1.2.16　複数巻単行資料、逐次刊行物の巻号ごとに変わる日付、名称、番号等　別法

　複数巻単行資料または逐次刊行物のタイトルが、巻号ごとに変わる日付、名称、番号を含む場合は、本タイトルの記録においてそれらを省略する。＊省略記号は使用しない＊。

　　　　　日韓歴史共同研究プロジェクトシンポジウム報告書
　　　　　　（各巻の情報源の表示：シンポジウムの前に第11回、第12回などの回次が表示されている）
　　　　　Report of the Annual conference of the Labour Party
　　　　　　（各巻の情報源の表示：conferenceの前にsecond、thirdなどが表示されている）

＃2.1.1.1.2.17　逐次刊行物の刊行頻度

　逐次刊行物について、情報源にタイトルとともに表示されている刊行頻度は、その表示順序、配置、デザイン等に基づいて適切と判断される場合は、本タイトルの一部として記録する。

　　　　　月刊アドバタイジング
　　　　　季刊人類学
　　　　　Monthly external trade bulletin

＃2.1.1.1.2.18　美術資料の作品番号

　美術資料において、形式的な名称に付された作品番号は、本タイトルの一部として記録する。
（参照：＃2.1.3.1.1Dを見よ。）

　　　　　作品43
　　　　　裸婦　作品第16

＃2.1.1.3　複製

　複製については、原資料のタイトルではなく、複製自体のタイトルを本タイトルとして記録する。

第 2 章　体現形

　　原資料のタイトルが同一の情報源に表示されている場合は、原資料のタイトルは、次のいずれかに従って記録する。
　　a)　複製のタイトルと異なる言語または文字種で表記されている場合は、並列タイトルとして記録する。
　　　　（参照：＃2.1.2を見よ。）
　　b)　タイトル関連情報として記録する。
　　　　（参照：＃2.1.3を見よ。）
　　c)　関連する体現形のタイトルとして記録する。
　　　　（参照：＃43.3を見よ。）
　　原資料のタイトルが、資料自体の別の情報源に表示されている場合は、関連する体現形のタイトルとして記録する。
（参照：＃43.3を見よ。）

＃2.1.1.3　複製　別法

　　複製については、原資料のタイトルではなく、複製自体のタイトルを本タイトルとして記録する。

　　原資料のタイトルが同一の情報源に表示されている場合は、原資料のタイトルは、次のいずれかに従って記録する。
　　a)　複製のタイトルと異なる言語または文字種で表記されている場合は、並列タイトルとして記録する。
　　　　（参照：＃2.1.2を見よ。）
　　b)　タイトル関連情報として記録する。
　　　　（参照：＃2.1.3を見よ。）
　　c)　関連する体現形のタイトルとして記録する。
　　　　（参照：＃43.3を見よ。）
　　原資料のタイトルが、資料自体の別の情報源に表示されている場合は、関連する体現形のタイトルとして記録する。
（参照：＃43.3を見よ。）
　　＊ただし、他の形態から変換されたマイクロ資料または逐次刊行物の複製については、原資料のタイトルを本タイトルとして記録する。
　　複製のタイトルと原資料のタイトルが異なる場合は、複製のタイトルを次のいずれかに従って記録する。
　　d)　原資料のタイトルと異なる言語または文字種で表記されている場合は、並列タイトルとして記録する。
　　　　（参照：＃2.1.2を見よ。）

e)　タイトル関連情報として記録する。
　　（参照：#2.1.3を見よ。）
f)　異形タイトルとして記録する*。
　　（参照：#2.1.9を見よ。）

#2.1.1.4　変化

複数巻単行資料、逐次刊行物または更新資料においては、本タイトルが変化することがある。

a)　複数巻単行資料については、包括的記述によって記録している場合に、本タイトルに変化が生じても、体現形に対する新規の記述を作成しない。本タイトルの変化が識別またはアクセスに重要な場合は、変化後のタイトルを後続タイトルとして記録する。

b)　逐次刊行物については、本タイトルの変化は、重要な変化と軽微な変化に区別する。重要な変化が生じた場合は、新しい著作の出現とみなし、その体現形に対する新規の記述を作成する。変化前後の体現形に対する記述は、相互に関連する著作として扱う。軽微な変化の場合は、体現形に対する新規の記述を作成しない。本タイトルの変化が識別またはアクセスに重要な場合は、変化後のタイトルを後続タイトルとして記録する。
　　（参照：逐次刊行物の本タイトルの重要な変化と軽微な変化については、#2.1.1.4.1～#2.1.1.4.2を見よ。）

c)　更新資料については、本タイトルに変化が生じても、体現形に対する新規の記述を作成しない。本タイトルは変化後の本タイトルに改める。本タイトルの変化が識別またはアクセスに重要な場合は、変化前の本タイトルを先行タイトルとして記録する。

（参照：#2.0.5、#2.1.0.6、#2.1.5.1.1、#2.1.6.1.1を見よ。）

#2.1.1.4　変化　別法

複数巻単行資料、逐次刊行物または更新資料においては、本タイトルが変化することがある。

a)　複数巻単行資料については、包括的記述によって記録している場合に、本タイトルに変化が生じても、体現形に対する新規の記述を作成しない。*本タイトルの変化が識別またはアクセスに重要な場合は、変化後のタイトルを異形タイトルとして記録する*。

b)　逐次刊行物については、本タイトルの変化は、重要な変化と軽微な変化に区別する。重要な変化が生じた場合は、新しい著作の出現とみなし、その体現形に対する新規の記述を作成する。変化前後の体現形に対する記述は、相互に関連する著作として扱う。軽微な変化の場合は、体現形に対する新規の記述を作成しない。*本タイトルの変化が識別またはアクセスに重要な場合は、変化後のタイトルを異形タイトルとして記録する*。
　　（参照：逐次刊行物の本タイトルの重要な変化と軽微な変化については、#2.1.1.4.1～#2.1.1.4.2を見よ。）

c)　更新資料については、本タイトルに変化が生じても、体現形に対する新規の記述を作成しない。本タイトルは変化後の本タイトルに改める。*本タイトルの変化が識別またはア

第 2 章　体現形

クセスに重要な場合は、変化前の本タイトルを異形タイトルとして記録する＊。
（参照：＃2.0.5、＃2.1.0.6、＃2.1.9.1.1g) を見よ。）

#2.1.1.4.1　重要な変化

逐次刊行物の本タイトルの変化において、次の場合を重要な変化とみなす。ただし、#2.1.1.4.2に示す場合にも該当するときは軽微な変化とみなして、この条項を適用しない。

a) 本タイトルが単語に区切らずに表記する言語・文字種（日本語、中国語等）から成る場合に、いずれかの単語に変化、追加または削除があるか、語順の変化があり、その結果、本タイトルの意味が変わったり、異なる主題を示すものとなったとき

b) 本タイトルが単語に区切って表記する言語・文字種（英語等）から成る場合に、冠詞を除いて先頭から5番目までの単語に変化、追加または削除があるか、その範囲で語順に変化があったとき

c) 本タイトルが単語に区切って表記する言語・文字種（英語等）から成る場合に、冠詞を除いて先頭から6番目以降の単語に変化、追加または削除があり、その結果、本タイトルの意味が変わったり、異なる主題を示すものとなったとき

d) イニシャルまたは頭字語が変わったとき

e) 言語が変わったとき

f) 本タイトルに含まれる団体名に変化があり、変化後の団体が別の団体を示すものとなったとき

#2.1.1.4.1　重要な変化　別法

＊逐次刊行物の変化についての判断を簡明にするために、句読法等以外の変化は、すべて重要な変化とみなす＊。

　　　　東亜之光　→　東亜の光

#2.1.1.4.2　軽微な変化

逐次刊行物の本タイトルの変化において、次の場合を軽微な変化とみなす。判断に迷う場合は、軽微な変化とする。

a) 本タイトルが単語に区切らずに表記する言語・文字種（日本語、中国語等）から成る場合に、助詞、接続詞、接尾語に変化、追加または削除があったとき

　　　原子力発電所より排出される温排水調査の結果について
　　　　→　原子力発電所から排出される温排水調査の結果について

b) 本タイトルが単語に区切らずに表記する言語・文字種（日本語、中国語等）から成る場合に、逐次刊行物の種別を示す単語について、類似の単語への変化、追加または削除があったとき

　　　いさはや市政概要　→　いさはや市政概況
　　　日本近代文学館ニュース　→　日本近代文学館

c) 本タイトルが単語に区切らずに表記する言語・文字種（日本語、中国語等）から成る場合に、逐次刊行物の刊行頻度の変化を伴わずに、刊行頻度を示す単語について、同義の単語への変化、追加または削除があったとき

  チャペル・アワー月報　→　月刊チャペル・アワー
  月刊海外経済データ　→　海外経済データ

d) 本タイトルが単語に区切って表記する言語・文字種（英語等）から成る場合に、冠詞、前置詞、接続詞またはそれに相当する単語に変化、追加または削除があったとき

  Physics reports of the Kumamoto University
   →　Physics reports of Kumamoto University

e) 本タイトルが単語に区切って表記する言語・文字種（英語等）から成る場合に、表記方法（綴りの違い、略語・記号・符号とその展開形、数字・日付とその語句による形、ハイフンの有無、複合語の分割形と連結形、イニシャル・頭字語とその展開形、単数形と複数形のような文法的な違い、句読法の違いなど）に変化があったとき

  GBB　→　G. BB.
  Labour history　→　Labor history
  Openhouse　→　Open house
  Accommodations and travel services　→　Accommodations & travel services
  Berichte der Deutschen Gesellschaft für Mathematik und Datenverarbeitung
   →　GMD-Berichte
  Constructions neuves & anciennes　→　Construction neuve & ancienne

f) 本タイトルが単語に区切って表記する言語・文字種（英語等）から成る場合に、逐次刊行物の種別を示す単語に追加または削除があったとき

  Fussball-Jahrbuch　→　Fussball
  Japan plastics age news　→　Japan plastics age

g) 本タイトルが単語に区切って表記する言語・文字種（英語等）から成る場合に、順序表示と結びつける単語に変化、追加または削除があったとき

h) 規則的なパターンに従って巻号単位で複数のタイトルを使い分けているとき

i) 列記されている複数語について、語順の変化、単語の追加または削除が、本タイトルの意味や主題の変化につながらないとき

  鹿児島大学理学部紀要. 数学・物理学・化学
   →　鹿児島大学理学部紀要. 数学・化学・物理学
  Kartboken for Oslo, Brem, Lrenskog, Nesodden, Oppgrd, Ski
   →　Kartboken for Oslo, Brem, Asker, Lrenskog, Nesodden, Oppgrd, Ski

j) 重要な意味をもたない記号に変化、追加または削除があったとき

k) 本タイトルと並列タイトルが入れ替わったとき

l) 言語の変化がなく、文字種の変化があったとき

第2章　体現形

　　　　　母のくに　→　ははのくに
　　　　　広報たちかわ　→　広報 Tachikawa
　　　　　Four wheel fun　→　4 wheel fun

ⅿ）　本タイトルに含まれる団体名の表記に微細な変化、追加または削除があるか、他の単語との関係の変化があったとき

　　　　　相模原市図書館だより　→　相模原市立図書館だより
　　　　　福井県立若狭歴史民俗資料館紀要　→　紀要 / 福井県立若狭歴史民俗資料館［編］
　　　　　Views / Goodridge Area Historical Society
　　　　　　→　Views from the GAHS
　　　　　　→　GAHS views

#2.1.2　並列タイトル

並列タイトルは、タイトルのエレメント・サブタイプである。

#2.1.2.1　記録の範囲・情報源

#2.1.2.1.1　記録の範囲

並列タイトルは、本タイトルの異なる言語および（または）文字種によるタイトルである。並列タイトルは複数存在することもある。
（参照：#2.1.1.2.6、#2.1.1.2.6別法を見よ。）

　　　　　Goodbye, Columbus
　　　　　　（本タイトル：さよならコロンバス）
　　　　　雅楽 秋庭歌一具
　　　　　　（本タイトル：In an autumn garden）
　　　　　Le nozze di Figaro
　　　　　　（本タイトル：歌劇≪フィガロの結婚≫）
　　　　　Japan japanisch
　　　　　Japan Japanese
　　　　　　（本タイトル：ニッポンのニッポン）

情報源における特定の表示を並列タイトルとみなすかどうかについては、次のように扱う。

a）　並列タイトルの別タイトルは、並列タイトルの一部として扱う。

b）　本タイトルと異なる言語の原タイトルが、本タイトルと同等に表記されている場合は、並列タイトルとして扱う。
（参照：複製の原資料のタイトルについては、#2.1.1.3を見よ。）

c）　本来、責任表示、版表示など他のエレメントとして扱われる情報が、本タイトルの異なる言語および（または）文字種による表示と不可分な場合は、それらも並列タイトルの一部として扱う。

　　　　　ベイシー・ビッグ・バンド・オン・ザ・ロード '79
　　　　　　（本タイトル：On the road）

#2.1 タイトル

　　　　（本タイトルに関係する責任表示：Count Basie and Orchestra）

d) 本タイトルの異なる言語および（または）文字種による表示が、他のエレメント（タイトル関連情報、責任表示、版表示など）と不可分な場合は、並列タイトルとしてではなく、そのエレメントの一部として扱う。

　　　【本タイトルに関係する責任表示】ゼネラルデンタルカタログ2009編集委員会
　　　　（本タイトル：General dental catalog）
　　　　（並列タイトルとはせず、責任表示の一部とした例）

e) 音楽資料で、楽曲形式等（楽曲形式、演奏手段、調、番号、作曲年）が本タイトルまたはその一部となり、かつ複数の言語および（または）文字種で表示されている場合は、それらを並列タイトルまたはその一部として扱う。
　　　（参照：#2.1.1.2.13、#2.1.1.2.13別法を見よ。）

#2.1.2.1.2　情報源

並列タイトルは、資料自体のどの情報源から採用してもよい。本タイトルと異なる情報源から採用した場合に、それが識別に重要なときは、その旨を注記として記録する。
（参照：#2.41.1.2.1.2を見よ。）

本タイトルを資料外の情報源から採用した場合は、並列タイトルも同一の情報源から採用する。

#2.1.2.2　記録の方法

並列タイトルは、情報源から#2.1.0.4～#2.1.0.4.4に従って記録する。

　　　　Depths of the adjacent of Japan
　　　　　（本タイトル：日本近海の深さの図）
　　　　Die Kunst der Fuge
　　　　　（本タイトル：フーガの技法）
　　　　音楽の捧げもの
　　　　　（本タイトル：Musikalisches Opfer）
　　　　Japan pictorial
　　　　　（本タイトル：Фото - Япония）

並列タイトルが複数ある場合は、情報源での表示順序、配置、デザイン等に基づいて判断した順に記録する。

　　　　The toccatas
　　　　Les toccatas
　　　　　（本タイトル：Die Toccaten）

音楽資料で、並列タイトルとして扱う楽曲形式、演奏手段、調、番号、作曲年は、情報源に表示されている順に記録する。

　　　　Concerto in F major for bassoon and orchestra
　　　　Concerto fa majeur pour basson et orchestre

第2章 体現形

　　　　　（本タイトル：Konzert F-Dur für Fagott und Orchester）

#2.1.2.2.2.1　総合タイトルのない資料

　個別のタイトルの異なる言語および（または）文字種によるタイトルを並列タイトルとして、情報源に表示されている順に記録する。
（参照：#2.1.1.2.10を見よ。）

　　　　　Piano sonata
　　　　　Sonate pour piano
　　　　（個別のタイトル（本タイトル）と責任表示：Gaspard de la nuit / Maurice Ravel. 6. Klavier-
　　　　　sonate op. 82 / Sergej Prokofiev）
　　　　（6. Klaviersonate op. 82 の2つの並列タイトルを記録した例）

#2.1.2.3　変化

　複数巻単行資料、逐次刊行物または更新資料においては、並列タイトルに変化、追加または削除が生じることがある。

　a)　複数巻単行資料または逐次刊行物については、並列タイトルに変化または追加が生じた場合に、識別またはアクセスに重要なときは、変化後、追加後の並列タイトルを異形タイトルとして記録する。並列タイトルが、後続の巻号で削除された場合に、識別またはアクセスに重要なときは、その旨を注記として記録する。
　　　（参照：#2.41.1.2.2.2を見よ。）

　b)　更新資料については、並列タイトルに変化または追加が生じた場合は、最新のイテレーションを反映して並列タイトルの記録を改める。この場合に、識別またはアクセスに重要なときは、変化前の並列タイトルを異形タイトルとして記録する。並列タイトルが、後続のイテレーションで削除された場合は、最新のイテレーションを反映して並列タイトルの記録を削除する。この場合に、識別またはアクセスに重要なときは、削除した並列タイトルを異形タイトルとして記録する。

（参照：#2.1.0.6、#2.1.9.1.1g）を見よ。）

#2.1.3　タイトル関連情報

　タイトル関連情報は、タイトルのエレメント・サブタイプである。

#2.1.3.1　記録の範囲・情報源

#2.1.3.1.1　記録の範囲

　タイトル関連情報は、本タイトルを限定、説明、補完する表示である。情報源における表示の位置は、本タイトルの後に続くことが多いが、本タイトルの上部や前方の位置に表示されていることもある。

　情報源における特定の表示をタイトル関連情報とみなすかどうかについては、次のように扱う。

a) 明らかに本タイトルと判定される部分と不可分な場合は、本タイトルに含めてタイトル関連情報としては扱わない。
（参照：#2.1.1.2.2b)、#2.1.1.2.2c) を見よ。）
b) タイトル関連情報には、サブタイトルなどを含む。
c) 本タイトルに対応する別の形である背のタイトルやカバーのタイトルなど、または部編、補遺等の表示および（または）名称は、タイトル関連情報として扱わない。
（参照：#2.1.1.2.8、#2.1.9.1.1a)、#2.1.9.1.1f) を見よ。）
d) 原タイトルが本タイトルと同一の情報源に、本タイトルと同一の言語で表示されている場合は、それをタイトル関連情報として扱う。
（参照：複製の原資料のタイトルについては、#2.1.1.3、#2.1.1.3別法を見よ。）
e) 同一の言語または文字種による複数のタイトルがある場合に、本タイトルとしなかったタイトルが、識別またはアクセスに重要なときは、タイトル関連情報として扱うことができる。タイトル関連情報としない場合は、異形タイトルとする。
（参照：#2.1.1.2.7、#2.1.1.2.7別法、#2.1.9.1.1 を見よ。）
f) 逐次刊行物および更新資料については、内容の刊行または更新頻度に関する情報は、刊行頻度として扱うほかに、本タイトルの一部とすることがあるが、タイトル関連情報としては扱わない。
（参照：#2.1.1.2.17、#2.13 を見よ。）
g) 地図資料、動画資料については、本タイトルだけでは記述対象の情報が不十分で説明が必要な場合に、本タイトルを採用した情報源以外からタイトル関連情報を採用すること、またはデータ作成者が付与することがある。この場合は、#2.1.3.1.1A、#2.1.3.1.1Bを適用する。
h) 音楽資料、美術資料については、当規定に#2.1.3.1.1C、#2.1.3.1.1Dもあわせて適用する。

#2.1.3.1.1A 地図資料
　地図資料について、本タイトルに対象地域および（または）主題（使用目的、地図の種類など）を示す情報が含まれていない場合、かつそれらの情報を含むタイトル関連情報が存在しない場合は、それらの情報を含む短い語句をタイトル関連情報として扱う。
（参照：#2.1.3.2.3を見よ。）

#2.1.3.1.1B 動画資料
　動画資料について、予告編であるが本タイトルがそのことを示唆していない場合、かつそのことを示すタイトル関連情報が存在しない場合は、予告編を示す短い語句をタイトル関連情報として扱う。
（参照：#2.1.3.2.3を見よ。）

第 2 章　体現形

2.1.3.1.1C　音楽資料

　音楽資料について、演奏手段、調、番号、作曲年が本タイトルに付随して表示されているが本タイトルの一部としない場合は、タイトル関連情報として扱う。さらに、楽曲の通称、楽曲形式も、情報源での表示順序、配置、デザイン等に基づいて、タイトル関連情報として扱うことがある。演奏手段、調、作曲年、番号が、本タイトルに付随して表示されていないが並列タイトルには付随して表示されている場合は、それらをタイトル関連情報として扱う。

　音楽資料の並列タイトルまたは別タイトル以外のタイトル（通称など）で本タイトルとしないものは、タイトル関連情報として扱うことができる。タイトル関連情報としない場合は、異形タイトルとする。

（参照：#2.1.1.2.13b）を見よ。）

　　　　未完成
　　　　　（本タイトル：交響曲第 8 番ロ短調 D. 759）
　　　　"Eroica"
　　　　　（本タイトル：Sinfonie Nr. 3 Es-Dur op. 55）
　　　　op. 35：symphonic suite after 1001 nights
　　　　　（本タイトル：Scheherazade）
　　　　作品 38
　　　　　（本タイトル：十七絃と打楽器のための漂う島）

　音楽資料の校訂版等の名称や、録音に使用したテキストについての表示は、タイトル関連情報として扱う。

　　　　キング・ジェームス・バージョン
　　　　　（本タイトル：ザ・コンプリート・ニュー・テスタメント）
　　　　ウィーン原典版
　　　　　（本タイトル：平均律クラヴィーア曲集）

2.1.3.1.1D　美術資料

　美術資料について、作品番号が本タイトルに付随して表示されているが本タイトルの一部としない場合は、タイトル関連情報として扱う。

（参照：#2.1.1.2.18 を見よ。）

2.1.3.1.2　情報源

　タイトル関連情報は、本タイトルと同一の情報源から採用する。ただし、地図資料、動画資料については、本タイトルだけでは記述対象の情報が不十分で説明が必要な場合は、本タイトルを採用した情報源以外から採用すること、またはデータ作成者が付与することがある。

（参照：#2.1.3.1.1A、#2.1.3.1.1Bを見よ。）

2.1.3.1.2　情報源　別法

　タイトル関連情報は、本タイトルと同一の情報源から採用する。*必要に応じて、資料自体

#2.1 タイトル

の他の情報源から採用することができる。また、地図資料、動画資料については、本タイトルだけでは記述対象の情報が不十分で説明が必要な場合は、資料外の情報源から採用すること、またはデータ作成者が付与することがある＊。
（参照：#2.1.3.1.1A、#2.1.3.1.1Bを見よ。）

#2.1.3.2 記録の方法

タイトル関連情報は、情報源から#2.1.0.4～#2.1.0.4.4に従って記録する。

    通訳教本
     （本タイトル：英語通訳への道）
    勝利を呼ぶコミュニケーション術
     （本タイトル：ザ・レーガン・スピーチ）
    他八篇
     （本タイトル：超国家主義の論理と心理）
    自帝王至源氏
     （本タイトル：栄華物語系図）
    昭和52年度全国道路交通情勢調査
     （本タイトル：自動車交通量図）
    滝波川地区
     （本タイトル：積雪深・なだれ・風向分布図）
    日本民謡による
     （本タイトル：合唱のための12のインヴェンション）
    箏と尺八のための
     （本タイトル：詩曲一番）
    替手対照
     （本タイトル：三絃六段）
    循環型社会の文明を創る
     （本タイトル：エコ・パートナーシップ東京会議）
    無辜の民
     （本タイトル：乾いた砂）
    ものをたたく
     （本タイトル：凹石）
    88-4
     （本タイトル：時の顔）
     （美術資料の作品番号を示す例）
    72 II
     （本タイトル：空にかける階段）
     （美術資料の作品番号を示す例）

#2.1.3.2.1 複数の言語・文字種によるタイトル関連情報

情報源に、複数の言語または文字種によるタイトル関連情報に該当する表示が存在する場合

第 2 章　体現形

は、それらを次のように記録する。
　a)　内容の異なる複数の表示
　　　複数の言語または文字種による内容の異なるタイトル関連情報に該当する表示は、それらすべてをタイトル関連情報として扱い、その情報源での表示順序、配置、デザイン等に基づいて判断した順に記録する。
　b)　同一内容の複数の表示（並列タイトルがないとき）
　　　本タイトルと同一の言語または文字種による表示をタイトル関連情報として記録する。それがないときは、最初に表示されたものをタイトル関連情報として記録する。タイトル関連情報としないものを、並列タイトル関連情報として扱う。
　　（参照：＃2.1.4.1.1を見よ。）
　c)　同一内容の複数の表示（並列タイトルがあるとき）
　　　本タイトルと同一の言語または文字種による表示をタイトル関連情報として記録する。それがないときは、並列タイトルと異なる言語または文字種による最初に表示されたものをタイトル関連情報として記録する。タイトル関連情報としないものを、並列タイトル関連情報として扱う。
　　（参照：＃2.1.4.1.1を見よ。）

#2.1.3.2.1　複数の言語・文字種によるタイトル関連情報　別法
　情報源に、複数の言語または文字種によるタイトル関連情報に該当する表示が存在する場合は、それらを次のように記録する。
　a)　内容の異なる複数の表示
　　　複数の言語または文字種による内容の異なるタイトル関連情報に該当する表示は、それらすべてをタイトル関連情報として扱い、その情報源での表示順序、配置、デザイン等に基づいて判断した順に記録する。＊ただし、本タイトルとのつながりの強弱があるときは、その順に記録する＊。
　b)　同一内容の複数の表示（並列タイトルがないとき）
　　　本タイトルと同一の言語または文字種による表示をタイトル関連情報として記録する。それがないときは、最初に表示されたものをタイトル関連情報として記録する。タイトル関連情報としないものを、並列タイトル関連情報として扱う。
　　（参照：＃2.1.4.1.1を見よ。）
　c)　同一内容の複数の表示（並列タイトルがあるとき）
　　　本タイトルと同一の言語または文字種による表示をタイトル関連情報として記録する。それがないときは、並列タイトルと異なる言語または文字種による最初に表示されたものをタイトル関連情報として記録する。タイトル関連情報としないものを、並列タイトル関連情報として扱う。

#2.1 タイトル

（参照：#2.1.4.1.1を見よ。）

#2.1.3.2.2 同一の言語・文字種による複数のタイトル関連情報

情報源に、同一の言語または文字種による複数のタイトル関連情報に該当する表示が存在する場合は、それらすべてをタイトル関連情報として扱い、その情報源での表示順序、配置、デザイン等に基づいて判断した順に記録する。

  普通の会話
  東京ステーションホテルにて
   （本タイトル：オールド・ファッション）
  18世紀英国海軍物語
  密航者を探せ！
   （本タイトル：大帆船）

タイトル関連情報とはせずに、異形タイトルとすることもできる。
（参照：#2.1.9.1.1を見よ。）

#2.1.3.2.2 同一の言語・文字種による複数のタイトル関連情報　別法

情報源に、同一の言語または文字種による複数のタイトル関連情報に該当する表示が存在する場合は、それらすべてをタイトル関連情報として扱い、その情報源での表示順序、配置、デザイン等に基づいて判断した順に記録する。

  普通の会話
  東京ステーションホテルにて
   （本タイトル：オールド・ファッション）
  18世紀英国海軍物語
  密航者を探せ！
   （本タイトル：大帆船）

* ただし、本タイトルとのつながりの強弱があるときは、その順に記録する *。
タイトル関連情報とはせずに、異形タイトルとすることもできる。
（参照：#2.1.9.1.1を見よ。）

#2.1.3.2.3 説明的な語句の付加

地図資料、動画資料について、#2.1.3.1.1A、#2.1.3.1.1Bに従って、タイトル関連情報として簡略で説明的な語句を本タイトルと異なる情報源から採用した場合、またはデータ作成者が付与した場合は、それが分かるような方法（コーディングや角がっこの使用など）で記録する。

  ［登山・ハイキング最新コースタイム入り］
   （本タイトル：伊豆半島・大島）
   （地図の主題を表紙から採用した例）
  ［British Isles, Ireland, and adjacent waters of the North Atlantic Ocean］
   （本タイトル：Fisheries management 2015）

第2章 体現形

　　　　　（地図の対象地域を示す例）
　　　　［trailer］
　　　　　（本タイトル：Back to the future）
　　　　［予告編］
　　　　　（本タイトル：マルサの女）

#2.1.3.2.4　総合タイトルのない資料

総合タイトルがなく、すべての個別のタイトルを本タイトルとして扱う場合は、タイトル関連情報を次のように記録する。

　a）　個別のタイトルに対応する関連情報

　　　どの個別のタイトルに対応しているタイトル関連情報であるかが分かるように記録する。

　　　　　Meditation : op. 90 ; Klänge der Stille : op. 91
　　　　　Lacul : roman ; Braţul ; Grabnic se va scutura : povestiri
　　　　　（ISBD区切り記号法を用いて、本タイトルとともに記録した例）

　b）　すべての個別のタイトルに共通する関連情報

　　　すべての個別のタイトルに共通するタイトル関連情報であることが分かるように記録する。または、注記として記録する。

　　（参照：#2.41.1.2.4.2を見よ。）

　　　　　李陵 ; 山月記：他2篇
　　　　　（「他2篇」がすべての個別タイトルに共通するタイトル関連情報）
　　　　　（ISBD区切り記号法を用いて、本タイトルとともに記録した例）

　　　　　suites
　　　　　（本タイトル：Swan lake ; The nutcracker）
　　　　　（タイトルに関する注記：「suites」はすべての個別のタイトルに共通する関連情報）

　c）　すべてではないが、複数の個別のタイトルに共通する関連情報

　　　タイトル関連情報として扱わず、注記として記録する。

　　（参照：#2.41.1.2.4.2を見よ。）

#2.1.3.3　変化

複数巻単行資料、逐次刊行物または更新資料においては、タイトル関連情報に変化、追加または削除が生じることがある。

　a）　複数巻単行資料または逐次刊行物については、タイトル関連情報に変化または追加が生じた場合に、識別またはアクセスに重要なときは、変化後、追加後のタイトル関連情報を異形タイトルとして記録する。タイトル関連情報が後続の巻号で削除された場合は、その旨を注記として記録する。

　　（参照：#2.41.1.2.2.2を見よ。）

\#2.1 タイトル

b) 更新資料については、タイトル関連情報に追加が生じた場合に、識別またはアクセスに重要なときは、最新のイテレーションを反映してタイトル関連情報を追加する。タイトル関連情報に変化が生じた場合に、識別またはアクセスに重要なときは、最新のイテレーションを反映してタイトル関連情報を改め、変化前のタイトル関連情報を異形タイトルとして記録する。タイトル関連情報が後続イテレーションで削除された場合は、最新のイテレーションを反映してタイトル関連情報の記録を削除する。この場合、識別またはアクセスに重要なときは、削除したタイトル関連情報を異形タイトルとして記録する。

（参照：#2.1.0.6、#2.1.9.1.1g）を見よ。）

#2.1.4　並列タイトル関連情報

並列タイトル関連情報は、タイトルのエレメント・サブタイプである。

#2.1.4.1　記録の範囲・情報源

#2.1.4.1.1　記録の範囲

並列タイトル関連情報は、タイトル関連情報として記録されたものの、異なる言語および（または）文字種による同一内容の表示である。ただし、本タイトルの一部のみに並列タイトルが対応していて、タイトル関連情報が存在しない場合は、本タイトルに対応するが並列タイトルに含まれない表示を、並列タイトル関連情報として扱うことができる。

（参照：#2.1.2.1.1を見よ。）

タイトル関連情報に該当する同一内容の表示が、複数の言語または文字種で表示されている場合は、次のように並列タイトル関連情報を扱う。

a) 並列タイトルがないとき

本タイトルと同一の言語または文字種による表示を、タイトル関連情報として扱う。それがないときは、最初に表示されたものをタイトル関連情報として扱う。タイトル関連情報としないものを、並列タイトル関連情報として扱う。

b) 並列タイトルがあるとき

本タイトルと同一の言語または文字種による表示を、タイトル関連情報として扱う。それがないときは、並列タイトルと異なる言語または文字種による最初に表示されたものを、タイトル関連情報として扱う。タイトル関連情報としないものを、並列タイトル関連情報として扱う。

（参照：#2.1.3.2.1、#2.1.3.2.1別法を見よ。）

#2.1.4.1.2　情報源

並列タイトル関連情報は、対応する並列タイトルと同一の情報源から採用する。対応する並列タイトルがない場合は、本タイトルと同一の情報源から採用する。

#2.1.4.1.2　情報源　別法

並列タイトル関連情報は、対応する並列タイトルと同一の情報源から採用する。対応する並

第2章 体現形

列タイトルがない場合は、本タイトルと同一の情報源から採用する。＊必要に応じて、資料自体の他の情報源から採用することができる＊。

#2.1.4.2 記録の方法

並列タイトル関連情報は、情報源から#2.1.0.4～#2.1.0.4.4に従って記録する。タイトル関連情報との対応が分かるような方法（コーディングや等号記号（＝）の使用、記録の位置など）で記録する。

  self-study report
  （本タイトル：京都大学情報環境機構年報）
  （並列タイトル：Annual report of the Institute for Information Management and Communication, Kyoto University）
  （タイトル関連情報：自己点検評価報告書）
  京都大学情報環境機構年報：自己点検評価報告書 = Annual report of the Institute for Information Management and Communication, Kyoto University：self-study report
  （ISBD区切り記号法を用いて記録した例）

並列タイトル関連情報が、複数の言語または文字種で表示されている場合は、並列タイトルと同様の順に記録する。並列タイトルがない場合、または並列タイトルから判断できない場合は、情報源での表示順序、配置、デザイン等に基づいて判断した順に記録する。

  rapport
  Bericht
  （本タイトル：ABSE Conference, Helsinki, 2008）
  （タイトル関連情報：report）

#2.1.4.3 変化

複数巻単行資料、逐次刊行物または更新資料においては、並列タイトル関連情報に変化、追加または削除が生じることがある。

a)　複数巻単行資料または逐次刊行物については、並列タイトル関連情報に変化または追加が生じた場合に、識別またはアクセスに重要なときは、変化後、追加後の並列タイトル関連情報を異形タイトルとして記録する。並列タイトル関連情報が後続の巻号で削除された場合は、その旨を注記として記録する。

（参照：#2.41.1.2.2.2を見よ。）

b)　更新資料については、並列タイトル関連情報に追加が生じた場合に、識別またはアクセスに重要なときは、最新のイテレーションを反映して並列タイトル関連情報を追加する。並列タイトル関連情報に変化が生じた場合に、識別またはアクセスに重要なときは、最新のイテレーションを反映して並列タイトル関連情報を改め、変化前の並列タイトル関連情報を異形タイトルとして記録する。並列タイトル関連情報が後続のイテレーションで削除された場合は、最新のイテレーションを反映して並列タイトル関連情報の記録を削除する。

この場合、識別またはアクセスに重要なときは、削除した並列タイトル関連情報を異形タイトルとして記録する。
（参照：＃2.1.0.6、＃2.1.9.1.1g）を見よ。）

＃2.1.5　先行タイトル
　先行タイトルは、タイトルのエレメント・サブタイプである。

＃2.1.5.1　記録の範囲・情報源

＃2.1.5.1.1　記録の範囲
　先行タイトルは、更新資料の本タイトルが変化した場合の変化前のイテレーションにおける本タイトルであり、識別またはアクセスに重要な場合に記録する。
（参照：＃2.1.1.4を見よ。）

＃2.1.5.1.2　情報源
　先行タイトルは、変化後の本タイトルを採用した情報源と対応する、更新資料の先行のイテレーションの情報源から採用する。

＃2.1.5.2　記録の方法
　先行タイトルは、＃2.1.0.4～＃2.1.0.4.4に従って記録する。
　先行タイトルが使用されていたイテレーションを注記として記録する。オンライン資料の場合は、出版日付の代わりに先行タイトルが見られた日付を注記として記録する。
（参照：＃2.41.1.2.1.3を見よ。）

　　　　　The law of liability insurance
　　　　　　（本タイトル：New Appleman law of liability insurance）
　　　　　　（タイトルに関する注記：先行タイトルの表示：［1966］-2010）

＃2.1.5.2　記録の方法　任意省略
　変化が頻繁な場合は、変化のある旨を簡略に注記として記録する。
（参照：＃2.41.1.2.2.1を見よ。）

＃2.1.6　後続タイトル
　後続タイトルは、タイトルのエレメント・サブタイプである。

＃2.1.6.1　記録の範囲・情報源

＃2.1.6.1.1　記録の範囲
　後続タイトルは、複数巻単行資料の本タイトルが変化した場合、または逐次刊行物の本タイトルに軽微な変化があった場合の変化後の本タイトルであり、識別またはアクセスに重要な場合に記録する。
（参照：＃2.1.1.4を見よ。）

＃2.1.6.1.2　情報源
　後続タイトルは、変化前の本タイトルを採用した情報源と対応する、複数巻単行資料または

第 2 章　体現形

逐次刊行物の後続の巻号の情報源から採用する。

#2.1.6.2　記録の方法

後続タイトルは、#2.1.0.4～#2.1.0.4.4に従って記録する。

後続タイトルが使用されている巻号または出版日付の範囲（現在も使用されている場合は、使用を開始した巻号または出版日付）を、注記として記録する。

（参照：#2.41.1.2.1.3を見よ。）

　　　　　　急変キャッチ達人ナース
　　　　　　　（本タイトル：達人ナース）
　　　　　　　（タイトルに関する注記：後続タイトル：32巻6号（平23.10）より）

#2.1.6.2　記録の方法　任意省略

変化が頻繁な場合は、変化のある旨を簡略に注記として記録する。

（参照：#2.41.1.2.2.1を見よ。）

#2.1.7　キー・タイトル

キー・タイトルは、タイトルのエレメント・サブタイプである。

#2.1.7.1　記録の範囲・情報源

#2.1.7.1.1　記録の範囲

キー・タイトルは、ISSN登録機関が登録する、逐次刊行物、更新資料、または複数巻単行資料の一意のタイトルである。ISSNと1対1で結びつき、多くは本タイトルと対応するが、識別要素が付加されることがある。

#2.1.7.1.2　情報源

キー・タイトルは、次の優先順位で情報源を選定する。

a)　ISSNレジスター
b)　資料自体の情報源
c)　資料外の情報源

#2.1.7.2　記録の方法

情報源に表示されているとおりに記録する。

逐次刊行物の本タイトルと同一であっても、キー・タイトルとして記録することができる。

　　　　　　IFLA journal

#2.1.8　略タイトル

略タイトルは、タイトルのエレメント・サブタイプである。

#2.1.8.1　記録の範囲・情報源

#2.1.8.1.1　記録の範囲

略タイトルは、索引または識別を目的として省略された形のタイトルである。略タイトルは、データ作成機関または他の機関（ISSN登録機関、抄録索引サービス機関など）によって作成

される。

#2.1.8.1.2 情報源
略タイトルは、どの情報源に基づいて記録してもよい。

#2.1.8.2 記録の方法
情報源に表示されているとおりに記録する。

資料自体に表示されているタイトルと同一であっても、略タイトルとして記録することができる。

   Can. j. infect. dis. med. microbiol.

#2.1.9 異形タイトル
異形タイトルは、タイトルのエレメント・サブタイプである。

#2.1.9.1 記録の範囲・情報源

#2.1.9.1.1 記録の範囲
異形タイトルは、本タイトル、並列タイトル、タイトル関連情報、並列タイトル関連情報、先行タイトル、後続タイトル、キー・タイトル、または略タイトルとしては記録しないが、体現形と結びついているタイトルであり、識別またはアクセスに重要な場合に記録する。

データ作成者が本タイトルを翻訳・翻字したタイトルも異形タイトルとして扱うことができる。

異形タイトルには、主として次のものがある。

a) 資料自体（タイトル・ページ、タイトル・フレーム、タイトル・スクリーン、見出し、欄外、表紙、背、前書き、後書きなど）、カバー、容器または付属資料に表示されたタイトル

  Le capital au XXIe siècle
  （本タイトル：21世紀の資本）
  （タイトルに関する注記：原タイトル：Le capital au XXIe siècle）
  （タイトル・ページ裏に表示された原タイトルを異形タイトルとして記録した例）

b) 参考資料によるタイトル

  かぐや姫の物語
  （本タイトル：竹取物語）
  （「国書総目録」により異形タイトルを記録した例）
  民部卿家歌合
  （本タイトル：在民部卿家歌合）
  （「日本古典文学大辞典 簡約版」（1986年刊）により異形タイトルを記録した例）

c) 資料に関するデータの登録または整備を行う機関によって付与されたタイトル（リポジトリ登録タイトル、データ作成者による翻訳・翻字タイトルなど）

d) 著作者、以前の所有者・所蔵機関等によって付与されたタイトル

e) 誤記、誤植、脱字などを含むタイトルの正しい形（正しい形に訂正した各タイトルを記

第2章　体現形

　　　録する場合は、誤記、誤植、脱字などを含むタイトル)
　　　(参照：#2.1.0.4.1、#2.1.0.4.1別法を見よ。)
　f)　タイトルの一部(別タイトル、本タイトルの一部として記録された部編のタイトル)
　　　(参照：#2.1.1.2.1、#2.1.1.2.8を見よ。)
　g)　並列タイトル、タイトル関連情報、並列タイトル関連情報の異なる形(複数巻単行資料または逐次刊行物の後続の巻号における変化後のタイトル、更新資料の変化前のイテレーションのタイトル)
　　　(#2.1.1.4別法を採用する場合は、本タイトルの異なる形を含む。)
　　　(参照：#2.1.1.4別法、#2.1.2.3、#2.1.3.3、#2.1.4.3を見よ。)
　h)　ルビを含むタイトル
　　　(参照：#2.1.1.2.3を見よ。)
　i)　併記された語句を含むタイトル
　　　(参照：#2.1.1.2.4を見よ。)

#2.1.9.1.2　情報源
　異形タイトルは、どの情報源に基づいて記録してもよい。

#2.1.9.2　記録の方法
　異形タイトルは、#2.1.0.4～#2.1.0.4.4に従って記録する。
　識別またはアクセスに重要な場合は、異形タイトルの情報源を注記として記録する。異なる形を異形タイトルとする場合に、識別またはアクセスに重要なときは、その部分、巻号、またはイテレーションを注記として記録する。
(参照：#2.41.1.2.1.3を見よ。)

　　　　　　ガーバー流社長が会社にいなくても回る「仕組み」経営
　　　　　　　(本タイトル：社長が会社にいなくても回るガーバー流「仕組み」経営)
　　　　　　　(タイトルに関する注記：異形タイトルの情報源は奥付)
　　　　　　二十一世紀の図書館におけるプライヴァシーと情報の自由
　　　　　　　(本タイトル：21世紀の図書館におけるプライヴァシーと情報の自由)
　　　　　　　(タイトルに関する注記：異形タイトルは表紙による)

#2.1.9.2.1　ルビを含むタイトル
　情報源に表示されたタイトルにルビが付記されている場合で、識別またはアクセスに重要なときは、次のように異形タイトルを記録する。
(参照：#2.1.1.2.3を見よ。)
　a)　一般的な読みを示すルビ
　　　ルビが別の情報源でタイトルとして表示されている場合は、それを異形タイトルとして記録する。

　　　　がんくつおう
　　　　（タイトル・ページ：巌窟王。「巌窟王」に対するルビ：がんくつおう。奥付：がんくつおう）
b）　特殊な読みを示すルビ
　　ルビを丸がっこに入れて付加した形を異形タイトルとして記録する。
　　　　青い思想（こころ）
　　　　（「思想」に対するルビ：こころ）
　　　　私（マコ）だけの北極点
　　　　（「私」に対するルビ：マコ）
　　　　歌時計（うたいどけい）
　　　　（ルビ：うたいどけい）
　　　　対（つがい）
　　　　（ルビ：つがい）

#2.1.9.2.2　併記された語句を含むタイトル

　同義語による別の表現、原語形とその略語、外来語とその原語などが、タイトルの一部に併記されている場合は、情報源での表示順序、配置、デザイン等に基づいて本タイトルを選定し、識別またはアクセスに重要なときは、本タイトルとしなかったものを異形タイトルとして記録する。
（参照：#2.1.1.2.4を見よ。）
　　　　誰でもわかる!BSE対策マニュアル
　　　　（本タイトル：誰でもわかる!狂牛病対策マニュアル）
　　　　twitter完全活用術
　　　　（本タイトル：ツイッター完全活用術）
　　　　アンドロイドアプリ事典
　　　　（本タイトル：Androidアプリ事典）

#2.2　責任表示

　責任表示は、エレメントである。
　本タイトルに関係する責任表示のうち、情報源に表示されている主なもの、または最初のものは、コア・エレメントである。

#2.2.0　通則

#2.2.0.1　記録の範囲

　資料の知的・芸術的内容の創作または実現に、責任を有するか寄与した個人・家族・団体に関する表示を、責任表示として記録する。責任表示は、個人・家族・団体の名称と、役割を示す語句から成る。ただし、名称が単独で表示されている場合もある。責任表示とするものには、著者、編纂者、作曲者、編曲者、画家などのほか、原作者、編者、訳者、脚色者、監修者、校閲者などをも含む。
　記述対象が包括的な資料の一部である場合は、全体の内容等に責任を有する者の表示も、体

第 2 章　体現形

現形の識別のために記録することがある。

#2.2.0.2　エレメント・サブタイプ

　責任表示には、次のa)～j)がある。

　a)～b)は、責任表示のエレメント・サブタイプであり、#2.2.0.3～#2.2.2.2で規定する。

　a)　本タイトルに関係する責任表示（参照：#2.2.1を見よ。）
　b)　本タイトルに関係する並列責任表示（参照：#2.2.2を見よ。）

　c)～f)については、版表示のサブエレメントであり、#2.3.3～#2.3.8.2.1で規定する。

　c)　版に関係する責任表示（参照：#2.3.3を見よ。）
　d)　版に関係する並列責任表示（参照：#2.3.4を見よ。）
　e)　付加的版に関係する責任表示（参照：#2.3.7を見よ。）
　f)　付加的版に関係する並列責任表示（参照：#2.3.8を見よ。）

　g)～j)については、シリーズ表示のサブエレメントであり、#2.10.5～#2.10.14.2で規定する。

　g)　シリーズに関係する責任表示（参照：#2.10.5を見よ。）
　h)　シリーズに関係する並列責任表示（参照：#2.10.6を見よ。）
　i)　サブシリーズに関係する責任表示（参照：#2.10.13を見よ。）
　j)　サブシリーズに関係する並列責任表示（参照：#2.10.14を見よ。）

（参照：資料の出版、頒布、製作、制作に責任を有する個人・家族・団体の表示は、#2.5～#2.8を見よ。）

#2.2.0.3　情報源

　責任表示は、対応するタイトルと同一の情報源から優先して採用する。

　本タイトルに関係する責任表示の情報源は、#2.2.1.1.2で、本タイトルに関係する並列責任表示の情報源は、#2.2.2.1.2で定める。

#2.2.0.4　記録の方法

　責任表示は、情報源に表示されている、個人・家族・団体の名称と、その役割を示す語句を、#1.10～#1.10.11別法に従って記録する。

　　　　　野坂昭如文
　　　　　米倉斉加年絵
　　　　　阿川弘之, 北杜夫対談
　　　　　竹内理三校訂・解説
　　　　　田中吉郎作図
　　　　　編集 国立国会図書館総務部
　　　　　日地出版株式会社編集・著作
　　　　　監修：平野健次

　同一の名称が、情報源に省略形と展開形等の双方で表示されている場合は、詳細な形を記録

する。
> National Diet Library
> （NDL の表示もあり）

逐次刊行物については、個人編者は、識別に重要な場合に限定して、責任表示として記録する。

＃2.2.0.4　記録の方法　任意省略

省略しても基本的な情報が不足しない場合は、責任表示の一部を省略する。省略に際して省略記号（…）は使用しない。次のような場合がある。

a）　学位、役職名等の肩書、所属団体の名称またはそのイニシャルなど
> Steven E. Maffeo
> （情報源の表示： Captain Steven E. Maffeo）
> Werner Dürbeck
> （情報源の表示： Dr. Werner Dürbeck）

b）　団体の名称に含まれる法人組織等を示す語句など
> 日本図書館協会編
> （情報源の表示： 公益社団法人日本図書館協会編）

責任表示に複数の名称が含まれていて、その役割（または責任の程度）が同一の場合は、すべての名称を記録せずに一部を省略する。
（参照：＃2.2.0.4.1 任意省略1、任意省略2を見よ。）

＃2.2.0.4A　和古書・漢籍

和古書・漢籍については、個人の名称は、情報源の表示に従って記録する。なお、先秦書の場合は、撰者を記録しない。責任表示として記録しなかった個人・家族・団体の名称は、必要に応じて注記する。
（参照：＃2.41.2.2.3を見よ。）

＃2.2.0.4A　和古書・漢籍　任意省略

居住地、郷貫、号、字などは、識別に重要でない場合は、省略する。

＃2.2.0.4A　和古書・漢籍　別法

＊和古書・漢籍については、個人の名称は、情報源の表示にかかわらず、本姓名を記録する＊。なお、先秦書の場合は、撰者を記録しない。責任表示として記録しなかった個人・家族・団体の名称は、必要に応じて注記する。
（参照：＃2.41.2.2.3を見よ。）

＊また、情報源に表示されていなくても、名称の前に王朝名を丸がっこに入れて記録する＊。
> （清）呉清鎮撰

＃2.2.0.4.1　複数の名称を含む責任表示

複数の名称を含む責任表示は、次のように記録する。
複数の個人・家族・団体の果たす役割が同一の場合は、一つの責任表示として記録する。た

第 2 章　体現形

だし、同一の役割であっても分離して表示されている場合は、それぞれ別の責任表示として記録する。

　　　　上田修一・蟹瀬智弘著
　　　　小松克彦＋オフィス 21 編著
　　　　edited by William G. Bowen, Harold T. Shapiro
　　　　（複数の個人を一つの責任表示として記録した例）
　　　　田中登［編］
　　　　山本登朗［編］
　　　　（分離して表示されていたため、二つの責任表示として記録した例）

複数の個人・家族・団体の果たす役割が異なっていても、一つのまとまりとして表示されている場合は、全体を一つの責任表示として記録する。

　　　　三浦徹也 with M 2
　　　　written by Marty Rhodes Figley and illustrated by Marty Kelley

1 集団に属している複数の構成員の名称が、その集団の名称とともに表示されている場合は、その集団の名称のみを記録して、各構成員の名称は省略する。ただし、各構成員の名称が、識別、アクセスまたは選択に重要な場合は、注記として記録する。
（参照：#2.41.2.2.3 を見よ。）

#2.2.0.4.1　複数の名称を含む責任表示　任意省略 1

4 以上の名称を含む責任表示において、その役割（または責任の程度）が同一の場合は、最初に表示された名称を記録し、他の名称は省略する。データ作成機関が目録用言語として定めた言語および文字種で、省略した部分を説明する語句を、情報源に表示されていないことが分かる方法（コーディング、角がっこの使用など）で記録する。

　　　　三木清［ほか］著
　　　　by Jerry L. Mashaw [and five others]

#2.2.0.4.1　複数の名称を含む責任表示　任意省略 2

データ作成機関が定める数以上の名称を含む責任表示において、その役割（または責任の程度）が同一の場合は、最初に表示された名称を記録し、他の名称は省略する。データ作成機関が目録用言語として定めた言語および文字種で、省略した部分を説明する語句を、情報源に表示されていないことが分かる方法（コーディング、角がっこの使用など）で記録する。

　　　　月本洋［ほか］著
　　　　（データ作成機関が 5 まで記録すると定めていて、著者が 6 名の場合の例）

#2.2.0.4.2　複数の責任表示

複数の責任表示がある場合は、情報源での表示順序、配置、デザイン等に基づいて判断した順に記録する。表示順序、配置、デザイン等から判断できない場合、または本タイトルとは別の情報源から採用する場合は、合理的な順（著作の成立過程による順など）に記録する。

チャールズ・バーチ，ジョン・B・コップ著
長野敬，川口啓明訳
　（本タイトル：生命の解放）
アラン・ウォーカー編著
岡田進一監訳
山田三知子訳
　（本タイトル：イギリスにおける高齢期のQOL）
OECD教育研究革新センター編著
斎藤里美監訳
布川あゆみ，本田伊克，木下江美，三浦綾希子，藤浪海訳
　（本タイトル：21世紀型学習のリーダーシップ）
門脇孝医学総監修
中村丁次栄養学総監修
片山茂裕，須田幸子解説
　（本タイトル：生活習慣病と食事指導）
岩井俊二原作
大根仁脚本
新房昭之総監督
　（本タイトル：打ち上げ花火、下から見るか？横から見るか？）
サッフォー作詩
呉茂一訳詩
高田三郎作曲
　（本タイトル：婚禮歌）
すぎやまこういち作曲・監修
南澤大介ギター・アレンジ
　（本タイトル：ドラゴンクエスト/ソロ・ギター・コレクションズ）
ガーシュイン作曲
堀越隆一編曲
堀越みちこ監修
　（本タイトル：サマータイム）
written by Ōkura Nagatsune
illustrated by Matsukawa Hanzan
translated by Eiko Ariga
and edited by Carter Litchfield
with added commentaries by Richard C. Rudolph and Carter Litchfield
　（本タイトル：On oil manufacturing）

#2.2.0.4.3　役割を示す語句

情報源に表示されている個人・家族・団体の役割を示す語句は、そのままの形で記録する。
個人・家族・団体の名称のみが表示されていて、役割を示す語句が表示されていない場合に、

第2章　体現形

その役割を明らかにする必要があるときは、補ったことが分かる方法（コーディング、角がっこの使用など）で記録する。

   国立国会図書館編集
    （本タイトル：図説よりすぐり国会図書館）
   ワイルド
   福田恆存，福田逸訳
    （本タイトル：アーサー卿の犯罪）
   下田聖子［演奏］
    （本タイトル：パリの観覧車（グラン・ルー））
   倉石武四郎［解説］
   烏鐸朗読
    （本タイトル：中国古典講話）
   Mozart
   ［libretto by］da Ponte
    （本タイトル：Le nozze di Figaro）

　音楽資料の演奏者は、情報源に表示されているパートを、役割を示す語句として記録することができる。

   アンナ・ネトレプコ，ソプラノ
   ダニエル・バレンボイム，ピアノ

#2.2.0.4.3　役割を示す語句　別法

　情報源に表示されている個人・家族・団体の役割を示す語句は、そのままの形で記録する。
　*ただし、日本語の役割を示す語句のうち、著作は「著」、編集は「編」、翻訳は「訳」と省略して記録する。

   国立国会図書館編
    （情報源の表示：国立国会図書館 編集）

　また、役割を示す語句が外国語のみの場合は、当該語句を日本語に訳して、情報源に表示されている形でないことが分かる方法（コーディング、角がっこの使用など）で記録することができる。

   ［著］
    （情報源の表示：by）
   ［編］
    （情報源の表示：edited by）
   ［撮影］
    （情報源の表示：photo）

　個人・家族・団体の名称のみが表示されていて、役割を示す語句が表示されていない場合に、その役割を明らかにする必要があるときは、補ったことが分かる方法（コーディング、角がっこの使用など）で記録する*。

#2.2　責任表示

音楽資料の演奏者は、情報源に表示されているパートを、役割を示す語句として記録することができる。

#2.2.0.4.3A　和古書・漢籍

和古書・漢籍については、情報源に役割を示す語句が表示されていない場合は、「著」、「編」等（漢籍の場合は、「撰」、「輯」等）の適切な語句を、補ったことが分かる方法（コーディング、角がっこの使用など）で記録する。

#2.2.0.4.3A　和古書・漢籍　別法

和古書・漢籍については、情報源に役割を示す語句がどのように表示されていても、「著」、「編」等（漢籍の場合は、「撰」、「輯」等）の適切な語句を、補ったことが分かる方法（コーディング、角がっこの使用など）で記録する。ただし、適切な語句が判明しない場合は役割を示す語句を記録しない。

#2.2.0.4.4　責任表示に付随している他の語句

責任表示に他の語句が付随している場合、または本来、タイトル関連情報、版表示など他のエレメントとして扱われる情報が責任表示の一部として表示されている場合は、それらも責任表示の一部として記録する。

　　　　　Mozart
　　　　　neue Instrumentierung von Beyer

逆に、本来、責任表示として扱われる名称が他のエレメント（本タイトル、タイトル関連情報、出版者等）の一部として表示されている場合は、責任表示ではなく、そのエレメントの一部として記録する。情報源で、他のエレメントの一部として表示され、かつ責任表示としても表示されている場合は、双方のエレメントとして記録する。

　　　　　高知県立文学館
　　　　　　（本タイトル：高知県立文学館開館15周年記念誌）
　　　　　ドメニコ・スカルラッティ
　　　　　　（本タイトル：スカルラッティ・ソナタ集）
　　　　　NHK編集
　　　　　　（本タイトル：NHKじょうずな話し方）

#2.2.0.4.5　語句等による個人・家族・団体の名称を含む責任表示

記述対象の内容との関係を示す語句等による個人・家族・団体の名称は、責任表示として記録する。

　　　　　ある英国の説教者著
　　　　　湖浜馨訳
　　　　　　（本タイトル：主よ、みこころを教えてください）

#2.2.0.4.6　個人・家族・団体の名称を含まない責任表示

個人・家族・団体の名称が表示されていない場合も、資料の知的・芸術的内容の創作または

第2章 体現形

実現に対する関係を示す語句が表示されていれば、それを責任表示として記録する。
　　　　　　　by a group of scholars
　　　　　　　by an anonymous teenager
　　　　　　　with illustrations by the author
　　　　　　　with a new preface by the author
資料の知的・芸術的内容の創作または実現に対する関係を示していない情報（利用対象を示す語句、標語、授賞の表示など）は、情報源に表示されていても責任表示には含めない。

#2.2.0.5　複製

複製については、原資料の責任表示ではなく複製自体の責任表示を記録する。原資料の責任表示は、関連する体現形の責任表示として記録する。
（参照：#43.3を見よ。）

#2.2.0.5　複製　別法

＊複製については、原資料の責任表示を記録する。複製の責任表示は、注記として記録する＊。
（参照：#2.41.2.2.3を見よ。）

#2.2.0.6　変化

複数巻単行資料、逐次刊行物または更新資料においては、責任表示に変化、追加または削除が生じることがある。

複数巻単行資料または逐次刊行物では、責任表示に変化、追加または削除が生じた場合に、識別またはアクセスに重要なときは、変化、追加または削除の旨を注記として記録する。
（参照：#2.41.2.2.4.1を見よ。）
　　　　　　　北海道立総合研究機構花・野菜技術センター編
　　　　（責任表示に関する注記：平成20年度から平成21年度までの編者：北海道立花・野菜技術センター）

ただし、逐次刊行物において、責任表示に重要な変化が生じた場合は、新しい著作とみなし、体現形に対する新規の記述を作成する。重要な変化とは、本タイトルが総称的な語である場合の、逐次刊行物の識別にかかわる責任表示の変化である。
（参照：体現形に対する新規の記述を作成する必要がある場合は、#1.5、#2.1.1.4.1f)、#2.2.1.1.1任意追加、#2.1.1.4.2m)を見よ。）

更新資料については、責任表示に変化または追加が生じた場合は、最新のイテレーションを反映して責任表示の記録を改める。この場合、識別またはアクセスに重要なときは、変化前の責任表示を注記として記録する。責任表示が後続のイテレーションで削除された場合は、最新のイテレーションを反映して責任表示を記録から削除する。この場合、識別またはアクセスに重要なときは、削除した旨を注記として記録する。
（参照：#2.0.5を見よ。）

#2.2 責任表示

(参照:#2.41.2.2.4.2を見よ。)

#2.2.1 本タイトルに関係する責任表示

本タイトルに関係する責任表示は、責任表示のエレメント・サブタイプである。

本タイトルに関係する責任表示は、情報源に表示されているもののうち、最初に記録する一つの責任表示のみがコア・エレメントである。

#2.2.1.1 記録の範囲・情報源

#2.2.1.1.1 記録の範囲

本タイトルに関係する責任表示は、責任表示のうち、本タイトルに関係する表示である。

責任表示の範囲には、著者、編纂者、作曲者、編曲者、画家などのほか、原作者、編者、訳者、脚色者、監修者、校閲者などをも含む。

本タイトルに関係する責任表示として記録しなかったものは、識別、アクセスまたは選択に重要な場合は、注記として記録する。

(参照:#2.41.2.2.3を見よ。)

  志賀直哉
  つださうきち著
  渡辺正臣調査・執筆
  千秋社地図作成
  G. Gershwin
  武満徹編曲
  菅野由弘
  高橋竹山
  Hiroko Nakamura
  Chick Corea & Friedrich Gulda
  天理大学附属天理図書館編
  秋田大学大学院教育学研究科編
  国際観光振興会企画調査部監修

邦楽楽譜において、作譜(楽譜に定着させること)、採譜および記譜法考案(またはそのいずれか)を意味する「著」、作成された楽譜の対象となった音楽の伝承者を意味する「演奏」等の語を伴う表示も、責任表示として扱う。

  山田検校作曲
  中能島欣一著
  (本タイトル:小督の曲)
  今井先生演奏
  村田先生作譜
  (本タイトル:山田流箏のかがみ)

#2.2.1.1.1 記録の範囲 任意省略

第 2 章　体現形

　情報源に責任を有するものの表示が複数ある場合は、知的・芸術的内容の創作者の表示のみを責任表示として扱うことができる。この場合に、どの表示がそれに該当するか判断できないときは、最初に表示されているものを責任表示として扱う。また、責任表示としないものを必要に応じて注記として記録する。
（参照：＃2.41.2.2.3を見よ。）

＃2.2.1.1.1　記録の範囲　任意追加
　逐次刊行物において、本タイトルが総称的な語のタイトルであり、編者等の表示はないが出版者が同時に編者等を兼ねていると判断できる場合は、出版者を責任表示として扱う。

＃2.2.1.1.2　情報源
　本タイトルに関係する責任表示は、次の優先順で情報源を選定する。
　a)　本タイトルと同一の情報源（参照：＃2.1.1.1.2を見よ。）
　b)　資料自体の他の情報源（＃2.0.2.2の優先情報源の優先順と同様の順で選定する。）
　c)　資料外の情報源（参照：＃2.0.2.3を見よ。）
　必要な場合は、情報源を注記として記録する。
（参照：＃2.41.2.2.3を見よ。）

＃2.2.1.2　記録の方法
　本タイトルに関係する責任表示は、情報源に表示された情報を、＃2.2.0.4～＃2.2.0.4.6に従って記録する。

　　　　　　野坂昭如文
　　　　　　米倉斉加年絵
　　　　　　阿川弘之，北杜夫対談
　　　　　　竹内理三校訂・解説
　　　　　　田中吉郎作図
　　　　　　日地出版株式会社編集・著作

＃2.2.1.2.1　複数の言語・文字種による責任表示
　情報源に責任を有するものの表示が複数あり、それらが同一の名称、役割を示す語句を複数の言語または文字種で表示しているだけの場合は、本タイトルと同一の言語または文字種によるものを記録する。本タイトルと同一の言語または文字種による表示がない場合は、最初に表示されているものを記録する。

＃2.2.1.2.1　複数の言語・文字種による責任表示　別法
　＊情報源に責任を有するものの表示が複数あり、それらが同一の名称、役割を示す語句を複数の言語または文字種で表示しているだけの場合は、内容と同一の言語または文字種によるものを記録する。内容と同一の言語または文字種による表示がない場合は、最初に表示されているものを記録する。

#2.2 責任表示

ただし、並列タイトルが存在する場合は、内容よりも本タイトルと同一の言語または文字種によるものを優先して記録する*。

#2.2.1.2.2 総合タイトルのない資料

総合タイトルのない資料の場合、記述対象全体に共通する責任表示は、すべてのタイトル、タイトル関連情報などに対応していることが分かるように記録する。

> にごりえ；たけくらべ / 樋口一葉著
>
> 三つの海の歌：混声合唱曲；四季に：混声合唱組曲 / 三善晃
>
> Don Juan：Op. 20：Tondichtung nach Nikolaus Lenau = 交響詩ドン・ファン；Till Eulenspiegels lustige Streiche：Op. 28：nach alter Schelmenweise = 交響詩ティル・オイレンシュピーゲルの愉快ないたずら；Tod und Verklärung：Op. 24 = 交響詩死と浄化 / Richard Strauss；London Symphony Orchestra；Claudio Abbado, conductor
>
> （ISBD区切り記号法を用いてタイトル等との対応関係を示した例）

責任表示が個別のタイトルに関係している場合は、対応するタイトルとタイトル関連情報が分かるように記録する。

> 土佐日記 / 紀貫之著；池田弥三郎訳．蜻蛉日記 / 藤原道綱母著；室生犀星訳
>
> マリンバの時 / 三木稔 = Time for marimba / Minoru Miki．トルスⅢ / 三善晃 = Torse Ⅲ / Akira Miyoshi．マリンバのためのミラージュ / 末吉保雄 = Mirage pour marimba / Yasuo Sueyoshi．モノヴァランスⅠ / 池辺晋一郎 = Monovalence Ⅰ / Shin'ichiro Ikebe
>
> Turangalila symphony / Messiaen = トゥランガリーラ交響曲 / メシアン．November steps / Takemitsu = ノヴェンバー・ステップス / 武満徹
>
> （ISBD区切り記号法を用いてタイトル等との対応関係を示した例）

責任表示が個別のタイトルに関係していて、かつ個別のタイトル全体に共通する責任表示もある場合は、それぞれの関係が分かるように責任表示を記録する。

> ラプソディ / 諸井三郎．管弦楽のための木挽歌 / 小山清茂．子守歌 / 外山雄三．フルート協奏曲 / 尾高尚忠；吉田雅夫，フルート[第4曲のみ]；NHK交響楽団；岩城宏之指揮
>
> （ISBD区切り記号法を用いてタイトルとの対応関係を示した例）

#2.2.2 本タイトルに関係する並列責任表示

本タイトルに関係する並列責任表示は、責任表示のエレメント・サブタイプである。

#2.2.2.1 記録の範囲・情報源

#2.2.2.1.1 記録の範囲

本タイトルに関係する並列責任表示は、本タイトルに関係する責任表示として記録したものと異なる言語および（または）文字による表示である。

#2.2.2.1.2 情報源

本タイトルに関係する並列責任表示は、対応する並列タイトルと同一の情報源から採用する。対応する並列タイトルが存在しない場合は、対応する本タイトルと同一の情報源から採用する。（参照：#2.1.1.1.2、#2.1.2.1.2を見よ。）

第 2 章　体現形

#2.2.2.1.2　情報源　別法

* 本タイトルに関係する並列責任表示は、次の優先順位で情報源を選定する。

a)　対応する並列タイトルと同一の情報源（参照：#2.1.2.1.2を見よ。）

b)　本タイトルと同一の情報源（参照：#2.1.1.1.2を見よ。）

c)　資料自体の他の情報源（#2.0.2.2の優先情報源の優先順と同様の順で選定する。）*

#2.2.2.2　記録の方法

本タイトルに関係する並列責任表示の記録は、情報源に表示された情報を、#2.2.0.4～#2.2.0.4.6に従って記録する。

情報源に、本タイトルに関係する並列責任表示が複数の言語および（または）文字種で表示されている場合は、対応する並列タイトルと同一の順に記録する。対応する並列タイトルが存在しない場合などは、表示されている順に記録する。

  Joji Yuasa
 （本タイトルに関係する責任表示：湯浅譲二）

  Association européenne pour l'informatiom et les bibliothèques de santé
 （本タイトルに関係する責任表示：European Association for Health Information and Libraries）

#2.3　版表示

版表示は、エレメントである。

#2.3.0　通則

#2.3.0.1　記録の範囲

記述対象がどのような版であるかを示す表示を、版表示として記録する。版表示は、版次、版に関係する責任表示等から成る。版表示には、版次だけではなく、付加的版次をも含むことがある。同様に、版に関係する責任表示だけでなく、付加的版に関係する責任表示をも含むことがある。また、非刊行物に含まれる著作の版を示す表示も、版表示として扱う。

#2.3.0.2　サブエレメント

版表示には、次のサブエレメントがある。これらのうち、版次および付加的版次は、コア・エレメントである。

a)　版次（参照：#2.3.1を見よ。）

b)　並列版次（参照：#2.3.2を見よ。）

c)　版に関係する責任表示（参照：#2.3.3を見よ。）

d)　版に関係する並列責任表示（参照：#2.3.4を見よ。）

e)　付加的版次（参照：#2.3.5を見よ。）

f)　並列付加的版次（参照：#2.3.6を見よ。）

g)　付加的版に関係する責任表示（参照：#2.3.7を見よ。）

h)　付加的版に関係する並列責任表示（参照：#2.3.8を見よ。）

#2.3 版表示

(参照:#2.2.0.2c)~f)を見よ。)

#2.3.0.3　情報源
　版表示の情報源は、サブエレメントごとに定める。

#2.3.0.4　記録の方法
　版表示は、情報源に表示されている版次などを、#1.10~#1.10.11 別法に従って記録する。版に関係する責任表示などは、#2.2.0.4~#2.2.0.4.6 に従って記録する。
　複数の巻号(付属資料を含む)から成る資料全体を記述対象とする場合は、全体に関係する版表示を記録する。識別に重要な場合は、さらに記述対象の一部分にのみ関係する版表示を注記として記録する。
(参照:#2.41.3.2.2を見よ。)

#2.3.0.4　記録の方法　任意追加
　版次などの全体または一部が資料自体に表示されていなくても、他の版と重要な違いがあると知られていて、それが識別またはアクセスに重要な場合は、版表示として記録する。この場合、資料外から採用したことを、注記および(または)その他の方法(コーディング、角がっこの使用など)で示す。
(参照:#2.41.3.2.1a)を見よ。)

　　　[改訂版]
　　　[1991] 増補新版
　　　[2011 年版]

#2.3.0.4.1　数字
　版次などは、情報源から#1.10~#1.10.11 別法に従って記録する。アラビア数字以外の数字、ローマ字、キリル文字等を含むものも、情報源における表示のまま記録する。

　　　第二版
　　　　(情報源の表示:第二版)
　　　New ed.
　　　　(情報源の表示:New ed.)
　　　Second edition
　　　　(情報源の表示:second edition)

#2.3.0.4.1　数字　別法
　版次などは、情報源から#1.10~#1.10.11 別法に従って記録する。*ただし、漢数字、ローマ数字、語句で表記される数字等は、#1.10.10.1~#1.10.10.4 に従ってアラビア数字で記録する*。

　　　第2版
　　　　(情報源の表示:第二版)
　　　New ed.

第 2 章　体現形

　　　　　　（情報源の表示： New ed.）
　　　　2nd edition
　　　　　　（情報源の表示： second edition）

#2.3.0.5　複製

　複製については、原資料の版表示ではなく複製自体の版表示を記録する。原資料の版表示は、関連する体現形の版表示として記録する。
（参照：#43.3を見よ。）

#2.3.0.6　変化

　複数巻単行資料、逐次刊行物または更新資料においては、版表示に変化、追加または削除が生じることがある。版表示に対象範囲や主題が変わったことを示す変化がある場合は、別の資料とみなして体現形に対する新規の記述を作成する。それ以外の場合は、次のとおりとする。
（参照：体現形に対する新規の記述を作成する場合は、#2.0.5を見よ。）

　複数巻単行資料を包括的に記述する場合に、識別またはアクセスに重要なときは、巻号による版表示の違いを注記として記録する。
（参照：#2.41.3.2.4.1を見よ。）

　逐次刊行物については、版表示に変化、追加または削除が生じた場合に、識別またはアクセスに重要なときは、変化、追加または削除の旨を注記として記録する。
（参照：#2.41.3.2.4.1を見よ。）

　更新資料については、版表示に変化、追加または削除が生じた場合は、最新のイテレーションを反映して版表示の記録を改める。
（参照：#2.41.3.2.4.2を見よ。）

#2.3.1　版次

　版次は、版表示のサブエレメントである。
　版次は、コア・エレメントである。

#2.3.1.1　記録の範囲・情報源

#2.3.1.1.1　記録の範囲

　版次は、記述対象が属する版を示す語、数字またはこれらの組み合わせである。
　版次には、通常、次の語、数字またはこれらの組み合わせが該当する。内容の変更を伴わない刷次と判断される場合は、版次として扱わない。
　　a)　日本語
　　　　序数と「版」、または他の版との内容の相違を示す「改訂」、「増補」、「新版」などの語を含むもの。
　　　　　改訂版
　　　　　第1版

　　　　　　　初版
　　　　　　　増補3版
　　　　　　　リマスター版
b)　外国語

　　「edition」、「issue」、「release」、「level」、「state」、「update」またはそれに相当する他の言語による語を含むもの。省略形の場合も含む。
　　　　　　　1st edition
　　　　　　　2. Ausgabe
　　　　　　　Ver. 2.5
また、次の相違を示すものがある。
c)　内容の変更による相違
　　　　　　　データ更新版
　　　　　　　最終草案対応版
　　　　　　　ディレクターズ・カット版
　　　　　　　Full version
　　内容の変更を伴う刷次は、版次として扱う。
　　　　　　　第2刷補訂
　　なお、特定の版に属する刷次の表示中に、改訂、増補などに相当する語がある場合は、これを付加的版次として扱う。
　　（参照：＃2.3.5.1.1を見よ。）
d)　地理的範囲の相違
　　　　　　　国際版欧州
　　　　　　　Latin America edition
e)　言語の相違
　　　　　　　中文版
　　　　　　　English ed.
　　　　　　　日本語版
　　　　　　　English version
f)　利用対象者の相違
　　　　　　　看護学生版
g)　刊行の様式、形態等の相違
　　　　　　　DVD-ROM版
　　　　　　　CD-ROM版
　　　　　　　カセット版
　　　　　　　Windows版
　　　　　　　新装版

第 2 章　体現形

　　　　　　　豪華版
　　　　　　　普及版
　　　　　　　限定版
　　　　　　　私家版
　　　　　　　縮刷版
　　　　　　　複製版
　　　　　　　累積版
　　　　　　　Reprint ed.
　　　　　　　Reduced ed.
　　h）　内容と結びつく日付の相違
　　i）　楽譜の特定の形式の相違
　　j）　楽譜の特定の声域の相違
　　　　（参照：＃2.3.1.1.1Bを見よ。）
（参照：逐次刊行物または更新資料については、あわせて＃2.3.1.1.1Cを見よ。）

　ただし、「版」、「edition」などと表示されていても、本タイトル（部編タイトルなどの従属タイトルを含む）、タイトル関連情報または責任表示の一部として記録したものは、版次として扱わない。
（参照：＃2.1.1.2.2c）、＃2.1.1.2.8B b）を見よ。）

　　　　　　【本タイトル】新編日本の活断層
　　　　　　【本タイトル】五訂食品成分表
　　　　　　【本タイトル】Compact-size edition of Data book of world lake environments

＃2.3.1.1.1A　書写資料

　書写資料には刊行物における版はないが、一つの著作にいくつかの稿が存在することがある。書写資料を区別できるような場合は、その稿を版として記録する。ただし、江戸時代までの資料については、同一著作における他の複数の個別資料との校合等により区別できた場合に限る。

＃2.3.1.1.1B　楽譜

　楽譜の特定の形式や声域を示す語句は、本タイトルやタイトル関連情報の一部分でなく、かつ演奏手段でもない場合は、「版」という語を含んでいるかいないかにかかわらず、版次として扱う。
（参照：＃2.1.3.1.1Cを見よ。）

　　　　　　　総譜
　　　　　　　パート譜
　　　　　　　ミニチュア・スコア
　　　　　　　Full score
　　　　　　　Partition d'orchestre
　　　　　　　Miniature score

#2.3 版表示

　　　Klavierauszug zu 2 Händen mit Singstimme und Text
　　　中声用
　　　高声用（原調）
　　　high voice

#2.3.1.1.1 C　逐次刊行物および更新資料

次に挙げるものは、版次として扱わない。

a)　逐次刊行物の巻次、年月次を示す表示

b)　定期的な改訂、または頻繁な更新を示す表示

#2.3.1.1.2　情報源

版次は、次の優先順位で情報源を選定する。

a)　本タイトルと同一の情報源（参照：#2.1.1.1.2を見よ。）

b)　資料自体の他の情報源（#2.0.2.2の優先情報源の優先順と同様の順で選定する。）

c)　資料外の情報源（参照：#2.0.2.3を見よ。）

#2.3.1.2　記録の方法

版次は、#2.3.0.4～#2.3.0.4.1別法に従って記録する。

#2.3.1.2　記録の方法　任意省略

次の版次は記録しない。

a)　初版

b)　総合タイトルのない資料の個別の著作に関係する版次

#2.3.1.2.1　語句の補足

情報源に数字および（または）文字のみが表示されている場合は、版であることが分かるように適切な語句を補って記録する。この場合、資料外から採用したことを、注記および（または）その他の方法（コーディング、角がっこの使用など）で示す。
（参照：#2.41.3.2.1b)を見よ。）

　　　2011［版］
　　　Revised［edition］

#2.3.1.2.2　複数の版次

情報源に複数の版次が表示されている場合は、情報源での表示順序、配置、デザイン等に基づいた順に記録する。

　　　第3版
　　　2015年版
　　　（情報源に双方ともに表示されている例）
　　　Philippine edition
　　　Paperback edition
　　　（情報源に双方ともに表示されている例）

第 2 章　体現形

#2.3.1.2.3　複数の言語・文字種による版次
　情報源に、版次が複数の言語または文字種で表示されている場合は、本タイトルと同一の言語または文字種によるものを記録する。本タイトルと同一の言語または文字種による表示がない場合は、最初に表示されているものを記録する。

#2.3.1.2.3　複数の言語・文字種による版次　別法
　情報源に、版次が複数の言語または文字種で表示されている場合は、内容と同一の言語または文字種によるものを記録する。内容と同一の言語または文字種による表示がない場合は、最初に表示されているものを記録する。

#2.3.2　並列版次
　並列版次は、版表示のサブエレメントである。

#2.3.2.1　記録の範囲・情報源

#2.3.2.1.1　記録の範囲
　並列版次は、版次として記録したものと異なる言語および(または)文字種による表示である。

#2.3.2.1.2　情報源
　並列版次は、次の優先順位で情報源を選定する。
　a)　版次と同一の情報源（参照：#2.3.1.1.2を見よ。）
　b)　資料自体の他の情報源（#2.0.2.2の優先情報源の優先順と同様の順で選定する。）
　c)　資料外の情報源（参照：#2.0.2.3を見よ。）

#2.3.2.2　記録の方法
　並列版次は、#2.3.0.4～#2.3.0.4.1別法に従って記録する。

#2.3.2.2.1　複数の並列版次
　並列版次が複数ある場合は、情報源での表示順序、配置、デザイン等に基づいた順に記録する。

#2.3.3　版に関係する責任表示
　版に関係する責任表示は、版表示のサブエレメントである。

#2.3.3.1　記録の範囲・情報源

#2.3.3.1.1　記録の範囲
　版に関係する責任表示は、責任表示のうちの特定の版に関係する表示である。記述対象の責任表示のうち、属する版（補遺資料を含む）にのみ関係する個人・家族・団体の名称と、その役割を示す語句を記録する。次のような場合がある。
　a)　特定の版にのみ関係している責任表示
　b)　複数の版に関係しているが、すべての版には関係していない責任表示（すべての版に関係する責任表示は、本タイトルに関係する責任表示として記録する。）
　責任表示が、すべての版に関係しているか、一部の版にのみ関係しているか判断できない場合、または版次の有無が判明しない場合は、本タイトルに関係する責任表示として扱う。

#2.3 版表示

また、記述対象が初版である場合は、すべての責任表示を本タイトルに関係する責任表示として扱う。

#2.3.3.1.2 情報源

版に関係する責任表示は、版次と同一の情報源から採用する。
(参照:#2.3.1.1.2を見よ。)

#2.3.3.2 記録の方法

版に関係する責任表示は、#2.2.0.4〜#2.2.0.4.6に従って記録する。
　　　　　日本国語大辞典第二版編集委員会編集

#2.3.3.2.1 複数の言語・文字種による責任表示

情報源に、版に関係する責任表示が複数の言語または文字種で表示されている場合は、本タイトルと同一の言語または文字種によるものを記録する。本タイトルと同一の言語または文字種による表示がない場合は、最初に表示されているものを記録する。

#2.3.3.2.1 複数の言語・文字種による責任表示　別法

情報源に、版に関係する責任表示が複数の言語または文字種で表示されている場合は、内容と同一の言語または文字種によるものを記録する。内容と同一の言語または文字種による表示がない場合は、最初に表示されているものを記録する。

#2.3.4 版に関係する並列責任表示

版に関係する並列責任表示は、版表示のサブエレメントである。

#2.3.4.1 記録の範囲・情報源

#2.3.4.1.1 記録の範囲

版に関係する並列責任表示は、版に関係する責任表示として記録したものと異なる言語および(または)文字種による表示である。

#2.3.4.1.2 情報源

版に関係する並列責任表示は、対応する並列版次と同一の情報源から採用する。対応する並列版次が存在しない場合は、版次と同一の情報源から採用する。
(参照:#2.3.1.1.2、#2.3.2.1.2を見よ。)

#2.3.4.2 記録の方法

版に関係する並列責任表示は、#2.2.0.4〜#2.2.0.4.6に従って記録する。

#2.3.4.2.1 複数の並列責任表示

版に関係する並列責任表示が複数ある場合は、対応する並列版次と同じ順に記録する。対応する並列版次が存在しない場合は、情報源に表示されている順に記録する。

#2.3.5 付加的版次

付加的版次は、版表示のサブエレメントである。
付加的版次は、コア・エレメントである。

第 2 章 体現形

#2.3.5.1 記録の範囲・情報源

#2.3.5.1.1 記録の範囲
　付加的版次は、ある版に変更が加えられて再発行されたことを示す版次である。再発行されても従前の版から変更が加えられていない場合に、識別またはアクセスに重要でないときは、付加的版次として扱わない。日本語で表示されている場合は、「改訂」、「増補」等の表示のある刷次をも含む。
（参照：#2.3.1.1.1を見よ。）

#2.3.5.1.2 情報源
　付加的版次は、次の優先順位で情報源を選定する。
　　a）　版次と同一の情報源（参照：#2.3.1.1.2を見よ。）
　　b）　資料自体の他の情報源（#2.0.2.2の優先情報源の優先順と同様の順で選定する。）
　　c）　資料外の情報源（参照：#2.0.2.3を見よ。）

#2.3.5.2 記録の方法
　付加的版次は、#2.3.0.4～#2.3.0.4.1別法に従って記録する。

　　　　　増補第二刷
　　　　　　（版次：第一版。#2.3.0.4.1適用の場合）
　　　　　2版
　　　　　　（版次：改訂版）
　　　　　新装版
　　　　　　（版次：改訂版）
　　　　　corrected reprint
　　　　　　（版次：1st edition）

#2.3.5.2.1 複数の言語・文字種による付加的版次
　情報源に、付加的版次が複数の言語または文字種で表示されている場合は、本タイトルと同一の言語または文字種によるものを記録する。本タイトルと同一の言語または文字種による表示がない場合は、最初に表示されているものを記録する。

#2.3.5.2.1 複数の言語・文字種による付加的版次　別法
　＊情報源に、付加的版次が複数の言語または文字種で表示されている場合は、内容と同一の言語または文字種によるものを記録する。内容と同一の言語または文字種による表示がない場合は、最初に表示されているものを記録する＊。

#2.3.6 並列付加的版次
　並列付加的版次は、版表示のサブエレメントである。

#2.3.6.1 記録の範囲・情報源

#2.3.6.1.1 記録の範囲
　並列付加的版次は、付加的版次として記録したものと異なる言語および（または）文字種に

#2.3 版表示

よる表示である。

#2.3.6.1.2 情報源

並列付加的版次は、次の優先順位で情報源を選定する。

a) 付加的版次と同一の情報源（参照：#2.3.5.1.2を見よ。）
b) 資料自体の他の情報源（#2.0.2.2の優先情報源の優先順と同様の順で選定する。）
c) 資料外の情報源（参照：#2.0.2.3を見よ。）

#2.3.6.2 記録の方法

並列付加的版次は、#2.3.0.4～#2.3.0.4.1別法に従って記録する。

#2.3.6.2.1 複数の並列付加的版次

並列付加的版次が複数ある場合は、情報源での表示順序、配置、デザイン等に基づいた順に記録する。

#2.3.7 付加的版に関係する責任表示

付加的版に関係する責任表示は、版表示のサブエレメントである。

#2.3.7.1 記録の範囲・情報源

#2.3.7.1.1 記録の範囲

付加的版に関係する責任表示は、責任表示のうち、特定の付加的版に関係する表示である。記述対象の責任表示のうち、属する付加的版のみに関係する個人・家族・団体の名称と、その役割を示す語句を記録する。

#2.3.7.1.2 情報源

付加的版に関係する責任表示は、付加的版次と同一の情報源から採用する。
(参照：#2.3.5.1.2を見よ。)

#2.3.7.2 記録の方法

付加的版に関係する責任表示は、#2.2.0.4～#2.2.0.4.6に従って記録する。

#2.3.7.2.1 複数の言語・文字種による責任表示

付加的版に関係する責任表示が、情報源に複数の言語または文字種で表示されている場合は、本タイトルと同一の言語または文字種によるものを記録する。本タイトルと同一の言語または文字種による表示がない場合は、最初に表示されているものを記録する。

#2.3.7.2.1 複数の言語・文字種による責任表示　別法

＊付加的版に関係する責任表示が、情報源に複数の言語または文字種で表示されている場合は、内容と同一の言語または文字種によるものを記録する。内容と同一の言語または文字種による表示がない場合は、最初に表示されているものを記録する＊。

#2.3.8 付加的版に関係する並列責任表示

付加的版に関係する並列責任表示は、版表示のサブエレメントである。

#2.3.8.1 記録の範囲・情報源

第 2 章　体現形

#2.3.8.1.1　記録の範囲
　付加的版に関係する並列責任表示は、付加的版に関係する責任表示として記録したものと異なる言語および（または）文字種による表示である。

#2.3.8.1.2　情報源
　付加的版に関係する並列責任表示は、対応する並列付加的版次と同一の情報源から採用する。対応する並列付加的版次が存在しない場合は、付加的版次と同一の情報源から採用する。
（参照：#2.3.5.1.2、#2.3.6.1.2を見よ。）

#2.3.8.2　記録の方法
　付加的版に関係する並列責任表示は、#2.2.0.4～#2.2.0.4.6に従って記録する。

#2.3.8.2.1　複数の並列責任表示
　付加的版に関係する並列責任表示が複数ある場合は、対応する付加的並列版次と同じ順に記録する。対応する付加的並列版次が存在しない場合は、情報源に表示されている順に記録する。

#2.4　逐次刊行物の順序表示
　逐次刊行物の順序表示は、エレメントである。

#2.4.0　通則

#2.4.0.1　記録の範囲
　逐次刊行物の個々の部分（巻号）を識別する表示を、逐次刊行物の順序表示として記録する。順序表示には、巻次と年月次とがある。巻次は、数字、文字などから成り、年月次は、年、月、日または時期を示す数字、文字から成る。
　順序表示の方式に変化があった場合は、古い方式による表示と新しい方式による表示の双方を記録する。
（参照：#2.4.0.6を見よ。）
　また、同時に複数の順序表示の方式を保持している場合がある。この場合は、主な順序表示または最初に表示された順序表示を、この優先順位で初号および（または）終号の巻次および（または）年月次として扱い、それ以外のものを初号および（または）終号の別方式の巻次および（または）年月次として扱う。

#2.4.0.2　エレメント・サブタイプ
　順序表示には、次のエレメント・サブタイプがある。これらのうち、初号の巻次、初号の年月次、終号の巻次、終号の年月次は、コア・エレメントである。順序表示の方式が変化した場合は、初号の巻次および（または）年月次については最初の方式のものが、終号の巻次および（または）年月次については最後の方式のものが、コア・エレメントである。

　a）　初号の巻次（参照：#2.4.1を見よ。）
　b）　初号の年月次（参照：#2.4.2を見よ。）
　c）　終号の巻次（参照：#2.4.3を見よ。）

\#2.4 逐次刊行物の順序表示

d) 終号の年月次（参照：#2.4.4を見よ。）
e) 初号の別方式の巻次（参照：#2.4.5を見よ。）
f) 初号の別方式の年月次（参照：#2.4.6を見よ。）
g) 終号の別方式の巻次（参照：#2.4.7を見よ。）
h) 終号の別方式の年月次（参照：#2.4.8を見よ。）

#2.4.0.3 情報源

順序表示は、次の優先順位で情報源を選定する。
a) 初号または終号の本タイトルと同一の情報源（参照：#2.1.1.1.2を見よ。）
b) 初号または終号の資料自体の他の情報源（#2.0.2.2の優先情報源の優先順と同様の順で選定する。）
c) 資料外の情報源（参照：#2.0.2.3を見よ。）

#2.4.0.4 記録の方法

順序表示は、採用した情報源に表示されているものを、#1.10～#1.10.11別法に従って省略せずに記録する。漢数字、ローマ数字、語句で表記される数字等は、#1.10.10.1～#1.10.10.4に従ってアラビア数字に置き換えて記録する。日付は、情報源に表示されている暦で記録する。

   1巻1号
   平成8年夏号
    （情報源の表示：平成八年夏号）
   vol. 1, no. 1
   tome 3
    （情報源の表示：tome Ⅲ）
   summer 1982

序数は、当該言語の標準的な序数を示す表記の形式で記録する。例えば、日本語等では「第」を省略せず、英語では「1st」、「2nd」、「3rd」、「4th」などの形式で記録する。

   第1集
   4th issue
    （情報源の表示：fourth issue）

数字の一部が省略されている場合に、その意味を明確にするために必要なときは、完全な形で記録する。

   2000
    （終号の情報源の表示：'00。初号の年月次：1990）

ハイフン等の記号が含まれている場合に、その意味を明確にするために必要なときは、スラッシュに置き換える。

   1961/1972

第 2 章　体現形

　　　　　（情報源の表示：1961-1972）
　　　　1981/1990
　　　　　（情報源の表示：1981-90）
　順序表示の方式の変化とはみなせないが、表示の形が変化しているような場合に、それが重要なときは、注記として記録する。
（参照：＃2.41.4.2.2を見よ。）

＃2.4.0.4.1　年と号から成る巻次
　巻次は通常は巻と号から構成されるが、年と号から成るものも巻次として記録する。この場合は、号数の前に年を記録する。
　　　　2015-1
　　　　　（情報源の表示：1-2015）
　　　　2014年3号
　　　　　（情報源の表示：3号/2014年）

＃2.4.0.4.2　西暦以外の暦による年月次
　年月次が西暦以外の暦によって表示されている場合は、必要に応じて、西暦に置き換えたものを付加することができる。この場合、資料外の情報源から採用したことを注記および（または）その他の方法（コーディングや角がっこの使用など）で示す。
　　　　　　平成2年［1990］
（参照：＃2.41.4.2.4を見よ。）

＃2.4.0.4.3　年月次として扱う出版日付・頒布日付
　初号および（または）終号に巻次、年月次の表示がなくそれ以外の号からも確認できない場合は、出版日付、頒布日付等を初号および（または）終号の年月次として記録する。

＃2.4.0.4.4　複数の言語・文字種による巻次・年月次
　巻次または年月次が採用した情報源に複数の言語または文字種で表示されている場合は、本タイトルと同一の言語または文字種によるものを記録する。本タイトルと同一の言語または文字種による表示がない場合は、最初に表示されているものを記録する。

＃2.4.0.4.4　複数の言語・文字種による巻次・年月次　別法
　＊巻次が採用した情報源に複数の言語または文字種で表示されている場合は、内容と同一の言語または文字種によるものを記録する。内容と同一の言語または文字種による表示がない場合は、最初に表示されているものを記録する。
　年月次が採用した情報源に複数の言語または文字種で表示されている場合は、刊行頻度として記録したものに合致するものを記録する。刊行頻度として記録したものに合致する表示がない場合は、最初に表示されているものを記録する＊。
（参照：＃2.13.3を見よ。）

＃2.4.0.5　複製

#2.4 逐次刊行物の順序表示

複製については、原資料の順序表示を記録する。複製自体の順序表示がある場合は、これを注記として記録する。
（参照：#2.41.4.2.5を見よ。）

#2.4.0.5 複製　別法
＊複製にそれ自体の順序表示がある場合は、原資料ではなく複製の順序表示を記録する。原資料の順序表示は、関連する体現形の順序表示として記録する＊。
（参照：#43.3を見よ。）

#2.4.0.6 変化
順序表示は、その方式が変化する場合がある。古い方式の最後の号の順序表示は、終号の巻次および（または）年月次として、新しい方式の最初の号の順序表示は、初号の巻次および（または）年月次として記録する。順序表示は、古い方式、新しい方式の順に記録する。
（参照：#2.4.1.2.3を見よ。）

#2.4.1 初号の巻次
初号の巻次は、逐次刊行物の順序表示のエレメント・サブタイプである。
初号の巻次は、コア・エレメントである。順序表示の方式が変化した場合は、最初の方式のものが、コア・エレメントである。

#2.4.1.1 記録の範囲
初号に表示された巻次、および本タイトルまたは責任表示等の重要な変化により体現形に対する新規の記述を作成した場合の、変化後の最初の号の巻次を、初号の巻次として扱う。順序表示の方式に変化があった場合は、新しい方式の最初の号の巻次も初号の巻次として扱う。
複数の順序表示の方式を保持していて双方が巻次である場合は、初号の主な巻次または最初に表示されている巻次を、この優先順位で初号の巻次として、その他のものを初号の別方式の巻次として扱う。それらが、巻号と通号である場合は、巻号を初号の巻次として、通号を初号の別方式の巻次として扱う。
（参照：#2.4.5.1を見よ。）

#2.4.1.2 記録の方法
初号の巻次は、#2.4.0.4～#2.4.0.4.4別法に従って記録する。

#2.4.1.2.1 初号に巻次がない場合
初号に巻次が表示されていない場合は、それに続く号の巻次に基づいて判断し、初号の巻次を記録する。この場合は、初号を情報源としていないことを注記および（または）その他の方法（コーディングや角がっこの使用など）で示す。
（参照：#2.41.4.2.1.1を見よ。）

#2.4.1.2.2 初号を識別の基盤としていない場合
初号を入手していない場合などに、他の情報源で確認できるときは、初号の巻次を記録する。

第 2 章　体現形

この場合は、初号を情報源としていないことを注記および（または）その他の方法（コーディングや角がっこの使用など）で示す。

　　　　　　　［第 1 巻第 1 号］

（参照：#2.41.4.2.1.2を見よ。）

#2.4.1.2.2　初号を識別の基盤としていない場合　別法

　＊初号を入手していない場合などに、他の情報源で確認できる初号の巻次は、注記として記録する＊。

（参照：#2.41.4.2.1.2を見よ。）

#2.4.1.2.3　順序表示の変化を示す語句

　順序表示の方式が変化して、新しい方式の最初の号の巻次にそれを識別する語句が付されている場合は、その語句も含めて記録する。順序表示の方式に変化があって、古い方式との区別が困難な場合は、表示されていなくても新しい方式であることを示す語句を記録する。この場合は、その語句が情報源に表示されていないことを注記および（または）その他の方法（コーディングや角がっこの使用など）で示す。

　　　　　　　第 2 期第 1 巻
　　　　　　　（前の順序表示：第 1 巻-第 50 巻）
　　　　　　　New series, v. 1, no. 1
　　　　　　　［3rd series］, no. 1
　　　　　　　（前の順序表示：［2nd series］, no. 1-no. 3）

（参照：「第 2 期」のような語句を本タイトルの従属タイトルとして扱う場合については、#2.1.1.2.8Bc）を見よ。）

（参照：#2.41.4.2.6を見よ。）

#2.4.2　初号の年月次

　初号の年月次は、逐次刊行物の順序表示のエレメント・サブタイプである。

　初号の年月次は、コア・エレメントである。順序表示の方式が変化した場合は、最初の方式のものが、コア・エレメントである。

#2.4.2.1　記録の範囲

　初号に表示された年月次、および本タイトルまたは責任表示等の重要な変化により体現形に対する新規の記述を作成した場合の、変化後の最初の号の年月次を、初号の年月次として扱う。順序表示の方式に変化があった場合は、新しい方式の最初の号の年月次も初号の年月次として扱う。

　複数の順序表示の方式を保持していて双方が年月次である場合は、初号の主な年月次または最初に表示されている年月次を、この優先順位で初号の年月次として、その他のものを初号の別方式の年月次として扱う。複数の異なる暦による表示がある場合は、主なものまたは最初に

#2.4 逐次刊行物の順序表示

表示されているものを、この優先順位で初号の年月次として、その他のものを初号の別方式の年月次として扱う。
(参照：#2.4.6.1を見よ。)

#2.4.2.2　記録の方法
初号の年月次は、#2.4.0.4～#2.4.0.4.4別法に従って記録する。

#2.4.2.2.1　初号に年月次がない場合
初号に年月次が表示されていない場合は、それに続く号の年月次に基づいて判断し、初号の年月次を記録する。この場合は、初号を情報源としていないことを注記および（または）その他の方法（コーディングや角がっこの使用など）で示す。
(参照：#2.41.4.2.1.1を見よ。)

#2.4.2.2.2　初号を識別の基盤としていない場合
初号を入手していない場合などに、他の情報源で確認できるときは、初号の年月次を記録する。この場合は、初号を情報源としていないことを注記および（または）その他の方法（コーディングや角がっこの使用など）で示す。
(参照：#2.41.4.2.1.2を見よ。)

#2.4.2.2.2　初号を識別の基盤としていない場合　別法
＊初号を入手していない場合などに、他の情報源で確認できる初号の年月次は、注記として記録する＊。
(参照：#2.41.4.2.1.2を見よ。)

#2.4.3　終号の巻次
終号の巻次は、逐次刊行物の順序表示のエレメント・サブタイプである。

終号の巻次は、コア・エレメントである。順序表示の方式が変化した場合は、最後の方式のものが、コア・エレメントである。

#2.4.3.1　記録の範囲
終号に表示された巻次、および本タイトルまたは責任表示等の重要な変化により体現形に対する新規の記述を作成した場合の、変化前の最後の号の巻次を、終号の巻次として扱う。順序表示の方式に変化があった場合は、古い方式の最後の号の巻次も終号の巻次として扱う。

複数の順序表示の方式を保持していて双方が巻次である場合は、終号の主な巻次または最初に表示されている巻次を、この優先順位で終号の巻次として、その他のものを終号の別方式の巻次として扱う。それらが巻号と通号である場合は、巻号を終号の巻次として、通号を終号の別方式の巻次として扱う。
(参照：#2.4.7.1を見よ。)

#2.4.3.2　記録の方法
終号の巻次は、#2.4.0.4～#2.4.0.4.4別法に従って記録する。

第 2 章　体現形

#2.4.3.2.1　終号に巻次がない場合
　終号に巻次が表示されていない場合は、その前の号の巻次に基づいて判断し、終号の巻次を記録する。この場合は、終号を情報源としていないことを注記および（または）その他の方法（コーディングや角がっこの使用など）で示す。
（参照：#2.41.4.2.1.1を見よ。）

#2.4.3.2.2　終号を識別の基盤としていない場合
　終号を入手していない場合などに、他の情報源で確認できるときは、終号の巻次を記録する。この場合は、終号を情報源としていないことを注記および（または）その他の方法（コーディングや角がっこの使用など）で示す。
（参照：#2.41.4.2.1.2を見よ。）

#2.4.3.2.2　終号を識別の基盤としていない場合　別法
　＊終号を入手していない場合などに、他の情報源で確認できる終号の巻次は、注記として記録する＊。
（参照：#2.41.4.2.1.2を見よ。）

#2.4.4　終号の年月次
　終号の年月次は、逐次刊行物の順序表示のエレメント・サブタイプである。
　終号の年月次は、コア・エレメントである。順序表示の方式が変化した場合は、最後の方式のものが、コア・エレメントである。

#2.4.4.1　記録の範囲
　終号に表示された年月次、および本タイトルまたは責任表示等の重要な変化により体現形に対する新規の記述を作成した場合の、変化前の最後の号の年月次を、終号の年月次として扱う。順序表示の方式に変化があった場合は、古い方式の最後の号の年月次も終号の年月次として扱う。
　複数の順序表示の方式を保持していて双方が年月次である場合は、終号の主な年月次または最初に表示されている年月次を、この優先順位で終号の年月次として、その他のものを終号の別方式の年月次として扱う。複数の異なる暦による表示がある場合は、主なものまたは最初に表示されているものを、この優先順位で終号の年月次として、その他のものを終号の別方式の年月次として扱う。
（参照：#2.4.8.1を見よ。）

#2.4.4.2　記録の方法
　終号の年月次は、#2.4.0.4～#2.4.0.4.4別法に従って記録する。

#2.4.4.2.1　終号に年月次がない場合
　終号に年月次が表示されていない場合は、その前の号の年月次に基づいて判断し、終号の年月次を記録する。この場合は、終号を情報源としていないことを注記および（または）その他

の方法（コーディングや角がっこの使用など）で示す。
（参照：＃2.41.4.2.1.1を見よ。）

#2.4.4.2.2　終号を識別の基盤としていない場合
　終号を入手していない場合などに、他の情報源で確認できるときは、終号の年月次を記録する。この場合は、終号を情報源としていないことを注記および（または）その他の方法（コーディングや角がっこの使用など）で示す。
（参照：＃2.41.4.2.1.2を見よ。）

#2.4.4.2.2　終号を識別の基盤としていない場合　別法
　＊終号を入手していない場合などに、他の情報源で確認できる終号の年月次は、注記として記録する＊。
（参照：＃2.41.4.2.1.2を見よ。）

#2.4.5　初号の別方式の巻次
　初号の別方式の巻次は、逐次刊行物の順序表示のエレメント・サブタイプである。

#2.4.5.1　記録の範囲
　複数の順序表示の方式を保持していて双方が巻次である場合は、初号の巻次のうち、主でない巻次または2番目以降に表示されている巻次を、この優先順位で初号の別方式の巻次として扱う。ただし、複数の方式による巻次が、巻号と通号である場合は、通号を初号の別方式の巻次として扱う。
（参照：初号の巻次については、＃2.4.1.1を見よ。）

#2.4.5.2　記録の方法
　初号の別方式の巻次は、＃2.4.0.4～＃2.4.0.4.4別法に従って記録する。

#2.4.6　初号の別方式の年月次
　初号の別方式の年月次は、逐次刊行物の順序表示のエレメント・サブタイプである。

#2.4.6.1　記録の範囲
　複数の順序表示の方式を保持していて双方が年月次である場合は、初号の年月次のうち、主でない年月次または2番目以降に表示されている年月次を、この優先順位で初号の別方式の年月次として扱う。また、複数の異なる暦による表示がある場合は、初号の年月次としなかったものを初号の別方式の年月次として扱う。
（参照：初号の年月次については、＃2.4.2.1を見よ。）

#2.4.6.2　記録の方法
　初号の別方式の年月次は、＃2.4.0.4～＃2.4.0.4.4別法に従って記録する。

#2.4.7　終号の別方式の巻次
　終号の別方式の巻次は、逐次刊行物の順序表示のエレメント・サブタイプである。

#2.4.7.1　記録の範囲

第 2 章　体現形

　　複数の順序表示の方式を保持していて双方が巻次である場合は、終号の巻次のうち、主でない巻次または 2 番目以降に表示されている巻次を、この優先順位で終号の別方式の巻次として扱う。ただし、複数の方式による巻次が、巻号と通号である場合は、通号を終号の別方式の巻次として扱う。
（参照：終号の巻次については、＃2.4.3.1 を見よ。）

＃2.4.7.2　記録の方法
　　終号の別方式の巻次は、＃2.4.0.4～＃2.4.0.4.4 別法に従って記録する。

＃2.4.8　終号の別方式の年月次
　　終号の別方式の年月次は、逐次刊行物の順序表示のエレメント・サブタイプである。

＃2.4.8.1　記録の範囲
　　複数の順序表示の方式を保持していて双方が年月次である場合は、終号の年月次のうち、主でない年月次または 2 番目以降に表示されている年月次を、この優先順位で終号の別方式の年月次として扱う。また、複数の異なる暦による表示がある場合は、終号の年月次としなかったものを終号の別方式の年月次として扱う。
（参照：終号の年月次については、＃2.4.4.1 を見よ。）

＃2.4.8.2　記録の方法
　　終号の別方式の年月次は、＃2.4.0.4～＃2.4.0.4.4 別法に従って記録する。

＜＃2.5～＃2.9　出版表示、制作表示等＞

＃2.5　出版表示
　　出版表示は、エレメントである。

＃2.5.0　通則

＃2.5.0.1　記録の範囲
　　刊行物の出版、発行、公開に関して、場所、責任を有する個人・家族・団体、日付を識別する表示を、出版表示として記録する。オンライン資料はすべて刊行物とみなし、出版表示を記録する。非刊行物の制作に関係する表示については、＃2.8 に従って記録する。
　　初期印刷資料（和古書・漢籍を除く）については、発売者および印刷者に関係する表示を出版表示として扱う。

＃2.5.0.2　サブエレメント
　　出版表示には、次のサブエレメントがある。これらのうち、出版地、出版者および出版日付は、コア・エレメントである。

　　a)　出版地（参照：＃2.5.1 を見よ。）
　　b)　並列出版地（参照：＃2.5.2 を見よ。）
　　c)　出版者（参照：＃2.5.3 を見よ。）
　　d)　並列出版者（参照：＃2.5.4 を見よ。）

\#2.5 出版表示

　　e)　出版日付（参照：＃2.5.5を見よ。）

＃2.5.0.3　情報源
　出版表示の情報源は、サブエレメントごとに定める。

＃2.5.0.4　記録の方法
　出版表示は、情報源に表示されているものを、＃1.10～＃1.10.11別法に従って記録する。資料外の情報源から採用した場合は、その旨を注記および（または）その他の方法（コーディングや角がっこの使用など）で示す。
（参照：＃2.41.5.2.1を見よ。）

＃2.5.0.5　複製
　複製については、原資料の出版表示ではなく、複製自体の表示を出版表示として記録する。原資料の出版表示は、関連する体現形の出版表示として記録する。
（参照：＃43.3を見よ。）

＃2.5.0.6　変化

＃2.5.0.6.1　複数巻単行資料、逐次刊行物
　複数巻単行資料、逐次刊行物の途中の巻号で、出版地が変化して、その変化が識別またはアクセスに重要な場合は、それを注記として記録する。出版地の変化が名称上のものであっても、識別に重要な場合は、それを注記として記録する。
（参照：＃2.41.5.2.7.1を見よ。）

　複数巻単行資料、逐次刊行物の途中の巻号で、出版者の名称が変化したか、または出版者が他の出版者に替わった場合に、それらの変化が識別またはアクセスに重要なときは、それを注記として記録する。出版者の変化が表示上のみのものであっても、識別に重要な場合は、それを注記として記録する。
（参照：＃2.41.5.2.7.1を見よ。）

＃2.5.0.6.1　複数巻単行資料、逐次刊行物　任意省略
　出版地の変化や、出版者の名称の変化が頻繁に生じている場合は、変化のある旨を簡略に注記として記録する。
（参照：＃2.41.5.2.7.1任意省略を見よ。）

＃2.5.0.6.2　更新資料
　更新資料の出版地は、最新のイテレーションにあわせて記録し、変化が生じた場合は、記録を更新する。識別またはアクセスに重要なときは、変化前の出版地を注記として記録する。
（参照：＃2.41.5.2.7.2を見よ。）

　更新資料の出版者は、最新のイテレーションにあわせて記録し、変化が生じた場合は、記録を更新する。識別またはアクセスに重要なときは、変化前の出版者の名称を注記として記録する。

第 2 章　体現形

（参照：＃2.41.5.2.7.2を見よ。）

＃2.5.0.6.2　更新資料　任意省略

　出版地の変化や、出版者の名称の変化が頻繁に生じている場合は、変化のある旨を簡略に注記として記録する。

（参照：＃2.41.5.2.7.2任意省略を見よ。）

＃2.5.1　出版地

　出版地は、出版表示のサブエレメントである。

　出版地は、コア・エレメントである。複数の出版地が情報源に表示されている場合は、最初に記録するもののみが、コア・エレメントである。

＃2.5.1.1　記録の範囲・情報源

＃2.5.1.1.1　記録の範囲

　出版地は、刊行物の出版、発行、公開と結びつく場所（市町村名等）である。

＃2.5.1.1.2　情報源

　出版地は、次の優先順位で情報源を選定する。

　a）　出版者と同一の情報源（参照：＃2.5.3.1.2を見よ。）

　b）　資料自体の他の情報源（＃2.0.2.2の優先情報源の優先順と同様の順で選定する。）

　c）　資料外の情報源（参照：＃2.0.2.3を見よ。）

＃2.5.1.2　記録の方法

　出版地は、＃2.5.0.4に従って記録する。

　市町村名等とともに、上位の地方自治体名等および（または）国名が情報源に表示されている場合は、それを付加する。

　ただし、東京都特別区は、「東京」またはそれに相当する語のみ記録する。

　　　　　北海道
　　　　　（情報源の表示：北海道）
　　　　　横浜市
　　　　　（情報源の表示：横浜市）
　　　　　Osaka City
　　　　　（情報源の表示：Osaka City）
　　　　　東京
　　　　　（情報源の表示：東京都文京区）
　　　　　武蔵野市（東京都）
　　　　　（情報源の表示：東京都武蔵野市）
　　　　　田原本町（奈良県磯城郡）
　　　　　（情報源の表示：奈良県磯城郡田原本町）
　　　　　Hayama, Kanagawa
　　　　　（情報源の表示：Hayama, Kanagawa）

#2.5 出版表示

  西宁市（青海省）
   （情報源の表示：青海省西宁市）
  파주시（경기도）
   （情報源の表示：경기도파주시）
  Bangkok
  Canberra, A.C.T.
  La Habana
  Edinburgh, Scotland
  Mandaluyong City, Metro Manila, Philippines
  Northampton, MA, USA

前置詞があり、それを省略すると理解が困難となる場合は、あわせて記録する。
  V Praze

#2.5.1.2　記録の方法　任意省略1

市名は、「市」またはそれに相当する語を記録しない。

「日本」という国名は、原則として記録しない。

  Osaka
   （情報源の表示：Osaka City）
  武蔵野（東京都）
   （情報源の表示：東京都武蔵野市）

#2.5.1.2　記録の方法　任意省略2

　出版地の識別に必要でない場合は、上位の地方自治体名等および（または）国名が市町村名等とともに情報源に表示されていても、市町村名等のみを記録する。

  武蔵野
   （情報源の表示：東京都武蔵野市。任意省略1も適用した例）

#2.5.1.2　記録の方法　任意追加1

　識別またはアクセスに重要な場合は、住所をすべて出版地として記録する。

  東京市本郷區曙町三番地
  255 Sussex Drive, Ottawa, Ontario

#2.5.1.2　記録の方法　任意追加2

　資料自体に表示がない場合に、識別またはアクセスに重要なときは、上位の地方自治体名等および（または）国名を市町村名等に付加する。資料外の情報源から採用した場合は、その旨を注記および（または）その他の方法（コーディングや角がっこの使用など）で示す。

  美郷町［秋田県］
  美郷町［島根県］
  Cambridge［Massachusetts］
  Cambridge［United Kingdom］

第 2 章　体現形

2.5.1.2　記録の方法　別法

出版地は、# 2.5.0.4 に従って記録する。

＊市町村名等とともに、上位の地方自治体名等および（または）国名が情報源に表示されている場合は、それをあわせて、表示されているとおりに記録する＊。

　　　　北海道
　　　　　（情報源の表示：北海道）
　　　　横浜市
　　　　　（情報源の表示：横浜市）
　　　　Osaka City
　　　　　（情報源の表示：Osaka City）
　　　　東京都文京区
　　　　　（情報源の表示：東京都文京区）
　　　　東京都武蔵野市
　　　　　（情報源の表示：東京都武蔵野市）
　　　　奈良県磯城郡田原本町
　　　　　（情報源の表示：奈良県磯城郡田原本町）
　　　　Hayama, Kanagawa
　　　　　（情報源の表示：Hayama, Kanagawa）
　　　　青海省西宁市
　　　　　（情報源の表示：青海省西宁市）
　　　　경기도파주시
　　　　　（情報源の表示：경기도파주시）
　　　　Bangkok
　　　　Canberra, A.C.T.
　　　　La Habana
　　　　Edinburgh, Scotland
　　　　Mandaluyong City, Metro Manila, Philippines
　　　　Northampton, MA, USA

前置詞があり、それを省略すると理解が困難となる場合は、あわせて記録する。

　　　　V Praze

2.5.1.2　記録の方法　別法　任意追加 1

識別またはアクセスに重要な場合は、住所をすべて出版地として記録する。

　　　　東京市本郷區曙町三番地
　　　　255 Sussex Drive, Ottawa, Ontario

2.5.1.2　記録の方法　別法　任意追加 2

資料自体に表示がない場合に、識別またはアクセスに重要なときは、上位の地方自治体名等および（または）国名を市町村名等に付加する。資料外の情報源から採用した場合は、その旨

#2.5 出版表示

を注記および(または)その他の方法(コーディングや角がっこの使用など)で示す。

　　　　[秋田県] 美郷町
　　　　[島根県] 美郷町
　　　　Cambridge [Massachusetts]
　　　　Cambridge [United Kingdom]

#2.5.1.2A　　和古書・漢籍

　和古書・漢籍については、資料自体に表示されている地名を記録する。当該の地名と同名の市町村名等が現代に存在する場合に、識別に必要なときは、その土地が所在する、出版時の都市名、国名を付加する。地名の別称が表示されている場合は、当時一般に用いられたものを付加する。記録する出版日付に対応するもののみを出版地として記録し、対応しないものは注記として記録する。
(参照：#2.41.5.2.4を見よ。)

　　　　江戸
　　　　心斎橋 [大坂]
　　　　　(出版時の都市名を付加)
　　　　洛陽 [京都]
　　　　　(一般に用いられた都市名を付加)

#2.5.1.2.1　　複数の出版地

　複数の出版地が情報源に表示されている場合は、採用した情報源での表示順序、配置、デザイン等に基づいて判断した順に記録する。

　複数の出版者が存在して、それらが複数の出版地と結びついている場合は、それぞれの出版者と結びついた出版地を記録する。
(参照：#2.5.3.2.2を見よ。)

#2.5.1.2.1　　複数の出版地　　別法

　複数の出版地が情報源に表示されている場合は、採用した情報源での表示順序、配置、デザイン等に基づいて判断した順に記録する。＊日本の出版地が含まれる場合は、これを優先して記録する＊。

　複数の出版者が存在して、それらが複数の出版地と結びついている場合は、それぞれの出版者と結びついた出版地を記録する。
(参照：#2.5.3.2.2を見よ。)

#2.5.1.2.1A　　和古書・漢籍

　複数の出版地が情報源に表示されている場合は、採用した情報源での表示順序、配置、デザイン等に基づいて判断した順に記録する。現代では同一の市町村等に含まれる複数の地名は、同一の出版地として扱う。

#2.5.1.2.2　　複数の言語・文字種による出版地

第2章　体現形

　出版地が情報源に複数の言語または文字種で表示されている場合は、本タイトルと一致する言語または文字種で記録する。該当する表示がない場合は、情報源に最初に現れた言語または文字種でその出版地を記録する。

#2.5.1.2.2　複数の言語・文字種による出版地　別法1

　出版地が情報源に複数の言語または文字種で表示されている場合は、内容の言語と一致する言語または文字種で記録する。該当する表示がない場合は、情報源に最初に現れた言語または文字種でその出版地を記録する。

#2.5.1.2.2　複数の言語・文字種による出版地　別法2

　出版地が情報源に複数の言語または文字種で表示されている場合に、日本語で表示されているものが含まれるときは、それを記録する。該当する表示がない場合は、情報源に最初に現れた言語または文字種でその出版地を記録する。

#2.5.1.2.3　資料自体に表示されていない出版地

　出版地が資料自体に表示されていない場合は、判明の程度に応じて次のように記録する。資料外の情報源から採用した場合は、その旨を注記および（または）その他の方法（コーディングや角がっこの使用など）で示す。

　a)　市町村名等が判明しているとき

　　　判明している市町村名等を記録する。識別に必要な場合は、上位の地方自治体名等および（または）国名をあわせて記録する。

　　　　　［名古屋市］
　　　　　［名古屋］
　　　　　［宮崎県美郷町］
　　　　　［美郷町（宮崎県）］
　　　　　［London］

　b)　市町村名等を推定したとき

　　　出版地が確定できない場合は、推定の市町村名等を記録する。識別に必要な場合は、上位の地方自治体名等および（または）国名をあわせて記録する。

　　　市町村名等のみを記録するときは、疑問符を付加する。

　　　　　［八王子市?］
　　　　　［八王子?］
　　　　　［Paris?］

　　　上位の地方自治体名等および（または）国名をあわせて記録する場合に、出版地がその範囲にあることは確かだが、市町村名等は確定できないときは、疑問符を市町村名等に付加する。

　　　　　［京都府精華町?］
　　　　　［精華町?（京都府）］

#2.5 出版表示

　　　［München?, Bayern］
　上位の地方自治体名等および（または）国名をあわせて記録する場合に、出版地がその範囲にあることを確定できないときは、疑問符は上位の地方自治体名等および（または）国名に付加する。ただし、双方を区切らずに記録する場合は、その末尾に疑問符を付加する。丸がっこに入れて記録する場合は、丸がっこの外に疑問符を付加する。
　　　［宮崎県美郷町？］
　　　［美郷町（宮崎県）？］
　　　［Dublin, Ireland?］

c)　上位の地方自治体名等および（または）国名が判明しているとき
　出版地として市町村名等が推定できない場合は、判明した上位の地方自治体名等および（または）国名のみを記録する。
　　　［大阪府］
　　　［Australia］

d)　上位の地方自治体名等および（または）国名を推定したとき
　上位の地方自治体名等および（または）国名が特定できない場合は、推定の地名を記録し、疑問符を付加する。
　　　［沖縄県？］
　　　［Finland?］

e)　出版地が不明なとき
　出版地が推定できない場合は、「出版地不明」または「Place of publication not identified」と記録する。
　　　［出版地不明］

#2.5.1.2.4　架空のまたは誤った出版地
　資料自体に表示された出版地が、架空であるか誤っていると判明している場合、または説明が必要な場合は、架空の地名または誤った地名を記録し、実際の地名等を注記として記録する。
（参照：#2.41.5.2.2を見よ。）

#2.5.1.2.4　架空のまたは誤った出版地　別法
　＊資料自体に表示された出版地が、架空であるか誤っていると判明している場合は、実際の地名を記録し、その旨が分かる方法（コーディングや角がっこの使用など）で示す。架空の地名または誤った地名は、注記として記録する＊。
（参照：#2.41.5.2.2を見よ。）

#2.5.1.3　変化
　出版地の変化については、#2.5.0.6に従って記録する。

#2.5.2　並列出版地

第 2 章 体現形

並列出版地は、出版表示のサブエレメントである。

#2.5.2.1 記録の範囲・情報源

#2.5.2.1.1 記録の範囲

並列出版地は、出版地として記録したものと異なる言語および（または）文字種による出版地である。

#2.5.2.1.2 情報源

並列出版地は、次の優先順位で情報源を選定する。

a) 出版地と同一の情報源（参照：#2.5.1.1.2 を見よ。）
b) 資料自体の他の情報源（#2.0.2.2 の優先情報源の優先順と同様の順で選定する。）
c) 資料外の情報源（参照：#2.0.2.3 を見よ。）

#2.5.2.2 記録の方法

並列出版地は、#2.5.0.4 に従って記録する。

複数の並列出版地が情報源に表示されている場合は、採用した情報源での表示順序、配置、デザイン等に基づいて判断した順に記録する。

#2.5.3 出版者

出版者は、出版表示のサブエレメントである。

出版者は、コア・エレメントである。複数の出版者が情報源に表示されている場合は、最初に記録するもののみが、コア・エレメントである。

#2.5.3.1 記録の範囲・情報源

#2.5.3.1.1 記録の範囲

出版者は、刊行物の出版、発行、公開に責任を有する個人・家族・団体の名称である。その名称の代わりに個人・家族・団体を特徴付ける語句が表示されていることもある。

    The Author

録音資料のレーベル名（商標名）は、原則として出版者として扱わず、発売番号とともに体現形の識別子として扱うか、シリーズ表示として扱う。ただし、情報源に発行者等が表示されていない場合に、レーベル名が表示されているときは、レーベル名を出版者として扱う。
（参照：体現形の識別子については、#2.34 を見よ。シリーズ表示については、#2.10 を見よ。）

#2.5.3.1.2 情報源

出版者は、次の優先順位で情報源を選定する。

a) 本タイトルと同一の情報源（参照：#2.1.1.1.2 を見よ。）
b) 資料自体の他の情報源（#2.0.2.2 の優先情報源の優先順と同様の順で選定する。）
c) 資料外の情報源（参照：#2.0.2.3 を見よ。）

#2.5.3.2 記録の方法

出版者は、#2.5.0.4 に従って記録する。

#2.5　出版表示

（参照：出版者の関連については、#44.3.1を見よ。）

#2.5.3.2　記録の方法　任意省略1
出版者を識別するのに必要でない組織階層は省略する。省略を示す記号（...）は記録しない。

#2.5.3.2　記録の方法　任意省略2
法人組織を示す語等については省略する。省略を示す記号（...）は記録しない。

#2.5.3.2A　和古書・漢籍
和古書・漢籍の出版者については、資料自体に表示されている名称を記録する。個人名のみの場合はそれを記録し、屋号のあるものは屋号に続けて姓名の表示等を記録する。記録する出版日付に対応するものを出版者として記録し、対応しないものは注記として記録する。

（参照：#2.41.5.2.4を見よ。）

#2.5.3.2.1　役割を示す語句
単に出版を示すだけでない語句は、情報源に表示されているとおりに記録する。

　　　　Society for Japanese Arts in association with Hotei Publishing
　　　　Palgrave Macmillan on behalf of the British Film Institute
　　　　　（情報源の表示：First published in 2013 by Palgrave Macmillan on behalf of the British Film Institute）

#2.5.3.2.1　役割を示す語句　任意追加
出版者の役割が情報源の表示だけでは明確でない場合は、役割を示す語句を付加する。資料外の情報源から採用した場合は、その旨を注記および（または）その他の方法（コーディングや角がっこの使用など）で示す。

#2.5.3.2.2　複数の出版者
複数の出版者が情報源に表示されている場合は、採用した情報源での表示順序、配置、デザイン等に基づいて判断した順に記録する。

#2.5.3.2.2A　和古書・漢籍
和古書・漢籍については、出版地ごとに出版者を記録する。一つの出版地に複数の出版者が表示されている場合は、顕著なもの、最後のもの、その他のものの順で記録する。省略して記録する場合は「ほか」と付加し、記録しなかった出版者は必要に応じて注記する。

（参照：#2.41.5.2.4を見よ。）

#2.5.3.2.3　複数の言語・文字種による出版者
出版者が情報源に複数の言語または文字種で表示されている場合は、本タイトルと一致する言語または文字種で記録する。該当する表示がない場合は、情報源に最初に現れた言語または文字種でその出版者を記録する。

#2.5.3.2.3　複数の言語・文字種による出版者　別法1
＊出版者が情報源に複数の言語または文字種で表示されている場合は、内容と一致する言語

第2章 体現形

または文字種で記録する＊。該当する表示がない場合は、情報源に最初に現れた言語または文字種でその出版者を記録する。

#2.5.3.2.3　複数の言語・文字種による出版者　別法2

　＊出版者が情報源に複数の言語または文字種で表示されている場合に、日本語で表示されているものが含まれるときは、それを記録する＊。該当する表示がない場合は、情報源に最初に現れた言語または文字種でその出版者を記録する。

#2.5.3.2.4　特定できない出版者

　出版者が資料自体に表示されていない場合に、資料外の情報源からも特定できないときは、その旨が分かる方法（コーディングや角がっこの使用など）で、「出版者不明」または「publisher not identified」と記録する。

　　　　　　［出版者不明］

#2.5.3.2.5　架空のまたは誤った出版者

　資料自体に表示された出版者の名称が、架空であるか誤っていると判明している場合、または説明が必要な場合は、架空の名称または誤った名称を記録し、実際の名称等を注記として記録する。

（参照：#2.41.5.2.2を見よ。）

#2.5.3.2.5　架空のまたは誤った出版者　別法

　＊資料自体に表示された出版者の名称が、架空であるか誤っていると判明している場合は、実際の名称を記録し、その旨が分かる方法（コーディングや角がっこの使用など）で示す。架空の名称または誤った名称は、注記として記録する＊。

（参照：#2.41.5.2.2を見よ。）

#2.5.3.3　変化

　出版者の変化については、#2.5.0.6に従って記録する。

#2.5.4　並列出版者

　並列出版者は、出版表示のサブエレメントである。

#2.5.4.1　記録の範囲・情報源

#2.5.4.1.1　記録の範囲

　並列出版者は、出版者として記録したものと異なる言語および（または）文字種による出版者の名称である。

#2.5.4.1.2　情報源

　並列出版者は、次の優先順位で情報源を選定する。

　a)　出版者と同一の情報源（参照：#2.5.3.1.2を見よ。）
　b)　資料自体の他の情報源（#2.0.2.2の優先情報源の優先順と同様の順で選定する。）
　c)　資料外の情報源（参照：#2.0.2.3を見よ。）

#2.5　出版表示

#2.5.4.2　記録の方法
　並列出版者は、#2.5.0.4に従って記録する。
　複数の並列出版者が情報源に表示されている場合は、採用した情報源での表示順序、配置、デザイン等に基づいて判断した順に記録する。

#2.5.5　出版日付
　出版日付は、出版表示のサブエレメントである。
　出版日付は、コア・エレメントである。情報源に複数の種類の暦によって表示されている場合は、データ作成機関が優先する暦によるものが、コア・エレメントである。

#2.5.5.1　記録の範囲・情報源
#2.5.5.1.1　記録の範囲
　出版日付は、刊行物の出版、発行、公開と結びつく日付である。
#2.5.5.1.2　情報源
　出版日付は、次の優先順位で情報源を選定する。
　a)　本タイトルと同一の情報源（参照：#2.1.1.1.2を見よ。）
　b)　資料自体の他の情報源（#2.0.2.2の優先情報源の優先順と同様の順で選定する。）
　c)　資料外の情報源（参照：#2.0.2.3を見よ。）
　包括的記述を作成する複数巻単行資料、逐次刊行物、更新資料については、開始および（または）終了の出版日付を、最初および（または）最後に刊行された巻号、最初および（または）最後のイテレーション等から選択する。

#2.5.5.2　記録の方法
　出版日付は、情報源に表示されている日付の暦が西暦の場合は、アラビア数字で記録する。情報源に表示されている日付の暦が西暦でない場合は、その日付を西暦に置き換える。漢数字、ローマ数字、語句で表記される数字等は、アラビア数字に置き換えて記録する。語句で表された暦は、アラビア数字に置き換える。日付は、データ作成機関が定める形式で記録する。

　　　　2015.9.1
　　　　　（情報源の表示：平成27年9月1日）
　　　　1985.6.30
　　　　　（情報源の表示：昭和六十年六月三十日）
　　　　2000.5
　　　　　（情報源の表示：平成12.5）
　　　　2009.10.4
　　　　　（情報源の表示：2009 October 4）
　　　　1981.6
　　　　　（情報源の表示：June 1981）
　　　　1832

第 2 章　体現形

　　　　　（情報源の表示：MDCCCXXXII）

#2.5.5.2　記録の方法　任意省略
データ作成機関が定めた詳細度で日付を記録する。

　　　　2008.5
　　　　（情報源の表示：2008 年 5 月 3 日）
　　　　2000
　　　　（情報源の表示：平成 12.5）
　　　　2009
　　　　（情報源の表示：2009 年 5 月）

#2.5.5.2　記録の方法　別法
　* 出版日付は、#2.5.0.4 に従って、情報源に表示されている日付を記録する *。漢数字、ローマ数字、語句で表記される数字等は、アラビア数字に置き換えて記録する。

　　　　平成 27 年 9 月 1 日
　　　　（情報源の表示：平成 27 年 9 月 1 日）
　　　　昭和 60 年 6 月 30 日
　　　　（情報源の表示：昭和六十年六月三十日）
　　　　平成元年 3 月 3 日
　　　　（情報源の表示：平成元年三月三日）
　　　　平成 12.5
　　　　（情報源の表示：平成 12.5）
　　　　2009 October 4
　　　　（情報源の表示：2009 October 4）
　　　　June 1981
　　　　（情報源の表示：June 1981）
　　　　1832
　　　　（情報源の表示：MDCCCXXXII）

　* 情報源に複数の種類の暦によって表示されている場合は、採用した情報源での表示順序、配置、デザイン等に基づいて判断した順に記録する *。

　　　　平成 12 年
　　　　2000 年
　　　　（情報源に和暦と西暦の双方で出版年が表示されている場合）

#2.5.5.2　記録の方法　別法　任意省略
データ作成機関が定めた詳細度で日付を記録する。

　　　　2008 年 5 月
　　　　（情報源の表示：2008 年 5 月 3 日）
　　　　平成 12
　　　　（情報源の表示：平成 12.5）
　　　　2009 年

#2.5　出版表示

　　　（情報源の表示：2009 年 5 月）

#2.5.5.2　記録の方法　別法　任意追加

　情報源に表示されている日付の暦が西暦でない場合は、その日付に対応する西暦の日付を付加し、その旨が分かる方法（コーディングや角がっこの使用など）で示す。

　　　平成 3 年［1991］
　　　民國 104 年 1 月［2015］

#2.5.5.2 A　和古書・漢籍

　和古書・漢籍については、資料自体に表示されている日付が、その出版日付として適切な場合は、表示されているとおりに記録する。西暦によって表示されていない場合は、西暦に置き換えた日付を付加する。

　和古書・漢籍の刊行年については、「刊」という用語を付加する。

　　　天保 2 年［1831］刊
　　　光緒 8 年［1882］［刊］
　　　（情報源に「刊」の表示がない場合）

　刊行年とは別に印行年が判明した場合は、「印」という用語を付加し丸がっこに入れて、刊行年に続けて記録する。印行年のみが判明した場合は、「印」という用語を付加する。

　　　寛政 4 年［1792］［刊］（文化 5 年［1808］［印］）
　　　嘉永 5 年［1852］［印］

　刊行年、印行年の判別ができない場合は、年のみを記録する。

　　　承応 3 年［1654］
　　　（刊行年か印行年か不明）

　干支による表記は、相当する元号と年数によるその国の紀年に読み替えて記録する。干支による表記は、必要に応じて注記する。読み替えできない場合は、推定の出版日付として扱う。（参照：#2.41.5.2.4 を見よ。）

　　　寛政 4 年［1792］
　　　（情報源の表示：寛政壬子）

　推定の出版日付を記録する場合は、元号と年数によるその国の紀年と西暦年をともに記録する。西暦年を付加する場合は、丸がっこに入れて記録する。

　　　［元禄 5 年（1692）］

　出版日付および序文、跋文等に表示された日付がないか、または表示されている情報が記録するのに適切でない場合は、おおよその出版年代を推定して記録する。

　　　［江戸後期］
　　　［安政年間］

#2.5.5.2 B　複数巻単行資料、逐次刊行物、更新資料

　包括的記述を作成する複数巻単行資料、逐次刊行物、更新資料の初巻、初号、最初のイテレー

第 2 章　体現形

ションが入手可能な場合は、それらの出版日付を記録し、ハイフンを付加する。
　　　　2000-

　刊行が休止または完結している場合に、終巻、終号、最後のイテレーションが入手可能なときは、ハイフンに続けてそれらの出版日付を記録する。
　　　　1959-1961
　　　　-1999
　　　　（最初のイテレーションが入手不可）

　更新資料については、識別に重要な場合は、更新日付を付加する。
　　　　1968-1973［1974 更新］
　　　　1990-1995［updated 1999］
　　　　　（入手可能な最初と最後のイテレーションを記録した後に、さらに資料の更新があり、その
　　　　　日付が判明）

　全巻、全号、すべてのイテレーションが同一年に出版されている場合は、その年を記録する。
　　　　1980

　初巻、初号、最初のイテレーションおよび（または）終巻、終号、最後のイテレーションが入手できない場合は、推定の出版日付を＃1.10.10.5 に従って記録する。
　　　　［2010］-
　　　　（入手できた最も古い号の出版日付から推定）
　　　　1985-［1999］
　　　　（終号は入手不可だが、終号の出版日付の情報が判明）
　　　　［1992-2001］
　　　　（初号も終号も入手不可だが、初号と終号の出版日付の情報がそれぞれ判明）

　出版日付が推定できない場合は、記録しない。

2.5.5.2.1　単巻資料の特定できない出版日付

　単巻資料の出版日付を特定できない場合は、推定の出版日付を、＃1.10.10.5 に従って記録する。
　　　　［1975］
　　　　［1975？］
　　　　［1970 頃］
　　　　［1970 年代］
　　　　［2000 から 2009 の間］

　出版日付を推定できない場合は、その旨が分かる方法（コーディングや角がっこの使用など）で、「出版日付不明」または「date of publication not identified」と記録する。
　　　　［出版日付不明］

2.5.5.2.2　架空のまたは誤った出版日付

　資料自体に表示された日付が、架空であるか誤っていると判明している場合は、架空の日付

または誤った日付を記録し、実際の日付を注記として記録する。
(参照：#2.41.5.2.2を見よ。)

#2.5.5.2.2　架空のまたは誤った出版日付　別法

　資料自体に表示された日付が、架空であるか誤っていると判明している場合は、実際の日付を記録し、その旨が分かる方法（コーディングや角がっこの使用など）で示す。架空の日付または誤った日付は、注記として記録する。
(参照：#2.41.5.2.2を見よ。)

#2.6　頒布表示

　頒布表示は、エレメントである。

#2.6.0　通則

#2.6.0.1　記録の範囲

　刊行物の頒布、発売に関して、場所、責任を有する個人・家族・団体、日付を識別する表示を、頒布表示として記録する。オンライン資料はすべて刊行物とみなし、頒布表示を記録する。初期印刷資料（和古書・漢籍を除く）の発売に関する表示については、#2.5～#2.5.5.2.2別法に従って記録する。

#2.6.0.2　サブエレメント

　頒布表示には、次のサブエレメントがある。

　a)　頒布地（参照：#2.6.1を見よ。）
　b)　並列頒布地（参照：#2.6.2を見よ。）
　c)　頒布者（参照：#2.6.3を見よ。）
　d)　並列頒布者（参照：#2.6.4を見よ。）
　e)　頒布日付（参照：#2.6.5を見よ。）

#2.6.0.3　情報源

　頒布表示の情報源は、サブエレメントごとに定める。

#2.6.0.4　記録の方法

　頒布表示は、情報源に表示されているものを、#1.10～#1.10.11別法に従って記録する。資料外の情報源から採用した場合は、その旨を注記および（または）その他の方法（コーディングや角がっこの使用など）で示す。
(参照：#2.41.6.2.1を見よ。)

#2.6.0.5　複製

　複製については、原資料の頒布表示ではなく、複製自体の表示を頒布表示として記録する。原資料の頒布表示は、関連する体現形の頒布表示として記録する。
(参照：#43.3を見よ。)

#2.6.0.6　変化

第 2 章　体現形

#2.6.0.6.1　複数巻単行資料、逐次刊行物

　　複数巻単行資料、逐次刊行物の途中の巻号で、頒布地が変化して、その変化が識別またはアクセスに重要な場合は、それを注記として記録する。頒布地の変化が名称上のものであっても、識別に重要な場合は、それを注記として記録する。
（参照：#2.41.6.2.4.1 を見よ。）

　　複数巻単行資料、逐次刊行物の途中の巻号で、頒布者の名称が変化したか、または頒布者が他の頒布者に替わった場合に、それらの変化が識別またはアクセスに重要なときは、それを注記として記録する。頒布者の変化が表示上のみのものであっても、識別に重要な場合は、それを注記として記録する。
（参照：#2.41.6.2.4.1 を見よ。）

#2.6.0.6.1　複数巻単行資料、逐次刊行物　任意省略

　　頒布地の変化や、頒布者の名称の変化が頻繁に生じている場合は、変化のある旨を簡略に注記として記録する。
（参照：#2.41.6.2.4.1 任意省略を見よ。）

#2.6.0.6.2　更新資料

　　更新資料の頒布地は、最新のイテレーションにあわせて記録し、変化が生じた場合は、記録を更新する。識別またはアクセスに重要なときは、変化前の頒布地を注記として記録する。
（参照：#2.41.6.2.4.2 を見よ。）

　　更新資料の頒布者は、最新のイテレーションにあわせて記録し、変化が生じた場合は、記録を更新する。識別またはアクセスに重要なときは、変化前の頒布者の名称を注記として記録する。
（参照：#2.41.6.2.4.2 を見よ。）

#2.6.0.6.2　更新資料　任意省略

　　頒布地の変化や、頒布者の名称の変化が頻繁に生じている場合は、変化のある旨を簡略に注記として記録する。
（参照：#2.41.6.2.4.2 任意省略を見よ。）

#2.6.1　頒布地

　　頒布地は、頒布表示のサブエレメントである。

#2.6.1.1　記録の範囲・情報源

#2.6.1.1.1　記録の範囲

　　頒布地は、刊行物の頒布、発売と結びつく場所（市町村名等）である。

#2.6.1.1.2　情報源

　　頒布地は、次の優先順位で情報源を選定する。
　　a）　頒布者と同一の情報源（参照：#2.6.3.1.2 を見よ。）

b)　資料自体の他の情報源（#2.0.2.2の優先情報源の優先順と同様の順で選定する。）
　　c)　資料外の情報源（参照：#2.0.2.3を見よ。）

#2.6.1.2　記録の方法

頒布地は、#2.6.0.4に従って記録する。

市町村名等とともに、上位の地方自治体名等および（または）国名が情報源に表示されている場合は、それを付加する。

ただし、東京都特別区は、「東京」またはそれに相当する語のみ記録する。

　　　　北海道
　　　　　（情報源の表示：北海道）
　　　　横浜市
　　　　　（情報源の表示：横浜市）
　　　　Osaka
　　　　　（情報源の表示：Osaka City）
　　　　東京
　　　　　（情報源の表示：東京都文京区）
　　　　武蔵野市（東京都）
　　　　　（情報源の表示：東京都武蔵野市）
　　　　田原本町（奈良県磯城郡）
　　　　　（情報源の表示：奈良県磯城郡田原本町）
　　　　Hayama, Kanagawa
　　　　　（情報源の表示：Hayama, Kanagawa）
　　　　西宁市（青海省）
　　　　　（情報源の表示：青海省西宁市）
　　　　파주시（경기도）
　　　　　（情報源の表示：경기도파주시）
　　　　Bangkok
　　　　Canberra, A.C.T.
　　　　La Habana
　　　　Edinburgh, Scotland
　　　　Mandaluyong City, Metro Manila, Philippines
　　　　Northampton, MA, USA

前置詞があり、それを省略すると理解が困難となる場合は、あわせて記録する。

　　　　V Praze

#2.6.1.2　記録の方法　任意省略1

市名は、「市」またはそれに相当する語を記録しない。

「日本」という国名は、原則として記録しない。

　　　　Osaka
　　　　　（情報源の表示：Osaka City）

第 2 章　体現形

　　　　武蔵野（東京都）
　　　　（情報源の表示：東京都武蔵野市）

#2.6.1.2　記録の方法　任意省略2

　頒布地の識別に必要でない場合は、上位の地方自治体名等および（または）国名が市町村名等とともに情報源に表示されている場合でも、市町村名等のみを記録する。

　　　　武蔵野
　　　　（情報源の表示：東京都武蔵野市。任意省略1も適用した例）

#2.6.1.2　記録の方法　任意追加1

　識別またはアクセスに重要な場合は、住所をすべて頒布地として記録する。

　　　　東京市本郷區曙町三番地
　　　　255 Sussex Drive, Ottawa, Ontario

#2.6.1.2　記録の方法　任意追加2

　資料自体に表示がない場合に、識別またはアクセスに重要なときは、上位の地方自治体名等および（または）国名を市町村名等に付加する。資料外の情報源から採用した場合は、その旨を注記および（または）その他の方法（コーディングや角がっこの使用など）で示す。

　　　　美郷町［秋田県］
　　　　美郷町［島根県］
　　　　Cambridge［Massachusetts］
　　　　Cambridge［United Kingdom］

#2.6.1.2　記録の方法　別法

　頒布地は、#2.6.0.4に従って記録する。

　＊市町村名等とともに、上位の地方自治体名等および（または）国名が情報源に表示されている場合は、それをあわせて、表示されているとおりに記録する＊。

　　　　北海道
　　　　（情報源の表示：北海道）
　　　　横浜市
　　　　（情報源の表示：横浜市）
　　　　Osaka City
　　　　（情報源の表示：Osaka City）
　　　　東京都文京区
　　　　（情報源の表示：東京都文京区）
　　　　東京都武蔵野市
　　　　（情報源の表示：東京都武蔵野市）
　　　　奈良県磯城郡田原本町
　　　　（情報源の表示：奈良県磯城郡田原本町）
　　　　Hayama, Kanagawa
　　　　（情報源の表示：Hayama, Kanagawa）

#2.6 頒布表示

青海省西宁市
　　（情報源の表示：青海省西宁市）
경기도파주시
　　（情報源の表示：경기도파주시）
Bangkok
Canberra, A.C.T.
La Habana
Edinburgh, Scotland
Mandaluyong City, Metro Manila, Philippines
Northampton, MA, USA

前置詞があり、それを省略すると理解が困難となる場合は、あわせて記録する。
　　V Praze

#2.6.1.2　記録の方法　別法　任意追加1

識別またはアクセスに重要な場合は、住所をすべて頒布地として記録する。
　　東京市本郷區曙町三番地
　　255 Sussex Drive, Ottawa, Ontario

#2.6.1.2　記録の方法　別法　任意追加2

資料自体に表示がない場合に、識別またはアクセスに重要なときは、上位の地方自治体名等および（または）国名を市町村名等に付加する。資料外の情報源から採用した場合は、その旨を注記および（または）その他の方法（コーディングや角がっこの使用など）で示す。
　　［秋田県］美郷町
　　［島根県］美郷町
　　Cambridge［Massachusetts］
　　Cambridge［United Kingdom］

#2.6.1.2.1　複数の頒布地

複数の頒布地が情報源に表示されている場合は、採用した情報源での表示順序、配置、デザイン等に基づいて判断した順に記録する。

複数の頒布者が存在して、それらが複数の頒布地と結びついている場合は、それぞれの頒布者と結びついた頒布地を記録する。
（参照：#2.6.3.2.2を見よ。）

#2.6.1.2.1　複数の頒布地　別法

複数の頒布地が情報源に表示されている場合は、採用した情報源での表示順序、配置、デザイン等に基づいて判断した順に記録する。＊日本の頒布地が含まれる場合は、これを優先して記録する＊。

複数の頒布者が存在して、それらが複数の頒布地と結びついている場合は、それぞれの頒布者と結びついた頒布地を記録する。

第 2 章　体現形

（参照：＃2.6.3.2.2 を見よ。）

＃2.6.1.2.2　複数の言語・文字種による頒布地

　頒布地が情報源に複数の言語または文字種で表示されている場合は、本タイトルと一致する言語または文字種で記録する。該当する表示がない場合は、情報源に最初に現れた言語または文字種でその頒布地を記録する。

＃2.6.1.2.2　複数の言語・文字種による頒布地　別法1

　＊頒布地が情報源に複数の言語または文字種で表示されている場合は、内容の言語と一致する言語または文字種で記録する＊。該当する表示がない場合は、情報源に最初に現れた言語または文字種でその頒布地を記録する。

＃2.6.1.2.2　複数の言語・文字種による頒布地　別法2

　＊頒布地が情報源に複数の言語または文字種で表示されている場合に、日本語で表示されているものが含まれるときは、それを記録する＊。該当する表示がない場合は、情報源に最初に現れた言語または文字種でその頒布地を記録する。

＃2.6.1.2.3　資料自体に表示されていない頒布地

　頒布地が資料自体に表示されていない場合は、判明の程度に応じて次のように記録する。資料外の情報源から採用した場合は、その旨を注記および（または）その他の方法（コーディングや角がっこの使用など）で示す。

　a）　市町村名等が判明しているとき

　　　判明している市町村名等を記録する。識別に必要な場合は、上位の地方自治体名等および（または）国名をあわせて記録する。

　　　　　［名古屋市］
　　　　　［名古屋］
　　　　　［宮崎県美郷町］
　　　　　［美郷町（宮崎県）］
　　　　　［London］

　b）　市町村名等を推定したとき

　　　頒布地が確定できない場合は、推定の市町村名等を記録する。識別に必要な場合は、上位の地方自治体名等および（または）国名をあわせて記録する。

　　　市町村名等のみを記録するときは、疑問符を付加する。

　　　　　［八王子市?］
　　　　　［八王子?］
　　　　　［Paris?］

　　　上位の地方自治体名等および（または）国名をあわせて記録する場合に、頒布地がその範囲にあることは確かだが、市町村名等は確定できないときは、疑問符を市町村名等に付加する。

#2.6 頒布表示

　　　　［京都府精華町?］
　　　　［精華町?（京都府）］
　　　　［München?, Bayern］
　上位の地方自治体名等および（または）国名をあわせて記録する場合に、頒布地がその範囲にあることを確定できないときは、疑問符は上位の地方自治体名等および（または）国名に付加する。ただし、双方を区切らずに記録する場合は、その末尾に疑問符を付加する。丸がっこに入れて記録する場合は、丸がっこの外に疑問符を付加する。
　　　　［宮崎県美郷町?］
　　　　［美郷町（宮崎県）?］
　　　　［Dublin, Ireland?］

　c)　上位の地方自治体名等および（または）国名が判明しているとき
　　頒布地として市町村名等が推定できない場合は、判明した上位の地方自治体名等および（または）国名のみを記録する。
　　　　［大阪府］
　　　　［Australia］

　d)　上位の地方自治体名等および（または）国名を推定したとき
　　上位の地方自治体名等および（または）国名が特定できない場合は、推定の地名を記録し、疑問符を付加する。
　　　　［沖縄県?］
　　　　［Finland?］

　e)　頒布地が不明なとき
　　頒布地が推定できない場合は、「頒布地不明」または「Place of distribution not identified」と記録する。
　　　　［頒布地不明］

#2.6.1.2.4　架空のまたは誤った頒布地
　資料自体に表示された頒布地が、架空であるか誤っていると判明している場合、または説明が必要な場合は、架空の地名または誤った地名を記録し、実際の地名等を注記として記録する。
（参照：#2.41.6.2.2を見よ。）

#2.6.1.2.4　架空のまたは誤った頒布地　別法
　資料自体に表示された頒布地が、架空であるか誤っていると判明している場合は、実際の地名を記録し、その旨が分かる方法（コーディングや角がっこの使用など）で示す。架空の地名または誤った地名は、注記として記録する。
（参照：#2.41.6.2.2を見よ。）

#2.6.1.3　変化
　頒布地の変化については、#2.6.0.6に従って記録する。

第 2 章　体現形

#2.6.2　並列頒布地
並列頒布地は、頒布表示のサブエレメントである。

#2.6.2.1　記録の範囲・情報源
#2.6.2.1.1　記録の範囲
並列頒布地は、頒布地として記録したものと異なる言語および（または）文字種による頒布地である。

#2.6.2.1.2　情報源
並列頒布地は、次の優先順位で情報源を選定する。
　a)　頒布地と同一の情報源（参照：#2.6.1.1.2を見よ。）
　b)　資料自体の他の情報源（#2.0.2.2の優先情報源の優先順と同様の順で選定する。）
　c)　資料外の情報源（参照：#2.0.2.3を見よ。）

#2.6.2.2　記録の方法
並列頒布地は、#2.6.0.4に従って記録する。
　複数の並列頒布地が情報源に表示されている場合は、採用した情報源での表示順序、配置、デザイン等に基づいて判断した順に記録する。

#2.6.3　頒布者
頒布者は、頒布表示のサブエレメントである。

#2.6.3.1　記録の範囲・情報源
#2.6.3.1.1　記録の範囲
　頒布者は、刊行物の頒布、発売に責任を有する個人・家族・団体の名称である。その名称の代わりに個人・家族・団体を特徴付ける語句が表示されていることもある。

　　　　　　Bookseller in ordinary to His Majesty

民国以降、中国刊行の図書に併記されている出版者と発行者については、発行者を頒布者として取り扱う。

#2.6.3.1.2　情報源
頒布者は、次の優先順位で情報源を選定する。
　a)　本タイトルと同一の情報源（参照：#2.1.1.1.2を見よ。）
　b)　資料自体の他の情報源（#2.0.2.2の優先情報源の優先順と同様の順で選定する。）
　c)　資料外の情報源（参照：#2.0.2.3を見よ。）

#2.6.3.2　記録の方法
頒布者は、#2.6.0.4に従って記録する。
（参照：頒布者の関連については、#44.3.2を見よ。）

#2.6.3.2　記録の方法　任意省略1
　頒布者を識別するのに必要でない組織階層は省略する。省略を示す記号（...）は記録しない。

#2.6.3.2　記録の方法　任意省略2

　法人組織を示す語等については省略する。省略を示す記号（...）は記録しない。

#2.6.3.2.1　役割を示す語句

　頒布者の役割を示す語句は、情報源に表示されているとおりに記録する。

　　　　　For sale by the Superintendent of Documents, U.S. Government Publishing Office
　　　　　Marketed and distributed by Times Group Books

#2.6.3.2.1　役割を示す語句　任意追加

　頒布者の役割が情報源の表示だけでは明確でない場合は、役割を示す語句を付加する。資料外の情報源から採用した場合は、その旨を注記および（または）その他の方法（コーディングや角がっこの使用など）で示す。

#2.6.3.2.2　複数の頒布者

　複数の頒布者が情報源に表示されている場合は、採用した情報源での表示順序、配置、デザイン等に基づいて判断した順に記録する。

#2.6.3.2.3　複数の言語・文字種による頒布者

　頒布者が情報源に複数の言語または文字種で表示されている場合は、本タイトルと一致する言語または文字種で記録する。該当する表示がない場合は、情報源に最初に現れた言語または文字種でその頒布者を記録する。

#2.6.3.2.3　複数の言語・文字種による頒布者　別法1

　* 頒布者が情報源に複数の言語または文字種で表示されている場合は、内容と一致する言語または文字種で記録する *。該当する表示がない場合は、情報源に最初に現れた言語または文字種でその頒布者を記録する。

#2.6.3.2.3　複数の言語・文字種による頒布者　別法2

　* 頒布者が情報源に複数の言語または文字種で表示されている場合に、日本語で表示されているものが含まれるときは、それを記録する *。該当する表示がない場合は、情報源に最初に現れた言語または文字種でその頒布者を記録する。

#2.6.3.2.4　特定できない頒布者

　頒布者が資料自体に表示されていない場合に、資料外の情報源からも特定できないときは、その旨が分かる方法（コーディングや角がっこの使用など）で、「頒布者不明」または「distributor not identified」と記録する。

　　　　　［頒布者不明］

#2.6.3.2.5　架空のまたは誤った頒布者

　資料自体に表示された頒布者の名称が、架空であるか誤っていると判明している場合、または説明が必要な場合は、架空の名称または誤った名称を記録し、実際の名称等を注記として記録する。

第 2 章 体現形

(参照: ＃2.41.6.2.2を見よ。)

#2.6.3.2.5 架空のまたは誤った頒布者　別法

＊資料自体に表示された頒布者の名称が、架空であるか誤っていると判明している場合は、実際の名称を記録し、その旨が分かる方法（コーディングや角がっこの使用など）で示す。架空の名称または誤った名称は、注記として記録する＊。

(参照: ＃2.41.6.2.2を見よ。)

#2.6.3.3 変化

頒布者の変化については、＃2.6.0.6に従って記録する。

#2.6.4 並列頒布者

並列頒布者は、頒布表示のサブエレメントである。

#2.6.4.1 記録の範囲・情報源

#2.6.4.1.1 記録の範囲

並列頒布者は、頒布者として記録したものと異なる言語および（または）文字種による頒布者の名称である。

#2.6.4.1.2 情報源

並列頒布者は、次の優先順位で情報源を選定する。

a) 頒布者と同一の情報源（参照: ＃2.6.3.1.2を見よ。）
b) 資料自体の他の情報源（＃2.0.2.2の優先情報源の優先順と同様の順で選定する。）
c) 資料外の情報源（参照: ＃2.0.2.3を見よ。）

#2.6.4.2 記録の方法

並列頒布者は、＃2.6.0.4に従って記録する。

複数の並列頒布者が情報源に表示されている場合は、採用した情報源での表示順序、配置、デザイン等に基づいて判断した順に記録する。

#2.6.5 頒布日付

頒布日付は、頒布表示のサブエレメントである。

#2.6.5.1 記録の範囲・情報源

#2.6.5.1.1 記録の範囲

頒布日付は、刊行物の頒布、発売と結びつく日付である。

#2.6.5.1.2 情報源

頒布日付は、次の優先順位で情報源を選定する。

a) 本タイトルと同一の情報源（参照: ＃2.1.1.1.2を見よ。）
b) 資料自体の他の情報源（＃2.0.2.2の優先情報源の優先順と同様の順で選定する。）
c) 資料外の情報源（参照: ＃2.0.2.3を見よ。）

包括的記述を作成する複数巻単行資料、逐次刊行物、更新資料については、開始および（ま

たは）終了の頒布日付を、最初および（または）最後に刊行された巻号、最初および（または）最後のイテレーション等から選択する。

#2.6.5.2　記録の方法

頒布日付が出版日付と異なる場合に、識別に重要なときは、頒布日付を記録する。情報源に表示されている日付の暦が西暦の場合は、アラビア数字で記録する。情報源に表示されている日付の暦が西暦でない場合は、その日付を西暦に置き換える。漢数字、ローマ数字、語句で表記される数字等は、アラビア数字に置き換えて記録する。語句で表された暦は、アラビア数字に置き換える。日付は、データ作成機関が定める形式で記録する。

　　　2015.9.1
　　　　（情報源の表示：平成27年9月1日）
　　　1985.6.30
　　　　（情報源の表示：昭和六十年六月三十日）
　　　2000.5
　　　　（情報源の表示：平成12.5）
　　　2009.10.4
　　　　（情報源の表示：2009 October 4）
　　　1981.6
　　　　（情報源の表示：June 1981）
　　　1832
　　　　（情報源の表示：MDCCCXXXII）

#2.6.5.2　記録の方法　任意省略

データ作成機関が定めた詳細度で日付を記録する。

　　　2008.5
　　　　（情報源の表示：2008年5月3日）
　　　2000
　　　　（情報源の表示：平成12.5）
　　　2009
　　　　（情報源の表示：2009年5月）

#2.6.5.2　記録の方法　別法

＊頒布日付が出版日付と異なる場合に、識別に重要なときは、#2.6.0.4に従って、情報源に表示されている頒布日付を記録する＊。漢数字、ローマ数字、語句で表記される数字等は、アラビア数字に置き換えて記録する。

　　　平成27年9月1日
　　　　（情報源の表示：平成27年9月1日）
　　　昭和60年6月30日
　　　　（情報源の表示：昭和六十年六月三十日）
　　　平成元年3月3日

第 2 章　体現形

　　　　（情報源の表示：平成元年三月三日）
　　　平成 12.5
　　　　（情報源の表示：平成 12.5）
　　　2009 October 4
　　　　（情報源の表示：2009 October 4）
　　　June 1981
　　　　（情報源の表示：June 1981）
　　　1832
　　　　（情報源の表示：MDCCCXXXII）

＊情報源に複数の種類の暦によって表示されている場合は、採用した情報源での表示順序、配置、デザイン等に基づいて判断した順に記録する＊。

　　　平成 12 年
　　　2000 年
　　　　（情報源に和暦と西暦の双方で頒布年が表示されている場合）

#2.6.5.2　記録の方法　別法　任意省略
データ作成機関が定めた詳細度で日付を記録する。

　　　2008 年 5 月
　　　　（情報源の表示：2008 年 5 月 3 日）
　　　平成 12
　　　　（情報源の表示：平成 12.5）
　　　2009 年
　　　　（情報源の表示：2009 年 5 月）

#2.6.5.2　記録の方法　別法　任意追加
情報源に表示されている日付の暦が西暦でない場合は、その日付に対応する西暦の日付を付加し、その旨が分かる方法（コーディングや角がっこの使用など）で示す。

　　　平成 3 年 [1991]
　　　民國 104 年 1 月 [2015]

#2.6.5.2A　複数巻単行資料、逐次刊行物、更新資料
包括的記述を作成する複数巻単行資料、逐次刊行物、更新資料の初巻、初号、最初のイテレーションが入手可能な場合は、それらの頒布日付を記録し、ハイフンを付加する。

　　　2000-

頒布が休止または完結している場合に、終巻、終号、最後のイテレーションが入手可能なときは、ハイフンに続けてそれらの頒布日付を記録する。

　　　1959-1961
　　　-1999
　　　　（最初のイテレーションが入手不可）

\#2.6 頒布表示

更新資料については、識別に重要な場合は、更新日付を付加する。
  1968-1973［1974 更新］
  1990-1995［updated 1999］
  （入手可能な最初と最後のイテレーションを記録した後に、さらに資料の更新があり、その日付が判明）

全巻、全号、すべてのイテレーションが同一年に頒布されている場合は、その年を記録する。
  1980

初巻、初号、最初のイテレーションおよび（または）終巻、終号、最後のイテレーションが入手できない場合は、推定の頒布日付を＃1.10.10.5に従って記録する。
  ［2010］-
  （入手できた最も古い号の頒布日付から推定）
  1985-［1999］
  （終号は入手不可だが、終号の頒布日付の情報が判明）
  ［1992-2001］
  （初号も終号も入手不可だが、初号と終号の頒布日付の情報がそれぞれ判明）

頒布日付が推定できない場合は、記録しない。

\#2.6.5.2.1 単巻資料の特定できない頒布日付

単巻資料の頒布日付を特定できない場合は、推定の頒布日付を、＃1.10.10.5に従って記録する。
  ［1975］
  ［1975?］
  ［1970 頃］
  ［1970 年代］
  ［2000 から 2009 の間］

頒布日付を推定できない場合は、その旨が分かる方法（コーディングや角がっこの使用など）で、「頒布日付不明」または「date of distribution not identified」と記録する。
  ［頒布日付不明］

\#2.6.5.2.2 架空のまたは誤った頒布日付

資料自体に表示された日付が、架空であるか誤っていると判明している場合は、架空の日付または誤った日付を記録し、実際の日付を注記として記録する。
（参照：＃2.41.6.2.2を見よ。）

\#2.6.5.2.2 架空のまたは誤った頒布日付　別法

＊資料自体に表示された日付が、架空であるか誤っていると判明している場合は、実際の日付を記録し、その旨が分かる方法（コーディングや角がっこの使用など）で示す。架空の日付または誤った日付は、注記として記録する＊。
（参照：＃2.41.6.2.2を見よ。）

第 2 章　体現形

#2.7　製作表示
製作表示は、エレメントである。

#2.7.0　通則
#2.7.0.1　記録の範囲
　刊行物の印刷、複写、成型等に関して、場所、責任を有する個人・家族・団体、日付を識別する表示を、製作表示として記録する。初期印刷資料（和古書・漢籍を除く）の印刷に関する表示については、#2.5～#2.5.5.2.2別法に従って記録する。

#2.7.0.2　サブエレメント
　製作表示には、次のサブエレメントがある。
　　a)　製作地（参照：#2.7.1を見よ。）
　　b)　並列製作地（参照：#2.7.2を見よ。）
　　c)　製作者（参照：#2.7.3を見よ。）
　　d)　並列製作者（参照：#2.7.4を見よ。）
　　e)　製作日付（参照：#2.7.5を見よ。）

#2.7.0.3　情報源
　製作表示の情報源は、サブエレメントごとに定める。

#2.7.0.4　記録の方法
　製作表示は、情報源に表示されているものを、#1.10～#1.10.11別法に従って記録する。資料外の情報源から採用した場合は、その旨を注記および（または）その他の方法（コーディングや角がっこの使用など）で示す。
（参照：#2.41.7.2.1を見よ。）

#2.7.0.5　複製
　複製については、原資料の製作表示ではなく、複製自体の表示を製作表示として記録する。原資料の製作表示は、関連する体現形の製作表示として記録する。
（参照：#43.3を見よ。）

#2.7.0.6　変化
#2.7.0.6.1　複数巻単行資料、逐次刊行物
　複数巻単行資料、逐次刊行物の途中の巻号で、製作地が変化して、その変化が識別またはアクセスに重要な場合は、それを注記として記録する。製作地の変化が名称上のものであっても、識別に重要な場合は、それを注記として記録する。
（参照：#2.41.7.2.4.1を見よ。）
　複数巻単行資料、逐次刊行物の途中の巻号で、製作者の名称が変化したか、または製作者が他の製作者に替わった場合に、それらの変化が識別またはアクセスに重要なときは、それを注記として記録する。製作者の変化が表示上のみのものであっても、識別に重要な場合は、それ

#2.7 製作表示

を注記として記録する。
（参照：#2.41.7.2.4.1を見よ。）

#2.7.0.6.1　複数巻単行資料、逐次刊行物　任意省略
　製作地の変化や、製作者の名称の変化が頻繁に生じている場合は、変化のある旨を簡略に注記として記録する。
（参照：#2.41.7.2.4.1任意省略を見よ。）

#2.7.0.6.2　更新資料
　更新資料の製作地は、最新のイテレーションにあわせて記録し、変化が生じた場合は、記録を更新する。識別またはアクセスに重要なときは、変化前の製作地を注記として記録する。
（参照：#2.41.7.2.4.2を見よ。）

　更新資料の製作者は、最新のイテレーションにあわせて記録し、変化が生じた場合は、記録を更新する。識別またはアクセスに重要なときは、変化前の製作者の名称を注記として記録する。
（参照：#2.41.7.2.4.2を見よ。）

#2.7.0.6.2　更新資料　任意省略
　製作地の変化や、製作者の名称の変化が頻繁に生じている場合は、変化のある旨を簡略に注記として記録する。
（参照：#2.41.7.2.4.2任意省略を見よ。）

#2.7.1　製作地
　製作地は、製作表示のサブエレメントである。

#2.7.1.1　記録の範囲・情報源

#2.7.1.1.1　記録の範囲
　製作地は、刊行物の印刷、複写、成型等と結びつく場所（市町村名等）である。

#2.7.1.1.2　情報源
　製作地は、次の優先順位で情報源を選定する。
　a）　製作者と同一の情報源（参照：#2.7.3.1.2を見よ。）
　b）　資料自体の他の情報源（#2.0.2.2の優先情報源の優先順と同様の順で選定する。）
　c）　資料外の情報源（参照：#2.0.2.3を見よ。）

#2.7.1.2　記録の方法
　製作地は、#2.7.0.4に従って記録する。
　市町村名等とともに、上位の地方自治体名等および（または）国名が情報源に表示されている場合は、それを付加する。
　ただし、東京都特別区は、「東京」またはそれに相当する語のみ記録する。

　　　　北海道

第 2 章　体現形

　　　　　（情報源の表示：北海道）
　　　横浜市
　　　　　（情報源の表示：横浜市）
　　　Osaka City
　　　　　（情報源の表示：Osaka City）
　　　東京
　　　　　（情報源の表示：東京都文京区）
　　　武蔵野市（東京都）
　　　　　（情報源の表示：東京都武蔵野市）
　　　田原本町（奈良県磯城郡）
　　　　　（情報源の表示：奈良県磯城郡田原本町）
　　　Hayama, Kanagawa
　　　　　（情報源の表示：Hayama, Kanagawa）
　　　西宁市（青海省）
　　　　　（情報源の表示：青海省西宁市）
　　　파주시（경기도）
　　　　　（情報源の表示：경기도파주시）
　　　Bangkok
　　　Canberra, A.C.T.
　　　La Habana
　　　Edinburgh, Scotland
　　　Mandaluyong City, Metro Manila, Philippines
　　　Northampton, MA, USA
　前置詞があり、それを省略すると理解が困難となる場合は、あわせて記録する。
　　　V Praze

2.7.1.2　記録の方法　任意省略 1
市名は、「市」またはそれに相当する語を記録しない。
「日本」という国名は、原則として記録しない。
　　　Osaka
　　　　　（情報源の表示：Osaka City）
　　　武蔵野（東京都）
　　　　　（情報源の表示：東京都武蔵野市）

2.7.1.2　記録の方法　任意省略 2
　製作地の識別に必要でない場合は、上位の地方自治体名等および（または）国名が市町村名等とともに情報源に表示されている場合でも、市町村名等のみを記録する。
　　　武蔵野
　　　　　（情報源の表示：東京都武蔵野市。任意省略 1 も適用した例）

2.7.1.2　記録の方法　任意追加 1

#2.7 製作表示

識別またはアクセスに重要な場合は、住所をすべて製作地として記録する。
　　　東京市本郷區曙町三番地
　　　255 Sussex Drive, Ottawa, Ontario

#2.7.1.2　記録の方法　任意追加2

資料自体に表示がない場合に、識別またはアクセスに重要なときは、上位の地方自治体名等および（または）国名を市町村名等に付加する。資料外の情報源から採用した場合は、その旨を注記および（または）その他の方法（コーディングや角がっこの使用など）で示す。
　　　美郷町［秋田県］
　　　美郷町［島根県］
　　　Cambridge［Massachusetts］
　　　Cambridge［United Kingdom］

#2.7.1.2　記録の方法　別法

製作地は、#2.7.0.4に従って記録する。
＊市町村名等とともに、上位の地方自治体名等および（または）国名が情報源に表示されている場合は、それをあわせて、表示されているとおりに記録する＊。
　　　北海道
　　　　（情報源の表示：北海道）
　　　横浜市
　　　　（情報源の表示：横浜市）
　　　Osaka City
　　　　（情報源の表示：Osaka City）
　　　東京都文京区
　　　　（情報源の表示：東京都文京区）
　　　東京都武蔵野市
　　　　（情報源の表示：東京都武蔵野市）
　　　奈良県磯城郡田原本町
　　　　（情報源の表示：奈良県磯城郡田原本町）
　　　Hayama, Kanagawa
　　　　（情報源の表示：Hayama, Kanagawa）
　　　青海省西宁市
　　　　（情報源の表示：青海省西宁市）
　　　경기도파주시
　　　　（情報源の表示：경기도파주시）
　　　Bangkok
　　　Canberra, A.C.T.
　　　La Habana
　　　Edinburgh, Scotland
　　　Mandaluyong City, Metro Manila, Philippines

第 2 章　体現形

　　　　　　Northampton, MA, USA
前置詞があり、それを省略すると理解が困難となる場合は、あわせて記録する。
　　　　　　V Praze

#2.7.1.2　記録の方法　別法　任意追加 1
識別またはアクセスに重要な場合は、住所をすべて製作地として記録する。
　　　　　　東京市本郷區曙町三番地
　　　　　　255 Sussex Drive, Ottawa, Ontario

#2.7.1.2　記録の方法　別法　任意追加 2
資料自体に表示がない場合に、識別またはアクセスに重要なときは、上位の地方自治体名等および（または）国名を市町村名等に付加する。資料外の情報源から採用した場合は、その旨を注記および（または）その他の方法（コーディングや角がっこの使用など）で示す。
　　　　　　［秋田県］美郷町
　　　　　　［島根県］美郷町
　　　　　　Cambridge［Massachusetts］
　　　　　　Cambridge［United Kingdom］

#2.7.1.2.1　複数の製作地
　複数の製作地が情報源に表示されている場合は、採用した情報源での表示順序、配置、デザイン等に基づいて判断した順に記録する。
　複数の製作者が存在して、それらが複数の製作地と結びついている場合は、それぞれの製作者と結びついた製作地を記録する。
（参照：#2.7.3.2.2 を見よ。）

#2.7.1.2.1　複数の製作地　別法
　複数の製作地が情報源に表示されている場合は、採用した情報源での表示順序、配置、デザイン等に基づいて判断した順に記録する。＊日本の製作地が含まれる場合は、これを優先して記録する＊。
　複数の製作者が存在して、それらが複数の製作地と結びついている場合は、それぞれの製作者と結びついた製作地を記録する。
（参照：#2.7.3.2.2 を見よ。）

#2.7.1.2.2　複数の言語・文字種による製作地
　製作地が情報源に複数の言語または文字種で表示されている場合は、本タイトルと一致する言語または文字種で記録する。該当する表示がない場合は、情報源に最初に現れた言語または文字種でその製作地を記録する。

#2.7.1.2.2　複数の言語・文字種による製作地　別法 1
　＊製作地が情報源に複数の言語または文字種で表示されている場合は、内容の言語と一致す

る言語または文字種で記録する＊。該当する表示がない場合は、情報源に最初に現れた言語または文字種でその製作地を記録する。

#2.7.1.2.2　複数の言語・文字種による製作地　別法2

＊製作地が情報源に複数の言語または文字種で表示されている場合に、日本語で表示されているものが含まれるときは、それを記録する＊。該当する表示がない場合は、情報源に最初に現れた言語または文字種でその製作地を記録する。

#2.7.1.2.3　資料自体に表示されていない製作地

製作地が資料自体に表示されていない場合は、判明の程度に応じて次のように記録する。資料外の情報源から採用した場合は、その旨を注記および（または）その他の方法（コーディングや角がっこの使用など）で示す。

a）　市町村名等が判明しているとき

判明している市町村名等を記録する。識別に必要な場合は、上位の地方自治体名等および（または）国名をあわせて記録する。

　　　［名古屋市］
　　　［名古屋］
　　　［宮崎県美郷町］
　　　［美郷町（宮崎県）］
　　　［London］

b）　市町村名等を推定したとき

製作地が確定できない場合は、推定の市町村名等を記録する。識別に必要な場合は、上位の地方自治体名等および（または）国名をあわせて記録する。

市町村名等のみを記録するときは、疑問符を付加する。

　　　［八王子市?］
　　　［八王子?］
　　　［Paris?］

上位の地方自治体名等および（または）国名をあわせて記録する場合に、製作地がその範囲にあることは確かだが、市町村名等は確定できないときは、疑問符を市町村名等に付加する。

　　　［京都府精華町?］
　　　［精華町?（京都府）］
　　　［München?, Bayern］

上位の地方自治体名等および（または）国名をあわせて記録する場合に、製作地がその範囲にあることを確定できないときは、疑問符は上位の地方自治体名等および（または）国名に付加する。ただし、双方を区切らずに記録する場合は、その末尾に疑問符を付加する。丸がっこに入れて記録する場合は、丸がっこの外に疑問符を付加する。

第 2 章　体現形

　　　　　［宮崎県美郷町?］
　　　　　［美郷町（宮崎県)?］
　　　　　［Dublin, Ireland?］

　c)　上位の地方自治体名等および（または）国名が判明しているとき
　　　製作地として市町村名等が推定できない場合は、判明した上位の地方自治体名等および（または）国名のみを記録する。
　　　　　［大阪府］
　　　　　［Australia］

　d)　上位の地方自治体名等および（または）国名を推定したとき
　　　上位の地方自治体名等および（または）国名が特定できない場合は、推定の地名を記録し、疑問符を付加する。
　　　　　［沖縄県?］
　　　　　［Finland?］

　e)　製作地が不明なとき
　　　製作地が推定できない場合は、「製作地不明」または「Place of manufacture not identified」と記録する。
　　　　　［製作地不明］

#2.7.1.2.4　架空のまたは誤った製作地

　資料自体に表示された製作地が、架空であるか誤っていると判明している場合、または説明が必要な場合は、架空の地名または誤った地名を記録し、実際の地名等を注記として記録する。
（参照：#2.41.7.2.2を見よ。）

#2.7.1.2.4　架空のまたは誤った製作地　別法

　＊資料自体に表示された製作地が、架空であるか誤っていると判明している場合は、実際の地名を記録し、その旨が分かる方法（コーディングや角がっこの使用など）で示す。架空の地名または誤った地名は、注記として記録する＊。
（参照：#2.41.7.2.2を見よ。）

#2.7.1.3　変化

　製作地の変化については、#2.7.0.6に従って記録する。

#2.7.2　並列製作地

　並列製作地は、製作表示のサブエレメントである。

#2.7.2.1　記録の範囲・情報源

#2.7.2.1.1　記録の範囲

　並列製作地は、製作地として記録したものと異なる言語および（または）文字種による製作地である。

#2.7 製作表示

#2.7.2.1.2 情報源
並列製作地は、次の優先順位で情報源を選定する。
a) 製作地と同一の情報源（参照：#2.7.1.1.2を見よ。）
b) 資料自体の他の情報源（#2.0.2.2の優先情報源の優先順と同様の順で選定する。）
c) 資料外の情報源（参照：#2.0.2.3を見よ。）

#2.7.2.2 記録の方法
並列製作地は、#2.7.0.4に従って記録する。

複数の並列製作地が情報源に表示されている場合は、採用した情報源での表示順序、配置、デザイン等に基づいて判断した順に記録する。

#2.7.3 製作者
製作者は、製作表示のサブエレメントである。

#2.7.3.1 記録の範囲・情報源

#2.7.3.1.1 記録の範囲
製作者は、刊行物の印刷、複写、成型等に責任を有する個人・家族・団体の名称である。その名称の代わりに個人・家族・団体を特徴付ける語句が表示されていることもある。

> Harrison & sons, printers in ordinary to Her Majesty

#2.7.3.1.2 情報源
製作者は、次の優先順位で情報源を選定する。
a) 本タイトルと同一の情報源（参照：#2.1.1.1.2を見よ。）
b) 資料自体の他の情報源（#2.0.2.2の優先情報源の優先順と同様の順で選定する。）
c) 資料外の情報源（参照：#2.0.2.3を見よ。）

#2.7.3.2 記録の方法
製作者は、#2.7.0.4に従って記録する。
（参照：製作者の関連については、#44.3.3を見よ。）

#2.7.3.2 記録の方法 任意省略1
製作者を識別するのに必要でない組織階層は省略する。省略を示す記号（...）は記録しない。

#2.7.3.2 記録の方法 任意省略2
法人組織を示す語等については省略する。省略を示す記号（...）は記録しない。

#2.7.3.2.1 役割を示す語句
製作者の役割を示す語句は、情報源に表示されているとおりに記録する。

> Manufactured and marketed by Universal Music Classics

#2.7.3.2.1 役割を示す語句 任意追加
製作者の役割が情報源の表示だけでは明確でない場合は、役割を示す語句を付加する。資料外の情報源から採用した場合は、その旨を注記および（または）その他の方法（コーディング

第 2 章　体現形

や角がっこの使用など）で示す。

#2.7.3.2.2　複数の製作者

　複数の製作者が情報源に表示されている場合は、採用した情報源での表示順序、配置、デザイン等に基づいて判断した順に記録する。

#2.7.3.2.3　複数の言語・文字種による製作者

　製作者が情報源に複数の言語または文字種で表示されている場合は、本タイトルと一致する言語または文字種で記録する。該当する表示がない場合は、情報源に最初に現れた言語または文字種でその製作者を記録する。

#2.7.3.2.3　複数の言語・文字種による製作者　別法1

　＊製作者が情報源に複数の言語または文字種で表示されている場合は、内容と一致する言語または文字種で記録する＊。該当する表示がない場合は、情報源に最初に現れた言語または文字種でその製作者を記録する。

#2.7.3.2.3　複数の言語・文字種による製作者　別法2

　＊製作者が情報源に複数の言語または文字種で表示されている場合に、日本語で表示されているものが含まれるときは、それを記録する＊。該当する表示がない場合は、情報源に最初に現れた言語または文字種でその製作者を記録する。

#2.7.3.2.4　特定できない製作者

　製作者が資料自体に表示されていない場合に、資料外の情報源からも特定できないときは、その旨が分かる方法（コーディングや角がっこの使用など）で、「製作者不明」または「manufacturer not identified」と記録する。

　　　　　　［製作者不明］

#2.7.3.2.5　架空のまたは誤った製作者

　資料自体に表示された製作者の名称が、架空であるか誤っていると判明している場合、または説明が必要な場合は、架空の名称または誤った名称を記録し、実際の名称等を注記として記録する。

（参照：#2.41.7.2.2を見よ。）

#2.7.3.2.5　架空のまたは誤った製作者　別法

　＊資料自体に表示された製作者の名称が、架空であるか誤っていると判明している場合は、実際の名称を記録し、その旨が分かる方法（コーディングや角がっこの使用など）で示す。架空の名称または誤った名称は、注記として記録する＊。

（参照：#2.41.7.2.2を見よ。）

#2.7.3.3　変化

　製作者の変化については、#2.7.0.6に従って記録する。

#2.7.4　並列製作者

#2.7 製作表示

並列製作者は、製作表示のサブエレメントである。

#2.7.4.1 記録の範囲・情報源
#2.7.4.1.1 記録の範囲

並列製作者は、製作者として記録したものと異なる言語および（または）文字種による製作者の名称である。

#2.7.4.1.2 情報源

並列製作者は、次の優先順位で情報源を選定する。

a) 製作者と同一の情報源（参照：#2.7.3.1.2を見よ。）
b) 資料自体の他の情報源（#2.0.2.2の優先情報源の優先順と同様の順で選定する。）
c) 資料外の情報源（参照：#2.0.2.3を見よ。）

#2.7.4.2 記録の方法

並列製作者は、#2.7.0.4に従って記録する。

複数の並列製作者が情報源に表示されている場合は、採用した情報源での表示順序、配置、デザイン等に基づいて判断した順に記録する。

#2.7.5 製作日付

製作日付は、製作表示のサブエレメントである。

#2.7.5.1 記録の範囲・情報源
#2.7.5.1.1 記録の範囲

製作日付は、刊行物の印刷、複写、成型等と結びつく日付である。

#2.7.5.1.2 情報源

製作日付は、次の優先順位で情報源を選定する。

a) 本タイトルと同一の情報源（参照：#2.1.1.1.2を見よ。）
b) 資料自体の他の情報源（#2.0.2.2の優先情報源の優先順と同様の順で選定する。）
c) 資料外の情報源（参照：#2.0.2.3を見よ。）

包括的記述を作成する複数巻単行資料、逐次刊行物、更新資料については、開始および（または）終了の製作日付を、最初および（または）最後に刊行された巻号、最初および（または）最後のイテレーション等から選択する。

#2.7.5.2 記録の方法

製作日付は、情報源に表示されている日付の暦が西暦の場合は、アラビア数字で記録する。情報源に表示されている日付の暦が西暦でない場合は、その日付を西暦に置き換える。漢数字、ローマ数字、語句で表記される数字等は、アラビア数字に置き換えて記録する。語句で表された暦は、アラビア数字に置き換える。日付は、データ作成機関が定める形式で記録する。

　　2015.9.1
　　（情報源の表示：平成27年9月1日）

第 2 章　体現形

　　　　1985.6.30
　　　　（情報源の表示：昭和六十年六月三十日）
　　　　2000.5
　　　　（情報源の表示：平成 12.5）
　　　　2009.10.4
　　　　（情報源の表示：2009 October 4）
　　　　1981.6
　　　　（情報源の表示：June 1981）
　　　　1832
　　　　（情報源の表示：MDCCCXXXII）

＃2.7.5.2　記録の方法　任意省略
　データ作成機関が定めた詳細度で日付を記録する。

　　　　2008.5
　　　　（情報源の表示：2008 年 5 月 3 日）
　　　　2000
　　　　（情報源の表示：平成 12.5）
　　　　2009
　　　　（情報源の表示：2009 年 5 月）

＃2.7.5.2　記録の方法　別法
　＊製作日付は、＃2.7.0.4 に従って、情報源に表示されている日付を記録する＊。漢数字、ローマ数字、語句で表記される数字等は、アラビア数字に置き換えて記録する。

　　　　平成 27 年 9 月 1 日
　　　　（情報源の表示：平成 27 年 9 月 1 日）
　　　　昭和 60 年 6 月 30 日
　　　　（情報源の表示：昭和六十年六月三十日）
　　　　平成元年 3 月 3 日
　　　　（情報源の表示：平成元年三月三日）
　　　　平成 12.5
　　　　（情報源の表示：平成 12.5）
　　　　2009 October 4
　　　　（情報源の表示：2009 October 4）
　　　　June 1981
　　　　（情報源の表示：June 1981）
　　　　1832
　　　　（情報源の表示：MDCCCXXXII）

　＊情報源に複数の種類の暦によって表示されている場合は、採用した情報源での表示順序、配置、デザイン等に基づいて判断した順に記録する＊。

　　　　平成 12 年

#2.7 製作表示

  2000 年
  （情報源に和暦と西暦の双方で製作年が表示されている場合）

#2.7.5.2 記録の方法 別法 任意省略
 データ作成機関が定めた詳細度で日付を記録する。

  2008 年 5 月
  （情報源の表示：2008 年 5 月 3 日）
  平成 12
  （情報源の表示：平成 12.5）
  2009 年
  （情報源の表示：2009 年 5 月）

#2.7.5.2 記録の方法 別法 任意追加
 情報源に表示されている日付の暦が西暦でない場合は、その日付に対応する西暦の日付を付加し、その旨が分かる方法（コーディングや角がっこの使用など）で示す。

  平成 3 年［1991］
  民國 104 年 1 月［2015］

#2.7.5.2 A 複数巻単行資料、逐次刊行物、更新資料
 包括的記述を作成する複数巻単行資料、逐次刊行物、更新資料の初巻、初号、最初のイテレーションが入手可能な場合は、それらの製作日付を記録し、ハイフンを付加する。

  2000-

 製作が休止または完結している場合に、終巻、終号、最後のイテレーションが入手可能なときは、ハイフンに続けてそれらの製作日付を記録する。

  1959-1961
  -1999
  （最初のイテレーションが入手不可）

 更新資料については、識別に重要な場合は、更新日付を付加する。

  1968-1973 ［1974 更新］
  1990-1995 ［updated 1999］
  （入手可能な最初と最後のイテレーションを記録した後に、さらに資料の更新があり、その日付が判明）

 全巻、全号、すべてのイテレーションが同一年に製作されている場合は、その年を記録する。

  1980

 初巻、初号、最初のイテレーションおよび（または）終巻、終号、最後のイテレーションが入手できない場合は、推定の製作日付を #1.10.10.5 に従って記録する。

  ［2010］-
  （入手できた最も古い号の製作日付から推定）
  1985-［1999］

第 2 章　体現形

　　　　　　（終号は入手不可だが、終号の製作日付の情報が判明）
　　　　　［1992-2001］
　　　　　　（初号も終号も入手不可だが、初号と終号の製作日付の情報がそれぞれ判明）
製作日付が推定できない場合は、記録しない。

#2.7.5.2.1　単巻資料の特定できない製作日付
　単巻資料の製作日付を特定できない場合は、推定の製作日付を、#1.10.10.5に従って記録する。
　　　　　［1975］
　　　　　［1975?］
　　　　　［1970頃］
　　　　　［1970年代］
　　　　　［2000から2009の間］
　製作日付を推定できない場合は、その旨が分かる方法（コーディングや角がっこの使用など）で、「製作日付不明」または「date of manufacture not identified」と記録する。
　　　　　［製作日付不明］

#2.7.5.2.2　架空のまたは誤った製作日付
　資料自体に表示された日付が、架空であるか誤っていると判明している場合は、架空の日付または誤った日付を記録し、実際の日付を注記として記録する。
（参照：#2.41.7.2.2を見よ。）

#2.7.5.2.2　架空のまたは誤った製作日付　別法
　資料自体に表示された日付が、架空であるか誤っていると判明している場合は、実際の日付を記録し、その旨が分かる方法（コーディングや角がっこの使用など）で示す。架空の日付または誤った日付は、注記として記録する。
（参照：#2.41.7.2.2を見よ。）

#2.8　非刊行物の制作表示
　非刊行物の制作表示は、エレメントである。

#2.8.0　通則

#2.8.0.1　記録の範囲
　非刊行物の書写、銘刻、作製、組立等に関して、場所、責任を有する個人・家族・団体、日付を識別する表示を、非刊行物の制作表示として記録する。

#2.8.0.2　サブエレメント
　非刊行物の制作表示には、次のサブエレメントがある。これらのうち、非刊行物の制作日付は、コア・エレメントである。
　a)　非刊行物の制作地（参照：#2.8.1を見よ。）
　b)　非刊行物の並列制作地（参照：#2.8.2を見よ。）

#2.8 非刊行物の制作表示

　　c) 非刊行物の制作者（参照：#2.8.3を見よ。）
　　d) 非刊行物の並列制作者（参照：#2.8.4を見よ。）
　　e) 非刊行物の制作日付（参照：#2.8.5を見よ。）

#2.8.0.3 情報源
　非刊行物の制作表示の情報源は、サブエレメントごとに定める。

#2.8.0.4 記録の方法
　非刊行物の制作表示は、情報源に表示されているものを、#1.10～#1.10.11別法に従って記録する。資料外の情報源から採用した場合は、その旨を注記および（または）その他の方法（コーディングや角がっこの使用など）で示す。
（参照：#2.41.8.2.1を見よ。）

#2.8.0.5 複製
　複製については、原資料の制作表示ではなく、複製自体の表示を制作表示として記録する。原資料の制作表示は、関連する体現形の制作表示として記録する。
（参照：#43.3を見よ。）

#2.8.0.6 変化
#2.8.0.6.1 複数巻単行資料、逐次刊行物
　複数巻単行資料、逐次刊行物の途中の巻号で、制作地が変化して、その変化が識別またはアクセスに重要な場合は、それを注記として記録する。制作地の変化が名称上のものであっても、識別に重要な場合は、それを注記として記録する。
（参照：#2.41.8.2.5.1を見よ。）

　複数巻単行資料、逐次刊行物の途中の巻号で、制作者の名称が変化したか、または制作者が他の制作者に替わった場合に、それらの変化が識別またはアクセスに重要なときは、それを注記として記録する。制作者の変化が表示上のみのものであっても、識別に重要な場合は、それを注記として記録する。
（参照：#2.41.8.2.5.1を見よ。）

#2.8.0.6.1 複数巻単行資料、逐次刊行物　任意省略
　制作地の変化や、制作者の名称の変化が頻繁に生じている場合は、変化のある旨を簡略に注記として記録する。
（参照：#2.41.8.2.5.1任意省略を見よ。）

#2.8.0.6.2 更新資料
　更新資料の制作地は、最新のイテレーションにあわせて記録し、変化が生じた場合は、記録を更新する。識別またはアクセスに重要なときは、変化前の制作地を注記として記録する。
（参照：#2.41.8.2.5.2を見よ。）

　更新資料の制作者は、最新のイテレーションにあわせて記録し、変化が生じた場合は、記録

第 2 章　体現形

を更新する。識別またはアクセスに重要なときは、変化前の制作者の名称を注記として記録する。
（参照：＃2.41.8.2.5.2を見よ。）

＃2.8.0.6.2　更新資料　任意省略
　　制作地の変化や、制作者の名称の変化が頻繁に生じている場合は、変化のある旨を簡略に注記として記録する。
（参照：＃2.41.8.2.5.2任意省略を見よ。）

＃2.8.1　非刊行物の制作地
　　非刊行物の制作地は、非刊行物の制作表示のサブエレメントである。

＃2.8.1.1　記録の範囲・情報源

＃2.8.1.1.1　記録の範囲
　　非刊行物の制作地は、非刊行物の書写、銘刻、作製、組立等と結びつく場所（市町村名等）である。

＃2.8.1.1.2　情報源
　　非刊行物の制作地は、次の優先順位で情報源を選定する。
　a）　非刊行物の制作者と同一の情報源（参照：＃2.8.3.1.2を見よ。）
　b）　資料自体の他の情報源（＃2.0.2.2の優先情報源の優先順と同様の順で選定する。）
　c）　資料外の情報源（参照：＃2.0.2.3を見よ。）

＃2.8.1.2　記録の方法
　　非刊行物の制作地は、＃2.8.0.4に従って記録する。
　　市町村名等とともに、上位の地方自治体名等および（または）国名が情報源に表示されている場合は、それを付加する。
　　ただし、東京都特別区は、「東京」またはそれに相当する語のみ記録する。

　　　　　　北海道
　　　　　　　（情報源の表示：北海道）
　　　　　　横浜市
　　　　　　　（情報源の表示：横浜市）
　　　　　　Osaka City
　　　　　　　（情報源の表示：Osaka City）
　　　　　　東京
　　　　　　　（情報源の表示：東京都文京区）
　　　　　　武蔵野市（東京都）
　　　　　　　（情報源の表示：東京都武蔵野市）
　　　　　　田原本町（奈良県磯城郡）
　　　　　　　（情報源の表示：奈良県磯城郡田原本町）
　　　　　　Hayama, Kanagawa

#2.8 非刊行物の制作表示

　　　（情報源の表示：Hayama, Kanagawa）
　　西宁市（青海省）
　　　（情報源の表示：青海省西宁市）
　　파주시（경기도）
　　　（情報源の表示：경기도파주시）
　　Bangkok
　　Canberra, A.C.T.
　　La Habana
　　Edinburgh, Scotland
　　Mandaluyong City, Metro Manila, Philippines
　　Northampton, MA, USA

前置詞があり、それを省略すると理解が困難となる場合は、あわせて記録する。
　　V Praze

#2.8.1.2　記録の方法　任意省略1

市名は、「市」またはそれに相当する語を記録しない。
「日本」という国名は、原則として記録しない。
　　Osaka
　　　（情報源の表示：Osaka City）
　　武蔵野（東京都）
　　　（情報源の表示：東京都武蔵野市）

#2.8.1.2　記録の方法　任意省略2

制作地の識別に必要でない場合は、上位の地方自治体名等および（または）国名が市町村名等とともに情報源に表示されている場合でも、市町村名等のみを記録する。
　　武蔵野
　　　（情報源の表示：東京都武蔵野市。任意省略1も適用した例）

#2.8.1.2　記録の方法　任意追加1

識別またはアクセスに重要な場合は、住所をすべて非刊行物の制作地として記録する。
　　東京市本郷區曙町三番地
　　255 Sussex Drive, Ottawa, Ontario

#2.8.1.2　記録の方法　任意追加2

資料自体に表示がない場合に、識別またはアクセスに重要なときは、上位の地方自治体名等および（または）国名を市町村名等に付加する。資料外の情報源から採用した場合は、その旨を注記および（または）その他の方法（コーディングや角がっこの使用など）で示す。
　　美郷町［秋田県］
　　美郷町［島根県］
　　Cambridge［Massachusetts］
　　Cambridge［United Kingdom］

第2章　体現形

#2.8.1.2　記録の方法　別法

非刊行物の制作地は、#2.8.0.4に従って記録する。

＊市町村名等とともに、上位の地方自治体名等および（または）国名が情報源に表示されている場合は、それをあわせて、表示されているとおりに記録する＊。

> 北海道
> 　（情報源の表示：北海道）
> 横浜市
> 　（情報源の表示：横浜市）
> Osaka City
> 　（情報源の表示：Osaka City）
> 東京都文京区
> 　（情報源の表示：東京都文京区）
> 東京都武蔵野市
> 　（情報源の表示：東京都武蔵野市）
> 奈良県磯城郡田原本町
> 　（情報源の表示：奈良県磯城郡田原本町）
> Hayama, Kanagawa
> 　（情報源の表示：Hayama, Kanagawa）
> 青海省西宁市
> 　（情報源の表示：青海省西宁市）
> 경기도파주시
> 　（情報源の表示：경기도파주시）
> Bangkok
> Canberra, A.C.T.
> La Habana
> Edinburgh, Scotland
> Mandaluyong City, Metro Manila, Philippines
> Northampton, MA, USA

前置詞があり、それを省略すると理解が困難となる場合は、あわせて記録する。

> V Praze

#2.8.1.2　記録の方法　別法　任意追加1

識別またはアクセスに重要な場合は、住所をすべて非刊行物の制作地として記録する。

> 東京市本郷區曙町三番地
> 255 Sussex Drive, Ottawa, Ontario

#2.8.1.2　記録の方法　別法　任意追加2

資料自体に表示がない場合に、識別またはアクセスに重要なときは、上位の地方自治体名等および（または）国名を市町村名等に付加する。資料外の情報源から採用した場合は、その旨

#2.8 非刊行物の制作表示

を注記および(または)その他の方法(コーディングや角がっこの使用など)で示す。

　　　[秋田県]美郷町
　　　[島根県]美郷町
　　　Cambridge [Massachusetts]
　　　Cambridge [United Kingdom]

#2.8.1.2A　和古書・漢籍

　和古書・漢籍については、資料自体に表示されている地名を記録する。当該の地名と同名の市町村名等が現代に存在する場合に、識別に必要なときは、その土地が所在する、制作時の都市名、国名を付加する。地名の別称が表示されている場合は、当時一般に用いられたものを付加する。

　　　江戸
　　　寺町[京都]
　　　(制作時の都市名を付加)
　　　江府[江戸]
　　　(一般に用いられた都市名を付加)

#2.8.1.2A　和古書・漢籍　別法

　和古書・漢籍については、非刊行物の制作地は記録しない。ただし、必要に応じて注記として記録する。
(参照:#2.41.8.2.3を見よ。)

#2.8.1.2.1　複数の制作地

　複数の制作地が情報源に表示されている場合は、採用した情報源での表示順序、配置、デザイン等に基づいて判断した順に記録する。
　複数の制作者が存在して、それらが複数の制作地と結びついている場合は、それぞれの制作者と結びついた制作地を記録する。
(参照:#2.8.3.2.2を見よ。)

#2.8.1.2.1　複数の制作地　別法

　複数の制作地が情報源に表示されている場合は、採用した情報源での表示順序、配置、デザイン等に基づいて判断した順に記録する。*日本の制作地が含まれる場合は、これを優先して記録する*。
　複数の制作者が存在して、それらが複数の制作地と結びついている場合は、それぞれの制作者と結びついた制作地を記録する。
(参照:#2.8.3.2.2を見よ。)

#2.8.1.2.2　複数の言語・文字種による制作地

　制作地が情報源に複数の言語または文字種で表示されている場合は、本タイトルと一致する言語または文字種で記録する。該当する表示がない場合は、情報源に最初に現れた言語または

第 2 章　体現形

文字種でその制作地を記録する。

#2.8.1.2.2　複数の言語・文字種による制作地　別法1

＊制作地が情報源に複数の言語または文字種で表示されている場合は、内容の言語と一致する言語または文字種で記録する＊。該当する表示がない場合は、情報源に最初に現れた言語または文字種でその制作地を記録する。

#2.8.1.2.2　複数の言語・文字種による制作地　別法2

＊制作地が情報源に複数の言語または文字種で表示されている場合に、日本語で表示されているものが含まれるときは、それを記録する＊。該当する表示がない場合は、情報源に最初に現れた言語または文字種でその制作地を記録する。

#2.8.1.2.3　資料自体に表示されていない制作地

制作地が資料自体に表示されていない場合は、判明の程度に応じて次のように記録する。資料外の情報源から採用した場合は、その旨を注記および（または）その他の方法（コーディングや角がっこの使用など）で示す。

a）　市町村名等が判明しているとき

判明している市町村名等を記録する。識別に必要な場合は、上位の地方自治体名等および（または）国名をあわせて記録する。

　　　［名古屋市］
　　　［名古屋］
　　　［宮崎県美郷町］
　　　［美郷町（宮崎県）］
　　　［London］

b）　市町村名等を推定したとき

制作地が確定できない場合は、推定の市町村名等を記録する。識別に必要な場合は、上位の地方自治体名等および（または）国名をあわせて記録する。

市町村名等のみを記録するときは、疑問符を付加する。

　　　［八王子市？］
　　　［八王子？］
　　　［Paris?］

上位の地方自治体名等および（または）国名をあわせて記録する場合に、制作地がその範囲にあることは確かだが、市町村名等は確定できないときは、疑問符を市町村名等に付加する。

　　　［京都府精華町？］
　　　［精華町？（京都府）］
　　　［München?, Bayern］

上位の地方自治体名等および（または）国名をあわせて記録する場合に、制作地がその

#2.8 非刊行物の制作表示

範囲にあることを確定できないときは、疑問符は上位の地方自治体名等および（または）国名に付加する。ただし、双方を区切らずに記録する場合は、その末尾に疑問符を付加する。丸がっこに入れて記録する場合は、丸がっこの外に疑問符を付加する。

　　　［宮崎県美郷町?］
　　　［美郷町（宮崎県）?］
　　　[Dublin, Ireland?]

c) 　上位の地方自治体名等および（または）国名が判明しているとき
　　制作地として市町村名等が推定できない場合は、判明した上位の地方自治体名等および（または）国名のみを記録する。

　　　［大阪府］
　　　[Australia]

d) 　上位の地方自治体名等および（または）国名を推定したとき
　　上位の地方自治体名等および（または）国名が特定できない場合は、推定の地名を記録し、疑問符を付加する。

　　　［沖縄県?］
　　　[Finland?]

e) 　制作地が不明なとき
　　制作地が推定できない場合は、「制作地不明」、「書写地不明」、または「Place of production not identified」と記録する。

　　　［制作地不明］

#2.8.1.2.4　架空のまたは誤った制作地

資料自体に表示された制作地が、架空であるか誤っていると判明している場合、または説明が必要な場合は、架空の地名または誤った地名を記録し、実際の地名等を注記として記録する。
（参照：#2.41.8.2.2を見よ。）

#2.8.1.2.4　架空のまたは誤った制作地　別法

＊資料自体に表示された制作地が、架空であるか誤っていると判明している場合は、実際の地名を記録し、その旨が分かる方法（コーディングや角がっこの使用など）で示す。架空の地名または誤った地名は、注記として記録する＊。
（参照：#2.41.8.2.2を見よ。）

#2.8.1.3　変化

非刊行物の制作地の変化については、#2.8.0.6に従って記録する。

#2.8.2　非刊行物の並列制作地

非刊行物の並列制作地は、非刊行物の制作表示のサブエレメントである。

#2.8.2.1　記録の範囲・情報源

第 2 章　体現形

#2.8.2.1.1　記録の範囲
　非刊行物の並列制作地は、非刊行物の制作地として記録したものと異なる言語および（または）文字種による制作地である。

#2.8.2.1.2　情報源
　非刊行物の並列制作地は、次の優先順位で情報源を選定する。
　a)　非刊行物の制作地と同一の情報源（参照：#2.8.1.1.2を見よ。）
　b)　資料自体の他の情報源（#2.0.2.2の優先情報源の優先順と同様の順で選定する。）
　c)　資料外の情報源（参照：#2.0.2.3を見よ。）

#2.8.2.2　記録の方法
　非刊行物の並列制作地は、#2.8.0.4に従って記録する。
　複数の並列制作地が情報源に表示されている場合は、採用した情報源での表示順序、配置、デザイン等に基づいて判断した順に記録する。

#2.8.3　非刊行物の制作者
　非刊行物の制作者は、非刊行物の制作表示のサブエレメントである。

#2.8.3.1　記録の範囲・情報源

#2.8.3.1.1　記録の範囲
　非刊行物の制作者は、非刊行物の書写、銘刻、作製、組立等に責任を有する個人・家族・団体の名称である。その名称の代わりに個人・家族・団体を特徴付ける語句が表示されていることもある。

#2.8.3.1.2　情報源
　非刊行物の制作者は、次の優先順位で情報源を選定する。
　a)　本タイトルと同一の情報源（参照：#2.1.1.1.2を見よ。）
　b)　資料自体の他の情報源（#2.0.2.2の優先情報源の優先順と同様の順で選定する。）
　c)　資料外の情報源（参照：#2.0.2.3を見よ。）

#2.8.3.2　記録の方法
　非刊行物の制作者は、#2.8.0.4に従って記録する。
（参照：制作者の関連については、#44.3.4を見よ。）

#2.8.3.2　記録の方法　任意省略1
　非刊行物の制作者を識別するのに必要でない組織階層は省略する。省略を示す記号（...）は記録しない。

#2.8.3.2　記録の方法　任意省略2
　法人組織を示す語等については省略する。省略を示す記号（...）は記録しない。

#2.8.3.2.1　役割を示す語句
　非刊行物の制作者の役割を示す語句は、情報源に表示されているとおりに記録する。

#2.8.3.2.1　役割を示す語句　任意追加
　非刊行物の制作者の役割が情報源の表示だけでは明確でない場合は、役割を示す語句を付加する。資料外の情報源から採用した場合は、その旨を注記および（または）その他の方法（コーディングや角がっこの使用など）で示す。
#2.8.3.2.1Ａ　和古書・漢籍
　書写資料の制作者は、「写」という用語を付加する。また、自筆であると判明した場合は、「自筆」という用語を付加する。
　　　　吉隆［写］
　　　　藤原成元［自筆］
#2.8.3.2.2　複数の制作者
　複数の制作者が情報源に表示されている場合は、採用した情報源での表示順序、配置、デザイン等に基づいて判断した順に記録する。
#2.8.3.2.3　複数の言語・文字種による制作者
　制作者が情報源に複数の言語または文字種で表示されている場合は、本タイトルと一致する言語または文字種で記録する。該当する表示がない場合は、情報源に最初に現れた言語または文字種でその制作者を記録する。
#2.8.3.2.3　複数の言語・文字種による制作者　別法1
　制作者が情報源に複数の言語または文字種で表示されている場合は、内容と一致する言語または文字種で記録する。該当する表示がない場合は、情報源に最初に現れた言語または文字種でその制作者を記録する。
#2.8.3.2.3　複数の言語・文字種による制作者　別法2
　制作者が情報源に複数の言語または文字種で表示されている場合に、日本語で表示されているものが含まれるときは、それを記録する。該当する表示がない場合は、情報源に最初に現れた言語または文字種でその制作者を記録する。
#2.8.3.2.4　特定できない制作者
　制作者が資料自体に表示されていない場合に、資料外の情報源からも特定できないときは、その旨が分かる方法（コーディングや角がっこの使用など）で、「制作者不明」、「書写者不明」、または「producer not identified」と記録する。
　　　　［制作者不明］
#2.8.3.2.5　架空のまたは誤った制作者
　資料自体に表示された制作者の名称が、架空であるか誤っていると判明している場合、または説明が必要な場合は、架空の名称または誤った名称を記録し、実際の名称等を注記として記録する。
（参照：#2.41.8.2.2を見よ。）

第2章　体現形

#2.8.3.2.5　架空のまたは誤った制作者　別法

資料自体に表示された制作者の名称が、架空であるか誤っていると判明している場合は、実際の名称を記録し、その旨が分かる方法（コーディングや角がっこの使用など）で示す。架空の名称または誤った名称は、注記として記録する。

（参照：#2.41.8.2.2を見よ。）

#2.8.3.3　変化

非刊行物の制作者の変化については、#2.8.0.6に従って記録する。

#2.8.4　非刊行物の並列制作者

非刊行物の並列制作者は、非刊行物の制作表示のサブエレメントである。

#2.8.4.1　記録の範囲・情報源

#2.8.4.1.1　記録の範囲

非刊行物の並列制作者は、非刊行物の制作者として記録したものと異なる言語および（または）文字種による制作者の名称である。

#2.8.4.1.2　情報源

非刊行物の並列制作者は、次の優先順位で情報源を選定する。

a)　非刊行物の制作者と同一の情報源（参照：#2.8.3.1.2を見よ。）

b)　資料自体の他の情報源（#2.0.2.2の優先情報源の優先順と同様の順で選定する。）

c)　資料外の情報源（参照：#2.0.2.3を見よ。）

#2.8.4.2　記録の方法

非刊行物の並列制作者は、#2.8.0.4に従って記録する。

複数の並列制作者が情報源に表示されている場合は、採用した情報源での表示順序、配置、デザイン等に基づいて判断した順に記録する。

#2.8.5　非刊行物の制作日付

非刊行物の制作日付は、非刊行物の制作表示のサブエレメントである。

非刊行物の制作日付は、コア・エレメントである。情報源に複数の種類の暦によって表示されている場合は、データ作成機関が優先する暦によるものが、コア・エレメントである。

#2.8.5.1　記録の範囲・情報源

#2.8.5.1.1　記録の範囲

非刊行物の制作日付は、非刊行物の書写、銘刻、作製、組立等と結びつく日付である。

#2.8.5.1.2　情報源

非刊行物の制作日付は、どの情報源に基づいて記録してもよい。

包括的記述を作成する複数巻単行資料、逐次刊行物、更新資料については、開始および（または）終了の制作日付を、最初および（または）最後に刊行された巻号、最初および（または）最後のイテレーション等から選択する。

#2.8　非刊行物の制作表示

#2.8.5.2　記録の方法

　非刊行物の制作日付は、情報源に表示されている日付の暦が西暦の場合は、アラビア数字で記録する。情報源に表示されている日付の暦が西暦でない場合は、その日付を西暦に置き換える。漢数字、ローマ数字、語句で表記される数字等は、アラビア数字に置き換えて記録する。語句で表された暦は、アラビア数字に置き換える。日付は、データ作成機関が定める形式で記録する。

　　　2015.9.1
　　　（情報源の表示：平成27年9月1日）
　　　1985.6.30
　　　（情報源の表示：昭和六十年六月三十日）
　　　2000.5
　　　（情報源の表示：平成12.5）
　　　2009.10.4
　　　（情報源の表示：2009 October 4）
　　　1981.6
　　　（情報源の表示：June 1981）
　　　1832
　　　（情報源の表示：MDCCCXXXII）

#2.8.5.2　記録の方法　任意省略

　データ作成機関が定めた詳細度で日付を記録する。

　　　2008.5
　　　（情報源の表示：2008年5月3日）
　　　2000
　　　（情報源の表示：平成12.5）
　　　2009
　　　（情報源の表示：2009年5月）

#2.8.5.2　記録の方法　別法

　非刊行物の制作日付は、#2.8.0.4に従って、情報源に表示されている日付を記録する。漢数字、ローマ数字、語句で表記される数字等は、アラビア数字に置き換えて記録する。

　　　平成27年9月1日
　　　（情報源の表示：平成27年9月1日）
　　　昭和60年6月30日
　　　（情報源の表示：昭和六十年六月三十日）
　　　平成元年3月3日
　　　（情報源の表示：平成元年三月三日）
　　　平成12.5
　　　（情報源の表示：平成12.5）
　　　2009 October 4

第 2 章　体現形

　　　　　（情報源の表示：2009 October 4）
　　　June 1981
　　　　　（情報源の表示：June 1981）
　　　1832
　　　　　（情報源の表示：MDCCCXXXII）
＊情報源に複数の種類の暦によって表示されている場合は、採用した情報源での表示順序、配置、デザイン等に基づいて判断した順に記録する＊。
　　　　　平成 12 年
　　　　　2000 年
　　　　　（情報源に和暦と西暦の双方で制作年が表示されている場合）

#2.8.5.2　記録の方法　別法　任意省略
データ作成機関が定めた詳細度で日付を記録する。
　　　　　2008 年 5 月
　　　　　　　（情報源の表示：2008 年 5 月 3 日）
　　　　　平成 12
　　　　　　　（情報源の表示：平成 12.5）
　　　　　2009 年
　　　　　　　（情報源の表示：2009 年 5 月）

#2.8.5.2　記録の方法　別法　任意追加
情報源に表示されている日付の暦が西暦でない場合は、その日付に対応する西暦の日付を付加し、その旨が分かる方法（コーディングや角がっこの使用など）で示す。
　　　　　平成 3 年［1991］
　　　　　民國 104 年 1 月［2015］

#2.8.5.2A　和古書・漢籍
　資料自体に表示されている日付が、その制作日付として適切な場合は、表示されているとおりに記録する。西暦によって表示されていない場合は、西暦に置き換えた日付を付加する。
　　　　　文政 2［1819］
　干支による表記は、相当する元号と年数によるその国の紀年に読み替えて記録する。干支による表記は、注記として記録する。読み替えできない場合は、推定の制作日付として扱う。（参照：#2.41.8.2.3 を見よ。）
　　　　　享保 10［1725］
　　　　　　　（情報源の表示は「享保乙巳」）
　推定の制作日付を記録する場合は、元号と年数によるその国の紀年と西暦年をともに記録する。西暦年を付加する場合は、丸がっこに入れて記録する。
　　　　　［正保 3 (1646)］
　制作日付および序文、跋文等に表示された日付がないか、または表示されている情報が記録

\#2.8 非刊行物の制作表示

するのに適切でない場合は、おおよその制作年代を推定して記録する。

 [江戸初期]
 [慶長年間]

　書写資料の制作者を省いた場合は、書写資料の制作日付のあとに書写の表示があれば記録し、表示されていない場合は、[写]を付加する。

 文政 12 [1829] [写]

　書写資料の制作年が 2 年以上にわたる場合は、書写開始の年と終了の年をハイフンで結び包括的な記録とする。

 文化 6-文政 9 [1809-1826]

#2.8.5.2 B　複数巻単行資料、逐次刊行物、更新資料

　包括的記述を作成する複数巻単行資料、逐次刊行物、更新資料の初巻、初号、最初のイテレーションが入手可能な場合は、それらの制作日付を記録し、ハイフンを付加する。

 2000-

　制作が休止または完結している場合に、終巻、終号、最後のイテレーションが入手可能なときは、ハイフンに続けてそれらの制作日付を記録する。

 1959-1961
 -1999
  （最初のイテレーションが入手不可）

　更新資料については、識別に重要な場合は、更新日付を付加する。

 1968-1973 [1974 更新]
 1990-1995 [updated 1999]
  （入手可能な最初と最後のイテレーションを記録した後に、さらに資料の更新があり、その日付が判明）

　全巻、全号、すべてのイテレーションが同一年に制作されている場合は、その年を記録する。

 1980

　初巻、初号、最初のイテレーションおよび（または）終巻、終号、最後のイテレーションが入手できない場合は、推定の制作日付を#1.10.10.5に従って記録する。

 [2010]-
  （入手できた最も古い号の制作日付から推定）
 1985-[1999]
  （終号は入手不可だが、終号の制作日付の情報が判明）
 [1992-2001]
  （初号も終号も入手不可だが、初号と終号の制作日付の情報がそれぞれ判明）

　制作日付が推定できない場合は、記録しない。

#2.8.5.2 C　文書、コレクション

第 2 章　体現形

　文書類またはコレクション全体が同一年内に制作されている場合は、その年またはその年月日を記録する。

　単独の文書については、年月日まで記録する。
　　　　　1899. 6. 14
　　　　　1899 June 14

　文書類またはコレクション全体の制作が複数年にわたる場合は、その期間を記録する。すなわち、制作された最初と最後の年、または記録活動がなされた最初と最後の年をハイフンで結んで記録する。
　　　　　1859-1896

　制作の日付が資料自体に表示されていない場合に、資料外の情報源からも特定できないときは、推定の日付を ＃1.10.10.5 に従って記録する。
　　　　　［1867?］

　推定の制作日付を記録することが適切でない場合は、その旨が分かる方法（コーディングや角がっこの使用など）で、「制作日付不明」、「書写日付不明」、または「date of production not identified」と記録する。

＃ 2. 8. 5. 2 C　文書、コレクション　任意追加

　文書類またはコレクション全体の制作期間とそれらの多くの部分にかかわる制作期間が明確に異なる場合は、全体にかかわる制作期間を記録した後、「主に」または「bulk」に続けて多くの部分がかかわる制作期間を記録する。
　　　　　1825-1945, 主に 1925-1945
　　　　　1756-1791, bulk 1761-1788

＃ 2. 8. 5. 2. 1　単巻資料の特定できない制作日付

　単巻資料の制作日付を特定できない場合は、推定の制作日付を、＃1.10.10.5 に従って記録する。
　　　　　［1975］
　　　　　［1975?］
　　　　　［1970 頃］
　　　　　［1970 年代］
　　　　　［2000 から 2009 の間］

　制作日付を推定できない場合は、その旨が分かる方法（コーディングや角がっこの使用など）で、「制作日付不明」、「書写日付不明」、または「date of production not identified」と記録する。
　　　　　［制作日付不明］

＃ 2. 8. 5. 2. 2　架空のまたは誤った制作日付

　資料自体に表示された日付が、架空であるか誤っていると判明している場合は、架空の日付または誤った日付を記録し、実際の日付を注記として記録する。

#2.8 非刊行物の制作表示

（参照：#2.41.8.2.2を見よ。）

#2.8.5.2.2 架空のまたは誤った制作日付　別法

　＊資料自体に表示された日付が、架空であるか誤っていると判明している場合は、実際の日付を記録し、その旨が分かる方法（コーディングや角がっこの使用など）で示す。架空の日付または誤った日付は、注記として記録する＊。

（参照：#2.41.8.2.2を見よ。）

#2.9 著作権日付

　著作権日付は、エレメントである。

#2.9.1 記録の範囲・情報源

#2.9.1.1 記録の範囲

　著作権日付は、記述対象の著作権または著作権に相当する権利の発生と結びつく日付である。著作権日付には、原盤権日付（録音の権利保護と結びつく日付）も含まれる。

#2.9.1.2 情報源

　著作権日付は、どの情報源に基づいて記録してもよい。

#2.9.2 記録の方法

　著作権日付は、情報源に表示されている日付を、#2.5.5.2に従って記録する。

　著作権日付の冒頭に「©」、「℗」が表示されていて記録できない場合、または記録することが不適切な場合は、「c」、「p」に置き換えて記録する。目録用言語として英語を用いる場合は、「copyright」、「phonogram copyright」を用いて記録する。

　　　　© 1955
　　　　copyright 2000
　　　　c1955
　　　　℗ 2014
　　　　phonogram copyright 2015

　著作権日付が、情報源に複数の種類の暦によって表示されている場合は、採用した情報源での表示順序、配置、デザイン等に基づいて判断した順に記録する。

　文章、音楽、画像等のそれぞれに対する著作権日付が表示されている場合は、識別または選択のために重要なものをすべて記録する。

　文章、音楽、画像等のいずれか一つに対して複数の著作権日付が表示されている場合は、最新の著作権日付のみを記録する。

#2.9.2 記録の方法　任意追加

　記録しなかった著作権日付は、注記として記録する。

（参照：#2.41.9.2.1を見よ。）

　または関連する体現形の著作権日付として記録する。

第 2 章　体現形

（参照：＃43.3 を見よ。）

＃2.10　シリーズ表示

シリーズ表示は、エレメントである。

＃2.10.0　通則

＃2.10.0.1　記録の範囲

単行資料、逐次刊行物、更新資料に対するシリーズについての表示を記録する。シリーズは、記述対象より上位の書誌レベルに位置する体現形である。

　　　　　　　アジア経済研究所叢書
　　　　　　　（記述対象：中東アラブ企業の海外進出（「アジア経済研究所叢書」の中の単行資料1巻））
　　　　　　　The Wiley-Blackwell encyclopedia of literature
　　　　　　　（記述対象：The encyclopedia of twentieth-century fiction（「The Wiley-Blackwell encyclopedia
　　　　　　　　　of literature」の中の単行資料1巻））
　　　　　　　大佛次郎時代小説全集
　　　　　　　（記述対象：大久保彦左衛門（「大佛次郎時代小説全集」の中の単行資料1巻））
　　　　　　　黒澤明ブルーレイ box
　　　　　　　（記述対象：羅生門（「黒澤明ブルーレイ box」の中の単行資料1巻））
　　　　　　　広島大学総合科学部紀要
　　　　　　　（記述対象：言語文化研究（「広島大学総合科学部紀要」の中の逐次刊行物1部編））

記述対象が単行資料、逐次刊行物、更新資料の構成部分（雑誌論文等）である場合は、上位の書誌レベルの情報（収録誌紙等）はシリーズ表示とは扱わず、体現形間の関連として記録する。（参照：＃43.3 を見よ。）

シリーズは、複数階層のレベルから成ることがある。最上位のレベルをシリーズとして、それ以外のレベルをサブシリーズとして扱う。複数のレベルのサブシリーズが存在することもある。

　　　　　　　【シリーズ】　　　　　書誌書目シリーズ
　　　　　　　【サブシリーズ】　　　未刊史料による日本出版文化
　　　　　　　（記述対象：出版の起源と京都の本屋）

一つのシリーズに関する記録、または一つのシリーズと一つまたは複数のサブシリーズに関する記録を、一組のシリーズ表示とする。

記述対象が属するシリーズまたはサブシリーズを、関連する著作として扱う場合は、＃43.1に従って記録する。

＃2.10.0.2　サブエレメント

シリーズ表示には、次のサブエレメントがある。これらのうち、シリーズの本タイトル、シリーズ内番号、サブシリーズの本タイトル、サブシリーズ内番号は、コア・エレメントである。

　a）　シリーズの本タイトル（参照：＃2.10.1 を見よ。）
　b）　シリーズの並列タイトル（参照：＃2.10.2 を見よ。）

#2.10 シリーズ表示

c) シリーズのタイトル関連情報（参照：#2.10.3を見よ。）
d) シリーズの並列タイトル関連情報（参照：#2.10.4を見よ。）
e) シリーズに関係する責任表示（参照：#2.10.5を見よ。）
f) シリーズに関係する並列責任表示（参照：#2.10.6を見よ。）
g) シリーズのISSN（参照：#2.10.7を見よ。）
h) シリーズ内番号（参照：#2.10.8を見よ。）
i) サブシリーズの本タイトル（参照：#2.10.9を見よ。）
j) サブシリーズの並列タイトル（参照：#2.10.10を見よ。）
k) サブシリーズのタイトル関連情報（参照：#2.10.11を見よ。）
l) サブシリーズの並列タイトル関連情報（参照：#2.10.12を見よ。）
m) サブシリーズに関係する責任表示（参照：#2.10.13を見よ。）
n) サブシリーズに関係する並列責任表示（参照：#2.10.14を見よ。）
o) サブシリーズのISSN（参照：#2.10.15を見よ。）
p) サブシリーズ内番号（参照：#2.10.16を見よ。）

（参照：#2.1.0.2j）～q）、#2.2.0.2g）～j）を見よ。）

#2.10.0.3 情報源
情報源は、シリーズ表示の各エレメントの規定に従う。

#2.10.0.4 記録の方法
シリーズ表示の各エレメントは、句読点、記号、略語、大文字使用法、数字なども含め、情報源の表示を#1.10～#1.10.11別法に従って記録する。

#2.10.0.4.1 サブシリーズ
サブシリーズがある場合は、シリーズとサブシリーズの関係が分かるように記録する。また、サブシリーズが複数あり、その間に上位・下位の関係がある場合は、その関係が分かるように記録する。

#2.10.0.4.2 複数のシリーズ
記述対象が複数のシリーズに属する場合は、シリーズ表示ごとに、#2.10.1～#2.10.16に従って記録する。

　　　　現代俳句選集
　　　　河叢書

記述対象の個々の部分が異なるシリーズに属し、かつその関係をシリーズ表示において的確に記録できない場合は、シリーズに関する具体的な情報を注記として記録する。
（参照：#2.41.10.2.1を見よ。）

#2.10.0.5 複製
複製については、原資料のシリーズ表示ではなく、複製自体のシリーズ表示を記録する。原

第2章　体現形

資料のシリーズ表示が、資料自体に表示されている場合は、関連する体現形のシリーズ表示として記録する。
（参照：#2.0.4、#43.3を見よ。）

#2.10.0.6　変化

複数巻単行資料、逐次刊行物または更新資料においては、シリーズ表示に変化、追加または削除が生じることがある。

複数巻単行資料または逐次刊行物では、シリーズ表示に変化または追加が生じた場合は、そのシリーズ表示を追加して記録する。変化または追加をシリーズ表示の中で的確に記録できず、かつ識別またはアクセスに重要な場合は、変化または追加の旨を注記として記録する。削除が生じ、かつ識別またはアクセスに重要な場合は、削除の旨を注記として記録する。
（参照：#2.41.10.2.3.1を見よ。）

> Routledge-Cavendish questions & answer series
> Routledge questions & answer series
> （後者は途中の巻次2013/2014で変化したシリーズ表示）

更新資料では、シリーズ表示に変化、追加または削除が生じた場合は、最新のイテレーションを反映してシリーズ表示の記録を改める。この場合、識別またはアクセスに重要なときは、変化、追加または削除の旨を注記として記録する。
（参照：#2.41.10.2.3.2を見よ。）

複数のシリーズに属する記述対象については、シリーズごとに上記の規定を適用する。

#2.10.1　シリーズの本タイトル

シリーズの本タイトルは、シリーズ表示のサブエレメントである。

シリーズの本タイトルは、コア・エレメントである。

#2.10.1.1　記録の範囲・情報源

#2.10.1.1.1　記録の範囲

シリーズの本タイトルは、シリーズを識別する主な名称である。

#2.10.1.1.2　情報源

シリーズの本タイトルは、次の優先順位で情報源を選定する。

a)　本タイトルと同一の情報源（参照：#2.1.1.1.2を見よ。ただし、シリーズ・タイトル・ページがある場合は、それを優先する。）

b)　資料自体の他の情報源（#2.0.2.2の優先情報源の優先順と同様の順で選定する。）

c)　資料外の情報源（参照：#2.0.2.3を見よ。）

#2.10.1.2　記録の方法

シリーズの本タイトルは、情報源から#2.1.0.4～#2.1.0.4.4および#2.10.0.4～#2.10.0.4.2に従って記録する。

#2.10　シリーズ表示

　　　角川文庫
　　　Cambridge Middle East studies
　　　日本図書館学講座

#2.10.1.2.1　シリーズの別タイトル
　情報源に表示されているシリーズの別タイトルは、シリーズの本タイトルの一部として扱う。

#2.10.1.2.1　シリーズの別タイトル　別法
　情報源に表示されているシリーズの別タイトルは、シリーズのタイトル関連情報として扱い、シリーズの本タイトルに含めない。

#2.10.1.2.2　複数の言語・文字種による表示
　シリーズの本タイトルが、情報源に複数の言語または文字種で表示されている場合は、#2.1.1.2.6または#2.1.1.2.6別法に従って、選定し、記録する。

#2.10.1.2.3　同一の言語・文字種による複数のタイトル
　情報源に、一つのシリーズに対して、同一の言語および文字種による複数のタイトルが表示されている場合は、#2.1.1.2.7または#2.1.1.2.7別法に従って、シリーズの本タイトルを選定して記録する。

　　　Routledge global institutions series
　　　（シリーズ・タイトル・ページに「Routledge global institutions series」と「Global institutions series」の双方の表示がある。）

#2.10.1.2.4　不可分な一部として含まれるシリーズ内番号
　シリーズ内番号がシリーズの本タイトルに含まれる場合は、その番号をシリーズの本タイトルの一部として記録する。

　　　Proceedings of the seventh invitation symposium

　ただし、複数巻を対象にした包括的記述において、シリーズ内番号がシリーズの本タイトルに含まれ、かつ番号の表示が巻号ごとに異なる場合は、その番号をシリーズの本タイトルに記録せず、省略する。
　省略部分は省略記号（...）で示し、その番号はシリーズ内番号として記録する。
（参照：#2.1.1.2.16、#2.10.8.2を見よ。）

　　　Monograph ... of the American Orthopsychiatric Association

#2.10.1.2.4　不可分な一部として含まれるシリーズ内番号　別法
　シリーズ内番号がシリーズの本タイトルに含まれる場合は、その番号をシリーズの本タイトルの一部として記録する。

　　　Proceedings of the seventh invitation symposium

　ただし、複数巻を対象にした包括的記述において、シリーズ内番号がシリーズの本タイトルに含まれ、かつ番号の表示が巻号ごとに異なる場合は、その番号をシリーズの本タイトルに記

第 2 章　体現形

録せず、省略する。
　＊省略記号は使用せずに、その番号はシリーズ内番号として記録する ＊。
（参照：＃2.1.1.2.16 別法、＃2.10.8.2 を見よ。）
　　　　　　Monograph of the American Orthopsychiatric Association

＃2.10.2　シリーズの並列タイトル
　シリーズの並列タイトルは、シリーズ表示のサブエレメントである。

＃2.10.2.1　記録の範囲・情報源

＃2.10.2.1.1　記録の範囲
　シリーズの並列タイトルは、シリーズの本タイトルとして記録したものと異なる言語および（または）文字種によるタイトルである。

＃2.10.2.1.2　情報源
　シリーズの並列タイトルは、資料自体のどの情報源から採用してもよい。

＃2.10.2.2　記録の方法
　シリーズの並列タイトルは、情報源から＃2.1.2.2 および＃2.10.0.4 ～＃2.10.0.4.2 に従って記録する。
　　　　　　Steuerrechtswissenschaft
　　　　　　（シリーズの本タイトル：税法学）
　　　　　　The galaxy of contemporary Japanese music
　　　　　　（シリーズの本タイトル：現代日本音楽選）

＃2.10.3　シリーズのタイトル関連情報
　シリーズのタイトル関連情報は、シリーズ表示のサブエレメントである。

＃2.10.3.1　記録の範囲・情報源

＃2.10.3.1.1　記録の範囲
　シリーズのタイトル関連情報は、シリーズの本タイトルを限定、説明、補完する表示である。情報源における表示の位置は、シリーズの本タイトルの後に続くものが多いが、その上部や前方の位置に表示されていることもある。
　シリーズに関係する版表示は、シリーズのタイトル関連情報として記録する。

＃2.10.3.1.2　情報源
　シリーズのタイトル関連情報は、シリーズの本タイトルと同一の情報源から採用する。
（参照：＃2.10.1.1.2 を見よ。）

＃2.10.3.2　記録の方法
　シリーズのタイトル関連情報は、情報源から＃2.1.3.2 および＃2.10.0.4 ～＃2.10.0.4.2 に従って記録する。
　　　　　　経済・貿易・産業報告書

　　　　　（シリーズの本タイトル：ARCレポート）
　　　interdisciplinary studies in early modern culture
　　　　　（シリーズの本タイトル：Intersections）

#2.10.3.2.1　複数の言語・文字種による表示
　シリーズのタイトル関連情報が、情報源に複数の言語または文字種で表示されている場合は、シリーズの本タイトルと同一の言語または文字種によるものを記録する。シリーズの本タイトルと同一の言語または文字種による表示がない場合は、最初に表示されているものを記録する。

#2.10.4　シリーズの並列タイトル関連情報
　シリーズの並列タイトル関連情報は、シリーズ表示のサブエレメントである。

#2.10.4.1　記録の範囲・情報源
#2.10.4.1.1　記録の範囲
　シリーズの並列タイトル関連情報は、シリーズのタイトル関連情報として記録したものと異なる言語および（または）文字種による同一内容の表示である。

#2.10.4.1.2　情報源
　シリーズの並列タイトル関連情報は、対応するシリーズの並列タイトルと同一の情報源から採用する。
（参照：#2.10.2.1.2を見よ。）
　対応するシリーズの並列タイトルがない場合は、シリーズの本タイトルと同一の情報源から採用する。
（参照：#2.10.1.1.2を見よ。）

#2.10.4.2　記録の方法
　シリーズの並列タイトル関連情報は、情報源から#2.1.4.2および#2.10.0.4〜#2.10.0.4.2に従って記録する。

　　　　　documentation and interpretation
　　　　　　（シリーズの本タイトル：Schriftenreihe zur Geschichte der Versammlungen deutscher Naturforscher und Ärzte）
　　　　　　（シリーズの並列タイトル：Series on the history of the meetings of German naturalists and physicians）
　　　　　　（シリーズのタイトル関連情報：Dokumentation und Analyse）

#2.10.5　シリーズに関係する責任表示
　シリーズに関係する責任表示は、シリーズ表示のサブエレメントである。

#2.10.5.1　記録の範囲・情報源
#2.10.5.1.1　記録の範囲
　シリーズに関係する責任表示は、責任表示のうち、シリーズに関係する表示である。
（参照：#2.2.0.2を見よ。）

第 2 章　体現形

#2.10.5.1.2　情報源
　シリーズに関係する責任表示は、対応するシリーズの本タイトルと同一の情報源から採用する。
（参照：#2.10.1.1.2を見よ。）

#2.10.5.2　記録の方法
　シリーズに関係する責任表示は、情報源から#2.2.0.4～#2.2.0.4.6および#2.10.0.4～#2.10.0.4.2に従って記録する。

　　　　　　　椎名六郎, 岩猿敏生, 河野徳吉編
　　　　　（シリーズの本タイトル：日本図書館学講座）
　　　　　　　Institute of Archaeology and Paleoenvironmental Studies, University of Florida
　　　　　（シリーズの本タイトル：Monograph）

#2.10.5.2.1　複数の言語・文字種による表示
　シリーズに関係する責任表示が、情報源に複数の言語または文字種で表示されている場合は、シリーズの本タイトルと同一の言語または文字種によるものを記録する。シリーズの本タイトルと同一の言語または文字種による表示がない場合は、最初に表示されているものを記録する。

#2.10.6　シリーズに関係する並列責任表示
　シリーズに関係する並列責任表示は、シリーズ表示のサブエレメントである。

#2.10.6.1　記録の範囲・情報源

#2.10.6.1.1　記録の範囲
　シリーズに関係する並列責任表示は、シリーズに関係する責任表示として記録したものと異なる言語および（または）文字種による表示である。
（参照：#2.2.0.2、#2.10.5.1.1を見よ。）

#2.10.6.1.2　情報源
　シリーズに関係する並列責任表示は、対応するシリーズの並列タイトルと同一の情報源から採用する。
（参照：#2.10.2.1.2を見よ。）
　対応するシリーズの並列タイトルがない場合は、対応するシリーズの本タイトルと同一の情報源から採用する。
（参照：#2.10.1.1.2を見よ。）

#2.10.6.2　記録の方法
　シリーズに関係する並列責任表示は、情報源から#2.2.0.4～#2.2.0.4.6、#2.2.2.2および#2.10.0.4～#2.10.0.4.2に従って記録する。

#2.10.7　シリーズのISSN
　シリーズのISSNは、シリーズ表示のサブエレメントである。

#2.10 シリーズ表示

#2.10.7.1　記録の範囲・情報源
#2.10.7.1.1　記録の範囲
　シリーズのISSNは、ISSN登録機関によってシリーズに付与された識別子である。
#2.10.7.1.2　情報源
　シリーズのISSNは、次の優先順位で情報源を選定する。
　a）　本タイトルと同一の情報源（参照：#2.1.1.1.2を見よ。ただし、シリーズ・タイトル・ページがある場合は、それを優先する。）
　b）　資料自体の他の情報源（#2.0.2.2の優先情報源の優先順と同様の順で選定する。）
　c）　資料外の情報源（参照：#2.0.2.3を見よ。）
#2.10.7.2　記録の方法
　情報源に表示されているとおりに記録する。
　　　　ISSN 0302-9743
#2.10.7.2　記録の方法　任意省略
　サブシリーズのISSNが記述対象に表示されている場合は、シリーズのISSNは省略する。

#2.10.8　シリーズ内番号
　シリーズ内番号は、シリーズ表示のサブエレメントである。
　シリーズ内番号は、コア・エレメントである。
#2.10.8.1　記録の範囲・情報源
#2.10.8.1.1　記録の範囲
　シリーズ内番号は、記述対象のシリーズ内の個々の資料に与えられている番号付けである。この番号は、単独の数字・文字・記号か、またはそれらの組み合わせである。前後にそれを修飾する語句が付いているものもある。
　　　　7
　　　　中
　　　　A
　　　　★★
　　　　D 12
　　　　第2巻
　　　　第3集
　　　　ウ-4-1
　　　　巻の3
　　　　その6
　　　　no. 7
　　　　Bd. 2
#2.10.8.1.2　情報源

第 2 章　体現形

　シリーズ内番号は、資料自体のどの情報源から採用してもよい。
2.10.8.2　記録の方法
　シリーズ内番号は、情報源に表示されているものを、# 1.10 ～ # 1.10.11 別法に従って記録する。また、ハイフンが含まれている場合に、その意味を明確にするために必要なときは、スラッシュに置き換える。
2.10.8.2.1　年月次
　シリーズ内番号が年月次とその細分である番号とから成る場合は、その順に記録する。
（参照：年月次については、# 2.4.0.2 を見よ。）
　　　　　2008, no. 2
　　　　　1997-1
　シリーズ内番号と年月次とが表示されている場合は、その双方を記録する。ただし、出版・頒布・製作・制作の日付は、年月次として扱わない。
　　　　　no. 7
　　　　　2008
2.10.8.2.2　複数の言語・文字種による表示
　シリーズ内番号が、情報源に複数の言語または文字種で表示されている場合は、シリーズの本タイトルと同一の言語または文字種によるものを記録する。シリーズの本タイトルと同一の言語または文字種による表示がない場合は、最初に表示されているものを記録する。
2.10.8.2.3　新しい連番を示す語句
　シリーズ内番号に従前と同じ付番方式による新しい連番が開始され、かつ以前の連番と区別するための「第 2 期」などの語句を伴う場合は、それをもあわせて記録する。
　　　　　第 2 期 3
　　　　　new series, 196
　従前の連番と区別するための語句を伴わない場合は、適切な語句を付加する。この場合、その語句が情報源に表示されていないことを、注記および（または）その他の方法（コーディングや角がっこの使用など）で示す。
（参照：# 2.10.9.2.1 を見よ。）
　　　　　［第 2 次］1
　　　　　［new series］, no. 1
2.10.8.2.4　複数の付番方式
　シリーズ内番号に同時に複数の付番方式が用いられている場合は、表示されている順に記録する。
2.10.8.2.5　複数巻のシリーズ内番号
2.10.8.2.5 A　複数巻単行資料

— 212 —

＃2.10　シリーズ表示

　複数巻を対象にした包括的記述において、各巻に付されたシリーズ内番号が連続している場合は、最初と最後の番号をハイフンで結んで記録する。シリーズ内番号が連続していない場合は、すべての番号を記録する。

　　　　10-12
　　　　第417, 419, 421-423号

＃2.10.8.2.5 B　逐次刊行物

　記述対象とする逐次刊行物の各巻号に、全体を通して同じシリーズ内番号が付されている場合に限って記録する。

　　　　207
　　　　（逐次刊行物が属するシリーズの本タイトル：精選近代文芸雑誌集）

＃2.10.9　サブシリーズの本タイトル

　サブシリーズの本タイトルは、シリーズ表示のサブエレメントである。
　サブシリーズの本タイトルは、コア・エレメントである。

＃2.10.9.1　記録の範囲・情報源

＃2.10.9.1.1　記録の範囲

　サブシリーズの本タイトルは、サブシリーズを識別する主な名称である。
　サブシリーズか別のシリーズか判断できない場合は、別のシリーズとして扱う。
（参照：＃2.10.0.4.1、＃2.10.0.4.2を見よ。）

＃2.10.9.1.2　情報源

　サブシリーズの本タイトルは、次の優先順位で情報源を選定する。

　a）　本タイトルと同一の情報源（参照：＃2.1.1.1.2を見よ。ただし、シリーズ・タイトル・ページがある場合は、それを優先する。）
　b）　資料自体の他の情報源（＃2.0.2.2の優先情報源の優先順と同様の順で選定する。）
　c）　資料外の情報源（参照：＃2.0.2.3を見よ。）

＃2.10.9.2　記録の方法

　サブシリーズの本タイトルは、情報源から＃2.10.0.4～＃2.10.0.4.1および＃2.10.1.2～＃2.10.1.2.4別法に従って記録する。

　　　　スポーツ・ビギニング・シリーズ
　　　　　（シリーズの本タイトル：スポーツ叢書）
　　　　声楽編
　　　　　（シリーズの本タイトル：世界大音楽全集）
　　　　新書東洋史
　　　　中国の歴史
　　　　　（シリーズの本タイトル：講談社現代新書）

＃2.10.9.2.1　「第2期」、「new series」等

第 2 章　体現形

シリーズが番号付けされておらず、「第 2 期」、「new series」等が情報源に表示されている場合は、それをサブシリーズの本タイトルとして記録する。

> 第 2 期
> （シリーズの本タイトル：アジアにおける日本の軍・学校・宗教関係資料。このシリーズにシリーズ内番号はない。）

シリーズが番号付けされていて、「第 2 期」、「new series」等が情報源に表示されている場合は、それをシリーズ内番号の一部として記録する。
（参照：＃2.10.8.2.3 を見よ。）

＃2.10.9.2.2　サブシリーズの巻次

サブシリーズが巻次のみから成り、タイトルがない場合は、巻次をサブシリーズの本タイトルとして記録する。

> Series 3

サブシリーズが巻次とタイトルから成る場合は、両者の対応関係を維持するように、巻次に続けてタイトルを記録する。

> A, 物理統計
> （シリーズの本タイトル：農業技術研究所報告）

＃2.10.9.2.3　複数の言語・文字種による表示

サブシリーズの本タイトルが、情報源に複数の言語または文字種で表示されている場合は、シリーズの本タイトルと同一の言語または文字種によるものを記録する。シリーズの本タイトルと同一の言語または文字種による表示がない場合は、最初に表示されているものを記録する。

＃2.10.10　サブシリーズの並列タイトル

サブシリーズの並列タイトルは、シリーズ表示のサブエレメントである。

＃2.10.10.1　記録の範囲・情報源

＃2.10.10.1.1　記録の範囲

サブシリーズの並列タイトルは、サブシリーズの本タイトルとして記録したものと異なる言語および（または）文字種によるタイトルである。

＃2.10.10.1.2　情報源

サブシリーズの並列タイトルは、資料自体のどの情報源から採用してもよい。

＃2.10.10.2　記録の方法

サブシリーズの並列タイトルは、情報源から＃2.1.2.2 および＃2.10.0.4～＃2.10.0.4.2 に従って記録する。

> MEIS series
> （シリーズの本タイトル：イスラム文化研究）
> （サブシリーズの本タイトル：中東イスラーム研究シリーズ）
> （シリーズの並列タイトル：Studia culturae Islamicae）

#2.10 シリーズ表示

#2.10.11 サブシリーズのタイトル関連情報
　サブシリーズのタイトル関連情報は、シリーズ表示のサブエレメントである。
#2.10.11.1 記録の範囲・情報源
#2.10.11.1.1 記録の範囲
　サブシリーズのタイトル関連情報は、サブシリーズの本タイトルを限定、説明、補完する表示である。情報源における表示の位置は、サブシリーズの本タイトルの後に続くものが多いが、その上部や前方の位置に表示されていることもある。
#2.10.11.1.2 情報源
　サブシリーズのタイトル関連情報は、サブシリーズの本タイトルと同一の情報源から採用する。
（参照：#2.10.9.1.2を見よ。）
#2.10.11.2 記録の方法
　サブシリーズのタイトル関連情報は、情報源から#2.1.3.2および#2.10.0.4～#2.10.0.4.2に従って記録する。
#2.10.11.2.1 複数の言語・文字種による表示
　サブシリーズのタイトル関連情報が、情報源に複数の言語または文字種で表示されている場合は、サブシリーズの本タイトルと同一の言語または文字種によるものを記録する。サブシリーズの本タイトルと同一の言語または文字種による表示がない場合は、最初に表示されているものを記録する。

#2.10.12 サブシリーズの並列タイトル関連情報
　サブシリーズの並列タイトル関連情報は、シリーズ表示のサブエレメントである。
#2.10.12.1 記録の範囲・情報源
#2.10.12.1.1 記録の範囲
　サブシリーズの並列タイトル関連情報は、サブシリーズのタイトル関連情報として記録したものと異なる言語および（または）文字種による同一内容の表示である。
#2.10.12.1.2 情報源
　サブシリーズの並列タイトル関連情報は、対応するサブシリーズの並列タイトルと同一の情報源から採用する。
（参照：#2.10.10.1.2を見よ。）
　対応するサブシリーズの並列タイトルがない場合は、サブシリーズの本タイトルと同一の情報源から採用する。
（参照：#2.10.9.1.2を見よ。）
#2.10.12.2 記録の方法
　サブシリーズの並列タイトル関連情報は、#2.1.4.2および#2.10.0.4～#2.10.0.4.2に従っ

第 2 章　体現形

て記録する。

#2.10.13　サブシリーズに関係する責任表示

　サブシリーズに関係する責任表示は、シリーズ表示のサブエレメントである。

#2.10.13.1　記録の範囲・情報源

#2.10.13.1.1　記録の範囲

　サブシリーズに関係する責任表示は、責任表示のうち、サブシリーズに関係する表示である。
(参照：#2.2.0.2を見よ。)

#2.10.13.1.2　情報源

　サブシリーズに関係する責任表示は、対応するサブシリーズの本タイトルと同一の情報源から採用する。
(参照：#2.10.9.1.2を見よ。)

#2.10.13.2　記録の方法

　サブシリーズに関係する責任表示は、情報源から#2.2.0.4～#2.2.0.4.6および#2.10.0.4～#2.10.0.4.2に従って記録する。

#2.10.13.2.1　複数の言語・文字種による表示

　サブシリーズに関係する責任表示が、情報源に複数の言語または文字種で表示されている場合は、サブシリーズの本タイトルと同一の言語または文字種によるものを記録する。シリーズの本タイトルと同一の言語または文字種による表示がない場合は、最初に表示されているものを記録する。

#2.10.14　サブシリーズに関係する並列責任表示

　サブシリーズに関係する並列責任表示は、シリーズ表示のサブエレメントである。

#2.10.14.1　記録の範囲・情報源

#2.10.14.1.1　記録の範囲

　サブシリーズに関係する並列責任表示は、サブシリーズに関係する責任表示として記録したものと異なる言語および（または）文字種による表示である。
(参照：#2.2.0.2、#2.10.13.1.1を見よ。)

#2.10.14.1.2　情報源

　サブシリーズに関係する並列責任表示は、対応するサブシリーズの並列タイトルと同一の情報源から採用する。
(参照：#2.10.10.1.2を見よ。)
　対応するサブシリーズの並列タイトルがない場合は、サブシリーズの本タイトルと同一の情報源から採用する。
(参照：#2.10.9.1.2を見よ。)

#2.10.14.2　記録の方法

#2.10 シリーズ表示

　サブシリーズに関係する並列責任表示は、#2.2.0.4～#2.2.0.4.6、#2.2.2.2および#2.10.0.4～#2.10.0.4.2に従って記録する。

#2.10.15　サブシリーズのISSN
　サブシリーズのISSNは、シリーズ表示のサブエレメントである。

#2.10.15.1　記録の範囲・情報源

#2.10.15.1.1　記録の範囲
　サブシリーズのISSNは、ISSN登録機関によってサブシリーズに付与された識別子である。

#2.10.15.1.2　情報源
　サブシリーズのISSNは、次の優先順位で情報源を選定する。
　a)　本タイトルと同一の情報源（参照：#2.1.1.1.2を見よ。ただし、シリーズ・タイトル・ページがある場合は、それを優先する。）
　b)　資料自体の他の情報源（#2.0.2.2の優先情報源の優先順と同様の順で選定する。）
　c)　資料外の情報源（参照：#2.0.2.3を見よ。）

#2.10.15.2　記録の方法
　情報源に表示されているとおりに記録する。
　　　　　ISSN 1871-4668
　サブシリーズのISSNを記録する場合は、シリーズのISSNを省略することができる。
（参照：#2.10.7.2任意省略を見よ。）

#2.10.16　サブシリーズ内番号
　サブシリーズ内番号は、シリーズ表示のサブエレメントである。
　サブシリーズ内番号は、コア・エレメントである。

#2.10.16.1　記録の範囲・情報源

#2.10.16.1.1　記録の範囲
　サブシリーズ内番号は、記述対象のサブシリーズ内の個々の資料に与えられている番号付けである。この番号は、単独の数字・文字・記号か、またはそれらの組み合わせである。前後にそれを修飾する語句が付いているものもある。

#2.10.16.1.2　情報源
　サブシリーズ内番号は、資料自体のどの情報源から採用してもよい。

#2.10.16.2　記録の方法
　サブシリーズ内番号は、情報源から#2.10.8.2～#2.10.8.2.5Bに従って記録する。
　　　　　1
　　　　　（サブシリーズの本タイトル：シリーズ選書日本中世史）
　　　　　（シリーズの本タイトルとシリーズ内番号：講談社選書メチエ；467）
　　　　　第97巻

第 2 章　体現形

　　　　（サブシリーズの本タイトル：言語編）
　　　　（シリーズの本タイトル：ひつじ研究叢書）

#2.10.16.2.1　複数の言語・文字種による表示

サブシリーズ内番号が、情報源に複数の言語または文字種で表示されている場合は、サブシリーズの本タイトルと同一の言語または文字種によるものを記録する。サブシリーズの本タイトルと同一の言語または文字種による表示がない場合は、最初に表示されているものを記録する。

#2.11　下位レベルの記録

内容細目などの下位レベルの記録については、体現形間の関連として扱う。
(参照：#43.3を見よ。)

#2.12　刊行方式

刊行方式は、エレメントである。

#2.12.1　記録の範囲

刊行方式は、体現形の刊行単位、継続性、更新の有無などによる、刊行形態の区分である。

#2.12.2　情報源

刊行方式は、資料自体に基づいて記録する。さらに必要がある場合は、資料外のどの情報源に基づいて記録してもよい。
(参照：資料自体の範囲については、#2.0.2.1を見よ。)

#2.12.3　記録の方法

刊行方式は、表2.12.3の用語を使用して記録する。目録用言語として英語を用いる場合は、表中の英語の用語を用いる。複数の刊行方式が該当する場合は、それらをすべて記録する。

表2.12.3　刊行方式を示す用語

単巻資料　single unit 　物理的に単一のユニットとして刊行される資料（例えば、1冊のみの単行資料）。無形資料の場合は、論理的に単一のユニットとして刊行される資料（例えば、ウェブに掲載されたPDFファイル）。
複数巻単行資料　multipart monograph 　同時に、または継続して刊行される複数の部分から成る資料で、一定数の部分により完結する、または完結することを予定するもの（例えば、2巻から成る辞書、1セットとして刊行された3巻から成るオーディオカセット）。
逐次刊行物　serial 　終期を予定せず、部分に分かれて継続して刊行され、通常はそれぞれに順序表示がある資料（例えば、定期刊行物、モノグラフ・シリーズ、新聞）。刊行期間は限定されているが、部分に分かれて定期または不定期に継続して刊行され、順序表示があるなど、逐次刊行物としての特徴を備えた資料（例えば、特定のイベントに関するニュースレター）や逐次刊行物の複製をも含む。

#2.12 刊行方式

> 更新資料　integrating resource
> 　追加、変更などによって更新されるが、一つの刊行物としてのまとまりは維持される資料。更新前後の資料は、別個の資料として存在するのではなく、更新箇所が全体に統合される。ページを差し替えることにより更新されるルーズリーフ形式のマニュアル、継続的に更新されるウェブサイトなど。

#2.13　刊行頻度

刊行頻度は、エレメントである。

#2.13.1　記録の範囲

刊行頻度は、逐次刊行物の各巻号の刊行の間隔、または更新資料の更新の間隔を表すものである。

#2.13.2　情報源

刊行頻度は、どの情報源に基づいて記録してもよい。

#2.13.3　記録の方法

刊行頻度が判明している場合は、表2.13.3の用語を使用して記録する。目録用言語として英語を用いる場合は、表中の英語の用語を用いる。

表2.13.3　刊行頻度を示す用語

日刊	daily
週3回刊	three times a week
週2回刊	semiweekly
週刊	weekly
旬刊	three times a month
隔週刊	biweekly
月2回刊	semimonthly
月刊	monthly
隔月刊	bimonthly
季刊	quarterly
年3回刊	three times a year
年2回刊	semiannual
年刊	annual
隔年刊	biennial
3年1回刊	triennial
不定期刊	irregular

表2.13.3に適切な用語がない場合は、刊行頻度の詳細を注記として記録する。
（参照：#2.41.11.2.1を見よ。）

第 2 章 体現形

#2.13.3 記録の方法 別法
　刊行頻度が判明している場合は、表 2.13.3 の用語を使用して記録する。目録用言語として英語を用いる場合は、表中の英語の用語を用いる。
　＊表 2.13.3 に適切な用語がない場合は、データ作成機関が刊行頻度を示す簡略な用語を定めて記録する。
　　　　　　年 8 回刊
　刊行頻度の詳細は、注記として記録する＊。
（参照：#2.41.11.2.1 を見よ。）

#2.13.4 変化
　刊行頻度に変化が生じた場合は、その旨を注記として記録する。
（参照：#2.41.11.2.2 を見よ。）

＜#2.14 ～ #2.33 キャリアに関する情報＞

#2.14 キャリアに関する情報

#2.14.0 通則

#2.14.0.1 記録の目的
　キャリアに関する情報は、記述対象を物理的側面から識別する上で重要である。利用者のニーズに合致する体現形を選択し、利用するために使用される。また、記述対象の管理・保全にも重要である。

#2.14.0.2 記録の範囲
　キャリアに関する情報は、記述対象の物理的側面に関する情報である。可視のものだけではなく、不可視のものもある。
　キャリアに関する情報には、次のエレメントがある。

　　a）　機器種別（参照：#2.15 を見よ。）
　　b）　キャリア種別（参照：#2.16 を見よ。）
　　c）　数量（参照：#2.17 を見よ。）
　　d）　大きさ（参照：#2.18 を見よ。）
　　e）　基底材（参照：#2.19 を見よ。）
　　f）　付加材（参照：#2.20 を見よ。）
　　g）　マウント（参照：#2.21 を見よ。）
　　h）　制作手段（参照：#2.22 を見よ。）
　　i）　世代（参照：#2.23 を見よ。）
　　j）　レイアウト（参照：#2.24 を見よ。）
　　k）　書型・判型（参照：#2.25 を見よ。）
　　l）　フォント・サイズ（参照：#2.26 を見よ。）

#2.14 キャリアに関する情報

m) 極性（参照：#2.27を見よ。）
n) 縮率（参照：#2.28を見よ。）
o) 録音の特性（参照：#2.29を見よ。）
p) 映画フィルムの映写特性（参照：#2.30を見よ。）
q) ビデオの特性（参照：#2.31を見よ。）
r) デジタル・ファイルの特性（参照：#2.32を見よ。）
s) 装置・システム要件（参照：#2.33を見よ。）

これらのうち、キャリア種別および数量は、コア・エレメントである。

機器種別、キャリア種別、数量は、すべての種類のキャリアについて記録する。大きさは、オンライン資料を除くすべての種類のキャリアについて記録する。その他のエレメントは、基本的に記述対象のキャリアが該当する場合に限って記録する。

#2.14.0.3 情報源

キャリアに関する情報は、資料自体に基づいて記録する。さらに識別または選択に重要な情報がある場合は、資料外のどの情報源に基づいて記録してもよい。
（参照：資料自体の範囲については、#2.0.2.1を見よ。）

#2.14.0.4 記録の方法

キャリアに関する情報は、#1.9c)～e)に従って記録する。

ある著作に対して、相互に異なるキャリアによって体現形が複数存在することがある。その場合は、記述対象のキャリアについて記録する。
（参照：異なるキャリアとの関連の記録については、#43.3を見よ。）

#2.14.0.4.1 複数のキャリア種別から成る体現形

複数のキャリア種別から成る体現形を包括的に記述する場合は、記述対象の特徴と記録の必要に応じて、次のいずれかの方法を適用する。
（参照：コレクションの数量については、#2.17.0.2.6を見よ。）
（参照：付属資料のキャリアに関する情報については、#43.3を見よ。）

a) キャリア種別ごとに、キャリア種別と数量を記録し、必要に応じてその他のエレメントも対応させて記録する。

（参照：#2.16～#2.33を見よ。）

　　【キャリア種別】　　コンピュータ・ディスク
　　【数量】　　　　　　コンピュータ・ディスク1枚
　　【キャリア種別】　　オーディオ・ディスク
　　【数量】　　　　　　オーディオ・ディスク1枚
　　【キャリア種別】　　冊子
　　【数量】　　　　　　2冊
　　（コンピュータ・ディスク、オーディオ・ディスク各1枚と冊子2冊から成る記述対象について、

第 2 章　体現形

　　　　　　　　　　キャリア種別と数量のみを記録する場合）
　　　　　　【キャリア種別】　　コンピュータ・ディスク
　　　　　　【数量】　　　　　　コンピュータ・ディスク 1 枚
　　　　　　【大きさ】　　　　　12 cm
　　　　　　【ファイル種別】　　プログラム・ファイル
　　　　　　【キャリア種別】　　オーディオ・ディスク
　　　　　　【数量】　　　　　　オーディオ・ディスク 1 枚
　　　　　　【大きさ】　　　　　12 cm
　　　　　　【デジタル・コンテンツ・フォーマット】　CD audio
　　　　　　【キャリア種別】　　冊子
　　　　　　【数量】　　　　　　2 冊
　　　　　　【大きさ】　　　　　27 cm
　　　　　　（コンピュータ・ディスク、オーディオ・ディスク各 1 枚と冊子 2 冊から成る記述対象について、
　　　　　　キャリア種別、数量、その他のエレメントを記録する場合）

b) 　多くの異なるキャリア種別から成る体現形について、主なキャリア種別のみを記録し、
　　　包括的な表現で数量を記録する。
　（参照：＃ 2.16.0.2.1 別法、＃ 2.17.0.2.3 を見よ。）

　　　　　　【キャリア種別】　　シート
　　　　　　【数量】　　　　　　各種資料 25 個
　　　　　　（シートをはじめ、様々な種類の 25 個のパーツから成る組み合わせ資料）

　　　識別または選択に重要な場合は、構成の詳細を注記として記録する。
　（参照：＃ 2.42.1.2.1 を見よ。）

＃ 2.14.0.4.1　複数のキャリア種別から成る体現形　任意追加
記述対象が容器に収納されているときは、容器の種類と大きさも記録する。
（参照：＃ 2.18.0.2.2 を見よ。）

　　　　　　【キャリア種別】　　コンピュータ・ディスク
　　　　　　【数量】　　　　　　コンピュータ・ディスク 1 枚
　　　　　　【大きさ】　　　　　12 cm
　　　　　　【ファイル種別】　　プログラム・ファイル
　　　　　　【キャリア種別】　　オーディオ・ディスク
　　　　　　【数量】　　　　　　オーディオ・ディスク 1 枚
　　　　　　【大きさ】　　　　　12 cm
　　　　　　【デジタル・コンテンツ・フォーマット】　CD audio
　　　　　　【キャリア種別】　　冊子
　　　　　　【数量】　　　　　　2 冊
　　　　　　【大きさ】　　　　　27 cm
　　　　　　【大きさ】　　　　　箱 29 × 20 × 11 cm
　　　　　　（コンピュータ・ディスク、オーディオ・ディスク各 1 枚と冊子 2 冊が箱に収納された記述対

#2.14 キャリアに関する情報

象について、キャリア種別、数量、その他のエレメント、容器に関する情報を記録する場合)

#2.14.0.5 複製

複製については、原資料のキャリアではなく、複製自体のキャリアについて記録する。原資料のキャリアについては、関連する体現形のキャリアに関する記録として扱う。
(参照: #43.3を見よ。)

#2.14.0.6 変化

複数巻単行資料、逐次刊行物または更新資料においては、キャリアに変化が生じることがある。
複数巻単行資料または逐次刊行物の刊行途中で次のいずれかの変化が生じた場合は、体現形に対する新規の記述を作成する。

a) 機器種別が変化した場合
b) 逐次刊行物のキャリア種別が、他の種別からオンライン資料に、またはオンライン資料から他の種別に変化した場合

その他の変化が生じた場合は、次のように扱う。

c) 大きさが変化した場合は、#2.18.0.2.5に従って記録する。
d) キャリア種別や#2.19 - #2.33に規定するエレメントに変化が生じた場合は、各エレメントの規定に従って変化後の情報を追加して記録する。記述対象の識別または選択に重要な場合は、変化に関する情報を注記として記録する。

(参照: #2.42.3.2.1、#2.42.3.2.1 任意省略を見よ。)

更新資料の刊行途中で機器種別が変化した場合は、体現形に対する新規の記述を作成する。大きさが変化した場合は、#2.18.0.2.5に従って記録する。キャリア種別や#2.19～#2.33に規定するエレメントに変化が生じた場合は、最新のイテレーションの情報に改める。記述対象の識別または選択に重要な場合は、変化に関する情報を注記として記録する。
(参照: #2.42.3.2.2を見よ。)

< #2.15～#2.33 キャリアに関する情報のエレメント >

#2.15 機器種別

機器種別は、エレメントである。

#2.15.0 通則

#2.15.0.1 記録の範囲

記述対象の内容を利用(表示、再生、実行など)するために必要な機器の種類を示す用語を、機器種別として記録する。

情報源は、#2.14.0.3に従う。

#2.15.0.2 記録の方法

機器種別は、キャリア種別と組み合わせて記録する。
(参照: #2.16.0.2を見よ。)

第 2 章 体現形

機器種別として記録する用語は、表 2.15.0.2 から選択する。目録用言語として英語を用いる場合は、表中の英語の用語を用いる。

  オーディオ
  （音声再生機器が必要な場合）
  機器不用
  （図書など）

表 2.15.0.2　機器種別の用語

映写　projected 　動画または静止画を保持し、映画フィルム・プロジェクター、スライド・プロジェクター、OHPなどの映写機器の使用を想定した体現形に適用する。二次元、三次元いずれの画像も該当する。
オーディオ　audio 　録音音声を保持するなどし、ターンテーブル、オーディオカセット・プレーヤー、CD プレーヤー、MP3 プレーヤーなどの再生機器の使用を想定した体現形に適用する。アナログ方式、デジタル方式いずれの音声も該当する。
顕微鏡　microscopic 　肉眼では見えない微小な対象を見るために、顕微鏡などの機器の使用を想定した体現形に適用する。
コンピュータ　computer 　電子ファイルを保持し、コンピュータの使用を想定した体現形に適用する。コンピュータ・テープ、コンピュータ・ディスクなどにローカル・アクセスする場合と、ファイル・サーバを通じてリモート・アクセスする場合のいずれも該当する。
ビデオ　video 　動画または静止画を保持し、ビデオカセット・プレーヤー、DVD プレーヤーなどの再生機器の使用を想定した体現形に適用する。アナログ方式、デジタル方式いずれの画像も該当する。二次元、三次元いずれの画像も該当する。
マイクロ　microform 　閲覧するために拡大を必要とするマイクロ画像を保持し、マイクロフィルム・リーダー、マイクロフィッシュ・リーダーなどの機器の使用を想定した体現形に適用する。透明、不透明いずれの媒体も該当する。
立体視　stereographic 　三次元効果を与えるように、対をなす静止画によって構成され、ステレオスコープ、立体視ビューワなどの機器の使用を想定した体現形に適用する。
機器不用　unmediated 　機器を使用せず、人間の感覚器官を通して直接認識することを想定した体現形に適用する。印刷、手描き、点字などによって作製された資料、彫刻、模型などの三次元資料が該当する。

該当する機器種別が存在しない場合は、「その他」または「other」と記録する。
該当する機器種別が容易に判明しない場合は、「不明」または「unspecified」と記録する。

2.15.0.2.1　複数の機器種別
複数の機器種別が該当する場合は、それらをすべて記録する。

2.15.0.2.1　複数の機器種別　別法

#2.15　機器種別

＊複数の機器種別が該当する場合は、次のいずれかの機器種別のみを記録する。

a)　記述対象の最も重要な構成要素が該当する機器種別
b)　記述対象の実質的な構成要素（最も重要な構成要素がある場合は、これを含む）が該当するそれぞれの機器種別＊

#2.16　キャリア種別

キャリア種別は、エレメントである。
キャリア種別は、コア・エレメントである。

#2.16.0　通則

#2.16.0.1　記録の範囲

記述対象の内容を記録した媒体およびその形状を示す用語を、キャリア種別として記録する。
情報源は、#2.14.0.3に従う。

#2.16.0.2　記録の方法

キャリア種別として記録する用語は、表2.16.0.2から選択する。目録用言語として英語を用いる場合は、表中の英語の用語を用いる。

　　　　冊子
　　　（図書など）
　　　　オーディオ・ディスク
　　　（音楽CDなど）

表2.16.0.2　キャリア種別の用語

対応する機器種別＊	キャリア種別
映写　projected	トランスペアレンシー　overhead transparency
	スライド　slide
	フィルム・カセット　film cassette
	フィルム・カートリッジ　film cartridge
	フィルムストリップ　filmstrip
	フィルムストリップ・カートリッジ　filmstrip cartridge
	フィルムスリップ　filmslip
	フィルム・リール　film reel
	フィルム・ロール　film roll
オーディオ　audio	オーディオカセット　audiocassette
	オーディオ・カートリッジ　audio cartridge
	オーディオ・シリンダー　audio cylinder
	オーディオ・ディスク　audio disc
	オーディオテープ・リール　audiotape reel
	オーディオ・ロール　audio roll
	サウンドトラック・リール　sound-track reel

第2章 体現形

顕微鏡　microscopic	顕微鏡スライド　microscope slide
コンピュータ　computer	コンピュータ・カード　computer card
	コンピュータ・チップ・カートリッジ　computer chip cartridge
	コンピュータ・ディスク　computer disc
	コンピュータ・ディスク・カートリッジ　computer disc cartridge
	コンピュータ・テープ・カセット　computer tape cassette
	コンピュータ・テープ・カートリッジ　computer tape cartridge
	コンピュータ・テープ・リール　computer tape reel
	オンライン資料　online resource
ビデオ　video	ビデオカセット　videocassette
	ビデオ・カートリッジ　video cartridge
	ビデオディスク　videodisc
	ビデオテープ・リール　videotape reel
マイクロ　microform	アパーチュア・カード　aperture card
	マイクロオペーク　microopaque
	マイクロフィッシュ　microfiche
	マイクロフィッシュ・カセット　microfiche cassette
	マイクロフィルム・カセット　microfilm cassette
	マイクロフィルム・カートリッジ　microfilm cartridge
	マイクロフィルム・スリップ　microfilm slip
	マイクロフィルム・リール　microfilm reel
	マイクロフィルム・ロール　microfilm roll
立体視　stereographic	立体視カード　stereograph card
	立体視ディスク　stereograph disc
機器不用　unmediated	オブジェクト　object
	カード　card
	冊子　volume
	シート　sheet
	フリップチャート　flipchart
	巻物　roll

該当するキャリア種別が存在しない場合は、「その他」または「other」と記録する。

該当するキャリア種別が容易に判明しない場合は、「不明」または「unspecified」と記録する。

* 表2.16.0.2は機器種別とキャリア種別の一般的な対応関係を示したものであり、例外的に、この表に記載されていなくても適切な用語の選択が必要となる場合がある。

　　　　【機器種別】　　オーディオ
　　　　【キャリア種別】　冊子
　　　　（スキャントークリーダーで再生されるバーコードが印刷された冊子体資料）

#2.16 キャリア種別

#2.16.0.2.1　複数のキャリア種別

複数のキャリア種別が該当する場合は、それらをすべて記録する。

#2.16.0.2.1　複数のキャリア種別　別法

＊複数のキャリア種別が該当する場合は、次のいずれかのキャリア種別のみを記録する。
 a)　記述対象の最も重要な構成要素が該当するキャリア種別
 b)　記述対象の実質的な構成要素（最も重要な構成要素がある場合は、これを含む）が該当するそれぞれのキャリア種別＊

#2.17　数量

数量は、エレメントである。

数量は、資料が完結している場合、または総数が判明している場合は、コア・エレメントである。

#2.17.0　通則

#2.17.0.1　記録の範囲

記述対象のユニット数を、キャリアの種類を示す語とともに、数量として記録する。ユニット数に代えてまたはユニット数に加えて、下位ユニット数を記録することがある。

情報源は、#2.14.0.3に従う。

（参照：所要時間については、#5.22を見よ。）

#2.17.0.2　記録の方法

表2.16.0.2の適切なキャリア種別の用語に続けて、ユニット数を記録する。単位を示す助数詞は、キャリア種別に応じて表2.17.0.2の語を用いる。

目録用言語として英語を用いる場合は、ユニット数を記録し、キャリア種別の用語を付加する。

印刷または手書きされている場合、テキストは#2.17.1、楽譜は#2.17.2、地図（三次元の資料を含む）は#2.17.3に従って記録する。静止画は#2.17.4、三次元資料は#2.17.5に従って記録する。

　　　　スライド24枚
　　　　フィルム・リール1巻
　　　　オーディオカセット3巻
　　　　オーディオ・ディスク2枚
　　　　コンピュータ・ディスク5枚
　　　　コンピュータ・ディスク・カートリッジ1個
　　　　ビデオディスク1枚
　　　　アパーチュア・カード25枚
　　　　マイクロフィルム・リール1巻
　　　　カード4枚

第 2 章　体現形

　　　24 slides
　　　1 film reel

オンライン資料の場合は、「オンライン資料 1 件」または「1 online resource」と記録する。
（参照：ファイル・サイズについては、＃2.32.3 を見よ。）

　　　オンライン資料 1 件

表 2.17.0.2　数量に用いる助数詞

機器種別	キャリア種別	用いる助数詞
映写	トランスペアレンシー	枚
	スライド	枚
	フィルム・カセット	巻
	フィルム・カートリッジ	巻
	フィルムストリップ	巻
	フィルムストリップ・カートリッジ	巻
	フィルムスリップ	枚
	フィルム・リール	巻
	フィルム・ロール	巻
オーディオ	オーディオカセット	巻
	オーディオ・カートリッジ	巻
	オーディオ・シリンダー	本
	オーディオ・ディスク	枚
	オーディオテープ・リール	巻
	オーディオ・ロール	巻
	サウンドトラック・リール	巻
顕微鏡	顕微鏡スライド	枚
コンピュータ	コンピュータ・カード	枚
	コンピュータ・チップ・カートリッジ	個
	コンピュータ・ディスク	枚
	コンピュータ・ディスク・カートリッジ	個または枚
	コンピュータ・テープ・カセット	巻
	コンピュータ・テープ・カートリッジ	巻
	コンピュータ・テープ・リール	巻
	オンライン資料	件
ビデオ	ビデオカセット	巻
	ビデオ・カートリッジ	個または枚
	ビデオディスク	枚
	ビデオテープ・リール	巻

#2.17 数量

マイクロ	アパーチュア・カード	枚
	マイクロオペーク	枚
	マイクロフィッシュ	枚
	マイクロフィッシュ・カセット	巻
	マイクロフィルム・カセット	巻
	マイクロフィルム・カートリッジ	巻
	マイクロフィルム・スリップ	枚
	マイクロフィルム・リール	巻
	マイクロフィルム・ロール	巻
立体視	立体視カード	枚
	立体視ディスク	枚
機器不用	オブジェクト	個
	カード	枚
	冊子	冊
	シート	枚
	フリップチャート	組
	巻物	巻または軸

　記述対象のキャリアの種類を示す適切な用語が表2.16.0.2にない場合、または必要に応じて、データ作成機関がキャリアの種類を示す簡略な用語を定め、その用語と適切な助数詞を用いて記録する。

　　　　音帯1本
　　　　　（記述対象は、フィルモンレコード）
　　　　DVD-ROM 1枚
　　　　　（キャリア種別は「コンピュータ・ディスク」）
　　　　VHS 1巻
　　　　　（キャリア種別は「ビデオカセット」）
　　　　フレキシブル・ディスク1枚
　　　　　（キャリア種別は「コンピュータ・ディスク・カートリッジ」）
　　　　UMD 1枚
　　　　　（キャリア種別は「コンピュータ・ディスク・カートリッジ」）
　　　　VHD 1枚
　　　　　（キャリア種別は「ビデオ・カートリッジ」）

#2.17.0.2A　和古書・漢籍
　和古書・漢籍については、数量の単位として「冊」以外の単位も使用できる。
　巻子本および掛物には、「巻」ではなく「軸」を用いる。折本には、「帖」を用いる。一枚ものには「枚」を用いる。畳ものには、「枚」ではなく「舗」を用いる。

第 2 章　体現形

現在のキャリアについて記録し、原装のキャリアについては、必要に応じて注記として記録する。合冊または分冊されて原装の冊数が変化している場合は、必要に応じてその詳細を注記として記録する。
（参照：＃2.42.1.2.6 を見よ。）

＃2.17.0.2.1　下位ユニット

識別または選択に重要な場合に、容易に判明するときは、キャリアの種類を示す用語とユニット数に続けて、下位ユニット数を丸がっこに入れて付加する。表 2.17.0.2.1 に挙げたキャリア種別に該当する場合は、対応する下位ユニットの数量に付加する語を用いる。
（参照：キャリア種別が「冊子」の場合は、＃2.17.1.2.1 を見よ。）

　　　　　トランスペアレンシー 1 枚（5 オーバーレイ）
　　　　　立体視ディスク 1 枚（7 フレーム）
　　　　　1 overhead transparency（5 overlays）
　　　　　1 stereograph disc（7 pairs of frames）

フィルムストリップまたはフィルムスリップは、シングル・フレーム、ダブル・フレームの別とともにフレームの数を記録する。

　　　　　フィルムストリップ 1 巻（ダブル・フレーム 56 フレーム）
　　　　　1 filmstrip（10 double frames）

表 2.17.0.2.1　下位ユニットの数量に付加する語

キャリア種別	下位ユニットの数量に付加する語
トランスペアレンシー　overhead transparency	オーバーレイ　overlay
フィルムストリップ　filmstrip	フレーム　frame
フィルムストリップ・カートリッジ　filmstrip cartridge	フレーム　frame
フィルムスリップ　filmslip	フレーム　frame
ビデオディスク　videodisc　＊	フレーム　frame
立体視カード　stereograph card	フレーム　frame
立体視ディスク　stereograph disc	フレーム　frame
フリップチャート　flipchart	枚　sheet

＊静止画のみで構成されている場合に使用する。

＃2.17.0.2.1A　コンピュータ・ディスク等

記述対象の機器種別が「コンピュータ」の場合に、収録されているファイルが印刷資料、書写資料等に相当し、内容がテキスト、楽譜、地図、静止画のいずれかで構成されるときは、キャリアの種類を示す用語とユニット数に続けて、＃2.17.1～＃2.17.4 に従って、下位ユニット数を記録する。

　　　　　コンピュータ・ディスク 1 枚（地図 150 図）

#2.17 数量

　　　　コンピュータ・ディスク1枚（絵はがき10点）
　　　　オンライン資料1件（275 p）
　　　　オンライン資料1件（ヴォーカル・スコア1部（150 p））
　　　　1 computer disc（184 remote-sensing images）
　　　　1 online resource（68 pages）

　上記に該当しない場合は、ファイル種別を示す用語に続けて、ファイル数に「ファイル」の語を付加して記録する。目録用言語として英語を用いる場合は、ファイル数にファイル種別を示す用語を付加して記録する。ファイル種別を示す用語は、表2.32.1の用語を使用して記録する。

　　　　コンピュータ・ディスク1枚（オーディオ・ファイル1ファイル，ビデオ・ファイル3ファイル）
　　　　1 computer disc（1 audio file, 3 video files）

　下位ユニット数が容易に判明せず、識別または選択に重要な場合は、その詳細を注記として記録する。
（参照：#2.42.1.2.9を見よ。）

#2.17.0.2.1A　コンピュータ・ディスク等　任意追加

　記述対象がプログラム・ファイルおよび（または）データ・ファイルから成る場合は、ファイル数に加えて、必要に応じてステップ数、レコード数も記録する。

　　　　コンピュータ・ディスク1枚（2ファイル：800, 1250レコード）

#2.17.0.2.1B　マイクロフィッシュ、マイクロフィルム

　記述対象がマイクロフィッシュまたはマイクロフィルムの場合に、印刷資料、書写資料等に相当し、内容がテキスト、楽譜、地図、静止画のいずれかで構成されるときは、キャリアの種類を示す用語とユニット数に続けて、#2.17.1〜#2.17.4に従って、下位ユニット数を記録する。

　　　　マイクロフィルム・リール1巻（255 p）
　　　　マイクロフィッシュ1枚（スコア1部（35 p））
　　　　マイクロフィッシュ1枚（地図2図）
　　　　マイクロフィッシュ1枚（ポスター2点）
　　　　1 microfilm reel（255 pages）
　　　　1 microfiche（1 score（35 pages））

　上記に該当しない場合は、フレーム数に「フレーム」または「frames」の語を付加して記録する。

　　　　マイクロフィッシュ1枚（120フレーム）
　　　　1 microfiche（120 frames）

#2.17.0.2.1.1　複数のユニットから成る場合

　複数のユニットから成り、各ユニットが同数の下位ユニットで構成される場合は、「各」の語に続けて、1ユニット当たりの下位ユニット数を記録する。目録用言語として英語を用いる場合は、「each」の語を付加して記録する。

第 2 章　体現形

>フィルムストリップ 8 巻（各ダブル・フレーム 56 フレーム）
>8 filmstrips (56 double frames each)

複数のユニットから成り、各ユニットの下位ユニット数が異なる場合は、下位ユニット数を合計して記録する。

>マイクロフィッシュ 3 枚（135 フレーム）
>（1 枚目と 2 枚目が各 60 フレーム、3 枚目が 15 フレームから成る資料）

#2.17.0.2.2　正確なユニット数が不明な場合

正確な数が容易に判明しない場合は、「約」または「approximately」の語に続けて、概数を記録する。

>スライド 約 600 枚
>approximately 600 slides
>コンピュータ・ディスク 1 枚（地図 約 100 図）

#2.17.0.2.2　正確なユニット数が不明な場合　任意省略

ユニット数が容易に判明しない場合は、キャリアの種類を示す用語と単位を示す助数詞のみを記録する。目録用言語として英語を用いる場合は、キャリアの種類を示す用語のみを記録する。
（参照：キャリア種別が「冊子」の場合は、#2.17.1.2.2 を見よ。）

>スライド 枚
>slides

#2.17.0.2.3　多種類のキャリアから成る場合

多種類のキャリアから成り、種類ごとの記録が困難な場合は、「各種資料」または「various pieces」の語を用いて、キャリア数を包括的に記録する。
（参照：複数のキャリア種別から成る体現形については、#2.14.0.4.1 を見よ。）

>各種資料 25 個
>25 various pieces

識別または選択に重要な場合は、数量の詳細を注記として記録する。
（参照：#2.42.1.2.1 を見よ。）

#2.17.0.2.3　多種類のキャリアから成る場合　任意省略

キャリア数または概数が容易に判明しない場合は、数を省略する。

>各種資料
>various pieces

#2.17.0.2.4　刊行が完結していない資料、全体のユニット数が不明な資料

刊行が完結していない資料、または完結していても全体のユニット数が不明な資料を包括的に記述する場合は、キャリアの種類を示す用語と単位を示す助数詞のみを記録する。目録用言語として英語を用いる場合は、キャリアの種類を示す用語のみを記録する。ユニット数は、刊行が完結し、全体のユニット数が明らかになってから記録する。

#2.17 数量

（参照：キャリア種別が「冊子」の場合は、#2.17.1.2.2を見よ。）

   コンピュータ・ディスク 枚
   computer discs

 複数のユニットから成る予定の資料がまだすべて刊行されていない場合に、今後刊行されないことが明らかなときは、刊行済のユニット数を記録し、これ以上刊行されないことを注記として記録する。
（参照：#2.42.1.2.2を見よ。）

#2.17.0.2.4　刊行が完結していない資料、全体のユニット数が不明な資料　別法

 ＊刊行が完結していない資料、または完結していても全体のユニット数が不明な資料を包括的に記述する場合は、数量を記録しない。ユニット数は、刊行が完結し、全体のユニット数が明らかになってから、キャリアの種類を示す用語と単位を示す助数詞を用いて記録する＊。
（参照：キャリア種別が「冊子」の場合は、#2.17.1.2.2別法を見よ。）

 複数のユニットから成る予定の資料がまだすべて刊行されていない場合に、今後刊行されないことが明らかなときは、刊行済のユニット数を記録し、これ以上刊行されないことを注記として記録する。
（参照：#2.42.1.2.2を見よ。）

#2.17.0.2.5　同一内容の複数セットから成る場合

 同一内容の複数セットから成る場合は、「同一」の語を用いて記録する。目録用言語として英語を用いる場合は、「identical」の語を用いて記録する。

   同一スライド30枚
   （同一のスライド30枚から成る資料）
   同一セット10組（スライド 各12枚）
   （1セットがスライド12枚から成り、10セット同一のものである資料（計120枚））
   30 identical slides
   10 identical sets of 12 slides

#2.17.0.2.6　コレクションを包括的に記述する場合

 コレクションを包括的に記述する場合は、必要に応じて次のいずれかの方法で数量を記録する。

 a)　記述対象、容器、冊子のいずれかの数を記録する。

   235個
   約600個
   5箱
   20冊
   235 items
   5 boxes
   20 volumes

第 2 章　体現形

　　b)　記述対象の収納に必要なスペースを記録する。

　　　　5 m
　　　　（書架上で必要となる幅を記録）
　　　　1 m^3
　　　　20 cm^3

　　c)　記述対象の種類ごとに、それを示す用語とユニットの数を記録する。

　　　　写真 約 150 枚
　　　　製図 50 枚
　　　　模型 6 点
　　　　（写真、製図、模型の 3 種から成るコレクション）

#2.17.0.2.6　コレクションを包括的に記述する場合　任意追加 1

　#2.17.0.2.6a) に従って、容器の数を記録した場合は、それに続けて、記述対象を示す用語と数を丸がっこに入れて付加する。

　　　　3 箱（資料 235 個）
　　　　3 boxes（235 items）

#2.17.0.2.6　コレクションを包括的に記述する場合　任意追加 2

　#2.17.0.2.6b) に従って、記述対象の収納に必要なスペースを記録した場合は、それに続けて、記述対象、容器、冊子のいずれかの数を、丸がっこに入れて付加する。

　　　　5 m（12 箱）
　　　　5 m（12 boxes）

#2.17.0.2.7　資料の部分を分析的に記述する場合

　資料の部分を分析的に記述する場合は、必要に応じて次のいずれかの方法で数量を記録する。

　　a)　#2.17.0.2～#2.17.0.2.4 別法に従って、記述対象となる部分の数量を記録する。

　　　　スライド 10 枚
　　　　238 p

　　b)　記述対象となる部分の、資料全体の中での位置付けを示す順序付け等を記録する。

　　　　　　p 152-215
　　　（参照：#2.17.1.1.8 を見よ。）

＜#2.17.1～#2.17.5　各種の資料の数量＞

#2.17.1　テキストの数量

　テキストから成る印刷資料または書写資料は、挿絵の有無によらず、#2.17.1.1～#2.17.1.5 任意追加に従って、テキストの数量を記録する。

（参照：機器種別が「コンピュータ」の場合は、#2.17.0.2.1A、#2.17.0.2.1A 任意追加を見よ。マイクロフィッシュまたはマイクロフィルムの場合は、#2.17.0.2.1B を見よ。）

#2.17.1.1　冊子 1 冊の資料

#2.17 数量

　冊子1冊の資料は、キャリアの種類を示す用語および冊数は記録せず、ページ数、丁数、枚数、欄数のみを記録する。逐次刊行物は、#2.17.1.2Aまたは#2.17.1.2A別法に従って記録する。

#2.17.1.1.1　ページ数等

　ページ数、丁数、枚数、欄数を、それぞれ「p」、「丁」、「枚」、「欄」の語を付加して記録する。目録用言語として英語を用いる場合は、ページ数には「pages」、」数または枚数には「leaves」、欄数には「columns」の語を用いる。

　　　48 p
　　　30 枚
　　　29 丁
　　　56 欄
　　　48 pages
　　　30 leaves
　　　56 columns

#2.17.1.1.1　ページ数等　別法

　ページ数、丁数、枚数、欄数を、それぞれ「ページ」、「丁」、「枚」、「欄」の語を付加して記録する。目録用言語として英語を用いる場合は、ページ数には「pages」、丁数または枚数には「leaves」、欄数には「columns」の語を用いる。

　　　48 ページ
　　　30 枚
　　　29 丁
　　　56 欄
　　　48 pages
　　　30 leaves
　　　56 columns

#2.17.1.1.1A　初期印刷資料（和古書・漢籍を除く）

　表示されているページ付と形式で、それぞれの一連のページ付を記録する。資料が両面に印刷されているが、ページ付が片面にある場合は、丁数または枚数を「丁」または「枚」の語を付加して記録する。目録用言語として英語を用いる場合は、「leaves」の語を用いる。

　　　90 枚
　　　90 leaves

　識別または選択に重要な場合は、ページ付、白紙の紙葉、またはその他の形態的事項についてさらに詳細な情報を記録する。簡略に記録できない場合は、注記として記録する。
（参照：#2.42.1.2.7を見よ。）

#2.17.1.1.2　数字等

　表示されたページ付の最終数を記録する。語句を用いたページ付の場合は、数字に置き換えて記録する。漢数字は、アラビア数字に置き換えて記録する。

第 2 章　体現形

　　　　238 p
　　　　xcvii p
　　　　30 p
　　　　（「thirty p」とはしない。）
　　　　105 p
　　　　（「一〇五 p」とはしない。）

　最終のページ付の後に内容が表示されたページ等がある場合でも、その部分が重要であるとき、または注記で言及されているページが含まれているときを除いて記録しない。内容が表示されたページでなくても最終のページ付が表示されている場合は、これを記録する。
（参照：ページ付のない部分が含まれている場合は、＃ 2.17.1.1.4 を見よ。）
　数字ではなく文字等を用いたページ付の場合は、先頭と最終の文字等を記録する。
　　　　A-Z p

＃ 2.17.1.1.2　数字等　任意追加

　本文にページ付がない絵本等で、奥付にページ数の表示がある場合は、そのページ数をページ付の最終数とみなして記録する。
　　　　33 p

＃ 2.17.1.1.2　数字等　別法

＊表示されたページ付の最終数をアラビア数字で記録する＊。
　　　　238 p
　　　　97 p
　　　　（ローマ数字でページ数が示され、最終数の表記は「xcvii」）

　最終のページ付の後に内容が表示されたページ等がある場合でも、その部分が重要であるとき、または注記で言及されているページが含まれているときを除いて記録しない。内容が表示されたページでなくても最終のページ付が表示されている場合は、これを記録する。
（参照：ページ付のない部分が含まれている場合は、＃ 2.17.1.1.4 を見よ。）
　数字ではなく文字等を用いたページ付の場合は、先頭と最終の文字等を記録する。
　　　　A-Z p

＃ 2.17.1.1.2　数字等　別法　任意追加

　本文にページ付がない絵本等で、奥付にページ数の表示がある場合は、そのページ数をページ付の最終数とみなして記録する。
　　　　33 p

＃ 2.17.1.1.3　ページ付のない資料

　ページ付のない資料は、次のいずれかの方法で記録する。
　a）　全体のページ数等を数え、そのページ数等の後に「ページ付なし」等を丸がっこに入れて付加する。目録用言語として英語を用いる場合は、「unnumbered」の語を用いる。

#2.17 数量

ページ数等を数える場合、広告など内容にかかわらないものは含めない。

  94 p（ページ付なし）

  94 unnumbered pages

b) ページ数等の概数を記録する。

  約 300 p

  approximately 300 pages

c) 「1 冊」と記録し、「ページ付なし」等を丸がっこに入れて付加する。目録用言語として英語を用いる場合は、「1 volume（unpaged）」と記録する。

  1 冊（ページ付なし）

  1 冊（丁付なし）

  1 volume（unpaged）

#2.17.1.1.4　複数のページ付

　ページ付が複数に分かれた資料は、ページ付ごとにコンマで区切って記録する。ページ付のない部分が含まれている場合に、その部分が重要であるとき、または注記で言及されているページ付が含まれているときは、ページ数等を数え「ページ付なし」等を丸がっこに入れて付加する。目録用言語として英語を用いる場合は、「unnumbered」の語を用いる。

  22, 457, 64 p

  xvii, 530 p

  30 p, 120 枚

  18（ページ付なし），220, 25 p

  22, 457, 64 pages

  xvii, 530 pages

  30 pages, 120 leaves

  18 unnumbered pages, 220, 25 pages

　ページ付のない部分のうち、広告など内容にかかわらないものは含めない。

　一連のページ付の途中で番号の表示方法に変更がある場合は、新たな種類のページ付とは見なさず、最終数のみを記録する。

  457 p

  （i-xv ページにローマ数字、16-457 ページにアラビア数字が用いられている。）

#2.17.1.1.4 A　初期印刷資料（和古書・漢籍を除く）

　ページ付が複数に分かれている場合は、ページ付ごとにコンマで区切って記録する。ページ付のない部分が含まれている場合は、ページ付のない部分のページ等を数え「ページ付なし」等を丸がっこに入れて付加する。目録用言語として英語を用いる場合は、「unnumbered」の語を用いる。

  12 unnumbered pages, 72 pages, 10 unnumbered pages, 48 pages, 6 unnumbered pages, 228 pages, 16 unnumbered pages

第 2 章　体現形

>　91 leaves, 1 unnumbered leaf
>　（最後の一枚にページ付がない場合）

　白紙ページ等の内容にかかわらないものが、テキストと同じ一連のページ付のある部分に含まれる場合、または、テキストも含まれる折丁の先頭または最終ページに印刷されていたり、連続した記号がついた別の折丁に印刷されていたりする場合に、簡略に記録できるときは、そのページ付を記録する。または注記として記録する。
（参照：＃2.42.1.2.7 を見よ。）

>　40 leaves, 8 unnumbered pages

　一連のページ付の途中で番号の表示方法に変更がある場合は、表示されているとおりにページ付を記録する。

>　xii pages, 1 unnumbered page, 14-176 pages
>　（先頭の 12 ページがローマ数字の小文字で表示され、白紙の 1 ページを挟んだ後に残りのページ付がアラビア数字で表示されている場合）

#2.17.1.1.5　複雑または不規則なページ付

　ページ付が複雑または不規則な場合は、次のいずれかの方法で記録する。

　a)　総数を記録し、「各種ページ付あり」、「各種番号付あり」等を丸がっこに入れて付加する。目録用言語として英語を用いる場合は、「in various pagings」等の語を用いる。白紙ページや、広告など内容にかかわらないものは含めない。

>　500 p（各種ページ付あり）
>　500 pages in various pagings
>　100 丁（各種丁付あり）

　b)　中心的な部分のページ付を記録し、続けて残りの部分の総数を記録する。「各種ページ付あり」等を丸がっこに入れて付加する。目録用言語として英語を用いる場合は、「variously numbered」等の語を用いる。

>　234 p, ほかに 266 p（各種ページ付あり）
>　234 pages, 266 variously numbered pages

　c)　「1 冊（各種ページ付あり）」等または「1 volume (various pagings)」と記録する。

#2.17.1.1.5A　初期印刷資料（和古書・漢籍を除く）

　表示されている形式および一連のまとまりごとに、ページ付を記録する。

>　12 unnumbered leaves, 74 leaves, 32 unnumbered leaves, 62 columns, 9 unnumbered pages

#2.17.1.1.6　誤解の恐れのあるページ付

　1 ページおきにページ付がある場合や、最後のページ付が誤植である場合など、最後のページ付が、資料の数量について誤解を与える恐れのある場合は、「正しくは」の語に続けて正しい最終数を丸がっこに入れて付加する。目録用言語として英語を用いる場合は、「that is」の語を用いる。

#2.17 数量

　　　　48（正しくは 96）p
　　　　48 leaves, that is, 96 pages
　　　　（紙葉の両面にテキストが表示されている。）
　　　　329（正しくは 392）p
　　　　329, that is, 392 pages
　　　　（「392」となるべき最終数のページ付が「329」と誤植されている。）

2.17.1.1.7　不完全な資料

　冊子の最終部分が欠落していて、全体のページ数等が確認できない場合は、確認できるページ付の最終数を記録し、「欠落あり」または「incomplete」を丸がっこに入れて付加する。
（参照：#3.7.1 を見よ。）

　　　　254 p（欠落あり）
　　　　254 pages（incomplete）

　冊子の最初と最後のページ付が部分的に欠落していると思われる場合に、全体のページ数等が確認できないときは、その最初と最後のページ付をハイフンで結んで記録し、その旨を注記として記録する。
（参照：#3.7.1 を見よ。）

　　　　p 9-160
　　　　leaves 81-149

2.17.1.1.8　途中から始まるページ付

　全体が一連のページ付となっているセットの1冊や抜刷などのように、包括的な一連のページ付の途中から始まっているページ付は、その最初と最後のページ付をハイフンで結んで記録する。

　　　　p 362-734
　　　　pages 362-734

　全体の一部が記述対象である場合に、その部分自体のページ付と全体のページ付の双方があるときは、部分のページ付を記録する。必要に応じて、全体のページ付を注記する。
（参照：#2.42.1.2.3 を見よ。）

2.17.1.1.9　図版

　図版が本文のページ付に含まれない場合は、それが一箇所にまとめられているか、資料全体に分散しているかを問わず、#2.17.1.1.9.1、#2.17.1.1.9.2 に従って、そのページ数等を記録する。

　図版のページ付が複雑または不規則な場合は、#2.17.1.1.5 のいずれかの方法で記録する。

2.17.1.1.9.1　ページ付のある図版

　本文のページ付に続けて「図版」または「plates」の語を用いて、#2.17.1.1.2 または#2.17.1.1.2 別法に従って、その最終ページ数等を記録する。

第 2 章　体現形

> 246 p, 図版 32 p
> xiv, 145 p, 図版 10 枚, 図版 xiii p
> 246 pages, 32 pages of plates
> xiv, 145 pages, 10 leaves of plates, xiii pages of plates

　数字ではなく文字等を用いたページ付の場合は、「図版」または「plates」の語を用いて先頭と最終の文字等を記録する。

> A-J p, 図版 a-f p
> xii, 125 pages, A-J pages of plates
> 601 pages, A 1-A 8, B 1-B 12 pages of plates

　語を用いたページ付の場合は、「図版」または「plates」の語を用いて、＃2.17.1.1.2 または＃2.17.1.1.2 別法に従って記録する。

> 40 p, 図版 5 p
> 40 pages, 5 pages of plates
> （ページ数がそれぞれ「forty」「five」と語で表記されている）

　図版が、丁付けされた紙葉の両面に表示されている場合は、＃2.17.1.1.6 に従って記録するか、または注記として記録する。
（参照：＃2.42.1.2.9 を見よ。）

＃2.17.1.1.9.2　ページ付のない図版

　ページ付のない図版が資料の大部分を占める場合、注記で言及されている図版にページ付がない場合、または識別または選択に重要な場合は、「図版」の語を用いて、図版のページ数等を記録し、「ページ付なし」等を丸がっこに入れて付加する。目録用言語として英語を用いる場合は、「unnumbered」および「plates」の語を用いる。

> 10 p（ページ付なし），図版 16 p（ページ付なし）
> xvi, 249 p, 図版 12 枚（ページ付なし）
> 10 unnumbered pages, 16 unnumbered pages of plates
> xvi, 249 pages, 12 unnumbered leaves of plates

　正確な数が容易に判明しない場合は、概数を記録する。

＃2.17.1.1.10　折り込まれた紙葉

　紙葉が折り込まれている場合は、「折り込み」を丸がっこに入れて付加する。目録用言語として英語を用いる場合は、「folded」の語を用いる。

> 96 枚（折り込み）
> 150 p, 図版 30 枚（一部折り込み）
> 96 folded leaves
> 150 pages, 30 leaves of plates（some folded）

＃2.17.1.1.11　袋綴じの紙葉

　袋綴じの紙葉にページ数、丁数、枚数、欄数が表示されている場合は、最終数を記録する。

それらの表示がない場合は、紙葉1枚をもって2ページと数える。

＃2.17.1.1.12　重複したページ付
複数言語のテキスト等でページ付が重複している場合は、各ページ付を記録し、重複について注記として記録する。

   60, 60 p
    （見開きの左ページが英語、右ページが日本語で、言語ごとのページ付がある。）

（参照：＃2.42.1.2.4を見よ。）

＃2.17.1.1.13　左右両側からのページ付
ページ付が左右両側からある場合は、優先情報源として選択したタイトル・ページのある側から、すべてのページ付を記録する。

   234, 78 p
    （タイトル・ページのある右側から縦書きで234ページ、左側から横書きで78ページのページ付がある。）

＃2.17.1.2　複数の冊子から成る資料
複数の冊子から成る資料は、「冊」または「volumes」の語を用いて冊数を記録する。

   5冊
   5 volumes

＃2.17.1.2A　刊行が完結した逐次刊行物
刊行が完結した逐次刊行物は、冊数を記録する。

＃2.17.1.2A　刊行が完結した逐次刊行物　別法
＊刊行が完結した逐次刊行物は、物理的な冊数の代わりに、順序表示に従って、書誌的巻数を記録する＊。

（参照：逐次刊行物の順序表示については、＃2.4を見よ。）

＃2.17.1.2.1　下位ユニット
必要に応じて、下位ユニットとして、ページ数等を＃2.17.1.1～＃2.17.1.1.13に従って記録する。

複数の冊子に連続したページ付がある場合は、下位ユニットとして、全体のページ数等を記録する。

   3冊（800 p）
   3 volumes（800 pages）

複数の冊子にそれぞれ独立したページ付がある場合は、下位ユニットとして各冊のページ数等を記録する。

   2冊（329; 412 p）
   2 volumes（329; 412 pages）

＃2.17.1.2.2　刊行が完結していない資料、全体の冊数が不明な資料

第 2 章 体現形

　刊行が完結していない資料、または完結していても全体の冊数が不明な資料を包括的に記述する場合は、「冊」または「volumes」の語のみを記録する。
（参照：加除式資料については、#2.17.1.3を見よ。）
　　　　　　　冊
　　　　　　　volumes
　複数の冊子から成る予定の資料がまだすべて刊行されていない場合に、今後刊行されないことが明らかなときは、「冊」または「volumes」の語を用いて刊行済の冊数を記録し、これ以上刊行されないことを注記として記録する。
（参照：#2.42.1.2.2を見よ。）

#2.17.1.2.2　刊行が完結していない資料、全体の冊数が不明な資料　別法
　刊行が完結していない資料、または完結していても全体の冊数が不明な資料を包括的に記述する場合は、数量を記録しない。
　複数の冊子から成る予定の資料がまだすべて刊行されていない場合に、今後刊行されないことが明らかなときは、「冊」または「volumes」の語を用いて刊行済の冊数を記録し、これ以上刊行されないことを注記として記録する。
（参照：#2.42.1.2.2を見よ。）

#2.17.1.3　加除式資料
　加除式資料が更新中の場合は、ページ数は記録せず、「冊」または「volumes」と記録する。その後に、「加除式」または「loose-leaf」を丸がっこに入れて付加する。完結後、冊数を記録する。
　　　　　　　冊（加除式）
　　　　　　3冊（加除式）
　　　　　　　（完結した加除式資料）
　　　　　　　volumes（loose-leaf）
　　　　　　3 volumes（loose-leaf）

#2.17.1.3　加除式資料　別法
　加除式資料は、ページ数は記録せず、更新中か完結しているかを問わず、「冊」または「volumes」の語を用いて冊数を記録する。その後に、「加除式」または「loose-leaf」を丸がっこに入れて付加する。
　　　　　　1冊（加除式）
　　　　　　1 volume（loose-leaf）

#2.17.1.4　シートまたはカードから成る資料
　シートまたはカードから成る資料は、キャリアの種類を示す用語とともに枚数を記録する。目録用言語として英語を用いる場合は、「1 sheet」、「sheets」、「1 card」または「cards」の語を用いる。
（参照：複数のシートまたはカードから成り、ポートフォリオまたはケースに収納されている

#2.17　数量

場合は、#2.17.1.5を見よ。)
  シート1枚
  シート5枚
  カード10枚
  1 sheet
  5 sheets
  10 cards

　折りたたんだ状態でページ順に読むことが想定されている1枚のシート（例えば、折本）は、枚数を記録し、「折りたたみ」を丸がっこに入れて付加する。目録用言語として英語を用いる場合は、「folded」の語を用いる。ただし、この種の資料は、冊子として扱うことがある。

  シート1枚（折りたたみ）
  シート1枚（折りたたみ8 p）
  1 folded sheet
  1 folded sheet（8 pages）

#2.17.1.4 A　初期印刷資料（和古書・漢籍を除く）

　刊行時の状態によらず、広げた状態で読むことが想定されている1枚のシートから成る場合は、「シート1枚」または「1 sheet」の語に続けて印刷されたページ付を丸がっこに入れて付加する。白紙は含めない。

　1枚のシートが複数の面に折りたたまれ、折りたたんだ状態で読むことが想定されている場合は、「シート1枚」と記録したうえで「折りたたみ」を丸がっこに入れて付加し、下位ユニットと広げた状態でのシートの片側の面数を記録する。印刷されていない面も含める。目録用言語として英語を用いる場合は、「1 folded sheet」と記録する。

　識別または選択に重要な場合は、面のページ付などのシートの詳細なレイアウトを注記として記録する。
（参照：#2.42.1.2.7を見よ。）

  シート1枚（4 p）
  シート1枚（折りたたみ16面）
  1 sheet（4 pages）
  1 folded sheet（16 panels）

#2.17.1.5　ポートフォリオまたはケースに収納されている場合

　シート等を収納したポートフォリオまたはケースは、その種類と数を記録する。
  ポートフォリオ1個
  ケース1個
  1 portfolio
  1 case

#2.17.1.5　ポートフォリオまたはケースに収納されている場合　任意追加

第 2 章　体現形

下位ユニットとして、収納されたシート等の数を記録する。

    ポートフォリオ 1 個（シート 65 枚）
  1 portfolio（65 sheets）

＃2.17.2　楽譜の数量

印刷または手書きされた楽譜は、テキストまたは挿絵の有無によらず、楽譜の形式を示す用語に続けて部数を記録し、＃2.17.1 ～ ＃2.17.1.5 任意追加に従って、冊数、枚数、ページ数等を丸がっこに入れて付加する。目録用言語として英語を用いる場合は、その部数に続けて形式を示す用語を記録し、冊数、枚数、ページ数等を丸がっこに入れて付加する。形式を示す用語は、表 2.17.2 の語を用いる。

（参照：機器種別が「コンピュータ」の場合は、＃2.17.0.2.1 A を見よ。マイクロフィッシュまたはマイクロフィルムの場合は、＃2.17.0.2.1 B を見よ。）

    スコア 1 部（2 冊（iv, 329 p））
    スコア 1 部（38 枚）
    コンデンス・スコア 1 部（8 p）
    ヴォーカル・スコア 1 部（194 p）
  1 score（2 volumes（iv, 329 pages））
  1 condensed score（8 pages）
  1 vocal score（194 pages）

パート譜は、部数のみを記録し、冊数、ページ数等は付加しない。

    パート譜 4 部
  4 parts

表 2.17.2　楽譜の形式を示す用語

ヴォーカル・スコア　vocal score
クワイア・ブック　choir book
コーラス・スコア　chorus score
コンデンス・スコア　condensed score
指揮者用ヴァイオリン・パート譜　violin conductor part
指揮者用ピアノ・パート譜　piano conductor part
スコア　score
スタディ・スコア　study score
テーブル・ブック　table book
パート譜　part
ピアノ・スコア　piano score
合奏譜

#2.17 数量

表2.17.2に適切な用語がない場合は、データ作成機関が記述対象の形式を表す簡略な用語を定めて記録する。

#2.17.2 楽譜の数量　別法

＊印刷または手書きされた楽譜は、テキストまたは挿絵の有無によらず、楽譜の形式を示す用語に続けて冊数を記録し、#2.17.1～#2.17.1.5任意追加に従って、ページ数等を丸がっこに入れて付加する。シートから成る楽譜の場合は、その形式を示す用語に続けて枚数を記録する。形式を示す用語は、表2.17.2の語を用いる＊。
（参照：機器種別が「コンピュータ」の場合は、#2.17.0.2.1Aを見よ。マイクロフィッシュまたはマイクロフィルムの場合は、#2.17.0.2.1Bを見よ。）

　　　　スコア2冊（iv, 329 p）
　　　　スコア38枚
　　　　コンデンス・スコア1冊（8 p）
　　　　ヴォーカル・スコア1冊（194 p）

パート譜は、部数のみを記録し、冊数、ページ数等は付加しない。

　　　　パート譜4部

表2.17.2に適切な用語がない場合は、データ作成機関が記述対象の形式を表す簡略な用語を定めて記録する。

#2.17.2.1 複数の形式の楽譜から成る場合

複数の形式の楽譜は、それぞれの形式とその部数を記録し、冊数、ページ数等を丸がっこに入れて付加する。

　　　　スコア1部（119 p）
　　　　パート譜45部
　　　　（スコア1部（119ページの冊子1冊）とパート譜45部でセットになった楽譜）

単一のキャリアに複数の形式の楽譜が収められている場合は、それぞれの形式と部数を記録し、ページ数等を丸がっこに入れて付加する。

　　　　スコア1部，パート譜1部（8 p）
　　　　1 score and 1 part（8 pages）
　　　　（8ページの冊子1冊にスコアとパート譜が収められている場合）

識別または選択に重要な場合は、複数の形式の楽譜の詳細を注記として記録する。
（参照：#2.42.1.2.8を見よ。）

#2.17.2.1 複数の形式の楽譜から成る場合　別法

＊複数の形式の楽譜は、それぞれの形式とその冊数、部数および（または）枚数を記録する。冊数を記録する場合は、ページ数等を丸がっこに入れて付加する＊。

　　　　スコア1冊（119 p）
　　　　パート譜45部

第 2 章　体現形

    （119 ページのスコア 1 冊とパート譜 45 部でセットになった楽譜）
＊冊子 1 冊に複数の形式の楽譜が収められている場合は、それぞれの形式を記録した後に「1 冊」と記録し、ページ数等を丸がっこに入れて付加する ＊。
    スコア，パート譜 1 冊（8 p）
  （8 ページの冊子 1 冊にスコアとパート譜が収められている場合）

#2.17.3　地図資料の数量

　地図資料は、その種類を示す用語に続けて図等の数を記録する。目録用言語として英語を用いる場合は、図等の数を記録し、その種類を示す用語を付加する。種類を示す用語および単位を示す助数詞は、表 2.17.3 の語を用いる。
（参照：機器種別が「コンピュータ」の場合は、#2.17.0.2.1 A を見よ。マイクロフィッシュまたはマイクロフィルムの場合は、#2.17.0.2.1 B を見よ。）
    地図 2 図
    断面図 3 図
    模型 6 基
    地球儀 1 基
    2 maps
    1 globe

表 2.17.3　地図資料の種類を示す用語と用いる助数詞

地図資料の種類	用いる助数詞
地図　map　＊	図
ダイアグラム　diagram	図
対景図　view	図
断面図　section	図
地球儀　globe	基または点
地質断面図　profile	図
地図帳　atlas	部
天球儀　globe	基または点
模型　model	基または点
リモートセンシング図　remote-sensing image	図

＊表中に該当する用語が他にない場合に使用する。

　表 2.17.3 に適切な用語がない場合は、データ作成機関が記述対象の種類を表す簡略な用語を定めて記録する。静止画（#2.17.4）または三次元資料（#2.17.5）に該当する場合は、それぞれの種類を表す用語を用いる。
    掛図 3 点

#2.17 数量

　　　ジグソー・パズル1点
　複数の種類のユニットから成る場合は、それぞれの種類を適切に表す用語を用いて記録する。
　　　地図4図
　　　対景図3図
　　　（地図4図と対景図3図から成る資料）

#2.17.3　地図資料の数量　別法

　＊地図資料は、その種類を示す用語に続けて枚数等を記録する。種類および単位を示す助数詞は、表2.17.3別法の語を用いる。目録用言語として英語を用いる場合は、枚数等を記録し、その種類を付加する＊。
（参照：機器種別が「コンピュータ」の場合は、#2.17.0.2.1Aを見よ。マイクロフィッシュまたはマイクロフィルムの場合は、#2.17.0.2.1Bを見よ。）
　　　地図2枚
　　　断面図3枚
　　　模型6基
　　　地球儀1基

表2.17.3　別法　地図資料の種類を示す用語と用いる助数詞

地図資料の種類	用いる助数詞
地図　map　＊	枚
ダイアグラム　diagram	枚
対景図　view	枚
断面図　section	枚
地球儀　globe	基
地質断面図　profile	枚
地図帳　atlas	冊
天球儀　globe	基
模型　model	基
リモートセンシング図　remote-sensing image	枚

＊表中に該当する用語が他にない場合に使用する。

　表2.17.3別法に適切な用語がない場合は、データ作成機関が記述対象の種類を表す簡略な用語を定めて記録する。静止画（参照：#2.17.4別法を見よ。）または三次元資料（参照：#2.17.5を見よ。）に該当する場合は、それぞれの種類を表す用語を用いる。
　　　掛図3巻
　　　ジグソー・パズル1点
　複数の種類のユニットから成る場合は、それぞれの種類を適切に表す用語を用いて記録する。

第 2 章　体現形

　　　　　地図 4 枚
　　　　　対景図 3 枚
　　　　（地図 4 枚と対景図 3 枚から成る資料）

#2.17.3.1　地図帳

地図帳は、その種類を示す用語と部数を記録し、#2.17.1～#2.17.1.1.13 に従って、冊数および（または）ページ数等を丸がっこに入れて付加する。

　　　　　地図帳 1 部（324 p）
　　　　　地図帳 1 部（2 冊（532 p））
　　　　　1 atlas（324 pages）
　　　　　1 atlas（2 volumes（532 pages））

#2.17.3.1　地図帳　別法

＊地図帳は、その種類を示す用語と冊数を記録し、#2.17.1～#2.17.1.1.13 に従って、ページ数等を丸がっこに入れて付加する＊。

　　　　　地図帳 1 冊（324 p）
　　　　　地図帳 2 冊（532 p）

#2.17.3.2　シートが複数の図から成る場合

シートが複数の図から成る場合は、必要に応じて、図数の後に枚数を丸がっこに入れて付加する。目録用言語として英語を用いる場合は、「on」の語に続けて枚数を付加する。

　　　　　地図 3 図（シート 1 枚）
　　　　　地図 5 図（シート 2 枚）
　　　　　5 maps on 2 sheets

#2.17.3.2　シートが複数の図から成る場合　別法

＊シートが複数の図から成る場合は、必要に応じて、枚数の後に図数を丸がっこに入れて付加する＊。

　　　　　地図 1 枚（3 図）
　　　　　地図 2 枚（5 図）

#2.17.3.3　複数の部分図から成る場合

1 枚のシート内で図が複数の部分図から成る場合は、必要に応じて、図数の後に部分図数を丸がっこに入れて付加する。目録用言語として英語を用いる場合は、「in」の語に続けて部分図数を付加する。

　　　　　地図 1 図（3 部分図）
　　　　　1 map in 3 segments
　　　　　1 section in 4 segments
　　　　　2 views in 6 segments

図を構成する部分図が複数のシートにわたる場合は、必要に応じて、図数の後に枚数を丸がっこに入れて付加する。目録用言語として英語を用いる場合は、「on」の語に続けて枚数を付加

#2.17 数量

する。

  地図1図（シート2枚）
  1 map on 2 sheets

#2.17.3.3 複数の部分図から成る場合　別法

 ＊図が複数の部分図から成る場合は、必要に応じて、部分図の枚数の後に形成される図数を丸がっこに入れて付加する＊。

  地図3枚（1図）

#2.17.4 静止画の数量

 静止画は、キャリア数（記録媒体である紙等の枚数）ではなく、静止画の種類を示す用語に続けて画像の点数を記録する。目録用言語として英語を用いる場合は、画像の点数に続けてその種類を記録する。種類は、表2.17.4に示す用語を用いる。

（参照：機器種別が「コンピュータ」の場合は、#2.17.0.2.1Aを見よ。マイクロフィッシュまたはマイクロフィルムの場合は、#2.17.0.2.1Bを見よ。その他のキャリア種別（スライド、トランスペアレンシー等）の静止画については、#2.17.0.2を見よ。主に静止画から成る冊子については、#2.17.1を見よ。セットについては、#2.17.4.1を見よ。）

  版画1点
   （記述対象は、1作品から成るシート1枚の資料、または1作品が複数のシートにまたがる資料）
  写真22点
  掛図1点
  絵画2点
  ポスター2点
  1 print
  22 photographs

表2.17.4　静止画の種類を示す用語

静止画資料　picture　＊
アクティビティ・カード　activity card
アイコン　icon
絵はがき　postcard
絵画　painting
掛図　wall chart
コラージュ　collage
写真　photograph
スタディ・プリント　study print
図表　chart
製図　technical drawing

第 2 章 体現形

素描　drawing
版画　print
フラッシュ・カード　flash card
放射線写真　radiograph
墨跡
ポスター　poster

＊表中に該当する用語が他にない場合に使用する。

表 2.17.4 に適切な用語がない場合は、データ作成機関が記述対象の種類を表す簡略な用語を定めて記録する。

　　　　　絵図 1 点

複数の種類のユニットから成る場合は、それぞれの種類を適切に表す用語を用いて記録する。

　　　　　ポスター 1 点
　　　　　絵はがき 3 点
　　　　　（ポスター 1 点と絵はがき 3 点から成る資料）

#2.17.4　静止画の数量　別法

　＊静止画は、その種類を示す用語に続けてキャリア数（記録媒体である紙等の枚数）を記録する。種類は、表 2.17.4 に示す用語を用いる。単位を示す助数詞は、一枚ものには「枚」を、巻物には「巻」または「軸」を、屏風には「曲」と「隻」または「双」の組み合わせを用いる。目録用言語として英語を用いる場合は、キャリア数を記録し、その種類を付加する＊。
（参照：機器種別が「コンピュータ」の場合は、#2.17.0.2.1A を見よ。マイクロフィッシュまたはマイクロフィルムの場合は、#2.17.0.2.1B を見よ。その他のキャリア種別（スライド、トランスペアレンシー等）の静止画については、#2.17.0.2 を見よ。主に静止画から成る冊子については、#2.17.1 を見よ。セットについては、#2.17.4.1 を見よ。）

　　　　　版画 1 枚
　　　　　（記述対象は、1 作品から成るシート 1 枚の資料）
　　　　　版画 2 枚
　　　　　（記述対象は、1 作品が 2 枚のシートにまたがる資料）
　　　　　写真 22 枚
　　　　　掛図 2 巻
　　　　　絵画 1 軸
　　　　　絵画 6 曲 1 双
　　　　　ポスター 2 枚
　　　　　（記述対象は、シート 2 枚から成る資料）

表 2.17.4 に適切な用語がない場合は、データ作成機関が記述対象の種類を表す簡略な用語を定めて記録する。

#2.17 数量

　　　絵図1枚

複数の種類のユニットから成る場合は、それぞれの種類を適切に表す用語を用いて記録する。

　　　ポスター1枚
　　　絵はがき3枚
　　　（ポスター1枚と絵はがき3枚から成る資料）

#2.17.4.1　セット

　セットの場合は、静止画の種類を示す用語と、冊数または組数を記録する。必要に応じて種類を表す語に「帳」を付加する。

　　　写真帳1冊
　　　かるた1組
　　　掛図帳1冊
　　　紙芝居1組
　　　絵はがき1組

#2.17.4.1　セット　任意追加

　冊数または組数の後に、#2.17.1.1～#2.17.1.4に従って、枚数等を丸がっこに入れて付加する。

　　　写真帳1冊（135枚）
　　　かるた1組（絵札48枚，読札48枚）
　　　掛図帳1冊（14枚）
　　　紙芝居1組（24枚）
　　　絵はがき1組（10枚）

#2.17.4.2　静止画の数とキャリア数が一致しない場合等

　静止画の数とキャリア数が一致しない場合は、必要に応じて、静止画の数の後にキャリアの種類を示す用語とその数を丸がっこに入れて付加する。キャリアの種類を示す用語とユニットの単位を示す助数詞は、表2.17.0.2に示したもののほか、記述対象を適切に表現する語を用いる。目録用言語として英語を用いる場合は、「on」の語に続けてキャリア数とその種類を付加する。

　　　写真8点（シート1枚）
　　　設計図1点（シート4枚）
　　　絵画1点（屏風6曲1双）
　　　8 photographs on 1 sheet

#2.17.4.2　静止画の数とキャリア数が一致しない場合等　別法

　＊静止画の数とキャリア数が一致しない場合は、必要に応じて、静止画のキャリア数の後に静止画の数を丸がっこに入れて付加する＊。

　　　写真1枚（8点）
　　　設計図4枚（1点）

— 251 —

第 2 章　体現形

#2.17.5　三次元資料の数量

　三次元資料は、その種類を示す用語に続いてユニット数を記録する。目録用言語として英語を用いる場合は、ユニット数に続いてその種類を記録する。種類は表 2.17.5 の用語を用い、単位を示す助数詞は「点」を用いる。

　　　　彫刻 1 点
　　　　模型 3 点
　　　　3 models

表 2.17.5　三次元資料の種類を示す用語

玩具　toy
ゲーム　game
コイン　coin
ジオラマ　diorama
ジグソー・パズル　jigsaw puzzle
実用模型　mock-up
彫刻　sculpture
展示物　exhibit
標本　specimen
メダル　medal
模型　model

　表 2.17.5 に適切な用語がない場合、またはより特定的な用語が望ましい場合は、データ作成機関が記述対象の種類を表す簡略な用語を定めて記録する。この場合、必要に応じて、付録 #B.2 に掲げた種類を示す語および対応する助数詞を用いる。

　　　　鉢 1 口
　　　　人形 2 体
　　　　団扇 1 枚

#2.17.5.1　下位ユニット

　記述対象に個々の構成部分がある場合は、必要に応じて構成部分の種類と数を、下位ユニットとして記録する。

　　　　ジグソー・パズル 1 点（ピース 500 点）
　　　　1 jigsaw puzzle（500 pieces）

　構成部分を簡略に表現できない場合、または構成部分の数量を容易に確認できない場合は、「1 組」等とし、下位ユニットとして「各種構成物あり」または「various pieces」と記録する。識別または選択に重要な場合は、構成部分の内訳を注記として記録する。
（参照：#2.42.1.2.1 を見よ。）

#2.17 数量

　　　ゲーム1組（各種構成物あり）
　　　1 game（various pieces）

#2.18　大きさ

　大きさは、エレメントである。

#2.18.0　通則

#2.18.0.1　記録の範囲

　記述対象のキャリアおよび（または）容器の寸法（高さ、幅、奥行など）を、大きさとして記録する。

　情報源は、#2.14.0.3に従う。

#2.18.0.1.1　エレメント・サブタイプ（各種の資料）

　大きさには、資料の種類によって、次のエレメント・サブタイプがある。

　a）　地図等の大きさ（参照：#2.18.1、#2.18.1別法を見よ。）
　b）　静止画の大きさ（参照：#2.18.2、#2.18.2別法を見よ。）

#2.18.0.2　記録の方法

　キャリアまたは容器の外側の寸法を、別途指示のない限り、センチメートルの単位で小数点以下の端数を切り上げて記録する。キャリアを計測する箇所は、キャリア種別ごとに定めた#2.18.0.2.1A～#2.18.0.2.1Oに従う。また、シート（巻物を含む）から成る地図等は#2.18.1、静止画は#2.18.2に従う。

#2.18.0.2　記録の方法　別法

　＊キャリアまたは容器の外側の寸法を、データ作成機関の使用する単位、計測法で記録する。単位を示す用語は、付録#A.3に従って略語を使用する＊。キャリアを計測する箇所は、キャリア種別ごとに定めた#2.18.0.2.1A～#2.18.0.2.1Oに従う。また、シート（巻物を含む）から成る地図等は#2.18.1、静止画は#2.18.2に従う。

#2.18.0.2.1　各キャリア種別の大きさ

#2.18.0.2.1 A　冊子

　冊子は、外形の高さを記録する。外形の高さが10cm未満のものは、センチメートルの単位で小数点以下1桁まで端数を切り上げて記録する。縦長本、横長本、枡型本は、縦、横の長さを「×」で結んで記録する。

　　　22 cm
　　　8.7 cm
　　　21 × 9 cm
　　　15 × 25 cm
　　　15 × 15 cm

　テキスト・ブロック（冊子の表紙・背などの外装を除いた本体部分）の大きさと製本状態の

第2章　体現形

大きさに無視できない違いがある場合に、識別または選択に重要なときは、テキスト・ブロックの大きさを記録し、製本状態の大きさを丸がっこに入れて付加する。目録用言語として英語を用いる場合は、「in」の語に続けて製本状態の大きさを付加する。

　　　　　20 cm（製本 25 cm）
　　　　　20 cm in binding 25 cm

　テキスト・ブロックの大きさが異なるものを合冊している場合は、製本状態の大きさのみを記録する。識別または選択に重要な場合は、テキスト・ブロックの大きさについて注記として記録する。
（参照：＃2.42.2.2.1、＃3.7.2を見よ。）

　製本が刊行後のものである場合（所蔵機関での再製本など）は、そのことを注記として記録する。
（参照：＃3.7.2を見よ。）

＃2.18.0.2.1 A　冊子　任意追加 1

　和古書・漢籍については、常にセンチメートルの単位で、小数点以下1桁まで端数を切り上げて記録する。

　　　　　21.6 cm

＃2.18.0.2.1 A　冊子　任意追加 2

　和古書・漢籍については、常に縦、横の長さを「×」で結んで記録する。

　　　　　26.8 × 19.8 cm

＃2.18.0.2.1 A　冊子　任意省略

　枡型本の横の長さは記録しない。

　　　　　15 cm

＃2.18.0.2.1 B　カード等

　カード、コンピュータ・カード、アパーチュア・カード、立体視カードは、縦、横の長さを「×」で結んで記録する。

　　　　　9 × 29 cm
　　　　　（記述対象は、アパーチュア・カード）

＃2.18.0.2.1 C　シート

　シートは、本体の縦、横の長さを「×」で結んで記録する。

　　　　　20 × 25 cm

　畳ものは広げた形の縦、横の長さを「×」で結んで記録し、折りたたんだときの外形の縦、横の長さを付加する。

　　　　　48 × 30 cm（折りたたみ 24 × 15 cm）
　　　　　48 × 30 cm folded to 24 × 15 cm

#2.18　大きさ

　折りたたんだ状態でページ順に読むことが想定されている1枚のシート（例えば、折本）は、縦の長さを記録する。ただし、この種の資料は、冊子として扱うことがある。
　地図等は#2.18.1、静止画は#2.18.2に従う。

#2.18.0.2.1 D　フリップチャート
　フリップチャートは、縦、横の長さを「×」で結んで記録する。

　　　　54 × 61 cm

#2.18.0.2.1 E　巻物
　巻物は、用紙の高さと広げた状態の長さを記録し、用紙の高さと巻いた状態の直径を「径」または「diameter」の語とともに付加する。

　　　　27 × 410 cm（巻物27 × 径6 cm）
　　　　27 × 410 cm rolled to 27 × 6 cm in diameter

　地図等は#2.18.1、静止画は#2.18.2に従う。

#2.18.0.2.1 E　巻物　別法
　* 巻物は、用紙の高さを記録する *。

　　　　27 cm

#2.18.0.2.1 F　オブジェクト
　地球儀・天球儀は、その直径を、「径」または「diameter」の語とともに記録する。

　　　　径12 cm
　　　　12 cm in diameter

　その他の立体物は、高さ、幅、奥行を「×」で結んで記録する。

　　　　200 × 80 × 80 cm

　必要に応じて、記述対象の高さ、幅、奥行またはその他の大きさのうちの一つで代表させ、計測部分を示す語とともに記録する。

　　　　像高110 cm
　　　　110 cm high
　　　　（記述対象は、仏像）
　　　　径27 cm
　　　　（記述対象は、皿）

　必要に応じて、記述対象の高さ、幅、奥行またはその他の大きさを、計測部分を示す語とともに記録する。

　　　　高さ19 × 口径12 × 胴径25 × 最大径40 cm
　　　　（記述対象は、釜）
　　　　高さ23 × 口径12 × 底径11 cm
　　　　（記述対象は、鉄瓶）
　　　　高さ6 × 径15 cm

第 2 章　体現形

　　　　（記述対象は、碗）
　　　　左右 53 × 高さ 58 cm
　　　　（記述対象は、燭台）
　　　　身丈 127 × 腰幅 133 cm
　　　　（記述対象は、裳）
　　　　径 21 × 縁厚 1 cm
　　　　（記述対象は、鏡）

　高さ、幅、奥行またはその他の大きさのうちの一つが 10cm 未満の場合は、センチメートルの単位で、必要に応じて小数点以下第 1 位まで端数を切り上げて記録する。

　　　　70 × 反り 1.7 cm
　　　　（記述対象は、刀）
　　　　径 6 × 厚 1.2 cm
　　　　（記述対象は、板状装身具）

2.18.0.2.1 F　オブジェクト　任意追加

重量をグラム単位で付加する。

　　　　径 12 cm, 125 g
　　　　（記述対象は、鏡）

2.18.0.2.1 G　カセット

カセットは、その種類に応じて、次のとおりに記録する。

a)　オーディオカセット

　　横、縦の長さを「×」で結び、センチメートルの単位で小数点以下の端数を切り上げて記録する。続けてコンマで区切り、テープの幅をミリメートルの単位で小数点以下の端数を切り上げて記録する。

　　　　10 × 7 cm, 4 mm テープ
　　　　（記述対象は、カセットテープ）
　　　　5 × 4 cm, 4 mm テープ
　　　　（記述対象は、マイクロカセット）
　　　　10 × 7 cm, 4 mm tape

b)　コンピュータ・テープ・カセット

　　横、縦の長さを「×」で結び、センチメートルの単位で小数点以下の端数を切り上げて記録する。

　　　　10 × 7 cm

c)　ビデオカセット、フィルム・カセット

　　横、縦の長さは記録せず、テープまたはフィルムの幅のみをミリメートルの単位で記録する。8 ミリフィルムについては、その種類を、「スタンダード」、「シングル」、「スーパー」、「マウラー」のいずれかの語を用いて記録する。目録用言語として英語を用いる場合は、

#2.18 大きさ

「standard」、「single」、「super」、「Maurer」のいずれかの語を用いる。識別または選択に重要な場合は、テープまたはフィルムの長さについて注記として記録する。
（参照：#2.42.2.2.2を見よ。）

  16 mm
  シングル8 mm

d) マイクロフィッシュ・カセット
  横、縦の長さを「×」で結び、センチメートルの単位で小数点以下の端数を切り上げて記録する。

e) マイクロフィルム・カセット
  横、縦の長さは記録せず、フィルムの幅のみをミリメートルの単位で記録する。

#2.18.0.2.1 G　カセット　別法
カセットは、その種類に応じて、次のとおりに記録する。

a) オーディオカセット
  横、縦の長さを「×」で結び、センチメートルの単位で小数点以下の端数を切り上げて記録する。続けてコンマで区切り、テープの幅をミリメートルの単位で小数点以下の端数を切り上げて記録する。

  10 × 7 cm, 4 mm テープ
   （記述対象は、カセットテープ）
  5 × 4 cm, 4 mm テープ
   （記述対象は、マイクロカセット）
  10 × 7 cm, 4 mm tape

b) コンピュータ・テープ・カセット
  横、縦の長さを「×」で結び、センチメートルの単位で小数点以下の端数を切り上げて記録する。

  10 × 7 cm

c) *ビデオカセット
  横、縦の長さを「×」で結び、センチメートルの単位で小数点以下の端数を切り上げて記録する。識別または選択に必要な場合は、続けてコンマで区切り、テープの幅をミリメートルの単位で記録する。識別または選択に重要な場合は、テープの長さについて注記として記録する*。
（参照：#2.42.2.2.2を見よ。）

d) *フィルム・カセット
  横、縦の長さは記録せず、フィルムの幅のみをミリメートルの単位で記録する*。8ミリフィルムについては、その種類を、「スタンダード」、「シングル」、「スーパー」、「マウラー」

第2章 体現形

のいずれかの語を用いて記録する。目録用言語として英語を用いる場合は、「standard」、「single」、「super」、「Maurer」のいずれかの語を用いる。＊識別または選択に重要な場合は、フィルムの長さについて注記として記録する＊。
（参照：＃2.42.2.2.2を見よ。）

> 16 mm
> シングル8 mm

e) マイクロフィッシュ・カセット
横、縦の長さを「×」で結び、センチメートルの単位で小数点以下の端数を切り上げて記録する。

f) マイクロフィルム・カセット
横、縦の長さは記録せず、フィルムの幅のみをミリメートルの単位で記録する。

＃2.18.0.2.1 H　カートリッジ

カートリッジは、その種類に応じて、次のとおりに記録する。

a) オーディオ・カートリッジ
横、縦の長さを「×」で結び、センチメートルの単位で小数点以下の端数を切り上げて記録する。続けてコンマで区切り、テープの幅をミリメートルの単位で小数点以下の端数を切り上げて記録する。

> 14 × 10 cm, 7 mm テープ
> 14 × 10 cm, 7 mm tape

b) コンピュータ・チップ・カートリッジ、コンピュータ・ディスク・カートリッジ、コンピュータ・テープ・カートリッジ
機器に挿入される辺の長さを記録する。

> 10 cm

c) ビデオ・カートリッジ、フィルム・カートリッジ、フィルムストリップ・カートリッジ
横、縦の長さは記録せず、テープまたはフィルムの幅のみをミリメートルの単位で記録する。8ミリフィルムについては、その種類を、「スタンダード」、「シングル」、「スーパー」、「マウラー」のいずれかの語を用いて記録する。目録用言語として英語を用いる場合は、「standard」、「single」、「super」、「Maurer」のいずれかの語を用いる。識別または選択に重要な場合は、テープまたはフィルムの長さについて注記として記録する。
（参照：＃2.42.2.2.2を見よ。）

> 16 mm
> シングル8 mm

d) マイクロフィルム・カートリッジ
横、縦の長さは記録せず、フィルムの幅のみをミリメートルの単位で記録する。

#2.18 大きさ

#2.18.0.2.1 H カートリッジ 別法
カートリッジは、その種類に応じて、次のとおりに記録する。
a) オーディオ・カートリッジ
    横、縦の長さを「×」で結び、センチメートルの単位で小数点以下の端数を切り上げて記録する。*オーディオテープ・カートリッジは、続けてコンマで区切り、テープの幅をミリメートルの単位で小数点以下の端数を切り上げて記録する*。
      8 × 7 cm
      14 × 10 cm, 7 mm テープ
      14 × 10 cm, 7 mm tape
b) コンピュータ・チップ・カートリッジ、コンピュータ・ディスク・カートリッジ、コンピュータ・テープ・カートリッジ
    横、縦の長さを「×」で結び、センチメートルの単位で、必要に応じて小数点以下第1位まで記録する。
      6 × 9 cm
      3.5 × 3.5 cm
c) *ビデオ・カートリッジ
    横、縦の長さを「×」で結び、センチメートルの単位で小数点以下の端数を切り上げて記録する。ビデオテープ・カートリッジは、識別または選択に必要な場合は、続けてコンマで区切り、テープの幅をミリメートルの単位で記録する*。
      13 × 13 cm
d) *フィルム・カートリッジ、フィルムストリップ・カートリッジ
    横、縦の長さは記録せず、フィルムの幅のみをミリメートルの単位で記録する*。8ミリフィルムについては、その種類を、「スタンダード」、「シングル」、「スーパー」、「マウラー」のいずれかの語を用いて記録する。目録用言語として英語を用いる場合は、「standard」、「single」、「super」、「Maurer」のいずれかの語を用いる。*識別または選択に重要な場合は、フィルムの長さについて注記として記録する*。
    (参照：#2.42.2.2.2を見よ。)
      16 mm
      シングル 8 mm
e) マイクロフィルム・カートリッジ
    横、縦の長さは記録せず、フィルムの幅のみをミリメートルの単位で記録する。

#2.18.0.2.1 I ディスク
ディスクは、直径を記録する。
      30 cm

第 2 章　体現形

　　　　　12 cm

　ディスクの形状が標準でない場合（例：ディスクが円形でない）は、記録面の大きさを記録し、外形の寸法は注記として記録する。
（参照：＃2.42.2.2.3 を見よ。）

　　　　　18 cm
　　　　　　（ディスクの外形は 20 × 20 cm の正方形）

＃2.18.0.2.1 J　リール

　リールは、直径を記録する。続けてコンマで区切り、フィルムまたはテープの幅をミリメートルの単位で記録する。フィルム・リール、ビデオテープ・リールの 8 ミリフィルムについては、その種類を、「スタンダード」、「シングル」、「スーパー」、「マウラー」のいずれかの語を用いて記録する。目録用言語として英語を用いる場合は、「standard」、「single」、「super」、「Maurer」のいずれかの語を用いる。フィルム・リール、ビデオテープ・リールは、識別または選択に重要な場合は、フィルムまたはテープの長さについて注記として記録する。
（参照：＃2.42.2.2.2 を見よ。）

　　　　　　　13 cm, 7 mm テープ
　　　　　　　13 cm, 7 mm tape
　　　　　　　（記述対象は、オーディオテープ・リール）
　　　　　　　13 cm, 35 mm
　　　　　　　（記述対象は、マイクロフィルム・リール）

＃2.18.0.2.1 J　リール　任意省略

　テープ幅 6.3 mm の規格のオーディオテープ・リール、サウンドトラック・リールは、テープの幅の記録を省略する。

　直径 7.5 cm の規格のマイクロフィルム・リールは、直径の記録を省略する。

＃2.18.0.2.1 K　ロール

　ロールは、フィルムの幅をミリメートルの単位で記録する。8 ミリフィルムについては、その種類を、「スタンダード」、「シングル」、「スーパー」、「マウラー」のいずれかの語を用いて記録する。目録用言語として英語を用いる場合は、「standard」、「single」、「super」、「Maurer」のいずれかの語を用いる。識別または選択に重要な場合は、フィルムの長さについて注記として記録する。
（参照：＃2.42.2.2.2 を見よ。）

　　　　　　35 mm
　　　　　　シングル 8 mm

＃2.18.0.2.1 L　スライド

　スライドは、マウントの縦、横の長さを「×」で結んで記録する。

　　　　　　5 × 5 cm

#2.18 大きさ

　　　　　（記述対象は、写真スライド）
　　　　　3 × 8 cm
　　　　　（記述対象は、顕微鏡スライド）

#2.18.0.2.1 M　トランスペアレンシー
　トランスペアレンシーは、フレームまたは台紙を除いた縦、横の長さを「×」で結んで記録する。識別または選択に重要な場合は、フレームまたは台紙を含めた大きさについて注記として記録する。
（参照：#2.42.2.2.3 を見よ。）
　　　　　21 × 30 cm

#2.18.0.2.1 N　フィルムストリップ、フィルムスリップ
　フィルムストリップおよびフィルムスリップは、フィルムの幅をミリメートルの単位で記録する。
　　　　　35 mm

#2.18.0.2.1 O　マイクロオペーク、マイクロフィッシュ
　マイクロオペークおよびマイクロフィッシュは、縦、横の長さを「×」で結んで記録する。
　　　　　10 × 15 cm

#2.18.0.2.2　容器に収納された記述対象
　記述対象が容器に収納されている場合に、識別または選択に重要なとき、または管理に必要なときは、容器の種類と大きさを、次のいずれかの方法で記録する。容器の大きさは、高さ、幅、奥行を「×」で結んで記録する。

　a）　キャリアの大きさを記録し、さらに容器の大きさを記録する。
　　　　　径 13 cm
　　　　　箱 21 × 21 × 14 cm
　　　　　（箱入の地球儀）

　b）　容器の大きさのみを記録する。
　　　　　箱 20 × 25 × 20 cm
　　　　　（記述対象が多種類の資料から成る場合）

#2.18.0.2.3　複数のキャリアから成る体現形
　記述対象が、同一キャリア種別の複数のキャリアから成り、かつ各キャリアの大きさが同じ場合は、キャリア1点の大きさを記録する。
　　　　　10 × 15 cm
　　　　　（この大きさのマイクロフィッシュ 30 枚から成る。）

　ただし、製本されていない複数のシートから成るテキスト資料の大きさは、冊子と同じく、#2.18.0.2.1 A に従って記録する。シートが常に折りたたんだ状態である場合は、折りたたんだときの大きさを付加する。

第 2 章　体現形

   50 × 69 cm（折りたたみ 25 × 23 cm）
   50 × 69 cm folded to 25 × 23 cm
   （テキストによる一連のシート 20 枚を帙に収めたセット）

　記述対象が、同一キャリア種別の複数のキャリアから成り、かつ各キャリアの大きさが異なる場合は、最も小さいものと最も大きいものの大きさを、ハイフンで結んで記録する。
   20-26 cm
   18 × 24 cm-24 × 30 cm

　複数の形式から成る楽譜で、形式によって大きさが異なる場合は、それぞれの大きさを記録する。
（参照：＃2.17.2.1、＃2.17.2.1 別法を見よ。）
   22 cm
   26 cm
   （スコアとパート譜から成る資料。数量として「スコア 1 部」、「パート譜 45 部」を記録した場合（スコアの高さが 22cm、パート譜の高さが 26cm））

　記述対象が、キャリア種別の異なる複数のキャリアから成る場合は、＃2.14.0.4.1 に従って記録する。

＃2.18.0.2.3　複数のキャリアから成る体現形　任意省略

　記述対象が、同一キャリア種別の 3 種類以上の大きさのキャリアから成る場合は、最大のキャリアの大きさのみを記録した後に、「最大」の語を丸がっこに入れて付加する。目録用言語として英語を用いる場合は、「or smaller」の語を付加する。
   25 × 40 cm（最大）
   25 × 40 cm or smaller

＃2.18.0.2.4　複数の容器に収納された記述対象

　記述対象が、大きさの同じ複数の容器に収納されている場合は、容器 1 点の大きさを、＃2.18.0.2.2 に従って記録する。
   箱 20 × 15 × 15 cm
   （この大きさの容器 5 箱から成る。）

　記述対象が、大きさの異なる複数の容器に収納されている場合は、最も小さな容器の大きさと、最も大きな容器の大きさを、ハイフンで結んで記録する。
   箱 20 × 15 × 15 cm-30 × 24 × 20 cm

＃2.18.0.2.5　変化

　記述対象が複数巻単行資料または逐次刊行物で、刊行途中で大きさの変化が生じた場合は、＃2.18.0.2.3 に従って記録する。
   18-24 cm

　記述対象が更新資料で、刊行途中で大きさの変化が生じた場合は、最新のイテレーションの

#2.18 大きさ

大きさに改める。

　いずれの場合も、識別または選択に重要なときは、変化が生じたことを注記として記録する。（参照：#2.42.2.2.5.1、#2.42.2.2.5.1任意省略、#2.42.2.2.5.2、#2.42.2.2.5.2任意省略を見よ。）

＜#2.18.1～#2.18.2　各種の資料の大きさ＞

#2.18.1　地図等の大きさ

　地図等の大きさは、大きさのエレメント・サブタイプである。

　記述対象が1枚または複数枚のシート（巻物を含む）から成る地図、対景図、地質断面図等の場合は、記録媒体である紙等の大きさではなく、地図等そのものの大きさを記録する。

　　#2.18.1.1～#2.18.1.4のほか、#2.18.0.2に従う。

　　　　19 × 28 cm
　　　　　（シートの大きさから21 × 30 cmとは記録しない。）

　地図帳は、#2.18.0.2.1Aに従って記録する。

#2.18.1　地図等の大きさ　別法

　地図等の大きさは、大きさのエレメント・サブタイプである。

　＊記述対象が1枚または複数枚のシート（巻物を含む）から成る地図、対景図、地質断面図等の場合は、地図等そのものの大きさではなく、記録媒体である紙等の大きさを、#2.18.0.2.1C、#2.18.0.2.1Eのほか、#2.18.0.2に従って記録する。#2.18.1.1～#2.18.1.4は適用しない＊。

　　　　21 × 30 cm
　　　　　（地図そのものの大きさから19 × 28 cmとは記録しない。）
　　　　74 × 101 cm（折りたたみ24 × 15 cm）

　地図帳は、#2.18.0.2.1Aに従って記録する。

#2.18.1.1　計測の方法

　地図等の大きさを、適当な図郭線の間を計測し、縦、横の長さを「×」で結んで記録する。円形の地図はその直径を、「径」または「diameter」の語とともに記録する。

　　　　30 × 40 cm
　　　　径22 cm
　　　　22 cm in diameter

　不規則な形の場合、図郭線がない場合、端が欠落している場合は、最大の大きさを記録する。

　著しく不規則な形をしていたり、縁取りなしに印刷されていたりするなど、縦、横の計測位置を決定しがたい場合は、記録媒体である紙等の大きさを、「シート」または「sheet」の語とともに記録する。

　　　　シート30 × 40 cm
　　　　sheet 30 × 40 cm

第 2 章　体現形

　地図等の大きさがシートの大きさの半分に満たない場合、またはシート内に地図等以外に重要な情報（テキスト等）がある場合は、地図等の大きさを記録した後に、シートの大きさを丸がっこに入れて付加する。目録用言語として英語を用いる場合は、コンマで区切り、「on」の語を用いてシートの大きさを付加する。

　　　　　20 × 25 cm（シート 42 × 45 cm）
　　　　　20 × 25 cm, on sheet 42 × 45 cm

#2.18.1.1　計測の方法　任意追加
　センチメートルの単位で小数点以下 1 桁まで端数を切り上げて記録する。

#2.18.1.2　大きさの異なる複数のシートから成る場合
　記述対象が、2 種類の大きさのシートから成る場合は、それぞれのシートの大きさを「および」または「and」で結んで記録する。

　　　　　シート 30 × 40 cm および 25 × 32 cm
　　　　　sheets 30 × 40 cm and 25 × 32 cm

　記述対象が、3 種類以上の大きさのシートから成る場合は、最大のシートの大きさを記録した後に、「最大」の語を丸がっこに入れて付加する。目録用言語として英語を用いる場合は、「or smaller」の語を付加する。

　　　　　シート 45 × 40 cm（最大）
　　　　　sheets 45 × 40 cm or smaller

#2.18.1.2　大きさの異なる複数のシートから成る場合　別法
　＊記述対象が、複数の大きさのシートから成る場合は、最も小さいものと最も大きいものの大きさを、ハイフンで結んで記録する＊。

　　　　　シート 25 × 32 cm-30 × 40 cm
　　　　　シート 35 × 30 cm-45 × 40 cm
　　　　　sheets 25 × 32 cm-30 × 40 cm
　　　　　sheets 35 × 30 cm-45 × 40 cm

#2.18.1.3　複数の部分図から成る場合
　地図等が複数の部分図に分割されている場合、またはシートの両面に同縮尺で印刷されている場合は、合成後の地図等の大きさを記録した後に、シートの大きさを丸がっこに入れて付加する。目録用言語として英語を用いる場合は、コンマで区切り、「on」の語を用いてシートの大きさを付加する。

　　　　　35 × 80 cm（シート 42 × 45 cm）
　　　　　35 × 80 cm, on sheet 42 × 45 cm

　ただし、合成後の地図等の大きさが計測困難である場合は、シートの大きさのみを記録する。

　　　　　シート 30 × 42 cm
　　　　　on sheet 30 × 42 cm

#2.18 大きさ

#2.18.1.4　折りたたまれるシートの場合

　シートを折りたたんで保管するための外装が施されている場合、またはシート上の特定の部分を表紙として折りたためるよう設計されている場合は、地図等の大きさを記録した後に、折りたたんだ状態のシートの大きさを丸がっこに入れて付加する。目録用言語として英語を用いる場合は、コンマで区切り、折りたたんだ状態のシートの大きさを付加する。

　　　65 × 90 cm（折りたたみ 24 × 15 cm）
　　　65 × 90 cm, folded to 24 × 15 cm
　　　8 × 24 cm, on sheet 12 × 28 cm, folded in cover 7 × 8 cm

　シートの大きさを記録する場合は、シートの大きさの後に、折りたたんだ状態の大きさを丸がっこに入れて付加する。目録用言語として英語を用いる場合は、コンマで区切り、「on」の語を用いてシートの大きさを付加する。

　　　シート 72 × 88 cm（折りたたみ 24 × 22 cm）
　　　35 × 42 cm（シート 72 × 88 cm（折りたたみ 24 × 22 cm））
　　　35 × 42 cm, on sheet 72 × 88 cm, folded to 24 × 22 cm

#2.18.2　静止画の大きさ

　静止画の大きさは、大きさのエレメント・サブタイプである。

　シート（巻物を含む）から成る静止画は、記録媒体である紙等の大きさではなく、画面そのものの大きさを記録する。

　#2.18.2.1のほか、#2.18.0.2に従う。

　スライド、トランスペアレンシー等から成る静止画は、#2.18.0.2.1の該当するキャリア種別の規定に従う。

#2.18.2　静止画の大きさ　別法

　静止画の大きさは、大きさのエレメント・サブタイプである。

　＊静止画は、画面そのものの大きさではなく、記録媒体である紙、スライド等の大きさを、#2.18.0.2.1の該当するキャリア種別の規定に従って記録する。#2.18.2.1は適用しない＊。

#2.18.2.1　計測の方法

　画面の縦、横の長さを「×」で結んで記録する。センチメートルの単位で、必要に応じて小数点以下1桁まで端数を切り上げて記録する。

　　　73 × 104 cm
　　　45.5 × 52.8 cm

円形もしくは円形に近い形状の場合は、直径を「径」または「diameter」の語とともに記録する。

　　　径 11 cm
　　　11 cm in diameter

四角形、円形以外の形状の場合は、必要に応じて形状を示す語を付加する。

　　　10 × 6 cm（楕円形）

第 2 章　体現形

　　　　　　　10 × 6 cm oval

画面の大きさがシートの大きさの半分に満たない場合、またはシート内に静止画以外に重要な情報（テキスト等）がある場合は、画面の大きさを記録した後に、シートの大きさを丸がっこに入れて付加する。目録用言語として英語を用いる場合は、コンマで区切り、「on」の語を用いてシートの大きさを付加する。

　　　　　　　30 × 35 cm（シート 70 × 45 cm）
　　　　　　　30 × 35 cm, on sheet 70 × 45 cm

2.19　基底材

基底材は、エレメントである。

2.19.0　通則

2.19.0.1　記録の範囲

記述対象の識別または選択に重要な場合は、その基底となる物理的な材料を、基底材として記録する。

情報源は、#2.14.0.3 に従う。

2.19.0.2　記録の方法

基底材は、表2.19.0.2の用語を用いて記録する。

　　　　　　　硝酸エステル
　　　　　　（セルロイド製の写真フィルム）

表 2.19.0.2　材料の種類を示す用語

アクリル絵具　acrylic paint
アセテート　acetate
厚紙　cardboard
油絵具　oil paint
アルミニウム　aluminium
石　stone
イラスト・ボード　illustration board
インク　ink
紙　paper
ガラス　glass
皮　skin
革　leather
木　wood
キャンバス　canvas
金属　metal
グワッシュ　gouache

#2.19 基底材

合成物質　synthetic
ゴム　rubber
ジアセテート　diacetate
ジアゾ　diazo emulsion
シェラック　shellac
磁製　porcelain
磁粉　magnetic particles
硝酸エステル　nitrate
水彩絵具　watercolour
炭　charcoal
墨
石墨　graphite
セーフティ・ベース　safety base　＊
染料　dye
象牙　ivory
チョーク　chalk
テンペラ　tempera
陶製　ceramic
トリアセテート　triacetate
泥
布　textile
パステル　pastel
ハードボード　hardboard
ハロゲン化銀　silver halide emulsion
ビニール　vinyl
プラスター　plaster
プラスチック　plastic
ブリストル紙　Bristol board
ベシキュラ　vesicular emulsion
ベラム　vellum
ポリエステル　polyester
羊皮紙　parchment
ラッカー　lacquer
蝋　wax
和紙

＊映画フィルム、写真フィルム、マイクロフィルム、マイクロフィッシュの基底材が、ジアセテート、硝酸エステル、トリアセテート、ポリエステルのいずれであるのか不明な場合に用いる。

表2.19.0.2に適切な用語がない場合は、データ作成機関が基底材の種類を示す簡略な用語

第 2 章　体現形

を定めて記録する。
> 竹皮
> 草繊維

#2.19.0.3　基底材の詳細

基底材の詳細は、エレメントである。

識別または選択に重要な場合は、基底材の詳細を記録する。
> Cream-color unpolished laid paper with horizontal chain lines and no visible watermarks
> Paper watermarked：RIVES

#2.20　付加材

付加材は、エレメントである。

#2.20.0　通則

#2.20.0.1　記録の範囲

記述対象の識別または選択に重要な場合は、基底材に塗布または追加された物理的または化学的材料（例えば、絵具の種類）を、付加材として記録する。
（参照：マイクロフィルム・マイクロフィッシュの感光剤については、#2.20.1を見よ。）

情報源は、#2.14.0.3に従う。

#2.20.0.2　記録の方法

付加材は、表2.19.0.2の用語を用いて記録する。付加材が複数あり、一つが主要な場合は、最初に主要な材料を表す用語を記録する。
> 水彩絵具
> 油絵具
> （複数の付加材がある絵画）

表2.19.0.2に適切な用語がない場合は、データ作成機関が付加材の種類を示す簡略な用語を定めて記録する。
> 漆
> 　（上記のラッカーでは適切でない場合）
> 岩絵具

複数の材料が付加されたことが判明しているが、それらのすべてを容易に識別することができない場合は、「混合材」または「mixed materials」と記録する。

#2.20.0.3　付加材の詳細

付加材の詳細は、エレメントである。

識別または選択に重要な場合は、付加材の詳細を記録する。

#2.20.1　マイクロフィルム・マイクロフィッシュの感光剤

マイクロフィルム・マイクロフィッシュの感光剤は、付加材のエレメント・サブタイプである。

記述対象がマイクロフィルム、マイクロフィッシュである場合は、感光剤の種類を、表

#2.20 付加材

2.19.0.2の用語を用いて記録する。

　　　　ハロゲン化銀

表2.19.0.2に適切な用語がない場合は、データ作成機関が感光剤の種類を示す簡略な用語を定めて記録する。

#2.20.1.1　マイクロフィルム・マイクロフィッシュの感光剤の詳細

マイクロフィルム・マイクロフィッシュの感光剤の詳細は、エレメントである。

識別または選択に重要な場合は、マイクロフィルム・マイクロフィッシュの感光剤の詳細を記録する。

#2.21　マウント

マウントは、エレメントである。

#2.21.0　通則

#2.21.0.1　記録の範囲

記述対象の識別または選択に重要な場合は、基底材が接着される、土台、枠または裏張りに使う材料を、マウントとして記録する。

情報源は、#2.14.0.3に従う。

#2.21.0.2　記録の方法

マウントは、表2.19.0.2の用語を用いて記録する。

　　　　木

表2.19.0.2に適切な用語がない場合は、データ作成機関がマウントの種類を示す簡略な用語を定めて記録する。

　　　　花崗岩

#2.21.0.3　マウントの詳細

マウントの詳細は、エレメントである。

識別または選択に重要な場合は、マウントの詳細を記録する。

#2.22　制作手段

制作手段は、エレメントである。

#2.22.0　通則

#2.22.0.1　記録の範囲

記述対象の識別または選択に重要な場合は、それを制作するときに使用された手段を、制作手段として記録する。刊行物、非刊行物の双方に用いる。

情報源は、#2.14.0.3に従う。

#2.22.0.2　記録の方法

制作手段は、表2.22.0.2の用語を用いて記録する。

　　　　青焼き

第2章 体現形

(参照: 書写資料については、#2.22.0.2Aを見よ。)

表2.22.0.2 制作手段の種類を示す用語

青写真　blueprint process
青焼き　blueline process
印刷　printing
エッチング　etching
エングレーヴィング　engraving
エンボス　embossing
銀板写真　daguerreotype process
グラビア印刷　photogravure process
コロタイプ　collotype
写真製版　photoengraving
焼成　burning
白焼き　white print process
スウェル・ペーパー　swell paper
スタンピング　stamping
点字　solid dot
電子複写　photocopying
熱成形　thermoform
銘刻　inscribing
木版　woodcut making
リトグラフィ　lithography

　表2.22.0.2に適切な用語がない場合は、データ作成機関が制作手段の種類を示す簡略な用語を定めて記録する。

　　　　謄写版
　　　　模写
　　　　刺繡
　　　　石印本
　　　　拓本
　　　　点字シルク・スクリーン

#2.22.0.2A　書写資料

a)　内容に責任を有する個人によって手書きされた書写資料または原稿である場合は、「自筆」または「holograph」の語を用いて記録する。

b)　自筆以外の手書きの書写資料または原稿である場合は、「書写」または「manuscript」の語を用いて記録する。

#2.22 制作手段

c) 内容に責任を有する個人によってタイプ打ちされた書写資料または原稿である場合は、「タイプ原稿」または「typescript」の語を用いて記録する。

記述対象が複写である場合は、複写の手段を、「カーボン複写」、「電子複写」、または「転写」の語を用いて、丸がっこに入れて付加する。目録用言語として英語を用いる場合は、「carbon copy」、「photocopy」、または「transcript」を用いる。

   自筆（カーボン複写）
   タイプ原稿（電子複写）

複写の手段が「転写」である場合は、さらに転写の手段を、「手書き」、「タイプ打ち」、または「プリントアウト」の語を用いて、丸がっこ内に付加する。目録用言語として英語を用いる場合は、「handwritten」、「typewritten」、または「printout」を用いる。

   書写（転写，手書き）

記述対象の制作手段がすべて同一とは限らない場合は、丸がっこ内に語を補って記録する。

   書写（電子複写を含む）
   manuscript (some photocopy)

#2.22.0.3 制作手段の詳細

制作手段の詳細は、エレメントである。

識別または選択に重要な場合は、制作手段の詳細を記録する。

#2.23 世代

世代は、エレメントである。

#2.23.0 通則

#2.23.0.1 記録の範囲

識別または選択に重要な場合は、原版のキャリアと、原版から作られた複製のキャリアとの関係を、世代として記録する。

情報源は、#2.14.0.3に従う。

#2.23.0.2 記録の方法

世代の種類は、表2.23.0.2の用語を用いて記録する。

   オリジナル・ネガ
   （映画フィルム）
   オリジナル
   （電子資料）
   第1世代
   （ビデオテープまたはマイクロ資料）
   プリント・マスター
   （マイクロ資料）
   スタンパー盤

第2章　体現形

（録音資料）

表2.23.0.2　世代の種類を示す用語

＜映画フィルム＞
オリジナル・ネガ　original negative
マスター・ポジ　master positive
複製　duplicate
リファレンス・プリント　reference print
ビューイング・コピー　viewing copy
＜電子資料＞
オリジナル　original
マスター　master
デリバティブ・マスター　derivative master
＜ビデオテープ＞
第1世代　first generation
＜マイクロ資料＞
第1世代　first generation
プリント・マスター　printing master
提供用コピー　service copy
世代混合　mixed generation
＜録音資料＞
マスター・テープ　master tape
複製マスター・テープ　tape duplication master
マスター盤　disc master
マザー盤　mother
スタンパー盤　stamper
テスト盤　test pressing

　表2.23.0.2に適切な用語がない場合は、データ作成機関が世代の種類を示す簡略な用語を定めて記録する。

＃2.23.0.3　世代の詳細

　世代の詳細は、エレメントである。

　識別または選択に重要な場合は、世代の詳細を記録する。

＃2.24　レイアウト

　レイアウトは、エレメントである。

＃2.24.0　通則

＃2.24.0.1　記録の範囲

#2.24 レイアウト

記述対象の識別または選択に重要な場合は、記述対象中のテキスト、画像、触知表記等の配置を、レイアウトとして記録する。

情報源は、#2.14.0.3に従う。

#2.24.0.2 記録の方法

レイアウトは、表2.24.0.2の用語を用いて記録する。

  両面
   （単一の画像が1枚のシートの両面にわたって記載されている地図）
  両面
   （1枚のシートの両面に3点の異なる画像がある地図）
  両面（異言語）
   （1枚のシートの両面に同一の画像が異なる言語を伴って記載されている地図）

表2.24.0.2 レイアウトの種類を示す用語

＜シートおよびテキスト（触知）資料＞
片面　single sided
ダブル・スペース　double line spacing
両面　double sided
＜地図資料＞
両面　both sides
両面（異言語）　back to back
＜楽譜（触知）資料＞
アウトライン　outline
ヴァーティカル・スコア　vertical score
オープン・スコア　open score
ショート・フォーム・スコアリング　short form scoring
シングル・ライン　single line
セクション・バイ・セクション　section by section
バー・オーバー・バー　bar over bar
バー・バイ・バー　bar by bar
パラグラフ　paragraph
メロディー・コード・システム　melody chord system
ライン・オーバー・ライン　line over line
ライン・バイ・ライン　line by line

表2.24.0.2に適切な用語がない場合は、データ作成機関がレイアウトの種類を示す簡略な用語を定めて記録する。

#2.24.0.3 レイアウトの詳細

第 2 章　体現形

レイアウトの詳細は、エレメントである。

識別または選択に重要な場合は、レイアウトの詳細を記録する。

＃2.25　書型・判型

書型・判型は、エレメントである。

＃2.25.0　通則

＃2.25.0.1　記録の範囲

和古書・漢籍については、用紙の大きさを基準にした記述対象の大きさを記録する。

初期印刷資料（和古書・漢籍を除く）等については、全紙を折りたたんだ結果の、記述対象の形状を記録する。

情報源は、＃2.14.0.3に従う。

＃2.25.0.2　記録の方法

記述対象の書型・判型の種類を、表2.25.0.2の用語を用いて記録する。

　　　　大本

表 2.25.0.2　書型・判型の種類を示す用語

＜江戸時代の和古書の書型＞
大本
半紙本
中本
小本
＜初期印刷資料（和古書・漢籍を除く）などの判型＞
2折　folio
4折　4to
8折　8vo
12折　12mo
16折　16mo
24折　24mo
32折　32mo
48折　48mo
64折　64mo

表2.25.0.2に適切な用語がない場合は、データ作成機関が書型・判型の種類を示す簡略な用語を定めて記録する。

＃2.25.0.3　書型・判型の詳細

書型・判型の詳細は、エレメントである。

識別または選択に重要な場合は、書型・判型の詳細を記録する。

＃2.26　フォント・サイズ

フォント・サイズは、エレメントである。

＃2.26.0　通則

＃2.26.0.1　記録の範囲

記述対象の識別または選択に重要な場合は、記述対象中の文字や記号（点字を含む）の大きさを、フォント・サイズとして記録する。

情報源は、＃2.14.0.3に従う。

＃2.26.0.2　記録の方法

フォント・サイズは、簡略な用語を用いて記録する。

　　　14 ポイント
　　　1.0rem
　　　pearl

弱視者向け資料のフォント・サイズは、表2.26.0.2の用語を用いて記録する。

　　　特大活字

表2.26.0.2　フォント・サイズの種類を示す用語

| 大活字　　large print |
| 特大活字　　giant print |
| ジャンボ・ブレイル　　jumbo braille |

表2.26.0.2に適切な用語がない場合は、データ作成機関がフォント・サイズの種類を示す簡略な用語を定めて記録する。

＃2.26.0.2　記録の方法　任意追加

フォントの大きさをポイントの単位で、丸がっこに入れて付加する。

　　　大活字（20 ポイント）
　　　large print（20 point）

＃2.26.0.3　フォント・サイズの詳細

フォント・サイズの詳細は、エレメントである。

識別または選択に重要な場合は、フォント・サイズの詳細を記録する。

＃2.27　極性

極性は、エレメントである。

＃2.27.0　通則

＃2.27.0.1　記録の範囲

識別または選択に重要な場合は、映画フィルム、写真、マイクロ資料の画像における色彩お

第 2 章　体現形

よび色調と、複製されたものの色彩および色調との関係を、極性として記録する。

　　情報源は、＃2.14.0.3 に従う。

＃2.27.0.2　記録の方法

　　極性は、表 2.27.0.2 の用語を用いて記録する。
　　　　　ネガ

表 2.27.0.2　極性の種類を示す用語

ネガ　negative
ポジ　positive
極性混合　mixed polarity

＃2.27.0.3　極性の詳細

　　極性の詳細は、エレメントである。

　　識別または選択に重要な場合は、極性の詳細を記録する。

＃2.28　縮率

　　縮率は、エレメントである。

＃2.28.0　通則

＃2.28.0.1　記録の範囲

　　識別または選択に重要な場合は、マイクロ資料の原資料に対するマイクロ画像のサイズを、縮率として記録する。

　　情報源は、＃2.14.0.3 に従う。

＃2.28.0.2　記録の方法

　　縮率は、1 を後項とする標準の比の形式で記録する。
　　　　　16：1

＃2.28.1　縮率を示す語句

　　縮率を示す語句は、エレメントである。

　　縮率を示す語句を、表 2.28.1 の用語を用いて記録する。
　　　　　中縮率
　　　　　極超高縮率

表 2.28.1　縮率を示す語句を示す用語

低縮率　low reduction
中縮率　normal reduction
高縮率　high reduction

#2.28 縮率

| 超高縮率 | very high reduction |
| 極超高縮率 | ultra high reduction |

#2.28.2 縮率を示す語句の詳細

縮率を示す語句の詳細は、エレメントである。

識別または選択に重要な場合は、縮率を示す語句の詳細を記録する。

  縮率の変更あり

#2.29 録音の特性

録音の特性は、エレメントである。

#2.29.0 通則

#2.29.0.1 記録の範囲

記述対象の識別または選択に重要な場合は、録音に関する技術的仕様を記録する。

(参照：デジタル変換された音声の付加的特性については、#2.32を見よ。)

 情報源は、#2.14.0.3に従う。

#2.29.0.2 記録の方法

録音を主な内容とする記述対象については、#2.29.1～#2.29.8に従って、録音の方式、録音の手段、再生速度、音溝の特性、フィルムのトラック構成、テープのトラック構成、再生チャンネルおよび特定の再生仕様を記録する。

#2.29.0.2 記録の方法　任意追加

録音を主な内容としない記述対象については、識別または選択に重要な場合は、録音の特性を記録する。

#2.29.0.3 録音の特性の詳細

録音の特性の詳細は、エレメントである。

識別または選択に重要な場合は、録音の特性の詳細を記録する。

(参照：装置・システム要件の詳細については、#2.33.0.2を見よ。)

#2.29.1 録音の方式

録音の方式は、録音の特性のエレメント・サブタイプである。

音声の符号化方式を、表2.29.1の用語を用いて記録する。

  アナログ

表2.29.1　録音の方式を示す用語

| アナログ | analog |
| デジタル | digital |

第2章 体現形

表2.29.1に適切な用語がない場合は、データ作成機関が録音の方式を示す簡略な用語を定めて記録する。

（参照：デジタル・コンテンツ・フォーマットについては、#2.32.2を見よ。）

#2.29.1.1 録音の方式の詳細

録音の方式の詳細は、エレメントである。

識別または選択に重要な場合は、録音の方式の詳細を記録する。

> High resolution digital mastering of songs originally recorded on analog equipment

#2.29.2 録音の手段

録音の手段は、録音の特性のエレメント・サブタイプである。

録音の固定に用いた手段の種類（光学、磁気の別など）を、表2.29.2の用語を用いて記録する。

> 光学

表2.29.2 録音の手段の種類を示す用語

光学	optical
磁気	magnetic
光磁気	magneto-optical

表2.29.2に適切な用語がない場合は、データ作成機関が録音の手段の種類を示す簡略な用語を定めて記録する。

#2.29.2.1 録音の手段の詳細

録音の手段の詳細は、エレメントである。

識別または選択に重要な場合は、録音の手段の詳細を記録する。

#2.29.3 再生速度

再生速度は、録音の特性のエレメント・サブタイプである。

再生速度を記録する。アナログ・ディスクは1分当たりの回転数を「rpm」の単位で、デジタル・ディスクは1秒当たりの回転数を「m/s」の単位で、アナログ・テープは1秒当たりの回転数を「cm/s」または「ips」の単位で、サウンドトラック・フィルムは1秒当たりのフレーム数を「fps」の単位で、記録する。

> 33 1/3 rpm
> 1.4 m/s
> 19 cm/s
> 24 fps

（参照：オンライン音声ファイルのビットレートについては、#2.32.6を見よ。）

#2.29.3.1 再生速度の詳細

再生速度の詳細は、エレメントである。
識別または選択に重要な場合は、再生速度の詳細を記録する。

#2.29.4　音溝の特性
音溝の特性は、録音の特性のエレメント・サブタイプである。
アナログ・ディスクの音溝の幅またはアナログ・シリンダーの音溝のピッチ等を記録する。

#2.29.4 A　アナログ・ディスク
アナログ・ディスクは、音溝の幅の種類を、表2.29.4 Aの用語を用いて記録する。
　　　コース・グルーヴ

表2.29.4 A　音溝の幅の種類を示す用語

コース・グルーヴ	coarse groove
マイクログルーヴ	microgroove

表2.29.4 Aに適切な用語がない場合は、データ作成機関が音溝の幅の種類を示す簡略な用語を定めて記録する。

#2.29.4 A　アナログ・ディスク　任意追加
アナログ・ディスクの標準規格以外の音溝は、方向を記録する。
　　　ヴァーチカル

#2.29.4 B　アナログ・シリンダー
アナログ・シリンダーは、音溝のピッチの種類を、表2.29.4 Bの用語を用いて記録する。
　　　精細

表2.29.4 B　音溝のピッチの種類を示す用語

精細	fine
通常	standard

表2.29.4 Bに適切な用語がない場合は、データ作成機関が音溝のピッチの種類を示す簡略な用語を定めて記録する。

#2.29.4.1　音溝の特性の詳細
音溝の特性の詳細は、エレメントである。
識別または選択に重要な場合は、音溝の特性の詳細を記録する。

#2.29.5　フィルムのトラック構成
フィルムのトラック構成は、録音の特性のエレメント・サブタイプである。
サウンドトラック・フィルムは、トラック構成の種類を、表2.29.5の用語を用いて記録する。

第 2 章　体現形

　　　　　エッジ・トラック

表 2.29.5　トラック構成の種類を示す用語

| エッジ・トラック　edge track |
| センター・トラック　centre track |

2.29.5.1　フィルムのトラック構成の詳細

フィルムのトラック構成の詳細は、エレメントである。

識別または選択に重要な場合は、トラック構成の詳細を記録する。

　　　　　光学録音
　　　　　磁気録音
　　　　　Optical sound track
　　　　　Magnetic sound track

2.29.6　テープのトラック構成

テープのトラック構成は、録音の特性のエレメント・サブタイプである。

オーディオテープのカートリッジ、カセットおよびリールは、テープのトラック数を記録する。

　　　　　12 トラック

2.29.6.1　テープのトラック構成の詳細

テープのトラック構成の詳細は、エレメントである。

識別または選択に重要な場合は、テープのトラック構成の詳細を記録する。

2.29.7　再生チャンネル

再生チャンネルは、録音の特性のエレメント・サブタイプである。

容易に確認できる場合は、再生チャンネルを、表 2.29.7 の用語を用いて記録する。

　　　　　ステレオ

表 2.29.7　再生チャンネルの種類を示す用語

| モノラル　mono |
| ステレオ　stereo |
| 4 チャンネル　quadraphonic |
| サラウンド　surround |

表 2.29.7 に適切な用語がない場合は、データ作成機関が再生チャンネルの種類を示す簡略な用語を定めて記録する。

2.29.7.1　再生チャンネルの詳細

#2.29 録音の特性

再生チャンネルの詳細は、エレメントである。

識別または選択に重要な場合は、再生チャンネルの詳細を記録する。

#2.29.8 特定の再生仕様

特定の再生仕様は、録音の特性のエレメント・サブタイプである。

録音・再生時に用いるイコライゼーション・システムやノイズ・リダクション・システムなどを、表2.29.8の用語を用いて記録する。

　　　ドルビー B

表2.29.8 特定の再生仕様の種類を示す用語

| ドルビー　Dolby |
| ドルビー A　Dolby-A encoded |
| ドルビー B　Dolby-B encoded |
| ドルビー C　Dolby-C encoded |
| リニア PCM　LPCM |
| CCIR　CCIR encoded |
| CX　CX encoded |
| dbx　dbx encoded |
| NAB　NAB standard |

表2.29.8に適切な用語がない場合は、データ作成機関が再生仕様の種類を示す簡略な用語を定めて記録する。

#2.29.8.1 特定の再生仕様の詳細

特定の再生仕様の詳細は、エレメントである。

識別または選択に重要な場合は、特定の再生仕様の詳細を記録する。

#2.30 映画フィルムの映写特性

映画フィルムの映写特性は、エレメントである。

#2.30.0 通則

#2.30.0.1 記録の範囲

記述対象の識別または選択に重要な場合は、映画フィルムの映写に関係する技術的仕様を、映画フィルムの映写特性として記録する。

（参照：映画の録音の方式については、#2.29を見よ。映画の画面アスペクト比については、#5.19を見よ。映画の色彩については、#5.17を見よ。）

情報源は、#2.14.0.3に従う。

#2.30.0.2 記録の方法

#2.30.1～#2.30.2に従って、映写方式および映写速度を記録する。

第 2 章　体現形

#2.30.0.3　映画フィルムの映写特性の詳細

映画フィルムの映写特性の詳細は、エレメントである。

識別または選択に重要な場合は、映画フィルムの映写特性の詳細を記録する。

#2.30.1　映写方式

映写方式は、映画フィルムの映写特性のエレメント・サブタイプである。

映画フィルムの映写に使用される方式を、表2.30.1の用語を用いて記録する。

　　　　シネラマ

表2.30.1　映写方式の種類を示す用語

サーカラマ　Circarama
シネミラクル　Cinemiracle
シネラマ　Cinerama
ステレオスコピック　stereoscopic
テクニスコープ　techniscope
パナビジョン　Panavision
標準サイレント・アパーチャー　standard silent aperture
標準サウンド・アパーチャー　standard sound aperture
マルチスクリーン　multiscreen
マルチプロジェクター　multiprojector
IMAX　IMAX
3D　3D

表2.30.1に適切な用語がない場合は、データ作成機関が映写方式の種類を示す簡略な用語を定めて記録する。

#2.30.1.1　映写方式の詳細

映写方式の詳細は、エレメントである。

識別または選択に重要な場合は、映写方式の詳細を記録する。

#2.30.2　映写速度

映写速度は、映画フィルムの映写特性のエレメント・サブタイプである。

映画フィルムの映写速度は、1秒当たりのフレーム数を「fps」の単位で記録する。

　　　　16 fps

#2.30.2.1　映写速度の詳細

映写速度の詳細は、エレメントである。

識別または選択に重要な場合は、映写速度の詳細を記録する。

#2.31　ビデオの特性

ビデオの特性は、エレメントである。

#2.31 ビデオの特性

#2.31.0 通則
#2.31.0.1 記録の範囲
　記述対象の識別または選択に重要な場合は、ビデオ画像の符号化に関する技術的仕様を、ビデオの特性として記録する。
（参照：ビデオの録音の方式については、#2.29を見よ。デジタル・ファイルの特性については、#2.32を見よ。ビデオの画面アスペクト比については、#5.19を見よ。ビデオの色彩については、#5.17を見よ。）
　情報源は、#2.14.0.3に従う。
#2.31.0.2 記録の方法
　#2.31.1～#2.31.2に従って、ビデオ・フォーマットおよびテレビ放送の標準方式を記録する。
#2.31.0.3 ビデオの特性の詳細
　ビデオの特性の詳細は、エレメントである。
　識別または選択に重要な場合は、ビデオの特性の詳細を記録する。
#2.31.1 ビデオ・フォーマット
　ビデオ・フォーマットは、ビデオの特性のエレメント・サブタイプである。
　アナログ・ビデオのフォーマットを、表2.31.1の用語を用いて記録する。
　　　　8 mm

表2.31.1　ビデオ・フォーマットの種類を示す用語

ベータカム　Betacam
ベータカム SP　Betacam SP
ベータマックス　Betamax
CED　CED
D-2　D-2
EIAJ　EIAJ
Hi8　Hi-8 mm
LD　Laser optical
M-II　M-II
S-VHS　Super-VHS
Type C　Type C
U規格　U-matic
VHS　VHS
4ヘッドVTR　Quadruplex
8 mm　8 mm

第 2 章　体現形

　表 2.31.1 に適切な用語がない場合は、データ作成機関がビデオ・フォーマットの種類を示す簡略な用語を定めて記録する。
　　　　　　　　VHD
（参照：ビデオのデジタル・コンテンツ・フォーマットについては、#2.32.2 を見よ。）

#2.31.1.1　ビデオ・フォーマットの詳細
　ビデオ・フォーマットの詳細は、エレメントである。
　識別または選択に重要な場合は、ビデオ・フォーマットの詳細を記録する。
（参照：ビデオのデジタル・コンテンツ・フォーマットについては、#2.32.2 を見よ。）

#2.31.2　テレビ放送の標準方式
　テレビ放送の標準方式は、ビデオの特性のエレメント・サブタイプである。
　テレビ放送用のビデオ映像の放送方式を、表 2.31.2 の用語を用いて記録する。
　　　　　　　　HDTV

表 2.31.2　テレビ放送の標準方式の種類を示す用語

| HDTV |
| NTSC |
| PAL |
| SECAM |

　表 2.31.2 に適切な用語がない場合は、データ作成機関がテレビ放送の標準方式の種類を示す簡略な用語を定めて記録する。

#2.31.2.1　テレビ放送の標準方式の詳細
　テレビ放送の標準方式の詳細は、エレメントである。
　識別または選択に重要な場合は、テレビ放送の標準方式の詳細を記録する。

#2.32　デジタル・ファイルの特性
　デジタル・ファイルの特性は、エレメントである。

#2.32.0　通則

#2.32.0.1　記録の範囲
　記述対象の識別または選択に重要な場合は、オーディオ、画像、テキスト、ビデオなどのデータのデジタル変換にかかわる技術的仕様を、デジタル・ファイルの特性として記録する。
（参照：特定の装置要件の詳細については、#2.33 を見よ。）
　情報源は、#2.14.0.3 に従う。

#2.32.0.2　記録の方法
　#2.32.1～#2.32.7 に従って、ファイル種別、デジタル・コンテンツ・フォーマット、ファイル・

— 284 —

#2.32 デジタル・ファイルの特性

サイズ、解像度、リージョン・コード、ビットレートおよび地図資料のデジタル表現を記録する。

#2.32.0.3 デジタル・ファイルの特性の詳細

デジタル・ファイルの特性の詳細は、エレメントである。

識別または選択に重要な場合は、デジタル・ファイルの特性の詳細を記録する。

  Copy Control CD

#2.32.1 ファイル種別

ファイル種別は、デジタル・ファイルの特性のエレメント・サブタイプである。

容易に確認できる場合は、デジタル・ファイル内のデータ・コンテンツの種類を、表2.32.1の用語を用いて記録する。

  テキスト・ファイル

表2.32.1　ファイル種別を示す用語

オーディオ・ファイル　audio file
画像ファイル　image file
テキスト・ファイル　text file
データ・ファイル　data file
ビデオ・ファイル　video file
プログラム・ファイル　program file

表2.32.1に適切な用語がない場合は、データ作成機関がファイル種別を示す簡略な用語を定めて記録する。

#2.32.1.1 ファイル種別の詳細

ファイル種別の詳細は、エレメントである。

識別または選択に重要な場合は、ファイル種別の詳細を記録する。

#2.32.2 デジタル・コンテンツ・フォーマット

デジタル・コンテンツ・フォーマットは、デジタル・ファイルの特性のエレメント・サブタイプである。

容易に確認できる場合は、記述対象においてデジタル・コンテンツのフォーマットに用いられているスキーマや標準を、できる限り標準的なリストの用語を用いて記録する。

  Excel
  HTML
  JPEG

記述対象の利用に影響がある場合は、デジタル・コンテンツ・フォーマットのバージョンを記録する。

  Access 2016

第 2 章　体現形

　　　　DAISY 2.02

2.32.2.1　デジタル・コンテンツ・フォーマットの詳細
　デジタル・コンテンツ・フォーマットの詳細は、エレメントである。
　識別または選択に重要な場合は、デジタル・コンテンツ・フォーマットの詳細を記録する。

2.32.3　ファイル・サイズ
　ファイル・サイズは、デジタル・ファイルの特性のエレメント・サブタイプである。
　容易に確認できる場合は、デジタル・ファイルの容量を、「KB」、「MB」、「GB」などの単位で記録する。
（参照：オンライン資料の数量については、# 2.17.0.2、# 2.17.0.2.1 を見よ。）
　　　　35 MB

2.32.4　解像度
　解像度は、デジタル・ファイルの特性のエレメント・サブタイプである。
　容易に確認できる場合は、画素数を示して解像度を記録する。
　　　　3000 × 4000 ピクセル
　　　　12.1 メガピクセル
　　　　3000 × 4000 pixels

2.32.5　リージョン・コード
　リージョン・コードは、デジタル・ファイルの特性のエレメント・サブタイプである。
　ビデオディスクの再生可能な地域を限定するコードを記録する。
　　　　リージョン 2
　　　　リージョン ALL

2.32.6　ビットレート
　ビットレートは、デジタル・ファイルの特性のエレメント・サブタイプである。
　容易に確認できる場合は、ストリーミング・オーディオまたはストリーミング・ビデオの再生速度を記録する。1 秒ごとの処理データ量を「kbps」、「Mbps」などの単位で記録する。
　　　　300 kbps
　　　　1 Mbps

2.32.7　地図資料のデジタル表現
　地図資料のデジタル表現は、デジタル・ファイルの特性のエレメント・サブタイプである。
　デジタルの地図資料については、容易に確認できる場合は、地理空間情報の符号化にかかわる技術的詳細として、次の情報を記録する。
　a）データ種別
　　データ種別として記録する（参照：# 2.32.7.2 を見よ。）。
　b）オブジェクト種別（「ポイント」、「ライン」、「ポリゴン」、「ピクセル」など）

#2.32 デジタル・ファイルの特性

　　目録用言語として英語を用いる場合は、「point」、「line」、「polygon」、「pixel」などを用いる。
c)　空間情報の表現に用いられるオブジェクトの数
　　　　ラスタ
　　　　ピクセル
　　　　5000×5000
　　　　（記述対象は、縦横5000ピクセルから成るラスタデータ）
　　　　ベクタ
　　　　ポイント，ライン，ポリゴン
　　　　13535
　　　　（記述対象は、合わせて13535個のポイント、ライン、ポリゴンから成るベクタデータ）

#2.32.7.1　地図資料のデジタル表現の詳細
　地図資料のデジタル表現の詳細は、エレメントである。
　識別または選択に重要な場合は、地図資料のデジタル表現の詳細を記録する。

#2.32.7.2　地図データ種別
　地図データ種別は、地図資料のデジタル表現のエレメント・サブタイプである。
　容易に確認できる場合は、地図データ種別を、表2.32.7.2の用語を用いて記録する。
　　　　ラスタ

表2.32.7.2　地図データ種別を示す用語

| ベクタ　vector |
| ポイント　point |
| ラスタ　raster |

　表2.32.7.2に適切な用語がない場合は、データ作成機関が地図データ種別を示す簡略な用語を定めて記録する。

#2.32.7.2.1　地図データ種別の詳細
　地図データ種別の詳細は、エレメントである。
　識別または選択に重要な場合は、地図資料のデータ種別の詳細を記録する。

#2.33　装置・システム要件
　装置・システム要件は、エレメントである。

#2.33.0　通則

#2.33.0.1　記録の範囲
　記述対象の利用や再生に必要な装置やシステムに関する情報を記録する。
　情報源は、#2.14.0.3に従う。

#2.33.0.2　記録の方法

第 2 章　体現形

キャリア種別やファイル種別から明らかに必要と考えられるもの以外の、記述対象の利用や再生に必要な要件を記録する。装置またはハードウェア、OS、メモリ容量、プログラミング言語、必須ソフトウェア、プラグイン、周辺機器などを記録する。

  OS：Windows 8.1 Update/7（SP 1）/Vista（SP 2）各日本語版
  CPU：Windows 8.1 Update/7/Vista：1GHz 以上
  メモリ：Windows 8.1 Update/7 の 64 ビット版：2GB 以上，Windows 8.1 Update/7 の 32 ビット版：1GB 以上，Vista：512MB 以上
  HDD：300MB 以上の空き容量
  ディスプレイ：HighColor（16 ビット）以上，1024×768 ドット以上
  Internet Explorer 7.0 以上
  （記述対象は、CD-ROM）
  縦振動対応の再生機
  （記述対象は、音溝の方向がヴァーチカルの SP レコード）
  PlayStation 4
  HDD 必須容量：12GB 以上
  （記述対象は、ゲームソフトの Blu-ray ディスク）

#2.33.0.2　記録の方法　別法

＊装置・システム要件は、記述対象に表示されているとおりに記録する＊。

#2.34　体現形の識別子

体現形の識別子は、エレメントである。

体現形の識別子は、コア・エレメントである。複数の識別子が存在する場合は、国際標準の識別子がコア・エレメントである。

#2.34.0　通則

#2.34.0.1　記録の範囲

体現形の識別子は、その体現形と結びつけられ、他の体現形との判別を可能とする文字列および（または）番号である。資料の体現形に付与された ISBN、ISSN 等の国際標準番号、出版者等による番号、公文書館等が独自の体系に基づき割り当てた番号等がある。出版者等による番号には、録音・映像資料の発売番号（参照：#2.34.0.6 を見よ。）、楽譜の出版者番号およびプレート番号（参照：#2.34.1、#2.34.2 を見よ。）を含む。

複数の識別子が存在し、そのなかに国際標準の識別子がある場合は、国際標準の識別子を優先する。その他の識別子は任意で追加する。

（参照：標準的なインターネット・ブラウザを用いて、資料にオンライン・アクセスするための識別子については、#2.39 を見よ。）

#2.34.0.2　エレメント・サブタイプ（楽譜）

体現形の識別子には、楽譜について、次のエレメント・サブタイプがある。

 a) 楽譜の出版者番号（参照：#2.34.1 を見よ。）

b)　楽譜のプレート番号（参照：#2.34.2を見よ。）

#2.34.0.3　情報源
　体現形の識別子は、どの情報源に基づいて記録してもよい。

#2.34.0.4　記録の方法
　体現形の識別子に定められた表示形式（ISBN、ISSN、ISMN 等）がある場合は、その形式に従って記録する。

　　　　ISBN 978-4-8204-0602-0
　　　　ISBN 4-8204-0602-7
　　　　ISSN 0385-4000
　　　　ISMN 979-0-69200-628-2
　　　　doi：10.1241/johokanri.55.383
　　　　（逐次刊行物「情報管理」の1記事に対するDOI（デジタル・オブジェクト識別子））

　体現形の識別子に定められた表示形式がない場合は、情報源に表示されているとおりに記録する。容易に判明する場合は、必要に応じて、管理主体の商号または名称、識別子の種類を特定できる語句等に続けて、識別子を記録する。

　　　　全国書誌番号 21061415
　　　　European Commission：CA-23-99-031-EN-C

　識別またはアクセスに重要な場合は、体現形の識別子に関する詳細を注記として記録する。（参照：#2.41.13.2.1を見よ。）

#2.34.0.4.1　全体と部分に対する識別子
　複数の部分から成る資料が、全体に対する識別子と部分に対する識別子の双方をもつ場合に、全体を記述対象とするときは、全体に対する識別子を記録する。

　　　　ISBN 4-477-00376-5（セット）
　　　　（全3巻から構成される資料の全体に対するISBN）

　一つの部分のみを記述対象とするときは、その部分に対する識別子を記録する。

#2.34.0.4.1　全体と部分に対する識別子　任意追加
　全体に対する識別子と部分に対する識別子の双方を記録する。必要に応じて、#2.34.0.4.3に従って、限定語を付加する。

　　　　ISBN 978-4-284-10193-6（セット）
　　　　ISBN 978-4-284-10194-3（第1巻）
　　　　ISBN 978-4-284-10195-0（第2巻）
　　　　ISBN 978-4-284-10196-7（第3巻）
　　　　（全体を記述対象とするとき）
　　　　ISBN 978-4-284-20236-7
　　　　ISBN 978-4-284-20235-0（セット）
　　　　（一つの部分のみを記述対象とするとき）

第 2 章　体現形

　ただし、部分に対する識別子が 4 以上の場合は、最初と最後の識別子のみを記録し、他は省略することができる。識別子が連続しているときは、最初と最後の識別子をハイフンで結ぶ。連続していないときは、スラッシュで区切る。

#2.34.0.4.2　不正確な識別子

　資料に表示されている識別子が不正確であることが判明している場合は、表示されているとおりに番号を記録し、続けて、文字列および（または）番号が次のいずれかであることを示す語句を付加する。

　a）　不正確である
　b）　取り消されている
　c）　無効である

　　　　ISBN 978-4-902319-02-0（エラーコード）
　　　　ISSN 0891-4746（エラーコード）
　　　　ISBN 0-87068-430-2（invalid）
　　　　ISSN 1891-4755（incorrect）

#2.34.0.4.3　限定語

　記述対象に同一の体現形に対する同種の識別子が複数表示されている場合に、識別に重要なときは、簡略な限定語を付加する。

　　　　ISBN 9789525889093（Finland）
　　　　ISBN 9789197135160（Sweden）
　　　　（情報源に出版国によって異なる ISBN が併記されている）

　記述対象に一つの識別子しか表示されていない場合でも、識別に重要なときは、刊行形態を示す限定語を付加する。

　　　　ISBN 978-4-9905587-2-7（ペーパーバック）
　　　　ISBN 978-4-8419-3079-5（上製）
　　　　ISBN 978-4-8419-3080-1（並製）
　　　　ISBN 9784501955809（eISBN）
　　　　ISBN 978-4-540-00008-9（加除式）
　　　　ISBN 978-981-236-888-1（loose-leaf）
　　　　ISSN 1881-6096（Print）
　　　　ISSN 1334-8129（Online）

　記述対象の一部に対して付与された識別子を記録する場合は、各識別子の後に、対象部分を示す限定語を付加する。

　　　　ISBN 4-469-03081-3（上巻）
　　　　ISBN 4-469-03084-8（索引）

　装丁の相違等、記述対象に体現形によって異なる同種の識別子が表示され、それらをともに記録する場合は、必要に応じて、簡略な限定語を付加する。

#2.34 体現形の識別子

ISBN 1-55608-030-1（ハードカバー）
ISBN 1-55608-031-X（ペーパーバック）
（情報源に装丁によって異なる ISBN が併記されている。記述対象はハードカバーだが、異なる体現形であるペーパーバックの ISBN をあわせて記録する例）

#2.34.0.5 複製
複製については、原資料ではなく、複製物自体の識別子を記録する。原資料の識別子は、関連する体現形の識別子として記録する。
（参照：#43.3 を見よ。）

#2.34.0.6 録音・映像資料の発売番号
発売番号は、出版者等が付与した文字列・番号を、情報源に表示されているとおりに記録する。レーベルがある場合は、これを含めて記録する。

CBS/Sony 38DC 54
Deutsche Grammophon 410 603-2
Claves 3111-3（38PO）

＜#2.34.1～#2.34.2 楽譜の識別子＞

#2.34.1 楽譜の出版者番号
楽譜の出版者番号は、体現形の識別子のエレメント・サブタイプである。

#2.34.1.1 記録の範囲
楽譜の出版者番号は、出版者が楽譜に付与する識別子である。通常はタイトル・ページ、カバー、最初のページにのみ表示されている。

#2.34.1.2 記録の方法
楽譜の出版者番号に、出版者を識別するイニシャル、略称、語句がある場合は、それらを含めて記録する。

2777
OGT 65 B. & H. 15931
Edition Peters Nr. 193a

#2.34.2 楽譜のプレート番号
楽譜のプレート番号は、体現形の識別子のエレメント・サブタイプである。

#2.34.2.1 記録の範囲
楽譜のプレート番号は、出版者が楽譜に付与する識別子である。通常は各ページの下部に、場合によってはタイトル・ページに表示されている。

#2.34.2.2 記録の方法
楽譜のプレート番号に、出版者を識別するイニシャル、略称、語句がある場合は、それらを含めて記録する。

W. Ph. V. 105

第 2 章　体現形

BWI 00505

＃2.35　入手条件

入手条件は、エレメントである。

＃2.35.1　記録の範囲

入手条件は、記述対象に表示されている定価および（または）その入手可能性を示す情報である。

＃2.35.2　情報源

入手条件に関する情報は、どの情報源に基づいて記録してもよい。

＃2.35.3　記録の方法

販売されている資料については、情報源に表示されている価格を、アラビア数字で記録する。価格は、それを表す語または一般に使用される記号とあわせて記録する。販売されていない資料については、入手可能性を示す語句を簡略に記録する。

　　　　2400 円
　　　　（価格であることを表す語を使用した例）
　　　　JPY 950
　　　　USD 32.50
　　　　GBP 8.50
　　　　（ISO 4217 による通貨コードを使用した例）
　　　　￥3800
　　　　＄37.50
　　　　£9.25 per year
　　　　（通貨記号を使用した例）
　　　　非売品レンタル用
　　　　Not for sale, for promotion only

入手条件に説明を付加する必要がある場合は、簡略に記録する。

　　　　1000 円（税込）
　　　　JPY 4000（初回プレスのみ JPY 3200）
　　　　GBP 2.00（GBP 1.00 to members）

＃2.36　連絡先情報

連絡先情報は、エレメントである。

＃2.36.1　記録の範囲

連絡先情報は、資料が入手可能な機関等に関する情報である。

刊行物については、連絡先情報に、資料の出版者・頒布者の名称、住所・アドレス等を含む。文書、コレクションについては、連絡先情報に、資料を管理する機関の名称、住所・アドレス等を含む。

＃2.36.2　情報源

連絡先情報は、どの情報源に基づいて記録してもよい。

#2.36.3　記録の方法

#2.36.3.1　刊行物

資料の入手およびアクセスに重要な場合は、出版者、頒布者等の連絡先を記録する。

　　　〒104-0033 東京都中央区新川 1-11-14
　　　https://www.jla.or.jp/

#2.36.3.2　文書、コレクション

　文書、コレクションについては、資料を管理する機関の名称と所在地を記録する。アクセスに重要な場合は、電子メール・アドレス等の連絡先情報を含める。

　　　国立公文書館
　　　〒102-0091 東京都千代田区北の丸公園 3-2

#2.37　アクセス制限

アクセス制限は、エレメントである。

#2.37.1　記録の範囲

アクセス制限は、資料へのアクセスに関する制限についての情報である。
アクセス制限は、個別資料の属性にも該当する。

#2.37.2　情報源

アクセス制限は、どの情報源に基づいて記録してもよい。

#2.37.3　記録の方法

資料へのあらゆるアクセス制限について、制限の性質や期間を含め、可能な限り具体的に記録する。制約がないことについては、必要に応じて記録する。

　　　2014 年以降アクセス可能
　　　ユーザ名とパスワードによるアクセス制限
　　　登録機関のみアクセス可能
　　　アクセス制限中（詳細は管理者に問い合わせのこと）

#2.38　利用制限

利用制限は、エレメントである。

#2.38.1　記録の範囲

利用制限は、複写、出版、展示のような、資料の利用に関する制限についての情報である。
利用制限は、個別資料の属性にも該当する。

#2.38.2　情報源

利用制限は、どの情報源に基づいて記録してもよい。

#2.38.3　記録の方法

資料のあらゆる利用制限について、制限の性質や期間を含め、可能な限り具体的に記録する。

第 2 章　体現形

> 付属 CD-ROM の館外貸出不可
> 　（付属資料の CD-ROM について、公共図書館の貸出を不可とするために出版者が与えた資料
> 　　上の表示に基づく）
> 複製および利用には提供者の許諾書が必要
> 1 学校内（同一敷地内に限る）フリーライセンス

　非刊行物について、一定の著作権保護期間を有すること、著作権が放棄され自由な利用が可能であること等、著作権に関して明記された文書を入手可能な場合は、その情報を記録する。

＃2.39　URL

　URL は、エレメントである。

＃2.39.1　記録の範囲

　URL は、記述対象であるインターネット上の資料の所在を特定するアドレスであり、標準的なインターネット・ブラウザを通じて、資料へのオンライン・アクセスを提供するための識別子全般を含む。

＃2.39.2　情報源

　URL は、どの情報源に基づいて記録してもよい。

＃2.39.3　記録の方法

　記述対象の URL を記録する。

> http://www.nii.ac.jp/CAT-ILL/archive/newsletter/
> http://hdl.handle.net/2433/8987
> http://dx.doi.org/10.1241/johokanri.55.383
> http://dl.ndl.go.jp/info:ndljp/pid/2943205

　複数の URL が存在する場合は、データ作成機関の方針に従って、1 または複数の URL を記録する。

　関連する資料の URL は、関連する体現形の記述の一部として記録する。

（参照：＃43.3 を見よ。）

＃2.39.4　URL の追加、更新、削除

　記述対象の URL が追加または更新された場合は、記録を追加または更新する。

　すでに資料へのアクセスが不可となっている URL は、その URL に「不正確」または「incorrect」、「無効」または「invalid」を、丸がっこに入れて付加する。容易に判明する場合は、アクセス可能な URL を記録する。

> http://japanese.japan.usembassy.gov/j/tamcj-main.htm（不正確）
> http://www.nii.ac.jp/CAT-ILL/archive/catmanual.html（無効）
> http://disneyworld.go.com/resorts/（incorrect）
> http://www.humi.keio.ac.jp（invalid）

＃2.40　優先引用形

#2.40　優先引用形

優先引用形は、エレメントである。

#2.40.1　記録の範囲

優先引用形は、資料の著作者、出版者、管理者、抄録索引サービス機関などが推奨する、当該資料の引用形式である。

#2.40.2　情報源

優先引用形は、どの情報源に基づいて記録してもよい。

#2.40.3　記録の方法

優先引用形は、情報源に表示されているとおりの形式で記録する。

  後藤秀昭・岡田真介・楮原京子・杉戸信彦（2015）：1:25,000 都市圏活断層図砺波平野断層帯とその周辺「高岡」解説書．国土地理院技術資料 D 1-No. 736, 22p.
  （当該資料に、引用する場合の記載例として表示されている例）

  Doğan Atılgan, Nevzat Özel & Tolga Çakmak（2014）Awareness, Perceptions, and Expectations of Academic Librarians in Turkey about Resource Description and Access（RDA）, Cataloging & Classification Quarterly, 52: 6-7, 660-676, DOI: 10.1080/01639374.2014.945023
  （当該資料に、To cite this article という指示とともに表示されている例）

  Janus Press Archive, Rare Book and Special Collections Division, Library of Congress.
  （米国議会図書館が自館の所蔵資料について記録している例）

#2.41　体現形に関する注記

体現形に関する注記は、エレメントである。

#2.41.0　通則

#2.41.0.1　記録の範囲

体現形に関する注記は、#2.1～#2.13、#2.34～#2.40の体現形のエレメントとして記録しなかった、体現形の識別、選択またはアクセスに必要な情報を提供する注記である。#2.14～#2.33のキャリアに関するエレメントとして記録しなかった情報については、#2.42に従う。
（参照：個別資料に関する注記は、#3.6を見よ。）

#2.41.0.1.1　エレメント・サブタイプ

体現形に関する注記には、次のエレメント・サブタイプがある。

a)　タイトルに関する注記（参照：#2.41.1を見よ。）
b)　責任表示に関する注記（参照：#2.41.2を見よ。）
c)　版表示に関する注記（参照：#2.41.3を見よ。）
d)　逐次刊行物の順序表示に関する注記（参照：#2.41.4を見よ。）
e)　出版表示に関する注記（参照：#2.41.5を見よ。）
f)　頒布表示に関する注記（参照：#2.41.6を見よ。）
g)　製作表示に関する注記（参照：#2.41.7を見よ。）
h)　非刊行物の制作表示に関する注記（参照：#2.41.8を見よ。）

第 2 章 体現形

　　i) 著作権日付に関する注記（参照：#2.41.9を見よ。）
　　j) シリーズ表示に関する注記（参照：#2.41.10を見よ。）
　　k) 刊行頻度に関する注記（参照：#2.41.11を見よ。）
　　l) 識別の基盤に関する注記（参照：#2.41.12を見よ。）
　　m) 体現形の識別子に関する注記（参照：#2.41.13を見よ。）

#2.41.0.2　情報源
　体現形に関する注記は、どの情報源に基づいて記録してもよい。

#2.41.0.3　記録の方法
　体現形に関する注記について、引用もしくは参照する場合、または注記の内容が記述対象の一部にのみ該当する場合は、#1.13に従って記録する。

#2.41.0.3.1　誤表示に関する注記
　情報源にある誤表示については、#1.10.11、#1.10.11別法のどちらを適用するかによって、記録の方法が異なる。#1.10.11を適用する場合は、そのエレメントとして誤表示をそのまま記録し、識別またはアクセスに重要なときに、正しい形について注記として記録する。#1.10.11別法を適用する場合は、そのエレメントとして正しい形に改めたものを記録し、識別またはアクセスに重要なときに、誤表示について注記として記録する。
　タイトルについては#2.41.1.2.3に、逐次刊行物の順序表示については#2.41.4.2.2に、出版表示については#2.41.5.2.2に、頒布表示については#2.41.6.2.2に、製作表示については#2.41.7.2.2に、非刊行物の制作表示については#2.41.8.2.2にそれぞれ従う。

#2.41.1　タイトルに関する注記
　タイトルに関する注記は、体現形に関する注記のエレメント・サブタイプである。

#2.41.1.1　記録の範囲
　タイトルに関する注記とは、次の情報を提供する注記である。
　　a) タイトルの情報源（参照：#2.41.1.2.1を見よ。）
　　b) タイトルの変化・削除（参照：#2.41.1.2.2を見よ。）
　　c) タイトルの誤表示（参照：#2.41.1.2.3を見よ。）
　　d) 個別のタイトルを本タイトルに採用した総合タイトルのない資料（参照：#2.41.1.2.4を見よ。）
　　e) 和古書・漢籍のタイトル（参照：#2.41.1.2.5を見よ。）
　　f) タイトルに関するその他の情報（参照：#2.41.1.2.6を見よ。）

#2.41.1.2　記録の方法
　タイトルに関する注記は、#2.41.0.3、#2.41.0.3.1に従って記録する。

#2.41.1.2.1　タイトルの情報源
　タイトルを#2.0.2.2で規定する優先情報源以外から採用した場合は、次の規定に従って情

#2.41 体現形に関する注記

報源を記録する。
　a)　本タイトルの情報源（参照：#2.41.1.2.1.1を見よ。）
　b)　並列タイトルの情報源（参照：#2.41.1.2.1.2を見よ。）
　c)　その他のタイトルの情報源（参照：#2.41.1.2.1.3を見よ。）
　オンライン資料については、その資料へのアクセス日付を別の注記として記録する。
（参照：#2.41.12.2.3を見よ。）

#2.41.1.2.1.1　本タイトルの情報源

　本タイトルを#2.0.2.2で規定する優先情報源以外から採用した場合は、その情報源を記録する。また、データ作成者が本タイトルを付与した場合は、その旨を記録する。
（参照：#2.1.1.1.2、#2.1.1.2.11、#2.1.1.2.11別法を見よ。）

　　　　本タイトルはPDFのカバーページによる
　　　　本タイトルは付属解説書のタイトル・ページによる
　　　　本タイトルは『国立国会図書館支部上野図書館所蔵本草関係図書目録』による
　　　　本タイトルはデータ作成機関による
　　　　本タイトルは国立国会図書館による
　　　　（データ作成者の名称を記録した例）

　本タイトルを#2.0.2.2で規定する優先情報源から採用した場合でも、必要に応じてその情報源を記録する。

　　　　本タイトルは奥付による
　　　　本タイトルはタイトル・スクリーンによる
　　　　本タイトルは容器による
　　　　本タイトルはメニューによる
　　　　Caption title

#2.41.1.2.1.1　本タイトルの情報源　任意省略

　資料に表示されたタイトルの形が1種類の場合は、その情報源を記録しない。

#2.41.1.2.1.2　並列タイトルの情報源

　並列タイトルが本タイトルと異なる情報源に表示されている場合に、それが識別またはアクセスに重要なときは、並列タイトルの情報源を記録する。
（参照：#2.1.2.1.2を見よ。）

　　　　イタリア語の並列タイトルは表紙による

#2.41.1.2.1.3　その他のタイトルの情報源

　識別またはアクセスに重要な場合は、異形タイトルの情報源を記録する。
（参照：#2.1.9.2を見よ。）

　　　　奥付のタイトル：名古屋市消費生活センター事業概要

　並列タイトル、タイトル関連情報、並列タイトル関連情報等の異なる形を異形タイトルとし

第 2 章 体現形

て記録した場合に、識別またはアクセスに重要なときは、異なる形が表示されている部分、巻号、またはイテレーションを記録する。
（参照：#2.1.9.2を見よ。）
> No.2以降のタイトル関連情報：資源エネルギー庁がお届けするエネルギー情報誌

先行タイトルが使用されていたイテレーションを記録する。オンライン資料については、先行タイトルが見られた日付を記録する。
（参照：#2.1.5.2を見よ。）
> 先行タイトルの表示期間：2003-2005
> 2001年までの本タイトル：破産・和議の実務

後続タイトルが使用されている巻号または出版日付の範囲（現在も使用されている場合は、使用を開始した巻号または出版日付）を記録する。
（参照：#2.1.6.2を見よ。）
> 後続タイトルは32巻6号（平23.10）から
> 11号から13号までの本タイトル：公益財団法人土佐山内家宝物資料館年報，14号以降の本タイトル：土佐山内家宝物資料館年報

#2.41.1.2.2 タイトルの変化・削除

タイトルの変化・削除については、次の規定に従って記録する。

a) タイトルの変化（参照：#2.41.1.2.2.1を見よ。）
b) 並列タイトル、タイトル関連情報、並列タイトル関連情報の削除（参照：#2.41.1.2.2.2を見よ。）

#2.41.1.2.2.1 タイトルの変化

本タイトルの変化について、それが頻繁に生じている場合や、識別またはアクセスに重要でないと判断される場合に、先行タイトルまたは後続タイトルとして記録しなかったときは、変化のある旨を簡略に記録し、個々の変化については記録しない。
（参照：#2.1.5.2任意省略、#2.1.6.2任意省略を見よ。）
> 本タイトルは微細な変更あり

並列タイトル、タイトル関連情報、並列タイトル関連情報の変化について、識別またはアクセスに重要でないと判断される場合に、異形タイトルとして記録しなかったときは、変化のある旨を簡略に記録し、個々の変化については記録しない。
> タイトル関連情報の変更あり
> Subtitle varies

#2.41.1.2.2.2 並列タイトル、タイトル関連情報、並列タイトル関連情報の削除

複数巻単行資料または逐次刊行物の途中の巻号で、並列タイトル、タイトル関連情報、並列タイトル関連情報の表示がなくなった場合に、識別またはアクセスに重要なときは、表示が削

除された巻号または出版日付が明らかになるように記録する。
（参照：＃2.1.2.3a)、＃2.1.3.3a)、＃2.1.4.3a) を見よ。）

> 英語の並列タイトル関連情報は15号まで表示あり
> タイトル関連情報の削除（Vol.2 (2013.7.20)-)

＃2.41.1.2.3　タイトルの誤表示

誤記、誤植、脱字などがあるタイトルを、表示されているとおりにタイトルのエレメントとして記録した場合は、その旨を記録する。

> 正しい本タイトル：故事熟語ことわざ新解
> （本タイトル：故事塾語ことわざ新解）

逐次刊行物または更新資料のタイトルに明らかな誤りがあり、正しい形に改めたものをタイトルのエレメントとして記録した場合は、採用した情報源に表示されている形を記録する。
（参照：＃2.1.0.4.1を見よ。）

> 1巻1号の本タイトル（誤植）：プロフェッショナルがんナーンシグ
> （本タイトル：プロフェッショナルがんナーシング）

誤記、誤植、脱字などを正しい形に改めてタイトルのエレメントとして記録した場合は、採用した情報源に表示されている形を記録する。
（参照：＃2.1.0.4.1別法を見よ。）

> タイトル・ページのタイトル（誤植）：故事塾語ことわざ新解
> （本タイトル：故事熟語ことわざ新解）

＃2.41.1.2.4　個別のタイトルを本タイトルに採用した総合タイトルのない資料

総合タイトルがなく、個別のタイトルを本タイトルに採用した場合は、次の規定に従って記録する。

a)　2番目以降の個別のタイトルの省略（参照：＃2.41.1.2.4.1を見よ。）
b)　総合タイトルのない資料のタイトル関連情報（参照：＃2.41.1.2.4.2を見よ。）

＃2.41.1.2.4.1　2番目以降の個別のタイトルの省略

採用した情報源の最初に表示された個別のタイトルを本タイトルに採用した場合は、2番目以降の個別のタイトルを省略した旨を記録する。
（参照：＃2.1.1.2.10任意省略を見よ。）

> 2番目以降の個別のタイトルは省略

＃2.41.1.2.4.2　総合タイトルのない資料のタイトル関連情報

すべての個別のタイトルに共通するタイトル関連情報がある場合は、その旨を記録する。
すべてではないが、複数の個別のタイトルに共通するタイトル関連情報がある場合は、その旨を記録する。
（参照：＃2.1.3.2.4b)、＃2.1.3.2.4c) を見よ。）

第 2 章　体現形

> すべてのタイトルに共通するタイトル関連情報：現代語訳
> 歎異抄から正法眼蔵までに共通するタイトル関連情報：注釈付

#2.41.1.2.5　和古書・漢籍のタイトル

和古書・漢籍については、#2.0.2.2.1.3 に従って、本タイトルを巻頭以外の情報源から採用した場合は、その情報源を記録する。

題簽、外題については、その位置や様式等に関しても、必要に応じてあわせて記録する。

書き題簽、書き外題については、その旨を記録する。

> 題簽左肩双辺黄紙「新版絵入 花色紙襲詞」（「新版絵入」は角書）
> 外題左肩後補墨書「平家物語巻第一（～十二）」

和古書・漢籍の書誌的巻数については、存巻ないし欠巻がある場合は、その詳細を記録する。（参照：#2.1.1.2.12 を見よ。）

（参照：優先情報源以外から本タイトルを採用した場合、またはデータ作成者が本タイトルを付与した場合は、#2.41.1.2.1.1 を見よ。）

> 存巻：疏下・牒下
> 欠巻：第 4, 補

#2.41.1.2.6　タイトルに関するその他の情報

識別またはアクセスに重要な場合は、タイトルに関するその他の詳細な情報を記録する。

> 本タイトルの［ラブ］は記号のハートで表示
> 　（本タイトル：直島銭湯 I［ラブ］湯）

#2.41.2　責任表示に関する注記

責任表示に関する注記は、体現形に関する注記のエレメント・サブタイプである。

#2.41.2.1　記録の範囲

責任表示に関する注記は、次の情報を提供する注記である。

a）　資料の知的・芸術的内容への関与があったとされる個人・家族・団体（参照：#2.41.2.2.1 を見よ。）
b）　名称の異なる形（参照：#2.41.2.2.2 を見よ。）
c）　責任表示に関するその他の情報（参照：#2.41.2.2.3 を見よ。）
d）　責任表示の変化（参照：#2.41.2.2.4 を見よ。）

#2.41.2.2　記録の方法

責任表示に関する注記は、#2.41.0.3、#2.41.0.3.1 に従って記録する。

#2.41.2.2.1　資料の知的・芸術的内容への関与があったとされる個人・家族・団体

資料の知的・芸術的内容に関する責任を有するか寄与するところがあったとされる個人・家族・団体について、責任表示のエレメントとして記録しなかった場合は、それを記録する。

> 以前は W.A. モーツァルトの作とされていた

#2.41 体現形に関する注記

　　　　　伝：菅原孝標女作

#2.41.2.2.2　名称の異なる形
　個人・家族・団体の名称が、責任表示のエレメントとして記録した形と異なる形でも資料に表示されている場合に、識別に重要なときは、それを記録する。

　　　　　奥付の責任表示：倉橋裕紀子
　　　　　（責任表示：山中裕紀子）

#2.41.2.2.3　責任表示に関するその他の情報
　識別、アクセスまたは選択に重要な場合は、責任表示のエレメントとして記録しなかった個人・家族・団体に関する表示や、責任表示に関するその他の詳細な情報を記録する。

　　　　　編集・制作協力：エフビーアイ・コミュニケーションズ，森部信次
　　　　　監修：チャイナワーク
　　　　　総監修：行天豊雄
　　　　　翻訳監修：金児昭，田原沖志，山田晴信，沖本美幸
　　　　　演奏：東京クヮルテット（マーティン・ビーヴァー，池田菊衛（バイオリン）；磯村和英（ビオラ）；クライヴ・グリーンスミス（チェロ））
　　　　　表紙の責任表示（誤植）：奥陸明
　　　　　（責任表示：陸奥明）

#2.41.2.2.4　責任表示の変化
　責任表示に変化が生じた場合は、次の規定に従って記録する。
　a）　複数巻単行資料、逐次刊行物（参照：#2.41.2.2.4.1を見よ。）
　b）　更新資料（参照：#2.41.2.2.4.2を見よ。）

#2.41.2.2.4.1　複数巻単行資料、逐次刊行物
　識別またはアクセスに重要な場合は、複数巻単行資料または逐次刊行物の途中の巻号で生じた、責任表示の変化について記録する。
（参照：#2.2.0.6を見よ。）

　　　　　3巻の編者：広渡俊哉，那須義次，坂巻祥孝，岸田泰則
　　　　　編者変遷：自然科学研究機構岡崎統合事務センター（no. 15-no. 18）
　　　　　編集者の変更：韓国思想講座編輯委員会（講座4 [1962.8]），韓国思想研究会（講座6 [1963.8] ～）
　　　　　責任表示の変更：江戸前ESD協議会（8号 [2009.10]）→ 東京海洋大学江戸前ESD協議会（10号 [2009.12]）

#2.41.2.2.4.1　複数巻単行資料、逐次刊行物　任意省略
　変化が頻繁に生じている場合は、変化のある旨を簡略に記録し、個々の変化については記録しない。
（参照：#2.2.0.6を見よ。）

　　　　　監修者の変更あり

第 2 章　体現形

　　　　　編者の変更あり

#2.41.2.2.4.2　更新資料

　識別またはアクセスに重要な場合は、更新資料の変化前の責任表示について記録する。最新のイテレーションを反映して責任表示を記録から削除した場合に、識別またはアクセスに重要なときは、その旨を記録する。

（参照：#2.2.0.6を見よ。）

　　　　　平成18年6月までの編者：支援費制度研究会，平成25年3月までの編者：障害者自立支援法研究会

#2.41.2.2.4.2　更新資料　任意省略

　変化が頻繁に生じている場合は、変化のある旨を簡略に記録し、個々の変化については記録しない。

　　　　　編者の変更あり

#2.41.3　版表示に関する注記

　版表示に関する注記は、体現形に関する注記のエレメント・サブタイプである。

#2.41.3.1　記録の範囲

　版表示に関する注記は、次の情報を提供する注記である。

　a)　資料外からの採用（参照：#2.41.3.2.1を見よ。）
　b)　記述対象の部分にのみ関係する版表示（参照：#2.41.3.2.2を見よ。）
　c)　版表示に関するその他の情報（参照：#2.41.3.2.3を見よ。）
　d)　版表示の変化（参照：#2.41.3.2.4を見よ。）

#2.41.3.2　記録の方法

　版表示に関する注記は、#2.41.0.3、#2.41.0.3.1に従って記録する。

#2.41.3.2.1　資料外からの採用

　次の場合は、版表示を資料外から採用した旨を記録する。

　a)　版表示を資料外の情報源から採用した場合（参照：#2.3.0.4任意追加を見よ。）
　b)　版次であることが分かるように適切な語句を補って記録した場合（参照：#2.3.1.2.1を見よ。）

#2.41.3.2.2　記述対象の部分にのみ関係する版表示

　複数の巻号（付属資料を含む）から成る資料全体を記述対象とする場合に、記述対象の一部分にのみ関係する版表示が、全体に関係する版表示と異なるときは、その版表示を記録する。

（参照：#2.3.0.4を見よ。）

#2.41.3.2.3　版表示に関するその他の情報

　識別またはアクセスに重要な場合は、版表示のエレメントとして記録しなかった、版表示に関するその他の詳細な情報を記録する。

#2.41 体現形に関する注記

  奥付の版表示（誤植）：改訂第31版
  （版表示：改訂第32版）
 Edition statement from cover. Title page erroneously states 2010 edition

#2.41.3.2.4 版表示の変化
版表示に変化が生じた場合は、次の規定に従って記録する。
a) 複数巻単行資料、逐次刊行物（参照：#2.41.3.2.4.1を見よ。）
b) 更新資料（参照：#2.41.3.2.4.2を見よ。）

#2.41.3.2.4.1 複数巻単行資料、逐次刊行物
識別またはアクセスに重要な場合は、複数巻単行資料または逐次刊行物の途中の巻号で生じた、版表示の変化について記録する。
（参照：#2.3.0.6を見よ。）

  volume 2の版表示：特別日本版
  1999から2006までの版表示：日本語版
  Volume 2 lacks edition statement

#2.41.3.2.4.1 複数巻単行資料、逐次刊行物　任意省略
変化が頻繁に生じている場合は、変化のある旨を簡略に記録し、個々の変化については記録しない。

  版表示の変更あり
  Edition statement varies

#2.41.3.2.4.2 更新資料
識別またはアクセスに重要な場合は、更新資料の最新のイテレーションで表示されなかった版表示や、以前のイテレーションで表示されていた版表示を記録する。

#2.41.3.2.4.2 更新資料　任意省略
変化が頻繁に生じている場合は、変化のある旨を簡略に記録し、個々の変化については記録しない。

  Replacement title pages carry successive edition statements, e.g., replacement title page received with Spring 2012 supplementation carries the statement "Fiftieth edition"

#2.41.4 逐次刊行物の順序表示に関する注記
逐次刊行物の順序表示に関する注記は、体現形に関する注記のエレメント・サブタイプである。

#2.41.4.1 記録の範囲
逐次刊行物の順序表示に関する注記は、次の情報を提供する注記である。
a) 逐次刊行物の順序表示の初号および（または）終号（参照：#2.41.4.2.1を見よ。）
b) 複雑または不規則な順序表示、誤表示（参照：#2.41.4.2.2を見よ。）
c) 対象期間（参照：#2.41.4.2.3を見よ。）

第 2 章　体現形

　　d)　西暦以外の暦による年月次（参照：＃2.41.4.2.4 を見よ。）
　　e)　複製の順序表示（参照：＃2.41.4.2.5 を見よ。）
　　f)　順序表示の変化を示す語句（参照：＃2.41.4.2.6 を見よ。）
　　g)　逐次刊行物の順序表示に関するその他の情報（参照：＃2.41.4.2.7 を見よ。）

＃2.41.4.2　記録の方法

　逐次刊行物の順序表示に関する注記は、＃2.41.0.3、＃2.41.0.3.1 に従って記録する。

＃2.41.4.2.1　逐次刊行物の順序表示の初号および（または）終号

　逐次刊行物の順序表示の初号および（または）終号は、次の規定に従って記録する。
　　a)　初号および（または）終号に巻次、年月次がない場合（参照：＃2.41.4.2.1.1 を見よ。）
　　b)　初号および（または）終号を識別の基盤としていない場合（参照：＃2.41.4.2.1.2 を見よ。）

＃2.41.4.2.1.1　初号および（または）終号に巻次、年月次がない場合

　初号および（または）終号の巻次、年月次が資料に表示されていない場合に、その前後の号の巻次、年月次に基づいて判断して順序表示を記録したときは、その初号および（または）終号以外を情報源とした旨を記録する。
（参照：＃2.4.1.2.1、＃2.4.2.2.1、＃2.4.3.2.1、＃2.4.4.2.1 を見よ。）

　　　　　　初号の巻次は第 2 号からの推定による

＃2.41.4.2.1.2　初号および（または）終号を識別の基盤としていない場合

　初号および（または）終号を識別の基盤としていない場合は、次の規定に従って記録する。
　（識別の基盤に関する注記については、＃2.41.12 を見よ。）
　　a)　初号および（または）終号を入手していない場合などに、他の情報源で確認できた巻次、年月次を逐次刊行物の順序表示のエレメントとして記録したときは、その初号および（または）終号以外を情報源とした旨を記録する。
　　　（参照：＃2.4.1.2.2、＃2.4.2.2.2、＃2.4.3.2.2、＃2.4.4.2.2 を見よ。）

　　　　　　終号の年次は出版カタログによる

　　b)　初号および（または）終号を入手していない場合などに、他の情報源で確認できた巻次、年月次を逐次刊行物の順序表示のエレメントとして記録しないときは、初号および（または）終号の巻次、年月次を記録する。
　　　（参照：＃2.4.1.2.2 別法、＃2.4.2.2.2 別法、＃2.4.3.2.2 別法、＃2.4.4.2.2 別法を見よ。）

　　　　　　初号の巻次：第 1 巻第 1 号

＃2.41.4.2.2　複雑または不規則な順序表示、誤表示

　順序表示が複雑または不規則であるが、順序表示の方式の変化とはみなせない場合に、識別に重要なときは、その旨を記録する。
（参照：＃2.4.0.4 を見よ。）

#2.41 体現形に関する注記

また、逐次刊行物の順序表示に記録した情報だけでは識別が困難な場合や、誤表示がある場合は、その旨を記録する。

> 巻次は毎年 Volume 1 から始まる
> 29 号が創刊号
> 巻次に乱れあり

#2.41.4.2.3 対象期間

逐次刊行物の刊行頻度が年1回以下で、かつ各巻号の対象期間が暦年または年度ではない場合は、対象期間について記録する。また、暦年または年度であっても、必要に応じて対象期間について記録する。

> 各巻の収録内容は9月～8月

#2.41.4.2.4 西暦以外の暦による年月次

西暦以外の暦によって表示されている年月次に、西暦に置き換えたものを付加した場合は、その旨を記録する。
(参照：#2.4.0.4.2を見よ。)

> 西暦の表示は情報源になし

#2.41.4.2.5 複製の順序表示

原資料の順序表示を、逐次刊行物の順序表示のエレメントとして記録した場合に、複製自体の順序表示があるときは、それを記録する。
(参照：#2.4.0.5を見よ。)

> 複製資料の順序表示：1巻-6巻

#2.41.4.2.6 順序表示の変化を示す語句

順序表示の方式に変化があり、情報源に表示されていない新しい方式であることを示す語句を記録した場合は、その旨を記録する。
(参照：#2.4.1.2.3を見よ。)

> 巻次の「第2期」は情報源に表示なし

#2.41.4.2.7 逐次刊行物の順序表示に関するその他の情報

識別またはアクセスに重要な場合は、逐次刊行物の順序表示に関するその他の詳細な情報を記録する。

> 巻次は表紙による
> 20号限り廃刊

#2.41.5 出版表示に関する注記

出版表示に関する注記は、体現形に関する注記のエレメント・サブタイプである。

#2.41.5.1 記録の範囲

出版表示に関する注記は、次の情報を提供する注記である。

第2章　体現形

　　a)　資料外からの採用（参照：#2.41.5.2.1を見よ。）
　　b)　架空のまたは誤った出版表示（参照：#2.41.5.2.2を見よ。）
　　c)　複数巻単行資料、逐次刊行物における出版の開始日、終了日（参照：#2.41.5.2.3を見よ。）
　　d)　和古書・漢籍の出版表示（参照：#2.41.5.2.4を見よ。）
　　e)　出版表示に関する詳細（参照：#2.41.5.2.5を見よ。）
　　f)　休刊（参照：#2.41.5.2.6を見よ。）
　　g)　出版表示の変化（参照：#2.41.5.2.7を見よ。）

#2.41.5.2　記録の方法
　出版表示に関する注記は、#2.41.0.3、#2.41.0.3.1に従って記録する。

#2.41.5.2.1　資料外からの採用
　出版表示について、資料外から採用した旨を記録する。
（参照：#2.5.0.4を見よ。）
　　　　　出版日付は出版者のホームページによる

#2.41.5.2.2　架空のまたは誤った出版表示
　資料に表示された架空のまたは誤った出版地、出版者の名称、出版日付を出版表示のエレメントとして記録した場合は、実際の情報を記録する。実際の情報が不明な場合は、架空のまたは誤った表示である旨を記録する。
（参照：#2.5.1.2.4、#2.5.3.2.5、#2.5.5.2.2を見よ。）
　　　　　タイトル・ページ等の出版者は誤植, 正しい出版者：機械振興協会経済研究所
　　　　　（出版者：機械振興会経済研究所）
　　　　　Actually published by Moens
　　　　　（出版者：Impr. Vincent）

　資料に表示された出版地、出版者の名称、出版日付が架空であるか誤っていると判明し、実際の情報を出版表示のエレメントとして記録した場合は、架空のまたは誤った出版地、出版者の名称、出版日付を記録する。
（参照：#2.5.1.2.4別法、#2.5.3.2.5別法、#2.5.5.2.2別法を見よ。）
　　　　　タイトル・ページの出版日付（誤植）：1936
　　　　　（出版日付：[1963]）

#2.41.5.2.3　複数巻単行資料、逐次刊行物における出版の開始日、終了日
　資料の識別の基盤が、初巻、初号および（または）終巻、終号以外に基づく場合は、出版の開始日および（または）終了日を記録する。
　　　　　Began in 2002
　　　　　Began in 1985; ceased in 1999
　　　　　Ceased publication in 2010

#2.41.5.2.4 和古書・漢籍の出版表示

和古書・漢籍については、出版表示のエレメントとして記録しなかった出版地、出版者を記録する。
（参照：#2.5.1.2A、#2.5.3.2A、#2.5.3.2.2Aを見よ。）

蔵版者、蔵版印等について記録する。

> 見返しに「青藜閣蔵版」とあり
> 刊記中「詩僊堂」に蔵版印あり
> 刊記中「須原屋茂兵衛」に版元印あり
> 見返しに魁星印あり

広告、蔵版目録や、発行印（出版者標章等をも含む）等を情報源とした場合は、情報源を記録する。

> 出版者は絵題簽標章による

出版表示の情報源である刊記等を記録する。

> 刊記に「寛文三稔癸卯」「長尾平兵衛開板」とあり

初刷ではなく、印行年が不明であるが、後刷であることが明らかな場合は、「後印本」と記録する。

後修本、覆刻本については、その旨を記録する。

出版年の干支による表記を記録する。
（参照：#2.5.5.2Aを見よ。）

> 甲辰序あり

#2.41.5.2.5 出版表示に関する詳細

識別またはアクセスに重要な場合は、出版表示のエレメントとして記録しなかった、出版地、出版者、出版日付に関する詳細な情報を記録する。

> 出版日付は出版者の活動期間から推定

#2.41.5.2.6 休刊

複数巻単行資料、逐次刊行物、更新資料が、後日再開する予定で休刊した場合は、その旨を記録する。

出版が再開された場合は、休刊期間がわかる日付や巻号などを記録する。

> 休刊：2012-2013
> Suspended with volume 20
> No updates issued from 1981 to 1992

#2.41.5.2.7 出版表示の変化

出版地および（または）出版者の名称に変化が生じた場合は、次の規定に従って記録する。

a) 複数巻単行資料、逐次刊行物（参照：#2.41.5.2.7.1を見よ。）

第2章 体現形

　b)　更新資料（参照：#2.41.5.2.7.2を見よ。）

#2.41.5.2.7.1　複数巻単行資料、逐次刊行物

　複数巻単行資料または逐次刊行物の途中の巻号で、出版地が変化して、その変化が識別またはアクセスに重要な場合は、それを記録する。出版地の変化が名称上のものであっても、識別に重要な場合は、それを記録する。

　複数巻単行資料または逐次刊行物の途中の巻号で、出版者の名称が変化したか、または出版者が他の出版者に替わった場合に、それらの変化が識別またはアクセスに重要なときは、それを記録する。出版者の変化が表示上のものであっても、識別に重要な場合は、それを記録する。（参照：#2.5.0.6.1を見よ。）

　　　　　出版者変遷：自然科学研究機構岡崎統合事務センター（no. 15-no. 36）　→　自然科学研究機構（no. 37-）

#2.41.5.2.7.1　複数巻単行資料、逐次刊行物　任意省略

　変化が頻繁に生じている場合は、変化のある旨を簡略に記録し、個々の変化については記録しない。
（参照：#2.5.0.6.1任意省略を見よ。）

　　　　　出版者の変更あり

#2.41.5.2.7.2　更新資料

　識別またはアクセスに重要な場合は、更新資料の変化前の出版地および（または）出版者の名称を記録する。
（参照：#2.5.0.6.2を見よ。）

　　　　　2003年4月までの出版者：第一法規出版

#2.41.5.2.7.2　更新資料　任意省略

　変化が頻繁に生じている場合は、変化のある旨を簡略に記録し、個々の変化については記録しない。
（参照：#2.5.0.6.2任意省略を見よ。）

　　　　　出版地の変更あり

#2.41.6　頒布表示に関する注記

　頒布表示に関する注記は、体現形に関する注記のエレメント・サブタイプである。

#2.41.6.1　記録の範囲

　頒布表示に関する注記は、次の情報を提供する注記である。

　a)　資料外からの採用（参照：#2.41.6.2.1を見よ。）
　b)　架空のまたは誤った頒布表示（参照：#2.41.6.2.2を見よ。）
　c)　頒布表示に関する詳細（参照：#2.41.6.2.3を見よ。）
　d)　頒布表示の変化（参照：#2.41.6.2.4を見よ。）

#2.41.6.2 記録の方法
　頒布表示に関する注記は、#2.41.0.3、#2.41.0.3.1に従って記録する。

#2.41.6.2.1 資料外からの採用
　頒布表示について、資料外から採用した旨を記録する。
（参照：#2.6.0.4を見よ。）

#2.41.6.2.2 架空のまたは誤った頒布表示
　資料に表示された架空のまたは誤った頒布地、頒布者の名称、頒布日付を頒布表示のエレメントとして記録した場合は、実際の情報を記録する。実際の情報が不明な場合は、架空のまたは誤った表示である旨を記録する。
（参照：#2.6.1.2.4、#2.6.3.2.5、#2.6.5.2.2を見よ。）

　資料に表示された頒布地、頒布者の名称、頒布日付が架空であるか誤っていると判明し、実際の情報を頒布表示のエレメントとして記録した場合は、架空のまたは誤った頒布地、頒布者の名称、頒布日付を記録する。
（参照：#2.6.1.2.4別法、#2.6.3.2.5別法、#2.6.5.2.2別法を見よ。）

#2.41.6.2.3 頒布表示に関する詳細
　識別またはアクセスに重要な場合は、頒布表示のエレメントとして記録しなかった、頒布地、頒布者、頒布日付に関する詳細な情報を記録する。

　　　共同頒布者：三省堂書店
　　　頒布地、頒布者：1号-No.2 表示なし

#2.41.6.2.4 頒布表示の変化
　頒布地および（または）頒布者の名称に変化が生じた場合は、次の規定に従って記録する。
　a）　複数巻単行資料、逐次刊行物（参照：#2.41.6.2.4.1を見よ。）
　b）　更新資料（参照：#2.41.6.2.4.2を見よ。）

#2.41.6.2.4.1 複数巻単行資料、逐次刊行物
　複数巻単行資料または逐次刊行物の途中の巻号で、頒布地が変化して、その変化が識別またはアクセスに重要な場合は、それを記録する。頒布地の変化が名称上のものであっても、識別に重要な場合は、それを記録する。

　複数巻単行資料または逐次刊行物の途中の巻号で、頒布者の名称が変化したか、または頒布者が他の頒布者に替わった場合に、それらの変化が識別またはアクセスに重要なときは、それを記録する。頒布者の変化が表示上のものであっても、識別に重要な場合は、それを記録する。
（参照：#2.6.0.6.1を見よ。）

　　　29巻1号から30巻4号までの頒布者：防衛弘済会

#2.41.6.2.4.1 複数巻単行資料、逐次刊行物　任意省略
　変化が頻繁に生じている場合は、変化のある旨を簡略に記録し、個々の変化については記録

第 2 章　体現形

しない。
(参照：#2.6.0.6.1任意省略を見よ。)

#2.41.6.2.4.2　更新資料

識別またはアクセスに重要な場合は、更新資料の変化前の頒布地および（または）頒布者の名称を記録する。
(参照：#2.6.0.6.2を見よ。)

#2.41.6.2.4.2　更新資料　任意省略

変化が頻繁に生じている場合は、変化のある旨を簡略に記録し、個々の変化については記録しない。
(参照：#2.6.0.6.2任意省略を見よ。)

#2.41.7　製作表示に関する注記

製作表示に関する注記は、体現形に関する注記のエレメント・サブタイプである。

#2.41.7.1　記録の範囲

製作表示に関する注記は、次の情報を提供する注記である。
a) 資料外からの採用（参照：#2.41.7.2.1を見よ。）
b) 架空のまたは誤った製作表示（参照：#2.41.7.2.2を見よ。）
c) 製作表示に関する詳細（参照：#2.41.7.2.3を見よ。）
d) 製作表示の変化（参照：#2.41.7.2.4を見よ。）

#2.41.7.2　記録の方法

製作表示に関する注記は、#2.41.0.3、#2.41.0.3.1に従って記録する。

#2.41.7.2.1　資料外からの採用

製作表示について、資料外から採用した旨を記録する。
(参照：#2.7.0.4を見よ。)

#2.41.7.2.2　架空のまたは誤った製作表示

資料に表示された架空のまたは誤った製作地、製作者の名称、製作日付を製作表示のエレメントとして記録した場合は、実際の情報を記録する。実際の情報が不明な場合は、架空のまたは誤った表示である旨を記録する。
(参照：#2.7.1.2.4、#2.7.3.2.5、#2.7.5.2.2を見よ。)

資料に表示された製作地、製作者の名称、製作日付が架空であるか誤っていると判明し、実際の情報を製作表示のエレメントとして記録した場合は、架空のまたは誤った製作地、製作者の名称、製作日付を記録する。
(参照：#2.7.1.2.4別法、#2.7.3.2.5別法、#2.7.5.2.2別法を見よ。)

#2.41.7.2.3　製作表示に関する詳細

識別またはアクセスに重要な場合は、製作表示のエレメントとして記録しなかった、製作地、

製作者、製作日付に関する詳細な情報を記録する。

#2.41.7.2.4 製作表示の変化
製作地および（または）製作者の名称に変化が生じた場合は、次の規定に従って記録する。
a) 複数巻単行資料、逐次刊行物（参照：#2.41.7.2.4.1を見よ。）
b) 更新資料（参照：#2.41.7.2.4.2を見よ。）

#2.41.7.2.4.1 複数巻単行資料、逐次刊行物
複数巻単行資料または逐次刊行物の途中の巻号で、製作地が変化して、その変化が識別またはアクセスに重要な場合は、それを記録する。製作地の変化が名称上のものであっても、識別に重要な場合は、それを記録する。

複数巻単行資料または逐次刊行物の途中の巻号で、製作者の名称が変化したか、または製作者が他の製作者に替わった場合に、それらの変化が識別またはアクセスに重要なときは、それを記録する。製作者の変化が表示上のものであっても、識別に重要な場合は、それを記録する。
（参照：#2.7.0.6.1を見よ。）

#2.41.7.2.4.1 複数巻単行資料、逐次刊行物　任意省略
変化が頻繁に生じている場合は、変化のある旨を簡略に記録し、個々の変化については記録しない。
（参照：#2.7.0.6.1任意省略を見よ。）

#2.41.7.2.4.2 更新資料
識別またはアクセスに重要な場合は、更新資料の変化前の製作地および（または）製作者の名称を記録する。
（参照：#2.7.0.6.2を見よ。）

#2.41.7.2.4.2 更新資料　任意省略
変化が頻繁に生じている場合は、変化のある旨を簡略に記録し、個々の変化については記録しない。
（参照：#2.7.0.6.2任意省略を見よ。）

#2.41.8 非刊行物の制作表示に関する注記
非刊行物の制作表示に関する注記は、体現形に関する注記のエレメント・サブタイプである。

#2.41.8.1 記録の範囲
非刊行物の制作表示に関する注記は、次の情報を提供する注記である。
a) 資料外からの採用（参照：#2.41.8.2.1を見よ。）
b) 架空のまたは誤った制作表示（参照：#2.41.8.2.2を見よ。）
c) 和古書・漢籍の制作表示（参照：#2.41.8.2.3を見よ。）
d) 非刊行物の制作表示に関する詳細（参照：#2.41.8.2.4を見よ。）
e) 制作表示の変化（参照：#2.41.8.2.5を見よ。）

第2章 体現形

#2.41.8.2 記録の方法
非刊行物の制作表示に関する注記は、#2.41.0.3、#2.41.0.3.1に従って記録する。

#2.41.8.2.1 資料外からの採用
非刊行物の制作表示について、資料外から採用した旨を記録する。
(参照: #2.8.0.4を見よ。)

#2.41.8.2.2 架空のまたは誤った制作表示
資料に表示された架空のまたは誤った制作地、制作者の名称、制作日付を制作表示のエレメントとして記録した場合は、実際の情報を記録する。実際の情報が不明な場合は、架空のまたは誤った表示である旨を記録する。
(参照: #2.8.1.2.4、#2.8.3.2.5、#2.8.5.2.2を見よ。)

資料に表示された制作地、制作者の名称、制作日付が架空であるか誤っていると判明し、実際の情報を制作表示のエレメントとして記録した場合は、架空のまたは誤った制作地、制作者の名称、制作日付を記録する。
(参照: #2.8.1.2.4別法、#2.8.3.2.5別法、#2.8.5.2.2別法を見よ。)

#2.41.8.2.3 和古書・漢籍の制作表示
和古書・漢籍の制作に関する場所について、制作地として記録しなかった場合は、それを記録する。
(参照: #2.8.1.2A別法を見よ。)

制作年の干支による表記を記録する。
(参照: #2.8.5.2Aを見よ。)

#2.41.8.2.4 非刊行物の制作表示に関する詳細
識別またはアクセスに重要な場合は、非刊行物の制作表示のエレメントとして記録しなかった、制作地、制作者、制作日付に関する詳細な情報を記録する。

#2.41.8.2.5 制作表示の変化
制作地および(または)制作者の名称に変化が生じた場合は、次の規定に従って記録する。
 a) 複数巻単行資料、逐次刊行物(参照: #2.41.8.2.5.1を見よ。)
 b) 更新資料(参照: #2.41.8.2.5.2を見よ。)

#2.41.8.2.5.1 複数巻単行資料、逐次刊行物
複数巻単行資料または逐次刊行物の途中の巻号で、制作地が変化して、その変化が識別またはアクセスに重要な場合は、それを記録する。制作地の変化が名称上のものであっても、識別に重要な場合は、それを記録する。

複数巻単行資料または逐次刊行物の途中の巻号で、制作者の名称が変化したか、または制作者が他の制作者に替わった場合に、それらの変化が識別またはアクセスに重要なときは、それを記録する。制作者の変化が表示上のものであっても、識別に重要な場合は、それを記録する。

(参照：#2.8.0.6.1を見よ。)

#2.41.8.2.5.1　複数巻単行資料、逐次刊行物　任意省略

　変化が頻繁に生じている場合は、変化のある旨を簡略に記録し、個々の変化については記録しない。

(参照：#2.8.0.6.1任意省略を見よ。)

#2.41.8.2.5.2　更新資料

　識別またはアクセスに重要な場合は、更新資料の変化前の制作地および（または）制作者の名称を記録する。

(参照：#2.8.0.6.2を見よ。)

#2.41.8.2.5.2　更新資料　任意省略

　変化が頻繁に生じている場合は、変化のある旨を簡略に記録し、個々の変化については記録しない。

(参照：#2.8.0.6.2任意省略を見よ。)

#2.41.9　著作権日付に関する注記

　著作権日付に関する注記は、体現形に関する注記のエレメント・サブタイプである。

#2.41.9.1　記録の範囲

　著作権日付に関する注記は、著作権日付として記録しなかった、著作権日付に関する情報を提供する注記である。

#2.41.9.2　記録の方法

　著作権日付に関する注記は、#2.41.0.3、#2.41.0.3.1に従って記録する。

#2.41.9.2.1　著作権日付に関する詳細

　著作権日付のエレメントとして記録しなかった、著作権日付に関する詳細な情報を記録する。

(参照：#2.9.2任意追加を見よ。)

　　　　英語版：Ⓒ 2005
　　　　　（著作権の日付は copyright Ⓒ 2005. と図書に表示）

#2.41.10　シリーズ表示に関する注記

　シリーズ表示に関する注記は、体現形に関する注記のエレメント・サブタイプである。

#2.41.10.1　記録の範囲

　シリーズ表示に関する注記は、次の情報を提供する注記である。

　a）　部分によってシリーズ表示が異なり複雑な場合（参照：#2.41.10.2.1を見よ。）
　b）　シリーズ表示に関するその他の情報（参照：#2.41.10.2.2を見よ。）
　c）　シリーズ表示の変化（参照：#2.41.10.2.3を見よ。）

#2.41.10.2　記録の方法

　シリーズ表示に関する注記は、#2.41.0.3、#2.41.0.3.1に従って記録する。

第 2 章　体現形

#2.41.10.2.1　部分によってシリーズ表示が異なり複雑な場合

包括的記述において、記述対象の個々の部分が異なるシリーズに属し、かつその複数のシリーズの関係が複雑なためにシリーズ表示のエレメントとして的確に記録できない場合は、シリーズに関する具体的な情報を記録する。
(参照：#2.10.0.4.2 を見よ。)

> 第 1 巻から第 3 巻まで：シリーズ A, 第 4 巻はシリーズ表示なし, 第 5 巻から 7 巻まで：シリーズ B, 第 8 巻：シリーズ A, シリーズ B

#2.41.10.2.2　シリーズ表示に関するその他の情報

識別またはアクセスに重要な場合は、シリーズ表示に関するその他の詳細な情報を記録する。

> シリーズの本タイトルはブックジャケットによる
> シリーズの並列タイトルはネパール語からの翻訳
> 奥付のシリーズの本タイトル (誤植)：早稲田大学現代中国研究叢書

#2.41.10.2.3　シリーズ表示の変化

シリーズ表示に変化が生じた場合は、次の規定に従って記録する。
　a)　複数巻単行資料、逐次刊行物（参照：#2.41.10.2.3.1 を見よ。)
　b)　更新資料（参照：#2.41.10.2.3.2 を見よ。)

#2.41.10.2.3.1　複数巻単行資料、逐次刊行物

複数巻単行資料または逐次刊行物の途中の巻号で、シリーズ表示の変化または追加が生じた場合に、それをシリーズ表示のエレメントとして的確に記録できず、かつ識別またはアクセスに重要なときは、変化または追加の旨を記録する。削除が生じ、かつ識別またはアクセスに重要な場合は、削除の旨を記録する。
(参照：#2.10.0.6 を見よ。)

> シリーズの本タイトルの変更：労政時報選書．賃金資料シリーズ．4 (-2013 年版 (2013))　→　賃金資料シリーズ．4 (2014 年版 (2014)-)

#2.41.10.2.3.1　複数巻単行資料、逐次刊行物　任意省略

変化が頻繁に生じている場合は、変化のある旨を簡略に記録し、個々の変化については記録しない。

#2.41.10.2.3.2　更新資料

識別またはアクセスに重要な場合は、更新資料の後続のイテレーションで削除が生じた、シリーズ表示を記録する。
(参照：#2.10.0.6 を見よ。)

> 1974-2000 年までのシリーズ表示：基本行政通達
> （シリーズ表示：基本行政通知処理基準）

シリーズ表示が後続のイテレーションに追加された場合は、そのイテレーションが出版された日付を記録する。

#2.41 体現形に関する注記

　　　シリーズ表示の開始年：2003
　　　（2000年にシリーズ表示なしに出版開始）

#2.41.10.2.3.2　更新資料　任意省略
　変化が頻繁に生じている場合は、変化のある旨を簡略に記録し、個々の変化については記録しない。

#2.41.11　刊行頻度に関する注記
　刊行頻度に関する注記は、体現形に関する注記のエレメント・サブタイプである。

#2.41.11.1　記録の範囲
　刊行頻度に関する注記は、次の情報を提供する注記である。
 a) 刊行頻度の詳細（参照：#2.41.11.2.1を見よ。）
 b) 刊行頻度の変化（参照：#2.41.11.2.2を見よ。）

#2.41.11.2　記録の方法
　刊行頻度に関する注記は、#2.41.0.3、#2.41.0.3.1に従って記録する。

#2.41.11.2.1　刊行頻度の詳細
　次の事項について、表2.13.3に適切な用語がない場合は、刊行頻度の詳細な情報を記録する。
 a) 逐次刊行物の巻号の刊行の間隔
 b) 更新資料の更新の間隔
 c) 内容の最新の更新状況

　　　月刊（8-9月は刊行せず）
　　　年9回刊
　　　偶数月ごとに更新（12月を除く）
　　　Monthly (except June and July)
　　　Monthly, with annual supplements
　　　Updated every 4 weeks

#2.41.11.2.2　刊行頻度の変化
　刊行頻度の変化については、頻度とその頻度で刊行または更新された期間を、年代順に記録する。
（参照：#2.13.4を見よ。）

　　　1巻1号から13巻10号までは月刊
　　　227号から281号までは隔週刊，282号から300号までは月刊
　　　月刊，379号（1979.11)-562号（1995.3）→ 隔月刊，563号（1995.5)-
　　　隔月刊，1969-1985; 月刊，1986-
　　　Quarterly, 1948-1952; bimonthly, 1953-1973; quarterly, 1974-

#2.41.11.2.2　刊行頻度の変化　任意省略
　変化が頻繁に生じている場合は、変化のある旨を簡略に記録し、個々の変化については記録

第 2 章　体現形

しない。
（参照：＃2.13.4 を見よ。）

　　　　　　刊行頻度の変更あり
　　　　　　Frequency varies

＃2.41.12　識別の基盤に関する注記

識別の基盤に関する注記は、体現形に関する注記のエレメント・サブタイプである。

＃2.41.12.1　記録の範囲

識別の基盤に関する注記は、体現形の識別に使用した次の情報を提供する注記である。

a)　複数巻単行資料、逐次刊行物の部分（参照：＃2.41.12.2.1 を見よ。）
b)　更新資料のイテレーション（参照：＃2.41.12.2.2 を見よ。）

オンライン資料については、記述のためにその資料が見られた日付を含めることができる。
（参照：＃2.41.12.2.3 を見よ。）

＃2.41.12.2　記録の方法

識別の基盤に関する注記は、＃2.41.0.3、＃2.41.0.3.1 に従って記録する。

＃2.41.12.2.1　複数巻単行資料、逐次刊行物の部分

複数巻単行資料または逐次刊行物について、最初の巻号を識別の基盤としなかった場合は、識別の基盤とした部分について記録する。
（参照：＃1.6.1a)、＃1.6.1b) を見よ。）

次の資料に該当する場合は、それぞれの規定も適用する。

a)　複数巻単行資料（参照：＃2.41.12.2.1.1 を見よ。）
b)　順序表示のある逐次刊行物（参照：＃2.41.12.2.1.2 を見よ。）
c)　順序表示のない逐次刊行物（参照：＃2.41.12.2.1.3 を見よ。）

　　　　　　識別の基盤は 15 巻 3 号による
　　　　　　識別の基盤は 12660 号（平成 27 年 7 月 22 日）による
　　　　　　Description based on 2005
　　　　　　Latest issue consulted：2008

＃2.41.12.2.1.1　複数巻単行資料

識別の基盤とした複数巻単行資料の部分の巻号またはその出版等の日付を記録する。
　複数の部分を参照した場合は、参照した最新の部分を、識別の基盤とした部分に関する注記とは別に記録する。

＃2.41.12.2.1.2　順序表示のある逐次刊行物

　複数の巻号を参照した場合は、参照した最新の巻号を、識別の基盤とした巻号に関する注記とは別に記録する。

　　　　　　識別の基盤は 5 号による

2.41 体現形に関する注記

　　　　　参照した最新の号: 10号
　ただし、逐次刊行物の順序表示のエレメントとして記録した初号および（または）終号の部分については、記録しない。
（参照：#2.4を見よ。）
　　　　　参照した最新の号: 8巻12号（1988.12）
　　　　　（識別の基盤: 1巻1号）

#2.41.12.2.1.3　順序表示のない逐次刊行物
　参照した最も古い部分とその出版等の日付を記録する。
　複数の部分を参照した場合は、参照した最新の部分とその日付を、識別の基盤とした部分に関する注記とは別に記録する。
　　　　　参照した最新の巻: スコットランドの民話, 1989

#2.41.12.2.2　更新資料のイテレーション
　更新資料について、参照した最新のイテレーションを記録する。
（参照：#1.6.2を見よ。）
　　　　　参照した最新のイテレーション: 2010年4月の更新版

#2.41.12.2.3　オンライン資料へのアクセス日付
　オンライン資料については、最新のアクセス日付を記録する。
　　　　　最終アクセス: 2015年6月10日
　　　　　閲覧日: 2014年11月5日

#2.41.13　体現形の識別子に関する注記
　体現形の識別子に関する注記は、体現形に関する注記のエレメント・サブタイプである。

#2.41.13.1　記録の範囲
　体現形の識別子に関する注記は、体現形の識別子として記録しなかった、体現形の識別子に関する情報を提供する注記である。

#2.41.13.2　記録の方法
　体現形の識別子に関する注記は、#2.41.0.3、#2.41.0.3.1に従って記録する。

#2.41.13.2.1　体現形の識別子に関する詳細
　識別またはアクセスに必要な場合は、体現形の識別子として記録しなかった、体現形の識別子に関する詳細な情報を記録する。
（参照：#2.34.0.4を見よ。）
　　　　　ISBNはケースによる
　　　　　ISSNは出版者のWebサイトによる（2015.9.20参照）

#2.42　キャリアに関する注記
　キャリアに関する注記は、エレメントである。

第 2 章　体現形

#2.42.0　通則
#2.42.0.1　記録の範囲
　キャリアに関する注記は、#2.14～#2.33のキャリアに関する情報に記録しなかった、体現形のキャリアの識別または選択に必要な情報を提供する注記である。
（参照：個別資料のキャリアに関する注記は、#3.7を見よ。）
#2.42.0.1.1　エレメント・サブタイプ
　キャリアに関する注記には、次のエレメント・サブタイプがある。
　　a)　数量に関する注記（参照：#2.42.1を見よ。）
　　b)　大きさに関する注記（参照：#2.42.2を見よ。）
　　c)　キャリアに関するその他の情報の変化に関する注記（参照：#2.42.3を見よ。）
#2.42.0.2　情報源
　キャリアに関する注記は、資料自体に基づいて記録する。さらに必要がある場合は、資料外のどの情報源に基づいて記録してもよい。
#2.42.0.3　記録の方法
　キャリアに関する注記について、引用もしくは参照する場合、または注記の内容が記述対象の一部にのみ該当する場合は、#1.13に従って記録する。
#2.42.0.3.1　装丁に関する注記
　装丁について、必要な場合は記録する。
　　　　　箱入
　　　　　帙入
　　　　　ホルダー入
#2.42.0.3.2　和古書・漢籍に関する注記
　袋綴じの様式について、必要な場合は記録する。
　　　　　三つ目綴じ
　　　　　康熙綴じ
　　　　　亀甲綴じ
　帙、箱等について、必要な場合は記録する。
　　　　　箱入
　　　　　色刷絵入書袋あり
　匡郭、界線、行数、字数、版心について、必要な場合は記録する。
　　　　　二段本
　　　　　四周単辺有界8行18字、双魚尾
　　　　　四周双辺有界黒口花魚尾
　料紙、表紙について、必要な場合は記録する。
　　　　　色変り料紙

#2.42 キャリアに関する注記

> 表紙は原装

#2.42.1　数量に関する注記
数量に関する注記は、キャリアに関する注記のエレメント・サブタイプである。

#2.42.1.1　記録の範囲
数量に関する注記は、次の情報を提供する注記である。
a) 多種類のキャリアから成る資料の数量の詳細（参照：#2.42.1.2.1を見よ。）
b) 刊行中止の資料（参照：#2.42.1.2.2を見よ。）
c) 全体のページ付（参照：#2.42.1.2.3を見よ。）
d) 重複したページ付（参照：#2.42.1.2.4を見よ。）
e) 冊数と異なる書誌的巻数（参照：#2.42.1.2.5を見よ。）
f) 和古書・漢籍の数量の詳細（参照：#2.42.1.2.6を見よ。）
g) 初期印刷資料（和古書・漢籍を除く）の数量の詳細（参照：#2.42.1.2.7を見よ。）
h) 単一のキャリアに収められた複数の楽譜の数量の詳細（参照：#2.42.1.2.8を見よ。）
i) 数量のその他の詳細（参照：#2.42.1.2.9を見よ。）

#2.42.1.2　記録の方法

#2.42.1.2.1　多種類のキャリアから成る資料の数量の詳細
多種類のキャリアから成り、「各種資料」、「various pieces」等の語を用いて数量を包括的に記録した場合に、識別または選択に重要なときは、数量の詳細をキャリア別に記録する。
（参照：#2.17.0.2.3、#2.17.5.1を見よ。）

> シート20枚，コップ1個，プレート2枚，フォーク1本，スプーン1本
> 　（数量：各種資料25個）
> 機関車1両，客車6両，貨車3両，レール50本
> 　（数量：模型機関車キット1組（各種構成物あり））
> 絵はがき16枚，トランプ1組，カード16枚，冊子31p
> 　（数量：ゲーム1組（各種構成物あり））

#2.42.1.2.2　刊行中止の資料
複数のユニットから成る予定の資料がまだすべて刊行されていない場合に、今後刊行されないことが明らかとなり、刊行済のユニット数を数量として記録したときは、これ以上刊行されない旨を記録する。
（参照：#2.17.0.2.4、#2.17.0.2.4別法、#2.17.1.2.2、#2.17.1.2.2別法を見よ。）

> 刊行中止
> No more volumes published

#2.42.1.2.3　全体のページ付
全体の一部が記述対象である場合に、その部分自体のページ付に加えて全体のページ付もあるときは、必要に応じて、全体のページ付を記録する。

第 2 章　体現形

（参照：＃2.17.1.1.8 を見よ。）
    p 131-248 のページ付もあり
    （数量：118 p）
    （1-118 のページ付と、131-248 という全体の中のページ付がある。）

＃2.42.1.2.4　重複したページ付

複数言語のテキスト等でページ付が重複している場合は、その旨を記録する。
（参照：＃2.17.1.1.12 を見よ。）
    左右同一ページ付
    （数量：60, 60 p）

＃2.42.1.2.5　冊数と異なる書誌的巻数

書誌的巻数が冊数と異なる場合は、その旨を記録する。
    2 bibliographic volumes in 1 physical volume

ただし、次の場合は記録しない。

a)　和古書・漢籍（参照：＃2.1.1.2.12 を見よ。）
b)　刊行が完結した逐次刊行物について、数量として書誌的巻数を記録した場合（参照：＃2.17.1.2 A 別法を見よ。）

＃2.42.1.2.6　和古書・漢籍の数量の詳細

和古書・漢籍については、合冊または分冊されて原装の冊数が変化している場合などは、必要に応じて原装のキャリアについて記録する。
（参照：＃2.17.0.2 A を見よ。）
    原装 3 冊
    （数量：2 冊）

丁数について、必要な場合は、記録する。

＃2.42.1.2.7　初期印刷資料（和古書・漢籍を除く）の数量の詳細

初期印刷資料のページ付に関する詳細な情報が、識別または選択に重要な場合に、テキストの数量として簡略に記録できないときは、その詳細を記録する。
（参照：＃2.17.1.1.1 A、＃2.17.1.1.4 A を見よ。）

識別または選択に重要な場合は、面のページ付などのシートの詳細なレイアウトを記録する。
（参照：＃2.17.1.4 A を見よ。）
    Signatures: A-C^8, ^{2}A-C^8 a^{8}b^{10}

＃2.42.1.2.8　単一のキャリアに収められた複数の楽譜の数量の詳細

単一のキャリアに複数の形式の楽譜が収められている場合は、必要に応じてその旨を記録する。
（参照：＃2.17.2.1 を見よ。）

#2.42　キャリアに関する注記

> パート譜4部を1冊に収録
>
> スコア1部とパート譜1部を1冊に収録（パート譜はp 6-8）
>
> （数量：スコア1部，パート1部（8 p））

#2.42.1.2.9　数量のその他の詳細

識別または選択に重要な場合は、数量として記録しなかったその他の詳細な情報を記録する。

> 251-269ページは存在していない
>
> 89-93ページが重複して現れる
>
> 片面印刷
>
> （ページ数は両面分カウントされているが、片面印刷の資料）
>
> 図版は両面印刷
>
> （図版が丁付けされた紙葉の両面に印刷され、数量として丁数のみを記録した場合）

#2.42.2　大きさに関する注記

大きさに関する注記は、キャリアに関する注記のエレメント・サブタイプである。

#2.42.2.1　記録の範囲

大きさに関する注記は、次の情報を提供する注記である。

a) テキスト・ブロックの大きさ（参照：#2.42.2.2.1を見よ。）
b) テープまたはフィルムの長さ（参照：#2.42.2.2.2を見よ。）
c) 外形の寸法（参照：#2.42.2.2.3を見よ。）
d) 大きさのその他の詳細（参照：#2.42.2.2.4を見よ。）
e) 大きさの変化（参照：#2.42.2.2.5を見よ。）

#2.42.2.2　記録の方法

#2.42.2.2.1　テキスト・ブロックの大きさ

テキスト・ブロックの大きさが異なるものを合冊している場合に、識別または選択に重要なときは、テキスト・ブロックの大きさについて記録する。
（参照：#2.18.0.2.1Aを見よ。）

> テキスト・ブロックは20-26 cm
>
> Text block height varies, 13 cm to 26 cm

#2.42.2.2.2　テープまたはフィルムの長さ

記述対象が、ビデオカセット、フィルム・カセット、ビデオ・カートリッジ、フィルム・カートリッジ、フィルムストリップ・カートリッジ、フィルム・リール、ビデオテープ・リール、ロールのいずれかの場合に、識別または選択に重要なときは、テープまたはフィルムの長さを記録する。
（参照：#2.18.0.2.1G、#2.18.0.2.1G別法、#2.18.0.2.1H、#2.18.0.2.1H別法、#2.18.0.2.1J、#2.18.0.2.1Kを見よ。）

> テープの長さは247 m

第2章 体現形

#2.42.2.2.3 外形の寸法
　ディスクの形状が標準でない場合（例えば、ディスクが円形でない）は、外形の寸法を記録する。
（参照：#2.18.0.2.1 I を見よ。）

　　　　　ディスクの盤面は正方形，20×20 cm

　トランスペアレンシーについて、識別または選択に重要な場合は、フレームまたは台紙を含めた大きさを記録する。
（参照：#2.18.0.2.1M を見よ。）

　　　　　台紙を含めた大きさは 25×32 cm

#2.42.2.2.4 大きさのその他の詳細
　識別または選択に重要な場合は、大きさとして記録しなかったその他の詳細な情報を記録する。

　　　　　直径 26cm の円形本

#2.42.2.2.5 大きさの変化
　識別または選択に重要な場合は、大きさの変化について、次の規定に従って記録する。
　a）　複数巻単行資料、逐次刊行物（参照：#2.42.2.2.5.1 を見よ。）
　b）　更新資料（参照：#2.42.2.2.5.2 を見よ。）

#2.42.2.2.5.1 複数巻単行資料、逐次刊行物
　識別または選択に重要な場合は、複数巻単行資料または逐次刊行物の途中の巻号で生じた、大きさの変化について記録する。
（参照：#2.18.0.2.5 を見よ。）

　　　　　大きさの変化：26 cm（-49巻12号（2002.12））→ 30 cm（50巻1号（2003.1)-）

#2.42.2.2.5.1 複数巻単行資料、逐次刊行物　任意省略
　変化が頻繁に生じている場合は、変化のある旨を簡略に記録し、個々の変化については記録しない。
（参照：#2.18.0.2.5 を見よ。）

　　　　　大きさは 20-26 cm の範囲で号ごとに異なる
　　　　　大きさの変更あり
　　　　　Size varies

#2.42.2.2.5.2 更新資料
　識別または選択に重要な場合は、更新資料の変化前の大きさについて記録する。
（参照：#2.18.0.2.5 を見よ。）

　　　　　変化前の大きさ：28 cm

#2.42.2.2.5.2 更新資料　任意省略

#2.42 キャリアに関する注記

変化が頻繁に生じている場合は、変化のある旨を簡略に記録し、個々の変化については記録しない。
（参照：#2.18.0.2.5を見よ。）

#2.42.3 キャリアに関するその他の情報の変化に関する注記
キャリアに関するその他の情報の変化に関する注記は、キャリアに関する注記のエレメント・サブタイプである。

#2.42.3.1 記録の範囲
キャリアに関するその他の情報の変化に関する注記は、#2.16および#2.19～#2.33に規定するエレメントの、刊行途中の変化に関する情報を提供する注記である。

#2.42.3.2 記録の方法
キャリアに関するその他の情報の変化に関する注記は、次の規定に従って記録する。
　a)　複数巻単行資料、逐次刊行物（参照：#2.42.3.2.1を見よ。）
　b)　更新資料（参照：#2.42.3.2.2を見よ。）

#2.42.3.2.1 複数巻単行資料、逐次刊行物
識別または選択に重要な場合は、複数巻単行資料または逐次刊行物の途中の巻号で生じた、#2.16および#2.19～#2.33に規定するエレメントの変化について記録する。
（参照：#2.14.0.6を見よ。）

#2.42.3.2.1 複数巻単行資料、逐次刊行物　任意省略
変化が頻繁に生じている場合は、その旨を簡略に記録し、個々の変化については記録しない。
（参照：#2.14.0.6を見よ。）

#2.42.3.2.2 更新資料
識別または選択に重要な場合は、更新資料の変化前の#2.16および#2.19～#2.33に規定するエレメントの情報について記録する。
（参照：#2.14.0.6を見よ。）

#2.42.3.2.2 更新資料　任意省略
変化が頻繁に生じている場合は、変化のある旨を簡略に記録し、個々の変化については記録しない。
（参照：#2.14.0.6を見よ。）

第3章
個別資料

#3　個別資料

#3.0　通則

#3.0.1　記録の目的

#3.0.2　情報源

#3.0.3　記録の方法

#3.1　所有・管理履歴

#3.1.1　記録の範囲

#3.1.2　記録の方法

#3.2　直接入手元

#3.2.1　記録の範囲

#3.2.2　記録の方法

#3.3　アクセス制限

#3.4　利用制限

#3.5　個別資料の識別子

#3.5.1　記録の範囲

#3.5.2　記録の方法

#3.5.3　複製

#3.6　個別資料に関する注記

#3.6.1　記録の範囲

#3.6.2　記録の方法

#3.7　個別資料のキャリアに関する注記

#3.7.0　通則

#3.7.1　個別資料の数量に関する注記

#3.7.2　個別資料の大きさに関する注記

#3 個別資料
#3.0 通則
この章では、個別資料の属性の記録について規定する。
#3.0.1 記録の目的
個別資料の属性の記録の目的は、個別資料の識別を可能とすること、ならびに利用者のニーズに合致する個別資料の選択および入手に役立つことである。
#3.0.2 情報源
個別資料の属性は、どの情報源に基づいて記録してもよい。
#3.0.3 記録の方法
個別資料の属性は、#0.9.4に従って、データ作成機関が定めた目録用言語で記録する。

#3.1 所有・管理履歴
所有・管理履歴は、エレメントである。
#3.1.1 記録の範囲
所有・管理履歴は、その個別資料の過去の所有、責任、保管などの変遷に関する情報である。
#3.1.2 記録の方法
旧蔵者の名称および所有等に関する年を記録する。

> 岡田希雄旧蔵
>
> 印記: 醍醐蔵書,忠順之印
>
> The George Korson Folklore Archive was presented by George Korson to King's College, Wilkes Barre, Pennsylvania in 1965 and donated by King's College to the American Folklife Center in 2003

#3.2 直接入手元
直接入手元は、エレメントである。
#3.2.1 記録の範囲
直接入手元は、その個別資料の直接の入手元、入手日付および入手方法である。
#3.2.2 記録の方法
個別資料の直接の入手元、入手日付および入手方法を公表できる範囲で記録する。

> 梅原龍三郎氏より寄贈
>
> 1974年8月,個人より寄託
>
> Purchased from: Walnut's Antiques, Brewster, Mass., 2011

#3.3 アクセス制限
アクセス制限については、#2.37に従う。

#3.4 利用制限
利用制限については、#2.38に従う。

#3.5 個別資料の識別子

第3章　個別資料

個別資料の識別子は、エレメントである。

#3.5.1　記録の範囲

個別資料の識別子は、その個別資料と結びつけられ、他の個別資料との判別を可能とする文字列および（または）番号である。

#3.5.2　記録の方法

個別資料の識別子に定められた表示形式がある場合は、その形式に従って記録する。

個別資料の識別子に定められた表示形式がない場合は、情報源に表示されているとおりに記録する。容易に判明するときは、必要に応じて、識別子の名称または識別子に責任を有する機関等の名称等に続けて、識別子を記録する。

> 憲政資料室収集文書1235
> （国立国会図書館憲政資料室が所蔵する「米軍投下ビラ」の資料番号）

#3.5.2.1　不正確な識別子

個別資料に表示されている識別子が不正確であることが判明している場合は、表示されているとおりに記録し、続けて、文字列および（または）番号が、次のいずれかであることを示す語句を付加する。

a)　不正確である
b)　取り消されている
c)　無効である

#3.5.3　複製

複製については、原資料ではなく、複製物自体の識別子を記録する。原資料の識別子は、関連する個別資料の識別子として記録する。
（参照：#43.4を見よ。）

#3.6　個別資料に関する注記

個別資料に関する注記は、エレメントである。

#3.6.1　記録の範囲

個別資料に関する注記とは、#3.1～#3.5の個別資料のエレメントに記録しなかった、個別資料の識別、選択またはアクセスに必要な情報を提供する注記である。
（参照：個別資料のキャリアに関する注記は、#3.7を見よ。）

#3.6.2　記録の方法

個別資料に関する注記について、引用または参照する場合、または注記の内容が記述対象の一部にのみ該当する場合は、#1.13に従って記録する。

#3.7　個別資料のキャリアに関する注記

個別資料のキャリアに関する注記は、エレメントである。

#3.7.0　通則

#3.7 個別資料のキャリアに関する注記

#3.7.0.1 記録の範囲

個別資料のキャリアに関する注記とは、その個別資料に固有で、同一の体現形に属する他の個別資料が有しないキャリアの特性について、付加的な情報を提供する注記である。

（参照：個別資料に関する注記は、#3.6を見よ。）

（参照：体現形のキャリアに関する注記は、#2.42を見よ。）

#3.7.0.1.1 エレメント・サブタイプ

個別資料のキャリアに関する注記には、次のエレメント・サブタイプがある。

a) 個別資料の数量に関する注記（参照：#3.7.1を見よ。）
b) 個別資料の大きさに関する注記（参照：#3.7.2を見よ。）

#3.7.0.2 情報源

個別資料のキャリアに関する注記は、どの情報源に基づいて記録してもよい。

#3.7.0.3 記録の方法

個別資料のキャリアに関する注記について、引用または参照する場合、または注記の内容が記述対象の一部にのみ該当する場合は、#1.13に従って記録する。

> 指揮者の署名付（スリーブ裏）
> 著者署名入り

和古書・漢籍は#3.7.0.3.2に、初期印刷資料（和古書・漢籍を除く）は#3.7.0.3.3に従って記録する。

#3.7.0.3.1 破損・虫損等

破損・虫損等で保存状態がよくないものや補修があるものについて、その旨を記録する。

> 虫損あり（裏打ち補修あり）
> 破損・汚損あり

#3.7.0.3.2 和古書・漢籍

和古書・漢籍について、その個別資料に固有の、注、訓点、識語、書き入れなどの情報を記録する。

a) 注がある場合は、表示されている位置も含めてその旨を記録する。

> 頭注あり
> 割注あり

b) 本文に訓点等がある場合は、漢字、片仮名、平仮名の別とともにその旨を記録する。

> 付訓あり．右傍：片仮名付訓．左傍：平仮名付訓

c) 謡本等で、本文の横に記号が付されている場合は、その旨を記録する。

> 節付記号あり

d) 識語、書き入れ、補写、筆彩等がある場合は、その旨を記録する。

> 識語「安永四年末九月廿五日はしめてよむ／小雲泉主人」

第 3 章　個別資料

　　　　　朱墨の書き込みあり
　　　　　図版の一部に後人の着彩あり
　e)　付箋、貼りこみ等がある場合は、記録する。
　　　　　宣長自筆付箋多数あり
　　　　　文中和歌に黄と青の押紙あり
　　　　　「是より奥写に不見」との付箋あり

＃3.7.0.3.3　初期印刷資料（和古書・漢籍を除く）

初期印刷資料について、朱書、彩色、製本など、その個別資料に固有の情報を記録する。

　　　　　Imperfect：Wanting leaves H 7-H 8, Ffl-8 and Lll 1-8
　　　　　Library's copy imperfect：pages 13–16 misbound after page 15
　　　　　Signed Pierluigi Bruni

＃3.7.1　個別資料の数量に関する注記

　個別資料の数量に関する注記は、個別資料のキャリアに関する注記のエレメント・サブタイプである。

＃3.7.1.1　記録の範囲

　個別資料の数量に関する注記とは、数量として記録しなかった、その個別資料に固有の数量の注記である。

（参照：＃2.17 を見よ。）

＃3.7.1.2　記録の方法

　識別または選択に重要な場合は、数量として記録しなかった、個別資料の数量に関する詳細な情報を記録する。

（参照：＃2.17 を見よ。）

　　　　　図版 7, 10, 付図「臺灣地圖」を欠く

＃3.7.1.2.1　複数巻単行資料、逐次刊行物、更新資料の所蔵の詳細

　複数巻単行資料、逐次刊行物または更新資料の所蔵の詳細な情報について記録する。

　　　　　12 号欠号，15 号に欠落あり

＃3.7.1.2.2　和古書・漢籍

　和古書・漢籍について、残欠がある場合は、その旨を記録する。

　　　　　巻 6 第 13 丁裏以降を欠く

＃3.7.2　個別資料の大きさに関する注記

　個別資料の大きさに関する注記は、個別資料のキャリアに関する注記のエレメント・サブタイプである。

＃3.7.2.1　記録の範囲

　個別資料の大きさに関する注記とは、大きさとして記録しなかった、その個別資料に固有の

#3.7　個別資料のキャリアに関する注記

大きさの注記である。
（参照：#2.18 を見よ。）
#3.7.2.2　記録の方法
　識別または選択に重要な場合は、大きさとして記録しなかった、個別資料の大きさに関する詳細な情報を記録する。
（参照：#2.18 を見よ。）

　　　　　額装時の大きさ：50 × 40 cm
　　　　　土台取付け時の大きさ：45 × 60 cm

第4章
著　作

＃4　著作
＃4.0　通則
＃4.0.1　記録の目的
＃4.0.2　情報源
＃4.0.3　記録の方法
＃4.0.4　著作の識別に影響を与える変化

＜＃4.1～＃4.2　著作のタイトル＞
＃4.1　著作の優先タイトル
＃4.1.1　記録の範囲
＃4.1.2　情報源
＃4.1.3　優先タイトルの選択
＃4.1.4　記録の方法
＃4.2　著作の異形タイトル
＃4.2.1　記録の範囲
＃4.2.2　情報源
＃4.2.3　記録の方法

＜＃4.3～＃4.7　タイトル以外の識別要素＞
＃4.3　著作の形式
＃4.3.1　記録の範囲
＃4.3.2　情報源
＃4.3.3　記録の方法
＃4.4　著作の日付
＃4.4.1　記録の範囲
＃4.4.2　情報源
＃4.4.3　記録の方法
＃4.5　著作の成立場所
＃4.5.1　記録の範囲

＃4.5.2　情報源
＃4.5.3　記録の方法
＃4.6　責任刊行者
＃4.6.1　記録の範囲
＃4.6.2　情報源
＃4.6.3　記録の方法
＃4.7　著作のその他の特性
＃4.7.1　記録の範囲
＃4.7.2　情報源
＃4.7.3　記録の方法

＜＃4.8～＃4.12　説明・管理要素＞
＃4.8　著作の履歴
＃4.8.1　記録の範囲
＃4.8.2　情報源
＃4.8.3　記録の方法
＃4.9　著作の識別子
＃4.9.1　記録の範囲
＃4.9.2　情報源
＃4.9.3　記録の方法
＃4.10　確定状況
＃4.10.1　記録の範囲
＃4.10.2　情報源
＃4.10.3　記録の方法
＃4.11　出典
＃4.11.1　記録の範囲
＃4.11.2　情報源
＃4.11.3　記録の方法

\#4.12　データ作成者の注記
<\#4.13～\#4.14　各種の著作>
\#4.13　法令等
\#4.13.0　通則
<\#4.13.1～\#4.13.2　法令等のタイトル>
\#4.13.1　法令等の優先タイトル
\#4.13.2　法令等の異形タイトル
<\#4.13.3～\#4.13.5　タイトル以外の識別要素>
\#4.13.3　法令等の日付
\#4.13.4　法令等のその他の特性
\#4.13.5　条約参加者
\#4.14　音楽作品
\#4.14.0　通則
<\#4.14.1～\#4.14.2　音楽作品のタイトル>
\#4.14.1　音楽作品の優先タイトル
\#4.14.2　音楽作品の異形タイトル
<\#4.14.3～\#4.14.5　タイトル以外の識別要素>
\#4.14.3　演奏手段
\#4.14.4　音楽作品の番号
\#4.14.5　調
<\#4.15～\#4.23　著作の内容>
\#4.15　著作の内容に関する記録
\#4.15.0　通則
<\#4.16～\#4.23　著作の内容のエレメント>
\#4.16　内容の性質
\#4.16.0　通則
\#4.17　内容の対象範囲
\#4.17.0　通則
\#4.18　地図の座標
\#4.18.0　通則
\#4.18.1　経緯度
\#4.18.2　頂点座標
\#4.18.3　赤経・赤緯
\#4.19　分点
\#4.19.0　通則
\#4.20　元期
\#4.20.0　通則
\#4.21　対象利用者
\#4.21.0　通則
\#4.22　文書・コレクションの組織化
\#4.22.0　通則
\#4.23　学位論文情報
\#4.23.0　通則
\#4.23.1　学位
\#4.23.2　学位授与機関
\#4.23.3　学位授与年

#4 著作
#4.0 通則
　この章では、著作の属性の記録について規定する。
　記録する要素として、著作のタイトル、著作のタイトル以外の識別要素、説明・管理要素、著作の内容がある。
　著作のタイトルには、第一の識別要素である著作の優先タイトルと、著作の異形タイトルとがある。なお、この章では、「著作のタイトル」、「著作の異形タイトル」をそれぞれ単に「タイトル」、「異形タイトル」と記載することがある。

#4.0.1 記録の目的
　著作の属性の記録の目的は、著作の識別を可能とすること、および利用者のニーズに合致する資料の選択に役立つことである。

#4.0.1.1 規定の構成
　一般的な著作の属性については、その通則を#4.0で、タイトルを#4.1～#4.2で、タイトル以外の識別要素を#4.3～#4.7で、説明・管理要素を#4.8～#4.12で規定する。著作の内容は、#4.15～#4.23で規定する。
　法令等の属性については、その通則を#4.13.0で、タイトルを#4.13.1～#4.13.2で規定する。タイトル以外の識別要素には、#4.13.3～#4.13.5を優先した上で、#4.3～#4.7をも適用できる。
　音楽作品の属性については、その通則を#4.14.0で、タイトルを#4.14.1～#4.14.2で、音楽作品固有のタイトル以外の識別要素を#4.14.3～#4.14.5で規定する。タイトル以外の識別要素には、#4.3～#4.7をも適用できる。
　法令等、音楽作品の説明・管理要素は、#4.8～#4.12による。
（参照：著作に対する典拠形アクセス・ポイントの構築については、#22を見よ。）

#4.0.2 情報源
　著作の属性を記録するにあたって、その情報源は特に規定しない限りどこでもよい。
（参照：著作の優先タイトルについては、#4.1.2～#4.1.3.2別法を見よ。異形タイトルについては、#4.2.2を見よ。）

#4.0.3 記録の方法
　著作のタイトルは、規定した情報源に基づく情報を、#1.11～#1.12.3に従って記録する。
（参照：#4.1.4、#4.2.3を見よ。）
　タイトル以外の識別要素は、#4.3.3～#4.7.3に従って記録する。
　説明・管理要素は、#4.8.3～#4.12に従って記録する。
　著作の内容は、#4.15.0.4～#4.23.0.2に従って記録する。

#4.0.4 著作の識別に影響を与える変化

第4章 著　作

　　著作の識別に影響を与える変化が生じた場合は、著作に対する新規の記述を作成するか、従来の記述を更新する必要がある。

#4.0.4.1 　複数巻単行資料として刊行される著作

　　複数巻単行資料として刊行される著作について、刊行方式または機器種別に変化が生じた場合は、その体現形に対する新規の記述を作成する。このとき、さらに著作に対する責任性にも変化が生じた場合は、新しい著作とみなし、著作に対する新規の記述を作成する。ただし、著作に対する典拠形アクセス・ポイントに複数の創作者に対する典拠形アクセス・ポイントが含まれている場合に、その一部にだけ変化が生じたときは、新規の記述を作成すべき責任性の変化とみなさずに、従来の記述にその変化を反映させる。

　　著作に対する新規の記述は、その体現形に対する新規の記述が識別の基盤とする巻の表示に合わせ、著作の責任性の変化を反映して作成する。

（参照：刊行方式または機器種別の変化については、#2.0.5Aを見よ。）

　　著作に対する新規の記述を作成する必要のある責任性の変化には、次のものがある。

　　a)　著作に対する典拠形アクセス・ポイントを構成する、個人・家族・団体に対する典拠形アクセス・ポイントに影響を与える変化

　　　　（参照：#6～#8、#22.1Aを見よ。）

　　b)　著作に対する典拠形アクセス・ポイントに含めタイトル以外の識別要素として使用した、個人・家族・団体の名称に影響を与える変化

　　　　（参照：#4.6、#4.7、#22.1.6を見よ。）

（参照：#2.1.1.4a)、#2.1.1.4別法a)を見よ。）

#4.0.4.2 　逐次刊行物として刊行される著作

　　逐次刊行物として刊行される著作について、責任性に変化が生じた場合、または本タイトルに重要な変化が生じた場合は、その体現形に対する新規の記述を作成すると同時に、著作に対する新規の記述を作成する。

（参照：#2.1.1.4b)、#2.1.1.4別法b)、#2.2.0.6を見よ。）

#4.0.4.2A 　責任性の変化

　　著作に対する新規の記述は、体現形に対する新規の記述が識別の基盤とする巻号の表示に合わせ、著作の責任性の変化を反映して作成する。

　　著作に対する新規の記述を作成する必要のある責任性の変化には、次のものがある。

　　a)　著作に対する典拠形アクセス・ポイントを構成する、個人・家族・団体に対する典拠形アクセス・ポイントに影響を与える変化

　　　　（参照：#6～#8、#22.1Aを見よ。）

　　b)　著作に対する典拠形アクセス・ポイントに含めタイトル以外の識別要素として使用した、個人・家族・団体の名称に影響を与える変化

（参照：＃4.6、＃4.7、＃22.1.6を見よ。）

＃4.0.4.2 B　本タイトルの重要な変化

著作に対する新規の記述は、体現形に対する新規の記述が識別の基盤とする巻号の表示に合わせ、本タイトルの重要な変化を反映して作成する。

＃4.0.4.3　更新資料として刊行される著作

更新資料として刊行される著作について、責任性に変化が生じた場合、または本タイトルに変化が生じた場合は、その体現形に対する記述の更新に合わせ、著作に対する従来の記述を更新する。

（参照：＃2.1.1.4c）、＃2.1.1.4別法c）、＃2.2.0.6を見よ。）

＃4.0.4.3 A　責任性の変化

著作に対する従来の記述を、更新資料の最新のイテレーションでの表示に合わせ、著作の責任性の変化を反映して更新する。

著作に対する従来の記述を更新する必要のある責任性の変化には、次のものがある。

a) 著作に対する典拠形アクセス・ポイントを構成する、個人・家族・団体に対する典拠形アクセス・ポイントに影響を与える変化

（参照：＃6～＃8、＃22.1Aを見よ。）

b) 著作に対する典拠形アクセス・ポイントに含めタイトル以外の識別要素として使用した、個人・家族・団体の名称に影響を与える変化

（参照：＃4.6、＃4.7、＃22.1.6を見よ。）

＃4.0.4.3 B　本タイトルの変化

著作に対する従来の記述を、更新資料の最新のイテレーションでの表示に合わせ、本タイトルのどのような変化をも反映して更新する。従来の優先タイトルは、異形タイトルとして記録する。

＜＃4.1～＃4.2　著作のタイトル＞

著作のタイトルは、エレメントである。

著作のタイトルには、次のエレメント・サブタイプがある。

a) 著作の優先タイトル（参照：＃4.1を見よ。）

b) 著作の異形タイトル（参照：＃4.2を見よ。）

＃4.1　著作の優先タイトル

著作の優先タイトルは、著作のタイトルのエレメント・サブタイプである。

著作の優先タイトルは、コア・エレメントである。

＃4.1.1　記録の範囲

著作の優先タイトルとは、著作を識別するために選択する名称である。優先タイトルはその著作に対する典拠形アクセス・ポイントの基礎としても使用する。

第4章 著　作

（参照：＃22.1～＃22.1A別法を見よ。）

　優先タイトルとして選択しなかったタイトルは、異形タイトルとして記録できる。
（参照：＃4.2を見よ。）

＃4.1.2　情報源

　著作の優先タイトルの情報源は、＃4.1.3A～＃4.1.3Dで規定する。ただし、著作の部分または著作の集合に対する優先タイトルの選択にあたって、＃4.1.3.1～＃4.1.3.2別法に該当する規定がある場合は、それを優先する。
（参照：＃4.0.2を見よ。）

＃4.1.3　優先タイトルの選択

　一般によく知られているタイトルを、その著作の優先タイトルとして選択する。慣用形や簡略形の場合もある。

　優先タイトルには、別タイトルを含めない。

　著作の部分または著作の集合に対するタイトルを、優先タイトルとして選択することもできる。

　著作の部分に対する優先タイトルを選択する場合は、＃4.1.3A～＃4.1.3Dに＃4.1.3.1～＃4.1.3.1.2別法をあわせて適用する。

　著作の集合に対する優先タイトルを選択する場合は、＃4.1.3A～＃4.1.3Dに＃4.1.3.2～＃4.1.3.2.3別法をあわせて適用する。

＃4.1.3A　活版印刷が主となる時代以降の著作

　活版印刷が主となる時代以降（日本では明治時代以降、ヨーロッパでは1501年以降）の著作については、その著作の体現形または参考資料によって最もよく知られている原語のタイトルを優先タイトルとして選択する。

　　　　黒い雨
　　　　　（当初は「姪の結婚」というタイトルで連載されていた井伏鱒二の著作）
　　　　黒船
　　　　　（「夜明け」というタイトルでも知られている山田耕筰のオペラ）

　最もよく知られているタイトルとして確立された原語のタイトルが容易に判明しない場合は、原版の本タイトルを優先タイトルとして選択する。

　著作の異なる言語の版が同時に出版されていて、その原語を決定できない場合は、データ作成機関が最初に入手した体現形の本タイトルを優先タイトルとして選択する。

　異なる言語の版が同一の体現形に含まれている場合は、優先情報源に最初に現れた本タイトルを優先タイトルとして選択する。
（参照：優先情報源については、＃2.0.2.2を見よ。）

　著作が同一言語で異なるタイトルの下に同時に出版されている場合は、データ作成機関が最

#4.1 著作の優先タイトル

初に入手した体現形の本タイトルを優先タイトルとして選択する。

   Harry Potter and the philosopher's stone
    （英国版のタイトルは Harry Potter and the philosopher's stone、米国版のタイトルは Harry Potter and the sorcerer's stone。英国版を最初に入手した場合）

（参照：文字種・読みについては、#4.1.3Cを見よ。）

#4.1.3A　活版印刷が主となる時代以降の著作　別法

 ＊活版印刷が主となる時代以降（日本では明治時代以降、ヨーロッパでは1501年以降）の著作については、その著作の体現形または参考資料によって最もよく知られている日本語タイトルを優先タイトルとして選択する。

 日本語タイトルが容易に判明しない場合は、原語のタイトルを選択する。

 著作が日本語の異なるタイトルの下に同時に出版されている場合は、データ作成機関が最初に入手した体現形の本タイトルを優先タイトルとして選択する＊。

   自負と偏見
    （「高慢と偏見」というタイトルでも邦訳が出版されているジェイン・オースティンの著作。「自負と偏見」を最初に入手した場合）

（参照：文字種・読みについては、#4.1.3Cを見よ。）

#4.1.3B　活版印刷が主となる時代より前の著作

 活版印刷が主となる時代より前（日本では江戸時代まで、ヨーロッパでは1500年まで）の著作については、現代の参考資料において識別される原語のタイトルを優先タイトルとして選択する。参考資料に確定的な形がない場合は、著作の新しい版、古い版、手稿の複製の順に、よく見られる形を優先タイトルとして選択する。

   春色梅児誉美
   Προβλήματα

（参照：文字種・読みについては、#4.1.3Cを見よ。）

#4.1.3B　活版印刷が主となる時代より前の著作　別法

 ＊活版印刷が主となる時代より前（日本では江戸時代まで、ヨーロッパでは1500年まで）の著作については、現代の参考資料において識別される日本語タイトルを優先タイトルとして選択する＊。参考資料に確定的な形がない場合は、著作の新しい版、古い版、手稿の複製の順に、よく見られる形を優先タイトルとして選択する。

 ＊日本語タイトルが容易に判明しない場合は、原語のタイトルを選択する＊。

   ミサの神秘
    （De mysterio missae の日本語タイトル）

（参照：文字種・読みについては、#4.1.3Cを見よ。）

#4.1.3C　文字種・読み

 a)　日本語

第4章　著作

表示形を優先タイトルとして選択する。読みは、情報源における表示を優先して選択する。その情報源に読みの表示がなければ、その他の情報源、一般的な読みの順に選択する。
b)　中国語
表示形を優先タイトルとして選択する。必要に応じて、データ作成機関の定めに従って、読みを記録する。
c)　韓国・朝鮮語
表示形を優先タイトルとして選択する。必要に応じて、データ作成機関の定めに従って、読みを記録する。
d)　日本語、中国語、韓国・朝鮮語以外の言語
表示形または翻字形を優先タイトルとして選択する。

（参照：言語については、＃4.1.3A～＃4.1.3B別法を見よ。）
（参照：読みの記録の方法については、＃4.1.4A～＃4.1.4D別法を見よ。）

#4.1.3D　原語のタイトルを得られない著作
　＃4.1.3A～＃4.1.3B別法に従って優先タイトルを選択できない場合は、次の優先順位で優先タイトルを選択する。
a)　データ作成機関で定める言語の参考資料に現れるタイトル
b)　データ作成者付与タイトル（参照：＃2.1.1.2.11、＃2.1.1.2.11別法を見よ。）

　書写資料については、所蔵機関に対する典拠形アクセス・ポイント（参照：＃28.1を見よ。）と結合したデータ作成者付与タイトルを選択することができる。
（参照：この場合の書写資料の優先タイトルの記録の方法については、＃4.1.4Eを見よ。）

#4.1.3.1　著作の部分
　著作の部分に対するタイトルを優先タイトルとして選択する場合は、＃4.1.3～＃4.1.3Dに加えて、＃4.1.3.1.1～＃4.1.3.1.2別法に従う。
（参照：＃4.1.3を見よ。）

#4.1.3.1.1　単一の部分
　著作の単一の部分については、その部分のタイトルを優先タイトルとして選択する。

　　　　　春の雪
　　　　　（三島由紀夫作「豊饒の海」の部分）
　　　　　船乗りシンドバッド
　　　　　（「千一夜物語」の部分）
　　　　　（＃4.1.3B別法による例）
　　　　　社会科学ジャーナル
　　　　　（「国際基督教大学学報」の部分）

　その部分が、部分であることを示す一般的な語句で識別される場合は、その語句を当該部分の優先タイトルとして選択する。

#4.1 著作の優先タイトル

　　　第1部
　　　自然科学編
（参照：#22.1.7.1Aを見よ。典拠形アクセス・ポイントの構築では、著作全体のタイトルを冠する。）

　逐次刊行物および更新資料について、その部分が、部分であることを示す一般的な語句と、当該部分のタイトルの組み合わせで識別される場合は、両者の組み合わせを優先タイトルとして選択する。

　　　第2部. 数学・数学教育
（参照：#22.1.7.1Bを見よ。単一の部分に対する優先タイトルの記録の方法については、#4.1.4.1.1を見よ。）

　聖典の部分の優先タイトルは、聖典全体の優先タイトルと部分の優先タイトルを組み合せて構築する。略称で知られている場合は、それを優先タイトルとして選択する。ただし、仏教経典の優先タイトルは、部分の優先タイトルのみを選択する。

　　　聖書. 新約
　　　聖書. マルコによる福音書
　　　　（#4.1.3B別法による例）
　　　法華経
（参照：#22.1.7.1Dを見よ。）

#4.1.3.1.2　複数の部分
a)　著作の複数の部分が、番号で識別されない場合、または番号が連続していない場合
　　　各部分に対して、#4.1.3.1.1に従って、優先タイトルを選択する。
b)　著作の連続する複数の部分が、一連の番号を伴う、部分であることを示す一般的な語句で識別される場合
　　　それらの部分を一括して識別するために、番号を伴う語句を優先タイトルとして選択する。
（参照：複数の部分に対する優先タイトルの記録の方法については、#4.1.4.1.2を見よ。）

#4.1.3.1.2　複数の部分　別法
a)　著作の複数の部分が、番号で識別されない場合、または番号が連続していない場合
　　　＊それらの部分を一括して識別するために、定型的総合タイトルを優先タイトルとして選択する。それに加えて、各部分の優先タイトルを記録することができる＊。
b)　著作の連続する複数の部分が、一連の番号を伴う、部分であることを示す一般的な語句で識別される場合
　　　それらの部分を一括して識別するために、番号を伴う語句を優先タイトルとして選択する。

第4章 著 作

（参照：複数の部分に対する優先タイトルの記録の方法については，＃4.1.4.1.2を見よ。）
＃4.1.3.2　著作の集合

　著作の集合は，その体現形や参考資料に使用されている総合タイトルがある場合は，そのタイトルを，＃4.1.3～＃4.1.3Dに従って，優先タイトルとして選択する。ただし，単数または複数の特定の創作者（個人・家族・団体）による著作の集合については，その総合タイトルが知られている場合を除き，＃4.1.3.2.1～＃4.1.3.2.3別法に従う。

　　　　　潤一郎ラビリンス
　　　　　岩波講座計算科学
　　　　　イギリス新鋭作家短篇選
　　　　　社会科学ジャーナル
　　　　　（体現形に使用されている総合タイトル）

　総合タイトルがない場合は，複数の異なる創作者（個人・家族・団体）による著作の集合については，＃4.1.3～＃4.1.3Dに従って，各著作に対する優先タイトルのみを選択し，著作の集合に対する優先タイトルは選択しない。単数または複数の特定の創作者による著作の集合については，＃4.1.3.2.1～＃4.1.3.2.3に従う。

　聖典については，略称も含めてよく知られている名称を聖典の集合の優先タイトルとして選択する。大蔵経は，聖典の集合として扱う。

　　　　　大正新脩大蔵経

＃4.1.3.2　著作の集合　別法

　著作の集合は，その体現形や参考資料に使用されている総合タイトルがある場合は，そのタイトルを，＃4.1.3～＃4.1.3Dに従って，優先タイトルとして選択する。ただし，単数または複数の特定の創作者（個人・家族・団体）による著作の集合については，その総合タイトルが知られている場合を除き，＃4.1.3.2.1～＃4.1.3.2.3別法に従う。

　　　　　潤一郎ラビリンス
　　　　　岩波講座計算科学
　　　　　イギリス新鋭作家短篇選
　　　　　社会科学ジャーナル
　　　　　（体現形に使用されている総合タイトル）

　＊総合タイトルがない場合は，複数の異なる創作者（個人・家族・団体）による著作の集合については，データ作成者付与タイトル（参照：＃2.1.1.2.11、＃2.1.1.2.11別法を見よ。）を優先タイトルとして選択する。それに加えて，各著作の優先タイトルを選択することができる。単数または複数の特定の創作者による著作の集合については，＃4.1.3.2.1～＃4.1.3.2.3別法に従う＊。

　聖典については，略称も含めてよく知られている名称を聖典の集合の優先タイトルとして選択する。大蔵経は，聖典の集合として扱う。

#4.1 著作の優先タイトル

   大正新脩大蔵経

<#4.1.3.2.1～#4.1.3.2.3別法　単数または複数の特定の創作者による著作の集合>

#4.1.3.2.1　全著作

 単数または複数の特定の創作者（個人・家族・団体）による、出版時点で完成している全著作または全著作を収めることを意図する著作の集合については、定型的総合タイトルを選択する。

   作品集
    （一定の組を成す複数の創作者による全著作「鉄幹晶子全集」について、定型的総合タイトルを選択する場合）

（参照：全著作の記録の方法については、#4.1.4.2.1を見よ。）

#4.1.3.2.2　特定の一形式の全著作

 単数または複数の特定の創作者（個人・家族・団体）による、特定の一形式の全著作またはそれを収めることを意図する著作の集合については、定型的総合タイトルを選択する。

（参照：特定の一形式の全著作の記録の方法については、#4.1.4.2.2を見よ。）

#4.1.3.2.3　全著作以外の著作の集合

 単数または複数の特定の創作者（個人・家族・団体）の複数の著作を含むが、全著作を収めていない著作の集合については、#4.1.3～#4.1.3Dに従って、各著作の優先タイトルを選択するのみとする。

#4.1.3.2.3　全著作以外の著作の集合　別法

 ＊単数または複数の特定の創作者（個人・家族・団体）の複数の著作を含むが、全著作を収めていない著作の集合については、定型的総合タイトルを優先タイトルとして選択する。それに加えて、各著作の優先タイトルを選択することができる＊。

（参照：全著作以外の著作の集合に対する定型的総合タイトルの記録の方法については、#4.1.4.2.3を見よ。）

#4.1.4　記録の方法

 著作の優先タイトルとして選択したタイトルを、#4.0.3および#4.1.4.1～#4.1.4.2.3に従って記録する。

（参照：#1.11～#1.12.3を見よ。）

（参照：各言語のタイトルについては、#4.1.4A～#4.1.4D別法を見よ。）

（参照：言語および文字種の選択については、#4.1.3A～#4.1.3Cを見よ。）

#4.1.4A　日本語の優先タイトル

 日本語の優先タイトルは、表示形とその読みを記録する。

 表示形における漢字は、原則としてその著作の体現形または参考資料に表示された字体で記録する。

第4章 著　作

　　読みは、片仮名読み形および（または）ローマ字読み形で、適切な単位に分かち書きして記録する。読みと表示形が完全に一致するときは、読みの記録を省略できる。

　　　　黒い雨 || クロイ アメ
　　　　文藝春秋 || ブンゲイ シュンジュウ
　　　　ロマネスク
　　　　（読みと表示形が完全に一致し、読みの記録を省略した例）

（参照：言語および文字種の選択については、＃4.1.3Ａ、＃4.1.3Ｂ、＃4.1.3Ｃを見よ。）

＃4.1.4Ａ　日本語の優先タイトル　別法

　日本語の優先タイトルは、表示形とその読みを記録する。
　＊表示形における漢字は、原則として常用漢字で記録する。

　読みは、片仮名読み形で、適切な単位に分かち書きして記録する＊。読みと表示形が完全に一致するときは、読みの記録を省略できる。

　　　　黒い雨 || クロイ アメ
　　　　文芸春秋 || ブンゲイ シュンジュウ
　　　　（常用漢字で記録した例）
　　　　ロマネスク
　　　　（読みと表示形が完全に一致し、読みの記録を省略した例）

（参照：言語および文字種の選択については、＃4.1.3Ａ別法、＃4.1.3Ｂ別法、＃4.1.3Ｃを見よ。）

＃4.1.4Ｂ　中国語の優先タイトル

　中国語の優先タイトルは、表示形を記録する。

　表示形は、原則としてその著作の体現形または参考資料に表示された字体（繁体字、簡体字を含む）で記録する。

　読みは、必要に応じて記録する。片仮名読み形および（または）ローマ字読み形（ピンインを含む）で、適切な単位に分かち書きして記録する。

　　　　春秋战国时期法家代表人物简介
　　　　圖解國貿實務

（参照：言語および文字種の選択については、＃4.1.3Ａ、＃4.1.3Ｂ、＃4.1.3Ｃを見よ。）

＃4.1.4Ｃ　韓国・朝鮮語の優先タイトル

　韓国・朝鮮語の優先タイトルは、表示形を記録する。

　表示形における漢字は、原則としてその著作の体現形または参考資料に表示された字体で記録する。ハングルが含まれる場合は、その部分はハングルで記録する。

　ハングルは、適切な単位に分かち書きして記録する。

　読みは、必要に応じて記録する。片仮名読み形および（または）ローマ字読み形で、適切な単位に分かち書きして記録する。

　　　　한국 도시 행정학

#4.1 著作の優先タイトル

(参照：言語および文字種の選択については、#4.1.3A、#4.1.3B、#4.1.3Cを見よ。)

#4.1.4D　日本語、中国語、韓国・朝鮮語以外の言語の優先タイトル

　日本語、中国語、韓国・朝鮮語以外の言語の優先タイトルは、原則として表示形または翻字形を記録する。

　読みは、原則として記録しない。

　　　　Geography and trade
　　　　Madame Bovary
　　　　Byan chub sems dpahi spyod pa la hjug pa
　　　（チベット語の翻字形）

(参照：言語および文字種の選択については、#4.1.3A、#4.1.3B、#4.1.3Cを見よ。)

#4.1.4D　日本語、中国語、韓国・朝鮮語以外の言語の優先タイトル　別法

　＊日本語、中国語、韓国・朝鮮語以外の言語の優先タイトルは、片仮名表記形で記録する。単語の単位で中点（・）を挿入し、または分かち書きして記録することもできる＊。

　読みは、原則として記録しない。

(参照：言語および文字種の選択については、#4.1.3A別法、#4.1.3B別法、#4.1.3Cを見よ。)

#4.1.4E　書写資料の優先タイトル

　書写資料の優先タイトルについて、所蔵機関に対する典拠形アクセス・ポイント（参照：#28.1を見よ。）と結合したデータ作成者付与タイトルを選択する場合は、所蔵機関に対する典拠形アクセス・ポイントに続けて、「書写資料」または「Manuscript」と記録する。さらに書写資料または書写資料群に所蔵機関が与える記号表示を付加する。コレクション内の単一の書写資料を対象とする場合は、判明すれば、丁数を付加する。

　　　　国立国会図書館. 書写資料. VE 501||コクリツ コッカイ トショカン. ショシャ シリョウ. VE 501

(参照：優先タイトルの選択については、#4.1.3Dを見よ。)

#4.1.4.1　著作の部分

#4.1.4.1.1　単一の部分

　著作の単一の部分について、優先タイトルとして選択したタイトルを、#4.1.4～#4.1.4D別法に従って記録する。

　　　　春の雪||ハル ノ ユキ

　その部分が、部分であることを示す一般的な語句で識別される場合は、優先タイトルとして選択したその語句を、資料に表示されているとおりに記録する。ただし、漢字やラテン文字等で表記された数は、アラビア数字に置き換えて記録する。また、序数を記録するときは、当該言語で一般に使用される序数を示す表記の形式で記録する。

(参照：#1.11.6を見よ。)

第4章　著　作

　　　　第1部 || ダイ1ブ
　　　　自然科学編 || シゼン　カガク　ヘン

逐次刊行物および更新資料について、その部分が、部分であることを示す一般的な語句と当該部分のタイトルの組み合わせで識別される場合は、初めに部分であることを示す一般的な語句を記録し、コンマ、スペースに続けて、当該部分のタイトルを記録する。

　　　　第2部，数学・数学教育 || ダイ2ブ，スウガク　スウガク　キョウイク

#4.1.4.1.2　複数の部分

連続する複数の部分に対する優先タイトルとして、一連の番号を伴う、部分であることを示す一般的な語句を選択する場合は、その一般的な語句を資料に表示されている形式に従って記録する。一連の番号については、範囲を示した形とする。

　　　　第1-6部 || ダイ1-6ブ

複数の部分に対する優先タイトルとして、定型的総合タイトルを選択する場合は、「選集」または「Selections」と記録する。

（参照：複数の部分に対する優先タイトルの選択については、#4.1.3.1.2、#4.1.3.1.2別法を見よ。）

#4.1.4.2　著作の集合

著作の集合について、その体現形や参考資料に使用されている総合タイトルを優先タイトルとして選択する場合は、#4.1.4～#4.1.4D別法に従って記録する。

＜#4.1.4.2.1～#4.1.4.2.3　単数または複数の特定の創作者による著作の集合＞

#4.1.4.2.1　全著作

単数または複数の特定の創作者（個人・家族・団体）による、全著作または全著作を収めることを意図する著作の集合に対して、定型的総合タイトルを優先タイトルとして選択する場合は、「作品集」または「Works」と記録する。「作品集」が適切でない場合は、「著作集」などの総称的な語を記録する。

#4.1.4.2.2　特定の一形式の全著作

単数または複数の特定の創作者（個人・家族・団体）による、特定の一形式の全著作またはそれを収めることを意図する著作の集合に対して、定型的総合タイトルを優先タイトルとして選択する場合は、次の用語のうち一つを記録する。いずれも適切でない場合は、特定の形式を表す適切な用語を優先タイトルとして記録する。

　　　　演説集 || エンゼツシュウ　　　　　　　Speeches
　　　　歌詞集 || カシシュウ　　　　　　　　　Lyrics
　　　　歌集 || カシュウ
　　　　戯曲集 || ギキョクシュウ　　　　　　　Plays
　　　　句集 || クシュウ
　　　　散文作品集 || サンブン　サクヒンシュウ　　Prose works

#4.1 著作の優先タイトル

　　　　詩集 || シシュウ　　　　　　　　　　Poems
　　　　小説集 || ショウセツシュウ　　　　　　Novels
　　　　書簡集 || ショカンシュウ　　　　　　　Correspondence
　　　　随筆集 || ズイヒツシュウ　　　　　　　Essays
　　　　短編小説集 || タンペン ショウセツシュウ　Short stories
　　　　日記集 || ニッキシュウ
　　　　評論集 || ヒョウロンシュウ　　　　　　Essays
　　　　リブレット集 || リブレットシュウ　　　　Librettos
　　　　論文集 || ロンブンシュウ　　　　　　　Essays

（参照：単数または複数の特定の創作者による、特定の一形式の著作を複数含むが、すべてを収めていない場合は、#4.1.4.2.3を見よ。）

#4.1.4.2.3　全著作以外の著作の集合

　単数または複数の特定の創作者（個人・家族・団体）の複数の著作を含むが、全著作を収めていない著作の集合に対して、各著作に対する優先タイトルを選択する場合は、#4.1.4～#4.1.4D別法に従って記録する。

　単数または複数の特定の創作者（個人・家族・団体）の複数の著作を含むが、全著作を収めていない著作の集合に対して、定型的総合タイトルを優先タイトルとして選択する場合は、「作品集」または「Works」と記録し、ピリオド、スペースで区切って、「選集」または「Selections」を続けて記録する。それらの著作の集合が特定の一形式の著作から成る場合は、#4.1.4.2.2で挙げた用語または適切な用語を記録し、ピリオド、スペースで区切って、「選集」または「Selections」を続けて記録する。

　　　　小説集. 選集 || ショウセツシュウ. センシュウ
　　　　Poems. Selections

（参照：全著作以外の著作に対する定型的総合タイトルの選択については、#4.1.3.2.3別法を見よ。）

#4.2　著作の異形タイトル

　著作の異形タイトルは、著作のタイトルのエレメント・サブタイプである。

#4.2.1　記録の範囲

　著作の一般に知られているタイトル、体現形に表示されているタイトルなどで、優先タイトルとして選択しなかったタイトルを異形タイトルとして記録することができる。

　異形タイトルとして記録するものは、次のとおりである。

　a)　言語が異なるタイトル

　　　　夏の夜の夢 || ナツ ノ ヨ ノ ユメ
　　　　（優先タイトル：A midsummer night's dream）
　　　　A midsummer night's dream
　　　　（優先タイトル：夏の夜の夢。#4.1.3A別法による例）

第4章 著　作

b) 同一言語の異なるタイトル
　　　牛若物語 || ウシワカ　モノガタリ
　　　（優先タイトル：義経記）

c) 詳細度が異なるタイトル
　　　日本国現報善悪霊異記 || ニホンコク　ゲンポウ　ゼンアク　リョウイキ
　　　（優先タイトル：日本霊異記）

d) 文字種が異なるタイトル
　　　つれづれ草 || ツレズレグサ
　　　（優先タイトル：徒然草）

e) 綴り、翻字、漢字の字体が異なるタイトル
　　（「ギリシャ」と「ギリシア」、「ゐ」と「い」などの違いをも含む）
　　　栄花物語 || エイガ　モノガタリ
　　　（優先タイトル：栄華物語）
　　　Bēowulf
　　　（優先タイトル：Beowulf）

f) 読みが異なるタイトル
　　　山海経 || サンカイキョウ
　　　（優先タイトル：山海経 || センガイキョウ）

g) 著作の部分のタイトルを優先タイトルとして選択した場合の、全体のタイトルを部分のタイトルに冠したタイトル
　　　豊饒の海. 春の雪 || ホウジョウ　ノ　ウミ．ハル　ノ　ユキ
　　　（優先タイトル：春の雪）
　　　千一夜物語. 船乗りシンドバッド || センイチヤ　モノガタリ．フナノリ　シンドバッド
　　　（優先タイトル：船乗りシンドバッド）
　　　（＃4.1.3 B別法による例）

h) 更新資料の本タイトルの変化を反映した場合の、従来の優先タイトル
　　　障害者自立支援法ハンドブック || ショウガイシャ　ジリツ　シエンホウ　ハンドブック
　　　（優先タイトル：障害者総合支援法ハンドブック）

i) データ作成者付与タイトル（参照：＃2.1.1.2.11、＃2.1.1.2.11別法を見よ。）

j) その他

＃4.2.2　情報源

異形タイトルは、どの情報源に基づいて記録してもよい。
（参照：＃4.0.2を見よ。）

＃4.2.3　記録の方法

異形タイトルは、＃4.0.3に従って記録する。その読みを記録する場合は、＃4.1.4A～＃4.1.4Cに従って記録する。

(参照:＃1.11～＃1.12.3を見よ。)

＜＃4.3～＃4.7　タイトル以外の識別要素＞

＃4.3　著作の形式

　著作の形式は、エレメントである。
　著作の形式は、その著作を同一タイトルの他の著作または個人・家族・団体と判別するために必要な場合は、コア・エレメントである。

＃4.3.1　記録の範囲

　著作の形式は、その著作の該当する種類やジャンルである。
　著作の形式は、その著作に対する統制形アクセス・ポイントの一部として、または独立したエレメントとして、あるいはその双方として記録する。
(参照:＃22.1.6を見よ。)

＃4.3.2　情報源

　著作の形式は、どの情報源に基づいて記録してもよい。
(参照:＃4.0.2を見よ。)

＃4.3.3　記録の方法

　著作の形式は、データ作成機関で定める言語で適切な語句を記録する。

　　　　　戯曲　　　　　Play
　　　　　ラジオ番組　　Radio program
　　　　　詩　　　　　　Poem

＃4.4　著作の日付

　著作の日付は、エレメントである。
　条約の場合は、著作の日付は、コア・エレメントである。
(参照:＃4.13.3を見よ。)
　その他の著作では、その著作を同一タイトルの他の著作または個人・家族・団体と判別するために必要な場合は、コア・エレメントである。

＃4.4.1　記録の範囲

　著作の日付は、著作に関係する最も早い日付である。著作が成立した日付を特定できない場合は、その体現形について知られる最も早い日付を、著作の日付として扱う。
　著作の日付は、その著作に対する統制形アクセス・ポイントの一部として、または独立したエレメントとして、あるいはその双方として記録する。
(参照:＃22.1.6を見よ。)

＃4.4.2　情報源

　著作の日付は、どの情報源に基づいて記録してもよい。
(参照:＃4.0.2を見よ。)

第4章　著　作

#4.4.3　記録の方法
著作の日付は、原則として西暦年をアラビア数字で記録する。

　　　　　　　2014

条約の署名日については、年、月、日まで記録する。
（参照：#4.13.3.3.2を見よ。）

#4.5　著作の成立場所
著作の成立場所は、エレメントである。
著作の成立場所は、その著作を同一タイトルの他の著作または個人・家族・団体と判別するために必要な場合は、コア・エレメントである。

#4.5.1　記録の範囲
著作の成立場所は、著作が成立した国または国以外の法域である。
著作の成立場所は、その著作に対する統制形アクセス・ポイントの一部として、または独立したエレメントとして、あるいはその双方として記録する。
（参照：#22.1.6を見よ。）

#4.5.2　情報源
著作の成立場所は、どの情報源に基づいて記録してもよい。
（参照：#4.0.2を見よ。）

#4.5.3　記録の方法
著作の成立場所は、#12に従って記録する。

#4.6　責任刊行者
責任刊行者は、著作のその他の特性のエレメントとして記録する。
著作のその他の特性は、その著作を同一タイトルの他の著作または個人・家族・団体と判別するために必要な場合は、コア・エレメントである。
（参照：#4.7を見よ。）

#4.6.1　記録の範囲
責任刊行者は、団体の公式機関誌のような著作を責任刊行する個人・家族・団体である。これらが、その著作に対する創作者に該当する場合は除く。
（参照：団体を創作者とみなす著作については、#22.1.1Aを見よ。）
責任刊行者は、その著作に対する統制形アクセス・ポイントの一部として、または独立したエレメントとして、あるいはその双方として記録する。
（参照：#22.1.6を見よ。）

#4.6.2　情報源
責任刊行者は、どの情報源に基づいて記録してもよい。
（参照：#4.0.2を見よ。）

#4.6 責任刊行者

#4.6.3 記録の方法
　責任刊行者は、#8に従って記録する。
　　　　　岩手県栽培漁業協会
　　　　　（「事業年報」の責任刊行者）

#4.7　著作のその他の特性
　著作のその他の特性は、エレメントである。
　著作のその他の特性は、その著作を同一タイトルの他の著作または個人・家族・団体と判別するために必要な場合は、コア・エレメントである。

#4.7.1　記録の範囲
　著作のその他の特性は、#4.3～#4.6で規定した要素以外の著作のタイトルと結びつく情報である。
　著作のその他の特性は、その著作に対する統制形アクセス・ポイントの一部として、または独立したエレメントとして、あるいはその双方として記録する。
（参照：#22.1.6を見よ。）

#4.7.2　情報源
　著作のその他の特性は、どの情報源に基づいて記録してもよい。
（参照：#4.0.2を見よ。）

#4.7.3　記録の方法
　著作のその他の特性は、データ作成機関で定める言語で記録する。

＜#4.8～#4.12　説明・管理要素＞

#4.8　著作の履歴
　著作の履歴は、エレメントである。

#4.8.1　記録の範囲
　著作の履歴は、著作の履歴に関する情報である。

#4.8.2　情報源
　著作の履歴は、どの情報源に基づいて記録してもよい。
（参照：#4.0.2を見よ。）

#4.8.3　記録の方法
　著作の履歴は、データ作成機関で定める言語で記録する。
　適切な場合は、#4.3～#4.7で規定する特定の識別要素に結びつく情報をも、履歴の中に記録する。
　　　　　『中央公論』昭和11年11月に「黒い行列」として第1部を、同誌12年11月に「迷路」として第2部を発表した後、太平洋戦争後に徹底的に改作し、23年10、12月刊行。同時に『世界』24年1月～31年10月に、それぞれタイトルを付与して断続的に第3部から第6部ま

第4章　著　作

　　　でを発表。第3部を27年6月に、第4部を27年7月に、第5部を29年9月に、第6部を31年11月にそれぞれ刊行。
　　　　　（野上弥生子著「迷路」の履歴）

#4.9　著作の識別子

　著作の識別子は、エレメントである。

　著作の識別子は、コア・エレメントである。

#4.9.1　記録の範囲

　著作の識別子は、著作または著作に代わる情報（典拠レコードなど）と結びつく一意の文字列である。識別子は、著作を他の著作と判別するために有効である。

#4.9.2　情報源

　著作の識別子は、どの情報源に基づいて記録してもよい。

（参照：#4.0.2を見よ。）

#4.9.3　記録の方法

　著作の識別子は、容易に確認できる場合は、その識別子付与に責任を有する機関等の名称または識別可能な語句に続けて記録する。

　　　　　国立国会図書館典拠ID：00642177
　　　　　（兼好著「徒然草」の著作の識別子）

#4.10　確定状況

　確定状況は、エレメントである。

#4.10.1　記録の範囲

　確定状況は、著作を識別するデータの確定の程度を示す情報である。

#4.10.2　情報源

　確定状況は、どの情報源に基づいて記録してもよい。

（参照：#4.0.2を見よ。）

#4.10.3　記録の方法

　確定状況は、次のいずれかの該当する条件に対応した用語を記録する。

　a）　確立

　　　著作に対する典拠形アクセス・ポイントとして、データが十分な状態にある場合は、「確立」または「fully established」と記録する。

　b）　未確立

　　　著作に対する典拠形アクセス・ポイントとして、データが不十分な状態にある場合は、「未確立」または「provisional」と記録する。

　c）　暫定

　　　資料自体を入手できず、体現形の記述から採用した場合は、「暫定」または「preliminary」

と記録する。

＃4.11　出典

出典は、エレメントである。

＃4.11.1　記録の範囲

出典は、著作の優先タイトル、異形タイトルまたはタイトル以外の識別要素を決定する際に使用した情報源である。

＃4.11.2　情報源

出典は、どの情報源に基づいて記録してもよい。

（参照：＃4.0.2を見よ。）

＃4.11.3　記録の方法

著作の優先タイトルまたは異形タイトルを決定する際に使用した情報源を記録し、簡略な説明を付す。情報源内の情報を発見した箇所を特定できるように記録する。

優先タイトルを決定する際に役に立たなかった情報源についても、「情報なし」または「No information found」と付加して記録する。

タイトル以外の識別要素については、必要に応じてその情報源を記録する。

＃4.12　データ作成者の注記

データ作成者の注記は、エレメントである。

データ作成者の注記は、著作に対する典拠形アクセス・ポイントを使用または更新するデータ作成者にとって、または関連する著作に対する典拠形アクセス・ポイントを構築する者に役立つ説明である。

必要に応じて、次のような注記を記録する。

a)　典拠形アクセス・ポイントの構築に適用する、特定の規定に関する注記
b)　優先タイトルの選択、典拠形アクセス・ポイントの形等の根拠に関する注記
c)　典拠形アクセス・ポイントの使用を限定する注記
d)　類似のタイトルをもつ著作と判別するための注記
e)　その他の重要な情報を説明する注記

＜＃4.13～＃4.14　各種の著作＞

＃4.13　法令等

法令等には、次のような種類がある。

a)　法律等
b)　命令等
c)　裁判所規則
d)　憲章
e)　条約

第4章 著　作

　f）判例集
　g）裁判記録

#4.13.0　通則

#4.13.0.1　記録の目的
　法令等の属性の記録の目的は、法令等の識別を可能とすること、および利用者のニーズに合致する資料の選択に役立つことである。

#4.13.0.1.1　規定の構成
　法令等の属性については、その通則を#4.13.0で、タイトルを#4.13.1～#4.13.2で規定し、タイトル以外の識別要素は、#4.13.3～#4.13.5を優先した上で、#4.3～#4.7も適用できる。
　説明・管理要素は、#4.8～#4.12で規定する。
　法令等の内容は、#4.15～#4.23で規定する。

#4.13.0.2　情報源
　法令等の属性を記録するにあたって、その情報源はどこでもよい。ただし、法令等の優先タイトルの情報源は、その詳細を#4.13.1.3～#4.13.1.3.3.2で定める。
（参照：法令等の優先タイトルについては、#4.13.1.2を見よ。）

#4.13.0.3　記録の方法
　法令等のタイトルは、規定した情報源に基づく情報を、#1.11～#1.12.3に従って記録する。
（参照：#4.0.3、#4.13.1.4、#4.13.2.3を見よ。）
　タイトル以外の識別要素は、#4.3.3～#4.7.3および#4.13.3.3～#4.13.5に従って記録する。
　説明・管理要素は、#4.8.3～#4.12に従って記録する。
　法令等の内容に関する事項は、#4.15.0.4～#4.23.3任意追加に従って記録する。

#4.13.0.4　法令等の識別に影響を与える変化
　法令等の識別に影響を与える変化は、#4.0.4に従う。

＜#4.13.1～#4.13.2　法令等のタイトル＞

#4.13.1　法令等の優先タイトル
　法令等の優先タイトルは、著作の優先タイトルのエレメントとして記録する。
　法令等の優先タイトルは、コア・エレメントである。
（参照：#4.1を見よ。）

#4.13.1.1　記録の範囲
　法令等の優先タイトルとは、法令等を識別するために選択された名称である。優先タイトルは、その法令等に対する典拠形アクセス・ポイントの基礎としても使用する。
（参照：#22.3を見よ。）
　優先タイトルとして選択しなかったタイトルは、異形タイトルとして記録できる。

#4.13 法令等

(参照：#4.13.2を見よ。)

#4.13.1.2　情報源

　法令等の優先タイトルの情報源は、#4.13.1.3～#4.13.1.3.3.2で規定する。

(参照：#4.13.0.2を見よ。)

#4.13.1.3　優先タイトルの選択

　法律等については、#4.13.1.3.1～#4.13.1.3.2に従って、優先タイトルを選択する。条約については、#4.13.1.3.3～#4.13.1.3.3.2に従って、優先タイトルを選択する。

　その他の種類の法令等については、一般によく知られているタイトルを、#4.1.3A～#4.1.3B別法に従って、優先タイトルとして選択する。

　法令等の集合に対するタイトルを、優先タイトルとして選択することもできる。

(参照：#4.13.1.3.1.2、#4.13.1.3.2、#4.13.1.3.3.2を見よ。)

#4.13.1.3A　文字種・読み

　法令等の優先タイトルについては、#4.1.3Cに従って、文字種・読みを選択する。

#4.13.1.3.1　近現代の法律等

#4.13.1.3.1.1　単一の法律等

#4.13.1.3.1.1A　日本の法律等

日本の単一の法律等については、次の優先順位で優先タイトルを選択する。

a)　一般的な略称法律名一覧に掲載された略称

b)　題名または件名

　　　育児・介護休業法
　　　　（略称。題名は、育児休業、介護休業等育児又は家族介護を行う労働者の福祉に関する法律）
　　　独占禁止法
　　　　（略称。件名は、私的独占の禁止及び公正取引の確保に関する法律）
　　　労働基準法
　　　　（題名）
　　　国会予備金に関する法律
　　　　（件名）
　　　道路交通法
　　　　（題名。道交法という略称は選択しない。）

#4.13.1.3.1.1B　外国の法律等

外国の単一の法律等については、次の優先順位で優先タイトルを選択する。

a)　公式の簡略タイトルまたは引用タイトル

b)　法律文献で使用される非公式の簡略タイトルまたは引用タイトル

c)　公式のタイトル

d)　その他の公式の表示（例：法律番号、日付）

第 4 章 著　作

4.13.1.3.1.1 B　外国の法律等　別法

　外国の単一の法律等については、その法律等の体現形または参考資料によって最もよく知られている日本語訳のタイトルを選択する。日本語訳のタイトルが不明な場合は、原語のタイトルを選択する。

4.13.1.3.1.2　法律等の集合

　法律等の集合については、次の優先順位で優先タイトルを選択する。

a)　法律等の集合の公式の簡略タイトルまたは引用タイトル
b)　法律文献で使用される非公式の簡略タイトルまたは引用タイトル
c)　法律等の集合の公式のタイトル
d)　その他の表示

　　　　　U.S. Code

4.13.1.3.2　前近代の法律、慣習法等

　特定の名称で知られている単一の古代の法律、中世の法律、慣習法、または古代の法律、中世の法律、慣習法の集合については、#4.1.3～#4.1.3.2.3別法に従って、優先タイトルを選択する。

　　　　　公事方御定書

4.13.1.3.3　条約

4.13.1.3.3.1　単一の条約

　国の政府、国際機関、国に準ずる宗教団体（ローマ教皇庁など）、国に満たない単位であるが条約締結権を保有する法域のうち、複数の当事者間の条約については、次の優先順位で優先タイトルを選択する。

a)　公式のタイトル
b)　法律文献で使用される非公式の簡略タイトルまたは引用タイトル
c)　条約の一般に知られているその他の公式の表示

　条約が、同時に複数言語で公布されて、原語が特定できない場合は、#4.1.3Aまたは#4.1.3A別法による。

　　　　　日本国と中華人民共和国との間の平和友好条約

4.13.1.3.3.2　条約の集合

　条約の集合が、総合的な名称で識別される場合は、その名称を優先タイトルとして選択する。総合的な名称で識別されない場合は、#4.1.3に従って、優先タイトルを選択する。

　条約の集合の中の1条約については、#4.13.1.3.3.1に従って、優先タイトルを選択する。

4.13.1.4　記録の方法

　法令等の優先タイトルとして選択したタイトルを、#4.13.0.3および#4.1.4～#4.1.4D別法に従って記録する。

#4.13　法令等

　　　　独占禁止法 || ドクセン キンシホウ
　　　　公事方御定書 || クジカタ オサダメガキ
　　　　日本国と中華人民共和国との間の平和友好条約 || ニホンコクト チュウカ ジンミン キョウ
　　　　ワコクトノ アイダ ノ ヘイワ ユウコウ ジョウヤク

（参照：読みについては、#4.1.4A～#4.1.4Cを見よ。）

（参照：#1.11～#1.12.3を見よ。）

#4.13.2　法令等の異形タイトル

　法令等の異形タイトルは、著作の異形タイトルのエレメントとして記録する。

（参照：#4.2を見よ。）

#4.13.2.1　記録の範囲

　法令等の一般に知られているタイトル、体現形に表示のあるタイトルなどで、優先タイトルとして選択しなかったタイトルを、異形タイトルとして記録することができる。

　異形タイトルとして記録するものは、次のとおりである。

　a）　言語が異なるタイトル
　b）　同一言語の異なるタイトル
　c）　詳細度が異なるタイトル
　　簡略タイトルや引用タイトルを優先タイトルとした場合の公式のタイトル、法律番号の有無によって詳細度が異なるタイトルなどを含む。
　d）　文字種が異なるタイトル
　e）　綴り、翻字、漢字の字体が異なるタイトル
　f）　読みが異なるタイトル
　g）　その他
　　　　ラムサール条約 || ラムサール ジョウヤク
　　　　　（略称。題名は、特に水鳥の生息地として国際的に重要な湿地に関する条約）

#4.13.2.2　情報源

　法令等の異形タイトルは、どの情報源に基づいて記録してもよい。

（参照：#4.13.0.2を見よ。）

#4.13.2.3　記録の方法

　異形タイトルは、#4.13.0.3に従って記録する。その読みを記録する場合は、#4.1.4A～#4.1.4Cに従って記録する。

（参照：#1.11～#1.12.3を見よ。）

＜#4.13.3～#4.13.5　タイトル以外の識別要素＞

#4.13.3　法令等の日付

　法令等の日付は、著作の日付のエレメントとして記録する。

第 4 章 著 作

　法令等の日付は、条約については、コア・エレメントである。その他の法令等については、それを同一タイトルの他の法令等または個人・家族・団体と判別するために必要な場合は、コア・エレメントである。

#4.13.3.1　記録の範囲

　法令等の日付は、その法令等と結びつく最も早い日付である。法律等の公布日、条約の署名日などがある。法律等の公布日は、法律等が公布または施行された日付である。条約の署名日は、条約が国際機関や国際会議で採択された日付、署名のために開放された日付、正式に署名された日付、批准された日付、施行された日付などのうちの最も早い日付である。

　法令等の日付は、その法令等に対する統制形アクセス・ポイントの一部として、または独立したエレメントとして、あるいはその双方として記録する。

（参照：#22.3.8 を見よ。）

#4.13.3.2　情報源

　法令等の日付は、どの情報源に基づいて記録してもよい。

（参照：#4.13.0.2 を見よ。）

#4.13.3.3　記録の方法

　法令等の日付は、原則として西暦年をアラビア数字で記録する。

#4.13.3.3　記録の方法　別法

　* 日本の法令等については、元号を用いて日付を記録する。その他の国の法令等については、西暦年で日付を記録する *。

#4.13.3.3.1　法律等の公布日

　法律等の公布日を、年で記録する。

#4.13.3.3.2　条約の署名日

　単一の条約については、その署名日を年、月、日の順に記録する。

　　　　　1939 August 23

　条約の集合については、最も早い条約と最も新しい条約の署名日を上記の規定に従って記録する。

　　　　　1713-1715
　　　　　（正確な月日まで不明な場合）

#4.13.4　法令等のその他の特性

　法令等のその他の特性は、著作のその他の特性のエレメントとして記録する。

　法令等のその他の特性は、その法令等を同一タイトルの他の法令等または個人・家族・団体と判別するために必要な場合は、コア・エレメントである。

（参照：#4.7 を見よ。）

#4.13.4.1　記録の範囲

#4.13 法令等

　法令等のその他の特性は、著作の形式（参照：#4.3を見よ。）、法令等の日付（参照：#4.13.3を見よ。）、著作の成立場所（参照：#4.5を見よ。）以外の法令等のタイトルと結びつく情報である。
　法令等のその他の特性は、その法令等に対する統制形アクセス・ポイントの一部として、または独立したエレメントとして、あるいはその双方として記録する。
（参照：#22.3.8を見よ。）

#4.13.4.2　情報源
　法令等のその他の特性は、どの情報源に基づいて記録してもよい。
（参照：#4.13.0.2を見よ。）

#4.13.4.3　記録の方法
　法令等のその他の特性は、#4.7.3に従って記録するほかに、次の規定に従う。
　条約において、個別に記述を作成する場合の議定書、修正書、拡張書またはその他の付属の文書等を示す語句として、「議定書等」または「Protocols, etc.」と記録する。

#4.13.5　条約参加者
　条約参加者とは、その条約に署名者、批准者等として参加した政府または団体である。
　条約とその参加者の関連を、#44.1.2.1.6に従って記録する。

#4.14　音楽作品
#4.14.0　通則
#4.14.0.1　記録の目的
　音楽作品の属性の記録の目的は、音楽作品の識別を可能とすること、および利用者のニーズに合致する資料の選択に役立つことである。

#4.14.0.1.1　規定の構成
　音楽作品の属性については、その通則を#4.14.0で、タイトルを#4.14.1～#4.14.2で、音楽作品固有のタイトル以外の識別要素を#4.14.3～#4.14.5で規定する。タイトル以外の識別要素には、#4.3～#4.7をも適用できる。
　説明・管理要素は、#4.8～#4.12で規定する。
　音楽作品の内容は、#4.15～#4.23で規定する。

#4.14.0.2　情報源
　音楽作品の属性を記録するにあたって、その情報源はどこでもよい。ただし、音楽作品の優先タイトルの情報源は、その詳細を#4.14.1.3～#4.14.1.3.2.3別法で定める。
（参照：音楽作品の優先タイトルについては、#4.14.1.2を見よ。）

#4.14.0.3　記録の方法
　音楽作品のタイトルは、規定した情報源に基づく情報を、#1.11～#1.12.3に従って記録する。

第4章 著作

（参照：＃4.0.3、＃4.14.1.4、4.14.2.3を見よ。）

タイトル以外の識別要素は、＃4.3.3～＃4.7.3および＃4.14.3.3～＃4.14.5.3に従って記録する。

説明・管理要素は、＃4.8.3～＃4.12に従って記録する。

音楽作品の内容に関する事項は、＃4.15～＃4.23.3任意追加に従って記録する。

#4.14.0.4 新たな音楽作品とみなす場合

音楽作品の属性の記録は、原曲に対して、または既存の楽曲から派生した新しい楽曲に対して行う。

原曲には、歌詞・台本などを伴う音楽作品、舞踊のための音楽作品、劇・映画などの付随音楽、カデンツァを含む。

既存の楽曲から派生した新しい楽曲には、新たなテキストとタイトルを伴う音楽劇、および次のいずれかの場合に該当する編曲がある。

a) 原曲を自由に書き換えた、原曲に基づく、などと記載されているとき、新しい材料を組み込んだとき

b) 多様な複数の作品をパラフレーズしたとき、別の作曲者の基本的なスタイルをパラフレーズしたとき

c) 原曲の和声や音楽様式を変更したとき

d) 改作、即興演奏など、創作上の実質的な責任を演奏者が有するとき

e) その他、原曲から明確な改変を行ったとき

（参照：＃22.5.1～＃22.5.6を見よ。）

＜＃4.14.1～＃4.14.2 音楽作品のタイトル＞

#4.14.1 音楽作品の優先タイトル

音楽作品の優先タイトルは、著作の優先タイトルのエレメントとして記録する。

音楽作品の優先タイトルは、コア・エレメントである。

（参照：＃4.1を見よ。）

#4.14.1.1 記録の範囲

音楽作品の優先タイトルとは、音楽作品を識別するために選択された名称である。優先タイトルはその作品に対する典拠形アクセス・ポイントの基礎としても使用する。

（参照：＃22.5～＃22.5Aを見よ。）

優先タイトルとして選択しなかったタイトルは、異形タイトルとして記録できる。

（参照：＃4.14.2を見よ。）

#4.14.1.2 情報源

音楽作品の優先タイトルの情報源は、＃4.14.1.3～＃4.14.1.3Cで規定する。ただし、音楽作品の部分または音楽作品の集合に対する優先タイトルの選択にあたって、＃4.14.1.3.1～

\#4.14 音楽作品

\#4.14.1.3.2別法に該当する規定がある場合は、それを優先する。
（参照：＃4.14.0.2を見よ。）

＃4.14.1.3　優先タイトルの選択

　作曲者による原タイトルを、音楽作品の優先タイトルとして選択する。ただし、原タイトルと同一言語のより知られているタイトルがあれば、それを選択する。

　活版印刷が主となる時代以降（日本では明治時代以降、ヨーロッパでは1501年以降）の音楽作品については、より知られている原語のタイトルがその作品の体現形または参考資料にある場合は、それを優先タイトルとして選択する。

　活版印刷が主となる時代より前（日本では江戸時代まで、ヨーロッパでは1500年まで）の音楽作品については、現代の参考資料から原語のタイトルを優先タイトルとして選択する。参考資料に確定的な形がない場合は、その作品の新しい版、古い版、手稿の複製の順によく見られる形を優先タイトルとして選択する。

　優先タイトルには、別タイトルを含めない。
（参照：一連番号を付された音楽作品、カデンツァについては、＃4.14.1.3Ｂ～＃4.14.1.3Ｃを見よ。）

　音楽作品の部分または音楽作品の集合に対するタイトルを、優先タイトルとして選択することもできる。

　音楽作品の部分に対する優先タイトルを選択する場合は、＃4.14.1.3～＃4.14.1.3Ｃに＃4.14.1.3.1～＃4.14.1.3.1.2別法をあわせて適用する。

　音楽作品の集合に対する優先タイトルを選択する場合は、＃4.14.1.3～＃4.14.1.3Ｃに＃4.14.1.3.2～＃4.14.1.3.2.3別法をあわせて適用する。

　原語のタイトルが得られない、またはタイトルがない音楽作品については、＃4.1.3Ｄに従う。

＃4.14.1.3　優先タイトルの選択　別法

　＊作曲者による原タイトルの日本語訳を、音楽作品の優先タイトルとして選択する。ただし、日本語でより知られているタイトルがあれば、それを選択する。原タイトルの日本語訳が不明であり、かつよく知られている日本語タイトルも容易に判明しない場合は、原語のタイトルを選択する＊。

　優先タイトルには、別タイトルを含めない。
（参照：一連番号を付された音楽作品、カデンツァについては、＃4.14.1.3Ｂ～＃4.14.1.3Ｃを見よ。）

　音楽作品の部分または音楽作品の集合に対するタイトルを、優先タイトルとして選択することもできる。

　音楽作品の部分に対する優先タイトルを選択する場合は、＃4.14.1.3～＃4.14.1.3Ｃに＃4.14.1.3.1～＃4.14.1.3.1.2別法をあわせて適用する。

第4章 著作

音楽作品の集合に対する優先タイトルを選択する場合は、#4.14.1.3～#4.14.1.3Cに#4.14.1.3.2～#4.14.1.3.2.3別法をあわせて適用する。

＊日本語タイトルが容易に判明せず、原語のタイトルも得られない、またはタイトルがない音楽作品については、#4.1.3Dに従う＊。

#4.14.1.3A　文字種・読み

音楽作品の優先タイトルについては、#4.1.3Cに従って、文字種・読みを選択する。

#4.14.1.3B　一連番号を付された音楽作品

音楽作品が楽曲形式の名称を含む識別可能なタイトルをもち、同一作曲者によるその楽曲形式の全作品に一連番号が付されている場合は、楽曲形式の名称のみを優先タイトルとして選択する。

（参照：#4.14.1.4Aを見よ。）

　　　　ソナタ
　　　　（#4.14.1.3別法による例）
　　　　　（情報源の表示：月光ソナタ / ベートーヴェン。ベートーヴェンの作品一覧では、「ピアノソ
　　　　　ナタ第14番」として挙げられる。ピアノは演奏手段であり、優先タイトルには含まれない。）

#4.14.1.3C　カデンツァ

本体の曲と別に作曲されたカデンツァについては、それを一音楽作品とみなして優先タイトルを選択する。

カデンツァにそれ自体のタイトルがない場合は、データ作成者付与タイトルを優先タイトルとして選択する。

（参照：#2.1.1.2.11、#2.1.1.2.11別法、#22.5.4を見よ。）

#4.14.1.3.1　音楽作品の部分

音楽作品の部分に対するタイトルを優先タイトルとして選択する場合は、#4.14.1.3～#4.14.1.3Cに加えて、#4.14.1.3.1.1～#4.14.1.3.1.2別法に従う。

（参照：#4.14.1.3、#4.14.1.3別法を見よ。）

#4.14.1.3.1.1　単一の部分

音楽作品の単一の部分については、その部分のタイトルを優先タイトルとして選択する。

a)　各部分が、部分であることを示す番号のみで識別される場合

　　番号を当該部分の優先タイトルとして選択する。

　　　　Nr. 9
　　　　（バッハの平均律クラヴィーア曲集第2巻．プレリュードとフーガ第9番ホ長調）

b)　各部分が、タイトルなどの語句のみで識別される場合

　　タイトルなどの語句を優先タイトルとして選択する。

　　　　Ritorna vincitor

#4.14 音楽作品

　　　　（ヴェルディのオペラ「アイーダ」内のアリア）
c)　各部分に、番号とタイトルなどの語句の双方があり、いずれによっても識別される場合
　　タイトルなどの語句を優先タイトルとして選択する。
　　　　Venite inginocchiatevi
　　　　（モーツァルトのオペラ「フィガロの結婚」内の各アリアには、「第13番アリア　Venite inginocchiatevi」のように、番号とタイトルの双方がある。）
　ただし、番号が識別に重要な場合は、番号とタイトルなどの語句の双方を優先タイトルとして選択することができる。
　　　　No. 13, Venite inginocchiatevi
d)　各部分に、番号とタイトルなどの語句の双方があり、タイトルなどの語句のみでは識別ができない場合
　　番号を優先タイトルとして選択する。
e)　各部分が番号で識別されるが、タイトルなどの語句によっても識別される部分がある場合
　　番号とタイトルなどの語句の双方を優先タイトルとして選択する。
　　　　Nr. 28, Erinnerung
　　　　（ロベルト・シューマンのピアノ曲集「子供のためのアルバム」において、第21番にはタイトルがないため「Nr. 21」を選択する。第28番には「Erinnerung」というタイトルがあるため、番号とタイトルの双方を選択する。）
f)　各部分に上位レベルの部分が存在し、上位レベルの部分が識別可能なタイトルをもつ場合
　　上位レベルの部分のタイトルと下位レベルの部分のタイトルおよび（または）番号などを優先タイトルとして選択する。
　　　　イベリア．祭りの日の朝
　　　　（クロード・ドビュッシー「管弦楽のための映像」の部分）
　　　　（#4.14.1.3別法による例）
　上位レベルの部分が識別可能なタイトルをもたない場合は、原則としてそれを優先タイトルに含めない。
　　　　大いなるみわざは成りぬ
　　　　（第2部大いなるみわざは成りぬ、としない）
　　　　（ヨゼフ・ハイドン「天地創造」の部分）
　　　　（#4.14.1.3別法による例）
　ただし、それが下位レベルの部分を識別するのに必要な場合は、双方を優先タイトルとして選択する。
　　　　第3幕．前奏曲
　　　　（ジュゼッペ・ヴェルディ「椿姫」の部分）
　　　　（#4.14.1.3別法による例）
（参照：上位レベルの部分と下位レベルの部分のタイトルなどを選択する場合の記録の方法に

第4章 著 作

については、#4.14.1.4.1.1 を見よ。)
(参照:典拠形アクセス・ポイントの構築では、音楽作品全体のタイトルを冠する。#22.5.8.1
を見よ。)

#4.14.1.3.1.2 複数の部分

音楽作品の複数の部分を識別する場合は、各部分に対して#4.14.1.3.1.1 に従って、優先タイトルを選択する。

作曲者が上位レベルの音楽作品からの抜粋で音楽作品の集合を形成している場合は、その集合に対する優先タイトルを選択する。
(参照:抜粋による音楽作品の集合に対する優先タイトルの記録の方法については、
#4.14.1.4.1.2 を見よ。)

#4.14.1.3.1.2 複数の部分 別法

音楽作品の複数の部分を識別する場合は、それらの部分を一括して識別するために、定型的総合タイトルを優先タイトルとして選択する。それに加えて、各部分の優先タイトルを記録することができる。

作曲者が上位レベルの音楽作品からの抜粋で音楽作品の集合を形成している場合は、その集合に対する優先タイトルを選択する。
(参照:抜粋による音楽作品の集合に対する優先タイトルの記録の方法については、
#4.14.1.4.1.2 を見よ。)

#4.14.1.3.2 音楽作品の集合

a) 総合タイトルがある場合

その総合タイトルを#4.14.1.3〜#4.14.1.3Cに従って、優先タイトルとして選択する。ただし、単数または複数の特定の作曲者(個人・家族・団体)による著作の集合については、その総合タイトルが知られている場合を除き、#4.14.1.3.2.1〜#4.14.1.3.2.3 に従う。

b) 総合タイトルがない場合

複数の異なる作曲者(個人・家族・団体)による音楽作品の集合については、#4.14.1.3〜#4.14.1.3Cに従って、各音楽作品に対する優先タイトルのみを選択し、音楽作品の集合に対する優先タイトルは選択しない。単数または複数の特定の作曲者による音楽作品の集合については、#4.14.1.3.2.1〜#4.14.1.3.2.3 に従う。

#4.14.1.3.2 音楽作品の集合 別法

a) 総合タイトルがある場合

その総合タイトルを#4.14.1.3〜#4.14.1.3Cに従って、優先タイトルとして選択する。
ただし、単数または複数の特定の作曲者(個人・家族・団体)による著作の集合については、その総合タイトルが知られている場合を除き、#4.14.1.3.2.1〜#4.14.1.3.2.3 別法に従う。

#4.14 音楽作品

b) 総合タイトルがない場合

＊複数の異なる作曲者（個人・家族・団体）による音楽作品の集合については、データ作成者付与タイトル（参照：#2.1.1.2.11を見よ。）を優先タイトルとして選択する。それに加えて、各作品の優先タイトルを選択することができる＊。

＜#4.14.1.3.2.1～#4.14.1.3.2.3別法　単数または複数の特定の作曲者による音楽作品の集合＞

#4.14.1.3.2.1　全作品

単数または複数の特定の作曲者（個人・家族・団体）による、出版時点で完成している全作品、または全作品を収めることを意図する音楽作品の集合については、定型的総合タイトルを選択する。

（参照：全作品の記録の方法については、#4.14.1.4.2.1を見よ。）

#4.14.1.3.2.2　特定の一形式の全作品

単数または複数の特定の作曲者（個人・家族・団体）による、特定の一形式の全作品、またはそれを収めることを意図する音楽作品の集合については、定型的総合タイトルを選択する。この場合の形式には、楽曲形式または曲種がある。

（参照：特定の一形式の全作品の記録の方法については、#4.14.1.4.2.2、#4.14.1.4.2.3を見よ。）

#4.14.1.3.2.3　全作品以外の音楽作品の集合

単数または複数の特定の作曲者（個人・家族・団体）の複数の作品を含むが、全作品を収めていない音楽作品の集合については、#4.14.1.3～#4.14.1.3Cに従って、各作品の優先タイトルを選択するのみとする。

#4.14.1.3.2.3　全作品以外の音楽作品の集合　別法

＊単数または複数の特定の作曲者（個人・家族・団体）の複数の作品を含むが、全作品を収めていない音楽作品の集合については、定型的総合タイトルを優先タイトルとして選択する。それに加えて、各作品の優先タイトルを選択することができる＊。

（参照：全作品以外の音楽作品の集合に対する定型的総合タイトルの記録の方法については、#4.14.1.4.2.4を見よ。）

#4.14.1.4　記録の方法

音楽作品の優先タイトルとして選択したタイトルを、#4.14.0.3、#4.1.4～#4.1.4D別法および#4.14.1.4A～#4.14.1.4.2.4に従って記録する。

（参照：読みについては、#4.1.4A～#4.1.4Cを見よ。）

（参照：#1.11～#1.12.3を見よ。）

ただし、次のものは優先タイトルに含めない。

a) 演奏手段の表示（それが複合語の一部で、それを除いた語句が楽曲形式の名称となって

第 4 章　著　作

　　　　いる場合を含む）
- b)　調
- c)　一連番号、作品番号、主題目録番号
- d)　数（数がタイトルの不可欠な部分である場合を除く）
- e)　作曲の日付

　　　　　　四重奏 || シジュウソウ
　　　　　　（演奏手段「弦楽」と楽曲形式の名称「四重奏」から成る「弦楽四重奏」）
　　　　　　協奏曲 || キョウソウキョク
　　　　　　（情報源の表示：ピアノ協奏曲イ短調 op. 54、演奏手段：ピアノ、調：イ短調、作品番号：
　　　　　　　op. 54）
　　　　　　小曲集 || ショウキョクシュウ
　　　　　　（情報源の表示：5つのピアノ小曲集、演奏手段：ピアノ）

＃4.14.1.4 A　楽曲形式の名称のみから成る優先タイトル

　楽曲形式の名称のみから成る優先タイトルを選択する場合は、次の規定に従って記録する。
　優先タイトルとして選択した楽曲形式の名称と同一起源の語が、データ作成機関の定める言語において存在するか、その名称と同一の語がデータ作成機関の定める言語においても用いられている場合は、それを優先タイトルとして記録する。それ以外の場合は、優先タイトルとして選択した原語の楽曲形式の名称を記録する。＃4.14.1.3別法によって日本語タイトルを選択している場合は、日本語の楽曲形式の名称を記録する。

　　　　　　Quartet
　　　　　　（英語における「Quatuor」と同一起源の語）
　　　　　　（情報源の表示：Quatuor pour piano et cordes）
　　　　　　四重奏 || シジュウソウ
　　　　　　（日本語で「Quatuor」に相当する楽曲形式の名称）

　ただし、演奏会用の練習曲（étude）、幻想曲（fantasia）、協奏交響曲（sinfonia concertante）、またはこれらと同一起源の語を名称とする音楽作品については、優先タイトルとして原語の名称を記録する。＃4.14.1.3別法によって日本語タイトルを選択している場合は、それぞれ「練習曲」、「幻想曲」、「協奏交響曲」の語を優先タイトルとして記録する。

＃4.14.1.4 A 1　複数形・単数形

　選択した言語に単数形・複数形が存在する場合は、単数形・複数形のいずれかを一貫して選択し、楽曲形式の名称を記録する。

＃4.14.1.4 A 1　複数形・単数形　別法

　＊選択した言語に単数形・複数形が存在する場合に、単数または複数の特定の作曲者（個人・家族・団体）によるその楽曲形式の作品が一つしか存在しないときは単数形で、同一タイトルにより複数存在するときは複数形で、楽曲形式の名称を記録する＊。

#4.14 音楽作品

#4.14.1.4 B　文字種・読み

選択した優先タイトルを、#4.1.4A～#4.1.4D別法に従って記録する。

#4.14.1.4.1　音楽作品の部分

#4.14.1.4.1.1　単一の部分

音楽作品の部分に対するタイトルを優先タイトルとして選択した場合は、選択したタイトルを#4.14.1.4～#4.14.1.4Bに従って記録する。
（参照：#4.0.3を見よ。）

 a)　選択した優先タイトルが番号のみで構成される場合

  番号は、アラビア数字で記録する。その数字が番号であることを示す語句を付す。「Number」またはこれに相当する語句を使用する場合は、付録#A.3に従って、略語によって記録する。

   Nr. 9
   （情報源の表示：交響曲第九番）
   第9番 || ダイ9バン
   （日本語で記録する場合）

 b)　優先タイトルとして選択されたものがタイトルなどの語句のみである場合

  タイトルなどの語句を記録する。

   Ritorna vincitor
   Venite inginocchiatevi

 c)　優先タイトルとして選択されたものが番号とタイトルなどの語句の双方である場合

  番号を記録し、コンマ、スペースで区切ってタイトルまたはその他の語句を続けて記録する。

   No. 13, Venite inginocchiatevi

 d)　選択した部分の優先タイトルが上位レベルの部分と下位レベルの部分のタイトルなどの組み合わせである場合

  上位レベルの部分のタイトルなどを記録し、ピリオド、スペースで区切って、下位レベルの部分のタイトルなどを続けて記録する。

#4.14.1.4.1.2　複数の部分

上位レベルからの抜粋で形成された音楽作品の集合に対する優先タイトルを選択する場合は、作曲者によりそれが組曲（suite）またはそれに相当する語句で呼ばれているのであれば、「組曲」または「Suite」と記録する。

音楽作品の複数の部分を一括して識別するために、「組曲」または「Suite」が適切でない場合は、定型的総合タイトルとして「選集」または「Selections」と記録する。
（参照：複数の部分に対する優先タイトルの選択については、#4.14.1.3.1.2、#4.14.1.3.1.2

第4章 著　作

別法を見よ。）

#4.14.1.4.2 　音楽作品の集合

　音楽作品の集合について、その体現形や参考資料に使用されているタイトルを優先タイトルとして選択する場合は、#4.14.1.4～#4.14.1.4Bに従って記録する。

＜#4.14.1.4.2.1～#4.14.1.4.2.4　単数または複数の特定の作曲者による音楽作品の集合＞

#4.14.1.4.2.1 　全作品

　単数または複数の特定の作曲者（個人・家族・団体）による、全作品または全作品を収めることを意図する音楽作品の集合に対して、定型的総合タイトルを優先タイトルとして選択する場合は、「作品集」または「Works」と記録する。

#4.14.1.4.2.2 　特定範囲または特定の演奏手段の全作品

　単数または複数の特定の作曲者（個人・家族・団体）による、特定範囲もしくは特定の演奏手段による全作品、またはそれを収めることを意図する音楽作品の集合に対して、それらが単一の楽曲形式または曲種の作品でない場合には、優先タイトルとして演奏手段を表す定型的総合タイトルを記録する。演奏手段を表す用語の適切なリストが利用可能ならば、そのリストから用語を選択して記録する。

室内楽曲集 || シツナイガッキョクシュウ	Chamber music
合唱曲集 || ガッショウキョクシュウ	Choral music
器楽曲集 || キガクキョクシュウ	Instrumental music
声楽曲集 || セイガクキョクシュウ	Vocal music
吹奏楽曲集 || スイソウガッキョクシュウ	Brass music
管弦楽曲集 || カンゲンガッキョクシュウ	Orchestra music
ピアノ曲集 || ピアノキョクシュウ	Piano music
ピアノ曲集, 4手用 || ピアノキョクシュウ, 4シュヨウ	Piano music, 4 hands
ピアノ曲集, 2台用 || ピアノキョクシュウ, 2ダイヨウ	Piano music, pianos (2)

　また、それらの作品が単一の楽曲形式または曲種の全作品である場合は、#4.14.1.4.2.3に従う。

#4.14.1.4.2.3 　単一の楽曲形式または曲種の全作品

　演奏手段が単一か複数かを問わず、単数または複数の特定の作曲者（個人・家族・団体）による、単一の楽曲形式または曲種の全作品またはそれを収めることを意図する音楽作品の集合に対して、定型的総合タイトルを優先タイトルとして選択する場合は、楽曲形式または曲種を表す用語の適切なリストが利用可能ならば、そのリストから用語を選択して記録する。

協奏曲集 || キョウソウキョクシュウ	Concertos
映画音楽集 || エイガ　オンガクシュウ	Motion picture music
ミュージカル集 || ミュージカルシュウ	Musicals
オペラ集 || オペラシュウ	Operas
ポロネーズ集 || ポロネーズシュウ	Polonaises

#4.14　音楽作品

四重奏曲集 || シジュウソウキョクシュウ　　Quartets
ソナタ集 || ソナタシュウ　　　　　　　　　Sonatas
歌唱集 || カショウシュウ　　　　　　　　　Songs

#4.14.1.4.2.4　全作品以外の音楽作品の集合

　#4.14.1.4.2.1～#4.14.1.4.2.3のいずれかに該当するが、全作品を収めていない音楽作品の集合に対して、各作品に対する優先タイトルを選択する場合は、#4.14.1.4～#4.14.1.4Bに従って記録する。

　#4.14.1.4.2.1～#4.14.1.4.2.3のいずれかに該当するが、全作品を収めていない音楽作品の集合に対して、定型的総合タイトルを優先タイトルとして選択する場合は、各規定で選択した用語を記録し、ピリオド、スペースで区切って、「選集」または「Selections」を続けて記録する。

オペラ集. 選集 || オペラシュウ. センシュウ
Operas. Selections

(参照：全作品以外の音楽作品に対する定型的総合タイトルの選択については、#4.14.1.3.2.3 別法を見よ。)

#4.14.2　音楽作品の異形タイトル

　音楽作品の異形タイトルは、著作の異形タイトルのエレメントとして記録する。
(参照：#4.2を見よ。)

#4.14.2.1　記録の範囲

　音楽作品の一般に知られているタイトル、体現形に表示されているタイトルなどで、優先タイトルとして選択しなかったタイトルを異形タイトルとして記録することができる。
　異形タイトルとして記録するものは、次のとおりである。

a)　言語が異なるタイトル
b)　同一言語の異なるタイトル
c)　詳細度が異なるタイトル
d)　文字種が異なるタイトル
e)　綴り、翻字、漢字の字体が異なるタイトル
f)　読みが異なるタイトル
g)　音楽作品の部分のタイトルを優先タイトルとして選択している場合の全体のタイトル
h)　その他

#4.14.2.2　情報源

　音楽作品の異形タイトルは、どの情報源に基づいて記録してもよい。
(参照：#4.14.0.2を見よ。)

#4.14.2.3　記録の方法

　異形タイトルは、#4.14.0.3に従って記録する。その読みを記録する場合は、#4.1.4A～

第4章　著　作

＃4.1.4Cに従って記録する。
（参照：＃1.11～＃1.12.3を見よ。）

＜＃4.14.3～＃4.14.5　タイトル以外の識別要素＞

＃4.14.3　演奏手段

　演奏手段は、エレメントである。

　演奏手段は、その音楽作品を同一タイトルの他の音楽作品と判別するために必要な場合は、コア・エレメントである。また、そのタイトルだけでは識別が困難な場合にも、コア・エレメントである。

＃4.14.3.1　記録の範囲

　演奏手段は、その音楽作品に本来使用すると想定されている楽器、声および（または）アンサンブルである。

　演奏手段は、その音楽作品に対する統制形アクセス・ポイントの一部として、または独立したエレメントとして、あるいはその双方として記録する。
（参照：＃22.5.7.1を見よ。）
（参照：音楽作品の表現形の内容としての演奏手段については、＃5.21を見よ。）

＃4.14.3.2　情報源

　演奏手段は、どの情報源に基づいて記録してもよい。
（参照：＃4.14.0.2を見よ。）

＃4.14.3.3　記録の方法

　演奏手段は、＃4.14.3.3.1～＃4.14.3.3.3のうち適切な規定に従って記録する。

　単一の楽器または声に複数のパートがある場合は、楽器名称または「声」もしくは「voices」の後に、パート数をアラビア数字で丸がっこに入れて付加する。ただし、「打楽器」または「percussion」の場合は、パート数を付加しない。

　　　　ヴィオラ
　　　　声
　　　　フルート (2)
　　　　声 (4)
　　　　viola
　　　　voices
　　　　flutes (2)
　　　　voices (4)

　通奏低音のパートについては、basso、basso continuo、figured bass、thorough bass、continuoなどのいずれであっても、またその楽器を問わず、「通奏低音」または「continuo」と記録する。

＃4.14.3.3　記録の方法　任意追加

#4.14 音楽作品

「打楽器」または「percussion」の場合は、演奏者数を丸がっこに入れて付加する。

> 打楽器（4演奏者）
>
> percussion（4 players）

#4.14.3.3.1　器楽曲

#4.14.3.3.1.1　1パート1演奏者の器楽曲

1パート1演奏者の器楽曲については、#4.14.3.3.1.1A～#4.14.3.3.1.1F別法に従って、各楽器の名称を記録する。

ただし、複数の打楽器については、個々の楽器の名称を作曲者が原タイトルで指定していない場合は、「打楽器」または「percussion」と記録する。

演奏手段に通奏低音パートを含む場合は、#4.14.3.3に従って記録する。

演奏手段に伴奏アンサンブルが伴う場合は、#4.14.3.3.1.3に従って、伴奏アンサンブルに対する用語を記録する。

#4.14.3.3.1.1A　楽器の名称

楽器の名称は、データ作成機関で定める言語の用語を記録する。次の例を参考に用語を選択する。例において複数の選択肢を示しているものについては、一貫して選択した用語を使用する。

チェロ	cello または violoncello
イングリッシュ・ホルン	cor anglais または English horn
ダブルベース	double bass（bass viol、contrabass とはしない）
ダブル・バスーン	double bassoon または contrabassoon
ハープシコード	harpsichord（cembalo、virginal とはしない）
ホルン	horn（French horn とはしない）
ティンパニ	kettle drums または timpani
ピアノ	piano（fortepiano、pianoforte とはしない）
ヴィオラ・ダ・ガンバ	viola da gamba（bass viol、gamba とはしない）

#4.14.3.3.1.1B　手の数

一楽器について2手以外の場合は、その数を記録する。

複数の鍵盤楽器または鍵盤打楽器について一楽器2手以外の場合は、その数を記録する。

> ピアノ（3），12手
>
> pianos（3），12 hands

#4.14.3.3.1.1C　楽器の調音と音域

次の要素は記録しない。

a) 楽器が調音される調

b) 楽器の音域を示す用語

#4.14.3.3.1.1C　楽器の調音と音域　任意追加

第4章 著　作

識別およびアクセスに重要な場合は、楽器が調音される調および（または）楽器の音域を示す用語を記録する。

    クラリネットA管
    clarinet in A

#4.14.3.3.1.1D　代替楽器

代替楽器の名称は記録しない。

#4.14.3.3.1.1D　代替楽器　任意追加

代替楽器の名称を記録する。

    ヴァイオリン
    violin

#4.14.3.3.1.1E　持ち替え楽器

持ち替え楽器の名称は記録しない。

#4.14.3.3.1.1E　持ち替え楽器　任意追加

持ち替え楽器の名称を記録する。

#4.14.3.3.1.1F　1パート1演奏者の器楽曲の伴奏アンサンブル

1パート1演奏者の器楽曲の伴奏アンサンブルについては、楽器または楽器群の名称の後に「アンサンブル」または「ensemble」と続けて記録する。複数の楽器群で構成されていて特定の名称を選択できない場合は、「器楽アンサンブル」または「instrumental ensemble」と記録する。

#4.14.3.3.1.1F　1パート1演奏者の器楽曲の伴奏アンサンブル　別法

＊1パート1演奏者の器楽曲の伴奏アンサンブルについては、各楽器の名称を記録する。「アンサンブル」または「ensemble」の語を使用しない＊。

#4.14.3.3.1.2　管弦楽、弦楽合奏、吹奏楽の器楽曲

管弦楽、弦楽合奏、吹奏楽のための器楽曲については、表4.14.3.3.1.2の用語を用いて記録する。

表4.14.3.3.1.2　管弦楽、弦楽合奏、吹奏楽の器楽曲の種類を示す用語

管弦楽　orchestra
弦楽合奏　string orchestra
吹奏楽　band

「管弦楽」または「orchestra」という用語は、フル・オーケストラに対しても小規模オーケストラに対しても使用する。

通奏低音が管弦楽または弦楽合奏の一部である場合は、特に「通奏低音」、「continuo」などと記録しない。

#4.14 音楽作品

#4.14.3.3.1.3　単数または複数のソロの楽器と伴奏アンサンブルの器楽曲

単数または複数のソロの楽器と伴奏アンサンブルのための器楽曲については、ソロの楽器または楽器群の名称を、#4.14.3.3.1.1～#4.14.3.3.1.1E任意追加および#4.14.3.3.3に従って、伴奏アンサンブルに対する用語を、#4.14.3.3.1.1Fおよび#4.14.3.3.1.2に従って記録する。

#4.14.3.3.2　声楽曲

#4.14.3.3.2.1　ソロの声楽曲

ソロの声域について、表4.14.3.3.2.1aの用語を用いて記録する。

表4.14.3.3.2.1a　ソロの声域を示す用語

| ソプラノ　soprano |
| メゾソプラノ　mezzo-soprano |
| アルト　alto |
| テノール　tenor |
| バリトン　baritone |
| バス　bass |

その他の用語が適切な場合は、それを記録する。

複数の異なる声域のソロがあって、その声域を特定できない場合は、表4.14.3.3.2.1bの用語を用いて記録する。

表4.14.3.3.2.1b　複数の異なる声域を示す用語

| 混声ソロ　mixed solo voices |
| 男声ソロ　men's solo voices |
| 女声ソロ　women's solo voices |

その他の用語が適切な場合は、それを記録する。

ソロに合唱が伴う曲は、ソロについては省略し、合唱については、#4.14.3.3.2.2に従って、適切な用語を記録する。また伴奏がある場合は、それも記録する。

#4.14.3.3.2.1　ソロの声楽曲　任意追加

ソロに合唱が伴う曲は、ソロについては上記の規定に従って、合唱については、#4.14.3.3.2.2に従って、適切な用語を記録する。また伴奏がある場合は、それも記録する。

#4.14.3.3.2.2　合唱曲

合唱曲は、表4.14.3.3.2.2の用語を用いて記録する。

第 4 章 著　作

表 4.14.3.3.2.2　合唱曲の種類を示す用語

混声合唱	mixed voices
男声合唱	men's voices
女声合唱	women's voices
斉唱	unison voices

その他の用語が適切な場合は、それを記録する。

#4.14.3.3.3　演奏手段を特定できない曲

その音楽作品が本来演奏されると考えられている楽器、声および（または）アンサンブルが資料や参考資料によっても特定できない場合は、次の優先順位で記録する。

a)　楽器群、総称的な用語

　　楽器群または声域群（参照：#4.14.3.3.2.1を見よ。）、または演奏手段の総称的な用語が、作曲者に指示されているか参考資料で判明する場合は、楽器群、声域群、総称的な用語を記録する。

b)　楽器または声の音域や一般的な種類

　　楽器や声の音域や一般的な種類のみが、作曲者に指示されているか参考資料で判明する場合は、その音域、一般的な種類を記録する。

　　　　女声
　　　　female voice

c)　一部が不明な場合

　　演奏手段の一部は作曲者に指示されているか参考資料で判明するが、一部は特定できないか、不特定あるいは類似の用語で指示されている場合は、判明している部分については#4.14.3.3.1.1～#4.14.3.3.2.2に従って記録し、不特定の部分については「不特定」、「unspecified」または類似の適切な用語で記録する。

d)　全く演奏手段が不明な場合

　　演奏手段が作曲者によって指示されておらず、参考資料でも判明しない場合は、「不特定」または「unspecified」と記録する。

　　ただし、同一作曲者による同様な複数の作品がある場合は、声部数を「声部 (3)」または「voices (3)」のように記録する。

　　　　voices (3)
　　　　voices (4)
　　　　（Heinrich Isaac の J'ay pris amours という演奏手段が不明である作品が複数あり、それぞれを識別する。）

#4.14.4　音楽作品の番号

音楽作品の番号は、エレメントである。

#4.14 音楽作品

音楽作品の番号は、その作品を同一タイトルの他の音楽作品と判別するために必要な場合は、コア・エレメントである。また、そのタイトルだけでは識別が困難な場合にも、コア・エレメントである。

#4.14.4.1 記録の範囲

音楽作品の番号には、作曲者、出版者、音楽研究者により付与された一連番号、作品番号、主題目録番号がある。一連番号、作品番号、主題目録番号は容易に確認できる限りのものをすべて記録する。

音楽作品の番号は、その作品に対する統制形アクセス・ポイントの一部として、または独立したエレメントとして、あるいはその双方として記録する。

（参照：#22.5.7.1を見よ。）

#4.14.4.2 情報源

音楽作品の番号は、どの情報源に基づいて記録してもよい。

（参照：#4.14.0.2を見よ。）

#4.14.4.3 記録の方法

音楽作品の番号は、略語（参照：付録#A.3を見よ。）を使用して記録する。漢数字やローマ字等で表記された数はアラビア数字に置き換えて記録する。

#4.14.4.3.1 一連番号

番号は、基数を使用して、アラビア数字で記録する。その数字が番号であることを示す語句がない場合は、それを番号に付して記録する。番号に付す語句は、データ作成機関で定める言語のものか、情報源に使用されている言語のものを、付録#A.3に従って、略語によって記録する。

　　　No. 8
　　　第8番

一連番号が付された楽曲の番号の形や、番号に付す語句がそれぞれの楽曲で異なる場合は、一つの形を選択して他の楽曲についても一貫して同じ形で記録する。

#4.14.4.3.2 作品番号

作品番号は、存在すれば記録する。番号は、基数を使用して、アラビア数字で記録する。その数字に、「op.」を冠する。作品番号内にさらに番号がある場合は、#4.14.4.3.1に従って、それも記録する。

　　　op. 32
　　　op. 2, no. 1

同一タイトルで同一演奏手段の楽曲に対する作品番号に重複や混乱がある場合は、その作品番号に、最初に使用した出版者名を丸がっこに入れて付加する。

　　　op. 11（Bérault）

第4章 著　作

op. 11（Hummel）
（カンビーニの二重奏曲の作品番号。作品11の第5番は、Mme BéraultとJohann Julius Hummelから出版された曲集に含まれるが、別の作品である。）

#4.14.4.3.3　主題目録番号

特定の作曲者に対して用いられる主題目録番号を記録する。その主題目録番号を付与した音楽研究者名のイニシャルまたは広く受け入れられている略語を、番号に冠して記録する。

　　　D. 950
　　　BWV 1007-1012

#4.14.5　調

調は、エレメントである。

調は、その作品を同一タイトルの他の音楽作品と判別するために必要な場合は、コア・エレメントである。また、そのタイトルだけでは識別が困難な場合にも、コア・エレメントである。

#4.14.5.1　記録の範囲

調は、音楽作品の調性または基本的調性の主音を決定する一組の音程である。調は、主音と長調か短調かのいずれかで表示する。

次のいずれかに該当する場合、記録する。

a)　参考資料で通常識別されるもの
b)　作曲者（個人・家族・団体）の原タイトルまたは最初の体現形の本タイトルに現れたもの
c)　記述対象とした資料により明らかであるもの（その資料で移調されていることが知られているときを除く）

調は、その作品に対する統制形アクセス・ポイントの一部として、または独立したエレメントとして、あるいはその双方として記録する。

（参照：#22.5.7.1を見よ。）

#4.14.5.2　情報源

調は、どの情報源に基づいて記録してもよい。

（参照：#4.14.0.2を見よ。）

#4.14.5.3　記録の方法

その調の主音と長調か短調かを示す語を記録する。

　　　ハ短調
　　　ニ長調
　　　変ロ長調
　　　嬰ヘ短調
　　　C minor
　　　D major

#4.14 音楽作品

　　　　B♭ major
　　　　F# minor

＜#4.15～#4.23　著作の内容＞

#4.15　著作の内容に関する記録

#4.15.0　通則

#4.15.0.1　記録の目的

　著作の内容に関する記録の目的は、利用者のニーズに合致する資料の選択に役立つことである。

#4.15.0.2　記録の範囲

　著作の内容は、資料の知的・芸術的内容と結びつく著作の属性である。

　著作の内容には、次のエレメントがある。

　a)　内容の性質（参照：#4.16を見よ。）
　b)　内容の対象範囲（参照：#4.17を見よ。）
　c)　地図の座標（参照：#4.18を見よ。）
　d)　分点（参照：#4.19を見よ。）
　e)　元期（参照：#4.20を見よ。）
　f)　対象利用者（参照：#4.21を見よ。）
　g)　文書・コレクションの組織化（参照：#4.22を見よ。）
　h)　学位論文情報（参照：#4.23を見よ。）

#4.15.0.3　情報源

　著作の内容の情報源は、#4.16.0.1.2～#4.23.0.1.2で規定する。

#4.15.0.4　記録の方法

　著作の内容は、採用した情報源に基づき、#4.16.0.2～#4.23.0.2に従って記録する。

＜#4.16～#4.23　著作の内容のエレメント＞

#4.16　内容の性質

　内容の性質は、エレメントである。

#4.16.0　通則

#4.16.0.1　記録の範囲・情報源

#4.16.0.1.1　記録の範囲

　内容の性質は、その著作の内容が何であるかを具体的に示す特質である。

#4.16.0.1.2　情報源

　内容の性質は、どの情報源に基づいて記録してもよい。

#4.16.0.2　記録の方法

　著作のタイトルから判明しない情報など、内容の特質を示す情報を記録する。

第 4 章　著　作

　　　　　　　　3 幕の歌劇
　　　　　　　　民族音楽の録音
　　　　　　　　「阿弥陀仏彫像展」の展観図録
　　　　　　　　NHK 放送番組
　　　　　　　　Proceedings of the conference

#4.17　内容の対象範囲

内容の対象範囲は、エレメントである。

#4.17.0　通則

#4.17.0.1　記録の範囲・情報源

#4.17.0.1.1　記録の範囲

内容の対象範囲は、著作の内容が対象とする年代的または地理的範囲である。
（参照：内容の収録に関する日付および場所については、#5.11 を見よ。）

#4.17.0.1.2　情報源

内容の対象範囲は、どの情報源に基づいて記録してもよい。

#4.17.0.2　記録の方法

内容に関する時代・年代、または場所・地域を特定できる情報を記録する。

　　　　　　　　1806 年の東海道
　　　　　　　　東ドイツ全域（1949 年～1990 年）

#4.18　地図の座標

地図の座標は、エレメントである。

#4.18.0　通則

#4.18.0.1　記録の範囲・情報源

#4.18.0.1.1　記録の範囲

地図の座標は、地図が対象とする区域を、経緯度、頂点座標、赤経・赤緯のいずれかで特定する情報である。

#4.18.0.1.1.1　エレメント・サブタイプ

地図の座標には、次のエレメント・サブタイプがある。

　a)　経緯度（参照：#4.18.1 を見よ。）
　b)　頂点座標（参照：#4.18.2 を見よ。）
　c)　赤経・赤緯（参照：#4.18.3 を見よ。）

#4.18.0.1.2　情報源

地図の座標は、資料自体のどの情報源に基づいて記録してもよい。資料自体に示されていない場合は、資料外のどの情報源に基づいて記録してもよい。

#4.18.0.2　記録の方法

#4.18 地図の座標

経緯度を、#4.18.1.2～#4.18.1.2別法　任意追加に従って記録する。対象とする区域を厳密に表す必要がある場合は、多角形の各頂点の座標を、#4.18.2.2に従って記録する。

星図については、赤経・赤緯を、#4.18.3.2に従って記録する。

#4.18.1　経緯度

経緯度は、地図の座標のエレメント・サブタイプである。また、経度、緯度は、いずれも経緯度のサブエレメントである。

#4.18.1.1　記録の範囲

経緯度は、地図が対象とする区域を、最西端および最東端の経度、最北端および最南端の緯度で特定する情報である。

#4.18.1.2　記録の方法

経緯度は、対象とする区域の最西端（経度）、最東端（経度）、最北端（緯度）、最南端（緯度）の順に、いずれも60進法（ただし、度については360度）による座標の値として、度（°）、分（′）、秒（″）を使用し記録する。経度は、IERS基準子午線またはグリニッジ子午線を本初子午線として使用する。

西経はW、東経はE、北緯はN、南緯はSをそれぞれの経緯度の前に記録する。

経度間、緯度間はハイフンで結び、ハイフンの前後にスペースを置かない。経度と緯度の組はスラッシュで区切り、スラッシュの前後にスペースを置かない。

> E 119°30′-E 122°/N 25°-N 22°

#4.18.1.2　記録の方法　任意追加

地図のその他の詳細（参照：#5.25を見よ。）として、資料に現れているその他の子午線を記録する。

> 本初子午線：日本中央子午線
> 本初子午線：パリ子午線

#4.18.1.2　記録の方法　別法

＊経緯度は、対象とする区域の最西端（経度）、最東端（経度）、最北端（緯度）、最南端（緯度）の順に、いずれも10進法による座標として記録する。経度は、IERS基準子午線またはグリニッジ子午線を本初子午線として使用する。

情報源に、東経、北緯が正数で、西経、南緯が負数で表示されていても、プラス記号、マイナス記号を含めず、西経はW、東経はE、北緯はN、南緯はSをそれぞれの経緯度の前に記録する＊。

経度間、緯度間はハイフンで結び、ハイフンの前後にスペースを置かない。経度と緯度の組はスラッシュで区切り、スラッシュの前後にスペースを置かない。

#4.18.1.2　記録の方法　別法　任意追加

地図のその他の詳細（参照：#5.25を見よ。）として、資料に現れているその他の子午線を

第4章　著　作

記録する。

> 本初子午線：日本中央子午線
> 本初子午線：パリ子午線

4.18.2　頂点座標

　頂点座標は、地図の座標のエレメント・サブタイプである。

4.18.2.1　記録の範囲

　頂点座標は、地図が対象とする区域を、多角形の各頂点の座標を使用し、経緯度よりも厳密に特定する情報である。

4.18.2.2　記録の方法

　頂点座標は、各座標を多角形の最南東端の頂点から時計回りの順に記録する。それぞれの座標の組は、経度、緯度の順に記録する。対象とする区域の大きさに応じて、度（°）、分（′）、秒（″）を使用する。

　各座標の経度と緯度はスラッシュで区切り、スラッシュの前後にスペースを置かない。座標の組はスペース、セミコロン、スペースで区切る。

　図郭線が交差することはなく、最初と最後の座標は同一となる。

　多角形内に対象から除外された区域が含まれる場合は、反時計回りの順に、除外された区域の座標を記録する。

4.18.3　赤経・赤緯

　赤経・赤緯は、地図の座標のエレメント・サブタイプである。また、赤経、赤緯は、いずれも赤経・赤緯のエレメント・サブタイプである。

4.18.3.1　記録の範囲

　赤経・赤緯とは、星図が対象範囲とする天球上での位置を、赤経および赤緯で特定する情報である。

4.18.3.2　記録の方法

　赤経・赤緯は、図の赤経、または図の集合範囲の西端および東端の赤経と、図の中心の赤緯、または図の集合範囲の北端および南端の赤緯を記録する。

　赤経は、「赤経」または「Right ascension」の語に続けて、24時間表示による時を記録する。必要に応じて、分、秒をも記録する。目録用言語として英語を用いる場合は、時刻の単位の略語は、付録 #A.3 に従って記録する。ただし、資料の表示に従って記録してもよい。

　赤緯は、「赤緯」または「Declination」の語に続けて、度（°）を記録する。必要に応じて、分（′）、秒（″）をも記録する。天の北半球にはプラス記号、天の南半球にはマイナス記号を使用する。

　赤経と赤緯はスラッシュで区切り、スラッシュの前後にスペースを置かない。

> 赤経16時/赤緯-23°
> 赤経2時/赤緯+30°

#4.18 地図の座標

　　集合範囲の西端および東端の赤経、北端および南端の赤緯は、それぞれ「から」または「to」で区切って記録する。

　　　　赤経2時00分から2時30分/赤緯-30度から-45度

　地図が天の極を中心とする場合は、図郭の赤緯を記録する。

　　　　南極中心/図郭の赤緯-60°

　赤緯のゾーンに従って編成された星図帳または星図のセットは、各ゾーンの端の赤緯を記録する。赤経を表す語は省略する。ゾーンが多数になる場合は、初めのいくつかのゾーンの端の赤緯、省略記号（...）、最後のゾーンの端の赤緯を記録する。

　　　　ゾーン+90度から+81度, +81度から+63度, +63度から+45度
　　　　ゾーン+90°から+81°, +81°から+63°, ... -81°から-90°

　赤経・赤緯を記録する場合は、分点（参照：＃4.19を見よ。）をも記録し、必要に応じて、元期（参照：＃4.20を見よ。）をも記録する。

＃4.19 分点

　分点は、エレメントである。

＃4.19.0 通則

＃4.19.0.1 記録の範囲・情報源

＃4.19.0.1.1 記録の範囲

　分点は、その星図の赤経・赤緯が、何年の春分点を基準としているかを示す情報である。

＃4.19.0.1.2 情報源

　分点は、資料自体のどの情報源に基づいて記録してもよい。

＃4.19.0.2 記録の方法

　星図の赤経・赤緯を記録する場合は、分点をも記録する。分点は年で記録する。

　　　　1950

＃4.20 元期

　元期は、エレメントである。

＃4.20.0 通則

＃4.20.0.1 記録の範囲・情報源

＃4.20.0.1.1 記録の範囲

　元期は、星図における天体の位置などの観測時点を示す情報である。

＃4.20.0.1.2 情報源

　元期は、資料自体のどの情報源に基づいて記録してもよい。

＃4.20.0.2 記録の方法

　分点を記録する場合に、元期が分点と異なると判明しているときは、元期を記録する。

　　　　1948.5

第 4 章　著　作

　　　　　　（分点：1950）

4.21　対象利用者

対象利用者は、エレメントである。

4.21.0　通則

4.21.0.1　記録の範囲・情報源

4.21.0.1.1　記録の範囲

対象利用者は、著作の内容が対象とする、またはその内容が適していると思われる利用者層についての情報である。利用者層には、年齢層（児童、ヤング・アダルト、成人など）、教育段階（小学生、中学生など）、障害の種類などがある。

4.21.0.1.2　情報源

対象利用者は、どの情報源に基づいて記録してもよい。

4.21.0.2　記録の方法

資料に表示されているか、他の情報源から容易に判明する情報を記録する。

　　　　　3・4 才向け
　　　　　新人研修用
　　　　　視覚障害者用
　　　　　映倫：R 18+
　　　　　CERO：B

4.22　文書・コレクションの組織化

文書・コレクションの組織化は、エレメントである。

4.22.0　通則

4.22.0.1　記録の範囲・情報源

4.22.0.1.1　記録の範囲

文書・コレクションの組織化は、文書類またはコレクションの編成に関する情報である。

4.22.0.1.2　情報源

文書・コレクションの組織化は、どの情報源に基づいて記録してもよい。

4.22.0.2　記録の方法

文書類またはコレクションを構成するファイルや資料の組織化について、具体的に記録する。

　　　　　　排列は撮影地のアルファベット順

4.23　学位論文情報

学位論文情報は、エレメントである。

4.23.0　通則

4.23.0.1　記録の範囲・情報源

4.23.0.1.1　記録の範囲

#4.23 学位論文情報

　学位論文情報は、その学位論文によって個人に授与された学位、学位授与機関、学位授与年を含む情報である。資料に学位論文であるという表示がある場合、または資料が学位論文であることが判明した場合は、学位の取得要件の一部として提出された学位論文として扱う。

#4.23.0.1.1.1　サブエレメント
　学位論文情報には、次のサブエレメントがある。
　a)　学位（参照：#4.23.1を見よ。）
　b)　学位授与機関（参照：#4.23.2を見よ。）
　c)　学位授与年（参照：#4.23.3を見よ。）

#4.23.0.1.2　情報源
　学位論文情報は、どの情報源に基づいて記録してもよい。

#4.23.0.2　記録の方法
　学位、学位授与機関、学位授与年を、#4.23.1～#4.23.3任意追加に従って記録する。

#4.23.1　学位
　学位は、学位論文情報のサブエレメントである。
　学位論文によって授与された学位の名称を簡略な語句で記録する。
　　　　博士（情報科学）
　　　　医学博士
　　　　Ph. D.
　　　　doctoral

#4.23.2　学位授与機関
　学位授与機関は、学位論文情報のサブエレメントである。
　学位授与機関の名称を記録する。
　　　　東京大学
　　　　慶應義塾大学
　　　　Ludwig-Maximilians-Universität, München
　　　　（資料中の表記に従って記録）
（参照：著作と学位授与機関との関連として記録する場合については、#44.1.2を見よ。）

#4.23.3　学位授与年
　学位授与年は、学位論文情報のサブエレメントである。
　学位が授与された年は、原則として西暦年をアラビア数字で記録する。
　　　　2014
　　　　1969

#4.23.3　学位授与年　任意追加
　学位が授与された年、月、日を、アラビア数字で記録する。
　　　　2015-01-10

第4章 著 作

1975-02-05

第5章
表現形

#5　表現形
#5.0　通則
#5.0.1　記録の目的
#5.0.2　情報源
#5.0.3　記録の方法
＜#5.1～#5.4　識別要素＞
#5.1　表現種別
#5.1.1　記録の範囲
#5.1.2　情報源
#5.1.3　記録の方法
#5.2　表現形の日付
#5.2.1　記録の範囲
#5.2.2　情報源
#5.2.3　記録の方法
#5.3　表現形の言語
#5.3.1　記録の範囲
#5.3.2　情報源
#5.3.3　記録の方法
#5.4　表現形のその他の特性
#5.4.1　記録の範囲
#5.4.2　情報源
#5.4.3　記録の方法
＜#5.5～#5.8　説明・管理要素＞
#5.5　表現形の識別子
#5.5.1　記録の範囲
#5.5.2　情報源
#5.5.3　記録の方法

#5.6　確定状況
#5.6.1　記録の範囲
#5.6.2　情報源
#5.6.3　記録の方法
#5.7　出典
#5.7.1　記録の範囲
#5.7.2　情報源
#5.7.3　記録の方法
#5.8　データ作成者の注記
＜#5.9～#5.27　表現形の内容＞
#5.9　表現形の内容に関する記録
#5.9.0　通則
＜#5.10～#5.27　表現形の内容のエレメント＞
#5.10　内容の要約
#5.10.0　通則
#5.11　収録の日付・場所
#5.11.0　通則
#5.11.1　収録の日付
#5.11.2　収録の場所
#5.12　内容の言語
#5.12.0　通則
#5.13　表記法
#5.13.0　通則
#5.13.1　文字種
#5.13.2　楽譜の記譜法
#5.13.3　触知資料の表記法
#5.13.4　運動譜の記譜法

＃5.14　アクセシビリティ

＃5.14.0　通則

＃5.15　図

＃5.15.0　通則

＃5.16　付加的内容

＃5.16.0　通則

＃5.17　色彩

＃5.17.0　通則

＃5.18　音声

＃5.18.0　通則

＃5.19　画面アスペクト比

＃5.19.0　通則

＃5.20　楽譜の形式

＃5.20.0　通則

＃5.21　音楽の演奏手段

＃5.21.0　通則

＃5.22　所要時間

＃5.22.0　通則

＃5.23　尺度

＃5.23.0　通則

＃5.23.1　静止画または三次元資料の尺度

＃5.23.2　地図の水平尺度

＃5.23.3　地図の垂直尺度

＃5.23.4　尺度の付加的情報

＃5.24　地図の投影法

＃5.24.0　通則

＃5.25　地図のその他の詳細

＃5.25.0　通則

＃5.26　賞

＃5.26.0　通則

＃5.27　表現形に関する注記

＃5.27.0　通則

＃5.27.1　内容の特性の変化に関する注記

＃5　表現形

＃5.0　通則

この章では、表現形の属性の記録について規定する。

記録する要素として、表現形の識別要素、説明・管理要素、表現形の内容がある。

＃5.0.1　記録の目的

表現形の属性の記録の目的は、同一著作の複数の表現形の識別を可能とすること、および表現形の観点から利用者のニーズに合致する資料の選択に役立つことである。

＃5.0.1.1　規定の構成

表現形の属性については、その通則を＃5.0で、識別要素を＃5.1～＃5.4で、説明・管理要素を＃5.5～＃5.8で規定する。

表現形の内容は、＃5.9～＃5.27で規定する。

（参照：表現形に対する典拠形アクセス・ポイントの構築については、＃23を見よ。）

＃5.0.2　情報源

表現形の属性を記録するにあたって、その情報源はどこでもよい。

＃5.0.3　記録の方法

識別要素は、＃5.1.3～＃5.4.3Cに従って記録する。

説明・管理要素は、＃5.5.3～＃5.8に従って記録する。

表現形の内容は、＃5.9.0.4～＃5.27.1.2に従って記録する。

＜＃5.1～＃5.4　識別要素＞

＃5.1　表現種別

表現種別は、エレメントである。

表現種別は、コア・エレメントである。

＃5.1.1　記録の範囲

表現形の内容を表現する基本的な形式を示す用語を記録する。用語には、動きの有無、次元、内容を知覚するための人間の感覚器官に対応する語句を含む。

表現種別は、その表現形に対する統制形アクセス・ポイントの一部として、または独立したエレメントとして、あるいはその双方として記録する。

（参照：＃23.1を見よ。）

＃5.1.2　情報源

表現種別は、どの情報源に基づいて記録してもよい。

（参照：＃5.0.2を見よ。）

＃5.1.3　記録の方法

表現種別として記録する用語は、表5.1.3から選択する。目録用言語として英語を用いる場合は、表中の英語の用語を用いる。

第 5 章　表現形

　　　演奏
　　（楽曲の場合）
　　　テキスト
　　（印刷文字資料などの場合）

表 5.1.3　表現種別の用語

テキスト　text 　視覚認識する言語表現に適用する。
テキスト（触知）　tactile text 　触覚認識する言語表現に適用する。点字、ムーン・タイプなどの触読文字が該当する。
楽譜　notated music 　視覚認識する音楽記譜に適用する。
楽譜（触知）　tactile notated music 　触覚認識する音楽記譜に適用する。点字楽譜などが該当する。
運動譜　notated movement 　視覚認識する運動記譜に適用する。
運動譜（触知）　tactile notated movement 　触覚認識する運動記譜に適用する。
地図　cartographic image 　視覚認識する静止画としての地図表現に適用する。シート状の地図、地図帳、対景図、リモートセンシング図などが該当する。
地図（触知）　cartographic tactile image 　触覚認識する静止画としての地図表現に適用する。
地図動画　cartographic moving image 　二次元動画としての地図表現に適用する。地球などの天体を映した衛星動画などが該当する。
三次元地図　cartographic three-dimensional form 　視覚認識する三次元形状の地図表現に適用する。地球儀、地形模型などが該当する。
三次元地図（触知）　cartographic tactile three-dimensional form 　触覚認識する三次元形状の地図表現に適用する。
地図データセット　cartographic dataset 　コンピュータ処理用にデジタル・コード化したデータセットとしての、地図表現によるデータに適用する。画像または三次元形状として認識する地図データは除く。 　参照：地図 　参照：地図（触知） 　参照：地図動画 　参照：三次元地図 　参照：三次元地図（触知）

#5.1　表現種別

静止画　still image
　視覚認識する線、図形、陰影などによる、二次元の静的な画像表現に適用する。線図、絵画、写真などが該当する。地図は除く。
参照：地図

静止画（触知）　tactile image
　触覚認識する線、図形などによる、二次元の静的な画像表現に適用する。

二次元動画　two-dimensional moving image
　視覚認識する二次元の動的な画像表現に適用する。音声の有無を問わない。映画、ビデオ、ビデオゲーム（3Dグラフィックスを使用したゲームを含む）などが該当する。3D動画は除く。また、動画の地図は除く。
参照：三次元動画
参照：地図動画

三次元動画　three-dimensional moving image
　視覚認識する三次元の動的な画像表現に適用する。音声の有無を問わない。3D映画、ステレオスコピック3Dビデオゲームなどが該当する。3Dグラフィックスを使用したビデオゲームは除く。
参照：二次元動画

三次元資料　three-dimensional form
　視覚認識する三次元形状の表現に適用する。彫刻、模型、自然物、標本、ホログラムなどが該当する。立体地図、地球儀は除く。
参照：三次元地図

三次元資料（触知）　tactile three-dimensional form
　触覚認識する三次元形状の表現に適用する。立体地図などは除く。
参照：三次元地図（触知）

話声　spoken word
　聴覚認識する言語表現に適用する。朗読、話芸、ラジオドラマ、演説、インタビューなどの録音が該当する。また、コンピュータ発話なども該当する。映像を伴う場合は除く。
参照：二次元動画
参照：三次元動画

演奏　performed music
　聴覚認識する音楽表現に適用する。録音された音楽演奏、コンピュータ音楽などが該当する。映像を伴う場合は除く。
参照：二次元動画
参照：三次元動画

音声　sounds
　話声または演奏を除く、聴覚認識する表現に適用する。自然音、人工音のいずれも該当する。映像を伴う場合は除く。
参照：二次元動画
参照：三次元動画

第5章　表現形

> **コンピュータ・データセット**　computer dataset
> 　コンピュータ処理用にデジタル・コード化したデータセットに適用する。平均、相関などの計算やモデル作成のための、アプリケーション・ソフトウェアに使用される数値データ、統計データなどが該当する。コンピュータ処理用の地図データは除く。また、視覚認識または聴覚認識するデータは除く。
> 参照：地図データセット
> 参照：テキスト
> 参照：楽譜
> 参照：運動譜
> 参照：静止画
> 参照：二次元動画
> 参照：三次元動画
> 参照：話声
> 参照：演奏
> 参照：音声
>
> **コンピュータ・プログラム**　computer program
> 　コンピュータが処理、実行する指令をデジタル・コード化したデータに適用する。オペレーティング・システム（OS）、アプリケーション・ソフトウェアなどが該当する。

　該当する表現種別が存在しない場合は、「その他」または「other」と記録する。

　該当する表現種別が容易に判明しない場合は、「不明」または「unspecified」と記録する。

#5.1.3.1　複数の表現種別

　複数の表現種別が該当する場合は、それらをすべて記録する。

#5.1.3.1　複数の表現種別　別法

　*複数の表現種別が該当する場合は、次の表現種別のみを記録する。

a)　記述対象の最も重要な構成要素が該当する表現種別

または

b)　記述対象の実質的な構成要素（最も重要な構成要素がある場合は、これを含む）が該当するそれぞれの表現種別*

#5.2　表現形の日付

　表現形の日付は、エレメントである。

　表現形の日付は、同一著作の他の表現形と判別するために必要な場合は、コア・エレメントである。

#5.2.1　記録の範囲

　表現形の日付は、その表現形に関係する最も早い日付である。表現形を具体化する最も早い体現形の日付を、表現形の日付として扱うことができる。

　表現形の日付は、その表現形に対する統制形アクセス・ポイントの一部として、または独立

したエレメントとして、あるいはその双方として記録する。
(参照：＃23.1を見よ。)

＃5.2.2　情報源
　表現形の日付は、どの情報源に基づいて記録してもよい。
(参照：＃5.0.2を見よ。)

＃5.2.3　記録の方法
　表現形の日付は、原則として西暦年をアラビア数字で記録する。他の表現形と判別するために必要な場合は、月または月日まで記録する。

　　　1923
　　　　(鴎外全集 / 森林太郎著. ― 東京：鴎外全集刊行会, 1923-1927)
　　　1936
　　　　(鴎外全集 / 森林太郎著. ― 東京：岩波書店, 1936-1939)
　　　1959
　　　　(森鴎外全集 / 森鴎外著. ― 東京：筑摩書房, 1959-1962)

＃5.3　表現形の言語
　表現形の言語は、エレメントである。
　表現形の言語は、記述対象が言語を含む内容から成る場合は、コア・エレメントである。

＃5.3.1　記録の範囲
　表現形の言語は、著作を表現している言語である。
　表現形の言語は、その表現形に対する統制形アクセス・ポイントの一部として、または独立したエレメントとして、あるいはその双方として記録する。
(参照：＃23.1を見よ。)

＃5.3.2　情報源
　表現形の言語は、どの情報源に基づいて記録してもよい。
(参照：＃5.0.2を見よ。)

＃5.3.3　記録の方法
　表現形の言語を、データ作成機関で定める用語で記録する。言語の名称の適切なリストが利用可能ならば、そのリストから用語を選択して記録する。

　　　　　ロシア語

　その表現形が複数の言語を含む場合は、それぞれの言語を記録する。
(参照：表現形の言語に関する詳細については、＃5.12を見よ。)

＃5.4　表現形のその他の特性
　表現形のその他の特性は、エレメントである。
　表現形のその他の特性は、同一著作の他の表現形と判別するために必要な場合は、コア・エ

第 5 章　表現形

レメントである。

#5.4.1　記録の範囲

　表現形のその他の特性は、#5.1〜#5.3で規定した要素以外の表現形と結びつく情報である。表現形のその他の特性は、その表現形に対する統制形アクセス・ポイントの一部として、または独立したエレメントとして、あるいはその双方として記録する。

（参照：#23.1を見よ。）

　　　　増補改訂版
　　　　　（怪物のユートピア / 種村季弘著. ― 増補改訂版. ― 東京：西沢書店, 1974. ― 初版：三一書房1968年刊）
　　　　Extended director's cut
　　　　　（Once upon a time in America（Motion picture）の版の一つ）
　　　　村上春樹
　　　　　（グレート・ギャツビー / スコット・フィッツジェラルド著；村上春樹訳）

#5.4.2　情報源

　表現形のその他の特性は、どの情報源に基づいて記録してもよい。

（参照：#5.0.2を見よ。）

#5.4.3　記録の方法

　表現形のその他の特性は、データ作成機関で定める言語で記録する。

#5.4.3A　編曲等

　音楽作品の表現形が、次のいずれかに該当する場合は、「編曲」または「arranged」と記録する。

　a）　演奏手段の変化

　b）　作品の単純化などの改編（演奏手段の変化を問わない）

　編曲には、原作曲者によるトランスクリプションを含む。

　原曲の改編を伴わない、伴奏やパートの付加は編曲として扱わない。

　ポピュラー音楽（ロック、ジャズなど）については、次のいずれかの場合に限って、「編曲」または「arranged」と記録する。

　c）　インストゥルメンタルからヴォーカル曲への編曲

　d）　ヴォーカル曲からインストゥルメンタルへの編曲

（参照：#23.5を見よ。）

#5.4.3B　スケッチ

　音楽作品の表現形が、作曲者によるスケッチである場合は、「スケッチ」または「Sketches」と記録する。

（参照：#23.5を見よ。）

#5.4.3C　ヴォーカル・スコア、コーラス・スコア

　音楽作品の表現形が、ヴォーカル・スコアまたはコーラス・スコアである場合は、「ヴォーカル・

#5.4 表現形のその他の特性

スコア」、「コーラス・スコア」または「Vocal score」、「Chorus score」（いずれも必要に応じて複数形）と記録する。
（参照：#23.5を見よ。）

<　#5.5～#5.8　説明・管理要素＞

#5.5　表現形の識別子

表現形の識別子は、エレメントである。
表現形の識別子は、コア・エレメントである。

#5.5.1　記録の範囲

表現形の識別子は、表現形またはその表現形に代わる情報（典拠レコードなど）と結びつく一意の文字列である。識別子は、表現形を他の表現形と判別するために有効である。

#5.5.2　情報源

表現形の識別子は、どの情報源に基づいて記録してもよい。
（参照：#5.0.2を見よ。）

#5.5.3　記録の方法

表現形の識別子は、容易に確認できる場合は、その識別子付与に責任を有する機関等の名称、または識別可能な語句に続けて記録する。

#5.6　確定状況

確定状況は、エレメントである。

#5.6.1　記録の範囲

確定状況は、表現形を識別するデータの確定の程度を示す情報である。

#5.6.2　情報源

確定状況は、どの情報源に基づいて記録してもよい。
（参照：#5.0.2を見よ。）

#5.6.3　記録の方法

確定状況は、次のいずれかの該当する条件に対応した用語を記録する。

a) 確立
表現形に対する典拠形アクセス・ポイントとして、データが十分な状態にある場合は、「確立」または「fully established」と記録する。

b) 未確立
表現形に対する典拠形アクセス・ポイントとして、データが不十分な状態にある場合は、「未確立」または「provisional」と記録する。

c) 暫定
資料自体を入手できず、体現形の記述から採用した場合は、「暫定」または「preliminary」と記録する。

第 5 章　表現形

＃5.7　出典
出典は、エレメントである。
＃5.7.1　記録の範囲
出典は、表現形の識別要素を決定する際に使用した情報源である。
＃5.7.2　情報源
出典は、どの情報源に基づいて記録してもよい。
（参照：＃5.0.2を見よ。）
＃5.7.3　記録の方法
表現形の識別要素について、必要に応じてその情報源を記録する。

＃5.8　データ作成者の注記
　データ作成者の注記は、エレメントである。
　データ作成者の注記は、表現形に対する典拠形アクセス・ポイントを使用または更新するデータ作成者にとって、または関連する著作や表現形に対する典拠形アクセス・ポイントを構築する者に役立つ説明である。
　必要に応じて、次のような注記を記録する。
  a)　典拠形アクセス・ポイントの構築に適用する、特定の規定に関する注記
  b)　典拠形アクセス・ポイントの形等の根拠に関する注記
  c)　典拠形アクセス・ポイントの使用を限定する注記
  d)　その他の重要な情報を説明する注記

＜＃5.9～＃5.27　表現形の内容＞
＃5.9　表現形の内容に関する記録
＃5.9.0　通則
＃5.9.0.1　記録の目的
　表現形の内容に関する記録の目的は、利用者のニーズに合致する資料の選択に役立つことである。
＃5.9.0.2　記録の範囲
　表現形の内容は、資料の知的・芸術的内容と結びつく表現形の属性である。
　表現形の内容には、次のエレメントがある。これらのうち、尺度は、地図に限り、コア・エレメントである。
  a)　内容の要約（参照：＃5.10を見よ。）
  b)　収録の日付・場所（参照：＃5.11を見よ。）
  c)　内容の言語（参照：＃5.12を見よ。）
  d)　表記法（参照：＃5.13を見よ。）
  e)　アクセシビリティ（参照：＃5.14を見よ。）

#5.9 表現形の内容に関する記録

- f) 図（参照：#5.15 を見よ。）
- g) 付加的内容（参照：#5.16 を見よ。）
- h) 色彩（参照：#5.17 を見よ。）
- i) 音声（参照：#5.18 を見よ。）
- j) 画面アスペクト比（参照：#5.19 を見よ。）
- k) 楽譜の形式（参照：#5.20 を見よ。）
- l) 音楽の演奏手段（参照：#5.21 を見よ。）
- m) 所要時間（参照：#5.22 を見よ。）
- n) 尺度（参照：#5.23 を見よ。）
- o) 地図の投影法（参照：#5.24 を見よ。）
- p) 地図のその他の詳細（参照：#5.25 を見よ。）
- q) 賞（参照：#5.26 を見よ。）
- r) 表現形に関する注記（参照：#5.27 を見よ。）

#5.9.0.3 情報源

表現形の内容の情報源は、#5.10.0.1.2～#5.27.0.1.2で規定する。

#5.9.0.4 記録の方法

表現形の内容は、採用した情報源に基づき、#5.10.0.2～#5.27.1.2に従って記録する。

＜#5.10～#5.27 表現形の内容のエレメント＞

#5.10 内容の要約

内容の要約は、エレメントである。

#5.10.0 通則

#5.10.0.1 記録の範囲・情報源

#5.10.0.1.1 記録の範囲

内容の要約は、資料の内容の抄録、要旨、あらすじなどである。

識別または選択に重要で、他のエレメントについて十分な情報が記録されない場合に記録する。

（参照：全体と部分の関連として記録する場合の規定については、#43.1を見よ。）

#5.10.0.1.2 情報源

内容の要約は、どの情報源に基づいて記録してもよい。

#5.10.0.2 記録の方法

内容の要約は、資料の内容の要旨を簡略に記録する。

   イソップ物語の「アリとキリギリス」に基づく仕掛け絵本
   原作の縮約の朗読
   サッカークラブ育成ゲーム
   病院や医療内容を説明するための医療用玩具

第 5 章　表現形

> After falling in love with Japan as a little girl, Erika becomes a teacher and fulfills her childhood dream by moving to a remote Japanese island

＃5.11　収録の日付・場所

収録の日付・場所は、エレメントである。

＃5.11.0　通則

＃5.11.0.1　記録の範囲・情報源

＃5.11.0.1.1　記録の範囲

収録の日付・場所は、資料の内容の収録（録音、撮影など）と結びつく日付および場所である。

＃5.11.0.1.1.1　サブエレメント

収録の日付・場所には、次のサブエレメントがある。

a)　収録の日付（参照：＃5.11.1を見よ。）
b)　収録の場所（参照：＃5.11.2を見よ。）

＃5.11.0.1.2　情報源

収録の日付・場所は、どの情報源に基づいて記録してもよい。

＃5.11.0.2　記録の方法

収録の日付・場所は、＃5.11.1～＃5.11.2に従って記録する。

＃5.11.1　収録の日付

収録の日付は、収録の日付・場所のサブエレメントである。

収録の日付は、その年、月、日、時刻を記録する。

　　　1970年2月
　　　1997.4.22-23
　　　2015.9.1 15：39

＃5.11.2　収録の場所

収録の場所は、収録の日付・場所のサブエレメントである。

収録の場所は、特定のスタジオ、コンサート・ホール等の名称と市町村名等、または地名のみを記録する。スタジオ、コンサート・ホール等の名称は、容易に確認できる場合に記録する。

　　　サントリーホール（東京）
　　　ルカ教会（ドレスデン）
　　　プラハ
　　　Carnegie Hall, New York

＃5.12　内容の言語

内容の言語は、エレメントである。

＃5.12.0　通則

＃5.12.0.1　記録の範囲・情報源

＃5.12.0.1.1　記録の範囲

#5.12 内容の言語

内容の言語は、資料の内容を表現する言語に関する情報である。

表現形の識別要素（統制形アクセス・ポイントの一部になることがある）としての言語の記録については、#5.3 を見よ。

プログラミング言語の記録については、#2.33 を見よ。

#5.12.0.1.2 情報源

内容の言語は、どの情報源に基づいて記録してもよい。

#5.12.0.2 記録の方法

内容の言語は、その詳細を記録する。

> 注釈は日本語
> 本文はラテン語，英訳併記
> 音声：フランス語，字幕：英語

#5.13 表記法

表記法は、エレメントである。

#5.13.0 通則

#5.13.0.1 記録の範囲・情報源

#5.13.0.1.1 記録の範囲

表記法は、資料の内容を表現する文字および（または）記号の体系である。

#5.13.0.1.1.1 エレメント・サブタイプ

表記法には、次のエレメント・サブタイプがある。

a) 文字種（参照：#5.13.1 を見よ。）
b) 楽譜の記譜法（参照：#5.13.2 を見よ。）
c) 触知資料の表記法（参照：#5.13.3 を見よ。）
d) 運動譜の記譜法（参照：#5.13.4 を見よ。）

#5.13.0.1.2 情報源

表記法は、どの情報源に基づいて記録してもよい。

#5.13.0.2 記録の方法

表記法は、その種類に応じて、#5.13.1.2〜#5.13.4.2 に従って記録する。

#5.13.1 文字種

文字種は、表記法のエレメント・サブタイプである。

#5.13.1.1 記録の範囲

文字種は、資料の内容の言語表現に使用する、文字および（または）記号の体系である。

#5.13.1.2 記録の方法

文字種は、データ作成機関で定める用語で記録する。文字種の名称の適切なリストが利用可能ならば、そのリストから選択する。

第 5 章 表現形

  モンゴル文字
  キリル文字
  （モンゴル語の資料に双方の文字を使用）
  Hiragana

　適切な用語がないか、十分に表す用語がない場合は、文字種の詳細を＃5.13.1.3 に従って記録する。

＃5.13.1.3　文字種の詳細

　文字種の詳細は、エレメントである。

　識別または選択に重要な場合は、文字種に関する詳細を記録する。

  Arabic, German, French and Sorani Kurdish（Arabic script and roman）

＃5.13.2　楽譜の記譜法

　楽譜の記譜法は、表記法のエレメント・サブタイプである。

＃5.13.2.1　記録の範囲

　楽譜の記譜法は、音楽を可視的に表現する、文字および（または）記号等の用法である。

（参照：触知資料の表記法については、＃5.13.3 を見よ。）

（参照：楽譜のデジタル・コンテンツ・フォーマット等については、＃2.32 を見よ。）

＃5.13.2.2　記録の方法

　楽譜の記譜法は、表 5.13.2.2 の用語を用いて記録する。

表 5.13.2.2　楽譜の記譜法を示す用語

数字記譜法　number notation
図形記譜法　graphic notation
ソルミゼーション　solmization
タブラチュア　tablature
定量記譜法　mensural notation
トニック・ソルファ　tonic sol-fa
ネウマ記譜法　neumatic notation
譜線記譜法　staff notation
文字記譜法　letter notation

　資料に使用されている単一の記譜法に複数の用語が該当する場合は、主要と判断した用語を記録する。

　表 5.13.2.2 に適切な用語がないか、十分に表す用語がない場合は、楽譜の記譜法の詳細を＃5.13.2.3 に従って記録する。

＃5.13.2.3　楽譜の記譜法の詳細

#5.13 表記法

楽譜の記譜法の詳細は、エレメントである。

識別または選択に重要な場合は、楽譜の記譜法に関する詳細を記録する。

  リュート・タブラチュア
   （楽譜の記譜法は「タブラチュア」）
  尺八譜
   （楽譜の記譜法は「タブラチュア」）
  工尺譜
   （楽譜の記譜法は「文字譜」）
  一部タブラチュア
   （楽譜の記譜法は「譜線記譜法」）
  コード記号を含む
   （楽譜の記譜法は「タブラチュア」および「譜線記譜法」）

#5.13.3 触知資料の表記法

触知資料の表記法は、表記法のエレメント・サブタイプである。

#5.13.3.1 記録の範囲

触知資料の表記法は、点字のように、触覚を通じて認識することができる形式で、資料の内容を表現するために使用する、文字および（または）記号の用法である。

#5.13.3.2 記録の方法

触知資料の表記法は、表5.13.3.2の用語を用いて記録する。

表5.13.3.2 触知資料の表記法を示す用語

楽譜用点字	music braille code
情報処理用点字	computing braille code
触図	tactile graphic
触知楽譜	tactile musical notation
数学用点字	mathematics braille code
点字	braille code ＊
ムーン・タイプ	Moon code

＊点字は、テキストを表記したものに使用する。

表5.13.3.2に適切な用語がないか、十分に表す用語がない場合は、触知資料の表記法の詳細を#5.13.3.3に従って記録する。

#5.13.3.3 触知資料の表記法の詳細

触知資料の表記法の詳細は、エレメントである。

識別または選択に重要な場合は、触知資料の表記法に関する詳細を記録する。

  ネメス・コード
  墨字，点字，触図を含む

第 5 章　表現形

　点字に短縮形が使用され、短縮形のレベルが判明する場合は、各国の慣用に従って、そのレベルを記録する。触知資料の表記法の用語に、短縮形のレベルを丸がっこに入れて付加する。

＃5.13.4　運動譜の記譜法
　運動譜の記譜法は、表記法のエレメント・サブタイプである。

＃5.13.4.1　記録の範囲
　運動譜の記譜法は、運動を可視的に表現する、文字および（または）記号等の用法である。

＃5.13.4.2　記録の方法
　運動譜の記譜法は、表5.13.4.2の用語を用いて記録する。

表5.13.4.2　運動譜の記譜法を示す用語

アクション・ストローク・ダンス記譜法　action stroke dance notation
エシュコル・ワハマン記譜法　Eshkol-Wachman movement notation
キネトグラフィー・ラバン　Kinetography Laban
ステパノフ舞踊記譜法　Stepanov dance notation
ダンスライティング　DanceWriting
ベネッシュ記譜法　Benesh movement notation
ボーシャン・フイエ記譜法　Beauchamp-Feuillet notation
ラバノーテーション　Labanotation
ゲーム記録譜　game play notation

　表5.13.4.2に適切な用語がないか、十分に表す用語がない場合は、運動譜の記譜法の詳細を＃5.13.4.3に従って記録する。

＃5.13.4.3　運動譜の記譜法の詳細
　運動譜の記譜法の詳細は、エレメントである。
　識別または選択に重要な場合は、運動譜の記譜法に関する詳細を記録する。
　　　　　　Includes piano music, in part with Labanotation, for some of the dances

＃5.14　アクセシビリティ
　アクセシビリティは、エレメントである。

＃5.14.0　通則

＃5.14.0.1　記録の範囲・情報源

＃5.14.0.1.1　記録の範囲
　アクセシビリティは、視覚または聴覚に障害をもつ利用者などが、資料の内容を理解できるように補助する手段である。アクセシビリティ・ラベル、音声解説、キャプション、字幕、画像解説、手話などがある。
　アクセシビリティには、発話と異なる言語の字幕は含まない。

#5.14 アクセシビリティ

#5.14.0.1.2 情報源

アクセシビリティは、どの情報源に基づいて記録してもよい。

#5.14.0.2 記録の方法

アクセシビリティに関する情報は、資料から明らかな、または他の情報源から容易に得られる情報を記録する。

   手話付き

#5.15 図

図は、エレメントである。

#5.15.0 通則

#5.15.0.1 記録の範囲・情報源

#5.15.0.1.1 記録の範囲

図は、資料の主要な内容を表す、または説明する図、絵、写真などである。文字および（または）数字のみから成る表は、図として扱わない。タイトル・ページなどにある図や、重要でない図は無視する。

（参照：資料の主要な内容の性質の記録については、#4.16を見よ。）

（参照：資料の内容の色彩の記録については、#5.17を見よ。）

#5.15.0.1.2 情報源

図は、どの情報源に基づいて記録してもよい。

#5.15.0.2 記録の方法

図は、包括的な用語「図あり」または「illustration」を記録するか、その代わりに、またはこれに付加して、表5.15.0.2の用語を用いて図の種類を記録する。目録用言語として英語を用いる場合は、必要に応じて複数形を用いる。

表5.15.0.2 図の種類を示す用語

グラフ	graph
系図	genealogical table
彩飾	illumination
サンプル	sample
写真	photograph
肖像	portrait
書式	form
図面	plan
地図	map
ファクシミリ	facsimile
紋章	coat of arms

— 401 —

第 5 章　表現形

表 5.15.0.2 に適切な用語がないか、十分に表す用語がない場合は、データ作成機関が図の種類を示す簡略な用語を定めて記録する。

＃5.15.0.2　記録の方法　任意追加

図に番号が付されているなど、容易に確認できる場合は、図数を記録する。

　　　　　図あり（12 点）
　　　　　24 illustrations
　　　　　地図（8 図）
　　　　　1 map

＃5.15.0.3　図の詳細

図の詳細は、エレメントである。

識別または選択に重要な場合は、図に関する詳細を記録する。

　　　　　見返しに日本地図あり

＃5.16　付加的内容

付加的内容は、エレメントである。

＃5.16.0　通則

＃5.16.0.1　記録の範囲・情報源

＃5.16.0.1.1　記録の範囲

付加的内容は、資料の主要な内容に付加することを意図した内容である。索引、参考文献表、付録などがある。

（参照：付加的内容を関連する著作として記録する場合は、＃43.1 の規定を見よ。）

＃5.16.0.1.2　情報源

付加的内容は、どの情報源に基づいて記録してもよい。

＃5.16.0.2　記録の方法

付加的内容は、その種類、数量、資料内の位置などを記録する。

　　　　　索引あり
　　　　　参考書誌：p 597-784
　　　　　付：解説
　　　　　Includes index
　　　　　Bibliography：pages 247-258

＃5.17　色彩

色彩は、エレメントである。

＃5.17.0　通則

＃5.17.0.1　記録の範囲・情報源

＃5.17.0.1.1　記録の範囲

色彩は、資料に存在する特定の色、色調などである。

#5.17　色彩

黒、白、黒系色、白系色、グレーの色調は、単一色とみなす。
（参照：個別資料の色彩については、#3.7を見よ。）
（参照：資料の図については、#5.15を見よ。）

#5.17.0.1.2　情報源
　色彩は、資料自体に基づいて記録する。さらに必要がある場合は、資料外のどの情報源に基づいて記録してもよい。

#5.17.0.2　記録の方法
　色彩は、表5.17.0.2の用語を用いて記録する。

表5.17.0.2　色彩の種類を示す用語

単色	monochrome
多色	polychrome

　表5.17.0.2に適切な用語がないか、十分に表す用語がない場合は、色彩の詳細を#5.17.0.3に従って記録する。

#5.17.0.2　記録の方法　別法
　＊色彩は、データ作成機関で定める語彙を用いて記録する。
（参照：#0.5.8を見よ。）

　　　　カラー
　　　　　（写真フィルムの色彩）
　　　　白黒
　　　　black and white
　　　　　（映画フィルムの色彩）

　データ作成機関で定める語彙に適切な用語がないか、十分に表す用語がない場合は、色彩の詳細を#5.17.0.3に従って記録する＊。

#5.17.0.3　色彩の詳細
　色彩の詳細は、エレメントである。
　識別または選択に重要な場合は、色彩に関する詳細を記録する。

　　　　セピア色
　　　　2色刷
　　　　カラー（一部白黒）
　　　　一部カラー
　　　　主にカラー
　　　　主にカラー，うち2点白黒
　　　　青色
　　　　グレー・スケール

第5章　表現形

>　　緑，青，紫の泥彩
>　　背景色4種：白色，黄色，青色，黒色
>　　（視覚障害者用資料の色彩の詳細）
>　　Chiefly colour

#5.18　音声

音声は、エレメントである。

#5.18.0　通則

#5.18.0.1　記録の範囲・情報源

#5.18.0.1.1　記録の範囲

音声は、資料における音の有無に関する情報である。

#5.18.0.1.2　情報源

音声は、資料自体に基づいて記録する。さらに必要がある場合は、資料外のどの情報源に基づいて記録してもよい。

#5.18.0.2　記録の方法

音声は、その有無について、表5.18.0.2の用語を用いて記録する。

表5.18.0.2　音声の有無を示す用語

| 音声あり　sound |
| 無声　silent |

（参照：音声が、主要な内容を収めたものとは別のキャリアに含まれる場合は、あわせて#2.14.0.4.1を見よ。）

#5.19　画面アスペクト比

画面アスペクト比は、エレメントである。

#5.19.0　通則

#5.19.0.1　記録の範囲・情報源

#5.19.0.1.1　記録の範囲

画面アスペクト比は、動画の幅と高さの比である。

#5.19.0.1.2　情報源

画面アスペクト比は、資料自体に基づいて記録する。さらに必要がある場合は、資料外のどの情報源に基づいて記録してもよい。

#5.19.0.2　記録の方法

画面アスペクト比は、表5.19.0.2の用語を用いて記録する。

#5.19　画面アスペクト比

表5.19.0.2　画面アスペクト比の種類を示す用語

フル・スクリーン	full screen
ワイド・スクリーン	wide screen
アスペクト比混合	mixed aspect ratio

判明する場合は、高さ1を後項とする標準形式の画面アスペクト比の値を付加する。

   ワイド・スクリーン（2.35:1）
  （ワイド・スクリーンの場合）
   フル・スクリーン（1.33:1）
  （フル・スクリーンの場合）
   ワイド・スクリーン（1.85:1）
   フル・スクリーン（1.33:1）
  （資料に画面アスペクト比の異なる2種類のバージョンが含まれている）

画面アスペクト比に関するその他の情報は、画面アスペクト比の詳細として#5.19.0.3に従って記録する。

#5.19.0.3　画面アスペクト比の詳細

画面アスペクト比の詳細は、エレメントである。

識別または選択に重要な場合は、画面アスペクト比の特定の形式を記録する。

   パン＆スキャン
   レターボックス
   シネマスコープ

#5.20　楽譜の形式

楽譜の形式は、エレメントである。

#5.20.0　通則

#5.20.0.1　記録の範囲・情報源

#5.20.0.1.1　記録の範囲

楽譜の形式は、楽譜がどのような形状またはレイアウトで表されているかを示すものである。

#5.20.0.1.2　情報源

楽譜の形式は、どの情報源に基づいて記録してもよい。

#5.20.0.2　記録の方法

楽譜の形式は、表5.20.0.2の用語を用いて記録する。

表5.20.0.2　楽譜の形式を示す用語

ヴォーカル・スコア	vocal score
クワイア・ブック	choir book
コーラス・スコア	chorus score
コンデンス・スコア	condensed score

第 5 章　表現形

指揮者用ヴァイオリン・パート譜　violin conductor part
指揮者用ピアノ・パート譜　piano conductor part
スコア　score
スタディ・スコア　study score
テーブル・ブック　table book
パート譜　part
ピアノ・スコア　piano score
合奏譜

　表 5.20.0.2 に適切な用語がないか、十分に表す用語がない場合は、楽譜の形式の詳細を ＃5.20.0.3 に従って記録する。

＃5.20.0.3　楽譜の形式の詳細

　楽譜の形式の詳細は、エレメントである。

　識別または選択に重要な場合は、楽譜の形式に関する詳細を記録する。

＃5.21　音楽の演奏手段

　音楽の演奏手段は、エレメントである。

＃5.21.0　通則

＃5.21.0.1　記録の範囲・情報源

＃5.21.0.1.1　記録の範囲

　音楽の演奏手段は、演奏に使用されているか、または使用が想定されている楽器、声などの種類で、音楽作品の表現形を特徴づけているものである。

（参照：音楽作品の演奏手段の記録については、＃4.14.3 を見よ。）

＃5.21.0.1.2　情報源

　音楽の演奏手段は、どの情報源に基づいて記録してもよい。

＃5.21.0.2　記録の方法

　音楽の演奏手段は、識別または選択に重要な演奏手段の詳細を記録する。目録用言語として英語を用いる場合は、付録＃A.3 に従って、声域の略語を使用する。

　　　　　　ピアノ・パートのみ

　重奏のための音楽は、すべての楽器を記録する。

　　　　　For 4 trumpets, 3 tenor trombones, bass trombone, 6 horns, and tuba or contrabass tuba
　　　　　（全 15 パートから成る。）

　オーケストラ、バンドなどのための作品については、楽器を列挙しない。

＃5.22　所要時間

　所要時間は、エレメントである。

＃5.22.0　通則

#5.22 所要時間

#5.22.0.1 記録の範囲・情報源
#5.22.0.1.1 記録の範囲
所要時間は、資料の再生、実行、実演に要する時間である。

#5.22.0.1.2 情報源
所要時間は、どの情報源に基づいて記録してもよい。

#5.22.0.2 記録の方法
所要時間は、データ作成機関で定める形式で記録する。時間の単位を示す用語を含む場合に、目録用言語として英語を用いるときは、付録#A.3に従って、時間の単位の略語を記録する。

次のいずれかの方法で、合計時間を記録する。

a) 所要時間が容易に確認できる場合は、正確な時間を記録する。

   61分
   3:25:05

b) 正確な所要時間を確認できないが、おおよその時間が資料に表示され、推定することができる場合は、「約」または「approximately」に続けて、おおよその時間を記録する。

   約3時間
   約25:00
   approximately 30 min.

c) 所要時間を容易に確認または推定できない場合は、省略する。

(参照：構成部分の所要時間については、#5.22.0.2.1、#5.22.0.2.1別法を見よ。)

#5.22.0.2.1 構成部分の所要時間
複数の構成部分から成る資料の所要時間を記録する場合は、各構成部分の時間を記録する。

   15分20秒
   22分55秒
   （ダンスの各構成時間）

#5.22.0.2.1 構成部分の所要時間　別法
＊複数の構成部分から成る資料の所要時間を記録する場合は、全部分の合計時間を記録する。必要に応じて、各構成部分の所要時間をあわせて記録する＊。

   1時間28分
   （45分、37分の2幕と6分の間奏の合計時間だけを記録）
   15:00
   5:00
   5:00
   5:00
   （音声ファイル3点から成る資料の合計再生時間と各ファイルの再生時間を記録）

#5.22.0.3 所要時間の詳細

第 5 章　表現形

所要時間の詳細は、エレメントである。

識別または選択に重要な場合は、所要時間に関する詳細を記録する。

目録用言語として英語を用いる場合は、付録＃A.3に従って、時間の単位の略語を記録する。

　　　　合計トラック時間 1:58:21
　　　　（12曲、9トラックによるオーディオカセット）
　　　　容器の表示：137分
　　　　（実際の再生時間は126分）
　　　　A面：150分；B面：80分

＃5.23　尺度

尺度は、エレメントである。

尺度は、地図ではコア・エレメントである。

＃5.23.0　通則

＃5.23.0.1　記録の範囲・情報源

＃5.23.0.1.1　記録の範囲

尺度は、資料の全部または一部を構成する地図、静止画、三次元資料の大きさと、その元である実物の大きさの比であり、縮尺および倍尺を含む。

＃5.23.0.1.1.1　エレメント・サブタイプ

尺度には、次のエレメント・サブタイプがある。地図の水平尺度、地図の垂直尺度は、コア・エレメントである。

　a）　静止画または三次元資料の尺度（参照：＃5.23.1を見よ。）
　b）　地図の水平尺度（参照：＃5.23.2を見よ。）
　c）　地図の垂直尺度（参照：＃5.23.3を見よ。）
　d）　尺度の付加的情報（参照：＃5.23.4を見よ。）

＃5.23.0.1.2　情報源

尺度は、どの情報源に基づいて記録してもよい。

＃5.23.0.2　記録の方法

尺度は、資料の尺度を比の形式で記録する。

　　　　1:52,000,000
　　　　（地球儀）
　　　　8:1
　　　　（実物の8倍の人間の心臓の模型）

資料の尺度表示が比の形式でない場合は、比の形式に置き換えて記録する。

　　　　1:100,000
　　　　（情報源の表示：1 cm to 1 km）

ただし、地図以外の資料については、「実物大」または「full size」、「等身大」または「life

— 408 —

#5.23 尺度

size」等の用語を使用し、尺度を記録することができる。

尺度がすでに本タイトルまたはタイトル関連情報の一部として記録されている場合でも、これを記録する。

> 1:100,000
> （本タイトル：中國大陸十萬分の一地圖集成）

#5.23.0.2.1　尺度表示がない資料

資料に尺度表示がない場合は、資料外の情報源から尺度表示を採用する。その尺度表示が比の形式でない場合は、比の形式に置き換えて記録する。

> 1:16

どの情報源にも尺度表示がない場合は、バー・スケールまたはグリッドから尺度を概算する。「約」または「approximately」の語に続けて、概算した尺度を記録する。

> 約 1:750
>
> approximately 1:750

尺度をこれらの方法によって決定または概算できない場合は、「尺度決定不能」、「縮尺決定不能」または「Scale not given」と記録する。

#5.23.0.2.1　尺度表示がない資料　別法

資料に尺度表示がない場合は、資料外の情報源から尺度表示を採用する。その尺度表示が比の形式でない場合は、比の形式に置き換えて記録する。

> 1:16

どの情報源にも尺度表示がない場合は、バー・スケールまたはグリッドから尺度を概算する。「約」または「approximately」の語に続けて、概算した尺度を記録する。

> 約 1:750
>
> approximately 1:750

＊尺度をこれらの方法によって決定または概算できない場合は、尺度が判明している資料と比較し、尺度を概算する。「約」または「approximately」の語に続けて、概算した尺度を記録する。

尺度をこの比較によって決定できない場合は、「尺度決定不能」、「縮尺決定不能」または「Scale not given」と記録する＊。

#5.23.0.2.2　尺度に応じて作製されていない地図

地図が尺度に応じて作製されていない場合は、「尺度非適用」、「縮尺非適用」または「Not drawn to scale」と記録する。

#5.23.0.2.3　電子資料

電子資料については、資料に尺度表示があるか、尺度をすでに本タイトルまたはタイトル関連情報の一部として記録している場合は、尺度を記録する。

— 409 —

第5章　表現形

電子資料の尺度情報が、尺度表示として資料になく、本タイトルまたはタイトル関連情報の一部にもない場合は、「尺度決定不能」、「縮尺決定不能」または「Scale not given」と記録する。

   1:25,000
    （タイトル関連情報：1:25,000地形図）

#5.23.0.2.4　複数の尺度

一つの静止画、地図などの中に尺度が複数あり（一図において中心部と周辺部で縮尺が異なるなど）、最大値および最小値が判明している場合は、双方をハイフンで結んで記録する。値が不明な場合は、「尺度不定」、「縮尺不定」または「Scale varies」と記録する。

    1:25,000-1:100,000

資料が複数の静止画、地図などから構成され、主要な静止画、地図などが複数の尺度による場合は、「尺度複数」、「縮尺複数」または「Scales differ」と記録する。
（参照：#5.25.0.2a)を見よ。）

#5.23.0.2.4　複数の尺度　別法

  尺度が複数ある場合は、それぞれの尺度を別々に記録する。
   1:25,000
   約1:100,000

#5.23.0.2.5　非線形尺度

非線形の尺度は、その情報が資料（星図、架空の場所の地図など）にある場合に限り、記録する。資料に尺度表示がない場合は、「尺度決定不能」、「縮尺決定不能」または「Scale not given」と記録する。尺度は概算しない。

   2cmにつき1′
   1° per 2 cm

#5.23.1　静止画または三次元資料の尺度

静止画または三次元資料の尺度は、尺度のエレメント・サブタイプである。

#5.23.1.1　記録の範囲・情報源

#5.23.1.1.1　記録の範囲

静止画または三次元資料の尺度は、資料の全部または一部を構成する静止画または三次元資料の大きさと、その元である実物の大きさの比である。

#5.23.1.1.2　情報源

静止画または三次元資料の尺度は、どの情報源に基づいて記録してもよい。

#5.23.1.2　記録の方法

静止画または三次元資料の尺度は、#5.23.0.2～#5.23.0.2.5に従って記録する。

   1:25

静止画または三次元資料が尺度に応じて作製されておらず、そのことが識別または選択に重

要な場合は、「尺度非適用」、「縮尺非適用」または「Not drawn to scale」と記録する。

#5.23.2　地図の水平尺度

　地図の水平尺度は、尺度のエレメント・サブタイプである。

　地図の水平尺度は、コア・エレメントである。

#5.23.2.1　記録の範囲・情報源

#5.23.2.1.1　記録の範囲

　地図の水平尺度は、地図における水平距離と実際の距離の比である。

#5.23.2.1.2　情報源

　地図の水平尺度は、資料自体のどの情報源に基づいて記録してもよい。

　資料に水平尺度が表示されていない場合は、資料外の情報源から地図の尺度を採用する。

#5.23.2.2　記録の方法

　地図の水平尺度は、#5.23.0.2～#5.23.0.2.5に従って記録する。

　　　　　1:25,000

　地図が尺度に応じて作製されていない場合は、「尺度非適用」、「縮尺非適用」または「Not drawn to scale」と記録する。尺度は概算しない。

#5.23.3　地図の垂直尺度

　地図の垂直尺度は、尺度のエレメント・サブタイプである。

　地図の垂直尺度は、コア・エレメントである。

#5.23.3.1　記録の範囲・情報源

#5.23.3.1.1　記録の範囲

　地図の垂直尺度は、地図の高度または垂直方向の大きさの尺度である。

#5.23.3.1.2　情報源

　地図の垂直尺度は、資料自体のどの情報源に基づいて記録してもよい。

#5.23.3.2　記録の方法

　記述対象がレリーフ模型などの三次元地図資料、または三次元の実物を表した二次元の地図資料（ブロック図、断面図など）の場合は、水平尺度（参照：#5.23.2を見よ。）に加えて、垂直尺度を記録する。あわせて、それが垂直尺度（縮尺）であることを示す語句を記録する。

　　　　　垂直縮尺 1:10,000
　　　　　Vertical scale 1:10,000

#5.23.4　尺度の付加的情報

　尺度の付加的情報は、尺度のエレメント・サブタイプである。

#5.23.4.1　記録の範囲・情報源

#5.23.4.1.1　記録の範囲

　尺度の付加的情報は、距離を示す語句による尺度、または資料の特定部分の尺度に関する補

第 5 章　表現形

足的な情報である。

#5.23.4.1.2　情報源

　尺度の付加的情報は、どの情報源に基づいて記録してもよい。

#5.23.4.2　記録の方法

　尺度の付加的情報は、資料に表示されている情報を記録する。目録用言語として英語を用いる場合は、付録#A.3に従って、略語を使用する。語句で表された数は、アラビア数字に置き換えて記録する。

（参照：#1.10.10 ～ #1.10.10.2 を見よ。）

　　　　　1 cm につき 1 km
　　　　　1 cm to 1 km
　　　　　（尺度（地図の水平尺度）は「1：100,000」と記録）
　　　　　1寸1町
　　　　　（尺度（地図の水平尺度）は「1：3,600」と記録）
　　　　　1：50,000,000（赤道上の縮尺）

　次のいずれかの場合は、情報源に表示されている語句をそのまま引用し、かぎかっこまたは引用符に入れて記録する。

　a)　そのまま引用しなければ確認できない特別な情報である場合

　b)　定型的な記録よりも的確である場合

　c)　資料の表示に誤りがある場合

　　　　　「曲尺壱寸ヲ以凡三十六丁〆」

#5.24　地図の投影法

　地図の投影法は、エレメントである。

#5.24.0　通則

#5.24.0.1　記録の範囲・情報源

#5.24.0.1.1　記録の範囲

　地図の投影法は、地球や天球の表面を平面である地図上に表現する図法である。

#5.24.0.1.2　情報源

　地図の投影法は、資料自体のどの情報源に基づいて記録してもよい。

#5.24.0.2　記録の方法

　投影法を記録する。

　　　　　ランベルト正角円錐図法
　　　　　Lambert conformal conic projection

#5.24.0.2　記録の方法　任意追加

　投影法の表示と結びつく経線および（または）緯線に関する情報を記録する。楕円体に関する情報は、地図のその他の詳細として記録する。

#5.24 地図の投影法

(参照：#5.25 を見よ。)
>ユニバーサル横メルカトル図法，中央子午線147°E

#5.25 地図のその他の詳細

地図のその他の詳細は、エレメントである。

#5.25.0 通則

#5.25.0.1 記録の範囲・情報源

#5.25.0.1.1 記録の範囲

地図のその他の詳細は、尺度、投影法、座標に関するエレメントとして記録していない、地図の数値などに関係するデータやその他の特徴を示す情報である。

デジタル形式による地図の表現上の技術的詳細については、#2.32.7 を見よ。

#5.25.0.1.2 情報源

地図のその他の詳細は、どの情報源に基づいて記録してもよい。

#5.25.0.2 記録の方法

地図のその他の詳細は、次の情報を記録する。

a) 数値などに関係するデータ

尺度、投影法、座標に関するエレメントとして記録していない、数値などに関係するデータを記録する。

>原資料の尺度：約 1：100
>方位は右が北
>測地基準系 1980（GRS 80）楕円体
>本初子午線：日本中央子午線

容易に確認できる場合は、水平座標系（地理座標系、地図投影法、グリッド座標系）、測地系の名称、垂直座標系（数値標高モデルなど）を記録する。

>日本測地系 2000

尺度として「尺度複数」、「縮尺複数」または「Scales differ」という語句を記録した場合（参照：#5.23.0.2.4 を見よ。）に、容易に確認でき簡略に表現できる尺度があるときは、それを記録する。

>主な尺度：1：250,000

リモートセンシング図については、尺度、投影法、座標に関するエレメントとして記録していない、数値などに関係するデータを記録する。

>"Mosaic of Landsat 7 gap-filled data 2003-2005 Landsat 7 ETM+ bands 3, 2, 1（RGB）"

星図については、光度の範囲を記録する。

>光度の範囲：3.5
>Magnitude：3.5

第5章 表現形

 b）その他の特徴

  記述の他のエレメントとして記録していない、地図のその他の特徴を記録する。
    32個の木製ブロックで組み立てられる地図教材

＃5.26 賞

賞は、エレメントである。

＃5.26.0 通則

＃5.26.0.1 記録の範囲・情報源

＃5.26.0.1.1 記録の範囲

賞は、授賞団体による公式の顕彰である。

＃5.26.0.1.2 情報源

賞は、どの情報源に基づいて記録してもよい。

＃5.26.0.2 記録の方法

賞は、その名称、受賞年などを記録する。

   直木三十五賞，2003（第130回）
   芥川龍之介賞，2000（第123回）
   日本翻訳文化賞，2008
   日本アカデミー賞：監督賞，篠田正浩; 脚本賞，山田太一; 最優秀作品賞，1991
   ヴェネチア国際映画祭金獅子賞

＃5.27 表現形に関する注記

表現形に関する注記は、エレメントである。

＃5.27.0 通則

＃5.27.0.1 記録の範囲・情報源

＃5.27.0.1.1 記録の範囲

表現形に関する注記とは、表現形のエレメントとして記録した内容に、付加的情報を提供する注記である。

＃5.27.0.1.2 情報源

表現形に関する注記は、どの情報源に基づいて記録してもよい。

＃5.27.0.2 記録の方法

表現形に関する注記について、引用または参照する場合、または注記の内容が記述対象の一部にのみ該当する場合は、＃1.13に従って記録する。

内容の特性の変化に関する注記は、＃5.27.1に従って記録する。

＃5.27.1 内容の特性の変化に関する注記

内容の特性の変化に関する注記は、表現形に関する注記のエレメント・サブタイプである。

＃5.27.1.1 記録の範囲・情報源

#5.27 表現形に関する注記

#5.27.1.1.1　記録の範囲
　内容の特性の変化に関する注記とは、#5.10～#5.26に規定する表現形の内容のエレメントの、刊行途中の変化に関する情報を提供する注記である。

#5.27.1.1.2　情報源
　内容の特性の変化に関する注記は、資料自体に基づいて記録する。さらに必要がある場合は、資料外のどの情報源に基づいて記録してもよい。

#5.27.1.2　記録の方法
　内容の特性の変化に関する注記は、次の規定に従って記録する。
　a）　複数巻単行資料、逐次刊行物（参照：#5.27.1.2.1、#5.27.1.2.1 任意省略を見よ。）
　b）　更新資料（参照：5.27.1.2.2、#5.27.1.2.2 任意省略を見よ。）

#5.27.1.2.1　複数巻単行資料、逐次刊行物
　識別または選択に重要な場合は、複数巻単行資料または逐次刊行物の途中の巻号で生じた、#5.10～#5.26に規定する表現形の内容のエレメントの変化について記録する。

　　　　1-4巻はフランス語，5-7巻は日本語
　　　　1885-1886年次は漢字ハングル混用文，1887からハングル専用文
　　　　第8巻は主に図版
　　　　Volumes 1 in Devanagari script, volumes 2- in Arabic script

#5.27.1.2.1　複数巻単行資料、逐次刊行物　任意省略
　内容の特性の変化について記録する場合に、変化が頻繁に生じているときは、変化のある旨を簡略に記録し、個々の変化については記録しない。

　　　　本文は号により英語のこともあり

#5.27.1.2.2　更新資料
　識別または選択に重要な場合は、更新資料の変化前の#5.10～#5.26に規定する表現形の内容のエレメントの情報について記録する。

　　　　2012-2013年は日本語・英語併記

#5.27.1.2.2　更新資料　任意省略
　内容の特性の変化について記録する場合に、変化が頻繁に生じているときは、変化のある旨を簡略に記録し、個々の変化については記録しない。

第6章
個　人

＃6　個人
＃6.0　通則
＃6.0.1　記録の目的
＃6.0.2　情報源
＃6.0.3　記録の方法
＜＃6.1～＃6.2　個人の名称＞
＃6.1　個人の優先名称
＃6.1.1　記録の範囲
＃6.1.2　情報源
＃6.1.3　優先名称の選択
＃6.1.4　記録の方法
＜＃6.1.5～＃6.1.8　各種の名称＞
＃6.1.5　日本人の名称
＃6.1.6　中国人の名称
＃6.1.7　韓国・朝鮮人の名称
＃6.1.8　日本人、中国人、韓国・朝鮮人以外の個人の名称
＃6.2　個人の異形名称
＃6.2.1　記録の範囲
＃6.2.2　情報源
＃6.2.3　記録の方法
＜＃6.3～＃6.8　名称以外の識別要素＞
＃6.3　個人と結びつく日付
＃6.3.1　記録の範囲
＃6.3.2　情報源
＃6.3.3　記録の方法
＃6.4　称号

＃6.4.1　記録の範囲
＃6.4.2　情報源
＃6.4.3　記録の方法
＃6.5　活動分野
＃6.5.1　記録の範囲
＃6.5.2　情報源
＃6.5.3　記録の方法
＃6.6　職業
＃6.6.1　記録の範囲
＃6.6.2　情報源
＃6.6.3　記録の方法
＃6.7　展開形
＃6.7.1　記録の範囲
＃6.7.2　情報源
＃6.7.3　記録の方法
＃6.8　その他の識別要素
＃6.8.1　記録の範囲
＃6.8.2　情報源
＃6.8.3　記録の方法
＜＃6.9～＃6.24　説明・管理要素＞
＃6.9　性別
＃6.9.1　記録の範囲
＃6.9.2　情報源
＃6.9.3　記録の方法
＃6.10　出生地
＃6.10.1　記録の範囲
＃6.10.2　情報源

#6.10.3　記録の方法
#6.11　死没地
#6.11.1　記録の範囲
#6.11.2　情報源
#6.11.3　記録の方法
#6.12　個人と結びつく国
#6.12.1　記録の範囲
#6.12.2　情報源
#6.12.3　記録の方法
#6.13　居住地等
#6.13.1　記録の範囲
#6.13.2　情報源
#6.13.3　記録の方法
#6.14　アドレス
#6.14.1　記録の範囲
#6.14.2　情報源
#6.14.3　記録の方法
#6.15　所属
#6.15.1　記録の範囲
#6.15.2　情報源
#6.15.3　記録の方法
#6.16　個人の言語
#6.16.1　記録の範囲
#6.16.2　情報源
#6.16.3　記録の方法
#6.17　略歴
#6.17.1　記録の範囲
#6.17.2　情報源
#6.17.3　記録の方法
#6.18　個人の識別子
#6.18.1　記録の範囲
#6.18.2　情報源
#6.18.3　記録の方法
#6.19　使用範囲
#6.19.1　記録の範囲
#6.19.2　情報源
#6.19.3　記録の方法
#6.20　使用期間
#6.20.1　記録の範囲
#6.20.2　情報源
#6.20.3　記録の方法
#6.21　確定状況
#6.21.1　記録の範囲
#6.21.2　情報源
#6.21.3　記録の方法
#6.22　名称未判別標示
#6.22.1　記録の範囲
#6.22.2　情報源
#6.22.3　記録の方法
#6.23　出典
#6.23.1　記録の範囲
#6.23.2　情報源
#6.23.3　記録の方法
#6.24　データ作成者の注記

#6 個人

#6.0 通則

この章では、個人の属性の記録について規定する。

個人には、共有筆名を使用する複数の個人を含む。また、伝説上または架空の個人、人間以外の実体をも含む。

記録する要素として、名称、名称以外の識別要素、説明・管理要素がある。個人の名称には、第一の識別要素である個人の優先名称と、個人の異形名称とがある。

#6.0.1 記録の目的

個人の属性の記録の目的は、個人の識別を可能とすることである。

#6.0.1.1 規定の構成

個人の属性については、その通則を#6.0で、名称を#6.1～#6.2で、名称以外の識別要素を#6.3～#6.8で、説明・管理要素を#6.9～#6.24で規定する。

(参照: 個人に対する典拠形アクセス・ポイントの構築については、#26を見よ。)

#6.0.2 情報源

個人の属性を記録するにあたって、その情報源は特に規定しない限りどこでもよい。

(参照: 優先名称については、#6.1.2を見よ。異形名称については、#6.2.2を見よ。)

#6.0.3 記録の方法

個人の名称は、規定した情報源から採用した情報を、#1.11～#1.12.3に従って記録する。

(参照: #6.1.4、#6.2.3を見よ。)

名称以外の識別要素は、#6.3.3～#6.8.3に従って記録する。

説明・管理要素は、#6.9.3～#6.24に従って記録する。

<#6.1～#6.2 個人の名称>

個人の名称は、エレメントである。

個人の名称には、次のエレメント・サブタイプがある。

a) 個人の優先名称（参照: #6.1を見よ。）
b) 個人の異形名称（参照: #6.2を見よ。）

#6.1 個人の優先名称

個人の優先名称は、個人の名称のエレメント・サブタイプである。

個人の優先名称は、コア・エレメントである。

#6.1.1 記録の範囲

個人の優先名称とは、個人を識別するために選択する名称である。優先名称はその個人に対する典拠形アクセス・ポイントの基礎としても使用する。

(参照: 個人に対する典拠形アクセス・ポイントの構築については、#26.1を見よ。)

優先名称として選択しなかった名称や、優先名称として選択した名称の異なる形は、異形名

第6章　個　人

称として記録することができる。
（参照：＃6.2を見よ。）

＃6.1.2　情報源

　　個人の優先名称の情報源は、＃6.1.3～＃6.1.3.2Dで特に規定しない限り、次の優先順位で採用する。

　　a)　個人と結びつく資料の優先情報源
　　b)　個人と結びつく資料に表示された、形式の整ったその他の情報
　　c)　その他の情報源（参考資料を含む）

（参照：＃6.0.2を見よ。）

＃6.1.3　優先名称の選択

　　個人の優先名称には、一般によく知られている名称を選択する。優先名称には、個人の本名、筆名、貴族の称号、あだ名、イニシャルなどがある。
（参照：同一個人の複数の名称については、＃6.1.3.1を見よ。同一名称の異なる形については、＃6.1.3.2を見よ。）

＃6.1.3.1　同一個人の複数の名称

　　個人の複数の異なる名称が、名称の変更によって生じた場合、または名称の使い分けによる場合は、＃6.1.3.1A～＃6.1.3.1Bに従う。それ以外の場合で、複数の異なる名称の中に最もよく知られている名称があるときは、それを優先名称として選択する。

　　　　　　Zico
　　　　　（本名：Arthur Antunes Coimbra）

　　最もよく知られている名称がない場合、または判断できない場合は、次の優先順位に従って優先名称を選択する。

　　a)　参考資料で多く用いられている名称
　　b)　その個人と結びつく資料で多く用いられている名称
　　c)　最新の名称

＃6.1.3.1A　名称の変更

　　個人が名称を変更した場合は、最新の名称を優先名称として選択する。ただし、以前の名称の方が、その個人のよりよく知られる名称であると判断した場合は、その名称を優先名称として選択する。
（参照：個人に対する典拠形アクセス・ポイントの構築については、＃26.1を見よ。）

　　　　　　佐多稲子
　　　　　（旧名称：窪川稲子）
　　　　　中村勘三郎18代目
　　　　　（旧名称：中村勘九郎5代目）

#6.1 個人の優先名称

#6.1.3.1A　名称の変更　別法

＊個人が新旧の名称で資料と結びつくか、または双方の名称で知られている場合は、それぞれの名称を優先名称として選択する。

選択したそれぞれの優先名称を基礎として典拠形アクセス・ポイントを構築し、相互に関連づける＊。

（参照：#46.1を見よ。）

  佐多稲子
   （情報源の表示：私の長崎地図　佐多稲子著）
  窪川稲子
   （情報源の表示：一袋の駄菓子　窪川稲子著）
   （佐多稲子と窪川稲子は同一個人。それぞれに対する典拠形アクセス・ポイントは、相互に関連づける。）
  中村勘九郎5代目
  中村勘三郎18代目
   （中村勘九郎5代目と中村勘三郎18代目は同一個人。それぞれに対する典拠形アクセス・ポイントは、相互に関連づける。）

#6.1.3.1B　名称の使い分け

個人が使用範囲を定めて複数の名称を使い分けている場合は、それぞれの名称を優先名称として選択する。

選択したそれぞれの優先名称を基礎として典拠形アクセス・ポイントを構築し、相互に関連づける。

（参照：#46.1を見よ。）

  中島梓
   （評論家として使用）
  栗本薫
   （小説家として使用）
   （中島梓、栗本薫それぞれに対する典拠形アクセス・ポイントは、相互に関連づける。）

#6.1.3.2　同一名称の異なる形

#6.1.3.2A　言語

個人の名称に複数の言語による形がある場合は、最もよく見られる言語による形を優先名称として選択する。

最もよく見られる言語による形を容易に特定できない場合は、その個人の居住国、活動国で最もよく見られる言語による形を選択する。最もよく見られる言語による形を判断できない場合は、データ作成機関で定める言語による形を選択する。

  薇薇夫人
   （英語名：Madame Wei Wei。最もよく見られる言語の形が日本語の場合）

第6章 個人

>   Paulus VI
>   (英語名: Paul VI、日本語名: パウルス6世)

#6.1.3.2A　言語別法

* 個人の名称は、データ作成機関で定める言語による形を優先名称として選択する *。

>   パウルス6世
>   (データ作成機関が日本語を優先言語とした場合)
>   Paul VI
>   (データ作成機関が英語を優先言語とした場合)

#6.1.3.2B　文字種・読み

a)　日本人

　　漢字および(または)仮名による表示形を優先名称として選択する。ただし、その他の表示形で一般に知られている場合は、これを選択する。読みは個人と結びつく資料の優先情報源における表示を優先して選択する。優先情報源に読みの表示がなければ、個人と結びつく資料のその他の情報源、参考資料、一般的な読みの順に選択する。

　　漢字および(または)仮名による表示形が不明な日本人の名称は、最もよく見られるその他の表示形を優先名称として選択する。

>   木村浩 || キムラヒロシ
>   (情報源の表示: Kimura Hiroshi。参考資料で漢字による表示形が判明する場合)
>   いしいひさいち || イシイヒサイチ
>   (すべて平仮名の筆名)
>   Tanaka Akira
>   (漢字および(または)仮名による表示形が不明な場合)

b)　中国人

　　漢字による表示形を優先名称として選択する。必要に応じて、データ作成機関の定めに従って、読みを記録する。

　　漢字による表示形が不明な中国人の名称は、片仮名による表示形、その他の表示形を、この優先順位で選択する。

>   呉昌碩 || ゴショウセキ
>   チャンリンリン
>   (漢字による表示形が不明な場合)
>   Lee Yuan Chuan
>   (漢字による表示形も片仮名による表示形も不明な場合)

c)　韓国・朝鮮人

　　漢字による表示形またはハングルによる表記の形を優先名称として選択する。必要に応じて、データ作成機関の定めに従って、読みを記録する。

　　漢字による表示形およびハングルによる表記の形が不明な韓国・朝鮮人の名称は、片仮

#6.1 個人の優先名称

名による表示形、その他の表示形を、この優先順位で選択する。

  金達寿 || キムタルス
  （母語読みを採用）
  金洪信 || キンコウシン
  （日本語読みを採用）
  김상환
  （漢字による表示形の有無にかかわらず、ハングルによる表記の形を採用し、かつ読みを記録しない場合）
  チャンキホン
  （片仮名による表示形のみ判明する場合）
  Lee Seo-Hang
  （ラテン文字による表示形のみ判明する場合）

d) 日本人、中国人、韓国・朝鮮人以外の個人

　　表示形または翻字形を優先名称として選択する。

（参照：#6.1.3.2Aを見よ。）

  Jean-Jacques Rousseau
  Велимир Хлебников
  Galina Sergeevna Ulanova
  （情報源の表示：Галина Сергеевна Уланова）

#6.1.3.2B　文字種・読み　別法

a) 日本人

　　漢字および（または）仮名による表示形を優先名称として選択する。ただし、その他の表示形で一般に知られている場合は、これを選択する。読みは個人と結びつく資料の優先情報源における表示を優先して選択する。優先情報源に読みの表示がなければ、個人と結びつく資料のその他の情報源、参考資料、一般的な読みの順に選択する。

　　＊漢字および（または）仮名による表示形が不明な日本人の名称は、最もよく見られるその他の表示形からデータ作成機関が片仮名表記形を作成して、優先名称として選択する＊。

  木村浩 || キムラヒロシ
  （情報源の表示：Kimura Hiroshi。参考資料で漢字による表示形が判明する場合）
  いしいひさいち || イシイヒサイチ
  （すべて平仮名の筆名）
  タナカアキラ
  （情報源の表示：Tanaka Akira）

b) 中国人

　　漢字による表示形を優先名称として選択する。＊その読みは、日本語読み、母語読みの

— 423 —

第 6 章　個　人

　　優先順位で選択する。なお、漢字の人名のみに使用される日本語読みは、それを選択する。
　　　漢字による表示形が不明な中国人の名称は、片仮名表記形を選択する＊。
　　　　　干宝 || カンポウ
　　　　　（情報源の表示：干寶）
　　　　　リーユェンチュアン
　　　　　（ラテン文字による表示形のみ判明、データ作成機関が片仮名表記形を作成した場合）

c)　韓国・朝鮮人
　　　＊漢字による表示形を優先名称として選択する。韓国・朝鮮人の名称に含まれるハングルは、漢字または片仮名に置き換える。その読みは、母語読み、日本語読みの優先順位で選択する。
　　　漢字による表示形が不明な韓国・朝鮮人の名称は、片仮名表記形を選択する＊。
　　　　　金達寿 || キムタルス
　　　　　（母語読みを採用）
　　　　　金洪信 || キンコウシン
　　　　　（母語読みが不明で、日本語読みを採用）
　　　　　キムサンホァン
　　　　　（ハングルによる表示形のみ判明する場合）
　　　　　チャンキホン
　　　　　（漢字による表示形が不明な場合）
　　　　　イソハン
　　　　　（情報源の表示：Lee Seo-Hang。ラテン文字による表示形のみ判明する場合）

d)　日本人、中国人、韓国・朝鮮人以外の個人
　　　＊最もよく見られる片仮名による表示形またはデータ作成機関が入手した資料に見られる片仮名による表示形を、優先名称として選択する。
　　　片仮名による表示形が不明な場合は、データ作成機関がその他の表示形または翻字形から片仮名表記形を作成して、優先名称として選択する＊。
　　（参照：＃6.1.3.2 A 別法を見よ。）
　　　　　チャールズ ディケンズ
　　　　　（情報源の表示：Charles Dickens）

＃6.1.3.2 C　詳細度

　個人の名称に詳細度の異なる形が複数ある場合は、最もよく見られる形を優先名称として選択する。
　最もよく見られる形を容易に特定できない場合は、最新の形を選択する。最新の形を判断できない場合は、より詳細な形を選択する。
　　　　　Karl Marx
　　　　　（Karl Heinrich Marx という形もあり。）

James Duff Brown
（J. D. Brown、James D. Brown という形もあり。）

#6.1.3.2 D　綴り

　個人の同一名称に複数の綴りがあり、それが翻字の相違に由来しない場合は、最もよく見られる形を選択し、多くの形が不明の場合は、最初に入手した資料に現れる形を選択する。

　翻字の相違に由来する場合は、データ作成機関で定める翻字法による形またはよく見られる形を採用することを原則とする。

　　　金子みすゞ
　　　（「金子みすず」の表記もあり。）
　　　ウィリアム　シェイクスピア
　　　（シェークスピア、セキスピア、沙士比阿など多様な表記あり。）

#6.1.4　記録の方法

　個人の優先名称は、#6.0.3 および #6.1.4.1 ～ #6.1.8.6 に従って記録する。
（参照：#1.11 ～ #1.12.3 を見よ。）
（参照：言語および文字種の選択については、#6.1.3.2 A、#6.1.3.2 A 別法、#6.1.3.2 B、#6.1.3.2 B 別法を見よ。）
（参照：各種の名称の記録の方法については、#6.1.5 ～ #6.1.8.6 を見よ。）

#6.1.4.1　姓名の形をもつ名称

　姓名の形をもつ名称は、姓を記録し、コンマ、スペースで区切って、名を記録する。名称に含まれる尊称や敬称は省略する。

　　　湯川, 秀樹 || ユカワ, ヒデキ
　　　ノグチ, イサム
　　　Shakespeare, William
　　　安岡, 正篤 || ヤスオカ, マサヒロ
　　　（「安岡正篤先生」の敬称を省略）
　　　近衛, 文麿 || コノエ, フミマロ
　　　（「近衛文麿閣下」の敬称を省略）
　　　佐藤, 信淵 || サトウ, ノブヒロ
　　　（「佐藤信淵大人」の敬称を省略）

　姓名の形をもつ名称は、本名の場合も筆名の場合もある。また、複数の個人による共有筆名で、姓と名のように慣用されている名称の場合もある。

　　　Queen, Ellery
　　　霧島, 那智 || キリシマ, ナチ

#6.1.4.2　姓または名のみの名称

　姓または名の一方しか明らかでないか、一方でのみ知られている個人は、その名称を記録する。敬称等の語句を伴う場合に、識別に必要なときは、省略せず、コンマ、スペースで区切っ

第 6 章　個　人

て記録する。ただし、その語句が姓または名と分かちがたい場合は、コンマ、スペースで区切らずに続けて記録する。

　　　　梁田 || ヤナダ
　　　　園 || ソノ
　　　　千代尼 || チヨニ

＃6.1.4.3　姓と名から構成されていない名称

　姓と名から構成されていない名称は、本名の場合も筆名の場合もある。また、複数の個人による共有筆名の場合もある。

　姓と名から構成されていない名称は、表示されている形で記録する。読みを記録する場合は、適切な単位に分かち書きして記録する。

　　　　空海 || クウカイ
　　　　清少納言 || セイ　ショウナゴン
　　　　Alain
　　　　Saki
　　　　イチロー

　記号や数字を含む名称、句や文の形の名称、団体名の形をとる名称などは、表示されている形で記録する。読みを記録する場合は、適切な単位に分かち書きして記録する。

　　　　5・SEASON
　　　　326 || ミツル
　　　　69 Cherry ||ロッキン　チェリー
　　　　実名を出すとヤバイ騎手 || ジツメイ　オ　ダス　ト　ヤバイ　キシュ
　　　　Dai@だいすきらんど || Dai @ ダイスキ　ランド

　配偶者や家族、親戚などの名称と、その続柄を表す語句や続柄の敬称等の語句を含む場合は、それらの語句を含めて記録する。漢字および（または）仮名による表示形、またはハングルによる表記の形の場合は、表示されている形で記録する。その他の表示形または翻字形の場合は、コンマ、スペースで区切って記録する。

（参照：日本人の名称については、＃6.1.5.5を見よ。日本人、中国人、韓国・朝鮮人以外の個人の名称については、＃6.1.8.6を見よ。）

　　　　藤原道綱母 || フジワラ　ミチツナ　ノ　ハハ
　　　　Wood, Henry, Mrs.

＃6.1.4.4　世系

　世系は、優先名称の一部として記録する。

（参照：日本人の世系については、＃6.1.5.6を見よ。日本人、中国人、韓国・朝鮮人以外の個人の世系については、＃6.1.8.5、＃6.1.8.6を見よ。）

　世系は、よく見られる形を記録する。ただし、複数の個人が同一名称を有する場合は、世系

#6.1 個人の優先名称

の形は一貫したものとする。

   林家, 正蔵 9代目 || ハヤシヤ, ショウゾウ 9ダイメ
   Paulus VI

<#6.1.5～#6.1.8　各種の名称>
#6.1.5　日本人の名称

　日本人の名称は、#6.1.4～#6.1.4.4によるほか、次のとおりとする。

　漢字および（または）仮名による表示形を選択した日本人の名称は、あわせてその読みを記録する。漢字は、原則として個人と結びつく資料や参考資料でよく見られる字体で記録する。読みは、片仮名読み形および（または）ローマ字読み形で、姓名をコンマ、スペースで区切って記録するか、適切な単位に分かち書きして記録する。読みと表示形が完全に一致する場合は、読みの記録を省略できる。

　その他の表示形を選択した日本人の名称は、姓を記録し、コンマ、スペースで区切って、名を記録するか、適切な単位に分かち書きして記録する。読みと表示形が完全に一致する場合は、読みの記録を省略できる。

（参照：文字種、読みの選択については、#6.1.3.2Ba)を見よ。）

   髙橋, 健三 || タカハシ, ケンゾウ
   芥川, 龍之介 || アクタガワ, リュウノスケ
   やなせ, たかし || ヤナセ, タカシ
   （すべて平仮名の筆名）
   スガ, シカオ
   （すべて片仮名の芸名）
   村山, リウ || ムラヤマ, リュウ
   （表記と読みが異なる例）
   Tanaka, Akira
   （アルファベットの形を選択した例）

#6.1.5　日本人の名称　別法

　日本人の名称は、#6.1.4～#6.1.4.4によるほか、次のとおりとする。

　漢字および（または）仮名による表示形を選択した日本人の名称は、あわせてその読みを記録する。*漢字は、原則として常用漢字で記録する。読みは、片仮名読み形で、姓名をコンマ、スペースで区切って記録するか、適切な単位に分かち書きして記録する*。読みと表示形が完全に一致する場合は、読みの記録を省略できる。

　片仮名表記形を選択した日本人の名称は、姓を記録し、コンマ、スペースで区切って、名を記録するか、適切な単位に分かち書きして記録する。読みと片仮名表記形が完全に一致する場合は、読みの記録を省略できる。

（参照：文字種、読みの選択については、#6.1.3.2B別法a)を見よ。）

第6章 個　人

  高橋, 健三 || タカハシ, ケンゾウ
   （情報源の表示：高橋健三）
  芥川, 竜之介 || アクタガワ, リュウノスケ
   （情報源の表示：芥川龍之介）
  やなせ, たかし || ヤナセ, タカシ
   （すべて平仮名の筆名）
  スガ, シカオ
   （すべて片仮名の筆名）
  村山, リウ || ムラヤマ, リュウ
   （表記と読みが異なる例）
  タナカ, アキラ
   （ラテン文字による表示形のみ判明していて、データ作成機関で作成した片仮名表記形を選択した例）

#6.1.5.1　複合姓等

複合姓のように、日本人の名称の要素と外国人の名称の要素から構成されている名称は、本人が常用している形か、慣用形で記録する。

  レブリング寺岡, 朋子 || レブリング　テラオカ, トモコ
  小川リール, 好子 || オガワ　リール, ヨシコ

#6.1.5.2　姓名の順が逆転している名称

名、姓の順に構成されている筆名、芸名などは、その順に、コンマで区切らずに記録する。その読みは、分かち書きして記録する。

  ジェームス三木 || ジェームス　ミキ
  フランキー堺 || フランキー　サカイ

#6.1.5.3　姓と名のように慣用されている名称

姓と名ではないが、姓と名のように慣用されている名称は、姓と名の場合と同様の形で記録する。

 a)　姓と雅号から成る名称
   松尾, 芭蕉 || マツオ, バショウ
   島崎, 藤村 || シマザキ, トウソン
 b)　全体が筆名、雅号、屋号である名称
   東洲斎, 写楽 || トウシュウサイ, シャラク
   十返舎, 一九 || ジッペンシャ, イック
   三遊亭, 円朝 || サンユウテイ, エンチョウ
   江戸川, 乱歩 || エドガワ, ランポ
   獅子, 文六 || シシ, ブンロク
 c)　地名が姓のように慣用されている名称
   佐倉, 惣五郎 || サクラ, ソウゴロウ

（姓は木内だが、地名と結びつく名称で知られている。）

#6.1.5.4　姓名の間に「ノ」を入れて読む名称
おおよそ中世までの人名で慣用される、姓と名の間の「ノ」の読みは、原則として記録しない。ただし、姓が短い場合に例外的に「ノ」を記録することがある。

　　　山部, 赤人 || ヤマベ, アカヒト
　　　源, 実朝 || ミナモト, サネトモ
　　　千, 利休 || セン, リキュウ
　　　太, 安麻侶 || オオノ, ヤスマロ
　　　紀, 貫之 || キノ, ツラユキ

#6.1.5.5　姓と名から構成されていない名称
姓と名から構成されていない名称は、表示されている形で記録し、その読みは、適切な単位に分かち書きして記録する。

　　　和泉式部 || イズミ シキブ
　　　束芋 || タバ イモ

#6.1.5.6　世系を含む名称
世襲する世系は、よく見られる形を優先名称の最後に記録する。ただし、複数の個人が同一名称を有する場合は、世系の形は一貫したものとする。

　　　中村, 雀右衛門 4世 || ナカムラ, ジャクエモン 4セイ
　　　林家, 正蔵 9代目 || ハヤシヤ, ショウゾウ 9ダイメ

（参照：#6.1.4.4を見よ。）

#6.1.5.7　天皇・皇族の名称
天皇、皇后、皇太子、皇太子妃は、敬称とあわせて、「天皇陛下」、「皇后陛下」、「皇太子殿下」、「皇太子妃殿下」と記録する。

追号された天皇、皇后は、その追号を記録する。

　　　昭和天皇 || ショウワ テンノウ
　　　香淳皇后 || コウジュン コウゴウ

親王、内親王は、名と「親王殿下」または「内親王殿下」をあわせて記録する。

宮家を創設または継承した親王については、宮号を姓とみなして、通常の姓名の形をもつ名称として記録する。その宮家の親王妃、親王、内親王、王、女王などについても、同様の形で記録する。

　　　秋篠宮, 文仁 || アキシノノミヤ, フミヒト
　　　高円宮, 久子 || タカマドノミヤ, ヒサコ
　　　三笠宮, 彬子 || ミカサノミヤ, アキコ

#6.1.6　中国人の名称
中国人の名称は、#6.1.4～#6.1.4.4によるほか、次のとおりとする。

第6章 個　人

　a）　漢字による表示形を選択した中国人の名称は、原則として個人と結びつく資料や参考資料でよく見られる字体（繁体字・簡体字を含む）で記録する。読みは、必要に応じて記録する。片仮名読み形および（または）ローマ字読み形（ピンインを含む）で、姓名をコンマ、スペースで区切って記録するか、適切な単位に分かち書きして記録する。

　b）　その他の表示形を選択した中国人の名称は、姓を記録し、コンマ、スペースで区切って、名を記録するか、適切な単位に分かち書きして記録する。読みは、必要に応じて記録する。片仮名読み形および（または）ローマ字読み形（ピンインを含む）で、姓名をコンマ、スペースで区切って記録するか、適切な単位に分かち書きして記録する。

（参照：文字種、読みの選択については、#6.1.3.2 B b) を見よ。）

　　　　毛, 沢東 || モウ, タクトウ
　　　　葉, 昌熾 || ショウ, ショウシ
　　　　沈, 復 || シン, フク
　　　　蘇, 軾 || ソ, ショク
　　　　シュエ, シャオルー
　　　　Lee, Yuan Chuan

#6.1.6　中国人の名称　別法

中国人の名称は、#6.1.4～#6.1.4.4によるほか、次のとおりとする。

　a）　＊漢字による表示形を選択した中国人の名称は、原則として常用漢字で記録する。繁体字・簡体字は、対応するものがあれば常用漢字に置き換える。あわせてその読みを記録する。読みは、片仮名読み形で、姓名をコンマ、スペースで区切って記録するか、適切な単位に分かち書きして記録する。

　b）　片仮名による表示形または片仮名表記形を選択した中国人の名称は、姓を記録し、コンマ、スペースで区切って、名を記録するか、適切な単位に分かち書きして記録する。あわせてその読みを記録する。読みと片仮名による表示形または片仮名表記形が完全に一致する場合は、読みの記録を省略できる＊。

（参照：文字種、読みの選択については、#6.1.3.2 B 別法b) を見よ。）

　　　　干, 宝 || カン, ポウ
　　　　（情報源の表示：干寶）
　　　　リー, ユェンチュアン

#6.1.7　韓国・朝鮮人の名称

韓国・朝鮮人の名称は、#6.1.4～#6.1.4.4によるほか、次のとおりとする。

　a）　漢字による表示形を選択した韓国・朝鮮人の名称は、原則として個人と結びつく資料や参考資料でよく見られる字体（ハングルを含む場合がある）で記録する。読みは、必要に応じて記録する。片仮名読み形および（または）ローマ字読み形、またはハングル読み形で、姓名をコンマ、スペースで区切って記録するか、適切な単位に分かち書きして記録する。

#6.1 個人の優先名称

　b)　ハングルによる表記の形またはその他の表示形を選択した韓国・朝鮮人の名称は、姓を記録し、コンマ、スペースで区切って、名を記録するか、適切な単位に分かち書きして記録する。読みは、必要に応じて記録する。片仮名読み形および（または）ローマ字読み形、またはハングル読み形で、姓名をコンマ、スペースで区切って記録するか、適切な単位に分かち書きして記録する。

（参照：文字種、読みの選択については、#6.1.3.2Ｂc)を見よ。）

　　　　李, 御寧 || イ, オリョン
　　　　安, 宇植 || アン, ウシク
　　　　李, 恢成 || イ, フェソン
　　　　安里, 미겔 || アサト, ミゲル
　　　　（漢字とハングル）
　　　　チャン, キホン

#6.1.7　韓国・朝鮮人の名称　別法

　韓国・朝鮮人の名称は、#6.1.4～#6.1.4.4によるほか、次のとおりとする。

　a)　＊漢字による表示形を選択した韓国・朝鮮人の名称は、原則として常用漢字で記録する。すべてまたは一部がハングルの場合は、漢字および（または）仮名に置き換えて記録する。あわせてその読みを記録する。読みは、片仮名読み形で、姓名をコンマ、スペースで区切って記録するか、適切な単位に分かち書きして記録する。

　b)　片仮名による表示形または片仮名表記形を選択した韓国・朝鮮人の名称は、姓を記録し、コンマ、スペースで区切って、名を記録するか、適切な単位に分かち書きして記録する。あわせてその読みを記録する。読みと片仮名による表示形または片仮名表記形が完全に一致する場合は、読みの記録を省略できる＊。

（参照：文字種、読みの選択については、#6.1.3.2Ｂ別法c)を見よ。）

　　　　安里, ミゲル || アサト, ミゲル
　　　　（情報源の表示：安里미겔）

#6.1.8　日本人、中国人、韓国・朝鮮人以外の個人の名称

　日本人、中国人、韓国・朝鮮人以外の個人の名称は、#6.1.4～#6.1.4.4によるほか、次のとおりとする。

　日本人、中国人、韓国・朝鮮人以外の個人の名称は、表示形または翻字形で記録する。姓または名がイニシャルで表示されている場合は、イニシャルの後にピリオドを付す。イニシャルの字間にはスペースを置いて記録する。読みは、原則として記録しない。

　　　　Shakespeare, William
　　　　Ablon, J. Stuart
　　　　Deal, William S.
　　　　Ulanova, Galina Sergeevna

第6章 個　人

　　　　（表示形：Уланова, Галина Сергеевна）
　　　Nguyen, Kien

＃6.1.8　日本人、中国人、韓国・朝鮮人以外の個人の名称　別法

　日本人、中国人、韓国・朝鮮人以外の個人の名称は、＃6.1.4～＃6.1.4.4によるほか、次のとおりとする。

　＊日本人、中国人、韓国・朝鮮人以外の個人の名称は、片仮名表記形で、姓名をコンマ、スペースで区切って記録するか、適切な単位に分かち書きして記録する＊。姓または名がイニシャルで表示されている場合は、イニシャルの後にピリオドを付す。イニシャルの字間にはスペースを置いて記録する。＊姓、名、またはそれに相当する語句のいずれかが複数の語から成る場合は、その複数の語の間に中点（・）を入れて記録する。複合姓の場合は、等号（＝）を使用することができる＊。読みは、原則として記録しない。

　　　マルチノ, R. L.
　　　ジェームズ, P. D.
　　　ラ・フォンテーヌ, ジャン・ド
　　　フィッシャー＝ディースカウ, ディートリヒ

＃6.1.8.1　前置語を含む名称

　名称に含まれる前置語の扱いは、本人が常用するか最も多く使用する言語の慣習、または居住国の慣習に従う。複数の言語の使用や移住などによって適切な言語および居住国を判断できない場合は、それらのうちから、データ作成機関で定める言語の慣習、新しい居住国の慣習、名称の言語の慣習の順に従う。

　　　De Morgan, Mary
　　　　（情報源の表示：Mary De Morgan）
　　　Goethe, Johann Wolfgang von
　　　　（情報源の表示：Johann Wolfgang von Goethe）
　　　Zur Mühlen, Hermynia
　　　　（情報源の表示：Hermynia zur Mühlen）
　　　La Fontaine, Jean de
　　　　（情報源の表示：Jean de La Fontaine）
　　　Vega, Garcilaso de la
　　　　（情報源の表示：Garcilaso de la Vega）
　　　ミュッセ, アルフレッド・ド
　　　ゲーテ, ヨハン・ウォルフガング・フォン
　　　フォン・ノイマン, ジョン
　　　ラ・フォンテーヌ, ジャン・ド
　　　デュ・ボス, シャルル
　　　ヴァン・ヴォクト, アルフレッド・エルトン

＃6.1.8.2　複合姓

#6.1 個人の優先名称

複合姓は、本人が常用している形か、慣用形を記録する。

  Meyer-Förster, Wilhelm
  Ortega y Gasset, José
  マイヤー・フェルスター, ヴィルヘルム
  オルテガ・イ・ガセット, ホセ

常用している形が不明であり、参考資料によって慣用形も決定できない場合は、姓とみなされる部分の最初の語を、名称の最初の部分として記録する。

#6.1.8.3 西洋の貴族の名称

a) 西洋の貴族がその称号で知られている場合

称号中の固有名の部分、姓名、称号中の爵位の部分の順に、コンマ、スペースで区切って記録する。

  Caylus, Anne Claude Philippe, comte de

貴族の称号中に地名が含まれていて不可分な場合は、称号中の固有名の一部として記録する。称号と不可分かどうか判断できない場合は、地名を省略する。

姓名は、表示されている順に記録する。表示されていない名は記録しない。

b) 西洋の貴族がその姓名で知られている場合

称号を優先名称に含めず、通常の姓と名から成る名称として記録する。称号は、名称以外の識別要素として記録することができる。

（参照：#6.4を見よ。）

#6.1.8.4 父称を含む名称

名、父称、姓から構成される名称は、原則として、最初に姓を記録し、コンマ、スペースで区切って、名と父称を表示されている順に記録する。

名と父称から構成される名称は、原則として、最初の名を記録し、残りの名と父称を表示されている順に記録する。父称が最初に表示されている場合は、最初の名を記録し、コンマ、スペースで区切って、父称およびその他の名を記録する。

IFLAによる *Names of Persons* 等の参考資料も適用する。

#6.1.8.5 王族の名称

王族の名称は、名のみの名称として記録する。ただし、王家、王朝、地名、姓、王位継承を示す数字を含む形で知られる場合は、表示されているとおりの順に記録する。

  Victoria
  Gustav II Adolf

もはや王族とみなされない場合は、#6.1.4～#6.1.4.4および#6.1.8～#6.1.8.4に従って記録する。

#6.1.8.6 その他の語句を含む名称

第6章 個 人

　続柄を示す語句や世系などの数字を含む名称は、それらの語句や数字を名の後にコンマ、スペースで区切って記録する。
（参照：姓または名のみの場合は、＃6.1.4.2、＃6.1.8.5を見よ。）

　　　　King, Martin Luther, Jr.
　　　　Dumas, Alexandre, père
　　　　Jones, William Davis, III

　ただし、ポルトガル語のFilho、Junior、Neto、Sobrinhoは姓の一部として記録する。

　　　　Lopes Neto, João Simões

　名とそれと結びつけられている出身地、居住地、職業、特徴を示す語句で知られている名称は、それらの語句を、名の後にコンマ、スペースで区切って記録する。

　　　　Leonardo, da Vinci
　　　　トマス，アクィナス

＃6.2　個人の異形名称

　個人の異形名称は、個人の名称のエレメント・サブタイプである。

＃6.2.1　記録の範囲

　個人の優先名称として選択しなかった名称を、異形名称として記録することができる。また、優先名称として選択した名称の異なる形も、異形名称として記録することができる。

＃6.2.2　情報源

　個人の異形名称の情報源には、個人と結びつく資料および（または）参考資料を採用する。
（参照：＃6.0.2を見よ。）

＃6.2.3　記録の方法

　個人の異形名称は、＃6.0.3および次の規定に従って記録する。その読みを記録する場合は、＃6.1.4～＃6.1.7別法を適用して記録する。
（参照：＃1.11～＃1.12.3を見よ。）

＃6.2.3A　異なる名称

　個人の優先名称として選択しなかった名称を、異形名称として記録する。次のような場合がある。

　a）　本名

　　　　金子，テル ‖ カネコ，テル
　　　　　（優先名称：金子，みすゞ ‖ カネコ，ミスズ）
　　　　森，林太郎 ‖ モリ，リンタロウ
　　　　　（優先名称：森，鴎外 ‖ モリ，オウガイ）
　　　　小林，清 ‖ コバヤシ，キヨシ
　　　　　（優先名称：キヨシ小林 ‖ キヨシ コバヤシ）
　　　　Porter, William Sydney

(優先名称: Henry, O.)

b) 筆名

吉村, 冬彦 || ヨシムラ, フユヒコ
(優先名称: 寺田, 寅彦 || テラダ, トラヒコ)

c) 旧名称または新名称

臼井, 千代 || ウスイ, チヨ
(旧名称。優先名称: 植川, 千代 || ウエカワ, チヨ)

d) 俗名

佐藤, 義清 || サトウ, ノリキヨ
(優先名称: 西行 || サイギョウ)

e) 聖職名

順譽, 紀雄 || ジュンヨ, キユウ
(優先名称: 大橋, 紀雄 || オオハシ, ノリオ)

f) その他

伝教大師 || デンギョウ ダイシ
(優先名称: 最澄 || サイチョウ)

#6.2.3B 同一名称の異なる形

個人の優先名称として選択した名称と形が異なる同一名称は、異形名称として記録する。次のような場合がある。

a) 言語が異なる形

Joan, of Arc
(優先名称: Jeanne, d'Arc)

b) 文字種が異なる形

シェイクスピア, ウィリアム
(優先名称: Shakespeare, William)
Shakespeare, William
(優先名称: シェイクスピア, ウィリアム)
(#6.1.3.2B 別法 d) 採用の場合)
Чехов, Антон Павлович
(優先名称: Chekhov, Anton Pavlovich)
武川, 行秀 || タケカワ, ユキヒデ
(優先名称: タケカワ, ユキヒデ)
Furudate, Katsuaki
(優先名称: 古館, 克明 || フルダテ, カツアキ)

c) 読みのみ異なる形

吉井, 亜彦 || ヨシイ, アヒコ

第6章 個　人

　　　　　　（優先名称：吉井, 亜彦 || ヨシイ, ツグヒコ）
d）　詳細度が異なる形
　　　　Millard, Alan
　　　　Millard, Alan Ralph
　　　　（優先名称：Millard, A. R.）
　　　　マルクス, カール ハインリヒ
　　　　（優先名称：マルクス, カール）
e）　綴りが異なる形
　　　　金子, みすず || カネコ, ミスズ
　　　　（優先名称：金子, みすゞ || カネコ, ミスズ）
f）　漢字の字体が異なる形
　　　　髙樹, のぶ子 || タカギ, ノブコ
　　　　（優先名称：高樹, のぶ子 || タカギ, ノブコ）
　　　　森, 鷗外 || モリ, オウガイ
　　　　（優先名称：森, 鴎外 || モリ, オウガイ）
　　　　小林, 與次右衛門 || コバヤシ, ヨジエモン
　　　　小林, 与次右ヱ門 || コバヤシ, ヨジエモン
　　　　（優先名称：小林, 与次右衛門 || コバヤシ, ヨジエモン）
g）　前置語の扱いが異なる形
　　　　Gaulle, Charles de
　　　　（優先名称：De Gaulle, Charles）
　　　　アミーチス, エドモンド・デ
　　　　（優先名称：デ・アミーチス, エドモンド）
h）　その他

＜＃6.3～＃6.8　名称以外の識別要素＞

＃6.3　個人と結びつく日付

　個人と結びつく日付は、エレメントである。

　個人と結びつく日付のうち、個人の生年および（または）没年はコア・エレメントである。生年および没年がともに不明であれば、個人の活動期間は、同一名称の他の個人と判別するために必要な場合は、コア・エレメントである。

＃6.3.1　記録の範囲

　個人と結びつく日付には、生年、没年、活動期間がある。

　個人と結びつく日付は、その個人に対する統制形アクセス・ポイントの一部として、または独立したエレメントとして、あるいはその双方として記録する。
（参照：典拠形アクセス・ポイントの一部となる場合は、＃26.1.2、＃26.1.2任意追加、＃26.1.4、＃26.1.4任意追加を見よ。）

#6.3.1.1 エレメント・サブタイプ

個人と結びつく日付には、次のエレメント・サブタイプがある。

a) 生年（参照：#6.3.3.1を見よ。）
b) 没年（参照：#6.3.3.2を見よ。）
c) 個人の活動期間（参照：#6.3.3.3を見よ。）

#6.3.2 情報源

個人と結びつく日付は、どの情報源に基づいて記録してもよい。
（参照：#6.0.2を見よ。）

#6.3.3 記録の方法

個人と結びつく日付は、原則として西暦年をアラビア数字で記録する。推定年の場合は、「?」を付加して記録する。推定年については、2年間のいずれか不明な場合に2つの年を「または」または「or」で続けて記録することも、おおよその年のみが判明している場合に「頃」または「approximately」を付して記録することもできる。

#6.3.3 記録の方法 任意追加

個人と結びつく日付は、月または月日まで記録する。この場合は、年、月、日の順に記録する。月、日については、データ作成機関で定める言語または数字で記録する。

> 2014 August 27
> 1998.10.2

#6.3.3.1 生年

生年は、個人と結びつく日付のエレメント・サブタイプである。

生年は、コア・エレメントである。

個人が生まれた年を記録する。

> 1950
> 1887
> 　（情報源の表示：明治20年生まれ）
> 1918?
> 　（推定の生年）

#6.3.3.2 没年

没年は、個人と結びつく日付のエレメント・サブタイプである。

没年は、コア・エレメントである。

個人が没した年を記録する。

> 2012
> 53 B.C.
> 　（紀元前の場合）
> A.D. 18

第6章　個　人

(53 B.C.-A.D. 18 のように生没年が紀元前後にまたがる場合)

#6.3.3.3　個人の活動期間

個人の活動期間は、個人と結びつく日付のエレメント・サブタイプである。

個人の活動期間は、生年および没年がともに不明な場合に、同一名称の他の個人と判別するために必要なときは、コア・エレメントである。

個人がその主な活動分野で活動した期間または職業に従事した期間を記録する。

活動期間は、開始年と終了年をハイフンで結んで記録する。活動期間を年で示せない場合は、その個人が活動していた世紀を記録する。和古書・漢籍の著者などの個人と結びつく日付の場合は、可能な範囲で年代を限定できる語句を記録する。

　　　元禄-正徳頃
　　　貞享頃？
　　　17世紀

#6.4　称号

称号は、エレメントである。

称号のうち、個人が王族、貴族、聖職者であることを示す称号は、コア・エレメントである。その他の称号は、同一名称の他の個人と判別するために必要な場合は、コア・エレメントである。

#6.4.1　記録の範囲

称号は、王族、貴族、聖職者であることを示す語句、およびその他の階級、名誉、公職者であることを示す語句（学位、組織の構成員であることを表す語のイニシャルおよび（または）略語を含む）を記録する。

個人の称号は、その個人に対する統制形アクセス・ポイントの一部として、または独立したエレメントとして、あるいはその双方として記録する。

（参照：典拠形アクセス・ポイントの一部となる場合は、#26.1.1、#26.1.1任意追加を見よ。）

a)　王族の場合は、その称号に王族の配偶者、子、孫まではそれを意味する語句を含める。
　　（参照：#6.1.5.6、#6.1.8.5を見よ。）
b)　貴族の名称が、その称号で知られている場合は、称号を優先名称の一部として扱い、名称以外の識別要素としては扱わない。称号を優先名称の一部として扱わない場合は、名称以外の識別要素として記録する。
　　（参照：#6.1.8.3を見よ。）
c)　聖職者を示す語句は、それを記録する。1人の個人が複数の称号を有している場合は、最も上位の称号を記録する。
d)　その他の称号は、階級、名誉、公職者であることを示す語句が名称に付される敬称である場合に記録する。その他の称号には、性別や既婚・未婚の別を示す敬称は含まない。

#6.4.2　情報源

#6.4 称号

称号は、どの情報源に基づいて記録してもよい。

（参照：#6.0.2を見よ。）

#6.4.3 記録の方法

王族、貴族、聖職者の称号、その他の称号は、次のa)～d)に従って記録する。

a) 王族は、データ作成機関で定める言語で記録する。最高位者の称号（王、女王、皇帝、皇后、大公など）を有する者の場合は、その称号と国名を記録する。その配偶者の場合は、それが分かるように記録する。最高位者の子または孫の場合は、その称号を記録する。最高位者の子または孫が、知られている称号だけでは判別できない場合は、名称に関係する他の称号または最高位者の名称と、子または孫であることが分かる情報を追加して記録する。

  King of Spain

b) 貴族の場合は、その称号が授与された言語で記録する。

  伯爵
  Baron

c) 聖職者は、ローマ教皇、対立教皇の場合は、「教皇」、「対立教皇」または「Pope」、「Antipope」と記録する。その他の聖職者の場合は、その称号をデータ作成機関で定める言語で記録する。個人が所属する教団の略称などをその称号とともに使用している場合は、その略称を含めて記録する。

  天台座主
  大宮司
  Lama

d) その他の称号は、その称号が与えられた言語または個人の居住国で使用されている言語で記録する。

  Ph. D.

#6.4.3 記録の方法　別法

* 王族、貴族、聖職者の称号、その他の称号は、データ作成機関で定める言語で記録する。個人が所属する教団の略称などをその称号とともに使用している場合は、その略称を含めて記録する *。

  英国女王
  侯爵

#6.5 活動分野

活動分野は、エレメントである。

活動分野は、同一名称の他の個人と判別するために必要な場合は、コア・エレメントである。優先名称が個人の名称であることが不明確な場合に、職業を記録しないときは、コア・エレメントである。

第 6 章　個　人

#6.5.1　記録の範囲
　活動分野は、個人が従事している、または従事していた活動領域や専門分野等である。
　活動分野は、その個人に対する統制形アクセス・ポイントの一部として、または独立したエレメントとして、あるいはその双方として記録する。
（参照：典拠形アクセス・ポイントの一部となる場合は、#26.1.5、#26.1.5任意追加を見よ。）

#6.5.2　情報源
　活動分野は、どの情報源に基づいて記録してもよい。
（参照：#6.0.2を見よ。）

#6.5.3　記録の方法
　活動分野を示す語句をデータ作成機関で定める言語で記録する。
　　　　数学
　　　　政治学
　　　　音楽批評

#6.6　職業
　職業は、エレメントである。
　職業は、同一名称の他の個人と判別するために必要な場合は、コア・エレメントである。優先名称が個人の名称であることが不明確な場合に、活動分野を記録しないときは、コア・エレメントである。

#6.6.1　記録の範囲
　職業は、個人が一般に生業として従事している業種である。
　職業は、その個人に対する統制形アクセス・ポイントの一部として、または独立したエレメントとして、あるいはその双方として記録する。
（参照：典拠形アクセス・ポイントの一部となる場合は、#26.1.5、#26.1.5任意追加を見よ。）

#6.6.2　情報源
　職業は、どの情報源に基づいて記録してもよい。
（参照：#6.0.2を見よ。）

#6.6.3　記録の方法
　職業を示す語句をデータ作成機関で定める言語で記録する。
　　　　翻訳家
　　　　弁護士

#6.7　展開形
　展開形は、エレメントである。
　展開形は、同一名称の他の個人と判別するために必要な場合は、コア・エレメントである。

#6.7.1　記録の範囲

#6.7 展開形

展開形は、ラテン文字等から成る個人の優先名称またはその一部が、イニシャル、略語、短縮形などである場合の完全な形である。ラテン文字等から成る優先名称に含まれなかった姓または名を含める形もある。

展開形は、その個人に対する統制形アクセス・ポイントの一部として、または独立したエレメントとして、あるいはその双方として記録する。
（参照：典拠形アクセス・ポイントの一部となる場合は、#26.1.3、#26.1.3任意追加を見よ。）

展開形は、異形名称として記録することもできる。
（参照：#6.2.3Bd) を見よ。）

#6.7.2 情報源

展開形は、どの情報源に基づいて記録してもよい。
（参照：#6.0.2を見よ。）

#6.7.3 記録の方法

優先名称のうちの名（または姓に相当しない部分）に対する展開形、および（または）優先名称のうちの姓（または姓に相当する部分）に対する展開形を記録する。

  Alan Ralph
   （優先名称：Millard, A. R.）

#6.8 その他の識別要素

その他の識別要素は、エレメントである。

その他の識別要素のうち、聖人であることを示す語句、伝説上または架空の個人を示す語句、人間以外の実体の種類を示す語句は、コア・エレメントである。

それ以外の場合は、同一名称の他の個人と判別するために必要なときに、コア・エレメントである。

#6.8.1 記録の範囲

その他の識別要素は、#6.3～#6.7で規定した要素以外の個人の名称と結びつく情報である。

その他の識別要素には、聖人であることを示す語句、伝説上または架空の個人を示す語句、人間以外の実体の種類を示す語句などがある。このうち、伝説上または架空の個人を示す語句には、霊であることを示す語句、聖典等に含まれる名称であることを示す語句、その他の伝説上または架空の個人であることを示す語句がある。

その他の識別要素は、その個人に対する統制形アクセス・ポイントの一部として、または独立したエレメントとして、あるいはその双方として記録する。
（参照：典拠形アクセス・ポイントの一部となる場合は、#26.1.6、#26.1.6任意追加を見よ。）

#6.8.2 情報源

その他の識別要素は、どの情報源に基づいて記録してもよい。
（参照：#6.0.2を見よ。）

第6章　個　人

＃6.8.3　記録の方法

次に挙げた語句を、データ作成機関で定める言語で記録する。

a) 聖人であることを示す語句

　　キリスト教の聖人は、「Saint」またはそれに相当する語を記録する。

b) 霊であることを示す語句

　　霊魂、心霊、神霊は、「霊」、「Spirit」またはそれに相当する語を記録する。

c) 聖典等に含まれる名称であることを示す語句

　　宗教の聖典や外典等に含まれる名称は、適切な語句を記録する。

　　　　Angel
　　　　悪魔

d) その他の伝説上または架空の個人であることを示す語句

　　伝説上または架空の個人は、「伝説上」、「架空」、「Legendary character」、「Fictitious character」またはその他の適切な語句を記録する。

e) 人間以外の実体の種類を示す語句

　　人間以外の実体は、その種類を示す語を記録する。

　　　　チンパンジー
　　　　Whale

f) その他の語句

　　その他の識別を可能とする語句を記録する。

＜＃6.9～＃6.24　説明・管理要素＞

＃6.9　性別

性別は、エレメントである。

＃6.9.1　記録の範囲

性別は、個人の性別である。

性別は、独立したエレメントとして記録し、その個人に対する統制形アクセス・ポイントの一部としては記録しない。

＃6.9.2　情報源

性別は、どの情報源に基づいて記録してもよい。

（参照：＃6.0.2を見よ。）

＃6.9.3　記録の方法

性別は、表6.9.3の用語を用いて記録する。

#6.9 性別

表6.9.3 性別を示す用語

女性	female
男性	male
不明	not known

表6.9.3に適切な用語がないか、十分に表す用語がない場合は、データ作成機関が性別を示す簡潔な用語を定めて記録する。

#6.10 出生地

出生地は、エレメントである。

#6.10.1 記録の範囲

出生地は、個人が生まれた場所（市町村名、上位の地方自治体名等および（または）国名）である。

出生地は、独立したエレメントとして記録し、その個人に対する統制形アクセス・ポイントの一部としては記録しない。

#6.10.2 情報源

出生地は、どの情報源に基づいて記録してもよい。
（参照：#6.0.2を見よ。）

#6.10.3 記録の方法

出生地は、#12に従って記録する。地名の略語は、付録#A.3に従って記録することができる。

　　　台湾
　　　川崎市

#6.10.3 記録の方法 別法

＊出生地は、その市町村名、上位の地方自治体名等および（または）国名を記録し、その後に出生地であることを示す語句を付加する＊。

　　　台湾生まれ
　　　川崎市出身

#6.11 死没地

死没地は、エレメントである。

#6.11.1 記録の範囲

死没地は、個人が没した場所（市町村名、上位の地方自治体名等および（または）国名）である。

死没地は、独立したエレメントとして記録し、その個人に対する統制形アクセス・ポイントの一部としては記録しない。

#6.11.2 情報源

死没地は、どの情報源に基づいて記録してもよい。
（参照：#6.0.2を見よ。）

第6章 個　人

#6.11.3　記録の方法

　死没地は、#12に従って記録する。地名の略語は、付録#A.3に従って記録することができる。
　　　　広島市
　　　　ロンドン

#6.11.3　記録の方法　別法

　* 死没地は、その市町村名、上位の地方自治体名等および（または）国名を記録し、その後に死没地であることを示す語句を付加する *。
　　　　広島市にて没す
　　　　ロンドンにて客死

#6.12　個人と結びつく国

　個人と結びつく国は、エレメントである。

#6.12.1　記録の範囲

　個人と結びつく国は、それを付加することでその個人を識別できる場合に使用する国名である。

　個人と結びつく国は、独立したエレメントとして記録し、その個人に対する統制形アクセス・ポイントの一部としては記録しない。

#6.12.2　情報源

　個人と結びつく国は、どの情報源に基づいて記録してもよい。
（参照：#6.0.2を見よ。）

#6.12.3　記録の方法

　個人と結びつく国は、#12に従って記録する。国名の略語は、付録#A.3に従って記録することができる。
　　　　フランス
　　　　アメリカ

#6.12.3　記録の方法　別法

　* 個人と結びつく国は、国名を記録し、その後に説明する語句を付加する *。
　　　　フランス在住
　　　　アメリカで活動

#6.13　居住地等

　居住地等は、エレメントである。

#6.13.1　記録の範囲

　居住地等は、個人が住んでいる場所、住んでいた場所、または出生地、死没地、居住地以外で個人と結びつく重要な場所（勤務地、研究していた場所など）である。場所には、市町村名、上位の地方自治体名等および（または）国名を含む。

#6.13 居住地等

居住地等は、独立したエレメントとして記録し、その個人に対する統制形アクセス・ポイントの一部としては記録しない。

#6.13.2 情報源

居住地等は、どの情報源に基づいて記録してもよい。

(参照：#6.0.2を見よ。)

#6.13.3 記録の方法

居住地等は、#12に従って記録する。地名の略語は、付録#A.3に従って記録することができる。

  横浜市

#6.13.3 記録の方法　別法

＊居住地等は、その市町村名、上位の地方自治体名等および（または）国名を記録し、その後に居住地等の種類を示す語句を付加する＊。

  横浜市在住

#6.14 アドレス

アドレスは、エレメントである。

#6.14.1 記録の範囲

アドレスは、個人、個人の職場、個人の雇用者の住所および（または）電子メールまたはインターネットのアドレスである。

アドレスは、独立したエレメントとして記録し、その個人に対する統制形アクセス・ポイントの一部としては記録しない。

#6.14.2 情報源

アドレスは、どの情報源に基づいて記録してもよい。

(参照：#6.0.2を見よ。)

#6.14.3 記録の方法

個人、個人の職場、個人の雇用者の住所および（または）電子メールまたはインターネットのアドレスは、表示されているもの全体を記録する。

  東京都千代田区永田町1-10-1

#6.15 所属

所属は、エレメントである。

#6.15.1 記録の範囲

所属は、個人が雇用、会員資格、文化的アイデンティティなどを通じて属している、または属していた集団である。

所属は、独立したエレメントとして記録し、その個人に対する統制形アクセス・ポイントの一部としては記録しない。

第6章　個　人

#6.15.2　情報源
　所属は、どの情報源に基づいて記録してもよい。
（参照：#6.0.2を見よ。）

#6.15.3　記録の方法
　個人が雇用、会員資格、文化的アイデンティティなどを通じて属している、または属していた集団に対する優先名称を記録する。
（参照：団体の優先名称については、#8.1を見よ。）

　　　　　埼玉県
　　　　　早稲田大学. 政治経済学部
　　　　　児童文芸家協会

#6.15.3　記録の方法　別法
　個人が雇用、会員資格、文化的アイデンティティなどを通じて属している、または属していた集団の名称を、識別可能な範囲の省略形や慣用形で記録する。また、個人とその集団の関係性を示す語句を付加してもよい。

　　　　　埼玉県勤務
　　　　　東京都渋谷区立中学校校長
　　　　　千葉県立高校教諭（国語科）
　　　　　早稲田大・政経・教授
　　　　　児童文芸家協会会員

#6.16　個人の言語
　個人の言語は、エレメントである。

#6.16.1　記録の範囲
　個人の言語は、個人が出版を目的とした執筆や放送の際に使用する言語である。
　個人の言語は、独立したエレメントとして記録し、その個人を表す統制形アクセス・ポイントの一部としては記録しない。

#6.16.2　情報源
　個人の言語は、どの情報源に基づいて記録してもよい。
（参照：#6.0.2を見よ。）

#6.16.3　記録の方法
　個人が出版を目的とした執筆や放送の際に使用する単数または複数の言語を、データ作成機関で定める用語で記録する。言語の名称の適切なリストが利用可能な場合は、そのリストから選択する。

　　　　　日本語
　　　　　英語、フランス語

#6.17　略歴

略歴は、エレメントである。

#6.17.1　記録の範囲

略歴は、個人の生涯、履歴に関する情報である。

略歴は、独立したエレメントとして記録し、その個人に対する統制形アクセス・ポイントの一部としては記録しない。

#6.17.2　情報源

略歴は、どの情報源に基づいて記録してもよい。

（参照：#6.0.2を見よ。）

#6.17.3　記録の方法

個人の生涯、履歴に関する情報を記録する。

適切な場合は、#6.3～#6.8で規定する特定の識別要素と結びつく情報も、略歴の中に記録する。

　　　　1975年来日
　　　　東京農大・農（1940卒）

#6.18　個人の識別子

個人の識別子は、エレメントである。

個人の識別子は、コア・エレメントである。

#6.18.1　記録の範囲

個人の識別子は、個人または個人に代わる情報（典拠レコードなど）と結びつく一意の文字列である。識別子は、個人を他の個人と判別するために有効である。

#6.18.2　情報源

個人の識別子は、どの情報源に基づいて記録してもよい。

（参照：#6.0.2を見よ。）

#6.18.3　記録の方法

個人の識別子を、容易に確認できる場合は、識別子付与に責任を有する機関等の名称または識別可能な語句に続けて記録する。

　　　　国立国会図書館典拠ID：00046801
　　　　（森, 鷗外, 1862-1922に対する国立国会図書館の典拠ID）

#6.19　使用範囲

使用範囲は、エレメントである。

#6.19.1　記録の範囲

使用範囲は、個人の優先名称とした名称が結びつく著作のタイプや形式である。

#6.19.2　情報源

使用範囲は、どの情報源に基づいて記録してもよい。

#第 6 章　個　人

（参照：＃6.0.2 を見よ。）

＃6.19.3　記録の方法
個人の優先名称とした名称の使用範囲に関する情報を記録する。

   小説
  （栗本薫という筆名を使用した著作の種類）

＃6.20　使用期間
使用期間は、エレメントである。

＃6.20.1　記録の範囲
使用期間は、個人の優先名称とした名称が使用されている日付または期間である。

＃6.20.2　情報源
使用期間は、どの情報源に基づいて記録してもよい。

（参照：＃6.0.2 を見よ。）

＃6.20.3　記録の方法
個人の優先名称とした名称が使用されている日付または期間に関する情報を記録する。

   1978-1981
  （李家豊という筆名の使用期間）

＃6.21　確定状況
確定状況は、エレメントである。

＃6.21.1　記録の範囲
確定状況は、個人を識別するデータの確定の程度を示す情報である。

＃6.21.2　情報源
確定状況は、どの情報源に基づいて記録してもよい。

（参照：＃6.0.2 を見よ。）

＃6.21.3　記録の方法
次のいずれかの該当する条件に対応した用語を記録する。

 a)　確立
  個人に対する典拠形アクセス・ポイントとして、データが十分な状態にある場合は、「確立」または「fully established」と記録する。

 b)　未確立
  個人に対する典拠形アクセス・ポイントとして、データが不十分な状態にある場合は、「未確立」または「provisional」と記録する。

 c)　暫定
  資料自体を入手できず、体現形の記述から採用した場合は、「暫定」または「preliminary」と記録する。

#6.22 名称未判別標示

名称未判別標示は、エレメントである。

#6.22.1 記録の範囲

名称未判別標示は、優先名称および記録した名称以外の識別要素では、複数の同一名称をもつ個人を判別するために不十分であることを示す標示である。

#6.22.2 情報源

名称未判別標示は、どの情報源に基づいて記録してもよい。

(参照:#6.0.2を見よ。)

#6.22.3 記録の方法

名称未判別標示は、「未判別」または「undifferentiated」と記録する。

#6.23 出典

出典は、エレメントである。

#6.23.1 記録の範囲

出典は、個人の名称または名称以外の識別要素を決定する際に使用した情報源である。

#6.23.2 情報源

出典は、どの情報源に基づいて記録してもよい。

(参照:#6.0.2を見よ。)

#6.23.3 記録の方法

個人の優先名称または異形名称を決定する際に使用した情報源を記録し、簡略な説明を付す。情報源内の情報を発見した箇所を特定できるように記録する。

優先名称を決定する際に役に立たなかった情報源についても、「情報なし」または「No information found」と付加して記録する。

名称以外の識別要素については、必要に応じてその情報源を記録する。

   生年は「現代仏教家人名事典」(1917)による

#6.24 データ作成者の注記

データ作成者の注記は、エレメントである。

データ作成者の注記は、個人に対する典拠形アクセス・ポイントを使用または更新するデータ作成者にとって、または関連する個人・家族・団体に対する典拠形アクセス・ポイントを構築する者に役立つ説明である。

必要に応じて、次のような注記を記録する。

a) 典拠形アクセス・ポイントの構築に適用する、特定の規定に関する注記
b) 優先名称の選択、典拠形アクセス・ポイントの形等の根拠に関する注記
c) 典拠形アクセス・ポイントの使用を限定する注記
d) 類似の名称をもつ個人・家族・団体と判別するための注記

第6章 個 人

e) その他の重要な情報を説明する注記
1978-1981年の優先名称: 李家, 豊、1982年以降の優先名称: 田中, 芳樹

第7章
家　族

#7　家族
#7.0　通則
#7.0.1　記録の目的
#7.0.2　情報源
#7.0.3　記録の方法
＜#7.1～#7.2　家族の名称＞
#7.1　家族の優先名称
#7.1.1　記録の範囲
#7.1.2　情報源
#7.1.3　優先名称の選択
#7.1.4　記録の方法
#7.2　家族の異形名称
#7.2.1　記録の範囲
#7.2.2　情報源
#7.2.3　記録の方法
＜#7.3～#7.6　名称以外の識別要素＞
#7.3　家族のタイプ
#7.3.1　記録の範囲
#7.3.2　情報源
#7.3.3　記録の方法
#7.4　家族と結びつく日付
#7.4.1　記録の範囲
#7.4.2　情報源
#7.4.3　記録の方法
#7.5　家族と結びつく場所
#7.5.1　記録の範囲
#7.5.2　情報源

#7.5.3　記録の方法
#7.6　家族の著名な構成員
#7.6.1　記録の範囲
#7.6.2　情報源
#7.6.3　記録の方法
＜#7.7～#7.14　説明・管理要素＞
#7.7　世襲の称号
#7.7.1　記録の範囲
#7.7.2　情報源
#7.7.3　記録の方法
#7.8　家族の言語
#7.8.1　記録の範囲
#7.8.2　情報源
#7.8.3　記録の方法
#7.9　家族の歴史
#7.9.1　記録の範囲
#7.9.2　情報源
#7.9.3　記録の方法
#7.10　家族の識別子
#7.10.1　記録の範囲
#7.10.2　情報源
#7.10.3　記録の方法
#7.11　使用範囲
#7.11.1　記録の範囲
#7.11.2　情報源
#7.11.3　記録の方法
#7.12　確定状況

＃7.12.1　記録の範囲

＃7.12.2　情報源

＃7.12.3　記録の方法

＃7.13　出典

＃7.13.1　記録の範囲

＃7.13.2　情報源

＃7.13.3　記録の方法

＃7.14　データ作成者の注記

#7 家族

#7.0 通則

　この章では、家族の属性の記録について規定する。家族には、王家、王朝、日本の皇室などを含む。

　記録する要素として、名称、名称以外の識別要素、説明・管理要素がある。家族の名称には、第一の識別要素である家族の優先名称と、家族の異形名称とがある。

#7.0.1 記録の目的

　家族の属性の記録の目的は、家族の識別を可能とすることである。

#7.0.1.1 規定の構成

　家族の属性については、その通則を#7.0で、名称を#7.1～#7.2で、名称以外の識別要素を#7.3～#7.6で、説明・管理要素を#7.7～#7.14で規定する。

（参照：家族に対する典拠形アクセス・ポイントの構築については、#27を見よ。）

#7.0.2 情報源

　家族の属性を記録するにあたって、その情報源は特に規定しない限りどこでもよい。

（参照：優先名称については、#7.1.2を見よ。異形名称については、#7.2.2を見よ。）

#7.0.3 記録の方法

　家族の名称は、規定した情報源から採用した情報を、#1.11～#1.12.3に従って記録する。

（参照：#7.1.4、#7.2.3を見よ。）

　名称以外の識別要素は、#7.3.3～#7.6.3に従って記録する。

　説明・管理要素は、#7.7.3～#7.14に従って記録する。

＜#7.1～#7.2　家族の名称＞

　家族の名称は、エレメントである。

　家族の名称には、次のエレメント・サブタイプがある。

　a）　家族の優先名称（参照：#7.1を見よ。）
　b）　家族の異形名称（参照：#7.2を見よ。）

#7.1 家族の優先名称

　家族の優先名称は、家族の名称のエレメント・サブタイプである。

　家族の優先名称は、コア・エレメントである。

#7.1.1 記録の範囲

　家族の優先名称とは、家族を識別するために選択する名称である。優先名称はその家族に対する典拠形アクセス・ポイントの基礎としても使用する。

（参照：家族に対する典拠形アクセス・ポイントについては、#27.1を見よ。）

　優先名称として選択しなかった名称や、優先名称として選択した名称の異なる形は、異形名称として記録することができる。

第7章 家 族

(参照: ＃7.2を見よ。)

＃7.1.2　情報源

　家族の優先名称の情報源は、＃7.1.3～＃7.1.3.2で特に規定しない限り、次の優先順位で採用する。

　　a)　家族と結びつく資料の優先情報源
　　b)　家族と結びつく資料に表示された、形式の整ったその他の情報
　　c)　その他の情報源（参考資料を含む。）

(参照: ＃7.0.2を見よ。)

＃7.1.3　優先名称の選択

　家族の優先名称には、一般によく知られている名称を選択する。優先名称には、家族の構成員によって使用される姓（またはそれに相当するもの）、王家名または王朝名、氏族名などがある。

(参照: 同一家族の複数の名称については、＃7.1.3.1を見よ。同一名称の異なる形については、＃7.1.3.2を見よ。)

＃7.1.3.1　同一家族の複数の名称

　家族の複数の異なる名称が、名称の変更によって生じた場合は、＃7.1.3.1Aに従う。それ以外の場合で、複数の異なる名称の中に最もよく知られている名称があるときは、それを優先名称として選択する。

　　　　　甕
　　　　（母袋または茂田井という名称もある。）

　最もよく知られている名称がない場合、または判断できない場合は、次の優先順位で優先名称を選択する。

　　a)　参考資料で多く用いられている名称
　　b)　その家族と結びつく資料で多く用いられている名称

＃7.1.3.1A　名称の変更

　家族が新旧の名称で資料と結びつくか、または双方の名称で知られている場合は、それぞれの名称を優先名称として選択する。

　選択したそれぞれの優先名称を基礎として典拠形アクセス・ポイントを構築し、相互に関連づける。

(参照: ＃46.2を見よ。)

　　　　　豊臣
　　　　　羽柴
　　　　（豊臣、羽柴それぞれに対する典拠形アクセス・ポイントは、相互に関連づける。）

＃7.1.3.2　同一名称の異なる形

#7.1 家族の優先名称

家族の名称に次の事項で異なる形がある場合は、#6の該当する規定に従って、優先名称を選択する。
- a) 言語（参照：#6.1.3.2A、#6.1.3.2A別法を見よ。）
- b) 文字種・読み（参照：#6.1.3.2B、#6.1.3.2B別法を見よ。）
- c) 詳細度（参照：#6.1.3.2Cを見よ。）
- d) 綴り（参照：#6.1.3.2Dを見よ。）

#7.1.4 記録の方法
家族の優先名称は、#7.0.3および#7.1.4.1～#7.1.4.3に従って記録する。
（参照：#1.11～#1.12.3を見よ。）
（参照：各種の名称の言語および文字種の選択については、#6.1.3.2A～#6.1.3.2B別法を見よ。）
（参照：各種の名称の記録の方法については、#7.1.4.3を見よ。）

#7.1.4.1 姓
姓または姓として機能する名称を記録する。日本人の複合姓等は、#6.1.5.1に従って記録する。外国人の姓の場合、前置語は#6.1.8.1、複合姓は#6.1.8.2に従って記録する。

  鈴木 || スズキ
  劉 || リュウ
  Bush

#7.1.4.2 王家、王朝、氏族の名称
王家、王朝、氏族の名称を記録する。

  Plantagenet
  Рюриковичи

ただし、日本の天皇および各個人としての皇族の総称は「皇室」と記録する。また、宮家は「○○宮」と記録する。

  伏見宮 || フシミノミヤ

（参照：宮家の家族のタイプについては、#7.3.3を見よ。）

#7.1.4.3 各種の名称
次に示すように#6の該当する規定に従って、選択した家族の名称と、あわせて必要な場合の読みを記録する。
- a) 日本人の家族の名称（参照：#6.1.5～#6.1.5.7を見よ。）
- b) 中国人の家族の名称（参照：#6.1.6、#6.1.6別法を見よ。）
- c) 韓国・朝鮮人の家族の名称（参照：#6.1.7、#6.1.7別法を見よ。）
- d) 日本人・中国人・韓国・朝鮮人以外の家族の名称（参照：#6.1.8～#6.1.8.6を見よ。）

#7.2 家族の異形名称

第7章　家　族

家族の異形名称は、家族の名称のエレメント・サブタイプである。

#7.2.1　記録の範囲

　家族の優先名称として選択しなかった名称を、異形名称として記録することができる。また、優先名称として選択した名称の異なる形も、異形名称として記録することができる。

#7.2.2　情報源

　家族の異形名称の情報源には、家族と結びつく資料および（または）参考資料を採用する。
（参照：#7.0.2を見よ。）

#7.2.3　記録の方法

　家族の異形名称は、#7.0.3および次の規定に従って記録する。その読みを記録する場合は、#7.1.4～#7.1.4.3を適用して記録する。
（参照：#1.11～#1.12.3を見よ。）

#7.2.3A　異なる名称

　家族の優先名称として選択しなかった名称を、異形名称として記録する。次のような場合がある。

　　a)　世襲の称号（参照：#7.7を見よ。）

　　　　外国人の家族が世襲の称号をもっている場合は、異形名称として世襲の称号を記録する。称号中の固有名を最初の要素として記録する。語順に変更が必要となる場合は、固有名を記録し、コンマに続けて、複数形のある文字種のときは、爵位を複数形で記録する。

　　　　　　　Norfolk, Dukes of

　　b)　その他

#7.2.3B　同一名称の異なる形

　家族の優先名称として選択した名称と形が異なる同一名称は、異形名称として記録する。次のような場合がある。

　　a)　言語が異なる形

　　　　　Jaeger
　　　　　　（優先名称：Yaeger）

　　b)　文字種が異なる形

　　　　　ケネディ
　　　　　　（優先名称：Kennedy）

　　c)　読みのみ異なる形

　　　　　柴崎 || シバザキ
　　　　　　（優先名称：柴崎 || シバサキ）

　　d)　詳細度が異なる形

　　　　　金沢北条 || カネサワ ホウジョウ

　　　　　（優先名称：金沢 || カネザワ）
e）　綴りが異なる形
f）　漢字の字体が異なる形
　　　中島 || ナカジマ
　　　　　（優先名称：中嶋 || ナカジマ）
g）　前置語の扱いが異なる形
　　　Von Goethe
　　　　　（優先名称：Goethe）
h）　その他
（参照：＃6.2.3Bを見よ。）

<＃7.3～＃7.6　名称以外の識別要素＞
#7.3　家族のタイプ
　家族のタイプは、エレメントである。
　家族のタイプは、コア・エレメントである。
#7.3.1　記録の範囲
　家族のタイプには、家、氏、王家、王朝など家族の一般的な種類を示す語がある。
　家族のタイプは、その家族に対する統制形アクセス・ポイントの一部として、または独立したエレメントとして、あるいはその双方として記録する。
（参照：典拠形アクセス・ポイントの一部となる場合は、＃27.1.1を見よ。）
#7.3.2　情報源
　家族のタイプは、どの情報源に基づいて記録してもよい。
（参照：＃7.0.2を見よ。）
#7.3.3　記録の方法
　家、氏、王家、王朝などの一般的な種類を示す語を、データ作成機関で定める言語で記録する。
　　　家
　　　氏
　　　Family
　　　Dynasty
　日本の皇室については、優先名称を「皇室」と記録し、家族のタイプは記録しない。宮家の場合は、家族のタイプとして「家」と記録する。
（参照：＃7.1.4.2を見よ。）
#7.4　家族と結びつく日付
　家族と結びつく日付は、エレメントである。
　家族と結びつく日付は、コア・エレメントである。

第7章　家　族

#7.4.1　記録の範囲
　家族と結びつく日付は、家族の歴史における重要な日付である。
　家族と結びつく日付は、その家族に対する統制形アクセス・ポイントの一部として、または独立したエレメントとして、あるいはその双方として記録する。
（参照：典拠形アクセス・ポイントの一部となる場合は、#27.1.2を見よ。）

#7.4.2　情報源
　家族と結びつく日付は、どの情報源に基づいて記録してもよい。
（参照：#7.0.2を見よ。）

#7.4.3　記録の方法
　家族と結びつく日付は、#6.3.3に従って記録する。

#7.5　家族と結びつく場所
　家族と結びつく場所は、エレメントである。
　家族と結びつく場所は、同一名称の他の家族と判別するために必要な場合は、コア・エレメントである。

#7.5.1　記録の範囲
　家族と結びつく場所には、家族の現在もしくは過去の居住地、または関係のある場所がある。
　家族と結びつく場所は、その家族に対する統制形アクセス・ポイントの一部として、または独立したエレメントとして、あるいはその双方として記録する。
（参照：典拠形アクセス・ポイントの一部となる場合は、#27.1.3、#27.1.3任意追加を見よ。）

#7.5.2　情報源
　家族と結びつく場所は、どの情報源に基づいて記録してもよい。
（参照：#7.0.2を見よ。）

#7.5.3　記録の方法
　家族と結びつく場所は、#12に従って記録する。国名の略語は、付録#A.3に従って記録することができる。
　　　　　　恵那市

#7.6　家族の著名な構成員
　家族の著名な構成員は、エレメントである。
　家族の著名な構成員は、同一名称の他の家族と判別するために必要な場合は、コア・エレメントである。

#7.6.1　記録の範囲
　家族の著名な構成員とは、家族の一員のうち、よく知られた個人である。
　家族の著名な構成員は、その家族に対する統制形アクセス・ポイントの一部として、または独立したエレメントとして、あるいはその双方として記録する。

#7.6 家族の著名な構成員

(参照：典拠形アクセス・ポイントの一部となる場合は、#27.1.4、#27.1.4任意追加を見よ。)

#7.6.2 情報源

　家族の著名な構成員は、どの情報源に基づいて記録してもよい。

(参照：#7.0.2を見よ。)

#7.6.3 記録の方法

　家族の著名な構成員は、#26に従って記録する。

＜#7.7～#7.14　説明・管理要素＞

#7.7 世襲の称号

　世襲の称号は、エレメントである。

#7.7.1 記録の範囲

　世襲の称号は、家族と結びつく貴族の称号など、家族で継承される称号である。

　世襲の称号は、異形名称として、または独立したエレメントとして、あるいはその双方として記録する。

(参照：#7.2.3Aa)を見よ。)

#7.7.2 情報源

　世襲の称号は、どの情報源に基づいて記録してもよい。

(参照：#7.0.2を見よ。)

#7.7.3 記録の方法

　世襲の称号は、情報源に表示されている順に記録する。複数形のある文字種の場合は、複数形で記録する。

#7.8 家族の言語

　家族の言語は、エレメントである。

#7.8.1 記録の範囲

　家族の言語は、その家族がコミュニケーションに使用する言語である。

　家族の言語は、独立したエレメントとして記録し、その家族に対する統制形アクセス・ポイントの一部としては記録しない。

#7.8.2 情報源

　家族の言語は、どの情報源に基づいて記録してもよい。

(参照：#7.0.2を見よ。)

#7.8.3 記録の方法

　家族がコミュニケーションに使用する言語を、データ作成機関で定める用語で記録する。言語の名称の適切なリストが利用可能な場合は、そのリストから選択する。

#7.9 家族の歴史

　家族の歴史は、エレメントである。

第7章　家　族

#7.9.1　記録の範囲

　家族の歴史は、家族とその構成員の履歴（経歴）に関する情報である。

　家族の歴史は、独立したエレメントとして記録し、その家族に対する統制形アクセス・ポイントの一部としては記録しない。

#7.9.2　情報源

　家族の歴史は、どの情報源に基づいて記録してもよい。

（参照：#7.0.2を見よ。）

#7.9.3　記録の方法

　家族および（または）その構成員の履歴（経歴）に関する情報を記録する。

　それが適切な場合は、特定の識別要素と結びつく情報も家族の歴史の中に記録する。

#7.10　家族の識別子

　家族の識別子は、エレメントである。

　家族の識別子は、コア・エレメントである。

#7.10.1　記録の範囲

　家族の識別子は、家族または家族に代わる情報（典拠レコードなど）と結びつく一意の文字列である。識別子は、家族を他の家族と判別するために有効である。

#7.10.2　情報源

　家族の識別子は、どの情報源に基づいて記録してもよい。

（参照：#7.0.2を見よ。）

#7.10.3　記録の方法

　家族の識別子は、容易に確認できる場合は、識別子付与に責任を有する機関等の名称、または識別可能な語句に続けて記録する。

　　　　　　　国立国会図書館典拠ID：01004656
　　　　　　　（織田（家）(芦別市)に対する国立国会図書館の典拠ID）

#7.11　使用範囲

　使用範囲は、エレメントである。

#7.11.1　記録の範囲

　使用範囲は、家族の優先名称となった名称が結びつく著作のタイプや形式である。

#7.11.2　情報源

　使用範囲は、どの情報源に基づいて記録してもよい。

（参照：#7.0.2を見よ。）

#7.11.3　記録の方法

　家族の優先名称とした名称の使用範囲に関する情報を記録する。

#7.12　確定状況

#7.12　確定状況

確定状況は、エレメントである。

#7.12.1　記録の範囲

確定状況は、家族を識別するデータの確定の程度を示す情報である。

#7.12.2　情報源

確定状況は、どの情報源に基づいて記録してもよい。
（参照：#7.0.2を見よ。）

#7.12.3　記録の方法

次のいずれかの該当する条件に対応した用語を記録する。

a）　確立

家族に対する典拠形アクセス・ポイントとして、データが十分な状態にある場合は、「確立」または「fully established」と記録する。

b）　未確立

家族に対する典拠形アクセス・ポイントとして、データが不十分な状態にある場合は、「未確立」または「provisional」と記録する。

c）　暫定

資料自体を入手できず、体現形の記述から採用した場合は、「暫定」または「preliminary」と記録する。

#7.13　出典

出典は、エレメントである。

#7.13.1　記録の範囲

出典は、家族の名称または名称以外の識別要素を決定する際に使用した情報源である。

#7.13.2　情報源

出典は、どの情報源に基づいて記録してもよい。
（参照：#7.0.2を見よ。）

#7.13.3　記録の方法

家族の優先名称または異形名称を決定する際に使用した情報源を記録し、簡略な説明を付す。情報源内の情報を発見した箇所を特定できるように記録する。

優先名称を決定する際に役に立たなかった情報源についても、「情報なし」または「No information found」と付加して記録する。

名称以外の識別要素については、必要に応じてその情報源を記録する。

#7.14　データ作成者の注記

データ作成者の注記は、エレメントである。

データ作成者の注記は、家族に対する典拠形アクセス・ポイントを使用または更新するデータ作成者にとって、または関連する個人・家族・団体に対する典拠形アクセス・ポイントを構

第 7 章　家　族

築する者に役立つ説明である。

　必要に応じて、次のような注記を記録する。

　　a)　典拠形アクセス・ポイントの構築に適用する、特定の規定に関する注記
　　b)　優先名称の選択、典拠形アクセス・ポイントの形等の根拠に関する注記
　　c)　典拠形アクセス・ポイントの使用を限定する注記
　　d)　類似の名称をもつ個人・家族・団体と判別するための注記
　　e)　その他の重要な情報を説明する注記

第8章
団 体

#8　団体
#8.0　通則
#8.0.1　記録の目的
#8.0.2　情報源
#8.0.3　記録の方法
＜#8.1～#8.2　団体の名称＞
#8.1　団体の優先名称
#8.1.1　記録の範囲
#8.1.2　情報源
#8.1.3　優先名称の選択
#8.1.4　記録の方法
＜#8.1.5～#8.1.7　各種の団体＞
#8.1.5　日本の団体
#8.1.6　外国の団体
#8.1.7　国際団体
#8.2　団体の異形名称
#8.2.1　記録の範囲
#8.2.2　情報源
#8.2.3　記録の方法
＜#8.3～#8.7　名称以外の識別要素＞
#8.3　団体と結びつく場所
#8.3.1　記録の範囲
#8.3.2　情報源
#8.3.3　記録の方法
#8.4　関係団体
#8.4.1　記録の範囲
#8.4.2　情報源

#8.4.3　記録の方法
#8.5　団体と結びつく日付
#8.5.1　記録の範囲
#8.5.2　情報源
#8.5.3　記録の方法
#8.6　会議、大会、集会等の回次
#8.6.1　記録の範囲
#8.6.2　情報源
#8.6.3　記録の方法
#8.7　その他の識別要素
#8.7.0　通則
#8.7.1　団体の種類
#8.7.2　行政区分を表す語
#8.7.3　その他の識別語句
＜#8.8～#8.16　説明・管理要素＞
#8.8　団体の言語
#8.8.1　記録の範囲
#8.8.2　情報源
#8.8.3　記録の方法
#8.9　アドレス
#8.9.1　記録の範囲
#8.9.2　情報源
#8.9.3　記録の方法
#8.10　活動分野
#8.10.1　記録の範囲
#8.10.2　情報源
#8.10.3　記録の方法

#8.11 沿革
##8.11.1 記録の範囲
##8.11.2 情報源
##8.11.3 記録の方法

#8.12 団体の識別子
##8.12.1 記録の範囲
##8.12.2 情報源
##8.12.3 記録の方法

#8.13 使用範囲
##8.13.1 記録の範囲
##8.13.2 情報源
##8.13.3 記録の方法

#8.14 確定状況
##8.14.1 記録の範囲
##8.14.2 情報源
##8.14.3 記録の方法

#8.15 出典
##8.15.1 記録の範囲
##8.15.2 情報源
##8.15.3 記録の方法

#8.16 データ作成者の注記

#8 団体

#8.0 通則

この章では、団体の属性の記録について規定する。

記録する要素として、名称、名称以外の識別要素、説明・管理要素がある。団体の名称には、第一の識別要素である団体の優先名称と、団体の異形名称とがある。

#8.0.1 記録の目的

団体の属性の記録の目的は、団体の識別を可能とすることである。

#8.0.1.1 規定の構成

団体の属性については、その通則を#8.0で、名称を#8.1～#8.2で、名称以外の識別要素を#8.3～#8.7で、説明・管理要素を#8.8～#8.16で規定する。

(参照: 団体に対する典拠形アクセス・ポイントの構築については、#28を見よ。)

#8.0.2 情報源

団体の属性を記録するにあたって、その情報源は特に規定しない限りどこでもよい。

(参照: 優先名称については、#8.1.2を見よ。異形名称については、#8.2.2を見よ。)

#8.0.3 記録の方法

団体の名称は、規定した情報源から採用した情報を、#1.11～#1.12.3に従って記録する。

(参照: #8.1.4、#8.2.3を見よ。)

名称以外の識別要素は、#8.3.3～#8.7.3.2に従って記録する。

説明・管理要素は、#8.8.3～#8.16に従って記録する。

<#8.1～#8.2 団体の名称>

団体の名称は、エレメントである。

団体の名称には、次のエレメント・サブタイプがある。

a) 団体の優先名称（参照: #8.1を見よ。）
b) 団体の異形名称（参照: #8.2を見よ。）

#8.1 団体の優先名称

団体の優先名称は、団体の名称のエレメント・サブタイプである。

団体の優先名称は、コア・エレメントである。

#8.1.1 記録の範囲

団体の優先名称とは、団体を識別するために選択する名称である。優先名称はその団体に対する典拠形アクセス・ポイントの基礎としても使用する。

(参照: 団体に対する典拠形アクセス・ポイントについては、#28.1を見よ。)

優先名称として選択しなかった名称や、優先名称として選択した名称の異なる形は、異形名称として記録することができる。

(参照: #8.2を見よ。)

第8章　団　体

＃8.1.2　情報源
団体の優先名称の情報源は、＃8.1.3～＃8.1.3.2で特に規定しない限り、次の優先順位で採用する。

　a)　団体と結びつく資料の優先情報源
　b)　団体と結びつく資料に表示された、形式の整ったその他の情報
　c)　その他の情報源（参考資料を含む）

（参照：＃8.0.2を見よ。）

＃8.1.3　優先名称の選択
団体の優先名称には、一般によく知られている名称を選択する。慣用形や簡略形の場合もある。

また、団体の名称の正式な形が容易に判明する場合は、それを優先名称として選択することもできる。

（参照：同一名称の異なる形については、＃8.1.3.1を見よ。団体の名称の変更については、＃8.1.3.2を見よ。）

＃8.1.3.1　同一名称の異なる形
団体の名称に複数の異なる形がある場合は、次の優先順位で選択する。

　a)　最もよく見られる形
　b)　他の団体と判別できる限りで最も簡略な形（イニシャル、頭字語など）
　c)　簡略な形が他の団体の名称と判別できない場合は、参考資料に見られる形

（参照：複数の異なる形が言語による場合は、＃8.1.3.1A、＃8.1.3.1A別法を見よ。）
（参照：名称の変更については、＃8.1.3.2を見よ。）

＃8.1.3.1A　言語
団体の名称に複数の言語による形がある場合は、その団体が公式に使用する言語の名称を選択する。

団体が公式に使用する言語が複数ある場合は、データ作成機関で定める言語の名称を選択する。

団体が公式に使用する言語が複数ある場合に、その中にデータ作成機関で定める言語がないとき、または団体が公式に使用する言語が不明なときは、団体と結びつく資料や参考資料でよく見られる名称を選択する。

以上で判断できない場合は、データ作成機関が最初に入手した資料に最初に現れた形を、優先名称として選択する。

国際団体の名称については、その団体と結びつく資料や参考資料に現れる名称が、データ作成機関で定める言語の名称である場合は、その名称を選択する。その他の場合は、上記の規定に従って選択する。

#8.1　団体の優先名称

（参照: 各言語における文字種の選択については、#8.1.3.1Bを見よ。）

　　　　　University of Michigan
　　　　　（公式使用言語が英語の場合）
　　　　　International Federation of Library Associations and Institutions
　　　　　（公式使用言語が英語を含めて複数あり、データ作成機関で定める言語が英語の場合）

#8.1.3.1A　言語　別法

＊団体の名称には、日本語の名称を選択する。団体の名称が日本語の名称でない場合は、日本語への翻訳形を選択する。

団体の名称に複数の言語による形がある場合に、その中に日本語の名称があるときは、それを選択する。ないときは、団体が公式に使用する言語の名称の、日本語への翻訳形を選択する。

団体が公式に使用する言語が不明な場合は、団体と結びつく資料や参考資料でよく見られる名称の、日本語への翻訳形を選択する。

いずれも日本語への翻訳形が決定できない場合は、その言語の名称を選択する。

国際団体の名称も、上記の規定に従って選択する＊。

（参照: 各言語における文字種の選択については、#8.1.3.1Bを見よ。）

　　　　　ミシガン大学
　　　　　国際図書館連盟

#8.1.3.1B　文字種・読み

a）日本語

　表示形を優先名称として選択する。読みは、団体と結びつく資料の優先情報源における表示を優先して選択する。優先情報源に読みの表示がなければ、団体と結びつく資料のその他の情報源、参考資料、一般的な読みの順に選択する。

b）中国語

　表示形を優先名称として選択する。必要に応じて、データ作成機関の定めに従って、読みを記録する。

c）韓国・朝鮮語

　表示形を優先名称として選択する。必要に応じて、データ作成機関の定めに従って、読みを記録する。

d）日本語、中国語、韓国・朝鮮語以外の言語

　表示形または翻字形を優先名称として選択する。翻字形について、複数の形が見られる場合は、データ作成機関で定める翻字法による形を優先名称として選択する。

（参照: 言語については、#8.1.3.1A、#8.1.3.1A別法を見よ。）
（参照: 読みの記録の方法については、#8.1.4A〜#8.1.4D別法を見よ。）

#8.1.3.1C　綴り

第8章　団体

　団体の同一名称に複数の綴りがある場合は、データ作成機関が最初に入手した資料に現れる形を優先名称として選択する。

#8.1.3.1D　慣用形

　団体の名称が、その母語の参考資料において慣用形で多く見られる場合は、それを優先名称として選択する。データ作成機関で定める言語の名称を選択する場合は、データ作成機関で定める言語の参考資料による。

　　　　　パルテノン多摩
　　　　　（正式名称：多摩市立複合文化施設）

　ただし、次の団体については、それぞれの規定による。

a)　歴史の古い団体、国際団体

　　歴史の古い団体や国際団体の名称の慣用形が、データ作成機関で定める言語で確定している場合は、その形を優先名称として選択する。

（参照：歴史の古い宗教団体については、#8.1.3.1Fを見よ。）

（参照：国際団体については、#8.1.7を見よ。）

　　　　　Potsdam Conference
　　　　　ポツダム会談

b)　中央政府、地方政府・自治体

　　中央政府または地方政府・自治体の領域の名称は、慣用形で表されることが多い。中央政府または地方政府・自治体が、その母語の参考資料において慣用形で多く見られる場合は、それを優先名称として選択する。データ作成機関で定める言語の名称を選択する場合は、データ作成機関で定める言語の参考資料による。

（参照：場所の名称については、#12.1を見よ。）

　　ただし、中央政府、地方政府・自治体の名称の正式な形が通常使われている場合は、それを選択する。

　　　　　Singapore
　　　　　（Republic of Singaporeとしない。）
　　　　　フランス
　　　　　（フランス共和国としない。）

#8.1.3.1E　会議、大会、集会等

　会議、大会、集会等（展示会、博覧会、祝祭等を含む）の名称が、複数の異なる形で見られる場合は、会議、大会、集会等と結びついた団体の名称（または名称の略語形）が含まれている形を優先名称として選択する。

　ただし、会議、大会、集会等を団体の下部組織として扱う場合は、下部組織に関する規定が優先する。

#8.1 団体の優先名称

(参照：#8.1.4.2を見よ。)
> 全国図書館大会
> 日本行動分析学会. 年次大会

会議、大会、集会等がそれ自体の固有名とそれ自体を含む一連の会議全体の名称の双方をもつ場合は、固有名を選択する。
(参照：会議、大会、集会等の回次については、#8.6を見よ。)
> UCS 2004
> （International Symposium on Ubiquitous Computing Systems（2nd：2004：Tokyo, Japan）としない）

#8.1.3.1F　歴史の古い宗教団体

歴史の古い宗教団体の名称の慣用形が、データ作成機関で定める言語で確定している場合は、その形を優先名称として選択する。判断できない場合は、データ作成機関で定める言語における、教団等構成員の名称の慣用形、宗教団体の支部が使用している名称の慣用形の順に選択する。これらも判断できない場合は、宗教団体の発祥地の母語による名称を選択する。
(参照：#8.1.3.1Da)を見よ。)
> Benedictines

#8.1.3.1G　宗教の拠点

宗教の拠点（個々の神社、寺院、教会等）の名称が、複数の異なる形で現れる場合は、よく見られる形を選択する。
> 伊勢神宮

よく見られる形を容易に特定できない場合は、由来となる個人、物、場所、出来事などの名称を含む形、その拠点の種類を示す語句を含む形、その拠点が存在する地名を含む形の順に優先して選択する。

#8.1.3.2　名称の変更

団体が名称を変更した場合は、それぞれの名称を優先名称として選択する。
選択したそれぞれの優先名称を基礎として典拠形アクセス・ポイントを構築し、相互に関連づける。
(参照：#46.3を見よ。)
> 電子通信学会
> 　（変更前の名称）
> 電子情報通信学会
> 　（変更後の名称）
> 長谷川工務店
> 　（変更前の名称）
> 長谷工コーポレーション

第8章 団 体

　　　（変更後の名称）
#8.1.4　記録の方法
　団体の優先名称は、#8.0.3および#8.1.4.1～#8.1.7に従って記録する。
（参照：#1.11～#1.12.3を見よ。）
（参照：各言語の名称については、#8.1.4A～#8.1.4D別法を見よ。）
（参照：言語および文字種の選択については、#8.1.3.1A～#8.1.3.1Bを見よ。）
#8.1.4A　日本語の優先名称
　日本語の優先名称は、表示形とその読みを記録する。
　表示形における漢字は、その名称の選択に使用した情報源でよく見られる字体で記録する。
　読みは、片仮名読み形および（または）ローマ字読み形で、適切な単位に分かち書きして記録する。読みと表示形が完全に一致する場合は、読みの記録を省略できる。
（参照：言語および文字種の選択については、#8.1.3.1A～#8.1.3.1Bを見よ。）
#8.1.4A　日本語の優先名称　別法
　日本語の優先名称は、表示形とその読みを記録する。
　＊表示形における漢字は、原則として常用漢字で記録する。
　読みは、片仮名読み形で、適切な単位に分かち書きして記録する＊。読みと表示形が完全に一致する場合は、読みの記録を省略できる。
（参照：言語および文字種の選択については、#8.1.3.1A～#8.1.3.1Bを見よ。）
#8.1.4B　中国語の優先名称
　中国語の優先名称は、表示形を記録する。
　表示形における漢字は、原則としてその名称の選択に使用した情報源でよく見られる字体（繁体字、簡体字を含む）で記録する。
　読みは、必要に応じて記録する。片仮名読み形および（または）ローマ字読み形（ピンインを含む）で、適切な単位に分かち書きして記録する。
（参照：言語および文字種の選択については、#8.1.3.1A～#8.1.3.1Bを見よ。）
#8.1.4C　韓国・朝鮮語の優先名称
　韓国・朝鮮語の優先名称は、表示形を記録する。
　表示形における漢字は、原則としてその名称の選択に使用した情報源でよく見られる字体で記録する。
　ハングルは、情報源に表示されているとおりに記録する。
　読みは、必要に応じて記録する。片仮名読み形および（または）ローマ字読み形、あるいはハングル読み形で、適切な単位に分かち書きして記録する。
（参照：言語および文字種の選択については、#8.1.3.1A～#8.1.3.1Bを見よ。）
#8.1.4D　日本語、中国語、韓国・朝鮮語以外の言語の優先名称

#8.1 団体の優先名称

日本語、中国語、韓国・朝鮮語以外の言語の優先名称は、原則として表示形または翻字形を記録する。読みは、原則として記録しない。
(参照: 言語および文字種の選択については、#8.1.3.1A～#8.1.3.1Bを見よ。)

#8.1.4D　日本語、中国語、韓国・朝鮮語以外の言語の優先名称　別法

　＊日本語、中国語、韓国・朝鮮語以外の言語の優先名称は、片仮名表記形を記録する。その名称が複数の語から成る場合は、単語の単位に中点（・）を入れて記録する。または、分かち書きして記録することもできる＊。読みは、原則として記録しない。
(参照: 言語および文字種の選択については、#8.1.3.1A～#8.1.3.1Bを見よ。)

#8.1.4.1　語句等の省略

#8.1.4.1A　法人組織等の語句

団体の名称のうち、法人組織の種類、被記念者等を示す語句は、省略する。

　　　　日本博物館協会 || ニホン　ハクブツカン　キョウカイ
　　　　　（正式名称: 公益財団法人日本博物館協会）
　　　　東芝 || トウシバ
　　　　　（正式名称: 株式会社東芝）
　　　　ローハスクラブ || ローハス　クラブ
　　　　　（正式名称: 特定非営利活動法人ローハスクラブ）
　　　　東京バレエ団 || トウキョウ　バレエダン
　　　　　（正式名称: チャイコフスキー記念東京バレエ団）
　　　　人と防災未来センター || ヒト　ト　ボウサイ　ミライ　センター
　　　　　（正式名称: 阪神・淡路大震災記念人と防災未来センター）

ただし、その語句が名称全体の分かちがたい一部である場合、または団体の名称であることを識別するために必要な場合は、省略しない。

　　　　草野心平記念文学館 || クサノ　シンペイ　キネン　ブンガクカン
　　　　　（情報源の表示: いわき市立草野心平記念文学館）
　　　　三島海雲記念財団 || ミシマ　カイウン　キネン　ザイダン

日本語、中国語、韓国・朝鮮語の団体の名称で、法人組織の種類を示す語句が末尾にある場合は、省略しない。

　　　　柏書房株式会社 || カシワ　ショボウ　カブシキ　ガイシャ
　　　　住友軽金属工業株式会社. 研究開発センター || スミトモ　ケイキンゾク　コウギョウ　カブシキ
　　　　　ガイシャ. ケンキュウ　カイハツ　センター
　　　　　（正式名称: 住友軽金属工業株式会社研究開発センター）
　　　　上海漫歩創造媒広告有限公司

その他の外国語の団体の名称で、法人組織の種類を示す語句が冒頭にある場合に、団体であることを識別するために必要なときは、倒置して末尾に置く。

　　　　Weser, AG

第 8 章 団 体

　　　　　（正式名称：AG Weser）

8.1.4.1 B　イニシャルを含む名称の句読点
　団体の名称の全部または一部がイニシャルで構成される場合は、省略を示すピリオドなどの記号の記録の有無は、その団体の使用法に従う。判断できない場合は、省略する。
（参照：# 1.11.10 を見よ。）

8.1.4.1 C　冒頭の冠詞
　団体の名称の冒頭に冠詞がある場合は、それを省略せずに記録する。
（参照：# 1.11.8 を見よ。）
　　　　　The Waite グループ ||The Waite グループ
　　　　　The Singapore Yacht Club

8.1.4.1 C　冒頭の冠詞　別法
　＊団体の名称の冒頭に冠詞がある場合は、その冠詞は省略する。
　　　　　Singapore Yacht Club
　ただし、タイトルや名称が個人名や地名のような固有名から始まる場合など、その冠詞の下に検索される場合は、その限りではない＊。
（参照：# 1.11.8 別法を見よ。）
　　　　　Los Angeles Airways

8.1.4.1 D　会議、大会、集会等の回次、開催地、開催年
　会議、大会、集会等の名称はその名称のみを優先名称として記録し、回次、開催地、開催年は省略する。
（参照：会議、大会、集会等の回次については、# 8.6 を見よ。）

8.1.4.2　下部組織、付属機関
　団体の下部組織、付属機関は、その名称のみを優先名称として記録する。
　　　　　飛鳥資料館 || アスカ シリョウカン
　　　　　（情報源の表示：奈良国立文化財研究所飛鳥資料館）
　ただし、その名称が a)～e) のいずれかに該当する場合は、上部組織名のうちの a)～e) に該当しない最下位のものを記録し、ピリオド、スペースで区切って、下部組織名または付属機関名を続けて記録する。上部組織名が「…立」の形の場合は、ピリオド、スペースで区切らない。必要に応じて、さらに上部組織名との間に、両者の階層の中間にある組織名のうちの識別可能な最下位のものを挿入する。
　　　　　東京都立中央図書館 || トウキョウ トリツ チュウオウ トショカン
　　　　　国立国語研究所. 総務課 || コクリツ コクゴ ケンキュウジョ. ソウムカ
　　　　　（正式名称：大学共同利用機関法人人間文化研究機構国立国語研究所総務部総務課）
　　　　　東京都. 建設局. 総務課 || トウキョウト. ケンセツキョク. ソウムカ
　　　　　（情報源の表示：東京都建設局総務部総務課）

#8.1 団体の優先名称

  東京都. 環境局. 総務課 || トウキョウト. カンキョウキョク. ソウムカ
   （正式名称：東京都環境局総務部総務課）

該当するか否か明らかでないものは、下部組織、付属機関の名称のみを記録する。

a) 「局」、「部」、「課」、「係」など組織下の区分を意味する語句（または他の言語で同様な語句）を含むもの

  財務省. 関税局 || ザイムショウ. カンゼイキョク
   （情報源の表示：財務省関税局）
  日本山岳会. 東海支部 || ニホン サンガクカイ. トウカイ シブ
   （情報源の表示：日本山岳会東海支部）
  東京都. 河川部 || トウキョウト. カセンブ
   （情報源の表示：東京都建設局河川部）
  石城精神醫学研究所. 附属新田目病院 || イシキ セイシン イガク ケンキュウジョ. フゾク アラタメ ビョウイン
   （正式名称：財団法人石城精神醫学研究所附属新田目病院）
  American Library Association. Children's Services Division

b) 一般的な名称で他の組織の下部組織、付属機関とまぎらわしいもの

  東京都. 衛生研究所 || トウキョウト. エイセイ ケンキュウジョ
   （正式名称：東京都衛生研究所）
  横浜市. 衛生研究所 || ヨコハマシ. エイセイ ケンキュウジョ
   （情報源の表示：横浜市衛生研究所）
  日立製作所. 中央研究所 || ヒタチ セイサクジョ. チュウオウ ケンキュウジョ
   （情報源の表示：株式会社日立製作所中央研究所）
  ヤクルト本社. 中央研究所 || ヤクルト ホンシャ. チュウオウ ケンキュウジョ
   （情報源の表示：株式会社ヤクルト本社中央研究所）

c) 専門分野を表す語句と、団体の種類を表す語句のみから成るもの

  アシックス. スポーツ工学研究所 || アシックス. スポーツ コウガク ケンキュウジョ
   （正式名称：株式会社アシックススポーツ工学研究所）
  University of Michigan. Transportation Research Institute
   （名称：Transportation Research Institute）

d) 単独では団体の名称であることが不明確なもの

  歌舞伎町ルネッサンス推進協議会. 歌舞伎町タウンマネージメント || カブキチョウ ルネッサンス スイシン キョウギカイ. カブキチョウ タウン マネージメント
   （情報源の表示：歌舞伎町タウンマネージメント）

e) 上部組織名の全体を含むもの

  下部組織名、付属機関名としては、上部組織名を除いた部分のみを記録する。
   多摩美術大学. 美術館 || タマ ビジュツ ダイガク. ビジュツカン
    （多摩美術大学. 多摩美術大学美術館としない。）

第8章 団 体

　　f） 関係団体名

　　　ある組織の下部組織、付属機関ではなく、関係団体としてその組織名の全体または一部を含む場合は、ピリオド、スペースで区切らない。

　　　　　東京大学平賀譲研究会 || トウキョウ ダイガク ヒラガ ユズル ケンキュウカイ
　　　　　（東京大学. 平賀譲研究会としない。）
　　　　　京大俳句会 || キョウダイ ハイクカイ
　　　　　（京都大学. 俳句会または京都大学俳句会としない。）

　　　含まれる団体がe）とf）のどちらに該当するか判断できない場合は、f）を適用する。

#8.1.4.3　合同機関

　複数の団体の代表から成る合同機関は、その名称のみを記録する。

　　　　　聖公会ローマカトリック合同委員会 || セイコウカイ ローマ カトリック ゴウドウ イインカイ

　ただし、複数の団体が同一の上位組織に属し、かつ合同機関の名称だけでは識別が困難な場合は、#8.1.4.2を適用して上部組織の名称を記録し、ピリオド、スペースで区切って、合同機関の名称を続けて記録する。

＜#8.1.5～#8.1.7　各種の団体＞

#8.1.5　日本の団体

#8.1.5.1　国の行政機関

　日本の国の行政機関は、その名称を記録する。

　　　　　文部科学省 || モンブ カガクショウ
　　　　　人事院 || ジンジイン
　　　　　会計検査院 || カイケイ ケンサイン
　　　　　林野庁 || リンヤチョウ
　　　　　東京高等検察庁 || トウキョウ コウトウ ケンサツチョウ

#8.1.5.1A　付属機関・出先機関

　日本の国の行政機関の付属機関および出先機関は、その名称のみを記録する。

　　　　　国土地理院 || コクド チリイン
　　　　　法務総合研究所 || ホウム ソウゴウ ケンキュウジョ
　　　　　農政審議会 || ノウセイ シンギカイ
　　　　　東京税関 || トウキョウ ゼイカン
　　　　　札幌管区気象台 || サッポロ カンク キショウダイ

　ただし、その名称に組織下の区分を意味する語句を含むものや、一般的な名称のものなど、#8.1.4.2a）～e）に該当する場合は、所轄行政機関名の後に、ピリオド、スペースで区切って、その名称を続けて記録する。

　　　　　防衛省. 技術研究本部 || ボウエイショウ. ギジュツ ケンキュウ ホンブ
　　　　　経済産業省. 近畿経済産業局 || ケイザイ サンギョウショウ. キンキ ケイザイ サンギョウキョク

#8.1 団体の優先名称

　　　　国土交通省. 九州地方整備局 || コクド コウツウショウ. キュウシュウ チホウ セイビキョク

#8.1.5.1B　在外公館

　日本の在外公館（大使館、公使館、領事館、その他の常駐機関）は、国名「日本」を記録し、ピリオド、スペースで区切って、在外公館の名称を続けて記録する。

　大使館または公使館の場合は、その所在国を丸がっこに入れて付加する。

　　　　日本. 大使館（アメリカ合衆国）|| ニホン. タイシカン（アメリカ ガッシュウコク）

　領事館またはその他の常駐機関の場合は、その所在都市および所在国を丸がっこに入れて付加する。

（参照：所在都市と所在国をあわせた記録の方法については、#12.1.3.2B、#12.1.3.2B別法を見よ。）

　　　　日本. 総領事館（オーストラリア パース）|| ニホン. ソウリョウジカン（オーストラリア パース）

#8.1.5.1C　国際団体・政府間機関への代表団

　日本から国際団体、政府間機関、国際会議、国際プロジェクト等へ派遣した代表団、委員会等は、国名「日本」の後に、ピリオド、スペースで区切って、その名称を続けて記録する。代表団等の名称に含まれる「日本国政府」を意味する語句は省略するが、省略すると誤解をまねく場合は、この限りではない。

　　　　日本. 欧州共同体代表部 || ニホン. オウシュウ キョウドウタイ ダイヒョウブ
　　　　　（情報源の表示：欧州共同体日本政府代表部）

　代表団、委員会等の名称が判明しない場合は、「代表団」、「使節団」等と記録する。

　同一の名称の他の代表団、委員会等と判別するために必要な場合は、派遣した国際団体等の名称を丸がっこに入れて付加する。

　　　　日本. 代表団（国際連合食糧農業機関. 総会（第12回：1963：ローマ））|| ニホン. ダイヒョウダン（コクサイ レンゴウ ショクリョウ ノウギョウ キカン. ソウカイ（ダイ12カイ：1963：ローマ））

#8.1.5.2　国の立法機関および司法機関

　日本の国の立法機関および司法機関は、その名称を記録する。

　　　　衆議院 || シュウギイン
　　　　東京地方裁判所 || トウキョウ チホウ サイバンショ
　　　　最高裁判所 || サイコウ サイバンショ

　委員会などを含む下部組織は、機関名の後に、ピリオド、スペースで区切って、その名称を続けて記録する。

　　　　衆議院. 法制局 || シュウギイン. ホウセイキョク
　　　　国立国会図書館. 調査及び立法考査局 || コクリツ コッカイ トショカン. チョウサ オヨビ リッポウ コウサキョク
　　　　参議院. 図書館運営小委員会 || サンギイン. トショカン ウンエイ ショウイインカイ

第8章 団体

（正式名称：参議院議院運営委員会図書館運営小委員会）

日本の国会の特定の会期を示す場合は、「国会」に、回次と会期を丸がっこに入れて付加する。会期は年、月、日まで記録する。常会、臨時会、特別会の区別は記録しない。必要がある場合は、回次、会期の後に、ピリオド、スペースで区切って、衆議院と参議院のいずれかを記録する。

   国会（第120回：1990年12月10日-1991年5月8日）．衆議院 ‖ コッカイ（ダイ120カイ：
    1990.12.10-1991.5.8）．シュウギイン

委員会などの国会の特定会期における下部組織は、その後にピリオド、スペースで区切って、その名称を続けて記録する。

   国会（第120回：1990年12月10日-1991年5月8日）．衆議院．予算委員会 ‖ コッカイ（ダ
    イ120カイ：1990.12.10-1991.5.8）．シュウギイン．ヨサン イインカイ

8.1.5.3　政府関係機関等

日本の政府関係機関等は、その名称を記録する。
（参照：教育・研究組織については、#8.1.5.5A、#8.1.5.5A別法を見よ。）

   沖縄振興開発金融公庫 ‖ オキナワ シンコウ カイハツ キンユウ コウコ
   国際協力銀行 ‖ コクサイ キョウリョク ギンコウ
   日本銀行 ‖ ニホン ギンコウ

8.1.5.4　地方自治体

日本の地方自治体（地方自治体に属する機関を含む）は、その名称を記録する。市役所（役場）等は、市等の名称を記録する。
（参照：#8.1.3.1D b)を見よ。）
（参照：地方自治体の上部組織は場所の名称と同一となるため、あわせて#12を見よ。）

   大阪府 ‖ オオサカフ
   （大阪府庁としない。）
   八王子市 ‖ ハチオウジシ
   （八王子市役所としない。）
   愛知県．議会 ‖ アイチケン．ギカイ
   東京都．教育委員会 ‖ トウキョウト．キョウイク イインカイ
   北海道．上川支庁 ‖ ホッカイドウ．カミカワ シチョウ

東京都の特別区および政令指定都市の行政区は、「東京都」または都市名を記録し、続けて特別区名、行政区名を記録する。

   東京都墨田区 ‖ トウキョウト スミダク
   神戸市灘区 ‖ コウベシ ナダク
   東京都港区．議会 ‖ トウキョウト ミナトク．ギカイ

8.1.5.5　その他の団体

日本のその他の団体は、#8.1.4～#8.1.4.3および次の規定に従って記録する。

8.1.5.5A　教育・研究組織

#8.1 団体の優先名称

a) 大学、学校等

大学、学校等は、その名称のみを記録する。

　　　東北大学 || トウホク　ダイガク
　　　北海道情報大学 || ホッカイドウ　ジョウホウ　ダイガク
　　　柏陽高等学校 || ハクヨウ　コウトウ　ガッコウ
　　　（神奈川県立柏陽高等学校としない。）

ただし、その名称のみで識別が困難な場合は、上部組織名の後に、ピリオド、スペースで区切って、その名称を続けて記録する。

　　　宮城県. 第二女子高等学校 || ミヤギケン. ダイニ　ジョシ　コウトウ　ガッコウ
　　　成田高等学校. 附属小学校 || ナリタ　コウトウ　ガッコウ. フゾク　ショウガッコウ

b) 大学の学部等

大学の学部等は、大学名の後に、ピリオド、スペースで区切って、その名称を続けて記録する。

（参照：＃8.1.4.2を見よ。）

　　　京都大学. 文学部 || キョウト　ダイガク. ブンガクブ
　　　東京大学. 土木工学科 || トウキョウ　ダイガク. ドボク　コウガクカ
　　　（情報源の表示：東京大学工学部土木工学科）
　　　東北大学大学院. 環境適応生物工学研究室 || トウホク　ダイガク　ダイガクイン. カンキョウ　テキオウ　セイブツ　コウガク　ケンキュウシツ
　　　（正式名称：東北大学大学院農学研究科環境適応生物工学研究室）

c) 大学に付属または付置する機関

大学に付属または付置する学校、図書館、博物館、美術館、研究所、試験所（場）、病院等は、その名称のみを記録する。

　　　久留米中学校 || クルメ　チュウガッコウ
　　　（情報源の表示：福岡教育大学附属久留米中学校）
　　　多摩永山病院 || タマ　ナガヤマ　ビョウイン
　　　（正式名称：日本医科大学多摩永山病院）
　　　大津臨湖実験所 || オオツ　リンコ　ジッケンジョ
　　　（情報源の表示：京都大学理学部附属大津臨湖実験所）
　　　會津八一記念博物館 || アイズ　ヤイチ　キネン　ハクブツカン
　　　（情報源の表示：早稲田大學會津八一記念博物館）

ただし、その名称のみで識別が困難な場合は、大学名の後に、ピリオド、スペースで区切って続けて記録する。

（参照：＃8.1.4.2を見よ。）

　　　東京芸術大学. 大学美術館 || トウキョウ　ゲイジュツ　ダイガク. ダイガク　ビジュツカン
　　　（情報源の表示：東京芸術大学大学美術館）
　　　慶應義塾大学. 産業研究所 || ケイオウ　ギジュク　ダイガク. サンギョウ　ケンキュウジョ

第8章 団 体

　　　　（情報源の表示：慶應義塾大学産業研究所）
　　　　東京学芸大学. 附属国際中等教育学校 || トウキョウ ガクゲイ ダイガク. フゾク コクサイ チュウトウ キョウイク ガッコウ
　　　　（情報源の表示：東京学芸大学附属国際中等教育学校）
　　　　日本大学. 情報科学研究所 || ニホン ダイガク. ジョウホウ カガク ケンキュウジョ
　　　　（情報源の表示：日本大学文理学部情報科学研究所）
　　　　早稲田大学. 演劇博物館 || ワセダ ダイガク. エンゲキ ハクブツカン
　　　　（情報源の表示：早稲田大学坪内博士記念演劇博物館）

d) 　大学共同利用機関

　大学共同利用機関は、その名称のみを記録する。また、大学共同利用機関の研究施設も、その名称のみを記録する。

　　　　高エネルギー加速器研究機構 || コウエネルギー カソクキ ケンキュウ キコウ
　　　　国立情報学研究所 || コクリツ ジョウホウガク ケンキュウジョ
　　　　（正式名称：情報・システム研究機構国立情報学研究所）

e) 　大学、学校等以外の教育・研究組織

　大学、学校等以外の教育・研究組織は、独立した名称の組織の場合は、その名称のみを記録する。他の団体の下部組織、付属機関、合同機関である場合は、#8.1.4.2、#8.1.4.3に従って、その名称を記録する。

　　　　福島県立図書館 || フクシマ ケンリツ トショカン
　　　　高山市. 図書館 || タカヤマシ. トショカン
　　　　愛知県. 衛生研究所 || アイチケン. エイセイ ケンキュウジョ
　　　　（愛知県の下部組織）
　　　　西宮市. 教育文化センター || ニシノミヤシ. キョウイク ブンカ センター
　　　　（西宮市の下部組織）
　　　　鳥取県人権文化センター || トットリケン ジンケン ブンカ センター
　　　　（鳥取県の下部組織ではなく、公益社団法人）
　　　　松濤美術館 || ショウトウ ビジュツカン
　　　　（正式名称：東京都渋谷区立松濤美術館。独立した名称の組織）
　　　　奈良国立博物館 || ナラ コクリツ ハクブツカン
　　　　（正式名称：独立行政法人国立文化財機構奈良国立博物館）

#8.1.5.5A　教育・研究組織　別法

a) 　大学、学校等

　＊大学、学校等は、その名称を記録する。

　　　　東北大学 || トウホク ダイガク
　　　　北海道情報大学 || ホッカイドウ ジョウホウ ダイガク

　必要に応じて、上部組織名とともに記録する。その場合は、上部組織名の後に、ピリオド、スペースで区切って、大学、学校等の名称を記録する。上部組織名が「…立」の形の場合

＃8.1　団体の優先名称

は、ピリオド、スペースで区切らない＊。
（参照：＃8.1.4.2 を見よ。）

　　　　神奈川県立柏陽高等学校 || カナガワ ケンリツ ハクヨウ コウトウ ガッコウ
　　　　宮城県. 第二女子高等学校 || ミヤギケン. ダイニ ジョシ コウトウ ガッコウ
　　　　成田高等学校. 附属小学校 || ナリタ コウトウ ガッコウ. フゾク ショウガッコウ

b)　大学の学部等

　　大学の学部等は、大学名の後に、ピリオド、スペースで区切って、その名称を続けて記録する。
（参照：＃8.1.4.2 を見よ。）

　　　　京都大学. 文学部 || キョウト ダイガク. ブンガクブ
　　　　東京大学. 土木工学科 || トウキョウ ダイガク. ドボク コウガクカ
　　　　（情報源の表示：東京大学工学部土木工学科）
　　　　東北大学大学院. 環境適応生物工学研究室 || トウホク ダイガク ダイガクイン. カンキョウ テキオウ セイブツ コウガク ケンキュウシツ
　　　　（正式名称：東北大学大学院農学研究科環境適応生物工学研究室）

c)　大学に付属または付置する機関

　　＊大学に付属または付置する学校、図書館、博物館、美術館、研究所、試験所（場）、病院等は、大学名、学部名等とともに記録する。大学名、学部名等の後に、ピリオド、スペースで区切って、付属または付置する機関の名称を記録する＊。
（参照：＃8.1.4.2 を見よ。）

　　　　福岡教育大学. 附属久留米中学校 || フクオカ キョウイク ダイガク. フゾク クルメ チュウ ガッコウ
　　　　（情報源の表示：福岡教育大学附属久留米中学校）
　　　　日本医科大学. 多摩永山病院 || ニホン イカ ダイガク. タマ ナガヤマ ビョウイン
　　　　（正式名称：日本医科大学多摩永山病院）
　　　　京都大学. 理学部. 附属大津臨湖実験所 || キョウト ダイガク. リガクブ. フゾク オオツ リンコ ジッケンジョ
　　　　（情報源の表示：京都大学理学部附属大津臨湖実験所）
　　　　早稲田大学. 會津八一記念博物館 || ワセダ ダイガク. アイズ ヤイチ キネン ハクブツカン
　　　　（情報源の表示：早稲田大学會津八一記念博物館）
　　　　東京芸術大学. 大学美術館 || トウキョウ ゲイジュツ ダイガク. ダイガク ビジュツカン
　　　　（情報源の表示：東京芸術大学大学美術館）
　　　　慶應義塾大学. 産業研究所 || ケイオウ ギジュク ダイガク. サンギョウ ケンキュウジョ
　　　　（情報源の表示：慶應義塾大学産業研究所）
　　　　東京学芸大学. 附属国際中等教育学校 || トウキョウ ガクゲイ ダイガク. フゾク コクサイ チュウトウ キョウイク ガッコウ
　　　　（情報源の表示：東京学芸大学附属国際中等教育学校）
　　　　日本大学. 情報科学研究所 || ニホン ダイガク. ジョウホウ カガク ケンキュウジョ

第8章　団　体

　　　　　　（情報源の表示：日本大学文理学部情報科学研究所）
　　　　　早稲田大学. 演劇博物館 || ワセダ ダイガク. エンゲキ ハクブツカン
　　　　　　（情報源の表示：早稲田大学坪内博士記念演劇博物館）

d)　大学共同利用機関

　　大学共同利用機関は、その名称のみを記録する。また、大学共同利用機関の研究施設も、その名称のみを記録する。

　　　　　高エネルギー加速器研究機構 || コウエネルギー カソクキ ケンキュウ キコウ
　　　　　国立情報学研究所 || コクリツ ジョウホウガク ケンキュウジョ
　　　　　（正式名称：情報・システム研究機構国立情報学研究所）

e)　大学、学校等以外の教育・研究組織

　　＊大学、学校等以外の教育・研究組織は、独立した名称の組織の場合は、その名称を記録する。必要に応じて、上部組織名とともに記録する。その場合は、上部組織名の後に、ピリオド、スペースで区切って、その教育・研究組織の名称を記録する。上部組織名が「…立」の形の場合は、ピリオド、スペースで区切らない＊。他の団体の下部組織、付属機関、合同機関である場合は、#8.1.4.2、#8.1.4.3に従って、その名称を記録する。

　　　　　福島県立図書館 || フクシマ ケンリツ トショカン
　　　　　高山市. 図書館 || タカヤマシ. トショカン
　　　　　愛知県. 衛生研究所 || アイチケン. エイセイ ケンキュウジョ
　　　　　（愛知県の下部組織）
　　　　　西宮市. 教育文化センター || ニシノミヤシ. キョウイク ブンカ センター
　　　　　（西宮市の下部組織）
　　　　　鳥取県人権文化センター || トットリケン ジンケン ブンカ センター
　　　　　（鳥取県の下部組織ではなく、公益社団法人）
　　　　　東京都渋谷区立松濤美術館 || トウキョウト シブヤ クリツ ショウトウ ビジュツカン
　　　　　（正式名称：東京都渋谷区立松濤美術館。独立した名称の組織を上部組織名とともに記録した例）
　　　　　奈良国立博物館 || ナラ コクリツ ハクブツカン
　　　　　（正式名称：独立行政法人国立文化財機構奈良国立博物館）

#8.1.6　外国の団体

#8.1.6.1　国の機関

　外国の国の機関は、国名の後に、ピリオド、スペースで区切って、その名称を続けて記録する。
（参照：国名については、#12.1を見よ。）

　　　　　Singapore. Ministry of Commerce and Industry
　　　　　United States. Congress (109th, 2nd session：2006). House
　　　　　中華人民共和国. 国家知識産権局 || チュウカ ジンミン キョウワコク. コッカ チシキ サンケンキョク
　　　　　中華人民共和国. 全国人民代表大会. 常務委員会 || チュウカ ジンミン キョウワコク. ゼン

#8.1　団体の優先名称

　　　　コク　ジンミン　ダイヒョウ　タイカイ. ジョウム　イインカイ
　　대한 민국. 해양 수산부
　　대한 민국. 헌법 재판소
　　대한 민국. 국회. 운영 위원회
　　イギリス. 運輸省 || イギリス. ウンユショウ
　　ドイツ連邦共和国. 憲法裁判所 || ドイツ レンポウ キョウワコク. ケンポウ サイバンショ
　　アメリカ合衆国. 議会. 経済報告合同委員会 || アメリカ ガッシュウコク. ギカイ. ケイザイ
　　　　ホウコク ゴウドウ イインカイ

　国家元首、行政主体の統治者、政府機関の代表等の官職による優先名称は採用せず、#6に従って、個人の名称として扱う。

#8.1.6.1 A　在外公館

　一国を代表する在外公館（大使館、領事館、公使館、その他の常駐機関）は、国名の後に、ピリオド、スペースで区切って、大使館等の名称を続けて記録する。

　大使館または公使館の場合は、その所在国を丸がっこに入れて付加する。

　領事館またはその他の常駐機関の場合は、その所在都市および所在国を丸がっこに入れて付加する。

（参照：所在都市と所在国をあわせた記録の方法については、#12.1.3.2 B、#12.1.3.2 B 別法を見よ。）

　在外公館の名称から国名は省略する。

　　　　Australia. Embassy (Indonesia)
　　　オーストラリア. 大使館（インドネシア） || オーストラリア. タイシカン（インドネシア）

#8.1.6.1 B　国際団体・政府間機関への代表団

　一国から国際団体、政府間機関、国際会議、国際プロジェクト等へ派遣した代表団、委員会等は、国名の後に、ピリオド、スペースで区切って、その名称を続けて記録する。代表団、委員会等の名称からは名詞形の国名（政府名またはその略称）は省略するが、省略によって誤解をまねく場合はその限りではない。

　代表団、委員会等の名称が判明しない場合は、「Delegation」、「Mission」または「代表団」、「使節団」等と記録する。

　同一の名称の他の代表団、委員会等と判別するために必要な場合は、派遣した国際団体等の名称を付加する。このとき、付加する国際団体等の名称は、その団体の優先名称の言語および形で記録する。

　　　　Canada. Delegation to the General Assembly of the United Nations

#8.1.6.2　地方政府・自治体

　外国の地方政府・自治体（地方政府・自治体に属する機関を含む）は、該当する市町村名や上位の地方政府・自治体名を、#12に従って記録する。

#第8章 団 体

（参照：優先名称における行政区分を表す語の扱いについては、♯12.1.3.1Cを見よ。行政区分を表す語を識別要素として扱う場合は、♯8.7.2を見よ。）

地方政府・自治体の下部組織については、♯8.1.4.2に従って記録する。

    Ohio
    福建省 || フッケンショウ
    군포시
    ヴァージニア州 || ヴァージニアシュウ
    カルガリー（カナダ）
    ニューヨーク
    ニューヨーク州 || ニューヨークシュウ
    ニューヨーク州. 最高裁判所 || ニューヨークシュウ. サイコウ サイバンショ
    カリフォルニア州. 水質汚濁防止庁 || カリフォルニアシュウ. スイシツ オダク ボウシチョウ

♯8.1.6.3　その他の団体

外国のその他の団体は、♯8.1.4～♯8.1.4.3および次の規定に従って記録する。

♯8.1.6.3A　教育・研究組織

 a)　大学、学校等

 大学、学校等は、その名称のみを記録する。

    University of Florida
    哈爾濱工業大學
    한성 대학교
    ミシガン大学 || ミシガン ダイガク

 b)　大学の学部等

 大学の学部等は、大学名の後に、ピリオド、スペースで区切って、その名称を続けて記録する。

 （参照：♯8.1.4.2を見よ。）

    University of Chicago. Department of Art History
    北京大学. 法学院 || ペキン ダイガク. ホウガクイン
    이화 여자 대학교. 사범 대학
    ハーバード大学. 医学部 || ハーバード ダイガク. イガクブ

 c)　大学に付属または付置する機関

 大学に付属または付置する学校、図書館、博物館、美術館、研究所、試験所（場）、病院等は、その名称のみを記録する。ただし、その名称のみでは識別が困難な場合は、大学名の後に、ピリオド、スペースで区切って、その名称を続けて記録する。

 （参照：♯8.1.4.2を見よ。）

    Lee Kong Chian Natural History Museum
    （National University of Singapore. Faculty of Science. Lee Kong Chian Natural History

#8.1　団体の優先名称

　　　　Museum としない。)
　　　上海財経大学. 公共政策研究中心
　　　경기 대학교. 박물관
　　　トーマス・コラム研究所 || トーマス・コラム ケンキュウジョ
　　　（情報源の表示：ロンドン大学教育学部トーマス・コラム研究所）

d)　大学、学校等以外の教育・研究組織

　　大学、学校等以外の教育・研究組織は、独立した名称の組織の場合は、その名称のみを記録する。他の団体の下部組織、付属機関、合同機関である場合は、#8.1.4.2、#8.1.4.3に従って、その名称を記録する。

　　　雲南省. 博物館 || ウンナンショウ. ハクブツカン
　　　부산 광역 시립. 시민 도서관
　　　メトロポリタン美術館 || メトロポリタン ビジュツカン

#8.1.7　国際団体

　国際的に組織された連盟、学会、協会等に、複数の言語による名称がある場合は、優先名称として選択した名称のみを記録する。

（参照：優先名称の選択については、#8.1.3.1A、#8.1.3.1A別法を見よ。）

　下部組織、付属機関である場合は、#8.1.4.2に従って記録する。

　国際団体の優先名称に慣用形を選択した場合は、その名称のみを記録する。

（参照：慣用形の選択については、#8.1.3.1Da)を見よ。）

　　　国際連合 || コクサイ レンゴウ
　　　国際決済銀行 || コクサイ ケッサイ ギンコウ
　　　経済協力開発機構 || ケイザイ キョウリョク カイハツ キコウ
　　　世界労働組合連盟 || セカイ ロウドウ クミアイ レンメイ
　　　United Nations
　　　International Monetary Fund

#8.2　団体の異形名称

　団体の異形名称は、団体の名称のエレメント・サブタイプである。

#8.2.1　記録の範囲

　団体の優先名称として選択しなかった名称を、異形名称として記録することができる。また、優先名称として選択した名称の異なる形も、異形名称として記録することができる。

#8.2.2　情報源

　団体の異形名称の情報源には、団体と結びつく資料および（または）参考資料を採用する。
（参照：#8.0.2を見よ。）

#8.2.3　記録の方法

　団体の異形名称は、#8.0.3および次の規定に従って記録する。その読みを記録する場合は、

第8章 団 体

＃8.1.4A～＃8.1.4Cを適用して記録する。
（参照：＃1.11～＃1.12.3を見よ。）

＃8.2.3A　異なる言語の名称

　団体の名称に複数の言語による形がある場合は、優先名称として選択しなかった言語の名称を、異形名称として記録する。

　　　　Food and Agriculture Organization of the United Nations
　　　　（優先名称：国際連合食糧農業機関 || コクサイ レンゴウ ショクリョウ ノウギョウ キカン）
　　　　国際連合 || コクサイ レンゴウ
　　　　（優先名称：United Nations）

＃8.2.3B　異なる形

　団体の優先名称として選択した名称と異なる形を記録する。次のような場合がある。

a）　詳細度が異なる形
　①　展開形
　　　　冬生活総合研究所 || フユ セイカツ ソウゴウ ケンキュウジョ
　　　　（優先名称：冬総研 || フユソウケン）
　　　　Community for Innovation of Education through Computers
　　　　（優先名称：CIEC）
　②　略称形
　　　　経団連 || ケイダンレン
　　　　（優先名称：経済団体連合会 || ケイザイ ダンタイ レンゴウカイ）
　　　　NATO
　　　　（優先名称：North Atlantic Treaty Organization）

b）　文字種が異なる形
　　　　ゆめ俳句会 || ユメ ハイクカイ
　　　　（優先名称：夢俳句会 || ユメ ハイクカイ）

c）　数の表記が異なる形
　　　　101会 || イチマルイチカイ
　　　　（優先名称：一〇一会 || イチマルイチカイ）
　　　　3 Owls Bird Sanctuary
　　　　（優先名称：Three Owls Bird Sanctuary）

d）　綴り、翻字、漢字の字体が異なる形
　　　　国学院大学 || コクガクイン ダイガク
　　　　（優先名称：國學院大學 || コクガクイン ダイガク）
　　　　Vserossiĭskiĭ institut agrarnykh problem i informatiki
　　　　（優先名称：Всероссийский институт аграрных проблем и информатики）
　　　　Organization of African Trade Union Unity
　　　　（優先名称：Organisation of African Trade Union Unity）

#8.2 団体の異形名称

e) 読みのみ異なる形

雲母書房 || ウンモ ショボウ
（優先名称: 雲母書房 || キララ ショボウ）

f) 優先名称に含まない上部組織名、中間組織名、関係団体名をも含む形

日本. 財務省. 関税局 || ニホン. ザイムショウ. カンゼイキョク
（優先名称: 財務省. 関税局 || ザイムショウ. カンゼイキョク）

東京都. 建設局. 河川部 || トウキョウト. ケンセツキョク. カセンブ
（優先名称: 東京都. 河川部 || トウキョウト. カセンブ）

福岡教育大学. 附属久留米中学校 || フクオカ キョウイク ダイガク. フゾク クルメ チュウガッコウ
（優先名称: 久留米中学校 || クルメ チュウガッコウ）

早稲田大学. 會津八一記念博物館 || ワセダ ダイガク. アイズ ヤイチ キネン ハクブツカン
（優先名称: 會津八一記念博物館 || アイズ ヤイチ キネン ハクブツカン）

g) その他

阪神・淡路大震災記念人と防災未来センター || ハンシン アワジ ダイシンサイ キネン ヒト ト ボウサイ ミライ センター
（優先名称: 人と防災未来センター || ヒト ト ボウサイ ミライ センター）

海洋政策研究財団 || カイヨウ セイサク ケンキュウ ザイダン
（優先名称: シップアンドオーシャン財団 || シップ アンド オーシャン ザイダン）

＜＃8.3～＃8.7 名称以外の識別要素＞

#8.3 団体と結びつく場所

団体と結びつく場所は、エレメントである。

団体と結びつく場所は、会議、大会、集会等では、コア・エレメントである。その他の団体では、同一名称の他の団体と判別するために必要な場合は、コア・エレメントである。

#8.3.1 記録の範囲

団体と結びつく場所には、会議、大会、集会等の開催地や団体の本部所在地（または団体の活動地）などがある。

団体と結びつく場所は、その団体に対する統制形アクセス・ポイントの一部として、または独立したエレメントとして、あるいはその双方として記録する。

（参照: 典拠形アクセス・ポイントの一部となる場合は、＃28.1.2、＃28.1.2任意追加を見よ。）

#8.3.1.1 エレメント・サブタイプ

団体と結びつく場所には、次のエレメント・サブタイプがある。

a) 会議、大会、集会等の開催地（参照: ＃8.3.3.1を見よ。）
b) 団体と結びつくその他の場所（参照: ＃8.3.3.2を見よ。）

#8.3.2 情報源

団体と結びつく場所は、どの情報源に基づいて記録してもよい。

第8章　団　体

（参照：#8.0.2を見よ。）

#8.3.3　記録の方法

　団体と結びつく場所は、#12に従って記録する。

#8.3.3.1　会議、大会、集会等の開催地

　会議、大会、集会等の開催地は、団体と結びつく場所のエレメント・サブタイプである。

　会議、大会、集会等の開催地は、コア・エレメントである。

　会議、大会、集会等が開催された地名を記録する。

　　　　　長野県
　　　　　　（優先名称：オリンピック冬季競技大会 || オリンピック　トウキ　キョウギ　タイカイ）
　　　　　Washington D.C.
　　　　　　（優先名称：National Conference on Scientific and Technical Data）

　ただし、開催地よりも関係団体の名称を記録する方が識別に役立つ場合、または開催地が不明であるか容易に確認できない場合は、開催地に代えて関係団体の名称を記録する。
（参照：#8.4を見よ。）

　オンラインで開催された会議は、「オンライン」または「Online」と記録する。
（参照：典拠形アクセス・ポイントの一部となる場合は、#28.1.7を見よ。）

#8.3.3.1.1　複数の開催地

　会議、大会、集会等が複数の場所で開催された場合は、すべての開催地の名称を記録する。開催地の代わりに関係団体を記録する場合も、すべての開催団体の名称を記録する。

　　　　　東京都；神奈川県；埼玉県；千葉県；長野県
　　　　　　（優先名称：オリンピック夏季競技大会 || オリンピック　カキ　キョウギ　タイカイ）

#8.3.3.1.1　複数の開催地　別法

　＊会議、大会、集会等が複数の場所で開催された場合は、主な開催地の名称または開催地の上位の場所の名称を記録する。開催地の代わりに関係団体を記録する場合は、主な団体の名称を記録する＊。

　　　　　東京都
　　　　　　（優先名称：オリンピック夏季競技大会 || オリンピック　カキ　キョウギ　タイカイ）
　　　　　　（主な開催地の名称の例）
　　　　　日本；韓国
　　　　　　（優先名称：ワールドカップ || ワールド　カップ）
　　　　　　（開催地の上位の場所の名称の例）

#8.3.3.2　団体と結びつくその他の場所

　団体と結びつくその他の場所は、団体と結びつく場所のエレメント・サブタイプである。

　団体と結びつくその他の場所は、同一名称の他の団体と判別するために必要な場合は、コア・エレメントである。

団体と関係する場所やその本部所在地について、国、地方政府・自治体の名称、またはそれらの行政区分より下位の地名から、適切なものを記録する。
>東京都中野区
>>（優先名称：クレア）
>東京都千代田区
>>（優先名称：クレア）

団体の存続期間中に地名が変化した場合は、存続期間中の最も新しい地名を記録する。

＃8.3.3.2　団体と結びつくその他の場所　任意追加

団体の存続期間中に地名が変化した場合に、識別に重要なときは、変化前の地名を記録する。

＃8.4　関係団体

関係団体は、エレメントである。

関係団体は、会議、大会、集会等の開催地より識別に役立つ場合、または開催地が不明または容易に確認できない場合は、コア・エレメントである。団体の本部所在地等より識別に役立つ場合、または本部所在地等が不明または容易に確認できない場合は、同一名称の他の団体と判別するために必要であれば、コア・エレメントである。

＃8.4.1　記録の範囲

関係団体は、その団体に密接な関連がある他の団体である。

関係団体は、その団体に対する統制形アクセス・ポイントの一部として、または独立したエレメントとして、あるいはその双方として記録する。

（参照：典拠形アクセス・ポイントの一部となる場合は、＃28.1.3、＃28.1.3任意追加を見よ。）

＃8.4.2　情報源

関係団体は、どの情報源に基づいて記録してもよい。

（参照：＃8.0.2を見よ。）

＃8.4.3　記録の方法

関係団体は、それ自体の優先名称または優先名称として選択すべき形の名称を記録する。
>東京学芸大学
>>（「社会科教育研究会 || シャカイカ キョウイク ケンキュウカイ」（優先名称）の関係団体の優先名称）
>東京教育大学. 附属小学校
>>（「社会科教育研究会 || シャカイカ キョウイク ケンキュウカイ」（優先名称）の関係団体の優先名称）

＃8.5　団体と結びつく日付

団体と結びつく日付は、エレメントである。

団体と結びつく日付のうち、会議、大会、集会等の開催年は、コア・エレメントである。設立年および（または）廃止年は、同一名称の他の団体と判別するために必要な場合は、コア・

第 8 章　団　体

エレメントである。設立年および廃止年がともに不明であれば、団体の活動期間は、同一名称の他の団体と判別するために必要な場合は、コア・エレメントである。

＃8.5.1　記録の範囲

団体と結びつく日付には、設立年、廃止年、活動期間、会議、大会、集会等の開催年がある。

団体と結びつく日付は、その団体に対する統制形アクセス・ポイントの一部として、または独立したエレメントとして、あるいはその双方として記録する。

（参照：典拠形アクセス・ポイントの一部となる場合は、＃28.1.4、＃28.1.4 任意追加を見よ。）

＃8.5.1.1　エレメント・サブタイプ

団体と結びつく日付には、次のエレメント・サブタイプがある。

a)　設立年（参照：＃8.5.3.1を見よ。）
b)　廃止年（参照：＃8.5.3.2を見よ。）
c)　団体の活動期間（参照：＃8.5.3.3を見よ。）
d)　会議、大会、集会等の開催年（参照：＃8.5.3.4を見よ。）

＃8.5.2　情報源

団体と結びつく日付は、どの情報源に基づいて記録してもよい。

（参照：＃8.0.2を見よ。）

＃8.5.3　記録の方法

団体と結びつく日付は、原則としてその西暦年をアラビア数字で記録する。

推定年の場合は、「?」を付加して記録する。推定年では、2年間のいずれか不明な場合に二つの年を「または」または「or」で続けて記録することも、おおよその年のみが判明している場合に「頃」または「approximately」を付して記録することもできる。

＃8.5.3.1　設立年

設立年は、団体と結びつく日付のエレメント・サブタイプである。

設立年は、同一名称の他の団体と判別するために必要な場合は、コア・エレメントである。

団体が設立された年を記録する。

複数の政府が（例えば、占領、内乱などによって）同一地域の主権を主張している場合は、それぞれの政府の設立年を記録する。

   1868
   2003?
   1700 年頃
   approximately 1700

＃8.5.3.2　廃止年

廃止年は、団体と結びつく日付のエレメント・サブタイプである。

廃止年は、同一名称の他の団体と判別するために必要な場合は、コア・エレメントである。

#8.5 団体と結びつく日付

団体が廃止された年または活動を終了した年を記録する。

複数の政府が（例えば、占領、内乱などによって）同一地域の主権を主張している場合は、それぞれの政府の廃止年を記録する。

  1998
  2008 または 2009
  2008 or 2009

#8.5.3.3 団体の活動期間

団体の活動期間は、団体と結びつく日付のエレメント・サブタイプである。

団体の活動期間は、同一名称の他の団体と判別するために必要な場合は、コア・エレメントである。

団体の活動が判明している期間を記録する。

活動していることが判明している最古年と最新年を、ハイフンで結んで記録する。活動期間を年で示せない場合は、その団体が活動していた世紀を記録する。

  19 世紀
  19th century
  1998-2014
  16 世紀-17 世紀
  16th century-17th century

#8.5.3.4 会議、大会、集会等の開催年

会議、大会、集会等の開催年は、団体と結びつく日付のエレメント・サブタイプである。

会議、大会、集会等の開催年は、コア・エレメントである。

会議、大会、集会等の開催された西暦年をアラビア数字で記録する。開催期間が 2 年以上にわたる場合は、ハイフンで結んで記録する。日本の会議、大会、集会等の場合は、必要に応じて「年度」または「FY」として記録することができる。

  1998
  （優先名称：オリンピック冬季競技大会 || オリンピック トウキ キョウギ タイカイ）
  2000
  （優先名称：National Conference on Scientific and Technical Data）
  2011-2012
  （優先名称：Europalia）

同年に同一名称で開催された複数の会議、大会、集会等を判別する必要がある場合は、特定の日付を記録する。日付は年、月、日の順に、月を示す語を英語等とする場合は、間をスペースで区切って、アラビア数字のみの場合はピリオド、スペースで区切って続けて記録する。（参照：典拠形アクセス・ポイントの一部となる場合は、#28.1.7を見よ。）

  2017. 4. 14
  （優先名称：全国知事会議）

第 8 章　団　体

　　　　　2016 October 20
　　　（優先名称：Policy Dialogue Forum）

＃8.6　会議、大会、集会等の回次
　会議、大会、集会等の回次は、エレメントである。
　会議、大会、集会等の回次は、コア・エレメントである。

＃8.6.1　記録の範囲
　会議、大会、集会等の回次は、一連の会議、大会、集会等の番号付けである。
（参照：＃8.1.3.1 E、＃8.1.4.1 D を見よ。）
　会議、大会、集会等の回次は、その団体に対する統制形アクセス・ポイントの一部として、または独立したエレメントとして、あるいはその双方として記録する。
（参照：典拠形アクセス・ポイントの一部となる場合は、＃28.1.7を見よ。）

＃8.6.2　情報源
　会議、大会、集会等の回次は、どの情報源に基づいて記録してもよい。
（参照：＃8.0.2を見よ。）

＃8.6.3　記録の方法
　データ作成機関で定める言語における標準的な序数を示す形式で記録する。日本語で記録する場合は、「第」を省略せず、数はアラビア数字で記録する。

　　　　　第18回
　　　（優先名称：オリンピック冬季競技大会 || オリンピック　トウキ　キョウギ　タイカイ）
　　　　　2nd
　　　（優先名称：National Conference on Scientific and Technical Data）
　　　　　第3期
　　　（優先名称：日韓文化交流会議 || ニッカン　ブンカ　コウリュウ　カイギ）

＃8.7　その他の識別要素
　その他の識別要素は、エレメントである。
　その他の識別要素は、団体の名称であることが不明確な優先名称である場合は、コア・エレメントである。その他の場合は、同一名称の他の団体と判別するために必要なときに、コア・エレメントである。

＃8.7.0　通則

＃8.7.0.1　記録の範囲・情報源

＃8.7.0.1.1　記録の範囲
　その他の識別要素は、＃8.3～＃8.6で規定した要素以外の団体の名称と結びつく情報である。

＃8.7.0.1.1.1　エレメント・サブタイプ
　その他の識別要素には、次のエレメント・サブタイプがある。
　a)　団体の種類（参照：＃8.7.1を見よ。）

##＃8.7　その他の識別要素

　　b)　行政区分を表す語（参照：＃8.7.2を見よ。）
　　c)　その他の識別語句（参照：＃8.7.3を見よ。）

＃8.7.0.1.2　情報源
　その他の識別要素は、どの情報源に基づいて記録してもよい。
（参照：＃8.0.2を見よ。）

＃8.7.0.2　記録の方法
　＃8.7.1.2～＃8.7.3.2に従って記録する。

＃8.7.1　団体の種類
　団体の種類は、その他の識別要素のエレメント・サブタイプである。
　団体の種類は、団体の名称であることが不明確な優先名称である場合は、コア・エレメントである。その他の場合は、同一名称の他の団体と判別するために必要なときに、コア・エレメントである。

＃8.7.1.1　記録の範囲
　団体の種類には、団体であることを示す総称的な語句、または団体の種類を具体的に示す語句がある。団体の種類は、その団体に対する統制形アクセス・ポイントの一部として、または独立したエレメントとして、あるいはその双方として記録する。
（参照：典拠形アクセス・ポイントの一部となる場合は、＃28.1.1を見よ。）

＃8.7.1.2　記録の方法
　団体の種類は、データ作成機関で定める言語で適切な語句を記録する。データ作成機関で定める言語に適切な語句がないか判断できない場合は、その団体が公式に使用する言語で記録する。

　　　　団体
　　　　会社
　　　　教会
　　　　ラジオ局
　　　　Organization
　　　　Firm
　　　　Church
　　　　Radio Station

＃8.7.2　行政区分を表す語
　行政区分を表す語は、その他の識別要素のエレメント・サブタイプである。
　行政区分を表す語は、同一名称の他の団体と判別するために必要な場合は、コア・エレメントである。

＃8.7.2.1　記録の範囲
　行政区分を表す語は、市町村名やそれより上位の地方政府・自治体名に含まれる行政区分を

第8章 団体

表す語(「State」、「City」など)である。

　優先名称に行政区分を表す語を含まない場合は、識別要素として用いる(例えば、州の優先名称「New York」における識別要素としての行政区分を表す語「State」)。

　優先名称に行政区分を表す語を含む場合は、識別要素としては扱わない(例えば、市の優先名称「富山市」にはすでに行政区分を表す語「市」が含まれている)。
(参照:#8.1.6.2を見よ。)

　行政区分を表す語は、その団体に対する統制形アクセス・ポイントの一部として、または独立したエレメントとして、あるいはその双方として記録する。
(参照:典拠形アクセス・ポイントの一部となる場合は、#28.1.5を見よ。)

#8.7.2.2　記録の方法

　行政区分を表す語は、データ作成機関で定める言語で記録する。データ作成機関で定める言語に適切な語句がないか判断できない場合は、その団体が公式に使用する言語で記録する。

　　　　City
　　　　County
　　　　Province
　　　　State

#8.7.3　その他の識別語句

　その他の識別語句は、その他の識別要素のエレメント・サブタイプである。

　その他の識別語句は、団体の名称であることが不明確な優先名称である場合に、団体の種類を記録しないときは、コア・エレメントである。その他の場合は、同一名称の他の団体と判別するために必要なときに、コア・エレメントである。

#8.7.3.1　記録の範囲

　その他の識別語句は、団体と結びつく場所(参照:#8.3を見よ。)、関係団体(参照:#8.4を見よ。)、団体と結びつく日付(参照:#8.5を見よ。)、団体の種類(参照:#8.7.1を見よ。)、行政区分を表す語(参照:#8.7.2を見よ。)では、同一名称の他の団体と判別するために不十分な場合に用いる情報である。その他の識別語句には、複数の政府が(例えば、占領、内乱などによって)同一地域の主権を主張している場合の政府のタイプを示す語句、その他の情報を示す語句をも含む。

　その他の識別語句は、その団体に対する統制形アクセス・ポイントの一部として、または独立したエレメントとして、あるいはその双方として記録する。
(参照:典拠形アクセス・ポイントの一部となる場合は、#28.1.6を見よ。)

#8.7.3.2　記録の方法

　その他の識別語句は、データ作成機関で定める言語で適切な語句を記録する。

　　　　Territory under British Military Administration

＃8.7　その他の識別要素

　　　（優先名称：Malaya。団体と結びつく日付：1945-1946）
　　サッカー
　　　（優先名称：ワールドカップ || ワールド カップ）
　　クリケット
　　　（優先名称：ワールドカップ || ワールド カップ）

　団体の優先名称からそれが団体の名称であることが不明確であり、かつ団体の種類を記録しない場合は、適切な語句を記録する。

＜＃8.8～＃8.16　説明・管理要素＞

＃8.8　団体の言語
　団体の言語は、エレメントである。

＃8.8.1　記録の範囲
　団体の言語は、団体がコミュニケーションに使用する言語である。
　団体の言語は、独立したエレメントとして記録し、その団体に対する統制形アクセス・ポイントの一部としては記録しない。

＃8.8.2　情報源
　団体の言語は、どの情報源に基づいて記録してもよい。
（参照：＃8.0.2を見よ。）

＃8.8.3　記録の方法
　団体がコミュニケーションに使用する言語を、データ作成機関で定める用語で記録する。言語の名称の適切なリストが利用可能ならば、そのリストから選択する。

＃8.9　アドレス
　アドレスは、エレメントである。

＃8.9.1　記録の範囲
　アドレスは、団体の本部所在地または所在地の住所および（または）電子メールまたはインターネットのアドレスである。
　アドレスは、独立したエレメントとして記録し、その団体に対する統制形アクセス・ポイントの一部としては記録しない。

＃8.9.2　情報源
　アドレスは、どの情報源に基づいて記録してもよい。
（参照：＃8.0.2を見よ。）

＃8.9.3　記録の方法
　団体の活動している場所の住所および（または）電子メールまたはインターネットのアドレスは、表示されているもの全体を記録する。

＃8.10　活動分野

第8章　団　体

活動分野は、エレメントである。

＃8.10.1　記録の範囲

活動分野は、団体が従事している業務等の分野および（または）権限、責任、主権等を有している領域である。

活動分野は、独立したエレメントとして記録し、その団体に対する統制形アクセス・ポイントの一部としては記録しない。

＃8.10.2　情報源

活動分野は、どの情報源に基づいて記録してもよい。

（参照：＃8.0.2を見よ。）

＃8.10.3　記録の方法

団体が従事している分野および（または）権限、責任、主権等を有している領域を示す用語を記録する。

＃8.11　沿革

沿革は、エレメントである。

＃8.11.1　記録の範囲

沿革は、団体の歴史に関する情報である。

沿革は、独立したエレメントとして記録し、その団体に対する統制形アクセス・ポイントの一部としては記録しない。

＃8.11.2　情報源

沿革は、どの情報源に基づいて記録してもよい。

（参照：＃8.0.2を見よ。）

＃8.11.3　記録の方法

団体の歴史に関する情報を記録する。

それが適切な場合は、特定の識別要素に結びつく情報をも、沿革として記録する。

＃8.12　団体の識別子

団体の識別子は、エレメントである。

団体の識別子は、コア・エレメントである。

＃8.12.1　記録の範囲

団体の識別子は、団体または団体に代わる情報（典拠レコードなど）と結びつく一意の文字列である。識別子は、団体を他の団体と判別するために有効である。

＃8.12.2　情報源

団体の識別子は、どの情報源に基づいて記録してもよい。

（参照：＃8.0.2を見よ。）

＃8.12.3　記録の方法

#8.12　団体の識別子

団体の識別子を、容易に確認できる場合は、識別子付与に責任を有する機関等の名称または識別可能な語句に続けて記録する。

　　　国立国会図書館典拠ID：00267599
　　　　（日本図書館協会に対する国立国会図書館の典拠ID）

#8.13　使用範囲

使用範囲は、エレメントである。

#8.13.1　記録の範囲

使用範囲は、団体の優先名称とした名称が結びつく著作のタイプや形式である。

#8.13.2　情報源

使用範囲は、どの情報源に基づいて記録してもよい。
（参照：#8.0.2を見よ。）

#8.13.3　記録の方法

団体の優先名称となった名称の使用範囲に関する情報を記録する。

#8.14　確定状況

確定状況は、エレメントである。

#8.14.1　記録の範囲

確定状況は、団体を識別するデータの確定の程度を示す情報である。

#8.14.2　情報源

確定状況は、どこから判断してもよい。
（参照：#8.0.2を見よ。）

#8.14.3　記録の方法

確定状況は、次のいずれかの該当する条件に対応した用語を記録する。

　a）　確立

　　　団体に対する典拠形アクセス・ポイントとして、データが十分な状態にある場合は、「確立」または「fully established」と記録する。

　b）　未確立

　　　団体に対する典拠形アクセス・ポイントとして、データが不十分な状態にある場合は、「未確立」または「provisional」と記録する。

　c）　暫定

　　　資料自体を入手できず、体現形の記述から採用した場合は、「暫定」または「preliminary」と記録する。

#8.15　出典

出典は、エレメントである。

#8.15.1　記録の範囲

第8章　団　体

出典は、団体の名称または名称以外の識別要素を決定する際に使用した情報源である。

#8.15.2　情報源

出典は、どの情報源に基づいて記録してもよい。

（参照：#8.0.2を見よ。）

#8.15.3　記録の方法

団体の優先名称または異形名称を決定する際に使用した情報源を記録し、簡略な説明を付す。情報源内の情報を発見した箇所を特定できるように記録する。

優先名称を決定する際に役に立たなかった情報源についても、「情報なし」または「No information found」と付加して記録する。

名称以外の識別要素については、必要に応じてその情報源を記録する。

#8.16　データ作成者の注記

データ作成者の注記は、エレメントである。

データ作成者の注記は、団体に対する典拠形アクセス・ポイントを使用または更新するデータ作成者にとって、または関連する個人・家族・団体に対する典拠形アクセス・ポイントを構築する者に役立つ説明である。

必要に応じて、次のような注記を記録する。

a)　典拠形アクセス・ポイントの構築に適用する、特定の規定に関する注記

b)　優先名称の選択、典拠形アクセス・ポイントの形等の根拠に関する注記

c)　典拠形アクセス・ポイントの使用を限定する注記

d)　類似の名称をもつ個人・家族・団体と判別するための注記

e)　その他の重要な情報を説明する注記

第 12 章
場　所

＃12　場所

＃12.0　通則

＃12.0.1　記録の目的

＃12.0.2　情報源

＃12.0.3　記録の方法

＜＃12.1～＃12.2　場所の名称＞

＃12.1　場所の優先名称

＃12.1.1　記録の範囲・情報源

＃12.1.2　優先名称の選択

＃12.1.3　記録の方法

＃12.2　場所の異形名称

＃12.2.1　記録の範囲・情報源

＃12.2.2　記録の方法

＜＃12.3～　説明・管理要素＞（以下保留）

#12 場所

#12.0 通則

　この章では、場所の属性の記録について規定する。

　場所の識別は、その名称によってなされる。場所の名称には、現在の地名のほか、歴史的な地名を含む。

　記録する要素として、名称、説明・管理要素がある。場所の名称には、第一の識別要素である場所の優先名称と、場所の異形名称とがある。

#12.0.1 記録の目的

　場所の属性の記録の目的は、場所の識別を可能とすることである。

#12.0.1.1 規定の構成

　場所の属性の記録については、その通則を#12.0で、名称を#12.1～#12.2で、説明・管理要素を#12.3～（保留）で規定する。

#12.0.2 情報源

　場所の名称は、どの情報源に基づいて記録してもよい。
（参照：＃１８４を見よ。）

　ただし、#12.1.1.2～#12.1.2.1Cで特に規定する場合は、それに従う。

#12.0.3 記録の方法

　場所の名称は、規定した情報源から採用した情報を、#1.11～#1.12.3に従って記録する。

＜#12.1～#12.2　場所の名称＞

　場所の名称は、エレメントである。

　場所の名称には、次のエレメント・サブタイプがある。

a)　場所の優先名称（参照：#12.1を見よ。）

b)　場所の異形名称（参照：#12.2を見よ。）

#12.1 場所の優先名称

　場所の優先名称は、場所の名称のエレメント・サブタイプである。

#12.1.1 記録の範囲・情報源

#12.1.1.1 記録の範囲

　場所の優先名称とは、場所を識別するために選択する名称である。

　場所の優先名称は、次の記録に用いる。

a)　政府（中央政府、地方政府・自治体）の名称の慣用形（参照：#8.1.3.1Db)を見よ。）（正式名称の形と一致することがある。）

b)　著作と結びつく場所（著作の成立場所）（参照：#4.5を見よ。）

c)　個人と結びつく場所（個人の出生地、死没地、個人と結びつく国、居住地等、アドレス）
　　（参照：#6.10～#6.14を見よ。）

第12章 場所

　　d)　家族と結びつく場所（家族の居住地など）（参照：#7.5を見よ。）
　　e)　団体と結びつく場所（会議の開催地、団体の本部所在地など）（参照：#8.3を見よ。）
　優先名称に選択しなかった名称は、異形名称として記録できる。
（参照：#12.2を見よ。）

#12.1.1.2　情報源
　場所の優先名称の情報源は、#12.1.2～#12.1.2.1Cで特に規定しない限り、次の優先順位で採用する。
　　a)　データ作成機関で定める言語による地名辞典等の参考資料
　　b)　場所が属する法域で刊行された、その法域の公用語による地名辞典等の参考資料

#12.1.2　優先名称の選択
　場所の優先名称には、一般によく知られている名称を選択する。その場合、慣用形や簡略形であってもよい。
（参照：同一名称の異なる形については、#12.1.2.1を見よ。管轄権を有する政府の名称については、#12.1.2.2を見よ。名称の変更については、#12.1.2.3を見よ。）

#12.1.2.1　同一名称の異なる形

#12.1.2.1A　言語
　場所の名称に複数の言語による形がある場合は、データ作成機関で定める言語で一般によく知られている名称を選択し、その言語で出版された地名辞典等の参考資料に基づいて、形を決定する。
　データ作成機関で定める言語で一般によく知られている名称が容易に判明しない場合は、場所が属する法域の公用語での名称を選択する。場所が属する法域に複数の公用語がある場合は、データ作成機関で定める言語の参考資料で最もよく見られる形を選択する。
（参照：各言語における文字種の選択については、#12.1.2.1Bを見よ。）

#12.1.2.1A　言語　別法
　*データ作成機関で定める言語として日本語を選択した場合は、日本語で一般によく知られている名称を選択し、日本語の地名辞典等の参考資料に基づいて、形を決定する。
　日本語で一般によく知られている名称がない場合は、場所が属する法域の公用語による名称の、日本語への翻訳形を選択する。

　　　　　ファリーマン
　　　　（イランの都市 Farīmān）

　場所が属する法域に複数の公用語がある場合、または言語に関する情報を容易に得られない場合は、場所と結びつく資料や他の言語の参考資料でよく見られる名称の、日本語への翻訳形を選択する*。
（参照：日本語の文字種の選択については、#12.1.2.1Ba)を見よ。）

#12.1.2.1 B 文字種・読み
データ作成機関で定める言語に応じて、次のように文字種・読みを選択する。
 a) 日本語
　　表示形を優先名称として選択する。読みは、情報源における表示、場所の名称と結びつく資料の情報源、その他の情報源の順に選択する。
 b) 中国語
　　表示形を優先名称として選択する。必要に応じて、データ作成機関の定めに従って、読みを記録する。
 c) 韓国・朝鮮語
　　表示形を優先名称として選択する。必要に応じて、データ作成機関の定めに従って、読みを記録する。
 d) 日本語、中国語、韓国・朝鮮語以外の言語
　　表示形または翻字形を優先名称として選択する。翻字形について、複数の形が見られる場合は、データ作成機関で定める翻字法による形を優先名称として選択する。
（参照：言語については、#12.1.2.1A、#12.1.2.1A別法を見よ。）
（参照：読みの記録の方法については、#12.1.3A～#12.1.3Cを見よ。）

#12.1.2.1 C 慣用形、簡略形
　場所の名称が、データ作成機関で定める言語の参考資料において慣用形または簡略形で多く見られる場合は、それを優先名称として選択する。

　　　　フランス
　　　　（#12.1.2.1A別法に準じた例。フランス共和国は選択しない。）
　　　　バンコク
　　　　（#12.1.2.1A別法に準じた例。クルンテープ・マハーナコンは選択しない。）

#12.1.2.2 管轄権を有する政府の名称
　一般によく知られている名称が、当該地域に管轄権を有する政府の名称である場合は、それを選択する。

　　　　ソビエト連邦
　　　　（ロシアを管轄していた政府の名称。その政府の存続期間において選択する。この間はロシアを選択しない。）

#12.1.2.3 名称の変更
　場所の名称が変化した場合は、次の規定に従って、優先名称を選択する。
 a) 政府（中央政府、地方政府・自治体）の名称の慣用形（参照：#8.1.3.1Db）を見よ。）
 b) 家族と結びつく場所（参照：#7.5を見よ。）
 c) 団体と結びつく場所（団体の本部所在地、会議の開催地など）（参照：#8.3を見よ。）

第12章 場 所

　　d)　#8の関連する規定

#12.1.3　記録の方法

　場所の優先名称は、#12.0.3および#12.1.3.1～#12.1.3.3に従って記録する。

（参照：#1.11～#1.12.3を見よ。）

（参照：各言語の名称については、#12.1.3A～#12.1.3Dを見よ。）

（参照：言語および文字種の選択については、#12.1.2.1A～#12.1.2.1Bを見よ。）

#12.1.3A　日本語の優先名称

　日本語の優先名称は、表示形とその読みを記録する。

　表示形における漢字は、その名称の選択に使用した情報源でよく見られる字体で記録する。

　読みは、片仮名読み形および（または）ローマ字読み形で、適切な単位に分かち書きして記録する。読みと表示形が完全に一致する場合は、読みの記録を省略できる。

（参照：言語および文字種の選択については、#12.1.2.1A～#12.1.2.1Bを見よ。）

　　　　　四條畷市 || シジョウナワテシ
　　　　　南アルプス市 || Minamiarupusushi
　　　　　（ローマ字読み形の例）
　　　　　越前国 || エチゼンノクニ
　　　　　北京 || ペキン
　　　　　慶州 || ケイシュウ
　　　　　アメリカ合衆国 || アメリカ ガッシュウコク
　　　　　パリ
　　　　　リヤド

#12.1.3A　日本語の優先名称　別法

　日本語の優先名称は、表示形とその読みを記録する。

　＊表示形における漢字は、原則として常用漢字で記録する。

　読みは、片仮名読み形で、適切な単位に分かち書きして記録する＊。読みと表示形が完全に一致する場合は、読みの記録を省略できる。

（参照：言語および文字種の選択については、#12.1.2.1A～#12.1.2.1Bを見よ。）

　　　　　四条畷市 || シジョウナワテシ
　　　　　（条は條の常用漢字）
　　　　　南アルプス市 || ミナミアルプスシ
　　　　　越前国 || エチゼンノクニ
　　　　　北京 || ペキン
　　　　　慶州 || ケイシュウ
　　　　　アメリカ合衆国 || アメリカ ガッシュウコク
　　　　　パリ
　　　　　リヤド

＃12.1.3 B　中国語の優先名称

中国語の優先名称は、表示形を記録する。

表示形における漢字は、原則としてその名称の選択に使用した情報源でよく見られる字体（繁体字、簡体字を含む）で記録する。

読みは、必要に応じて記録する。片仮名読み形および（または）ローマ字読み形（ピンインを含む）で、適切な単位に分かち書きして記録する。

（参照：言語および文字種の選択については、＃12.1.2.1 A～＃12.1.2.1 Bを見よ。）

   齐齐哈尔

＃12.1.3 C　韓国・朝鮮語の優先名称

韓国・朝鮮語の優先名称は、表示形を記録する。

表示形における漢字は、原則としてその名称の選択に使用した情報源でよく見られる字体で記録する。

ハングルは、情報源に表示されているとおりに記録する。

読みは、必要に応じて記録する。片仮名読み形および（または）ローマ字読み形、あるいはハングル読み形で、適切な単位に分かち書きして記録する。

（参照：言語および文字種の選択については、＃12.1.2.1 A～＃12.1.2.1 Bを見よ。）

   京畿道
   경주시

＃12.1.3 D　日本語、中国語、韓国・朝鮮語以外の言語の優先名称

日本語、中国語、韓国・朝鮮語以外の言語の優先名称は、原則として表示形または翻字形を記録する。読みは、原則として記録しない。

（参照：言語および文字種の選択については、＃12.1.2.1 A～＃12.1.2.1 Bを見よ。）

   Jakarta
   Москва
    （情報源の表示：Москва）
   Moskva
    （情報源の表示：Москва。翻字形を記録する場合）
   दिल्ली
    （情報源の表示：दिल्ली）
   Dillī
    （情報源の表示：दिल्ली。翻字形を記録する場合）

＃12.1.3.1　語句等の省略

＃12.1.3.1 A　冒頭の冠詞

場所の名称の冒頭に冠詞がある場合は、それを省略せずに記録する。

（参照：＃1.11.8を見よ。）

第12章 場　所

>The Dalles
>
>Los Angeles

#12.1.3.1 A　冒頭の冠詞　別法

　＊場所の名称の冒頭に冠詞がある場合は、その場所の名称が冠詞を含めて検索されるときを除き、その冠詞を省略する＊。
（参照：#1.11.8別法を見よ。）

>Dalles
>
>　（省略する場合）
>
>Los Angeles
>
>　（省略しない場合）

#12.1.3.1 B　イニシャル

　場所の名称がイニシャルを含む場合は、地名辞典等の参考資料で最もよく見られる形に従い、ピリオドの有無を選択して記録する。
（参照：#1.11.10を見よ。）

>Azerbaijan S.S.R.

#12.1.3.1 C　行政区分を表す語

　a)　冒頭の語

　　行政区分を表す語が場所の名称の冒頭にある場合は、これを省略する。

>Chicago
>
>　（City of Chicago とはしない。）

　　ただし、その場所が属する法域において、名称が通常は冒頭に行政区分を表す語を含めた形で一覧表に現れる場合は、これを省略しない。

　b)　外国の地方政府・自治体の日本語の優先名称

　　外国の地方政府・自治体の優先名称を日本語で記録する場合は、行政区分を表す語を省略する。

>洛陽 || ラクヨウ
>
>　（洛陽市とはしない。）
>
>ニューヨーク
>
>　（ニューヨーク市とはしない。）

　　市町村より上位の地方政府・自治体については、行政区分を表す語（「州」等）を含める。

>ニューヨーク州 || ニューヨークシュウ

#12.1.3.2　上位の場所または法域

　場所の優先名称には、その上位の場所または法域の名称を含めることがある。上位の場所または法域の名称は、付録#A.3に従って、略語で記録することができる。

　上位の場所または法域の名称を含める形については、政府の名称の慣用形として記録する場

合は#12.1.3.2Aに、著作、家族・団体と結びつく場所として記録する場合は#12.1.3.2Bまたは#12.1.3.2B別法に従う。

　上位の場所または法域の名称を含める場合とその種類については、日本の場所は#12.1.3.2.1に、外国の場所は#12.1.3.2.2または#12.1.3.2.2別法に従う。海外領土、属領等に関する扱いは、#12.1.3.2.3に従う。市町村等の内部の場所は、#12.1.3.2.4に従う。（参照：同一名称の異なる場所の判別については、あわせて#12.1.3.3を見よ。）

#12.1.3.2A　政府（中央政府、地方政府・自治体）の名称の慣用形

　場所の名称を政府の名称の慣用形として記録する場合は、上位の場所または法域を表す語を丸がっこに入れて付加する。

　　　　長瀞町（埼玉県）|| ナガトロマチ（サイタマケン）
　　　　パース（オーストラリア）
　　　　Zagreb（Croatia）

#12.1.3.2B　著作、家族・団体と結びつく場所

　場所の名称を著作の成立場所、会議等の開催地、団体の本部所在地等、著作、家族、団体と結びつく場所（参照：#4.5、#7.5、#8.3を見よ。）として記録する場合は、上位の場所または法域を表す語をコンマの後に付加する。

　　　　Zagreb, Croatia
　　　　（Geološko-paleontološki muzejという団体の所在地として付加する場合）

　ただし、日本語、中国語、韓国・朝鮮語で記録する場合は、まず上位の場所または法域を表す語を記録し、続けてその場所の名称を記録する。片仮名が連続する場合は、間にスペースを置く。

　　　　埼玉県長瀞町 || サイタマケン　ナガトロマチ
　　　　（新井家という家族と結びつく場所として付加する場合）
　　　　オーストラリア　パース
　　　　（日本の総領事館の所在地として付加する場合）

#12.1.3.2B　著作、家族・団体と結びつく場所　別法

　場所の名称を著作の成立場所、会議等の開催地、団体の本部所在地等、著作、家族・団体と結びつく場所（参照：#4.5、#7.5、#8.3を見よ。）として記録する場合は、上位の場所または法域を表す語を丸がっこに入れて付加する。

　　　　長瀞町（埼玉県）|| ナガトロマチ（サイタマケン）
　　　　（新井家という家族と結びつく場所として付加する場合）
　　　　パース（オーストラリア）
　　　　（日本の総領事館の所在地として付加する場合）
　　　　Zagreb（Croatia）
　　　　（Geološko-paleontološki muzejという団体の所在地として付加する場合）

第12章 場 所

#12.1.3.2.1 日本の場所

識別に重要な場合は、都道府県名を付加する。

   三宅村（東京都）|| ミヤケムラ（トウキョウト）
   府中市（東京都）|| フチュウシ（トウキョウト）
   府中市（広島県）|| フチュウシ（ヒロシマケン）
   （#12.1.3.2A、#12.1.3.2B別法に準じた例）
   東京都三宅村 || トウキョウト ミヤケムラ
   （#12.1.3.2Bに準じた例）

ただし、東京都の特別区および政令指定都市の行政区については、まず「東京都」または都市名を記録し、続けて特別区名、行政区名を記録する。

   東京都墨田区 || トウキョウト スミダク
   神戸市灘区 || コウベシ ナダク

#12.1.3.2.2 外国の場所

識別に重要な場合は、国名を付加する。

   海城（中国）|| カイジョウ（チュウゴク）
   ホーチミン（ベトナム）
   オークランド（ニュージーランド）
   Guadalajara（Mexico）
   Guadalajara（Spain）
   Newcastle（Australia）
   （#12.1.3.2A、#12.1.3.2B別法に準じた例）
   Newcastle, Australia
   （#12.1.3.2Bに準じた例）

#12.1.3.2.2 外国の場所 任意追加

識別に重要な場合は、州、省、県等、中間の場所または法域のうち、最上位のものの名称をも付加する。その名称と国名との間の、順序および区切り記号は、#12.1.3.2Bまたは#12.1.3.2B別法に準じる。

   バッファロー（アメリカ合衆国ニューヨーク州）
   Kassel（Hesse, Germany）
   （#12.1.3.2Bに準じた例）
   バッファロー（ニューヨーク州（アメリカ合衆国））
   Kassel（Hesse（Germany））
   （#12.1.3.2B別法に準じた例）

#12.1.3.2.2 外国の場所 別法

＊外国の場所の名称は、次のとおりに記録する。

a) アメリカ合衆国、オーストラリア、カナダ、旧ソビエト連邦、旧ユーゴスラビア
  アメリカ合衆国、オーストラリア、カナダの州、準州等、および旧ソビエト連邦、旧ユー

#12.1　場所の優先名称

ゴスラビアの旧構成共和国の名称には、上位の法域の名称（国名、連邦名等）を付加しない。

> Arizona
> （United States を付加しない。）
> Guam
> （United States を付加しない。）
> モンテネグロ
> （ユーゴスラビアを付加しない。）

州内、準州内、旧構成共和国内の場所の名称には、その場所が位置する州、準州、旧構成共和国の名称を付加する。

> Washington（D.C.）
> （United States は付加しない。）
> Minsk（Belarus）
> （Soviet Union は付加しない。）

b）　イングランド、ウェールズ、北アイルランド、スコットランド

イングランド、ウェールズ、北アイルランド、スコットランドの名称には、連合王国の名称（イギリス、United Kingdom、Great Britain）を付加しない。

> スコットランド
> （イギリスを付加しない。）
> Scotland
> （United Kingdom または Great Britain を付加しない。）

イングランド、ウェールズ、北アイルランド、スコットランド内の場所の名称には、「イングランド」、「ウェールズ」、「北アイルランド」、「スコットランド」のいずれか、またはその英語表記を付加する。

> ポーツマス（イングランド）
> （イギリスは付加しない。）
> Portsmouth（England）
> （United Kingdom または Great Britain は付加しない。）

c）　上記以外の法域

国名を付加する*。

> Guadalajara（Mexico）
> Guadalajara（Spain）

#12.1.3.2.2　外国の場所　別法　任意追加

識別に重要な場合は、州、省、県等、中間の場所または法域のうち、最上位のものの名称も付加する。その名称と国名との間の、順序および区切り記号は、#12.1.3.2Bまたは#12.1.3.2B別法に準じる。

> Aichach（Bavaria, Germany）

第12章　場　所

>　（#12.1.3.2Bに準じた例）
> Aichach (Bavaria (Germany))
>　（#12.1.3.2B別法に準じた例）

#12.1.3.2.3　海外領土、属領等

海外領土、属領等は、次のとおりに記録する。

a)　海外領土、属領等の優先名称には、上位の法域を表す語を付加しない。
>　グリーンランド

b)　海外領土、属領等の内部の場所の優先名称には、その海外領土、属領等の名称を付加する。
>　Cayenne (French Guiana)
>　カイエンヌ（フランス領ギアナ）|| カイエンヌ（フランスリョウ　ギアナ）

c)　海外領土や属領以外の、法域と一致する島等の優先名称は、#12.1.3～#12.1.3.1B、#12.1.3.2～#12.1.3.2.3に従って記録する。
>　Corsica (France)

#12.1.3.2.4　市町村等の内部の場所

市町村等の内部の場所の名称には、その場所が属する市町村等の名称を付加する。あわせて、その市町村の上位の法域の名称を付加することができる。その場合は、市町村の名称と、上位の法域の名称との間の、順序および区切り記号は、#12.1.3.2Bまたは#12.1.3.2B別法に準じる。

>　朝日町（根室市）|| アサヒチョウ（ネムロシ）
>　東城区（北京）|| トウジョウク（ペキン）
>　Fisherman's Wharf (San Francisco)
>　波津（福岡県岡垣町）|| ハツ（フクオカケン　オカガキマチ）
>　（#12.1.3.2Bに準じた例）
>　波津（岡垣町（福岡県））|| ハツ（オカガキマチ（フクオカケン））
>　（#12.1.3.2B別法に準じた例）

ただし、政令指定都市の行政区については、#12.1.3.2.1に従って記録する。

>　神戸市灘区 || コウベシ　ナダク

#12.1.3.3　同一名称の異なる場所

上位の場所または法域の名称を付加しても、同一名称の異なる場所を判別できない場合は、判別に通常使われる語句を場所の優先名称に含める。

判別に通常使われる語句がない場合は、その場所の名称と、上位の場所または法域との中間にある場所の名称を含める。その上位の場所または法域の名称と、中間の場所の名称との間の、順序および区切り記号は、#12.1.3.2Bまたは#12.1.3.2B別法に準じる。

>　Washington (Nebraska, United States)
>　Washington (New Hampshire, United States)

東村（群馬県吾妻郡）|| アズマムラ（グンマケン アガツマグン）
東村（群馬県勢多郡）|| アズマムラ（グンマケン セタグン）
　　（#12.1.3.2Bに準じた例）
東村（吾妻郡（群馬県））|| アズマムラ（アガツマグン（グンマケン））
東村（勢多郡（群馬県））|| アズマムラ（セタグン（グンマケン））
　　（#12.1.3.2B別法に準じた例）

#12.2　場所の異形名称

場所の異形名称は、場所の名称のエレメント・サブタイプである。

#12.2.1　記録の範囲・情報源

場所の優先名称として選択しなかった名称を、異形名称として記録することができる。また、優先名称として選択した名称の異なる形も、異形名称として記録することができる。

場所の異形名称は、どの情報源に基づいて記録してもよい。

#12.2.2　記録の方法

場所の異形名称は、#12.0.3 および次の規定に従って記録する。その読みを記録する場合は、#12.1.2.1B および #12.1.3A～#12.1.3C を適用して記録する。
（参照：#1.11～#1.12.3 を見よ。）

a) 言語が異なる形

　　Japan
　　　（優先名称に日本 || ニホンを選択した場合）
　　フィンランド
　　　（優先名称に Finland を採用した場合）
　　Hrvatska
　　　（優先名称に Croatia を選択した場合）

b) 文字種が異なる形

　　东京都
　　　（優先名称に東京都 || トウキョウトを選択した場合）
　　Србија
　　　（優先名称に Srbija を選択した場合）
　　تهران
　　　（優先名称に Tihrān を選択した場合）
　　दिल्ली
　　　（優先名称に Dillī を選択した場合）

c) 詳細度が異なる形

　① 展開形

　　中華人民共和国 || チュウカ ジンミン キョウワコク
　　　（優先名称に中国 || チュウゴクを選択した場合）
　　Tajik Soviet Socialist Republic

第12章　場　所

　　　　　（優先名称に Tajik S.S.R. を選択した場合）
　　②　略称形
　　　　韓国 || カンコク
　　　　（優先名称に大韓民国 || ダイカン ミンコクを選択した場合）
　　　　U.S.A.
　　　　（優先名称に United States を選択した場合）

d)　綴り、翻字、字体が異なる形
　　　　Rumania
　　　　（優先名称に Romania を選択した場合）
　　　　Aqaba
　　　　（優先名称に ʻAqabah を選択した場合。異なる翻字形）
　　　　Akaba
　　　　（優先名称に ʻAqabah を選択した場合。異なる翻字形）
　　　　四條畷市 || シジョウナワテシ
　　　　（優先名称に四条畷市 || シジョウナワテシを選択した場合）

e)　冒頭の冠詞の有無により異なる形
　　　　Hague
　　　　（優先名称に The Hague を選択した場合）

f)　イニシャルのピリオドの有無により異なる形
　　　　Tajik SSR
　　　　（優先名称に Tajik S.S.R. を選択した場合）

g)　数の表記が異なる形
　　　　3. Kerület（Budapest, Hungary）
　　　　（優先名称に III. Kerület（Budapest, Hungary）を選択した場合）

h)　読みのみ異なる形
　　　　日本 || ニッポン
　　　　（優先名称に日本 || ニホンを選択した場合）

i)　その他
　　①　異なる名称
　　　　Queen City（Ohio）
　　　　（優先名称 Cincinnati（Ohio）の都市の愛称）
　　②　市町村等の内部の場所を、その市町村等の典拠形アクセス・ポイントの下位区分とした形
　　　　根室市. 朝日町 || ネムロシ. アサヒチョウ
　　　　（優先名称に朝日町（根室市）|| アサヒチョウ（ネムロシ）を採用した場合）
　　　　Manila（Philippines）. Intramuros
　　　　（優先名称に Intramuros（Manila, Philippines）を選択した場合）

— 510 —

♯12.2　場所の異形名称

＜♯12.3～　説明・管理要素＞（以下保留）

第 21 章
アクセス・ポイントの構築総則

＃21　アクセス・ポイントの構築総則

＃21.0　通則

＃21.1　統制形アクセス・ポイント

＃21.1.1　機能

＃21.1.2　種類

＃21.1.3　統制形アクセス・ポイントの構築

＃21.2　非統制形アクセス・ポイント

＃21.2.1　機能

#21 アクセス・ポイントの構築総則

#21.0 通則

アクセス・ポイントは、書誌データおよび典拠データの検索に使用される。アクセス・ポイントには、統制形アクセス・ポイントと非統制形アクセス・ポイントとがある。

#21.1 統制形アクセス・ポイント

統制形アクセス・ポイントは、典拠コントロールの対象であり、一群の資料に関するデータを集中するために必要な一貫性をもたらす。統制形アクセス・ポイントには、典拠形アクセス・ポイントと異形アクセス・ポイントとがある。

典拠形アクセス・ポイントは、著作、表現形（、体現形、個別資料）、個人・家族・団体（、概念、物、出来事および場所）という実体の優先名称（または優先タイトル）を基礎として構築する。

異形アクセス・ポイントは、それらの各実体の優先名称（著作と表現形については優先タイトル）または異形名称（著作と表現形については異形タイトル）を基礎として構築する。さらに、アクセスに重要な場合は、その他の形でも構築することができる。

#21.1.1 機能

典拠形アクセス・ポイントは、次の機能を備える。

a) 特定の実体を発見、識別する手がかりとなる。
b) 特定の実体と関連する資料を発見する手がかりとなる。
c) 特定の実体を主題とする資料を発見する手がかりとなる。
d) 特定の実体と関連する他の実体を発見する手がかりとなる。

以上の機能を満たすため、特定の実体に対する典拠形アクセス・ポイントは、他の実体に対する典拠形アクセス・ポイントと明確に判別される必要がある。

異形アクセス・ポイントは、特定の実体を典拠形アクセス・ポイントとは異なる形から発見する手がかりとなる機能を備える。利用者が検索すると推測される形で構築する必要がある。

#21.1.2 種類

統制形アクセス・ポイントには次の種類がある。

a) 著作に対する典拠形アクセス・ポイント（参照：#22.1を見よ。）
b) 著作に対する異形アクセス・ポイント（参照：#22.2を見よ。）
c) 表現形に対する典拠形アクセス・ポイント（参照：#23.1を見よ。）
d) 表現形に対する異形アクセス・ポイント（参照：#23.2を見よ。）
e) 体現形に対する典拠形アクセス・ポイント（#24：保留）
f) 体現形に対する異形アクセス・ポイント（#24：保留）
g) 個別資料に対する典拠形アクセス・ポイント（#25：保留）
h) 個別資料に対する異形アクセス・ポイント（#25：保留）
i) 個人に対する典拠形アクセス・ポイント（参照：#26.1を見よ。）

第21章　アクセス・ポイントの構築総則

　　j)　個人に対する異形アクセス・ポイント（参照：#26.2を見よ。）
　　k)　家族に対する典拠形アクセス・ポイント（参照：#27.1を見よ。）
　　l)　家族に対する異形アクセス・ポイント（参照：#27.2を見よ。）
　　m)　団体に対する典拠形アクセス・ポイント（参照：#28.1を見よ。）
　　n)　団体に対する異形アクセス・ポイント（参照：#28.2を見よ。）
　　o)　概念に対する典拠形アクセス・ポイント（#29：保留）
　　p)　概念に対する異形アクセス・ポイント（#29：保留）
　　q)　物に対する典拠形アクセス・ポイント（#30：保留）
　　r)　物に対する異形アクセス・ポイント（#30：保留）
　　s)　出来事に対する典拠形アクセス・ポイント（#31：保留）
　　t)　出来事に対する異形アクセス・ポイント（#31：保留）
　　u)　場所に対する典拠形アクセス・ポイント（#32：保留）
　　v)　場所に対する異形アクセス・ポイント（#32：保留）

#21.1.3　統制形アクセス・ポイントの構築
　　a)　著作に対する典拠形アクセス・ポイント
　　　　優先タイトルをその基礎とし、必要な場合は創作者に対する典拠形アクセス・ポイントを結合し、さらに必要に応じて著作のタイトル以外の識別要素を付加して構築する。
　　　　　　今昔物語 || コンジャク モノガタリ
　　　　　　紫式部 || ムラサキ シキブ. 源氏物語 || ゲンジ モノガタリ
　　　　　　森, 鴎外 || モリ, オウガイ, 1862-1922. 全集 || ゼンシュウ
　　（参照：#22.1を見よ。）
　　b)　著作に対する異形アクセス・ポイント
　　　　優先タイトルまたは異形タイトルをその基礎とし、典拠形アクセス・ポイントと同様にして構築する。ほかに、優先タイトルと、著作に対する典拠形アクセス・ポイントを構築する際に用いなかった識別要素を結合した形で構築することもある。さらに、アクセスに重要な場合は、その他の形でも構築することができる。
　　　　　　今昔物語集 || コンジャク モノガタリシュウ
　　（参照：#22.2を見よ。）
　　c)　表現形に対する典拠形アクセス・ポイント
　　　　著作に対する典拠形アクセス・ポイントに、表現形の識別要素を付加して構築する。
　　　　　　森, 鴎外 || モリ, オウガイ, 1862-1922. 全集 || ゼンシュウ. 1923
　　（参照：#23.1を見よ。）
　　d)　表現形に対する異形アクセス・ポイント
　　　　著作に対する典拠形アクセス・ポイントに、表現形に対する典拠形アクセス・ポイント

を構築する際に用いた識別要素以外の識別要素を付加して構築する。著作の異形タイトルと創作者の典拠形アクセス・ポイントを結合した形で構築することもある。

　　　森, 鴎外 || モリ, オウガイ, 1862-1922. 全集 || ゼンシュウ. 岩波書店

（参照：＃23.2を見よ。）

　e）　個人・家族・団体に対する典拠形アクセス・ポイント

　　　優先名称をその基礎とし、必要に応じて名称以外の識別要素を付加して構築する。

　　　　金子, みすゞ || カネコ, ミスズ, 1903-1930

（参照：＃26.1、＃27.1、＃28.1を見よ。）

　f）　個人・家族・団体に対する異形アクセス・ポイント

　　　優先名称または異形名称をその基礎とし、典拠形アクセス・ポイントと同様にして構築する。

　　　　金子, テル || カネコ, テル, 1903-1930

（参照：＃26.2、＃27.2、＃28.2を見よ。）

＃21.1.3.1　識別要素の区切り記号

統制形アクセス・ポイントの構築において、各識別要素の間は、データ作成機関で定める区切り記号法によって連結する。

　　　安部, 公房 || アベ, コウボウ, 1924-1993
　　　Japan. Constitution of Japan (1946)
　　　森, 鴎外 || モリ, オウガイ, 1862-1922. 全集 || ゼンシュウ. 1923
　　　オリンピック冬季競技大会 || オリンピック トウキ キョウギ タイカイ (第18回：1998：長野県)

＃21.2　非統制形アクセス・ポイント

非統制形アクセス・ポイントは、典拠コントロールの対象とならないアクセス・ポイントの総称である。非統制形アクセス・ポイントは、書誌データおよび典拠データにおいて、名称、タイトル、コード、キーワード等として現れることがある。

＃21.2.1　機能

非統制形アクセス・ポイントは、特定の実体を発見する手がかりとなることがある。また、実体の識別に役立つことがある。

第 22 章
著 作

#22 著作
#22.0 通則
#22.0.1 機能
#22.0.2 著作の識別に影響を与える変化
#22.1 著作に対する典拠形アクセス・ポイントの構築
<#22.1.1～#22.1.5 著作と創作者との関連の形態>
#22.1.1 単一の創作者による著作
#22.1.2 複数の創作者による共著作
#22.1.3 改作、改訂等による新しい著作
#22.1.4 既存の著作に注釈、解説、図等を追加した著作
#22.1.5 責任を有するものが不特定または不明な著作
#22.1.6 識別要素の付加
#22.1.7 著作の部分に対する典拠形アクセス・ポイントの構築
#22.1.8 著作の集合に対する典拠形アクセス・ポイントの構築
#22.2 著作に対する異形アクセス・ポイントの構築
#22.2.1 音楽作品に用いられる歌詞、リブレットなど
#22.2.2 著作の単一の部分
#22.2.3 特定の創作者による著作の集合
<#22.3～#22.6 各種の著作>

<#22.3～#22.4 法令等>
#22.3 法令等に対する典拠形アクセス・ポイントの構築
#22.3.1 法律等
#22.3.2 命令等
#22.3.3 裁判所規則
#22.3.4 憲章等
#22.3.5 条約
#22.3.6 判例集等
#22.3.7 裁判記録
#22.3.8 識別要素の付加
#22.4 法令等に対する異形アクセス・ポイントの構築
#22.4.1 法律等
#22.4.2 条約
<#22.5～#22.6 音楽作品>
#22.5 音楽作品に対する典拠形アクセス・ポイントの構築
#22.5.1 歌詞、リブレットなどを伴う音楽作品
#22.5.2 舞踊のための音楽作品
#22.5.3 付随音楽
#22.5.4 カデンツァ
#22.5.5 新たなテキストとタイトルを伴うオペラなどの音楽劇
#22.5.6 新たな音楽作品とみなす編曲
#22.5.7 識別要素の付加
#22.5.8 音楽作品の部分に対する典拠形アク

　　　　　　セス・ポイントの構築
#22.5.9　音楽作品の集合に対する典拠形アク
　　　　　　セス・ポイントの構築
#**22.6　音楽作品に対する異形アクセス・ポイントの構築**
#22.6.1　カデンツァ
#22.6.2　音楽作品の単一の部分
#22.6.3　特定の作曲者による音楽作品の集合

#22　著作

#22.0　通則

#22.0.1　機能

著作に対する典拠形アクセス・ポイントは、次の機能を備える。

a) 特定の著作を発見する手がかりとなる。
- 1著作に対して異なるタイトルをもつ複数の体現形が存在するとき、各体現形が1著作に属することを識別できる。
- 著作の一般に知られているタイトルと体現形の本タイトルが異なるとき、著作を識別できる。
- 同一タイトルをもつ複数の著作が存在するとき、各著作を判別できる。

b) 特定の著作と関連する資料を発見する手がかりとなる。
- 1著作に対して複数の表現形、複数の体現形などが存在するとき、それらを体系的に把握できる。
- 特定の著作と他の著作やその表現形との関連を理解できる。

c) 特定の著作と関連する個人・家族・団体を発見する手がかりとなる。

d) 特定の著作を主題とする資料を発見する手がかりとなる。

以上の機能を満たすため、特定の著作に対する典拠形アクセス・ポイントは、他の著作に対する典拠形アクセス・ポイントと明確に判別される必要がある。

異形アクセス・ポイントは、特定の著作を典拠形アクセス・ポイントとは異なる形から発見する手がかりとなる機能を備える。利用者が検索すると推測される形で構築する必要がある。

#22.0.2　著作の識別に影響を与える変化

a) 著作に対する新規の記述を作成する場合

著作に対する典拠形アクセス・ポイントを新たに構築する。

（参照：複数巻単行資料については、#4.0.4.1を見よ。逐次刊行物については、#4.0.4.2～#4.0.4.2Bを見よ。）

b) 著作に対する従来の記述を更新する場合

著作に対する典拠形アクセス・ポイントを更新する。従来の典拠形アクセス・ポイントは、異形アクセス・ポイントとして記録する。

（参照：更新資料については、#4.0.4.3～#4.0.4.3Bを見よ。）

#22.1　著作に対する典拠形アクセス・ポイントの構築

著作に対する典拠形アクセス・ポイントは、#22.1.1～#22.1.6に従って、原著作に対して、または原著作など既存の著作から派生した新しい著作に対して構築する。著作の部分に対する典拠形アクセス・ポイントは、#22.1.7に従って、著作の集合に対する典拠形アクセス・ポイントは、#22.1.8に従って構築する。

第22章　著　作

　　法令等に対する典拠形アクセス・ポイントは、#22.3に従って、音楽作品に対する典拠形アクセス・ポイントは、#22.5に従って構築する。

#22.1A　典拠形アクセス・ポイントの形

　著作に対する典拠形アクセス・ポイントは、優先タイトルを基礎として構築する。

　その形には、優先タイトルと創作者（個人・家族・団体）に対する典拠形アクセス・ポイントを結合した形と、優先タイトル単独の形とがある。前者を結合形、後者を単独形とよぶ。いずれについても、必要に応じて識別要素を付加する。

　ただし、法令等に対する典拠形アクセス・ポイントの一部に、優先タイトルと非創作者に対する典拠形アクセス・ポイントを結合した形がある。

（参照：法令等に対する典拠形アクセス・ポイントの構築については、#22.3を見よ。）

（参照：識別要素の付加については、#22.1.6を見よ。）

　a)　結合形（優先タイトルと創作者（個人・家族・団体）に対する典拠形アクセス・ポイントの結合順序は、規定しない。）

　　　　紫式部 || ムラサキ シキブ．源氏物語 || ゲンジ モノガタリ
　　　　　（創作者に対する典拠形アクセス・ポイント、優先タイトルの順に結合する場合の例）

　b)　単独形

　　　　今昔物語 || コンジャク モノガタリ
　　　　千一夜物語 || センイチヤ モノガタリ

（参照：優先タイトル、異形タイトル、識別要素については、#4.1～#4.7を見よ。創作者に対する典拠形アクセス・ポイントについては、#26～#28を見よ。）

#22.1A　典拠形アクセス・ポイントの形　別法

　著作に対する典拠形アクセス・ポイントは、優先タイトルを基礎として構築する。

　＊その形は、優先タイトル単独の形（単独形）とする。必要に応じて識別要素を付加する。識別に必要な場合は、著作に主要な責任を有する創作者に対する典拠形アクセス・ポイントを付加する。さらに必要に応じて、他の識別要素を付加する。

（参照：識別要素の付加については、#22.1.6を見よ。）

　　　　源氏物語 || ゲンジ モノガタリ

　#22.1.1～#22.1.8.3において結合形で構築すると規定している場合でも、これに創作者に対する典拠形アクセス・ポイントを含めず、関連づけるのみとする＊。

（参照：優先タイトル、異形タイトル、識別要素については、#4.1～#4.7を見よ。）

#22.1B　一貫しない創作者の名称の扱い

　著作に責任を有する創作者（個人・家族・団体）が複数の名称を使い分けているが、当該著作に対しては使用する名称が一貫していない場合は、当該著作の体現形に最も多く見られる名称に対する典拠形アクセス・ポイントを用いる。

#22.1 著作に対する典拠形アクセス・ポイントの構築

　当該著作を具体化した体現形に最も多く見られる名称を容易に決定できない場合は、当該著作を具体化した体現形のうち、データ作成機関が入手した最新の資料に現れた名称に対する典拠形アクセス・ポイントを用いる。

＜#22.1.1～#22.1.5　著作と創作者との関連の形態＞

#22.1.1　単一の創作者による著作

　単一の創作者（個人・家族・団体）が創作した著作については、次の要素の結合形で典拠形アクセス・ポイントを構築する。

　a）　創作者（個人・家族・団体）に対する典拠形アクセス・ポイント（#26～#28のうち該当する規定を適用）
　b）　著作の優先タイトル（参照：#4.1.3、#4.1.4を見よ。）

　　　　野坂, 昭如 || ノサカ, アキユキ, 1930-2015. 火垂るの墓 || ホタル ノ ハカ
　　　　宮本, 常一 || ミヤモト, ツネイチ, 1907-1981. 宮本常一著作集 || ミヤモト ツネイチ チョサクシュウ
　　　　大槻, 文彦 || オオツキ, フミヒコ, 1847-1928. 大言海 || ダイゲンカイ
　　　　明治天皇 || メイジ テンノウ, 1852-1912. 明治天皇詔勅集 || メイジ テンノウ ショウチョクシュウ

#22.1.1A　団体を創作者とみなす著作

　団体を創作者とみなす著作については、優先タイトルと団体に対する典拠形アクセス・ポイントの結合形で構築する。団体を創作者とみなすのは、団体に由来するか、団体が責任刊行したか、または責任刊行させた著作で、次のいずれかに該当するものである。

　a）　団体の管理的な性格の著作
　　①　内部方針、手続き、財政、運用
　　　　首都大学東京 || シュト ダイガク トウキョウ. 公立大学法人首都大学東京規程集 || コウリツ ダイガク ホウジン シュト ダイガク トウキョウ キテイシュウ
　　　　名古屋穀物砂糖取引所 || ナゴヤ コクモツ サトウ トリヒキジョ. 定款及び諸規程 || テイカン オヨビ ショキテイ
　　②　役員、職員、会員（例：名簿）
　　　　日本公認会計士協会 || ニホン コウニン カイケイシ キョウカイ. 役員名簿 || ヤクイン メイボ
　　　　日本建築学会 || ニホン ケンチク ガッカイ. 日本建築学会会員名簿 || ニホン ケンチク ガッカイ カイイン メイボ
　　③　資源（例：目録、財産目録）
　　　　三重県立図書館 || ミエ ケンリツ トショカン. 国書漢籍蔵書目録 || コクショ カンセキ ゾウショ モクロク
　　　　長崎大学. 附属図書館 || ナガサキ ダイガク. フゾク トショカン. 幕末・明治期日本古写真コレクション目録 || バクマツ メイジキ ニホン コシャシン コレクション モクロク

第22章　著　作

　　④　沿革（例：社史）

　　　　大正製薬株式会社 || タイショウ セイヤク カブシキ ガイシャ. 大正製薬百年史 || タイショウ セイヤク ヒャクネンシ

　　　　日本プロゴルフ協会 || ニホン プロ ゴルフ キョウカイ. 社団法人日本プロゴルフ協会 30 年史 || シャダン ホウジン ニホン プロ ゴルフ キョウカイ 30 ネンシ

b）　団体の集団的意思を記録した著作（例：委員会や審議会などの報告、対外政策に関する立場を示した公式見解、白書、規格）

　　　　臨時行政改革推進審議会 || リンジ ギョウセイ カイカク スイシン シンギカイ. 最終答申 || サイシュウ トウシン (1990)

　　　　日本図書館協会. 図書館の自由に関する調査委員会 || ニホン トショカン キョウカイ. トショカン ノ ジユウ ニ カンスル チョウサ イインカイ. 収集方針と図書館の自由 || シュウシュウ ホウシン ト トショカン ノ ジユウ

c）　団体の集団的活動を報告した著作

　　①　会議（例：議事録、予稿集）

　　　　那覇市. 議会 || ナハシ. ギカイ. 那覇市議会会議録 || ナハシ ギカイ カイギロク

　　　　日本西洋史学会. 大会 || ニホン セイヨウシ ガッカイ. タイカイ（第 66 回：2016：東京）. 日本西洋史学会大会報告集 || ニホン セイヨウシ ガッカイ タイカイ ホウコクシュウ

　　②　調査団・視察団（例：調査報告）

　　　　石見銀山歴史文献調査団 || イワミ ギンザン レキシ ブンケン チョウサダン. 石見銀山歴史文献調査報告書 || イワミ ギンザン レキシ ブンケン チョウサ ホウコクショ

　　　　フランス学校図書館研究視察団 || フランス ガッコウ トショカン ケンキュウ シサツダン. フランスに見る学校図書館専門職員 || フランス ニ ミル ガッコウ トショカン センモン ショクイン

　　③　公聴会

　　　　東京都. 環境保全局. 環境管理部 || トウキョウト. カンキョウ ホゼンキョク. カンキョウ カンリブ. 東京都目黒清掃工場建設事業に係る環境影響評価に関する公聴会記録 || トウキョウト メグロ セイソウ コウジョウ ケンセツ ジギョウ ニ カカル カンキョウ エイキョウ ヒョウカ ニ カンスル コウチョウカイ キロク

　　④　催し（例：展覧会、博覧会、祝祭の案内）

　　　　五島美術館 || ゴトウ ビジュツカン. 平安古筆の名品 || ヘイアン コヒツ ノ メイヒン

　　　　2005 年日本国際博覧会協会 || 2005 ネン ニホン コクサイ ハクランカイ キョウカイ. 2005 年日本国際博覧会公式記録 || 2005 ネン ニホン コクサイ ハクランカイ コウシキ キロク

d）　演奏・演技グループが、単に演奏・演技するだけではなく、創作にも相当程度関与した著作（参照：音楽作品については、＃22.5.6d）を見よ。）

e）　団体に由来する地図著作（団体の責任が出版・頒布のみに存する場合は除く。）

　　　　二宮書店 || ニノミヤ ショテン. 新コンパクト地図帳 || シン コンパクト チズチョウ

　　　　地質調査総合センター || チシツ チョウサ ソウゴウ センター. 日本地質図 || ニホン チシツズ

#22.1 著作に対する典拠形アクセス・ポイントの構築

f) 法令等（参照：#22.3〜#22.3.7を見よ。）

　　日本国憲法 || ニホンコク ケンポウ

　　（法域が「日本」につき、#22.3.1.1により優先タイトル単独の形）

　　焼津市 || ヤイズシ. 焼津市例規集 || ヤイズシ レイキシュウ

g) 複数の美術制作者が集合した団体による、タイトルを有する個別の美術著作

団体が関与していても、上記のいずれにも該当しない場合は、団体を創作者として扱わない。上記のいずれに該当するかどうか判断できない場合は、該当しないものとして扱う。

複数の団体が関与する場合は、#22.1.2に従う。

　　大阪府 || オオサカフ; 兵庫県 || ヒョウゴケン. 阪神広域大気汚染共同調査報告書 || ハンシン コウイキ タイキ オセン キョウドウ チョウサ ホウコクショ

#22.1.2 複数の創作者による共著作

複数の創作者（個人・家族・団体）が共同して責任を有する著作については、次の要素の結合形で典拠形アクセス・ポイントを構築する。

a) 各創作者（個人・家族・団体）に対する典拠形アクセス・ポイント（#26〜#28のうち該当する規定を適用し、採用した情報源の表示の順に記録）

b) 著作の優先タイトル（参照：#4.1.3、#4.1.4を見よ。）

　　園部, 三郎 || ソノベ, サブロウ, 1906-1980; 山住, 正己 || ヤマズミ, マサミ, 1931-2003. 日本の子どもの歌 || ニホン ノ コドモ ノ ウタ

　　（情報源の表示：日本の子どもの歌／園部三郎, 山住正己著）

　　Brown, George Williams, 1894-; Harman, Eleanor T.; Jeanneret, Marsh, 1917-. Canada in North America, 1800-1901

　　（情報源の表示：Canada in North America, 1800-1901 / [by George W.] Brown, [Eleanor] Harman, [and Marsh] Jeanneret）

　　Marx, Karl, 1818-1883; Engels, Friedrich, 1820-1895. マルクス・エンゲルス往復書簡集 || マルクス エンゲルス オウフク ショカンシュウ

　　（情報源の表示：マルクス・エンゲルス往復書簡集）

　　谷川, 俊太郎 || タニカワ, シュンタロウ, 1931- ; 安野, 光雅 || アンノ, ミツマサ, 1926- . あけるな || アケルナ

　　（両者の役割は異なるが、著作への関与が対等である場合）

ただし、映画、ビデオ、ビデオ・ゲームなどの動画作品（自主映画製作者によるものを除く）については、単独形で典拠形アクセス・ポイントを構築する。

#22.1.2 複数の創作者による共著作　別法

複数の創作者（個人・家族・団体）が共同して責任を有する著作については、次の要素の結合形で典拠形アクセス・ポイントを構築する。

a) ＊複数の創作者（個人・家族・団体）のうち、最も主要な責任を有するものに対する典拠形アクセス・ポイント（#26〜#28のうち該当する規定を適用）＊

第22章　著作

　b)　著作の優先タイトル（参照：＃4.1.3、＃4.1.4を見よ。）

　　　　柳田, 國男 || ヤナギタ, クニオ, 1875-1962. 柳田國男対談集 || ヤナギタ クニオ タイダンシュウ

＊主要な責任を有するものが明確でない場合は、配置、デザインにおいて強調されているもの、それがないときは最初に表示されているものに対する典拠形アクセス・ポイントを結合する＊。

ただし、映画、ビデオ、ビデオ・ゲームなどの動画作品（自主映画製作者によるものを除く）については、単独形で典拠形アクセス・ポイントを構築する。

＃22.1.2A　創作者とみなす団体と個人、家族との共著作

団体を創作者とみなす著作（参照：＃22.1.1Aを見よ。）について、団体と個人または家族が共同で責任を有する場合は、次の要素の結合形で典拠形アクセス・ポイントを構築する。

　a)　団体に対する典拠形アクセス・ポイント（＃28のうち該当する規定を適用）

　b)　著作の優先タイトル（参照：＃4.1.3、＃4.1.4を見よ。）

＃22.1.2A　創作者とみなす団体と個人、家族との共著作　別法

団体を創作者とみなす著作（参照：＃22.1.1Aを見よ。）について、団体と個人または家族が共同で責任を有する場合は、次の要素の結合形で典拠形アクセス・ポイントを構築する。

　a)　＊団体のうち、主要な責任を有するものに対する典拠形アクセス・ポイント（＃28のうち該当する規定を適用）＊

　b)　著作の優先タイトル（参照：＃4.1.3、＃4.1.4を見よ。）

＃22.1.3　改作、改訂等による新しい著作

改作、改訂等による新しい著作には、創作者自身によるものと、創作者とは異なる個人・家族・団体によるものとがある。

その改作、改訂等が既存の著作の性質および内容を実質的に変更している場合は、次の要素の結合形で新しい典拠形アクセス・ポイントを構築する。

　a)　改作、改訂等を行った個人・家族・団体に対する典拠形アクセス・ポイント（＃26～＃28のうち該当する規定を適用）

　b)　改作、改訂等が行われた新たな著作の優先タイトル（参照：＃4.1.3、＃4.1.4を見よ。）

　　　　黒岩, 涙香 || クロイワ, ルイコウ, 1862-1920. 巌窟王 || ガンクツオウ
　　　　（Alexandre Dumas père の小説を黒岩涙香が翻案）
　　　　鈴木, 三重吉 || スズキ, ミエキチ, 1882-1936. 古事記物語 || コジキ モノガタリ

改作、改訂等を行った個人・家族・団体が複数である場合は、その典拠形アクセス・ポイントの結合について、＃22.1.2または＃22.1.2別法に従う。

　　　　ラム, チャールズ, 1775-1834; ラム, メアリー, 1764-1847. シェイクスピア物語 || シェイクスピア モノガタリ
　　　　（＃6.1.3.2A別法と＃4.1.3A別法による例）

#22.1 著作に対する典拠形アクセス・ポイントの構築

改作、改訂等に責任を有するものが不特定または不明な場合は、#22.1.5に従う。

その改作、改訂等が単に既存の著作の一つの版である場合は、表現形として扱い、既存の著作に対する典拠形アクセス・ポイントを用いる。表現形に対する典拠形アクセス・ポイントが必要な場合は、#23に従う。

上記のいずれに該当するかどうか判断できない場合は、新しい著作とみなす。

#22.1.4 既存の著作に注釈、解説、図等を追加した著作

既存の著作に注釈、解説、図等を追加した著作が、その注釈等に責任を有する個人・家族・団体の著作とみなされる場合は、次の要素の結合形で新しい典拠形アクセス・ポイントを構築する。

a) 注釈、解説、図等を追加した個人・家族・団体に対する典拠形アクセス・ポイント（#26～#28のうち該当する規定を適用）

b) 注釈、解説、図等の優先タイトル（参照：#4.1.3、#4.1.4を見よ。）

　　澤瀉, 久孝 || オモダカ, ヒサタカ, 1890-1968. 萬葉集注釋 || マンヨウシュウ チュウシャク
　　信樂, 峻麿 || シガラキ, タカマロ, 1926-2014. 歎異抄講義 || タンニショウ コウギ

複数の個人・家族・団体が注釈、解説、図等に責任を有する場合は、#22.1.2、#22.1.2別法に従う。

　　橘, 純一 || タチバナ, ジュンイチ, 1884-1954; 慶野, 正次 || ケイノ, マサツグ, 1906-1976.
　　　詳説徒然草の語釈と文法 || ショウセツ ツレズレグサ ノ ゴシャク ト ブンポウ

その著作が単に既存の著作の一つの版である場合は、表現形として扱い、既存の著作に対する典拠形アクセス・ポイントを用いる。表現形に対する典拠形アクセス・ポイントが必要な場合は、#23に従う。

　　松尾, 芭蕉 || マツオ, バショウ, 1644-1694. 奥の細道 || オク ノ ホソミチ
　　　（情報源の表示：奥の細道：曽良本 新注絵入 / 松尾芭蕉；上野洋三編）

上記のいずれに該当するかどうか判断できない場合は、注釈等に責任を有する個人・家族・団体の著作とみなす。

#22.1.5 責任を有するものが不特定または不明な著作

著作に個人・家族・団体が寄与していることは判明しているが、責任を有する個人・家族・団体を特定できない場合は、単独形で典拠形アクセス・ポイントを構築する。

参考資料によって、責任を有する個人・家族・団体が判明する場合は、結合形で典拠形アクセス・ポイントを構築する。

責任を有する個人・家族・団体が不明であるか、名称のない集団による著作の場合は、単独形で典拠形アクセス・ポイントを構築する。

#22.1.6 識別要素の付加

#22.1.1～#22.1.5に基づいて構築した典拠形アクセス・ポイントが、他の著作または個人・

第22章 著作

家族・団体、場所に対する典拠形アクセス・ポイントと同一または類似している場合は、次の中から一つ以上の適切な識別要素を付加する。

a) 著作の形式（参照：＃4.3を見よ。）
b) 著作の日付（参照：＃4.4を見よ。）
c) 著作の成立場所（参照：＃4.5を見よ。）
d) 責任刊行者（参照：＃4.6を見よ。）
e) 著作のその他の特性（参照：＃4.7を見よ。)

  ドーデ, アルフォンス, 1840-1897. アルルの女 || アルル ノ オンナ（戯曲）
  （自作小説の戯曲化。＃6.1.3.2A別法と＃4.1.3A別法による例）
  紀要 || キヨウ（岡山短期大学）
  紀要 || キヨウ（国際教育研究所）

＃22.1.7 著作の部分に対する典拠形アクセス・ポイントの構築

＃22.1.7.1 単一の部分

著作の単一の部分に対する典拠形アクセス・ポイントは、次の要素を結合して構築する。

a) 著作の単一の部分に責任を有する個人・家族・団体に対する典拠形アクセス・ポイント（＃26～＃28のうち該当する規定を適用）
b) 著作の単一の部分の優先タイトル（参照：＃4.1.3.1.1を見よ。）

  三島, 由紀夫 || ミシマ, ユキオ, 1925-1970. 春の雪 || ハル ノ ユキ
  （三島由紀夫作「豊饒の海」の単一の部分）

該当部分のタイトルが部分であることを示す一般的な語句である場合は＃22.1.7.1Aに、逐次刊行物・更新資料の部編または補遺のタイトルの場合は＃22.1.7.1Bに、テレビ・ラジオの番組等の場合は＃22.1.7.1Cに従う。

該当部分を含む著作全体に対する典拠形アクセス・ポイントが＃22.1.1～＃22.1.5によって優先タイトルのみで構築されている場合は、該当部分に対する典拠形アクセス・ポイントも同様に優先タイトルのみで構築する。この場合も、該当部分のタイトルが部分であることを示す一般的な語句のみである場合は＃22.1.7.1Aに、逐次刊行物・更新資料の部編または補遺のタイトルの場合は＃22.1.7.1Bに、テレビ・ラジオの番組等の場合は＃22.1.7.1Cに、聖典については＃22.1.7.1Dに従う。

＃22.1.7.1A 部分であることを示す一般的な語句

その部分が、部分であることを示す一般的な語句で（数字を含むかどうかにかかわらず）識別される場合は、部分の優先タイトルに、著作全体に対する典拠形アクセス・ポイントを冠した形で、部分に対する典拠形アクセス・ポイントを構築する。
（参照：＃4.1.3.1.1、＃4.1.4.1.1を見よ。）

  五味川, 純平 || ゴミカワ, ジュンペイ, 1916-1995. 人間の条件. 第2部 || ニンゲン ノ ジョ

#22.1 著作に対する典拠形アクセス・ポイントの構築

   ウケン．ダイ2ブ
  Goethe, Johann Wolfgang von, 1749-1832. Faust. 1. Theil
   太平記．巻第4 || タイヘイキ．マキ ダイ4

#22.1.7.1 B　逐次刊行物・更新資料の部編または補遺

 その部分が逐次刊行物または更新資料の部編または補遺である場合は、その部分の優先タイトルが一般的な語句のみかどうかにかかわらず、部分の優先タイトルに、著作全体に対する典拠形アクセス・ポイントを冠した形で、部分に対する典拠形アクセス・ポイントを構築する。

   鹿児島県立短期大学紀要．人文・社会科学篇 || カゴシマ ケンリツ タンキ ダイガク キヨウ．ジンブン シャカイ カガクヘン

#22.1.7.1 C　テレビ・ラジオ番組

 その部分がテレビ・ラジオ番組等のシーズン、エピソード、抜粋等である場合は、その部分に対する優先タイトルが一般的な語句のみかどうかにかかわらず、部分の優先タイトルに、著作全体に対する典拠形アクセス・ポイントを冠した形で、部分に対する典拠形アクセス・ポイントを構築する。

   相棒（テレビ番組）．Season 2 || アイボウ（テレビ番組）．Season 2

#22.1.7.1 D　聖典

 聖典の部分に対する典拠形アクセス・ポイントは、聖典全体の優先タイトルと部分の優先タイトルを組み合わせて構築する。

   聖書．新約 || セイショ．シンヤク
   聖書．マルコによる福音書 || セイショ．マルコ ニ ヨル フクインショ
   （#4.1.3 B別法による例）

 ただし、仏教経典の場合は、部分の優先タイトルのみで典拠形アクセス・ポイントを構築する。

   法華経 || ホケキョウ

#22.1.7.2　複数の部分

 部分であることを示す一般的な語句および数字のみで識別される、複数の連続した部分に対する典拠形アクセス・ポイントは、その複数の部分の優先タイトルに、著作全体に対する典拠形アクセス・ポイントを冠した形で構築する。
（参照：連続した複数の部分の優先タイトルについては、#4.1.3.1.2を見よ。）

   今昔物語．巻第15-19 || コンジャク モノガタリ．マキ ダイ 15-19
   （情報源の表示：今昔物語集．2 / 馬淵和夫，国東文麿，稲垣泰一 校注・訳．― 巻第15-巻第19）

 複数の部分が、番号で識別されない場合、または番号が連続していない場合は、#22.1.7.1に従って、各部分に対する典拠形アクセス・ポイントを構築する。

   Dante Alighieri, 1265-1321. Purgatorio
   Dante Alighieri, 1265-1321. Paradiso

第22章 著　作

　　　　　（情報源の表示： Il Purgatorio ; Paradiso / di Dante Alighieri ; colle figure di G. Doré）

22.1.7.2 複数の部分　別法
　部分であることを示す一般的な語句および数字のみで識別される、複数の連続した部分に対する典拠形アクセス・ポイントは、その複数の部分の優先タイトルに、著作全体に対する典拠形アクセス・ポイントを冠した形で構築する。
（参照：連続した複数の部分の優先タイトルについては、# 4.1.3.1.2を見よ。）
　＊複数の部分が、番号で識別されない場合、または番号が連続していない場合は、その複数の部分に対する典拠形アクセス・ポイントは、定型的総合タイトルである「選集」または「Selections」の語を著作全体に対する典拠形アクセス・ポイントに付加した形で構築する＊。
（参照：# 4.1.3.1.2別法、# 4.1.4.1.2を見よ。）

22.1.8 著作の集合に対する典拠形アクセス・ポイントの構築
22.1.8.1 単一の創作者による著作の集合
　単一の創作者（個人・家族・団体）が創作した著作の集合については、次の要素を結合した形で典拠形アクセス・ポイントを構築する。
　　a）　創作者（個人・家族・団体）に対する典拠形アクセス・ポイント（# 26 ～ # 28のうち該当する規定を適用）
　　b）　著作の集合の優先タイトル（参照：# 4.1.3.2 ～ # 4.1.3.2.3別法、# 4.1.4.2 ～ # 4.1.4.2.3を見よ。）

　　　　　安部, 公房 || アベ, コウボウ, 1924-1993. 作品集 || サクヒンシュウ
　　　　　Twain, Mark, 1835-1910. Correspondence

22.1.8.2 複数の創作者による共著作の集合
　複数の創作者（個人・家族・団体）が共同して責任を有する著作の集合については、次の要素を結合した形で典拠形アクセス・ポイントを構築する。
　　a）　各創作者（個人・家族・団体）に対する典拠形アクセス・ポイント（# 26 ～ # 28のうち該当する規定を適用し、採用した情報源の表示の順に記録）
　　b）　著作の集合の優先タイトル（参照：# 4.1.3.2 ～ # 4.1.3.2.3別法、# 4.1.4.2 ～ # 4.1.4.2.3を見よ。）

22.1.8.2 複数の創作者による共著作の集合　別法
　複数の創作者（個人・家族・団体）が共同して責任を有する著作の集合については、次の要素を結合した形で典拠形アクセス・ポイントを構築する。
　　a）　＊複数の創作者（個人・家族・団体）のうち、主要な責任を有するものに対する典拠形アクセス・ポイント（# 26 ～ # 28のうち該当する規定を適用）＊
　　b）　著作の集合の優先タイトル（参照：# 4.1.3.2 ～ # 4.1.3.2.3別法、# 4.1.4.2 ～ # 4.1.4.2.3を見よ。）

#22.1 著作に対する典拠形アクセス・ポイントの構築

＊主要な責任を有するものが明確でない場合は、配置、デザインにおいて強調されているもの、それがないときは最初に表示されているものに対する典拠形アクセス・ポイントを結合する＊。

#22.1.8.3 複数の異なる創作者による著作の集合

複数の異なる創作者（個人・家族・団体）による著作の集合については、著作の集合の優先タイトルのみで典拠形アクセス・ポイントを構築する。

　　　イギリス新鋭作家短篇選 || イギリス シンエイ サッカ タンペンセン
　　（情報源の表示：イギリス新鋭作家短篇選 / 柴田元幸訳）

著作の集合に総合タイトルがない場合は、各著作に対する典拠形アクセス・ポイントを個別に構築する。
（参照：#4.1.3.2を見よ。）

聖典の集合については、それに対する優先タイトルのみで典拠形アクセス・ポイントを構築する。大蔵経は聖典の集合として扱う。

　　　大正新脩大蔵経 || タイショウ シンシュウ ダイゾウキョウ

（参照：#4.1.3.2を見よ。）

#22.1.8.3 複数の異なる創作者による著作の集合　別法

複数の異なる創作者（個人・家族・団体）による著作の集合については、著作の集合の優先タイトルのみで典拠形アクセス・ポイントを構築する。

　　　イギリス新鋭作家短篇選 || イギリス シンエイ サッカ タンペンセン
　　（情報源の表示：イギリス新鋭作家短篇選 / 柴田元幸訳）

＊著作の集合に総合タイトルがない場合は、データ作成者付与タイトルによる優先タイトル単独で典拠形アクセス・ポイントを構築する。それに加えて、各著作の優先タイトルを選択することができる＊。
（参照：#4.1.3.2別法を見よ。）

#22.2 著作に対する異形アクセス・ポイントの構築

著作に対する異形アクセス・ポイントは、著作の優先タイトルまたは異形タイトルを基礎として構築する。

著作に対する異形アクセス・ポイントには、著作の優先タイトルまたは異形タイトルと、創作者または非創作者（個人・家族・団体）に対する典拠形アクセス・ポイントを結合した形、および著作の優先タイトルまたは異形タイトル単独の形がある。いずれも、識別に重要な場合は、#22.1.6に従って、識別要素を付加して構築する。

　　　坪内, 逍遙 || ツボウチ, ショウヨウ, 1859-1935. 一讀三歎當世書生氣質 || イチドク サンタン トウセイ ショセイ カタギ）
　　（典拠形アクセス・ポイント：坪内, 逍遙 || ツボウチ, ショウヨウ, 1859-1935. 當世書生氣質 || トウセイ ショセイ カタギ）
　　　世継の翁の物語 || ヨツギ ノ オキナ ノ モノガタリ

第22章　著　作

　　　　（典拠形アクセス・ポイント：大鏡 || オオカガミ）
　　　Dostoyevsky, Fyodor, 1821-1881. Бедные люди
　　　　（典拠形アクセス・ポイント：Dostoyevsky, Fyodor, 1821-1881. Bednye liudi）
　　　山住，正己 || ヤマズミ，マサミ，1931-2003. 日本の子どもの歌 || ニホン ノ コドモ ノ ウタ
　　　　（二人の創作者（園部三郎，山住正己）による共著作について、#22.1.2別法を適用し、一方の創作者（園部三郎）に対する典拠形アクセス・ポイントのみを著作に対する典拠形アクセス・ポイントに用いた場合に、他方の創作者（山住正己）に対する典拠形アクセス・ポイントを異形アクセス・ポイントに用いた例。典拠形アクセス・ポイント：園部，三郎 || ソノベ，サブロウ，1906-1980. 日本の子どもの歌 || ニホン ノ コドモ ノ ウタ）
　　　福澤，諭吉 || フクザワ，ユキチ，1835-1901. 福澤心訓 || フクザワ　シンクン
　　　　（創作者不明の偽書に対する典拠形アクセス・ポイント：福澤心訓 || フクザワ　シンクン）

アクセスに重要な場合は、上記の他にも異形アクセス・ポイントを構築する。

なお、特定の著作については、#22.2.1～#22.2.3に従って、異形アクセス・ポイントを構築する。

法令等に対する異形アクセス・ポイントは、#22.4に従って、音楽作品に対する異形アクセス・ポイントは、#22.6に従って構築する。

#22.2.1　音楽作品に用いられる歌詞、リブレットなど

音楽作品に用いられる歌詞、リブレットなどに対する異形アクセス・ポイントは、次の要素を結合した形で構築する。

a)　音楽作品の作曲者（個人・家族・団体）に対する典拠形アクセス・ポイント（#26～#28のうち該当する規定を適用）
b)　音楽作品の優先タイトル
c)　「歌詞」、「リブレット」または「Libretto」（場合に応じて複数形）、「Lyrics」、「Text」（場合に応じて複数形）のうち該当する語句
d)　必要に応じて、その他の語句

　　　　モーツァルト，ヴォルフガング・アマデウス，1756-1791. 魔笛 || マテキ. リブレット
　　　　　（#6.1.3.2A別法および#4.1.3A別法による例。典拠形アクセス・ポイント：シカネーダー，エマヌエル，1751-1812. 魔笛 || マテキ）

（参照：歌詞、リブレットなどを伴う音楽作品に対する典拠形アクセス・ポイントについては、#22.5.1を見よ。）

#22.2.2　著作の単一の部分

著作の単一の部分に対する異形アクセス・ポイントは、典拠形アクセス・ポイントの形に応じて、次のように構築する。

a)　典拠形アクセス・ポイントが、著作全体の優先タイトル、部分の優先タイトル、創作者（個人・家族・団体）に対する典拠形アクセス・ポイントを結合した形

　　　異形アクセス・ポイントは、部分の優先タイトルと創作者に対する典拠形アクセス・ポ

#22.2 著作に対する異形アクセス・ポイントの構築

イントを直接結合した形で構築する。
b) 典拠形アクセス・ポイントが、部分の優先タイトルと創作者(個人・家族・団体)に対する典拠形アクセス・ポイントを直接結合した形
　異形アクセス・ポイントは、著作全体の優先タイトル、部分の優先タイトル、創作者に対する典拠形アクセス・ポイントを結合した形で構築する。

　　三島, 由紀夫 || ミシマ, ユキオ, 1925-1970. 豊饒の海. 春の雪 || ホウジョウ ノ ウミ. ハル ノ ユキ
　　(典拠形アクセス・ポイント:三島, 由紀夫 || ミシマ, ユキオ, 1925-1970. 春の雪 || ハル ノ ユキ)

c) 典拠形アクセス・ポイントが、著作全体の優先タイトルを部分の優先タイトルに冠する形
　異形アクセス・ポイントは、部分の優先タイトル単独の形で構築する。

　　みよしの統計 || ミヨシ ノ トウケイ
　　(典拠形アクセス・ポイント:みよしものしり専科. みよしの統計 || ミヨシ モノシリ センカ. ミヨシ ノ トウケイ)

d) 典拠形アクセス・ポイントが、部分の優先タイトル単独の形
　異形アクセス・ポイントは、著作全体の優先タイトルを部分の優先タイトルに冠する形で構築する。

　　千一夜物語 || センイチヤ モノガタリ. 船乗りシンドバッド || フナノリ シンドバッド
　　(典拠形アクセス・ポイント:船乗りシンドバッド || フナノリ シンドバッド)

　識別に重要な場合は、#22.1.6に従って、識別要素を付加して異形アクセス・ポイントを構築する。
　アクセスに重要な場合は、上記の他にも異形アクセス・ポイントを構築する。

#22.2.3　特定の創作者による著作の集合

　特定の創作者(個人・家族・団体)による著作の集合に対する典拠形アクセス・ポイントのうちの優先タイトルが、定型的総合タイトルである場合で、かつその定型的総合タイトルと記述対象の本タイトルまたは参考資料に見られるタイトルが同一でなく、類似もしていない場合は、著作の異形タイトルに記述対象の本タイトルまたは参考資料に見られるタイトルを用いた異形アクセス・ポイントを構築する。
　識別に重要な場合は、#22.1.6に従って、識別要素を付加して異形アクセス・ポイントを構築する。
　アクセスに重要な場合は、上記の他にも異形アクセス・ポイントを構築する。

<#22.3〜#22.6　各種の著作>
<#22.3〜#22.4　法令等>
#22.3　法令等に対する典拠形アクセス・ポイントの構築

第22章　著　作

　法令等に対する典拠形アクセス・ポイントは、法令等または既存の法令等から派生した新しい法令等に対して構築する。
　典拠形アクセス・ポイントは、次の該当する参照先の規定に従って構築する。
- a)　法律等（参照：＃22.3.1を見よ。）
- b)　命令等（参照：＃22.3.2を見よ。）
- c)　裁判所規則（参照：＃22.3.3を見よ。）
- d)　憲章等（参照：＃22.3.4を見よ。）
- e)　条約（参照：＃22.3.5を見よ。）
- f)　判例集等（参照：＃22.3.6を見よ。）
- g)　裁判記録（参照：＃22.3.7を見よ。）

　法律の注釈書については、＃22.1.4に従って、典拠形アクセス・ポイントを構築する。上記のいずれにも該当しない法令等については、＃22.1～＃22.1.8.3別法に従う。
　なお、法令等に対する典拠形アクセス・ポイントの形については、優先タイトルと結合する個人・家族・団体を非創作者とすることがある（例えば、単一の裁判所に適用される裁判所規則に対する典拠形アクセス・ポイント（参照：＃22.3.3を見よ。）において、裁判所規則の優先タイトルと結合する被適用裁判所）。
　識別要素の付加については、＃22.3.8に従う。

＃22.3.1　法律等
＃22.3.1.1　法律
　単一の法域で施行される法律（憲法、法律と同等の命令等、地方自治体の条例を含む）に対する典拠形アクセス・ポイントは、法律の優先タイトルと、法域に対する典拠形アクセス・ポイントを結合した形で構築する。ただし、法域が「日本」である場合は、優先タイトル単独の形で構築する。

　　　　金融商品取引法 || キンユウ　ショウヒン　トリヒキホウ
　　　　鳥取県 || トットリケン. 沿道区域指定の基準に関する条例 || エンドウ　クイキ　シテイ　ノ　キジュン　ニ　カンスル　ジョウレイ

　複数の法域で施行される法律の集合に対する典拠形アクセス・ポイントは、単独形とする。

＃22.3.1.2　法律案
　議会に提出された法律案に対する典拠形アクセス・ポイントは、その優先タイトルと、議会に対する典拠形アクセス・ポイントを結合した形で構築する。
　その他の法律案については、＃22.1～＃22.1.8.3別法に従う。

＃22.3.1.3　前近代の法律、慣習法等
　前近代の法律、西欧型の立法制度導入以前の西欧以外の法域の法律、慣習法、部族法などに対する典拠形アクセス・ポイントは、単独形とする。

#22.3 法令等に対する典拠形アクセス・ポイントの構築

    九品官人法 || キュウヒン カンジンホウ

ただし、必要に応じて、法域に対する典拠形アクセス・ポイントを結合することができる。

    甲府藩 || コウフハン. 百姓身持之覚書 || ヒャクショウ ミモチ ノ オボエガキ

(参照：優先タイトルの選択については、#4.13.1.3.2 を見よ。)

#22.3.2 命令等

#22.3.2.1 法律として施行されない命令等

 特定の法域の命令等（政令、府省令など）は、行政機関等によって特定の法律の下に発せられる。通達などもここに含めて扱う。これらの通常の命令等に対する典拠形アクセス・ポイントは、優先タイトルと行政機関等に対する典拠形アクセス・ポイントを結合した形で構築する。
(参照：法律と同等の命令等については、#22.3.1.1 を見よ。)

    農林水産省 || ノウリン スイサンショウ；国土交通省 || コクド コウツウショウ；環境省 || カンキョウショウ. 景観行政団体及び景観計画に関する省令 || ケイカン ギョウセイ ダンタイ オヨビ ケイカン ケイカク ニ カンスル ショウレイ

#22.3.2.2 法律とあわせて刊行される命令等

 法律と法律から派生した命令等があわせて刊行されている場合は、記述対象の優先情報源に最初に表示されたものに対する典拠形アクセス・ポイントを用いる。

 本タイトルに現れる情報が法律に関する情報のみである場合は、その法律に対する典拠形アクセス・ポイントを用いる。

 本タイトルに現れる情報が命令等に関する情報のみである場合は、その命令等に対する典拠形アクセス・ポイントを用いる。

 優先情報源にある情報が曖昧または不十分な場合は、法律に対する典拠形アクセス・ポイントを用いる。
(参照：法律と同等の命令等については、#22.3.1.1 を見よ。)

#22.3.2.2 法律とあわせて刊行される命令等 別法

 法律と法律から派生した命令等があわせて刊行されている場合は、その法律に対する典拠形アクセス・ポイントを用いる。
(参照：法律と同等の命令等については、#22.3.1.1 を見よ。)

#22.3.2.3 命令等の集合

 行政機関等による命令等の集合については、#22.3.1.1 に従う。

#22.3.3 裁判所規則

 単一の裁判所に適用される裁判所規則に対する典拠形アクセス・ポイントは、規則の優先タイトルと裁判所に対する典拠形アクセス・ポイントを結合した形で構築する。

 単一の法域の複数の裁判所に適用される裁判所規則の集合については、それが法律として施行される場合は、典拠形アクセス・ポイントは、#22.3.1.1 に従って構築する。それが法律で

第22章　著　作

ない場合は、典拠形アクセス・ポイントは、規則の優先タイトルとその規則を発した行政機関等に対する典拠形アクセス・ポイントを結合した形で構築する。

　その他の裁判所規則の集合については、#22.1.8.3、#22.1.8.3別法に従う。

#22.3.4　憲章等

　国際機関の憲章などに対する典拠形アクセス・ポイントは、憲章などの優先タイトルとその機関に対する典拠形アクセス・ポイントを結合した形で構築する。

　　　　World Health Organization. Constitution of the World Health Organization
　　　　　（#4.1.3Aおよび#8.1.3.1Aによる例）
　　　　世界保健機関 || セカイ ホケン キカン. 世界保健機関憲章 || セカイ ホケン キカン ケンショウ
　　　　　（#4.1.3A別法および#8.1.3.1A別法による例）

#22.3.5　条約

　条約に対する典拠形アクセス・ポイントは、条約の優先タイトル単独の形で構築する。

　識別要素の付加については、#22.3.8.2に従う。

　条約に対して個別に策定された議定書、修正書、その他の付属文書等に対する典拠形アクセス・ポイントは、条約に対する典拠形アクセス・ポイントに、#22.3.8.2に従って、識別要素を付加して構築する。

　条約の全面改訂の場合は、新しい条約として扱う。

　条約の集合が集合に対する名称で知られている場合は、典拠形アクセス・ポイントは、その総合的な名称に、必要に応じて#22.3.8.2に従って識別要素を付加して構築する。

　その他の条約の集合については、#22.1.8.3、#22.1.8.3別法に従う。

　　　　日本国と大韓民国との間の基本関係に関する条約 || ニホンコク ト ダイカン ミンコク トノ アイダ ノ キホン カンケイ ニ カンスル ジョウヤク
　　　　Antarctic Treaty
　　　　　（#4.1.3.1Aによる例）
　　　　南極条約 || ナンキョク ジョウヤク
　　　　　（#4.1.3.1A別法による例）

#22.3.6　判例集等

　単一の裁判所による判例集に対する典拠形アクセス・ポイントは、判例集の優先タイトルと裁判所に対する典拠形アクセス・ポイントを結合した形で構築する。

　複数の裁判所による判例集に対する典拠形アクセス・ポイントは、優先タイトル単独の形で構築する。

　判例集に対する引用録、要録、索引などについて、それに責任を有する者が記述対象に明白に表示されている場合は、典拠形アクセス・ポイントは、優先タイトルと責任を有する者に対する典拠形アクセス・ポイントを結合した形で構築する。それ以外の場合は、優先タイトル単

#22.3 法令等に対する典拠形アクセス・ポイントの構築

独の形で構築する。

> 最高裁判所 || サイコウ サイバンショ. 最高裁判所民事判例集 || サイコウ サイバンショ ミンジ ハンレイシュウ
>
> 不法行為に関する下級裁判所民事裁判例集 || フホウ コウイ ニ カンスル カキュウ サイバンショ ミンジ サイバン レイシュウ
>
> 最高裁判所刑事判例集索引 || サイコウ サイバンショ ケイジ ハンレイシュウ サクイン

#22.3.7 裁判記録

#22.3.7.1 刑事訴訟

刑事訴訟、弾劾裁判、軍法会議などの公式の記録およびそれらの上訴の記録については、典拠形アクセス・ポイントは、優先タイトルと公訴を提起された個人または団体に対する典拠形アクセス・ポイントを結合した形で構築する。

公訴を提起された個人または団体が複数の場合は、優先タイトルと優先情報源に最初に表示された被告人に対する典拠形アクセス・ポイントのみを結合して、典拠形アクセス・ポイントを構築することができる。

#22.3.7.2 民事訴訟

民事訴訟（選挙訴訟を含む）の公式の記録およびそれらの上訴の記録については、典拠形アクセス・ポイントは、優先タイトルと訴えを提起した個人または団体に対する典拠形アクセス・ポイントを結合した形で構築する。

訴えを提起した個人または団体が複数の場合は、優先タイトルと優先情報源に最初に表示された原告に対する典拠形アクセス・ポイントのみを結合して、典拠形アクセス・ポイントを構築することができる。

#22.3.7.3 起訴状、判決文等

起訴状については、典拠形アクセス・ポイントは、#22.3.7.1に従って構築する。

裁判員に対する説示については、典拠形アクセス・ポイントは、優先タイトルと裁判所に対する典拠形アクセス・ポイントを結合した形で構築する。

裁判所の判決文等の決定については、典拠形アクセス・ポイントは、優先タイトルと裁判所に対する典拠形アクセス・ポイントを結合した形で構築する。

裁判官の意見については、典拠形アクセス・ポイントは、優先タイトルと裁判官に対する典拠形アクセス・ポイントを結合した形で構築する。

裁判の一方の当事者の準備書面、答弁書などの公式の記録に対する典拠形アクセス・ポイントは、優先タイトルとその当事者に対する典拠形アクセス・ポイントを結合した形で構築する。

弁護士が行った法廷弁論に対する典拠形アクセス・ポイントは、優先タイトルと弁護士に対する典拠形アクセス・ポイントを結合した形で構築する。

#22.3.7.4 裁判記録の集合

第22章　著　作

　裁判の公式記録集などに対する典拠形アクセス・ポイントは、＃22.1.8.3、＃22.1.8.3別法に従って構築する。

＃22.3.8　識別要素の付加

＃22.3.8.1　法律等

　＃22.3.1～＃22.3.1.3に基づいて構築した法律等に対する典拠形アクセス・ポイントが、他の法律等に対する典拠形アクセス・ポイントと同一または類似している場合は、法律等の公布日を付加する。

（参照：＃4.13.3.3.1を見よ。）

＃22.3.8.2　条約

　単一の条約の場合は、条約の署名日を付加して典拠形アクセス・ポイントを構築する。

　条約の集合が集合に対する名称で知られている場合は、典拠形アクセス・ポイントは、その総合的な名称に、最も早い条約と最も新しい条約の署名日を付加して構築する。

（参照：＃22.3.5、＃4.13.3.3.2を見よ。）

　条約に対して個別に策定された議定書、修正書またはその他の付属文書等については、典拠形アクセス・ポイントは、条約に対する典拠形アクセス・ポイントに、「議定書等」または「Protocols, etc.」の語句、それらの文書に結びつく日付をこの順に付加して構築する。

（参照：＃22.3.5、＃4.13.4、＃4.13.3.3.2を見よ。）

＃22.3.8.3　その他の法令等

　法律等（参照：＃22.3.1を見よ。）、条約（参照：＃22.3.5を見よ。）以外の法令等に対する典拠形アクセス・ポイントが、他の法令等に対する典拠形アクセス・ポイントと同一または類似している場合は、＃22.1.6に従って、識別要素を付加して典拠形アクセス・ポイントを構築する。

＃22.4　法令等に対する異形アクセス・ポイントの構築

　法令等に対する異形アクセス・ポイントは、法令等の優先タイトルまたは異形タイトルを基礎として構築する。

　法令等に対する異形アクセス・ポイントには、法令等の優先タイトルまたは異形タイトルと、創作者（個人・団体）または創作者以外の個人・団体に対する典拠形アクセス・ポイントを結合した形、および法令等の優先タイトルまたは異形タイトル単独の形がある。いずれも、識別に重要な場合は、＃22.3.8に従って、識別要素を付加して構築する。

（参照：＃4.13.2を見よ。）

＃22.4.1　法律等

　法律等に対する異形アクセス・ポイントは、＃22.4のほかに、識別に重要な場合は、法律等の公布年を付加して構築する。

（参照：＃4.13.3.3.1を見よ。）

#22.4 法令等に対する異形アクセス・ポイントの構築

#22.4.2 条約

　条約の異形タイトルを基礎として、条約の署名日を付加して異形アクセス・ポイントを構築する。
（参照：#4.13.2、#4.13.3.3.2を見よ。）

　　　　　ヴェルサイユ条約 || ヴェルサイユ ジョウヤク (1919.6.28)

　国の政府、国際機関、国に準ずる宗教団体（ローマ教皇庁など）、国に満たない単位であるが条約締結権を保有する法域のうちの複数の当事者間の条約、またはそれらのうちの一団体とそれら以外の団体の間の条約については、当事者ごとに異形アクセス・ポイントを構築する。この場合は、条約のタイトルと当事者に対する典拠形アクセス・ポイントを結合して、さらに識別に重要な場合は、#22.3.8.2に従って、識別要素を付加して異形アクセス・ポイントを構築する。

　　　　　日本 || ニホン. 日本国と大韓民国との間の基本関係に関する条約 || ニホンコクト ダイカン
　　　　　ミンコクト トノ アイダ ノ キホン カンケイ ニ カンスル ジョウヤク
　　　　　韓国 || カンコク. 日本国と大韓民国との間の基本関係に関する条約 || ニホンコクト ダイカン ミンコクト トノ アイダ ノ キホン カンケイ ニ カンスル ジョウヤク

　2者間の条約の集合に対しては、当事者ごとに異形アクセス・ポイントを構築する。この場合は、条約のタイトルと当事者に対する典拠形アクセス・ポイントを結合して異形アクセス・ポイントを構築する。

　一当事者と複数の当事者の間の条約の集合に対しては、条約のタイトルと一当事者に対する典拠形アクセス・ポイントを結合して異形アクセス・ポイントを構築する。アクセスに重要な場合は、当事者ごとに異形アクセス・ポイントを構築する。この場合は、条約のタイトルと一当事者に対する典拠形アクセス・ポイントを結合して異形アクセス・ポイントを構築する。

　多数の当事者間の条約に対しては、アクセスに重要な場合は、当事者に対する異形アクセス・ポイントを構築する。

　　　　　日本 || ニホン. 特に水鳥の生息地として国際的に重要な湿地に関する条約 || トクニ ミズトリ
　　　　　ノ セイソクチ ト シテ コクサイテキ ニ ジュウヨウナ シッチ ニ カンスル ジョウヤク

＜#22.5～#22.6　音楽作品＞

#22.5　音楽作品に対する典拠形アクセス・ポイントの構築

　音楽作品に対する典拠形アクセス・ポイントは、#22.5.1～#22.5.7に従って、原曲に対して、または既存の楽曲から派生した新しい楽曲に対して構築する。音楽作品の部分に対する典拠形アクセス・ポイントは、#22.5.8に従って、音楽作品の集合に対する典拠形アクセス・ポイントは、#22.5.9に従って構築する。

#22.5 A　典拠形アクセス・ポイントの形

　音楽作品に対する典拠形アクセス・ポイントは、優先タイトルを基礎として構築する。

第22章　著　作

その形には、優先タイトルと創作者（作曲者、編曲者）に対する典拠形アクセス・ポイントを結合した形と、優先タイトル単独の形とがある。いずれについても、必要に応じて識別要素を付加する。
（参照：識別要素の付加については、#22.5.7を見よ。）
（参照：優先タイトル、異形タイトル、識別要素については、#4.14.1～#4.14.5を見よ。創作者に対する典拠形アクセス・ポイントについては、#26～#28を見よ。）

#22.5.1　歌詞、リブレットなどを伴う音楽作品

歌詞、リブレットなどのテキストを伴う音楽作品（歌、オペラ、ミュージカルなど）に対する典拠形アクセス・ポイントは、優先タイトルと作曲者（個人・家族・団体）に対する典拠形アクセス・ポイントを結合した形で構築する。
（参照：#4.14.0.4を見よ。）
（参照：音楽作品に用いられる歌詞、リブレットなどに対する典拠形アクセス・ポイントについては、#22.1～#22.1.8.3を見よ。異形アクセス・ポイントについては、#22.2.1を見よ。）

　　　　　　Gershwin, George, 1898-1937. Girl crazy

#22.5.2　舞踊のための音楽作品

舞踊（バレエ、パントマイムなど）のための音楽作品に対する典拠形アクセス・ポイントは、優先タイトルと作曲者（個人・家族・団体）に対する典拠形アクセス・ポイントを結合した形で構築する。
（参照：#4.14.0.4を見よ。）

　　　　　　池辺, 晋一郎 || イケベ, シンイチロウ. 動と静 || ドウト セイ

#22.5.3　付随音楽

劇、映画などに付随する音楽に対する典拠形アクセス・ポイントは、劇、映画などの優先タイトルと作曲者（個人・家族・団体）に対する典拠形アクセス・ポイントを結合した形で構築する。
（参照：#4.14.0.4を見よ。）

　　　　　　伊福部, 昭 || イフクベ, アキラ, 1914-2006. ゴジラ

#22.5.4　カデンツァ

一音楽作品とみなすカデンツァに対する典拠形アクセス・ポイントは、カデンツァの優先タイトルとカデンツァの作曲者（個人・家族・団体）に対する典拠形アクセス・ポイントを結合した形で構築する。

　　　　　　Heifetz, Jascha, 1901-1987. Cadenzas to the Beethoven concerto for violin and orchestra in D major, op. 61

（参照：#4.14.0.4、#4.14.1.3Cを見よ。）

#22.5.5　新たなテキストとタイトルを伴うオペラなどの音楽劇

新たな音楽作品とみなす音楽劇に対する典拠形アクセス・ポイントは、原作品に対する典拠

#22.5 音楽作品に対する典拠形アクセス・ポイントの構築

形アクセス・ポイントに新しいタイトルを丸がっこに入れて付加した形で構築する。
(参照：#4.14.0.4を見よ。)

   Bizet, Georges, 1838-1875. Carmen（Carmen Jones）
    （Georges BizetのCarmenを基にした、Oscar Hammerstein Ⅱのリブレットによるミュージカル）

#22.5.6 新たな音楽作品とみなす編曲

 編曲が次のいずれかに該当する場合は、新たな音楽作品とみなして典拠形アクセス・ポイントを構築する。典拠形アクセス・ポイントは、編曲による音楽作品の優先タイトルと編曲者（個人・家族・団体）に対する典拠形アクセス・ポイントを結合した形で構築する。

 a) 原曲を自由に書き換えた、原曲に基づく、などと記載されているとき、新しい材料を組み込んだとき
 b) 多様な複数の作品をパラフレーズしたとき、別の作曲者の基本的なスタイルをパラフレーズしたとき
 c) 原曲の和声や音楽様式を変更したとき
 d) 改作、即興演奏など、創作上の実質的な責任を演奏者が有するとき
 e) その他、原曲から明確な改変を行ったとき

上記のいずれかに該当するかどうか判断できない場合は、該当しないものとして扱う。
(参照：編曲を、新たな音楽作品ではなく、既存の音楽作品の一表現形であるとみなす場合については、#23.5を見よ。)

 複数の編曲者が関与している場合は、#22.1.2、#22.1.2別法に従う。
 編曲者が不明または不特定な場合は、#22.1.5に従う。
(参照：#4.14.0.4を見よ。)

   Chopin, Frédéric, 1810-1849. Là ci darem la mano
    （原曲：Mozart, Wolfgang Amadeus, 1756-1791. Don Giovanni. Là ci darem la mano）

#22.5.7 識別要素の付加

 #22.5.1～#22.5.6に基づいて構築した典拠形アクセス・ポイントが、他の音楽作品、著作または個人・家族・団体、場所に対する典拠形アクセス・ポイントと同一または類似している場合は、#22.5.7.1～#22.5.7.2に従って、識別要素を付加する。

#22.5.7.1 楽曲形式のみから成るタイトル

 優先タイトルが楽曲形式のみから成るなど、識別が困難な場合は、次の要素を付加する。
 a) 演奏手段（参照：#4.14.3を見よ。）
 b) 音楽作品の番号（参照：#4.14.4を見よ。）
 c) 調（参照：#4.14.5を見よ。）

演奏手段の付加については、#22.5.7.1Aに従う。

第22章　著　作

　音楽作品の集合に対する典拠形アクセス・ポイントについて、定型的総合タイトルである「選集」または「Selections」の語を用いる場合は、上記の要素の後にこれを付加する。

　　　　　　　Chopin, Frédéric, 1810-1849. Etudes, piano, op. 10. Selections

22.5.7.1 A　演奏手段

演奏手段は、次の順に適切なものを付加する。

a)　声
b)　鍵盤楽器
c)　他の楽器（楽譜中の順序）
d)　通奏低音

　　　　　Mozart, Wolfgang Amadeus, 1756-1791. Quintets, piano, oboe, clarinet, horn, bassoon, K. 452, E♭ major

ソロの楽器と伴奏アンサンブルがある場合は、ソロ楽器、伴奏アンサンブルの順に付加する。

　　　　　Sibelius, Jean, 1865-1957. Vivace, piano, string ensemble

ポピュラー音楽以外の音楽作品のうち、優先タイトルがソロの声楽曲の種類の名称（歌曲、ヴォカリーズなど）のみから成り、単独の鍵盤楽器以外による伴奏があるものについては、伴奏楽器または伴奏アンサンブルの名称、続けて「伴奏」または「accompaniment」の語を付加する。伴奏がない作品は、「無伴奏」または「unaccompanied」の語を付加する。

　　　　　Weber, Reinhold, 1927-2013. Lieder, piano, percussion accompaniment
　　　　　Holliger, Heinz. Lieder, orchestra accompaniment
　　　　　Larsen, Libby. Songs, unaccompanied

演奏手段において、次の要素は付加しない。

e)　優先タイトルから読み取れる場合のパート数
f)　打楽器の演奏者数
g)　楽器が調音される調
h)　楽器の音域
i)　代替楽器
j)　持ち替え楽器
k)　演奏手段に合唱が含まれる場合のソロ（声）
l)　1パート1演奏者の器楽曲の伴奏アンサンブルを構成する個々の楽器
　　この場合は、伴奏アンサンブルの適切な語を記録する。

　（参照：#4.14.3.3.1.1F、#4.14.3.3.1.1F別法を見よ。）

次のいずれかの条件が該当する場合は、演奏手段を付加しない。

m)　演奏手段が優先タイトルから読み取れる場合（優先タイトルから読み取れるものと演奏手段が異なる場合を除く）

#22.5 音楽作品に対する典拠形アクセス・ポイントの構築

n) 曲によって演奏手段が一様でない曲集の場合
o) 作曲者が演奏手段を指示していない場合
p) 演奏手段の表示が複雑で、他の識別要素（例：作品番号、主題目録番号）の方が識別に有効な場合

   Brahms, Johannes, 1833-1897. Lieder, op. 105

#22.5.7.1B 演奏手段、番号、調以外に付加する識別要素

演奏手段、番号、調だけでは識別に不十分である場合、またはそれらが利用できない場合は、さらに次の要素をこの優先順位で付加する。

a) 著作の日付（参照：#4.4を見よ。）
b) 著作の成立場所（参照：#4.5を見よ。）
c) 著作のその他の特性（参照：#4.7を見よ。）

音楽作品の集合に対する典拠形アクセス・ポイントについて、定型的総合タイトルである「選集」または「Selections」の語を用いる場合は、上記の要素の前にこれを付加する。

   Mozart, Wolfgang Amadeus, 1756-1791. Works. Selections（Harmonia Mundi）

#22.5.7.2 楽曲形式以外の語句を含むタイトル、およびそれらの語句のみから成るタイトル

優先タイトルが楽曲形式のみではない場合に、識別に必要なときは、次のいずれかの適切な要素を付加する。

a) 演奏手段（参照：#4.14.3を見よ。）
b) 音楽作品の番号（参照：#4.14.4を見よ。）
c) 調（参照：#4.14.5を見よ。）
d) 著作の形式（参照：#4.3を見よ。）
e) 著作の日付（参照：#4.4を見よ。）
f) 著作の成立場所（参照：#4.5を見よ。）
g) 著作のその他の特性（参照：#4.7を見よ。）

#22.5.8 音楽作品の部分に対する典拠形アクセス・ポイントの構築

#22.5.8.1 音楽作品の単一の部分

音楽作品の単一の部分に対する典拠形アクセス・ポイントは、次の要素を結合して構築する。

a) 音楽作品全体に対する典拠形アクセス・ポイント（参照：#22.5Aを見よ。）
b) 音楽作品の単一の部分の優先タイトル（参照：#4.14.1.3.1.1、#4.14.1.4.1.1を見よ。）

音楽作品の部分の優先タイトルが他の部分の優先タイトルと同一であり、番号で識別されない場合は、#22.5.7に従って、識別要素を必要なだけ付加する。これらの識別要素でも不十分な場合は、番号を付与して識別する。

#22.5.8.2 音楽作品の複数の部分

音楽作品の複数の部分に対する典拠形アクセス・ポイントは、#22.5.8.1に従って、各部分

第22章 著作

に対する典拠形アクセス・ポイントを構築する。

音楽作品の複数の部分が作曲者によって組曲（suite）またはそれに相当する語句でよばれている場合は、典拠形アクセス・ポイントは、「組曲」または「Suite」の語を音楽作品全体に対する典拠形アクセス・ポイントに付加して構築する。

（参照：＃4.14.1.4.1.2を見よ。）

> Tchaikovsky, Peter Ilich, 1840-1893. Shchelkunchik. Suite

＃22.5.8.2　音楽作品の複数の部分　別法

＊音楽作品の複数の部分を一括して識別するために、典拠形アクセス・ポイントは、定型的総合タイトルである「選集」または「Selections」の語を音楽作品全体に対する典拠形アクセス・ポイントに付加して構築する。

> Mendelssohn-Bartholdy, Felix, 1809-1847. Kinderstücke, op. 72. Selections

音楽作品の各部分に対する典拠形アクセス・ポイントは、＃22.5.8.1に従って構築しても省略してもよい＊。

（参照：＃4.14.1.4.1.2を見よ。）

＃22.5.9　音楽作品の集合に対する典拠形アクセス・ポイントの構築

音楽作品の集合に対する典拠形アクセス・ポイントは、集合の優先タイトルと作曲者（個人・家族・団体）に対する典拠形アクセス・ポイントを結合した形で構築する。

特定のタイプの音楽作品の集合に対する典拠形アクセス・ポイントは、優先タイトル、必要に応じて付加した演奏手段、定型的総合タイトルである「選集」または「Selections」の語を結合して構築する。

（参照：＃4.14.1.3.2～4.14.1.3.2.3別法、＃4.14.1.4.2～＃4.14.1.4.2.4を見よ。）

> Bach, Johann Sebastian, 1685-1750. Works
> Liszt, Franz, 1811-1886. Violin, piano music
> Mahler, Gustav, 1860-1911. Songs. Selections

＃22.6　音楽作品に対する異形アクセス・ポイントの構築

音楽作品に対する異形アクセス・ポイントは、音楽作品の優先タイトルまたは異形タイトルを基礎として構築する。

音楽作品に対する異形アクセス・ポイントには、音楽作品の優先タイトルまたは異形タイトルと、創作者（作曲者、編曲者）または創作者以外の個人・家族・団体に対する典拠形アクセス・ポイントを結合した形、および音楽作品の優先タイトルまたは異形タイトル単独の形がある。いずれも、識別に重要な場合は、＃22.5.7～＃22.5.7.2に従って、識別要素を付加する。

その他に、＃22.6.1～＃22.6.3に従って、異形アクセス・ポイントを構築する。

（参照：音楽作品に用いられる歌詞、リブレットなどに対する異形アクセス・ポイントについては、＃22.2.1に従う。）

#22.6 音楽作品に対する異形アクセス・ポイントの構築

#22.6.1 カデンツァ
カデンツァに対する典拠形アクセス・ポイントを構築した場合は、次の要素をこの順に結合して、異形アクセス・ポイントを構築する。

a) カデンツァが属する音楽作品または音楽作品の集合の、作曲者(個人・家族・団体)に対する典拠形アクセス・ポイント(#26～#28のうち該当する規定を適用)
b) カデンツァが属する音楽作品または音楽作品の集合の優先タイトル
c) 存在する場合は、カデンツァが属する楽章の優先タイトル
d) 「カデンツァ」または「Cadenza」(必要に応じて複数形)の語
e) 必要な場合は、その他の識別要素

#22.6.2 音楽作品の単一の部分
音楽作品の単一の部分に対する異形アクセス・ポイントは、部分のタイトルが楽曲形式以外の語句を含む場合は、典拠形アクセス・ポイントの形に応じて次のように構築する。

a) 典拠形アクセス・ポイントが、音楽作品全体の優先タイトル、作曲者(個人・家族・団体)に対する典拠形アクセス・ポイント、部分の優先タイトルを結合した形
    異形アクセス・ポイントは、作曲者に対する典拠形アクセス・ポイントと部分の優先タイトルを結合した形で構築する。
b) 典拠形アクセス・ポイントが、音楽作品全体の優先タイトルを部分の優先タイトルに冠する形
    異形アクセス・ポイントは、部分の優先タイトル単独の形で構築する。

識別に重要な場合は、#22.5.7～#22.5.7.2に従って、識別要素を付加して異形アクセス・ポイントを構築する。

アクセスに重要な場合は、上記の他にも異形アクセス・ポイントを構築する。

#22.6.3 特定の作曲者による音楽作品の集合
特定の作曲者(個人・家族・団体)による音楽作品の集合について、典拠形アクセス・ポイントが、定型的総合タイトルと、作曲者に対する典拠形アクセス・ポイントを結合した形で構築されている場合で、かつその定型的総合タイトルと、記述対象の本タイトル(別タイトルは除く)または参考資料に見られるタイトルが同一でなく、類似もしていない場合は、異形アクセス・ポイントは、体現形の本タイトルまたは参考資料に見られるタイトルと、作曲者に対する典拠形アクセス・ポイントを結合した形で構築する。

識別に重要な場合は、#22.5.7～#22.5.7.2に従って、識別要素を付加して異形アクセス・ポイントを構築する。

アクセスに重要な場合は、上記の他にも異形アクセス・ポイントを構築する。

第 23 章
表現形

＃23　表現形

＃23.0　通則

＃23.0.1　機能

＃23.1　表現形に対する典拠形アクセス・ポイントの構築

＃23.2　表現形に対する異形アクセス・ポイントの構築

＜＃23.3～＃23.6　各種の表現形＞

＜＃23.3～＃23.4　法令等の表現形＞

＃23.3　法令等の表現形に対する典拠形アクセス・ポイントの構築

＃23.4　法令等の表現形に対する異形アクセス・ポイントの構築

＜＃23.5～＃23.6　音楽作品の表現形＞

＃23.5　音楽作品の表現形に対する典拠形アクセス・ポイントの構築

＃23.6　音楽作品の表現形に対する異形アクセス・ポイントの構築

#23 表現形
#23.0 通則
#23.0.1 機能
表現形に対する典拠形アクセス・ポイントは、次の機能を備える。
a) 特定の資料を発見する手がかりとなる。
  ・1著作に対して複数の表現形が存在するとき、各表現形がその著作に属することを識別できる。
b) 特定の資料と関連する資料を発見する手がかりとなる。
  ・1著作に対して複数の表現形が存在するとき、体現形まで体系的に把握できる。
  ・特定の表現形と他の著作やその表現形との関連を理解できる。
c) 特定の表現形と関連する個人・家族・団体を発見する手がかりとなる。
d) 特定の表現形を主題とする資料を発見する手がかりとなる。

以上の機能を満たすため、特定の表現形に対する典拠形アクセス・ポイントは、他の表現形に対する典拠形アクセス・ポイントと明確に判別される必要がある。

異形アクセス・ポイントは、特定の表現形を典拠形アクセス・ポイントとは異なる形から発見する手がかりとなる機能を備える。利用者が検索すると推測される形で構築する必要がある。

#23.1 表現形に対する典拠形アクセス・ポイントの構築
著作または著作の部分の、特定の表現形に対する典拠形アクセス・ポイントは、その著作または著作の部分に対する典拠形アクセス・ポイントに、次の中から一つ以上の適切な識別要素を付加して構築する。

a) 表現種別（参照：#5.1を見よ。）
b) 表現形の日付（参照：#5.2を見よ。）
c) 表現形の言語（参照：#5.3を見よ。）
d) 表現形のその他の特性（参照：#5.4を見よ。）

   森, 鴎外 || モリ, オウガイ, 1862-1922. 全集 || ゼンシュウ. 1923
   （鴎外全集 / 森林太郎著. ― 東京：鴎外全集刊行会, 1923-1927）
   森, 鴎外 || モリ, オウガイ, 1862-1922. 全集 || ゼンシュウ. 1936
   （鴎外全集 / 森林太郎著. ― 東京：岩波書店, 1936-1939）
   森, 鴎外 || モリ, オウガイ, 1862-1922. 全集 || ゼンシュウ. 1959
   （森鴎外全集 / 森鴎外著. ― 東京：筑摩書房, 1959-1962）
   山田, 太一 || ヤマダ, タイチ, 1934- . 異人たちとの夏 || イジンタチ トノ ナツ. ロシア語
   種村, 季弘 || タネムラ, スエヒロ, 1933-2004. 怪物のユートピア || カイブツ ノ ユートピア (増補改訂版)
   （怪物のユートピア / 種村季弘著. ― 増補改訂版. ― 東京：西沢書店, 1974. ― 初版：三一書房1968年刊）

第 23 章　表現形

Once upon a time in America（Motion picture：Extended director's cut）
Fitzgerald, F. Scott（Francis Scott）, 1896-1940. The great Gatsby. 日本語（村上春樹）
（グレート・ギャツビー / スコット・フィッツジェラルド著；村上春樹訳）

23.2　表現形に対する異形アクセス・ポイントの構築

　表現形に対する異形アクセス・ポイントは、表現形に対する典拠形アクセス・ポイントの識別要素（参照：# 23.1 を見よ。）を、異なる形に置き換えて構築する。

森, 鴎外 || モリ, オウガイ, 1862-1922. 全集 || ゼンシュウ. 岩波書店
　（典拠形アクセス・ポイント：森, 鴎外 || モリ, オウガイ. 全集 || ゼンシュウ. 1936）

　著作の異形タイトルが特定の表現形に結びついていて、かつ表現形に対する典拠形アクセス・ポイントが著作の優先タイトル、創作者（個人・家族・団体）に対する典拠形アクセス・ポイント、表現形の識別要素から構成されている場合は、表現形に対する異形アクセス・ポイントは、著作の異形タイトルと、創作者に対する典拠形アクセス・ポイントを結合した形で構築する。

Saint-Exupéry, Antoine de, 1900-1944.　星の王子さま || ホシ ノ オウジサマ
Saint-Exupéry, Antoine de, 1900-1944.　小さな王子さま || チイサナ オウジサマ
Saint-Exupéry, Antoine de, 1900-1944.　ちいさな王子 || チイサナ オウジ
　（典拠形アクセス・ポイント：Saint-Exupéry, Antoine de, 1900-1944.　Le petit prince. 日本語）
山田, 太一 || ヤマダ, タイチ, 1934- .　Leto s chuzhimi
山田, 太一 || ヤマダ, タイチ, 1934- .　Лето с чужими
　（典拠形アクセス・ポイント：山田, 太一, 1934- . 異人たちとの夏 || イジンタチ トノ ナツ. ロシア語）

　識別に重要な場合は、# 22.1.6 に従って、識別要素を付加して異形アクセス・ポイントを構築する。

リルケ, ライナー マリア, 1875-1926.　リルケ全集 || リルケ ゼンシュウ（1973）
　（典拠形アクセス・ポイント：リルケ, ライナー マリア, 1875-1926. 全集 || ゼンシュウ. 日本語（1973）。富士川英郎責任編集の翻訳全集）
　（創作者に対する典拠形アクセス・ポイントが、# 6.1.8 別法による例）
リルケ, ライナー マリア, 1875-1926.　リルケ全集 || リルケ ゼンシュウ（1990）
　（典拠形アクセス・ポイント：リルケ, ライナー マリア, 1875-1926. 全集 || ゼンシュウ. 日本語（1990）。塚越敏監修の翻訳全集）
　（創作者に対する典拠形アクセス・ポイントが、# 6.1.8 別法による例）

　アクセスに重要な場合は、上記の他にも異形アクセス・ポイントを構築する。
　法令等の表現形に対する異形アクセス・ポイントは、# 23.4 に従って、音楽作品の表現形に対する異形アクセス・ポイントは、# 23.6 に従って構築する。

＜# 23.3 〜 # 23.6　各種の表現形＞
＜# 23.3 〜 # 23.4　法令等の表現形＞

23.3　法令等の表現形に対する典拠形アクセス・ポイントの構築

#23.3 法令等の表現形に対する典拠形アクセス・ポイントの構築

　法令等の特定の表現形に対する典拠形アクセス・ポイントは、#23.1に従って構築する。
　　　日本国憲法 || ニホンコク ケンポウ. 英語

#23.4 法令等の表現形に対する異形アクセス・ポイントの構築

　法令等の表現形に対する異形アクセス・ポイントは、原則として、表現形に対する典拠形アクセス・ポイントの識別要素（参照：#23.1を見よ。）を、異なる形に置き換えて構築する。（参照：#23.3を見よ。）

　法令等の異形タイトルが特定の表現形と結びついていて、かつ表現形に対する典拠形アクセス・ポイントが法令等の優先タイトル、創作者（個人・家族・団体）に対する典拠形アクセス・ポイント、表現形の識別要素から構築されている場合は、表現形に対する異形アクセス・ポイントは、法令等の異形タイトルと、創作者に対する典拠形アクセス・ポイントを結合した形で構築する。

　識別に重要な場合は、#22.1.6に従って、識別要素を付加して異形アクセス・ポイントを構築する。
　　　Japan. Constitution of Japan (1946)

　アクセスに重要な場合は、上記の他にも異形アクセス・ポイントを構築する。

＜#23.5～#23.6　音楽作品の表現形＞

#23.5　音楽作品の表現形に対する典拠形アクセス・ポイントの構築

　音楽作品または音楽作品の部分の、特定の表現形に対する典拠形アクセス・ポイントは、#23.1に従って構築する。

#23.6　音楽作品の表現形に対する異形アクセス・ポイントの構築

　音楽作品の異形タイトルが特定の表現形と結びついていて、かつ表現形に対する典拠形アクセス・ポイントが音楽作品の優先タイトル、創作者（個人・家族・団体）に対する典拠形アクセス・ポイント、表現形の識別要素から構築されている場合は、表現形に対する異形アクセス・ポイントは、音楽作品の異形タイトルと、創作者に対する典拠形アクセス・ポイントを結合した形で構築する。

　識別に重要な場合は、#22.1.6に従って、識別要素を付加して異形アクセス・ポイントを構築する。

　アクセスに重要な場合は、上記の他にも異形アクセス・ポイントを構築する。

第26章
個　人

＃26　個人

＃26.0　通則

＃26.0.1　機能

＃26.1　典拠形アクセス・ポイントの構築

＃26.1.1　称号

＃26.1.2　生年および（または）没年

＃26.1.3　展開形

＃26.1.4　活動期間

＃26.1.5　活動分野、職業

＃26.1.6　その他の識別要素

＃26.2　異形アクセス・ポイントの構築

＃26 個人

＃26.0 通則

＃26.0.1 機能

個人に対する統制形アクセス・ポイントは、次の機能を備える。

a) 典拠形アクセス・ポイントおよび異形アクセス・ポイントを手がかりに、特定の個人を発見、識別できる。
   - 複数の名称をもつ個人が存在するとき、その個人を識別できる。
   - 個人が一般に知られている名称と異なる名称を使用しているとき、その関係を理解できる。
   - 同一名称をもつ複数の個人が存在するとき、各個人を判別できる。
b) 典拠形アクセス・ポイントを手がかりに、次の資料を発見できる。
   ① 特定の個人と関連する資料
   ② 特定の個人を主題とする資料
c) 典拠形アクセス・ポイントを手がかりに、特定の個人と関連する他の個人・家族・団体を発見できる。

以上の機能を満たすため、特定の個人に対する典拠形アクセス・ポイントは、他の個人に対する典拠形アクセス・ポイントと明確に判別される必要がある。

異形アクセス・ポイントは、特定の個人を典拠形アクセス・ポイントとは異なる形から発見する手がかりとなる機能を備える。利用者が検索すると推測される形で構築する必要がある。

＃26.1 典拠形アクセス・ポイントの構築

個人に対する典拠形アクセス・ポイントは、優先名称を基礎として構築する。
（参照：個人に対する優先名称については、＃6.1を見よ。）

夏目, 漱石
Marx, Karl

必要に応じて、優先名称に、＃26.1A～＃26.1Bに従って、＃26.1.1～＃26.1.6任意追加で規定する識別要素を付加する。

＃26.1A 識別要素の付加

同一名称の他の個人に対する典拠形アクセス・ポイントと判別するために必要な場合は、優先名称に必要な識別要素を付加して、次の順に記録する。各識別要素の付加の優先順位は、＃26.1.1～＃26.1.6任意追加に従う。

a) 展開形（参照：＃26.1.3を見よ。）
b) 称号（参照：＃26.1.1を見よ。）
c) 聖人であることを示す語句（参照：＃26.1.6a)を見よ。）
d) 聖典等に含まれる名称であることを示す語句（参照：＃26.1.6c)を見よ。）

第26章　個　人

- e) 伝説上または架空の個人であることを示す語句（参照：＃26.1.6d）を見よ。）
- f) 人間以外の実体の種類を示す語句（参照：＃26.1.6e）を見よ。）
- g) 生年および（または）没年（参照：＃26.1.2を見よ。）
- h) 活動分野、職業（参照：＃26.1.5を見よ。）
- i) 活動期間（参照：＃26.1.4を見よ。）
- j) その他の語句（参照：＃26.1.6f）を見よ。）
- k) 霊であることを示す語句（参照：＃26.1.6b）を見よ。）

ただし、同一名称の他の個人に対する典拠形アクセス・ポイントと判別するために必要でなくても、その他の称号を除く称号（参照：＃26.1.1a）～c）を見よ。）および聖人、霊であることを示す語句（参照：＃26.1.6a）、b）を見よ。）は、優先名称に付加する。

適切な識別要素が判明せず、同一の優先名称をもつ異なる個人の判別ができない場合は、異なる個人に対して同一の典拠形アクセス・ポイントを構築し、判別できないことを意味する名称未判別標示を付す。

（参照：＃6.22を見よ。）

＃26.1A　識別要素の付加　任意追加

同一名称の他の個人に対する典拠形アクセス・ポイントと判別するために必要でなくても、＃26.1A a）～k）の識別要素のうち判明するものを、優先名称にその順に付加する。

＃26.1B　個人の名称であることが不明確な優先名称への付加

個人の名称であることが不明確な優先名称には、同一名称の他の個人に対する典拠形アクセス・ポイントと判別するために必要でなくても、優先名称に次のいずれかを付加する。

- a) 実在の人間の場合は、活動分野または職業（参照：＃26.1.5を見よ。）
- b) 伝説上または架空の個人の場合は、それを示す語句（参照：＃26.1.6d）を見よ。）
- c) 人間以外の実体の場合は、その種類を示す語句（参照：＃26.1.6e）を見よ。）

＃26.1.1　称号

称号は、同一名称の他の個人に対する典拠形アクセス・ポイントと判別するために必要でなくても、優先名称に付加する。ただし、その他の称号は、同一名称の他の個人に対する典拠形アクセス・ポイントと判別するために必要な場合に限り、優先名称に付加する。

（参照：＃6.4を見よ。）

- a) 王族の称号

    王族の称号を優先名称に付加する。

    > Anne, Queen of Great Britain, 1665-1714
    > アン, イギリス女王, 1665-1714
    > （優先名称は＃6.1.3.2B別法による例）

- b) 貴族の称号

#26.1　典拠形アクセス・ポイントの構築

貴族の称号は、個人と結びつく資料や参考資料（貴族に関する資料を除く）において、個人の名称とともに表されるのが通常である場合のみ、優先名称に付加する。判断できない場合は付加する。

   Disraeli, Mary Anne, Viscountess Beaconsfield, 1792-1872

 c)　聖職者であることを示す語句

聖職者であることを示す宗教の階位などの語句は、優先名称が名で始まり、かつ個人と結びつく資料や参考資料において、個人の名称とともに表されるのが通常である場合のみ、優先名称に付加する。判断できない場合は付加する。

   Paulus VI, Pope, 1897-1978
   パウルス 6 世 || パウルス 6 セイ，教皇，1897-1978
   （優先名称は＃6.1.3.2B別法による例）

 d)　その他の称号

階級、名誉、公職者であることを示す語句が名称に付される敬称である場合は、それを優先名称に付加する。

#26.1.1　称号　任意追加

その他の称号は、同一名称の他の個人に対する典拠形アクセス・ポイントと判別するために必要でなくても、優先名称に付加する。

#26.1.2　生年および（または）没年

同一名称の他の個人に対する典拠形アクセス・ポイントと判別するために必要な場合は、生年および（または）没年を優先名称に付加する。

生年および（または）没年は、年のみを記録する。ただし、別の個人に対する典拠形アクセス・ポイントと判別するために必要な場合は、月または月日を付加する。
（参照：＃6.3 ～ ＃6.3.3.2 を見よ。）

   鈴木，正義 || スズキ，マサヨシ
   鈴木，正義 || スズキ，マサヨシ，1911-
   鈴木，正義 || スズキ，マサヨシ，1915-1993
   Müller, Hans, 1900 April 20-
   Müller, Hans, 1900 October 22-
   Müller, Hans, 1900 October 27-

#26.1.2　生年および（または）没年　任意追加

同一名称の他の個人に対する典拠形アクセス・ポイントと判別するために必要でなくても、判明する限りすべての生年および（または）没年を優先名称に付加する。

   安部，公房 || アベ，コウボウ，1924-1993

#26.1.3　展開形

同一名称の他の個人に対する典拠形アクセス・ポイントと判別するために必要な場合は、個

第26章　個　人

人の名称の展開形を優先名称に付加する。展開形は、個人の生年および（または）没年を付加できない場合に付加する。
（参照：＃6.7を見よ。）

> Atkins, R. C.（Robert Charles）

#26.1.3　展開形　任意追加

　同一名称の他の個人に対する典拠形アクセス・ポイントと判別するために必要でなくても、判明する限り個人の名称の展開形を優先名称に付加する。ただし、この場合、生年および（または）没年の前に置く。

> Berry, W. T. C.（William Thomas Charles），1909-1983

#26.1.4　活動期間

　同一名称の他の個人に対する典拠形アクセス・ポイントと判別するために必要な場合は、個人の活動期間（職業従事期間を含む）を優先名称に付加する。活動期間は、個人の生年および（または）没年も、展開形も付加できない場合に付加する。
（参照：＃6.3～＃6.3.3任意追加、＃6.3.3.3を見よ。）

#26.1.4　活動期間　任意追加

　同一名称の他の個人に対する典拠形アクセス・ポイントと判別するために必要でなくても、判明する限り個人の活動期間（職業従事期間を含む）を優先名称に付加する。

> 紫式部 || ムラサキ シキブ，平安中期
> 奈河，九二助 || ナガワ，クニスケ，寛政-文化頃
> 福地，蔵人 || フクチ，クロウド，17世紀

#26.1.5　活動分野、職業

　同一名称の他の個人に対する典拠形アクセス・ポイントと判別するために必要な場合は、個人の活動分野または職業（または名称とともに表される職位や肩書等）を優先名称に付加する。活動分野または職業は、個人の生年および（または）没年を付加できない場合、またはそれだけでは判別に不十分な場合に付加する。
（参照：＃6.5、＃6.6を見よ。）

> 渡辺，一男 || ワタナベ，カズオ
> 渡辺，一男 || ワタナベ，カズオ，弁護士
> 中村，功 || ナカムラ，イサオ，1935-
> 中村，功 || ナカムラ，イサオ，1935- 医師

#26.1.5　活動分野、職業　任意追加

　同一名称の他の個人に対する典拠形アクセス・ポイントと判別するために必要でなくても、判明する限り個人の活動分野または職業を優先名称に付加する。

#26.1.6　その他の識別要素

#26.1 典拠形アクセス・ポイントの構築

#26.1.1～#26.1.5 任意追加で規定したもの以外のその他の識別要素には、a)～f)に挙げるものがある。a)およびb)は識別のために必要でなくても、該当する場合は優先名称に付加する。c)～e)のうち複数該当する場合は、それぞれを丸がっこに入れるなどして区別がつくように記録する。

f)は、#26.1.1～#26.1.5 任意追加で規定された識別要素で、同一名称の他の個人に対する典拠形アクセス・ポイントと判別するために不十分な場合に、優先名称に付加する。
（参照：#6.8を見よ。）

a) 聖人であることを示す語句
　　キリスト教の聖人であることを示す語句（「Saint」またはそれに相当する語）を、優先名称に付加する。ただし、教皇、皇帝、王の場合は、付加しない。
　　　　La Salle, Jean Baptiste de, Saint, 1651-1719

b) 霊であることを示す語句
　　霊魂、心霊、神霊は、その個人に対する典拠形アクセス・ポイントに、霊であることを示す語句（「霊」、「Spirit」またはそれに相当する語）を付加して、霊に対する典拠形アクセス・ポイントを構築する。したがって、常に典拠形アクセス・ポイントの最後の要素となる。
　　　　Haven, Gilbert, 1821-1880（Spirit）

c) 聖典等に含まれる名称であることを示す語句
　　宗教の聖典や外典等に含まれる名称は、適切な語句を優先名称に付加する。

d) 伝説上または架空の個人であることを示す語句
　　伝説上または架空の個人は、「伝説上の人物」、「架空の人物」、「Legendary character」、「Fictitious character」またはそれに相当する語を優先名称に付加する。
　　　　末摘花 || スエツムハナ（架空の人物）

e) 人間以外の実体の種類を示す語句
　　人間以外の実体は、その種類を示す語を優先名称に付加する。
　　　　アイ（チンパンジー）

f) その他の語句
　　同一名称の他の個人と判別するために、生年または没年、活動期間（参照：#6.3を見よ。）、活動分野（参照：#6.5を見よ。）または職業（参照：#6.6を見よ。）で不十分な場合は、その他の判別を可能とする語句を優先名称に付加する。

#26.1.6 その他の識別要素　任意追加
同一名称の他の個人に対する典拠形アクセス・ポイントと判別するために必要でなくても、判明する限りその他の識別要素を優先名称に付加する。

#26.2 異形アクセス・ポイントの構築
個人に対する異形アクセス・ポイントは、原則として、個人の優先名称または異形名称を基

第26章　個　人

礎として構築する。識別に重要な場合は、♯26.1.1〜♯26.1.6任意追加に従って、識別要素を付加する。

第 27 章
家　族

＃27　家族

＃27.0　通則

＃27.0.1　機能

＃27.1　典拠形アクセス・ポイントの構築

＃27.1.1　家族のタイプ

＃27.1.2　家族と結びつく日付

＃27.1.3　家族と結びつく場所

＃27.1.4　家族の著名な構成員

＃27.2　異形アクセス・ポイントの構築

#27.0 通則

#27 家族

#27.0 通則

#27.0.1 機能

家族に対する統制形アクセス・ポイントは、次の機能を備える。

a) 典拠形アクセス・ポイントおよび異形アクセス・ポイントを手がかりに、特定の家族を発見、識別できる。
　・複数の名称をもつ家族が存在するとき、その家族を識別できる。
　・家族が一般に知られている名称と異なる名称を使用しているとき、その関係を理解できる。
　・同一名称をもつ複数の家族が存在するとき、各家族を判別できる。
b) 典拠形アクセス・ポイントを手がかりに、次の資料を発見できる。
　① 特定の家族と関連する資料
　② 特定の家族を主題とする資料
c) 典拠形アクセス・ポイントを手がかりに、特定の家族と関連する他の個人・家族・団体を発見できる。

以上の機能を満たすため、特定の家族に対する典拠形アクセス・ポイントは、他の家族に対する典拠形アクセス・ポイントと明確に判別される必要がある。

異形アクセス・ポイントは、特定の家族を典拠形アクセス・ポイントとは異なる形から発見する手がかりとなる機能を備える。利用者が検索すると推測される形で構築する必要がある。

#27.1 典拠形アクセス・ポイントの構築

家族に対する典拠形アクセス・ポイントは、優先名称を基礎として構築する。
(参照：家族の優先名称については、#7.1を見よ。)

優先名称に、#27.1Aに従って、#27.1.1～#27.1.4で規定する識別要素を付加する。

#27.1A 識別要素の付加

優先名称に必要な識別要素を付加して、次の順に記録する。

a) 家族のタイプ（参照：#27.1.1を見よ。）
b) 家族と結びつく日付（参照：#27.1.2を見よ。）
c) 家族と結びつく場所（参照：#27.1.3を見よ。）
d) 家族の著名な構成員（参照：#27.1.4を見よ。）

家族のタイプおよび家族と結びつく日付は、同一名称の他の家族に対する典拠形アクセス・ポイントと判別するために必要でなくても、優先名称に付加する。

#27.1A 識別要素の付加　任意追加

#27.1Aa)～d)の識別要素のうち判明するものは、同一名称の他の家族に対する典拠形アクセス・ポイントと判別するために必要でなくても、優先名称にその順に付加する。

第27章　家　族

#27.1.1　家族のタイプ
　家族のタイプは、同一名称の他の家族に対する典拠形アクセス・ポイントと判別するために必要でなくても、優先名称の後に丸がっこに入れて付加する。
（参照：#7.3を見よ。）
　　　　　冷泉 || レイゼイ（家）
　　　　　愛新覚羅 || アイシンカクラ（氏）
　　　　　伏見宮 || フシミノミヤ（家）
　　　　　Heider（Family）

#27.1.2　家族と結びつく日付
　家族と結びつく日付は、同一名称の他の家族に対する典拠形アクセス・ポイントと判別するために必要でなくても、優先名称に付加する。
（参照：#7.4を見よ。）
　　　　　Mann（Family：1644-）

#27.1.3　家族と結びつく場所
　家族と結びつく場所は、同一名称の他の家族に対する典拠形アクセス・ポイントと判別するために必要な場合は、その名称を優先名称に付加する。
（参照：#7.5を見よ。）
　　　　　北条 || ホウジョウ（氏）（鎌倉）
　　　　　北条 || ホウジョウ（氏）（小田原）
　　　　　北条 || ホウジョウ（氏）（狭山藩）
　　　　　田中 || タナカ（家）（高山市）
　　　　　田中 || タナカ（家）（東京都世田谷区）
　　　　　田中 || タナカ（家）（徳島県石井町）

#27.1.3　家族と結びつく場所　任意追加
　家族と結びつく場所は、同一名称の他の家族に対するアクセス・ポイントと判別するために必要でなくても、判明する限り、その名称を優先名称に付加する。
　　　　　厚 || アツ（家）（美祢市）

#27.1.4　家族の著名な構成員
　家族の著名な構成員は、同一名称の他の家族に対する典拠形アクセス・ポイントと判別するために必要で、かつ家族と結びつく場所が付加できない場合は、その名称を優先名称に付加する。
（参照：#7.6を見よ。）
　　　　　森 || モリ（家）（森, 鴎外, 1862-1922）

#27.1.4　家族の著名な構成員　任意追加
　家族の著名な構成員は、同一名称の他の家族に対するアクセス・ポイントと判別するために

必要でなくても、判明する限り、その名称を優先名称に付加する。

＃27.2　異形アクセス・ポイントの構築

　家族に対する異形アクセス・ポイントは、原則として、家族の優先名称または異形名称を基礎として構築する。

　家族のタイプ（参照：＃27.1.1を見よ。）を、異形名称の後に丸がっこに入れて付加する。識別に重要な場合は、＃27.1.2～＃27.1.4任意追加に従って、識別要素を付加する。

　　　　Von Heiden（Family）
　　　　　（典拠形アクセス・ポイント：Heider（Family））

第28章
団 体

＃28　団体

＃28.0　通則

＃28.0.1　機能

＃28.1　典拠形アクセス・ポイントの構築

＃28.1.1　団体の種類

＃28.1.2　団体と結びつく場所

＃28.1.3　関係団体の名称

＃28.1.4　団体と結びつく日付

＃28.1.5　行政区分を表す語

＃28.1.6　その他の識別語句

＃28.1.7　会議、大会、集会等の回次、開催年、
　　　　　開催地、関係団体

＃28.2　異形アクセス・ポイントの構築

#28 団体

#28.0 通則

#28.0.1 機能

団体に対する統制形アクセス・ポイントは、次の機能を備える。

a) 典拠形アクセス・ポイントおよび異形アクセス・ポイントを手がかりに、特定の団体を発見、識別できる。
   - 複数の名称をもつ団体が存在するとき、その団体を識別できる。
   - 団体が一般に知られている名称と異なる名称を使用しているとき、その関係を理解できる。
   - 同一名称をもつ複数の団体が存在するとき、各団体を判別できる。

b) 典拠形アクセス・ポイントを手がかりに、次の資料を発見できる。
   ① 特定の団体と関連する資料
   ② 特定の団体を主題とする資料

c) 典拠形アクセス・ポイントを手がかりに、特定の団体と関連する他の個人・家族・団体を発見できる。

以上の機能を満たすため、特定の団体に対する典拠形アクセス・ポイントは、他の団体に対する典拠形アクセス・ポイントと明確に判別される必要がある。

異形アクセス・ポイントは、特定の団体を典拠形アクセス・ポイントとは異なる形から発見する手がかりとなる機能を備える。利用者が検索すると推測される形で構築する必要がある。

#28.1 典拠形アクセス・ポイントの構築

団体に対する典拠形アクセス・ポイントは、優先名称を基礎として構築する。

（参照：団体の優先名称については、#8.1を見よ。）

優先名称に、#28.1A、#28.1Bに従って、#28.1.1～#28.1.7で規定する識別要素を付加する。

#28.1A 識別要素の付加

同一名称の他の団体に対する典拠形アクセス・ポイントと判別するために必要な場合は、優先名称に必要な識別要素を付加して、次の順に記録する。

a) 団体の種類（参照：#28.1.1を見よ。）
b) 団体と結びつく場所（参照：#28.1.2を見よ。）
c) 関係団体の名称（参照：#28.1.3を見よ。）
d) 団体と結びつく日付（参照：#28.1.4を見よ。）
e) 行政区分を表す語（参照：#28.1.5を見よ。）
f) その他の識別語句（参照：#28.1.6を見よ。）

ただし、団体と結びつく場所よりも、関係団体の名称、団体と結びつく日付、その他の識別語句のいずれかが識別に適切な場合は、それを優先して優先名称に付加する。

第28章　団　体

　関係団体の名称が当該団体の名称と通常結びついている場合は、団体と結びつく場所よりも優先して、関係団体の名称を優先名称に付加する。

　複数の政府が（例えば、占領、内乱などによって）同一地域の主権を主張している場合は、団体と結びつく日付の前にその他の識別語句（政府のタイプを示す語句など）を付加する。
（参照：団体と結びつく日付については、＃28.1.4を見よ。その他の識別語句については、＃28.1.6を見よ。）

　会議、大会、集会等については、＃28.1.7に従って、識別要素を優先名称に付加する。

＃28.1 B　団体の名称であることが不明確な優先名称への付加

　団体の名称であることが不明確な優先名称には、同一名称の他の団体に対する典拠形アクセス・ポイントと判別するために必要でなくても、＃28.1.1に従って、団体の種類を付加する。

＃28.1.1　団体の種類

　同一名称（近似した名称を含む）の他の団体に対する典拠形アクセス・ポイントと判別するために必要な場合は、団体の種類を優先名称に付加する。
（参照：＃8.7.1を見よ。）

　　　　共同通信社 || キョウドウ ツウシンシャ（一般社団法人）
　　　　共同通信社 || キョウドウ ツウシンシャ（株式会社）
　　　　Zone（ゲーム制作会社）
　　　　ZONE（音楽グループ）
　　　　太陽 || タイヨウ（団体）
　　　　（優先名称：太陽 || タイヨウ。団体の種類：団体）
　　　　0047（Organization）
　　　　（優先名称：0047。団体の種類：Organization）

＃28.1.2　団体と結びつく場所

　同一名称（近似した名称を含む）の他の団体に対する典拠形アクセス・ポイントと判別するために必要な場合は、団体と結びつく場所を優先名称に付加する。
（参照：＃8.3を見よ。）

　　　　クレア（東京都中野区）
　　　　クレア（東京都千代田区）

　下部組織である支部・分会等が上位団体の活動を特定地域で遂行していて、かつ支部・分会等の名称に場所が含まれていない場合は、その場所を優先名称に付加する。

　　　　National Association of Letter Carriers (U.S.). Branch 36 (New York, N.Y.)

　宗教拠点の優先名称がその所在地を明確に表していない場合は、所在地または教区名等を優先名称に付加する。

　　　　八坂神社 || ヤサカ ジンジャ（京都市）

　ラジオ・テレビ局の優先名称がコール・サインのみまたは主としてコール・サインから成る

#28.1　典拠形アクセス・ポイントの構築

場合は、その局の所在地を優先名称に付加する。ラジオ・テレビ局の優先名称がコール・サインを主としていないものであっても地名を含まない場合は、所在地を優先名称に付加する。
エフエムナックファイブ || エフエム　ナック　ファイブ（ラジオ局：さいたま市）

　団体と結びつく場所の名称が団体の存続期間中に変化した場合は、最新の名称を優先名称に付加する。
（参照：#8.3.3.2、#8.3.3.2任意追加を見よ。）

　同一名称（近似した名称を含む）の他の団体と判別するために、結びつく場所よりも次のいずれかが適切である場合は、それを優先名称に付加する。

　a)　関係団体の名称（参照：#28.1.3を見よ。）
　b)　団体と結びつく日付（参照：#28.1.4を見よ。）
　c)　その他の識別語句（参照：#28.1.6を見よ。）

（参照：会議、大会、集会等の開催地の優先名称への付加については、#28.1.7を見よ。）

#28.1.2　団体と結びつく場所　任意追加

　同一名称（近似した名称を含む）の他の団体が存在しなくても、団体に対する典拠形アクセス・ポイントを識別するために役立つ場合は、団体と結びつく場所を優先名称に付加する。

#28.1.3　関係団体の名称

　同一名称（近似した名称を含む）の他の団体に対する典拠形アクセス・ポイントと判別するために必要な場合は、関係団体の名称を優先名称に付加する。
（参照：#8.4を見よ。）

　関係団体の名称が当該団体の名称と通常結びついている場合は、団体と結びつく場所（参照：#28.1.2を見よ。）よりも優先して、関係団体の名称を優先名称に付加する。
社会科教育研究会 || シャカイカ　キョウイク　ケンキュウカイ（東京学芸大学）
社会科教育研究会 || シャカイカ　キョウイク　ケンキュウカイ（東京教育大学．附属小学校）

#28.1.3　関係団体の名称　任意追加

　同一名称（近似した名称を含む）の他の団体が存在しなくても、団体に対する典拠形アクセス・ポイントを識別するために役立つ場合は、関係団体の名称を優先名称に付加する。

#28.1.4　団体と結びつく日付

　複数の団体に対する典拠形アクセス・ポイントを判別するために必要な場合は、団体と結びつく日付（設立年および（または）廃止年、いずれも不明なときは、団体の活動期間）を優先名称に付加する。
（参照：#8.5～#8.5.3.3を見よ。）
秋田県．総合食品研究所 || アキタケン．ソウゴウ　ショクヒン　ケンキュウジョ（1995-2006）
秋田県．総合食品研究所 || アキタケン．ソウゴウ　ショクヒン　ケンキュウジョ（2009-2010）

　複数の政府が（例えば、占領、内乱などによって）同一地域の主権を主張している場合は、

第 28 章　団　体

設立年および（または）廃止年の前に、#28.1.6 に従って、その他の識別要素（政府のタイプを示す語句など）を付加する。
（参照：会議、大会、集会等の開催年の優先名称への付加については、#28.1.7 を見よ。）

#28.1.4　団体と結びつく日付　任意追加
　団体に対する典拠形アクセス・ポイントを識別するために役立つ場合は、団体と結びつく日付を優先名称に付加する。

#28.1.5　行政区分を表す語
　行政団体では、同一名称（近似した名称を含む）の他の団体に対する典拠形アクセス・ポイントを判別するために必要な場合は、その行政区分を表す語（「State」、「City」など）を優先名称に付加する。市町村では付加せず、市町村以外の行政団体の優先名称に付加する。

　　　　Carlow (Ireland)
　　　　　（町の名称）
　　　　Carlow (Ireland : County)
　　　　　（州の名称）

　ただし、優先名称に行政区分を表す語を含む場合は、識別要素としては扱わない（例えば、優先名称「長野県」にはすでに行政区分を表す語「県」が含まれている）。
（参照：#8.7.2 を見よ。）

#28.1.6　その他の識別語句
　複数の団体に対する典拠形アクセス・ポイントを判別するために、#28.1.1 〜 #28.1.5 で規定された識別要素で不十分な場合、またはそれらを使用できない場合は、その他の識別語句を優先名称に付加する。

　　　　ワールドカップ || ワールド カップ (サッカー)
　　　　ワールドカップ || ワールド カップ (クリケット)

　同一名称（近似した名称を含む）で同一の場所にある複数の団体を判別するために必要な場合は、団体と結びつく場所の後に、その他の識別を可能とする情報を付加する。
　複数の政府が（例えば、占領、内乱などによって）同一地域の主権を主張している場合は、団体と結びつく日付の前に政府のタイプを示す語句などを付加する。
（参照：団体と結びつく日付については、#28.1.4 を見よ。）
（参照：#8.7.3 を見よ。）

　　　　Malaya (Territory under British Military Administration, 1945-1946)

#28.1.6　その他の識別語句　任意追加
　その団体の性質や目的を理解するために役立つ場合は、その他の役立つ情報を団体の優先名称に付加する。

#28.1.7　会議、大会、集会等の回次、開催年、開催地、関係団体

… #28.1　典拠形アクセス・ポイントの構築

　1回限り開催の会議、大会、集会等、連続開催の会議、大会、集会等のうちの特定の回次のもの、団体の下部組織として位置付けられた会議、大会、集会等に対しては、適用可能で容易に判明する場合は、会議、大会、集会等の優先名称に、次の順に識別要素を付加する。
　　a)　会議、大会、集会等の回次（参照：#8.6を見よ。）
　　b)　会議、大会、集会等の開催年（参照：#8.5.3.4、#28.1.4を見よ。）
　　c)　会議、大会、集会等の開催地（参照：#8.3.3.1、#28.1.2を見よ。）
　　　　　　オリンピック冬季競技大会 || オリンピック　トウキ　キョウギ　タイカイ（第18回：1998：長野県）
　　　　　　National Conference on Scientific and Technical Data（2nd：2000：Washington, D.C.）
　開催地より関係団体の名称の方が識別するために適切な場合、または開催地が不明であるか容易に確認できない場合は、開催地の代わりに関係団体の名称を用いる。
（参照：#28.1.3を見よ。）
　会議、大会、集会等がオンラインで開催された場合は、開催地の代わりに「オンライン」または「Online」を用いる。
　　　　　　Climate 2009（Conference）（2009：Online）
　一連の会議、大会、集会等に対する典拠形アクセス・ポイントに対しては、回次、開催年、開催地を優先名称に付加しない。
　　　　　　制御部門マルチシンポジウム || セイギョ　ブモン　マルチ　シンポジウム
　　　　　　大阪母親大会 || オオサカ　ハハオヤ　タイカイ
　同一名称（近似した名称を含む）の他の一連の会議、大会、集会等の典拠形アクセス・ポイントと判別するために必要な場合は、必要に応じて、#28.1.1～#28.1.6を適用する。
　　　　　　市民体育祭 || シミン　タイイクサイ（羽村市）
　　　　　　市民体育祭 || シミン　タイイクサイ（和光市）

#28.1.7.1　複数の開催地・関係団体
　会議、大会、集会等が複数の場所で開催された場合は、すべての開催地の名称を優先名称に付加する。
（参照：#8.3.3.1.1を見よ。）
　　　　　　オリンピック夏季競技大会 || オリンピック　カキ　キョウギ　タイカイ（第18回：1964：東京都；神奈川県；埼玉県；千葉県；長野県）
　開催地の代わりに関係団体の名称を用いる場合に、その会議、大会、集会等に複数の関係団体があるときは、すべての関係団体の名称を優先名称に付加する。

#28.1.7.1　複数の開催地・関係団体　別法
　＊会議、大会、集会等が複数の場所で開催された場合は、主な開催地の名称または開催地の上位の場所の名称を優先名称に付加する。

第28章 団 体

(参照:＃8.3.3.1.1別法を見よ。)

オリンピック夏季競技大会 || オリンピック カキ キョウギ タイカイ (第18回:1964:東京都)
(主な開催地の名称を優先名称に付加した例)

ワールドカップ || ワールド カップ (サッカー) (2002:日本;韓国)
(開催地の上位の場所の名称を優先名称に付加した例)

開催地の代わりに関係団体の名称を用いる場合に、その会議、大会、集会等に複数の関係団体があるときは、主な団体の名称を優先名称に付加する*。

＃28.2 異形アクセス・ポイントの構築

団体に対する異形アクセス・ポイントは、原則として、団体の優先名称または異形名称を基礎として構築する。識別に重要な場合は、＃28.1.1～＃28.1.7.1別法に従って、識別要素を付加する。

第3部
関　連

セクション6　関連総則

    第41章　関連総則　577

セクション7　資料に関する関連

    第42章　資料に関する基本的関連　581

    第43章　資料に関するその他の関連　593

    第44章　資料と個人・家族・団体との関連　605

    第45章　資料と主題との関連（保留）

セクション8　その他の関連

    第46章　個人・家族・団体の間の関連　621

    第47章　主題間の関連（保留）

第 41 章
関連総則

＃41 関連総則
＃41.1 記録の目的
＃41.2 記録の範囲
＃41.2.1 種類
＃41.2.2 コア・エレメント
＃41.3 情報源
＃41.4 記録の方法

#41　関連総則

#41.1　記録の目的

関連の記録の目的は、次のとおりである。
a) 次に該当する目録中のすべての資料を発見する。
　① 特定の著作・表現形・体現形に属する資料
　② 特定の個人・家族・団体と関連を有する資料
　③ 特定の主題に関する資料
b) 関連する実体を示すことにより、資料の識別・選択に寄与する。
c) 関連する実体を示すことにより、個人・家族・団体、主題の識別に寄与する。
d) 関連する実体を示すことにより、目録内外における各種実体に誘導する。

#41.2　記録の範囲

資料、個人・家族・団体、主題の間に存在する様々な関係性を、関連として記録する。

#41.2.1　種類

関連には、次の種類がある。
a) 資料に関する基本的関連（参照：#42を見よ。）
b) 資料に関するその他の関連（参照：#43を見よ。）
c) 資料と個人・家族・団体との関連（参照：#44を見よ。）
d) 資料と主題との関連（#45：保留）
e) 個人・家族・団体の間の関連（参照：#46を見よ。）
f) 主題間の関連（#47：保留）

#41.2.2　コア・エレメント

コア・エレメントについては、#0末尾の付表を見よ。

#41.3　情報源

関連に関する情報は、どの情報源に基づいて記録してもよい。ただし、資料と個人・家族・団体との関連は、#44.0.3に従う。

#41.4　記録の方法

関連先となる実体を識別できる情報を、次のうち一つ以上の方法によって記録する。
a) 識別子
b) 典拠形アクセス・ポイント
c) 複合記述（資料に関する基本的関連に限る）
　体現形の記述と、著作・表現形・個別資料の属性を組み合わせて記録した記述。
d) 構造記述（資料に関するその他の関連に限る）
　関連先の著作・表現形・体現形・個別資料を識別できるように、いくつかの属性を標準的な表示形式（ISBDなど）による順序で組み合わせて記録した記述。

第41章　関連総則

e)　非構造記述（資料に関するその他の関連に限る）
　　　関連先と関連の種類に関する情報を、標準的な表示形式（ISBDなど）に従わず、語句、文、パラグラフなどで記録した記述。

　資料に関する基本的関連を除き、関連の詳細を表すために、関連指示子を付加することができる。関連指示子は、付録＃C.1～＃C.5に列挙する用語から、データ作成機関が必要とする詳細度のものを記録する。適切な用語がない場合は、データ作成機関が関連の種類を示す簡略な用語を定めて記録する。ただし、非構造記述によって関連先情報を記録する場合は、関連指示子を付加しない。

　関連の種類によっては、必要に応じて関連の詳細を説明するエレメントを記録する。

第42章
資料に関する基本的関連

#42　資料に関する基本的関連

#42.0　通則

#42.0.1　記録の目的

#42.0.2　記録の範囲

#42.0.3　情報源

#42.0.4　記録の方法

<#42.1～#42.8　資料に関する各基本的関連>

#42.1　著作から表現形への関連

#42.1.0　通則

#42.1.1　記録の方法

#42.2　表現形から著作への関連

#42.2.0　通則

#42.2.1　記録の方法

#42.3　著作から体現形への関連

#42.3.0　通則

#42.3.1　記録の方法

#42.4　体現形から著作への関連

#42.4.0　通則

#42.4.1　記録の方法

#42.5　表現形から体現形への関連

#42.5.0　通則

#42.5.1　記録の方法

#42.6　体現形から表現形への関連

#42.6.0　通則

#42.6.1　記録の方法

#42.7　体現形から個別資料への関連

#42.7.0　通則

#42.7.1　記録の方法

#42.8　個別資料から体現形への関連

#42.8.0　通則

#42.8.1　記録の方法

#42 資料に関する基本的関連

#42.0 通則

#42.0.1 記録の目的
資料に関する基本的関連の記録の目的は、次のとおりである。
a) 特定の著作・表現形を具体化したすべての体現形を発見する。
b) 特定の体現形を例示したすべての個別資料を発見する。

#42.0.2 記録の範囲
資料に関する基本的関連とは、資料の著作・表現形・体現形・個別資料の間における、具現化およびその逆の一連の構造を表現する関連である。

なお、ある著作・表現形・体現形・個別資料が、他の著作・表現形・体現形・個別資料に対して有する、派生、参照、全体・部分、付属・付加、連続、等価の関連については、#43に従って、資料に関するその他の関連として記録する。

#42.0.2.1 エレメント
資料に関する基本的関連には、次のエレメントがある。
a) 著作から表現形への関連（参照：#42.1を見よ。）
b) 表現形から著作への関連（参照：#42.2を見よ。）
c) 著作から体現形への関連（参照：#42.3を見よ。）
d) 体現形から著作への関連（参照：#42.4を見よ。）
e) 表現形から体現形への関連（参照：#42.5を見よ。）
f) 体現形から表現形への関連（参照：#42.6を見よ。）
g) 体現形から個別資料への関連（参照：#42.7を見よ。）
h) 個別資料から体現形への関連（参照：#42.8を見よ。）

体現形とそれが属する著作は、必ず関連づける。このため、上記のうち次のいずれかをコア・エレメントとする。

① f）およびb）
　　複数の表現形が一つの体現形として具体化された場合は、顕著なものまたは最初に表示される、体現形から表現形への関連およびその表現形から著作への関連をコア・エレメントとする。

② d）のみ
　　複数の著作が一つの体現形として具体化された場合は、顕著なものまたは最初に表示される、体現形から著作への関連のみをコア・エレメントとする。

#42.0.3 情報源
資料に関する基本的関連は、どの情報源に基づいて記録してもよい。

#42.0.4 記録の方法

第42章　資料に関する基本的関連

関連先情報を用いて関連を記録する。関連指示子は使用しない。

#42.0.4.1　関連先情報

関連先となる著作・表現形・体現形・個別資料を識別できる情報を、次のうち一つ以上の方法によって記録する。

a)　識別子
b)　典拠形アクセス・ポイント
c)　複合記述

#42.0.4.1A　識別子による記録

関連先の著作・表現形・体現形・個別資料に付与された識別子を記録する。

各実体の識別子については、次を参照。

a)　著作の識別子（参照：#4.9を見よ。）
b)　表現形の識別子（参照：#5.5を見よ。）
c)　体現形の識別子（参照：#2.34を見よ。）
d)　個別資料の識別子（参照：#3.5を見よ。）

#42.0.4.1B　典拠形アクセス・ポイントによる記録

関連先の著作・表現形・体現形・個別資料に対する典拠形アクセス・ポイントを記録する。
（参照：典拠形アクセス・ポイントの構築については、#22～#25を見よ。ただし、#24～#25は保留。）

#42.0.4.1C　複合記述による記録

関連先の著作・表現形・体現形・個別資料を識別できるように、体現形の記述と、著作・表現形・個別資料の属性を組み合わせて記録する。

＜#42.1～#42.8　資料に関する各基本的関連＞

#42.1　著作から表現形への関連

著作から表現形への関連は、エレメントである。

#42.1.0　通則

著作は、一つ以上の表現形によって実現される。その著作を実現した表現形を、関連先の情報として記録する。

著作から表現形への関連を記録する場合は、その著作から体現形への関連は記録しない。

#42.1.1　記録の方法

関連先となる表現形を識別できる情報を、次のうち一つ以上の方法によって記録する。

a)　識別子
b)　典拠形アクセス・ポイント
c)　複合記述

（参照：#42.0.4.1を見よ。）

#42.2 表現形から著作への関連

＜識別子＞
　　VIAF ID：307926008
　　（湯川秀樹「目に見えないもの」の韓国語訳の、VIAF（バーチャル国際典拠ファイル）における表現形の識別子）
　　（関連元：湯川，秀樹，1907-1981. 目に見えないもの）

＜典拠形アクセス・ポイント＞
　　川端，康成，1899-1972. 伊豆の踊子. 話声
　　（著作に対する典拠形アクセス・ポイントに表現種別を付加して構築した、表現形に対する典拠形アクセス・ポイント）
　　（関連元：川端，康成，1899-1972. 伊豆の踊子）
　　Kalevala. Spoken word
　　（著作に対する典拠形アクセス・ポイントに表現種別を付加して構築した、表現形に対する典拠形アクセス・ポイント）
　　（関連元：Kalevala）
　　夏目，漱石，1867-1916. 吾輩は猫である. 英語
　　（著作に対する典拠形アクセス・ポイントに表現形の言語を付加して構築した、表現形に対する典拠形アクセス・ポイント）
　　（関連元：夏目，漱石，1867-1916. 吾輩は猫である）

＜複合記述＞
　　Telemann, Georg Philipp, 1681-1767. Fantaisies, flute, TWV 40: 2-13. Selections; arranged
　　6つの幻想曲 / G.Ph. テレマン ；［フランス・ブリュッヘン編］. — 東京： 全音楽譜出版社，［1975?］. — 原曲はフルート；リコーダー用に短三度高く移調
　　（音楽作品の内容の演奏手段を、体現形の記述と組み合わせたもの）

#42.2 表現形から著作への関連

　表現形から著作への関連は、エレメントである。
　表現形から著作への関連は、体現形から著作への関連を記録しない場合は、コア・エレメントである。

#42.2.0 通則

　表現形は、常に一つの著作を実現する。その表現形が実現した著作を、関連先の情報として記録する。

#42.2.1 記録の方法

　関連先となる著作を識別できる情報を、次のうち一つ以上の方法によって記録する。
　a） 識別子
　b） 典拠形アクセス・ポイント
　c） 複合記述

（参照：#42.0.4.1を見よ。）

第 42 章　資料に関する基本的関連

　　　＜識別子＞
　　　　　　国立国会図書館典拠 ID：00646236
　　　　　　（「平家物語」の著作の識別子）
　　　　　　（関連元：平家物語．ロシア語）
　　　　　　ISWC：T-010.190.038-2
　　　　　　（"Mozart's Eine kleine Nachtmusik" の国際標準音楽作品識別子）
　　　　　　（関連元：Mozart, Wolfgang Amadeus, 1756-1791. Eine kleine Nachtmusik; arranged）
　　　＜典拠形アクセス・ポイント＞
　　　　　　紫式部，平安中期．源氏物語
　　　　　　（関連元：紫式部，平安中期．源氏物語．英語）
　　　　　　Kalevala
　　　　　　（関連元：Kalevala. Spoken word）
　　　＜複合記述＞
　　　　　　20 世紀 / アルベール・ロビダ著；朝比奈弘治訳． ― 東京： 朝日出版社，2007． ― 原タイトル：Le vingtième siècle
　　　　　　（著作の原タイトルを、体現形の記述と組み合わせたもの）

＃42.3　著作から体現形への関連
　著作から体現形への関連は、エレメントである。

＃42.3.0　通則
　著作は、一つ以上の体現形によって具体化される。その著作を具体化した体現形を、関連先の情報として記録する。
　著作から体現形への関連は、著作を実現した表現形を特定せずに、著作と体現形を直接に関連づける場合に記録する。この関連を記録する場合は、その著作から表現形への関連は記録しない。

＃42.3.1　記録の方法
　関連先となる体現形を識別できる情報を、次のうち一つ以上の方法によって記録する。
　　a）　識別子
　　b）　典拠形アクセス・ポイント（＃24：保留）
　　c）　複合記述
（参照：＃42.0.4.1 を見よ。）

　　　＜識別子＞
　　　　　　ISSN 1881-4190
　　　　　　（「電気学会誌」のオンライン版の ISSN）
　　　　　　（関連元：電気学会誌）
　　　　　　ISBN 978-4-86596-030-3
　　　　　　（水上勉「越前竹人形」の大活字版の ISBN）

(関連元:水上,勉,1919-2004.越前竹人形)

DVDの発売番号:DABA-0519(角川映画)

(映画「羅生門」のDVDの発売番号)

(関連元:羅生門(映画))

<複合記述>

Exhibiting Japan:gender and national identity at the World's Columbian Exposition of 1893 / by Lisa Kaye Langlois. — Ann Arbor, MI:UMI, © 2004. — Thesis(doctoral)— University of Michigan, 2004

(著作の学位論文情報を、体現形の記述と組み合わせたもの)

#42.4 体現形から著作への関連

体現形から著作への関連は、エレメントである。

体現形から著作への関連は、体現形で具体化された表現形を特定しない場合は、コア・エレメントである。複数の著作が一つの体現形として具体化された場合は、顕著なものまたは最初に表示されるもののみ、コア・エレメントである。

#42.4.0 通則

体現形は、一つ以上の著作を具体化する。その体現形が具体化した著作を、関連先の情報として記録する。体現形の構成部分として具体化された著作も記録することができる。

体現形から著作への関連は、体現形で具体化された表現形を特定せずに、体現形と著作を直接に関連づける場合に記録する。この関連を記録する場合は、その体現形から表現形への関連は記録しない。

#42.4.1 記録の方法

関連先となる著作を識別できる情報を、次のうち一つ以上の方法によって記録する。

a) 識別子

b) 典拠形アクセス・ポイント

c) 複合記述

(参照:#42.0.4.1を見よ。)

<識別子>

VIAF ID:9059151838001820520008

(宮沢俊義「憲法」の著作の識別子)

(関連元:憲法 / 宮沢俊義著. — 東京:勁草書房,1951)

<典拠形アクセス・ポイント>

崖の上のポニョ(映画)

(関連元:崖の上のポニョ / 宮崎駿原作・脚本・監督. — [東京]:ウォルトディズニースタジオホームエンターテイメント,[2009])

樋口,一葉,1872-1896.たけくらべ

(関連元:たけくらべ / 樋口一葉著. — 東京:集英社,1993)

第 42 章　資料に関する基本的関連

Brahms, Johannes, 1833-1897. Concertos, piano, orchestra, no. 1, op. 15, D minor
（関連元：ピアノ協奏曲第 1 番 / ブラームス；サイモン・ラトル指揮；クリスティアン・ツィマーマン，ベルリン・フィルハーモニー管弦楽団. ー［東京］：ユニバーサルミュージック，2005）

＜複合記述＞

Gon, the little fox / written by Nankichi Niimi ; illustrated by Genjirou Mita ; translation by Mariko Shii Gharbi. — New York, NY：Museyon Inc., [2015]. — Original title：Gongitsune
（著作の原タイトルを、体現形の記述と組み合わせたもの）

＃42.5　表現形から体現形への関連

表現形から体現形への関連は、エレメントである。

＃42.5.0　通則

表現形は、一つ以上の体現形によって具体化される。その表現形を具体化した体現形を、関連先の情報として記録する。

＃42.5.1　記録の方法

関連先となる体現形を識別できる情報を、次のうち一つ以上の方法によって記録する。

a)　識別子
b)　典拠形アクセス・ポイント（＃24：保留）
c)　複合記述

（参照：＃42.0.4.1 を見よ。）

＜識別子＞

ISBN 978-4-309-41261-0
（「竹取物語」の川端康成による現代語訳の、2013 年刊行図書の ISBN）
（関連元：竹取物語. 現代語（川端康成））

ISBN 978-4-8053-1141-7
（夏目漱石「それから」の英語訳の、2012 年刊行図書の ISBN）
（関連元：夏目, 漱石, 1867-1916. それから. 英語）

ISBN 978-4-10-830248-8
（林芙美子「放浪記」を朗読した、録音資料の ISBN）
（関連元：林, 芙美子, 1904-1951. 放浪記. 話声）

ウォルト・ディズニー・スタジオ・ジャパン：VWAS-5331
（映画「アナと雪の女王」のオリジナルの英語音声を日本語に吹替えた、Blu-ray ディスクの発売番号）
（関連元：アナと雪の女王（映画）. 日本語）

国立国会図書館書誌 ID：027444265
（キプリング「ジャングル・ブック」の岡田好惠による日本語訳の、2016 年刊行図書の体現形の識別子）
（関連元：Kipling, Rudyard, 1865-1936. Jungle book. 日本語（岡田好惠））

＜複合記述＞
　　　Monopolies, cartels and trusts in British industry / by Hermann Levy. — London：Macmillan, 1927. — Translation of：Monopole, Kartelle und Trusts. First English edition under title：Monopoly and competition
　　　（表現形に関する異形タイトルを、体現形の記述と組み合わせたもの）

#42.6　体現形から表現形への関連

　体現形から表現形への関連は、エレメントである。
　体現形から表現形への関連は、体現形で具体化された著作を直接特定しない場合は、コア・エレメントである。複数の表現形が一つの体現形として具体化された場合は、顕著なものまたは最初に表示されるもののみ、コア・エレメントである。

#42.6.0　通則

　体現形は、一つ以上の表現形を具体化する。その体現形が具体化した表現形を、関連先の情報として記録する。体現形の構成部分として具体化された表現形も記録することができる。
　この関連を記録する場合は、その体現形から著作への関連は記録しない。

#42.6.1　記録の方法

　関連先となる表現形を識別できる情報を、次のうち一つ以上の方法によって記録する。
　a）　識別子
　b）　典拠形アクセス・ポイント
　c）　複合記述
（参照：#42.0.4.1を見よ。）

　　＜識別子＞
　　　　VIAF ID：311853941
　　　　（太宰治「人間失格」の表現形の一つである、ドナルド・キーンによる英語訳の識別子）
　　　　（関連元：No longer human / Osamu Dazai ; translated by Donald Keene. — Tokyo：Tuttle Publishing, [1958]）

　　＜典拠形アクセス・ポイント＞
　　　　林, 芙美子, 1904-1951. 放浪記. 話声
　　　　（著作に対する典拠形アクセス・ポイントに表現種別を付加して構築した、表現形に対する典拠形アクセス・ポイント）
　　　　（関連元：放浪記 / 林芙美子 ; 朗読・藤田弓子. — 東京：新潮社, 2011）
　　　　地獄の黙示録（映画：特別完全版）
　　　　（著作に対する典拠形アクセス・ポイントに、表現形のその他の特性を表す語を付加して構築した、表現形に対する典拠形アクセス・ポイント。優先タイトルの言語を日本語とする別法を適用した例）
　　　　（関連元：地獄の黙示録：特別完全版 / フランシス・F・コッポラ製作・監督・脚本・音楽 ; ジョン・ミリアス脚本. — [東京]：ジェネオン・エンタテインメント, 2002）

第 42 章　資料に関する基本的関連

　　　　　ベートーヴェン，ルートヴィヒ ヴァン，1770-1827. 交響曲，第 9 番，op. 125, ニ短調；編曲
　　　　　（音楽作品に対する典拠形アクセス・ポイントに表現形の用語を付加して構築した、表現形
　　　　　に対する典拠形アクセス・ポイント。優先名称と優先タイトルの言語を日本語とする別法
　　　　　を適用した例）
　　　　　（関連元：交響曲第 9 番 / ベートーヴェン；リスト編曲；後藤泉 ピアノ. — Yokohama： マ
　　　　　イスター・ミュージック，2013）

　　＜複合記述＞

　　　　　組曲「惑星」/ ホルスト［作曲］；大友直人指揮；東京交響楽団，東響コーラス［演奏］. —
　　　　　Tokyo： King Record, 2013. — 収録：2013 年 9 月 サントリーホール（東京）. — キング：
　　　　　KICC-1120
　　　　　（表現形の収録の日付・場所を、体現形の記述と組み合わせたもの）

42.7　体現形から個別資料への関連

　体現形から個別資料への関連は、エレメントである。

42.7.0　通則

　体現形は、一つ以上の個別資料によって例示される。その体現形を例示した個別資料を、関連先の情報として記録する。

42.7.1　記録の方法

　関連先となる個別資料を識別できる情報を、次のうち一つ以上の方法によって記録する。

a)　識別子

b)　典拠形アクセス・ポイント（# 25：保留）

c)　複合記述

（参照：# 42.0.4.1 を見よ。）

　　＜識別子＞

　　　　　国立国会図書館資料貼付 ID：1200700731590
　　　　　（中島敦「山月記・名人伝・牛人」の朗読を録音した CD について、国立国会図書館の所蔵資
　　　　　料に付与された ID）
　　　　　（関連元：山月記・名人伝・牛人 / 中島敦；江守徹 朗読. — 東京：新潮社，1988）

　　＜複合記述＞

　　　　　風の箱 / 芳野太一銅版画・摺り. — 東京：77 ギャラリー，1997. — 限定 30 部のうちの 4 番
　　　　　（個別資料の情報を、体現形の記述と組み合わせたもの）
　　　　　Finesta nel cobalt blu. — Firenze： Morgana Edizioni, 2000. — Limited edition of 50 copies,
　　　　　NDL copy no. 11
　　　　　（個別資料の情報を、体現形の記述と組み合わせたもの）

42.8　個別資料から体現形への関連

　個別資料から体現形への関連は、エレメントである。

42.8.0　通則

#42.8　個別資料から体現形への関連

　個別資料は、通常は一つの体現形を例示する。ただし、合冊製本等では、個別資料の構成部分がそれぞれ別の体現形への関連を有することがある。
　その個別資料が例示した体現形を、関連先の情報として記録する。

#42.8.1　記録の方法
　関連先となる体現形を識別できる情報を、次のうち一つ以上の方法によって記録する。
　a）　識別子
　b）　典拠形アクセス・ポイント（#24：保留）
　c）　複合記述
（参照：#42.0.4.1を見よ。）

　　＜識別子＞
　　　　国立国会図書館書誌ID：000003146344
　　　　（Lawrence M. Lande, "John Law, the French régime and the beginning of exploration, trade and paper money in North America" の、1985年限定版刊行の識別子）
　　　　（関連元：国立国会図書館の資料貼付ID：87Y08935をもつ個別資料）

　　＜複合記述＞
　　　　Catalogus librorum qui in bibliopolio Danielis Elsevirij venales extant. — Amstelodami：Apud Danielem Elsevirium, 1675. — Provenance：formerly owned by James de Rothchild, Alphonse Willems
　　　　（個別資料の管理履歴を、体現形の記述と組み合わせたもの）

第43章
資料に関するその他の関連

＃43　資料に関するその他の関連
＃43.0　通則
＃43.0.1　記録の目的
＃43.0.2　記録の範囲
＃43.0.3　情報源
＃43.0.4　記録の方法
＃43.0.5　関連指示子
＜＃43.1～＃43.4　資料に関するその他の各関連＞
＃43.1　著作間の関連
＃43.1.0　通則
＃43.1.1　記録の方法
＃43.1.2　部分の順序表示
＃43.1.3　関連に関する説明
＃43.2　表現形間の関連
＃43.2.0　通則
＃43.2.1　記録の方法
＃43.2.2　関連に関する説明
＃43.3　体現形間の関連
＃43.3.0　通則
＃43.3.1　記録の方法
＃43.4　個別資料間の関連
＃43.4.0　通則
＃43.4.1　記録の方法
＜＃43.5～＃43.6　管理要素＞
＃43.5　出典
＃43.6　データ作成者の注記

#43 資料に関するその他の関連

#43.0 通則

#43.0.1 記録の目的

資料に関するその他の関連の記録の目的は、次のとおりである。
a) 関連する実体を示すことにより、資料の識別・選択に寄与する。
b) 関連する実体を示すことにより、他の資料に誘導する。

#43.0.2 記録の範囲

資料に関するその他の関連とは、ある著作・表現形・体現形・個別資料が、他の著作・表現形・体現形・個別資料に対して有する、派生、参照、全体・部分、付属・付加、連続、等価の関係を表現する関連である。

なお、資料の著作・表現形・体現形・個別資料の間における、具現化およびその逆の一連の構造を表現する関連については、#42に従って、資料に関する基本的関連として記録する。

#43.0.2.1 エレメント

資料に関するその他の関連には、次のエレメントがある。
a) 著作間の関連(参照:#43.1を見よ。)
b) 表現形間の関連(参照:#43.2を見よ。)
c) 体現形間の関連(参照:#43.3を見よ。)
d) 個別資料間の関連(参照:#43.4を見よ。)

#43.0.3 情報源

資料に関するその他の関連は、どの情報源に基づいて記録してもよい。

#43.0.4 記録の方法

関連先情報、または関連先情報と関連指示子を用いて、関連を記録する。

必要に応じて、関連に関する説明、部分の順序表示、管理要素を記録する。

#43.0.4.1 関連先情報

関連先となる著作・表現形・体現形・個別資料を識別できる情報を、次のうち一つ以上の方法によって記録する。
a) 識別子
b) 典拠形アクセス・ポイント
c) 構造記述
d) 非構造記述

#43.0.4.1A 識別子による記録

関連先の著作・表現形・体現形・個別資料に付与された識別子を記録する。

各実体の識別子については、次を参照。
a) 著作の識別子(参照:#4.9を見よ。)

第43章　資料に関するその他の関連

  b)　表現形の識別子（参照：＃5.5を見よ。）
  c)　体現形の識別子（参照：＃2.34を見よ。）
  d)　個別資料の識別子（参照：＃3.5を見よ。）

＃43.0.4.1B　典拠形アクセス・ポイントによる記録

　関連先の著作・表現形・体現形・個別資料に対する典拠形アクセス・ポイントを記録する。（参照：典拠形アクセス・ポイントの構築については、＃22～＃25を見よ。ただし、＃24～＃25は保留。）

＃43.0.4.1C　構造記述による記録

　関連先の著作・表現形・体現形・個別資料を識別できるように、いくつかの属性を標準的な表示形式（ISBDなど）による順序で組み合わせて記録する。

＃43.0.4.1D　非構造記述による記録

　関連先と関連の種類に関する情報を、標準的な表示形式（ISBDなど）に従わず、語句、文、パラグラフなどで記録する。

＃43.0.5　関連指示子

　資料に関するその他の関連の詳細を表すために必要な場合は、関連先の著作・表現形・体現形・個別資料の識別子、典拠形アクセス・ポイントおよび（または）構造記述に、関連指示子を付加する。

　関連先情報の記録に非構造記述を用いた場合は、関連指示子を付加しない。

　関連指示子は、付録＃C.1に列挙する用語から、データ作成機関が必要とする詳細度のものを記録する。適切な用語がない場合は、データ作成機関が関連の種類を示す簡略な用語を定めて記録する。

＜＃43.1～＃43.4　資料に関するその他の各関連＞

＃43.1　著作間の関連

　著作間の関連は、エレメントである。

＃43.1.0　通則

　著作と著作との関連を記録する。

　著作間の関連には、次のものがある。

  a)　派生の関連
  b)　参照の関連
  c)　全体・部分の関連
  d)　付属・付加の関連
  e)　連続の関連

＃43.1.1　記録の方法

　関連先となる著作を識別できる情報を、次のうち一つ以上の方法によって記録する。

#43.1 著作間の関連

a) 識別子
b) 典拠形アクセス・ポイント
c) 構造記述
d) 非構造記述

(参照：#43.0.4.1 を見よ。)

＜識別子＞

自由訳の対象（著作）：国立国会図書館典拠ID：00627759
（貝原益軒「養生訓」に対する国立国会図書館の典拠ID）
（関連元：工藤, 美代子. 自由訳・養生訓）

漫画化の原作（著作）：http://id.ndl.go.jp/auth/ndlna/00633493
（紫式部「源氏物語」に対する国立国会図書館の典拠データのURI）
（関連元：大和, 和紀. あさきゆめみし）

＜典拠形アクセス・ポイント＞

脚本化の原作（著作）：野坂, 昭如, 1930-2015. 火垂るの墓
（関連元：高畑, 勲. 火垂るの墓）

パロディの原作（著作）：小松, 左京, 1931-2011. 日本沈没
（関連元：筒井, 康隆. 日本以外全部沈没）

自由訳の対象（著作）：橘, 曙覧, 1812-1868. 独楽吟
（関連元：新井, 満. 樂しみは）

その著作を記念した著作：宮崎県. 古事記編さん 1300 年
（関連元：古事記）

上位のシリーズ：講談社現代新書
（関連元：新書東洋史）

上位（著作）：中央公論
（関連元：特集 大学の耐えられない軽さ）

Cadenza composed for (work)：Mozart, Wolfgang Amadeus, 1756-1791. Concertos, piano, orchestra, K. 466, D minor. Rondo
（関連元：Previn, André, 1929-. Cadenza to Mozart's Piano concerto in D minor, KV. 466, 3rd movement）

吸収前（著作）：神経研究の進歩
（関連元：Brain and nerve）

＜構造記述＞

シリーズ：アジア経済研究所叢書
（関連元：中東・中央アジア諸国における権力構造：したたかな国家・翻弄される社会 / 酒井啓子・青山弘之編（「アジア経済研究所叢書」の中の一つの著作））

継続後（著作）：Toyama medical journal / 富山大学医学会編
（関連元：富山大学医学会誌）

＜非構造記述＞

第 43 章　資料に関するその他の関連

「新選組史料集」（新人物往来社 1993 年刊）と「新選組史料集 続」（新人物往来社 2006 年刊）の改題・合本・加筆・再編集
（関連元: 新選組史料大全）

＃43.1.2　部分の順序表示

部分の順序表示は、エレメントである。

部分の順序表示とは、上位の著作内における部分を排列する表示である。

部分の順序表示には、次のものがある。

a)　数字・文字・その他の記号またはこれらの組み合わせ。巻号を表す語を伴うことがある。

b)　年月次表示

部分の順序表示は、情報源に表示されているとおりに記録する。ただし、数字は＃1.11.6 に従って、アラビア数字で記録する。付録＃A.3 に従って、略語を使用する。

＃43.1.3　関連に関する説明

関連に関する説明は、エレメントである。

必要に応じて、関連に関する説明を記録する。

> 三島, 由紀夫, 1925-1970. 豊饒の海
> 　　この著作の部分については、以下を見よ
> 　　春の雪
> 　　奔馬
> 　　暁の寺
> 　　天人五衰

＃43.2　表現形間の関連

表現形間の関連は、エレメントである。

＃43.2.0　通則

表現形と表現形との関連を記録する。表現形と別の著作との関連は、著作間の関連として扱う。

（参照：＃43.1.0 を見よ。）

表現形間の関連には、次のものがある。

a)　派生の関連

b)　参照の関連

c)　全体・部分の関連

d)　付属・付加の関連

e)　連続の関連

＃43.2.1　記録の方法

関連先となる表現形を識別できる情報を、次のうち一つ以上の方法によって記録する。

a)　識別子

#43.2　表現形間の関連

b)　典拠形アクセス・ポイント
c)　構造記述
d)　非構造記述

（参照：#43.0.4.1を見よ。）

<識別子>

　　翻訳：Library of Congress control number：no 45029807
　　　（イタリア語訳「源氏物語」に対する米国議会図書館の識別子）
　　　（関連元：源氏物語）

<典拠形アクセス・ポイント>

　　翻訳の対象：Carroll, Lewis, 1832-1898. Alice's adventures in Wonderland.　英語
　　　（関連元：Carroll, Lewis, 1832-1898. Alice's adventures in Wonderland.　日本語）
　　翻訳：Salinger, Jerome David, 1919-2010. The catcher in the rye.　日本語
　　　（関連元：Salinger, Jerome David, 1919-2010. The catcher in the rye.　英語）

<構造記述>

　　改訂の対象：映画ジャンル論：ハリウッド的快楽のスタイル / 加藤幹郎著. ― 東京：平凡社,
　　　1996
　　　（関連元：加藤, 幹郎. 映画ジャンル論（2016））
　　改訂：新潮世界文学辞典. ― 東京：新潮社, 1990.4
　　　（関連元：新潮世界文学小辞典. ― 東京：新潮社, 1966.5）

<非構造記述>

　　平凡社1996年刊の増補改訂版
　　　（関連元：加藤, 幹郎. 映画ジャンル論（2016））

#43.2.2　関連に関する説明

関連に関する説明は、エレメントである。

必要に応じて、関連に関する説明を記録する。

#43.3　体現形間の関連

体現形間の関連は、エレメントである。

#43.3.0　通則

体現形と体現形との関連を記録する。体現形と別の体現形の個別資料との関連は、個別資料間の関連として扱う。

（参照：#43.4.0を見よ。）

体現形間の関連には、次のものがある。

a)　等価の関連
b)　参照の関連
c)　全体・部分の関連

第43章　資料に関するその他の関連

　　書誌階層構造における上位書誌レベル、下位書誌レベルの情報は、全体・部分の関連として記録する。
　（参照：＃1.5.1を見よ。）
　d)　付属・付加の関連

＃43.3.1　記録の方法
関連先となる体現形を識別できる情報を、次のうち一つ以上の方法によって記録する。
　a)　識別子
　b)　典拠形アクセス・ポイント（＃24：保留）
　c)　構造記述
　d)　非構造記述
（参照：＃43.0.4.1を見よ。）

　　＜識別子＞
　　　　復刻（体現形）：ISBN 978-4-09-138400-3
　　　　　（関連元：ポーの一族．1 / 萩尾望都著．― ［東京］：小学館，1974）
　　　　上位（体現形）：ISBN 978-4-535-06502-4
　　　　　（「夫婦 / 川井健［ほか］編集．― 東京：日本評論社，1991」のISBN）
　　　　　（関連元：夫婦の法の課題 / 利谷信義．― p 3-14）
　　　　下位（体現形）：DOI 10.1016/j.cell. 2007.11.019
　　　　　（論文 "Induction of pluripotent stem cells from adult human fibroblasts by defined factors" の
　　　　　　DOI（デジタル・オブジェクト識別子））
　　　　　（関連元：Cell. ― Volume 131, Issue 5）
　　　　Special issue of：ISSN 0017-8136
　　　　　（Harvard Library Bulletin の ISSN）
　　　　　（関連元：First supplement to James E. Walsh's Catalogue of the fifteenth-century printed books
　　　　　　in the Harvard University Library / David R. Whitesell. ― ［Cambridge］：Houghton Library of
　　　　　　the Harvard College Library, 2006）

　　＜構造記述＞
　　　　異版：図解ギリシア神話 / 松村一男監修．― 東京：西東社，2011
　　　　　（関連元：もう一度学びたいギリシア神話 / 松村一男監修．― 東京：西東社，2007）
　　　　上位（体現形）：アジア経済研究所叢書．― 東京：岩波書店，2005-
　　　　　（関連元：中東・中央アジア諸国における権力構造：したたかな国家・翻弄される社会 / 酒
　　　　　　井啓子・青山弘之編（「アジア経済研究所叢書」の中の単行資料1巻））
　　　　上位（体現形）：中東・中央アジア諸国における権力構造：したたかな国家・翻弄される社
　　　　　会 / 酒井啓子・青山弘之編．― 東京：岩波書店，2005.3．―（アジア経済研究所叢書；1）
　　　　　（関連元：エジプトにおける議会家族の系譜 / 鈴木恵美．― p 71-109（「アジア経済研究叢
　　　　　　書」の中の単行資料1巻の構成部分））
　　　　上位（体現形）：大阪府立図書館紀要 / 大阪府立中之島図書館，大阪府立中央図書館編．― 第

#43.3 体現形間の関連

45号（2017年3月）
（関連元：大阪府立中央図書館の20年 / 吉川逸子． ― p 54-69）
上位（体現形）：読売新聞． ― 2015年6月23日
（関連元：高校ビブリオバトル2015開幕目前座談会． ― p 29（読売新聞2015年6月23日号の構成部分））
上位（体現形）：夫婦 / 川井健［ほか］編集． ― 東京：日本評論社，1991
（関連元：夫婦の法の課題 / 利谷信義． ― p 3-14）
上位（体現形）：中央公論
（関連元：大学再生には、今一度の「一九四五年」体験を！（「特集 大学の耐えられない軽さ」の中の1記事））
上位（体現形）：特集 ウェブ検索時代の目録． ― （図書館雑誌103巻6号）
（関連元：Webの時代における書誌ユーティリティの現状と今後 / 佐藤義則． ― p 380-383）
下位（体現形）：模倣・創造・書記行為：ニーチェの文体と孤独 / 井戸田総一郎
下位（体現形）：擬きとかぎろいの星座：タルド、カイヨワからデリダへ / 合田正人
下位（体現形）：森鷗外と近代的表現へのアクチュアルな〈問い〉：伝承と自由と、あるいは、ミメーシスとポイエーシスと / 大石直記
（関連元：模倣と創造：哲学と文学のあいだで / 井戸田総一郎，大石直記，合田正人 ― 東京：書肆心水，2017.3（上記3編を構成部分とする単行資料））
下位（体現形）：時代区分論 / 岸本美緒．地域区分論 / 古田元夫．世界史と日本史の可能性 / 山内昌之．社会史の視野 / 福井憲彦．自然環境と歴史学 / 川北稔．ソーシャル・サイエンス・ヒストリィと歴史人口学 / 斎藤修．ジェンダーとセクシュアリティ / 本村凌二．歴史の叙法 / 鶴間和幸．史料とはなにか / 杉山正明．コンピュータと歴史家 / 斎藤修．歴史の知とアイデンティティ / 樺山紘一
（関連元：世界史へのアプローチ． ― 東京：岩波書店，1998.4． ― （岩波講座世界歴史；1））
下位（体現形）：伊豆の踊子．温泉宿．抒情歌．禽獣
（関連元：伊豆の踊子 / 川端康成． ― 東京：新潮社，2003.5． ― （新潮文庫；115 か-1-2））
下位（体現形）：図書館情報学基礎 / 根本彰編
下位（体現形）：情報資源の組織化と提供 / 根本彰，岸田和明編
下位（体現形）：情報資源の社会制度と経営 / 根本彰編
（関連元：シリーズ図書館情報学． ― 東京：東京大学出版会）
Accompanied by (manifestation)：Gil y Carrasco, Enrique, 1815-1846. Obras de Enrique Gil. ［Spain］：Paradiso Gutenberg, ［2014?］． ― xlviii, 136 pages ; 23 cm
（関連元：Poesía / Enrique Gil y Carrasco． ― ［Spain］：Paradiso Gutenberg, ［2014?］）

＜非構造記述＞

内容：時代区分論 / 岸本美緒（ほか10編）
（関連元：世界史へのアプローチ． ― 東京：岩波書店，1998.4． ― （岩波講座世界歴史；1））
Special issue of Tijdschrift voor Sociale en Economische Geschiedenis 2014, vol. 11, no. 2
（関連元：Economic history in the Netherlands, 1914-2014：trends and debates / ［edited by Jacques van Gerwen, Co Seegers, Milja van Tielhof and Jan Luiten van Zanden］． ― Amsterdam：Amsterdam University Press, ［2014］）

第 43 章　資料に関するその他の関連

　　　　合刻：航空法（伊沢孝平著 134p）
　　　　　（関連元：海商法 / 石井照久著. ― 東京：有斐閣, 1964）

＃ 43.4　個別資料間の関連

個別資料間の関連は、エレメントである。

＃ 43.4.0　通則

個別資料と個別資料との関連を記録する。

個別資料間の関連には、次のものがある。

a)　等価の関連

b)　参照の関連

c)　全体・部分の関連

d)　付属・付加の関連

＃ 43.4.1　記録の方法

関連先となる個別資料を識別できる情報を、次のうち一つ以上の方法によって記録する。

a)　識別子

b)　典拠形アクセス・ポイント（＃ 25：保留）

c)　構造記述

d)　非構造記述

（参照：＃ 43.0.4.1 を見よ。）

　　＜識別子＞
　　　　デジタル化の対象（個別資料）：プランゲ文庫請求記号：JX-0008
　　　　　（関連元：Charter of the United Nations / United Nations. ― 東京：國際聯合研究會, 1946）
　　　　複製の対象（個別資料）：国立国会図書館資料貼付 ID：1200403601041
　　　　　（関連元：藤袋草子. ― 東京：国立国会図書館（製作）, 2002）

　　＜構造記述＞
　　　　Bound with：Nederlandsche spraakleer：leer van den volzin（syntaxis）：ten vervolge van de Hollandsche spraakleer, ten gebruike bij inrichtingen van Hooger onderwijs / door W.G. Brill. ― 2. uitgave. ― 1863. ― viii, 344 pages ; 24 cm
　　　　　（関連元：Nederlandsche spraakleer：klankleer, woordvorming, aard en verbuiging der woorden：ten gebruike bij inrichtingen van hooger onderwijs / door W.G. Brill. ― 3. uitgave. ― Leiden：E.J. Brill, 1860）

　　＜非構造記述＞
　　　　手稿の電子複写による複製
　　　　　（関連元：メキシコ四十年 / 松下止. ― ［制作日付不明］）
　　　　Complete colour facsimile of the Rosarium (MS Western 99) in the Chester Beatty Library, Dublin
　　　　衆議院事務局（昭和 48 年 6 月）刊と参議院事務局（昭和 48 年 7 月）刊の 2 冊を合冊製本した

#43.5 出典

　　　もの
　　（関連元: 列国議会同盟規約及び諸規則列国議会同盟日本議員団規約）

＜#43.5～#43.6　管理要素＞

#43.5　出典

　出典は、エレメントである。
　著作・表現形・体現形・個別資料の間の関連の決定に使用した情報源と、その簡略な説明を記録する。

#43.6　データ作成者の注記

　データ作成者の注記は、エレメントである。
　関連データを利用・訂正するときや、関連する著作・表現形・体現形・個別資料に対する典拠形アクセス・ポイントを構築するときに役立つと思われる情報を記録する。

第44章
資料と個人・家族・団体との関連

#44　資料と個人・家族・団体との関連

#44.0　通則

#44.0.1　記録の目的

#44.0.2　記録の範囲

#44.0.3　情報源

#44.0.4　記録の方法

#44.0.5　関連指示子

#44.0.6　関連の記録に影響を与える変化

#44.0.7　注記

＜#44.1～#44.4　資料と個人・家族・団体との各関連＞

#44.1　著作と個人・家族・団体との関連

#44.1.0　通則

#44.1.1　創作者

#44.1.2　著作と関連を有する非創作者

#44.2　表現形と個人・家族・団体との関連

#44.2.0　通則

#44.2.1　寄与者

#44.3　体現形と個人・家族・団体との関連

#44.3.0　通則

#44.3.1　出版者

#44.3.2　頒布者

#44.3.3　製作者

#44.3.4　非刊行物の制作者

#44.3.5　体現形と関連を有するその他の個人・家族・団体

#44.4　個別資料と個人・家族・団体との関連

#44.4.0　通則

#44.4.1　所有者

#44.4.2　管理者

#44.4.3　個別資料と関連を有するその他の個人・家族・団体

#44　資料と個人・家族・団体との関連

#44.0　通則

#44.0.1　記録の目的
資料と個人・家族・団体との関連の記録の目的は、次のとおりである。
a) 特定の個人・家族・団体と関連を有する、目録中のすべての資料を発見する。
b) 個人・家族・団体を介した関連する実体への誘導により、目録内外における各種実体を発見する。

#44.0.2　記録の範囲
資料と個人・家族・団体との関連とは、ある著作・表現形・体現形・個別資料が、ある個人・家族・団体に対して有する関連である。

#44.0.2.1　エレメント
資料と個人・家族・団体との関連には、a)～d)の種類がある。各関連の下に列挙したものが、エレメントである。
a) 著作と個人・家族・団体との関連（参照：#44.1を見よ。）
　① 創作者（参照：#44.1.1を見よ。）
　② 著作と関連を有する非創作者（参照：#44.1.2を見よ。）
b) 表現形と個人・家族・団体との関連（参照：#44.2を見よ。）
　寄与者（参照：#44.2.1を見よ。）
c) 体現形と個人・家族・団体との関連（参照：#44.3を見よ。）
　① 出版者（参照：#44.3.1を見よ。）
　② 頒布者（参照：#44.3.2を見よ。）
　③ 製作者（参照：#44.3.3を見よ。）
　④ 非刊行物の制作者（参照：#44.3.4を見よ。）
　⑤ 体現形と関連を有するその他の個人・家族・団体（参照：#44.3.5を見よ。）
d) 個別資料と個人・家族・団体との関連（参照：#44.4を見よ。）
　① 所有者（参照：#44.4.1を見よ。）
　② 管理者（参照：#44.4.2を見よ。）
　③ 個別資料と関連を有するその他の個人・家族・団体（参照：#44.4.3を見よ。）

#44.0.3　情報源

#44.0.3A　著作・表現形・体現形
著作・表現形・体現形と個人・家族・団体との関連は、著作または表現形を具体化した体現形の優先情報源における表示に基づいて記録する。
（参照：#2.0.2.2～#2.0.2.2.4.4を見よ。）
表示が不明確または不十分な場合は、次の情報源からこの優先順位で採用する。

第44章　資料と個人・家族・団体との関連

　　a）　資料に顕著に現れたその他の表示
　　b）　資料の内容（図書のテキスト等）にのみ現れた情報
　　c）　その他の情報源

#44.0.3B　個別資料

　個別資料と個人・家族・団体との関連は、どの情報源に基づいて記録してもよい。

#44.0.4　記録の方法

　関連先情報、または関連先情報と関連指示子を用いて、関連を記録する。

#44.0.4.1　関連先情報

　関連先となる個人・家族・団体を識別できる情報を、次のうち一つ以上の方法によって記録する。

　　a）　識別子
　　b）　典拠形アクセス・ポイント

#44.0.4.1A　識別子による記録

　関連先の個人・家族・団体に付与された国際標準番号、またはそれに代わる標準システムの番号等を記録する。

　記録する識別子は、関連先の実体を一意に識別できるものでなければならない。

　当該識別子の管理機関が定める形式に基づき、識別子の種類が明確に示されるように記録する。

（参照：識別子については、#6.18、#7.10、#8.12を見よ。）

#44.0.4.1B　典拠形アクセス・ポイントによる記録

　関連先の個人・家族・団体に対する典拠形アクセス・ポイントを記録する。

（参照：典拠形アクセス・ポイントの構築については、#26～#28を見よ。）

#44.0.5　関連指示子

　資料と個人・家族・団体との関連の詳細を表すために必要な場合は、関連先の個人・家族・団体の識別子および（または）典拠形アクセス・ポイントに、関連指示子を付加する。

　個人・家族・団体が有する関連が複数の種類に及ぶ場合は、複数の関連指示子を記録する。

　関連指示子は、付録#C.2に列挙する用語から、データ作成機関が必要とする詳細度のものを記録する。適切な用語がない場合は、データ作成機関が関連の種類を示す簡略な用語を定めて記録する。

#44.0.6　関連の記録に影響を与える変化

　複数巻単行資料、逐次刊行物または更新資料において、著作・表現形・体現形に対する責任性の変化が生じた場合は、それぞれについて適切な個人・家族・団体に対する典拠形アクセス・ポイントを追加し、資料とそれらとの関連を記録する。

（参照：責任性の変化が著作の識別に影響を与え、新しい著作に対する典拠形アクセス・ポイ

ントの構築を必要とする場合は、#22.0.2を見よ。）

#44.0.6A　複数巻単行資料
　　複数巻単行資料の途中の部分に責任性の変化が生じ、その変化がアクセスに重要な場合は、複数巻単行資料の途中の部分と関連を有するすべての個人・家族・団体に対する典拠形アクセス・ポイントを追加し、資料とそれらとの関連を記録する。
（参照：#44.1.0、#44.2.0、#44.3.0を見よ。）

#44.0.6B　逐次刊行物
　　逐次刊行物の途中の巻号に、新規の記述の作成を必要としない責任性の変化が生じ（参照：#2.2.0.6を見よ。）、その変化がアクセスに重要な場合は、逐次刊行物の途中の巻号と関連を有するすべての個人・家族・団体に対する典拠形アクセス・ポイントを追加し、資料とそれらとの関連を記録する。
（参照：#44.1.0、#44.2.0、#44.3.0を見よ。）

#44.0.6C　更新資料
　　更新資料のイテレーションの間に責任性の変化が生じ（参照：#2.2.0.6を見よ。）、その変化がアクセスに重要な場合は、更新資料の最新のイテレーションと関連を有するすべての個人・家族・団体に対する典拠形アクセス・ポイントを構築し、資料とそれらとの関連を記録する。
（参照：#44.1.0、#44.2.0、#44.3.0を見よ。）
　　アクセスに重要な場合は、過去に責任を有していた個人・家族・団体に対する典拠形アクセス・ポイントを残す。

#44.0.7　注記
　　資料と個人・家族・団体との関連について説明を要する場合（例えば、責任表示に関して著作における著者の帰属が不明確な場合など）は、必要に応じて次の注記を記録する。
　　a)　責任表示に関する注記（参照：#2.41.2を見よ。）
　　b)　版表示に関する注記（参照：#2.41.3を見よ。）
　　c)　出版表示に関する注記（参照：#2.41.5を見よ。）
　　d)　頒布表示に関する注記（参照：#2.41.6を見よ。）
　　e)　製作表示に関する注記（参照：#2.41.7を見よ。）
　　f)　非刊行物の制作表示に関する注記（参照：#2.41.8を見よ。）
　　g)　データ作成者の注記（参照：#4.12、#5.8を見よ。）

<　#44.1～#44.4　資料と個人・家族・団体との各関連>
#44.1　著作と個人・家族・団体との関連
#44.1.0　通則
　　著作と個人・家族・団体の関連には、次のエレメントがある。
　　a)　創作者（参照：#44.1.1を見よ。）

第44章　資料と個人・家族・団体との関連

　b）　著作と関連を有する非創作者（参照：＃44.1.2を見よ。）
　資料に複数の著作が含まれ、各著作が異なる個人・家族・団体と関連している場合は、各著作において関連する個人・家族・団体を記録する。

＃44.1.1　創作者

　創作者は、エレメントである。
　創作者は、コア・エレメントである。創作者が複数存在する場合は、すべてコア・エレメントである。
　創作者とは、著作の創作に責任を有する個人・家族・団体（著者、編纂者、作曲者など）である。
　創作者には、一つの著作の創作に共同で責任を有する複数の個人・家族・団体が含まれる。これには、同一の役割を果たす創作者と、異なる役割を果たす創作者とがある。
（参照：＃44.1.1Bを見よ。）
　著作の集合について、内容の選択、配置、編集によって新しい著作が生じたと考えられる場合は、その編集等に責任を有する個人・家族・団体を、新しい著作の創作者として扱う。
　既存の著作の改変について、その性質や内容が実質的に変化し、新しい著作が生じたと考えられる場合は、その改変に責任を有する個人・家族・団体を、新しい著作の創作者として扱う。
（参照：付録#C.2を見よ。）

＃44.1.1　創作者　別法

　創作者は、エレメントである。
　創作者は、コア・エレメントである。＊創作者が複数存在する場合は、最も主要な責任を有する1創作者のみ、コア・エレメントである。最も主要な責任を有する創作者が明確でない場合は、最初に表示されている創作者のみ、コア・エレメントである＊。
（参照：＃22.1.2別法を見よ。）
　創作者とは、著作の創作に責任を有する個人・家族・団体（著者、編纂者、作曲者など）である。
　創作者には、一つの著作の創作に共同で責任を有する複数の個人・家族・団体が含まれる。これには、同一の役割を果たす創作者と、異なる役割を果たす創作者とがある。
（参照：＃44.1.1Bを見よ。）
　著作の集合について、内容の選択、配置、編集によって新しい著作が生じたと考えられる場合は、その編集等に責任を有する個人・家族・団体を、新しい著作の創作者として扱う。
　既存の著作の改変について、その性質や内容が実質的に変化し、新しい著作が生じたと考えられる場合は、その改変に責任を有する個人・家族・団体を、新しい著作の創作者として扱う。
（参照：付録#C.2を見よ。）

＃44.1.1A　著作の創作に責任を有する単一の創作者

　著作と、その単一の創作者（個人・家族・団体）とを関連づける。
　＜個人＞

著者: 高木, 貞治, 1875-1960
（関連元: 著作「解析概論」（優先タイトル））
著者: Smith, Adam, 1723-1790
（関連元: 著作「Inquiry into the nature and causes of the wealth of nations」（優先タイトル））
編纂者: 新村, 出, 1876-1967
（関連元: 著作「広辞苑」（優先タイトル））
写真撮影者: 土門, 拳, 1909-1990
（関連元: 著作「土門拳自選作品集」（優先タイトル））
書者: 空海, 774-835
（関連元: 著作「風信帖」（優先タイトル））
美術制作者, 著者: 山本, 作兵衛, 1892-1984
（関連元: 著作「炭坑に生きる」（優先タイトル））
リブレット作者, 作曲者: http://id.ndl.go.jp/auth/ndlna/00116840
（松村, 禎三, 1929-2007 に対する国立国会図書館の典拠データの URI）
（関連元: 著作「沈黙」（優先タイトル））

＜家族＞

三条（家）
（関連元: 著作「三条家文書」（優先タイトル））

（参照: ＃22.1.1 を見よ。）

＃44.1.1Ａ１　著作の創作に責任を有する団体

　団体を創作者とみなすのは、団体に由来するか、団体が責任刊行したか、または責任刊行させた著作で、次のいずれかに該当するものである。

a）　団体の管理的な性格の著作

①　内部方針、手続き、財政、運用

著者: 岩手県

（関連元: 著作「岩手県」（優先タイトル）（岩手県ホームページ））

②　役員、職員、会員（例: 名簿）

著者: 日本癌学会

（関連元: 著作「日本癌学会会員名簿」（優先タイトル））

③　資源（例: 目録、財産目録）

著者: 天理図書館

（関連元: 著作「善本圖録」（優先タイトル））

④　沿革（例: 社史）

著者: 三井信託銀行株式会社

（関連元: 著作「三井信託銀行 70 年のあゆみ」（優先タイトル））

b）　団体の集団的意思を記録した著作（例: 委員会や審議会などの報告、対外政策に関する立場を示した公式見解、白書、規格）

第 44 章　資料と個人・家族・団体との関連

　　　　　著者：大阪府
　　　　　（関連元：著作「地球社会に貢献する大阪を目指して」（優先タイトル））
　c)　団体の集団的活動を報告した著作
　　①　会議（例：議事録、予稿集）
　　　　　著者：熊本地名シンポジウム
　　　　　（関連元：著作「熊本の地理と地名」（優先タイトル））
　　②　調査団・視察団（例：調査報告）
　　　　　著者：野尻湖発掘調査団
　　　　　（関連元：著作「野尻湖の発掘写真集」（優先タイトル））
　　③　公聴会
　　　　　著者：東京都中野区．議会
　　　　　（関連元：著作「東京都中野区議会区長選出対策特別委員会公聴会記録」（優先タイトル））
　　④　催し（例：展覧会、博覧会、祝祭の案内）
　　　　　著者：別府アルゲリッチ音楽祭
　　　　　（関連元：著作「別府アルゲリッチ音楽祭公式報告書」（優先タイトル））
　d)　演奏・演技グループが、単に演奏・演技するだけではなく、創作にも相当程度関与した著作
　　　　　作曲者：Ornette Coleman Double Quartet
　　　　　（関連元：著作「Free jazz」（優先タイトル））
　e)　団体に由来する地図著作
　　　　　著者：国土地理院
　　　　　（関連元：著作「弘前」（優先タイトル））
　f)　法令等
　　　　　制定法域団体：東京都
　　　　　（関連元：著作「都民の健康と安全を確保する環境に関する条例」（優先タイトル））
　g)　複数の美術制作者が集合した団体による、タイトルを有する個別の美術著作
　　　　　美術制作者：Daum Frères
　　　　　（関連元：著作「Tristan et Yseult」（優先タイトル））
（参照：#22.1.1Aを見よ。）

#44.1.1B　著作の創作に責任を有する複数の個人・家族・団体
　著作と、その複数の創作者（個人・家族・団体）とを関連づける。
　　＜同一の役割を果たす複数の個人・家族・団体＞
　　　　　著者：大河内, 一男, 1905-1984
　　　　　著者：松尾, 洋, 1911-
　　　　　（関連元：著作「日本労働組合物語」（優先タイトル））
　　　　　著者：ランダウ, レフ・ダヴィドヴィッチ, 1908-1968

#44.1　著作と個人・家族・団体との関連

　　　　著者：リフシッツ，エフゲニイ・ミハイロヴィッチ，1915-1985
　　　　　（関連元：著作「量子力学」（優先タイトル））
　　　　　（優先名称と優先タイトルの言語を日本語とする別法を適用した例）
　　　　作曲者，リブレット作者：林，光，1931-2012
　　　　作曲者，リブレット作者：萩，京子
　　　　　（関連元：著作「十二夜（オペラ）」（優先タイトル））
　　＜それぞれ異なる役割を果たす複数の個人・家族・団体＞
　　　　インタビュアー：Gsell, Paul
　　　　インタビュイー：Rodin, Auguste, 1840-1917
　　　　　（関連元：著作「Art」（優先タイトル））
　　　　作詞者：高野，喜久雄，1927-2006
　　　　作曲者：高田，三郎，1913-2000
　　　　　（関連元：音楽作品「水のいのち」（優先タイトル））
（参照：#22.1.2～#22.1.2A別法を見よ。）

#44.1.1C　改作、改訂等による新しい著作の創作に責任を有する個人・家族・団体
　著作と、改作、改訂等による新しい著作の創作者（個人・家族・団体）とを関連づける。
　　　　著者：村山，知義，1901-1977
　　　　　（関連元：著作「戯曲夜明け前」（優先タイトル））
（参照：#22.1.3を見よ。）

#44.1.1D　注釈、解説、図等を追加した新しい著作の創作に責任を有する個人・家族・団体
　著作と、注釈、解説、図等を追加した新しい著作の創作者（個人・家族・団体）とを関連づける。
　　　　著者：片桐，洋一，1931-
　　　　　（関連元：著作「古今和歌集全評釈」（優先タイトル））
（参照：#22.1.4を見よ。）

#44.1.2　著作と関連を有する非創作者
　著作と関連を有する非創作者は、エレメントである。

　著作と関連を有する非創作者は、個人・家族・団体に対する典拠形アクセス・ポイントを使用して著作に対する典拠形アクセス・ポイントを構築する場合は、コア・エレメントである。

　著作と関連を有する非創作者とは、創作者以外で著作と関連を有する個人・家族・団体（書簡の名宛人、記念論文集の被記念者、ディレクター等）である。
（参照：付録#C.2を見よ。）
（参照：法令等と関連を有する非創作者については、#44.1.2.1～#44.1.2.1.6を見よ。）
　　　　被記念者：国立国会図書館典拠ID：00080538
　　　　　（滝川，政次郎，1897-1992に対する国立国会図書館の典拠ID）
　　　　　（関連元：著作「滝川博士還暦記念論文集」（優先タイトル））
　　　　映画監督：小津，安二郎，1903-1963

第44章　資料と個人・家族・団体との関連

　　　　（関連元：著作「東京物語」（優先タイトル））
　　　名宛人：巌谷, 小波, 1870-1933
　　　　（関連元：著作「紅葉より小波へ」（優先タイトル））
　　　責任刊行者：明治大学文芸研究会
　　　　（関連元：著作「文芸研究」（優先タイトル））

#44.1.2.1　法令等と関連を有する非創作者
#44.1.2.1.0　適用範囲
　#44.1.2.1.1～#44.1.2.1.4は、次の著作に適用する。
  a) 立法府の制定法と布告（憲法、憲章等の基本法を含む）
  b) 法的効力をもつ最高行政官の布告
  c) 命令
  d) 裁判所規則
  e) 法域ではないその他の団体の憲章等
　#44.1.2.1.5～#44.1.2.1.6は、次の著作に適用する。
  f) 事実審裁判所、上訴裁判所、裁判所等の判例集
  g) 複数の裁判所の判例集
  h) 判例の引用集・要録・索引
  i) 刑事訴訟の記録
  j) 民事訴訟の記録
  k) 起訴状・判決文等
  l) 条約
　その他の種類の法令等については、著作と関連を有する非創作者の記録に関する基本規定を適用する。
（参照：#44.1.2を見よ。）

#44.1.2.1.1　法律、規則等が適用される法域
　法律、規則等の適用される法域が、それを制定した公布者と一致しない場合は、適用される法域を記録する。

#44.1.2.1.2　刊行機関・所管機関
　法律の刊行に責任を有し、または法律を所管する立法府以外の団体を記録する。
　命令等が公布機関以外の機関から刊行される場合は、刊行機関を記録する。

#44.1.2.1.3　規則が適用される裁判所
　裁判所規則については、その規則が適用される裁判所を記録する。

#44.1.2.1.4　憲章等が適用される団体
　法域団体によって制定されるが、法域ではない団体に適用される憲章等については、適用さ

#44.1.2.1.5　裁判記録と関連を有する個人または団体
#44.1.2.1.5.1　刑事裁判等で訴追されている個人または団体

次のものについては、訴追されている個人または団体を記録する。

a) 刑事裁判、弾劾裁判、軍法会議等、およびこれらの上訴審の公式の訴訟記録
b) 裁判員に対する説示
c) 裁判所による判決等の決定
d) 裁判官の意見

#44.1.2.1.5.2　起訴された個人または団体

起訴状については、起訴された個人または団体を記録する。

#44.1.2.1.5.3　民事等の刑事以外の訴訟を提起する個人または団体

次のものについては、提訴する個人または団体を記録する。

a) 民事等の刑事以外の訴訟（選挙訴訟を含む）、およびそれらの上訴審の公式の訴訟記録
b) 裁判員に対する説示
c) 裁判所による判決等の決定
d) 裁判官の意見

#44.1.2.1.5.4　民事等の刑事以外の訴訟の被告側の個人または団体

被告側の個人または団体とは、提訴される当事者のことである。

次のものについては、被告側の個人または団体を記録する。

a) 民事等の刑事以外の訴訟（選挙訴訟を含む）、およびそれらの上訴審の公式の訴訟記録
b) 裁判員に対する説示
c) 裁判所による判決等の決定
d) 裁判官の意見

#44.1.2.1.5.5　裁判官

裁判員に対する説示については、説示を行った裁判官を記録する。

#44.1.2.1.5.6　当事者

裁判に関する一方の当事者の準備書面、答弁書等の公式記録については、双方の当事者を記録する。

弁護士が行う法廷弁論については、弁護士が代理人となっている当事者を記録する。ただし、法域団体によって起訴された裁判については、この規定を適用しない。

#44.1.2.1.5.7　当事者の代理を務める弁護士

裁判に関する一方の当事者の準備書面、答弁書等の公式記録については、当事者の代理を務める弁護士を記録する。

弁護士が行う法廷弁論については、弁護士を記録する。

第44章　資料と個人・家族・団体との関連

#44.1.2.1.6　条約への参加者

条約については、署名者、批准者等として条約に参加している政府等の団体を記録する。

　　　　条約締約者： United States
　　　　条約締約者： Canada
　　　　条約締約者： United States. Environmental Protection Agency
　　　　条約締約者： Canada. Environment Canada
　　　　（関連元：著作「Great Lakes Water Quality Agreement」（優先タイトル））

#44.2　表現形と個人・家族・団体との関連

#44.2.0　通則

表現形と個人・家族・団体との関連のエレメントには、寄与者がある。
（参照：#44.2.1を見よ。）

資料に複数の表現形が含まれ、各表現形が異なる個人・家族・団体と関連している場合は、各表現形において関連する個人・家族・団体を記録する。

#44.2.1　寄与者

寄与者は、エレメントである。

寄与者とは、表現形の成立に寄与する個人・家族・団体（編者、訳者、注釈者、演奏・演技者等）である。
（参照：付録#C.2を見よ。）

著作の主要部分は変わらず、それに注釈、挿絵、伴奏等が付加される場合は、注釈者、挿画者、伴奏の作曲者等を寄与者とみなす。

　　　　訳者：呉, 茂一, 1897-1977
　　　　（関連元：著作「Ιλιάς」（優先タイトル）の表現形）
　　　　編者, 訳者：上田, 敏, 1874-1916
　　　　（関連元：著作「海潮音」（優先タイトル）の表現形）
　　　　指揮者：小澤, 征爾, 1935-
　　　　器楽奏者：Toronto Symphony Orchestra
　　　　（関連元：著作「Symphonie fantastique」（優先タイトル）の表現形）
　　　　編曲者：青島, 広志, 1955-
　　　　（関連元：著作「日本のうた」（優先タイトル）の表現形）
　　　　編者：山本, 健吉, 1907-1988
　　　　（関連元：著作「日本詩歌集」（優先タイトル）の表現形）

既存のデータや情報等の編纂によって新しい著作が生じた場合は、その編纂に責任を有する個人・家族・団体は、創作者として扱う。
（参照：#44.1.1を見よ。）

#44.3　体現形と個人・家族・団体との関連

#44.3.0　通則

#44.3 体現形と個人・家族・団体との関連

体現形と個人・家族・団体との関連には、次のエレメントがある。
a) 出版者（参照：#44.3.1を見よ。）
b) 頒布者（参照：#44.3.2を見よ。）
c) 製作者（参照：#44.3.3を見よ。）
d) 非刊行物の制作者（参照：#44.3.4を見よ。）
e) 体現形と関連を有するその他の個人・家族・団体（参照：#44.3.5を見よ。）

資料に複数の体現形が含まれ、各体現形が異なる個人・家族・団体と関連している場合は、各体現形において関連する個人・家族・団体を記録する。

#44.3.1 出版者

出版者は、エレメントである。

出版者とは、刊行物の出版、発行、公開に責任を有する個人・家族・団体である。
（参照：付録#C.2を見よ。）

> 新潮社
> （関連元：体現形「戦国夜話 / 本郷和人著. ― 東京：新潮社, 2016.4」）

#44.3.2 頒布者

頒布者は、エレメントである。

頒布者とは、刊行物の頒布、発売に責任を有する個人・家族・団体である。
（参照：付録#C.2を見よ。）

> 日経BP出版センター
> （関連元：体現形「世界の食を愉しむBEST 500：一生に一度だけの旅 / キース・ベローズほか著；関利枝子, 花田知恵, 町田敦夫訳. ― 東京：日経ナショナルジオグラフィック社, 日経BP出版センター（発売）, 2009.12」）

#44.3.3 製作者

製作者は、エレメントである。

製作者とは、刊行物の印刷、複写、成型等に責任を有する個人・家族・団体である。
（参照：付録#C.2を見よ。）

> 東松島市. 教育委員会
> （関連元：体現形「東松島市からのメッセージ / 東松島市著. ― ［東松島］：東松島市教育委員会（製作）, 2014.12」）
>
> 装丁者：大原, 信泉
> （関連元：体現形「あふれるひかり / 中村幸一著. ― 東京：北冬舎, 2016.3」）

#44.3.4 非刊行物の制作者

非刊行物の制作者は、エレメントである。

非刊行物の制作者とは、非刊行物の書写、銘刻、作製、組立等に責任を有する個人・家族・団体である。

第 44 章　資料と個人・家族・団体との関連

　　　　銅版画制作: 渡辺, 千尋, 1944-2009
　　　　　（関連元: 有家のセミナリヨの日本人画学生作「セビリアの聖母」（1597年）の復刻作品（1998年））
　　　　（銅版画の制作を表す関連指示子を設けて記録した例）

#44.3.5　体現形と関連を有するその他の個人・家族・団体

　体現形と関連を有するその他の個人・家族・団体は、エレメントである。

　体現形と関連を有するその他の個人・家族・団体とは、出版者、頒布者、製作者、非刊行物の制作者以外の、体現形と個人・家族・団体である。

#44.4　個別資料と個人・家族・団体との関連

#44.4.0　通則

　個別資料と個人・家族・団体との関連には、次のエレメントがある。

　a)　所有者（参照: #44.4.1 を見よ。）
　b)　管理者（参照: #44.4.2 を見よ。）
　c)　個別資料と関連を有するその他の個人・家族・団体（参照: #44.4.3 を見よ。）

　資料に複数の個別資料が含まれ、各個別資料が異なる個人・家族・団体と関連している場合は、各個別資料において関連する個人・家族・団体を記録する。

#44.4.1　所有者

　所有者は、エレメントである。

　所有者とは、個別資料に対して所有権を有する個人・家族・団体である。

　　　　寄託者: 徳島県立博物館
　　　　　（関連元: 個別資料「板碑銘（拓本）東京大学史料編纂所所蔵資料 00203030」）

#44.4.2　管理者

　管理者は、エレメントである。

　管理者とは、個別資料に対して管理権を有する個人・家族・団体である。

　　　　東京大学. 史料編纂所
　　　　　（関連元: 個別資料「板碑銘（拓本）東京大学史料編纂所所蔵資料 00203030」）

#44.4.3　個別資料と関連を有するその他の個人・家族・団体

　個別資料と関連を有するその他の個人・家族・団体は、エレメントである。

　個別資料と関連を有するその他の個人・家族・団体とは、個別資料と関連を有する、所有者または管理者以外の個人・家族・団体である。

　個別資料と関連を有するその他の個人・家族・団体には、収集者、献辞者、キュレーター、製本者、修復者などが含まれる。

　　　　手書き注釈者: 森, 鴎外, 1862-1922
　　　　　（関連元: 個別資料「名譽新誌 / 佐田白茅編輯. ― 東京: 大來社, ［1800年代］東京大学総合図書館鴎外文庫所蔵資料 0004328654」）

＃44.4　個別資料と個人・家族・団体との関連

献辞者：徳富，蘇峰，1863-1957
（関連元：個別資料「丹鉛總録, 27巻 / (明) 楊慎著集 ; (明) 梁佐校刊. ―［出版地不明］：［出版者不明］,［出版日付不明］同志社大学図書館所蔵資料」）

修復者：東京大学. 史料編纂所. 保存技術室
（関連元：個別資料「慈鎮和尚夢想記 東京大学史料編纂所所蔵資料 00199807」）

第 46 章
個人・家族・団体の間の関連

＃46　個人・家族・団体の間の関連

＃46.0　通則

＃46.0.1　記録の目的

＃46.0.2　記録の範囲

＃46.0.3　情報源

＃46.0.4　記録の方法

＃46.0.5　関連指示子

＜＃46.1～＃46.3　個人・家族・団体に関する各関連＞

＃46.1　個人・家族・団体と個人との関連

＃46.1.0　通則

＃46.1.1　記録の方法

＃46.1.2　関連に関する説明

＃46.2　個人・家族・団体と家族との関連

＃46.2.0　通則

＃46.2.1　記録の方法

＃46.2.2　関連に関する説明

＃46.3　個人・家族・団体と団体との関連

＃46.3.0　通則

＃46.3.1　記録の方法

＃46.3.2　関連に関する説明

＜＃46.4～＃46.5　管理要素＞

＃46.4　出典

＃46.5　データ作成者の注記

#46 個人・家族・団体の間の関連

#46.0 通則

#46.0.1 記録の目的

個人・家族・団体の間の関連の記録の目的は、次のとおりである。
 a) 特定の個人・家族・団体と関連を有する、個人・家族・団体を発見する。
 b) 個人・家族・団体を介した関連する実体を示すことにより、個人・家族・団体の識別に寄与する。

#46.0.2 記録の範囲

個人・家族・団体の間の関連とは、ある個人・家族・団体が、他の個人・家族・団体に対して有する関連である。
同一の個人・家族・団体の、異なる名称との間の関連をも含む。

#46.0.2.1 エレメント

個人・家族・団体の間の関連には、次のエレメントがある。
 a) 個人・家族・団体と個人との関連（参照：#46.1を見よ。）
 b) 個人・家族・団体と家族との関連（参照：#46.2を見よ。）
 c) 個人・家族・団体と団体との関連（参照：#46.3を見よ。）

#46.0.3 情報源

個人・家族・団体の間の関連は、どの情報源に基づいて記録してもよい。

#46.0.4 記録の方法

関連先情報を用いて、または関連先情報と関連指示子を用いて、関連を記録する。
必要に応じて、関連に関する説明、管理要素を記録する。

#46.0.4.1 関連先情報

関連先となる個人・家族・団体を識別できる情報を、次のうち一つ以上の方法によって記録する。
 a) 識別子
 b) 典拠形アクセス・ポイント

#46.0.4.1A 識別子による記録

関連先の個人・家族・団体に付与された国際標準番号、またはそれに代わる標準システムの番号等を記録する。
記録する識別子は、関連先の実体を一意に識別できるものでなければならない。
当該識別子の管理機関が定める形式に基づき、識別子の種類が明確に示されるように記録する。
（参照：識別子については、#6.18、#7.10、#8.12を見よ。）

#46.0.4.1B 典拠形アクセス・ポイントによる記録

第46章　個人・家族・団体の間の関連

関連先の個人・家族・団体に対する典拠形アクセス・ポイントを記録する。
（参照：典拠形アクセス・ポイントの構築については、＃26～＃28を見よ。）

＃46.0.5　関連指示子

個人・家族・団体の間の関連の詳細を表すために必要な場合は、関連先の個人・家族・団体の識別子および（または）典拠形アクセス・ポイントに、関連指示子を付加する。

個人・家族・団体が有する関連が複数の種類に及ぶ場合は、複数の関連指示子を記録する。

関連指示子は、付録＃C.4に列挙する用語から、データ作成機関が必要とする詳細度のものを記録する。適切な用語がない場合は、データ作成機関が関連の種類を示す簡略な用語を定めて記録する。

＜＃46.1～＃46.3　個人・家族・団体に関する各関連＞

＃46.1　個人・家族・団体と個人との関連

個人・家族・団体と個人との関連は、エレメントである。

＃46.1.0　通則

＃46.1.1　記録の方法

関連先となる個人を識別できる情報を、次のうち一つ以上の方法によって記録する。

a)　識別子
b)　典拠形アクセス・ポイント

（参照：＃46.0.4.1を見よ。）

　　＜識別子＞
　　　　＜個人と個人との関連＞
　　　　　　別名：国立国会図書館典拠ID：00103020
　　　　　　（栗本薫に対する国立国会図書館の典拠ID）
　　　　　　（関連元：中島, 梓, 1953-2009）
　　　　　　別名：国立国会図書館典拠ID：00015619
　　　　　　（藤子不二雄に対する国立国会図書館の典拠ID）
　　　　　　（関連元：藤子, 不二雄A, 1934-; 藤子, 不二雄F, 1933-1996）
　　　　　　Alternate identity：VIAF ID：7376791
　　　　　　（Ellery Queenに対するVIAF ID）
　　　　　　（関連元：Dannay, Frederic, 1905-1982; Lee, Manfred B. (Manfred Bennington), 1905-1971; Ross, Barnaby）
　　　　　　（DannayとLeeがQueenを共有筆名として使用。Rossも同じく共有筆名だが、Queenの筆名とされている。）
　　　　＜家族と個人との関連＞
　　　　　　家族構成員：NACSIS-CAT著者名典拠レコードID：DA00650742
　　　　　　（吉行淳之介に対するNACSIS-CAT著者名典拠レコードID）
　　　　　　（関連元：吉行（家）（東京都））

#46.1　個人・家族・団体と個人との関連

　　　＜団体と個人との関連＞
　　　　　構成員：VIAF ID：108716715
　　　　　　（忌野清志郎に対する VIAF ID）
　　　　　　（関連元：RC サクセション）
　　　　　最高責任者：ISNI：0000 0001 0868 1638
　　　　　　（阿部謹也に対する ISNI）
　　　　　　（関連元：一橋大学）

　＜典拠形アクセス・ポイント＞
　＜個人と個人との関連＞
　　　　別名：中島, 梓, 1953-2009
　　　　　（関連元：栗本, 薫, 1953-2009）
　　　　本名：古賀, 英正, 1908-2004
　　　　　（関連元：南条, 範夫, 1908-2004）
　　　　別名：藤子, 不二雄
　　　　　（関連元：藤子, 不二雄 A, 1934-; 藤子, 不二雄 F, 1933-1996）
　　　　　（共有筆名）
　　　　Alternate identity：Queen, Ellery
　　　　　（関連元：Dannay, Frederic, 1905-1982; Lee, Manfred B. (Manfred Bennington), 1905-1971; Ross, Barnaby）
　　　　　（Dannay と Lee が Queen を共有筆名として使用。Ross も同じく共有筆名だが、Queen の筆名とされている。）

　＜家族と個人との関連＞
　　　　家族構成員：吉行, 淳之介, 1924-1994
　　　　　（関連元：吉行（家）(東京都)）

　＜団体と個人との関連＞
　　　　構成員：忌野, 清志郎, 1951-2009
　　　　　（関連元：RC サクセション）
　　　　最高責任者：阿部, 謹也, 1935-2006
　　　　　（関連元：一橋大学）

#46.1.2　関連に関する説明

関連に関する説明は、エレメントである。

必要に応じて、関連に関する説明を記録する。

　　　　古賀, 英正, 1908-2004
　　　　　経済関係の著書では本名を使用。小説では以下を見よ。
　　　　　南条, 範夫, 1908-2004
　　　　（典拠形アクセス・ポイントにおける参照に説明を加えた例）
　　　　栗本薫は小説で、中島梓は評論活動などで使用。本名は今岡純代
　　　　忌野清志郎はリーダー

第46章　個人・家族・団体の間の関連

　　　　　阿部謹也の在任期間: 1992年12月 - 1998年11月

#46.2　個人・家族・団体と家族との関連

個人・家族・団体と家族との関連は、エレメントである。

#46.2.0　通則

#46.2.1　記録の方法

関連先となる家族を識別できる情報を、次の一つ以上の方法によって記録する。

a)　識別子
b)　典拠形アクセス・ポイント

(参照: #46.0.4.1を見よ。)

　　＜識別子＞
　　　　＜個人と家族との関連＞
　　　　　　家族: VIAF ID: 256354483
　　　　　　（吉行（家）（東京都）に対するVIAF ID）
　　　　　　（関連元: 吉行, 淳之介, 1924-1994）
　　　　＜家族と家族との関連＞
　　　　　　後裔の家族: VIAF ID: 254778823
　　　　　　（足利（氏）に対するVIAF ID）
　　　　　　（関連元: 源（氏））
　　　　＜団体と家族との関連＞
　　　　　　創設者一族: 国立国会図書館典拠ID: 00630002
　　　　　　（伊藤（家）（名古屋市）に対する国立国会図書館の典拠ID）
　　　　　　（関連元: いとう呉服店）
　　＜典拠形アクセス・ポイント＞
　　　　＜個人と家族との関連＞
　　　　　　家族: 吉行（家）（東京都）
　　　　　　（関連元: 吉行, 淳之介, 1924-1994）
　　　　＜家族と家族との関連＞
　　　　　　後裔の家族: 足利（氏）
　　　　　　（関連元: 源（氏））
　　　　＜団体と家族との関連＞
　　　　　　創設者一族: 伊藤（家）（名古屋市）
　　　　　　（関連元: いとう呉服店）

#46.2.2　関連に関する説明

関連に関する説明は、エレメントである。

必要に応じて、関連に関する説明を記録する。

　　　　　「伊藤（家）（名古屋市）」は「いとう呉服店」の開業者
　　　　　後裔の足利氏は、平安時代末期に源義康が下野国足利荘（現在の栃木県の一部）に拠って称し
　　　　　　たのが始まり

＃46.3　個人・家族・団体と団体との関連

個人・家族・団体と団体との関連は、エレメントである。

＃46.3.0　通則

＃46.3.1　記録の方法

関連先となる団体を識別できる情報を、次の一つ以上の方法によって記録する。

　a)　識別子
　b)　典拠形アクセス・ポイント

（参照：＃46.0.4.1 を見よ。）

　　＜識別子＞
　　　＜個人と団体との関連＞
　　　　　個人による創設団体：国立国会図書館典拠 ID：00307354
　　　　　（津田塾大学に対する国立国会図書館の典拠 ID）
　　　　　（関連元：津田，梅子，1864-1929）
　　　＜家族と団体との関連＞
　　　　　家族による創設団体：国立国会図書館典拠 ID：00528987
　　　　　（いとう呉服店に対する国立国会図書館の典拠 ID）
　　　　　（関連元：伊藤（家）（名古屋市））
　　　＜団体と団体との関連＞
　　　　　下位団体：国立国会図書館典拠 ID：00996830
　　　　　（京都大学東南アジア研究所に対する国立国会図書館の典拠 ID）
　　　　　（関連元：京都大学）
　　　　　前身団体：国立国会図書館典拠 ID：00421770
　　　　　（京都大学東南アジア研究センターに対する国立国会図書館の典拠 ID）
　　　　　（関連元：京都大学．東南アジア研究所）
　　　　　後身団体：国立国会図書館典拠 ID：00996830
　　　　　（京都大学東南アジア研究所に対する国立国会図書館の典拠 ID）
　　　　　（関連元：京都大学．東南アジア研究センター）
　　＜典拠形アクセス・ポイント＞
　　　＜個人と団体との関連＞
　　　　　個人による創設団体：津田塾大学
　　　　　（関連元：津田，梅子，1864-1929）
　　　　　最高責任者としての在任団体：一橋大学
　　　　　（関連元：阿部，謹也，1935-2006）

第 46 章　個人・家族・団体の間の関連

　　　＜家族と団体との関連＞
　　　　　家族による創設団体：いとう呉服店
　　　　　　（関連元：伊藤（家）（名古屋市））
　　　＜団体と団体との関連＞
　　　　　下位団体：京都大学. 東南アジア研究所
　　　　　　（関連元：京都大学）
　　　　　前身団体：京都大学. 東南アジア研究センター
　　　　　　（関連元：京都大学. 東南アジア研究所）
　　　　　後身団体：京都大学. 東南アジア研究所
　　　　　　（関連元：京都大学. 東南アジア研究センター）

＃46.3.2　関連に関する説明

関連に関する説明は、エレメントである。

必要に応じて、関連に関する説明を記録する。

　　　　　「いとう呉服店」は「伊藤（家）（名古屋市）」によって開業
　　　　　津田梅子が 1900 年女子英学塾として創設
　　　　　昭和 16 年郡山商業銀行、会津銀行、白河瀬谷銀行が合併し東邦銀行となる
　　　　　2004 年 4 月京都大学東南アジア研究センターから京都大学東南アジア研究所に名称変更
　　　　　1988 年 7 月東京天文台、緯度観測所、名古屋大学空電研究所第三部門を改組統合し、国立天
　　　　　　文台が発足

＜＃46.4〜＃46.5　管理要素＞

＃46.4　出典

出典は、エレメントである。

個人・家族・団体の間の関連の決定に使用した情報源と、その簡略な説明を記録する。

　　　　　「藤子不二雄」は、藤子・F・不二雄の旧筆名（日外アソシエーツ. 20 世紀日本人名事典, 2004,
　　　　　　p. 2178）
　　　　　別名：中島, 梓, 1953-2009（Web NDL Authorities（2015/09/17 アクセス））
　　　　　昭和 16 年に郡山商業銀行、会津銀行、白河瀬谷銀行の 3 行を合併して設立（東邦銀行沿革
　　　　　　（2015/07/09 同行ホームページにアクセス））

＃46.5　データ作成者の注記

データ作成者の注記は、エレメントである。

　関連データを利用・訂正するときや、関連する個人・家族・団体に対する典拠形アクセス・ポイントを構築するときに役立つと思われる情報を記録する。

　　　　　藤子不二雄（典拠形アクセス・ポイント）は、1954 年からコンビを解消する 1987 年まで使用
　　　　　典拠 ID：X 000513 とは別人

付　録

付録 A.1　片仮名記録法　631

付録 A.2　大文字使用法　639

付録 A.3　略語使用法　645

付録 B.1　語彙のリストの用語　652

付録 B.2　三次元資料の種類を示す用語と用いる助数詞
　　　　　（追加分）　671

付録 C.1　関連指示子：資料に関するその他の関連　680

付録 C.2　関連指示子：資料と個人・家族・団体との関連　696

付録 C.3　関連指示子：資料と主題との関連（保留）

付録 C.4　関連指示子：個人・家族・団体の間の関連　706

付録 C.5　関連指示子：主題間の関連（保留）

付録 D　　用語解説　709

付録A.1　片仮名記録法

#A.1.0　範囲
本付録では、片仮名読み形と片仮名表記形における片仮名の記録法を規定する。
（参照：#1.11～1.11.4.3、#1.12～#1.12.1別法を見よ。）

#A.1.1　漢字、仮名
漢字、仮名の片仮名読み形は、その発音に従い、第1表を用いて記録する。

   現代詩　　　　　　ゲンダイシ
   想い出　　　　　　オモイデ
   ぐりとぐら　　　　グリ ト グラ
   りいぶる　　　　　リイブル
   バレエ　　　　　　バレエ
   ディジタル　　　　ディジタル
   倫敦　　　　　　　ロンドン
   伯林　　　　　　　ベルリン
   則天武后　　　　　ソクテン ブコウ
   毛沢東　　　　　　モウ タクトウ
   那波烈翁卜那杷盧的　ナポレオン ボナパルト

#A.1.1.1　助詞「ハ」、「ヘ」、「ヲ」
助詞「ハ」、「ヘ」、「ヲ」は、「ワ」、「エ」、「オ」と記録する。

   こんにちは　　　コンニチワ
   いずこへ　　　　イズコ エ
   字を書く　　　　ジ オ カク

#A.1.1.2　拗音、促音
拗音を表す「ヤ」、「ユ」、「ヨ」は、「ャ」、「ュ」、「ョ」と小字で記録する。促音を表す「ツ」は、「ッ」と小字で記録する。

   観覧車物語　　　カンランシャ モノガタリ
   著者　　　　　　チョシャ
   雑誌　　　　　　ザッシ

#A.1.1.3　長音
a)　ア列の長音は、「ア」と記録する。
   母さん　　　カアサン
b)　イ列の長音は、「イ」と記録する。
   兄さん　　　ニイサン
c)　ウ列の長音は、「ウ」と記録する。
   有数　　　　ユウスウ

付　　録

d)　エ列の長音は、「エ」と記録する。
　　　姉さん　　　ネエサン

e)　オ列の長音は、「ウ」と記録する。ただし、現代仮名遣いで「お」と書き表される長音は、「オ」と記録する。
　　　労働法　　　ロウドウホウ
　　　父さん　　　トウサン
　　　大阪　　　　オオサカ
　　　氷　　　　　コオリ
　　　遠目　　　　トオメ

f)　情報源に長音符（ー）で表示された長音は、長音符で記録する。また、長音符の使用が確立している語については、情報源に別の表示がない限り、長音を長音符で記録する。
　　　バレー　　　　　　バレー
　　　シェークスピア全集　シェークスピア　ゼンシュウ
　　　クォータリー　　　クォータリー
　　　どーなる　　　　　ドーナル
　　　珈琲　　　　　　　コーヒー
　　　（情報源に「こうひい」と表示されている場合は、「コウヒイ」と記録する。）

#A.1.1.4　拗長音

a)　ア列拗音の長音は、「ャ」の次に「ア」と記録する。
　　　じゃあじゃあ　　ジャアジャア
　　　じゃあね　　　　ジャアネ

b)　ウ列拗音の長音は、「ュ」の次に「ウ」と記録する。
　　　乳牛　　　ニュウギュウ

c)　オ列拗音の長音は、「ョ」の次に「ウ」と記録する。
　　　表彰　　　ヒョウショウ

d)　情報源に長音符（ー）で表示された拗長音は、長音符で記録する。また、長音符の使用が確立している語については、情報源に別の表示がない限り、拗長音を長音符で記録する。
　　　ジャーナリズム　　ジャーナリズム
　　　ニュース　　　　　ニュース
　　　マトリョーシカ　　マトリョーシカ
　　　ビミョー　　　　　ビミョー
　　　紐育　　　　　　　ニューヨーク

#A.1.1.5　「ヂ」、「ヅ」

「ヂ」、「ヅ」は、「ジ」、「ズ」と記録する。
　　　ちかぢか　　チカジカ
　　　磯づり　　　イソズリ

　　　　仮名遣い　　　カナズカイ
　　　　ちぢむ　　　　チジム
　　　　つづり方　　　ツズリカタ
　　　　ヅーフ　　　　ズーフ

#A.1.1.6　その他
a)　歴史的仮名遣い

　　歴史的仮名遣いは、その現代語音によって記録する。
　　　　てふてふ　　　チョウチョウ
　　　　どぜう　　　　ドジョウ
　　　　みづゑ　　　　ミズエ

b)　「ヰ」、「ヱ」、「ヲ」

　　「ヰ」、「ヱ」、「ヲ」は、「イ」、「エ」、「オ」と記録する。
　　　　ヰタ・セクスアリス　　　イタ・セクスアリス
　　　　ナポレヲン　　　　　　　ナポレオン

c)　「ヷ」、「ヸ」、「ヹ」、「ヺ」

　　「ヷ」、「ヸ」、「ヹ」、「ヺ」は、「ヴァ」、「ヴィ」、「ヴェ」、「ヴォ」と記録する。
　　　　ヷルレンシュタイン　　ヴァルレンシュタイン
　　　　ヹニス　　　　　　　　ヴェニス

d)　第1表にない仮名

　　第1表にない仮名は、表示に従って記録する。ただし、#A.1.1.1～#A.1.1.6c)で特に規定する場合は、それに従う。
　　　　キェルケゴール　　キェルケゴール
　　　　ゲョエテ　　　　　ゲョエテ
　　　　ぼっけぇ　　　　　ボッケェ

#A.1.2　ラテン文字等

　　片仮名読み形と片仮名表記形において、想定される発音に従って、ラテン文字等を片仮名に置き換えて記録する場合は、第1表および第2表を用いて記録する。この場合、長音、拗長音は長音符（ー）で記録する。

　　＜片仮名読み形＞
　　　　JIS用語集　　　　　　ジス　ヨウゴシュウ
　　　　CMのすべて　　　　　シーエム　ノ　スベテ
　　　　NHK年鑑　　　　　　エヌエイチケイ　ネンカン
　　　　WHO事業計画　　　　ダブリューエイチオー　ジギョウ　ケイカク
　　　　X線結晶学　　　　　　エックスセン　ケッショウガク
　　　　β遮断剤とは　　　　　ベータ　シャダンザイ　トワ
　　　　ALGOL入門　　　　　アルゴル　ニュウモン

付　録

　　　　PERTの知識　　　　　パート ノ チシキ
　　　　T.S.エリオット試論　　ティー エス エリオット シロン

（参照：#1.12.1別法を見よ。）

＜片仮名表記形＞

　　　　Simon & Garfunkel　　サイモン & ガーファンクル
　　　　Web 2.0　　　　　　　ウェブ 2.0
　　　　Rowling, J. K.　　　　ローリング，J. K.

（参照：#1.11.4.3を見よ。）

#A.1.3　数字

　片仮名読み形において、数字を片仮名に置き換えて記録する場合は、原則として第3表を用いて記録する。

　　　　二十四　　　　　　　ニジュウシ
　　　　平成十七年度　　　　ヘイセイ ジュウシチネンド
　　　　第二編　　　　　　　ダイニヘン
　　　　第I部　　　　　　　 ダイイチブ
　　　　一千億　　　　　　　イッセンオク
　　　　六百　　　　　　　　ロッピャク
　　　　五十周年記念誌　　　ゴジッシュウネン キネンシ
　　　　十進法　　　　　　　ジッシンホウ
　　　　第二百十回　　　　　ダイニヒャクジッカイ
　　　　20世紀　　　　　　　ニジッセイキ

　ただし、数字が成語または固有名詞の一部に含まれていて、第3表とは異なる慣用の読み方が確立している場合は、参考資料に従って記録する。また、助数詞や他語との結びつきから、第3表に従うと不自然な場合は、慣用の読み方に従って記録する。

　　　　四次元　　　　　　　ヨジゲン
　　　　六義園　　　　　　　リクギエン
　　　　七転八起　　　　　　ナナコロビ ヤオキ
　　　　九尾の狐　　　　　　キュウビ ノ キツネ
　　　　八百屋　　　　　　　ヤオヤ
　　　　十人十色　　　　　　ジュウニン トイロ
　　　　二百十日　　　　　　ニヒャクトオカ
　　　　9.11事件　　　　　　キュウ イチイチ ジケン
　　　　二人　　　　　　　　フタリ
　　　　七つ　　　　　　　　ナナツ
　　　　二十四時間　　　　　ニジュウヨジカン
　　　　三十四カ所　　　　　サンジュウヨンカショ
　　　　九十九個　　　　　　キュウジュウキュウコ
　　　　四千　　　　　　　　ヨンセン

#A.1 片仮名記録法

　　　　二千七百　　　　　ニセンナナヒャク
　　　　七宝　　　　　　　シッポウ

#A.1.4 記号

片仮名読み形において、想定される発音に従って、記号を片仮名に置き換えて記録する場合は、第1表を用いて記録する。
(参照：#A.1.1.2～#A.1.1.4を見よ。)

　　　　新制度Q&A　　　　　　シンセイド キュー アンド エイ
　　　　.mac徹底使いこなし術　ドット マック テッテイ ツカイコナシジュツ

付表
第1表

ア	イ	ウ	エ	オ					
カ	キ	ク	ケ	コ	キャ		キュ		キョ
サ	シ	ス	セ	ソ	シャ		シュ		ショ
タ	チ	ツ	テ	ト	チャ		チュ		チョ
ナ	ニ	ヌ	ネ	ノ	ニャ		ニュ		ニョ
ハ	ヒ	フ	ヘ	ホ	ヒャ		ヒュ		ヒョ
マ	ミ	ム	メ	モ	ミャ		ミュ		ミョ
ヤ		ユ		ヨ					
ラ	リ	ル	レ	ロ	リャ		リュ		リョ
ワ									
ン									
ガ	ギ	グ	ゲ	ゴ	ギャ		ギュ		ギョ
ザ	ジ	ズ	ゼ	ゾ	ジャ		ジュ		ジョ
ダ			デ	ド					
バ	ビ	ブ	ベ	ボ	ビャ		ビュ		ビョ
パ	ピ	プ	ペ	ポ	ピャ		ピュ		ピョ
			イェ						
	ウィ		ウェ	ウォ	ヴァ	ヴィ	ヴ	ヴェ	ヴォ
							ヴュ		
クァ	クィ		クェ	クォ	グァ				
			シェ					ジェ	
			チェ						
ツァ	ツィ		ツェ	ツォ					
	ティ	テュ				ディ	デュ		
		トゥ					ドゥ		
ファ	フィ		フェ	フォ					
		フュ							

付　録

第2表

英語		ドイツ語		フランス語		スペイン語	
A	エイ	A	アー	A	ア	A	ア
B	ビー	B	ベー	B	ベ	B	ベ
C	シー	C	ツェー	C	セ	C	セ
D	ディー	D	デー	D	デ	Ch	チェ
E	イー	E	エー	E	ウ	D	デ
F	エフ	F	エフ	F	エフ	E	エ
G	ジー	G	ゲー	G	ジェ	F	エフェ
H	エイチ	H	ハー	H	アシュ	G	ヘ
I	アイ	I	イー	I	イ	H	アチェ
J	ジェイ	J	ヨット	J	ジ	I	イ
K	ケイ	K	カー	K	カ	J	ホタ
L	エル	L	エル	L	エル	K	カ
M	エム	M	エム	M	エム	L	エレ
N	エヌ	N	エヌ	N	エヌ	Ll	エリェ
O	オー	O	オー	O	オ	M	エメ
P	ピー	P	ペー	P	ペ	N	エネ
Q	キュー	Q	クー	Q	キュ	Ñ	エニェ
R	アール	R	エル	R	エール	O	オ
S	エス	S	エス	S	エス	P	ペ
T	ティー	T	テー	T	テ	Q	ク
U	ユー	U	ウー	U	ユ	R	エレ
V	ヴイ	V	ファウ	V	ヴェ	S	エセ
W	ダブリュー	W	ヴェー	W	ドゥブルヴェ	T	テ
X	エックス	X	イクス	X	イクス	U	ウ
Y	ワイ	Y	イプシロン	Y	イグレック	V	ベ
Z	ゼット	Z	ツェット	Z	ゼッド	W	ベドブレ
						X	エキス
						Y	イグリエガ
						Z	セタ

#A.1 片仮名記録法

イタリア語		ロシア語		ギリシア語		
				大文字	小文字	
A	ア	А	ア	A	α	アルファ
B	ビ	Б	ベ	B	β	ベータ
C	チ	В	ヴェ	Γ	γ	ガンマ
D	ディ	Г	ゲ	Δ	δ	デルタ
E	エ	Д	デ	E	ε	イプシロン
F	エッフェ	Е	イエ	Z	ζ	ゼータ
G	ジ	Ё	ヨ	H	η	イータ
H	アッカ	Ж	ジェ	Θ	θ	シータ
I	イ	З	ゼ	I	ι	イオタ
L	エッレ	И	イ	K	κ	カッパ
M	エンメ	Й	イクラトカヤ	Λ	λ	ラムダ
N	エンネ	К	カ	M	μ	ミュー
O	オ	Л	エリ	N	ν	ニュー
P	ピ	М	エム	Ξ	ξ	グザイ
Q	ク	Н	エヌ	O	o	オミクロン
R	エッレ	О	オ	Π	π	パイ
S	エッセ	П	ペ	P	ρ	ロー
T	ティ	Р	エル	Σ	σ, ς	シグマ
U	ウ	С	エス	T	τ	タウ
V	ヴー	Т	テ	Υ	υ	ウプシロン
Z	ゼータ	У	ウ	Φ	φ	ファイ
		Ф	エフ	X	χ	カイ
		Х	ハ	Ψ	ψ	プサイ
		Ц	ツェ	Ω	ω	オメガ
		Ч	チェ			
		Ш	シャ			
		Щ	シシャ			
		Ъ	イエル			
		Ы	イルイ			
		Ь	イエリ			
		Э	エ			
		Ю	ユ			
		Я	ヤ			

付　録

第3表

	優先する表記	他語と結びつき 促音となる場合
1　（一）	イチ	イッ
2　（二）	ニ	
3　（三）	サン	
4　（四）	シ	
5　（五）	ゴ	
6　（六）	ロク	ロッ
7　（七）	シチ	
8　（八）	ハチ	ハッ
9　（九）	ク	
10　（十）	ジュウ	ジッ
0　（零）	レイ	

付録A.2 大文字使用法

#A.2.0 範囲

本付録では、ラテン文字、キリル文字、ギリシャ文字等で記録する場合の大文字使用法について規定する。大文字使用法は、次の記録に用いる。

a) 表示形（参照：#0.9.1a)を見よ。）
b) 翻字形（参照：#0.9.1b)を見よ。）
c) ローマ字読み形（参照：#0.9.1d)②を見よ。）

#A.2.1 通則

#A.2.1.1～#A.2.7.3に従って大文字を使用する。本付録で規定していない事項は、各言語の大文字使用法に従う。

#A.2.1 通則　別法

＊体現形または個別資料の属性を記録する場合は、データ作成機関が定める、または採用すると定めた基準に従って大文字を使用する。統制形アクセス・ポイントにおけるタイトルおよび名称を記録する場合は、#A.2.6～#A.2.7.3に従って大文字を使用する＊。

#A.2.1.1 表示形

#A.2.1.1.1 日本語、中国語、韓国・朝鮮語の表示形

日本語、中国語、韓国・朝鮮語の表示形に含まれるラテン文字、キリル文字、ギリシャ文字等は、#A.2.2～#A.2.7.3で指示しない限り、当該文字で表記された言語の慣用に従って大文字を使用する。

   Windowsによる情報処理入門
   完全マスター！中小企業診断士 text & point check book
    （情報源の表示：完全マスター！中小企業診断士 TEXT & POINT CHECK BOOK）
   「自然」と nature
    （情報源の表示：「自然」と NATURE）
   大人 sweet 素材集
    （情報源の表示：大人 Sweet 素材集）

#A.2.1.1.1 日本語、中国語、韓国・朝鮮語の表示形　別法

＊日本語、中国語、韓国・朝鮮語の表示形に含まれるラテン文字、キリル文字、ギリシャ文字等は、情報源に表示されているとおりに転記する＊。

   Windowsによる情報処理入門
   完全マスター！中小企業診断士 TEXT & POINT CHECK BOOK
    （情報源の表示：完全マスター！中小企業診断士 TEXT & POINT CHECK BOOK）
   「自然」と NATURE
    （情報源の表示：「自然」と NATURE）

付　録

　　　　大人 Sweet 素材集
　　　（情報源の表示：大人 Sweet 素材集）

#A.2.1.1.2　日本語、中国語、韓国・朝鮮語以外の言語の表示形

　日本語、中国語、韓国・朝鮮語以外の言語の表示形は、#A.2.2～#A.2.7.3で指示しない限り、当該言語の慣用に従って大文字を使用する。

　　　　Exercises for the use of the perfect and imperfect tenses in German
　　　　Übungen zum Gebrauch von Perfekt und Präteritum im Deutschen
　　　　Grammaire fonctionnelle du français
　　　　Library of Congress
　　　　Война и мир

#A.2.1.2　翻字形

　翻字形は、#A.2.2～#A.2.7.3で指示しない限り、初語を大文字で始める。データ作成機関が採用した翻字法によって、大文字使用法が規定されている場合は、その指針に従う。

　翻字された言語に体系的な大文字使用の慣用がない場合は、初語を大文字で始める。また、固有名を構成する要語を大文字で始める。

　　　　Fihrist-i dastnivīsʹhā-yi Fārsī Kitābkhānah-ʹi Ḥakīm Oghlu Istānbūl

　アラビア語の冠詞（al）の種々の綴り形（a、el、esなど）や、ヘブライ語の冠詞（ha、he）を翻字する場合は、冠詞が次の語と分かち書きされているかハイフンで結ばれているかにかかわらず、小文字で始める。

　　　　al-Nasharīyāt al-Islāmīyah
　　　　ha-Kalah ha-meshahreret

#A.2.1.3　ローマ字読み形

　ローマ字読み形は、#A.2.2～#A.2.7.3で指示しない限り、初語を大文字で始める。また、固有名を構成する要語を大文字で始める。

　　　　Kanransha monogatari
　　　　Gendaishi 100shunen
　　　　Guri to Gura no ensoku
　　　　Shinseido Q & A
　　　　Chunichi ko bunka teki wago kaidoku
　　　　Zhong ri kua wen hua de hua yu jie du

#A.2.2　体現形のタイトル

　タイトルの初語または冒頭の略語は、#A.2.2.1～#A.2.2.3で規定するものを除き、大文字で始める。

　　　　Cataloguing audiovisual materials
　　　　EDA oversight
　　　（EDAは、Economic Development Administrationの略語）

#A.2 大文字使用法

タイトルが共通タイトルと従属タイトルから成る場合は、それぞれの初語を大文字で始める。
（参照：#2.1.1.2.8B、#2.1.1.2.8Cを見よ。）

>The 2nd International Music Competition of Japan. Piano section 1983

#A.2.2.1 タイトル関連情報

タイトル関連情報は、付録#A.3で規定するものを除き、初語または冒頭の略語を小文字で始める。ただし、大文字を使用すべき語で始まる場合は、大文字で始める。
（参照：#2.1.3を見よ。）

>international perspectives
>Western and Chinese perspectives

#A.2.2.2 大文字の使用が変則的な固有名や専門用語等

大文字の使用が変則的な固有名や専門用語等が、タイトルに含まれる場合は、情報源に表示されているとおりに記録する。

>eBayではじめる個人輸入&輸出ビジネス
>Taking your iPhone to the max
>CiNii Articles

#A.2.2.3 冒頭の省略記号

タイトルの冒頭が省略記号（...）の場合は、それに続く初語を小文字で始める。

>... annual report

#A.2.3 版表示

版次は、初語または冒頭の略語を大文字で始める。版表示のその他の語は、必要に応じて、当該言語の慣用に従って大文字を使用する。
（参照：版次については、#2.3.1を見よ。）

#A.2.4 逐次刊行物の順序表示

初号の巻次は、初語または冒頭の略語を大文字で始める。初号の巻次を記録しない場合は、初号の年月次の初語または冒頭の略語を大文字で始める。
（参照：初号の巻次については、#2.4.1を見よ。初号の年月次については、#2.4.2を見よ。）

>New series, v. 1, no. 1
>Vol. 12 (1972)

#A.2.5 シリーズ内番号およびサブシリーズ内番号

シリーズ内番号またはサブシリーズ内番号は、初語を小文字で始める。必要に応じて、当該言語の慣用に従って大文字を使用する。
（参照：#2.10.8、#2.10.16を見よ。）

>no. 7
>Bd. 2

付　　録

#A.2.6　著作のタイトル

著作のタイトルは、#A.2.2～#A.2.2.3に従って大文字を使用する。

   No. 1 の条件
   Nonprint cataloging for multimedia collections
   Anne of Green Gables
   iPhone 6s 究極の快適設定
   e-Japan 重点計画
   xUnit test patterns

#A.2.6.1　著作のタイトルと結びつくその他の識別要素

著作のタイトルと結びつくその他の識別要素は、#A.2.6.1.1～#A.2.6.1.2で特に規定しない限り、初語を大文字で始める。

   Harry Potter and the chamber of secrets（Motion picture）

#A.2.6.1.1　音楽作品

演奏手段および音楽作品の番号は、固有名の場合を除き、小文字で始める。

（参照：演奏手段については、#4.14.3を見よ。音楽作品の番号については、#4.14.4を見よ。）

   Quintets, piano, oboe, clarinet, horn, bassoon, K. 452, E♭ major
   Concertos, English horn, orchestra

主題目録番号は、その主題目録の慣用に従って大文字を使用する。

（参照：主題目録番号については、#4.14.4.3.3を見よ。）

   BWV 1007-1012

#A.2.6.1.2　シリーズ

部分の順序表示に用いられる語または略語は、小文字で始める。必要に応じて、当該言語の慣用に従って大文字を使用する。

（参照：部分の順序表示については、#43.1.2を見よ。）

   v. 7
   Bd. 5

#A.2.7　個人・家族・団体、場所の名称

個人・家族・団体、場所の名称は、初語を大文字で始める。2番目以降の語は、当該言語の慣用に従って大文字を使用する。

   Moko, 1958-
   Müller, Hans, 1900 October 22-
   La Fontaine, Jean de
   Eliot, T. S.（Thomas Stearn），1888-1965.
   Von Heiden（Family）
   Tokyo Gaikokugo Daigaku
   Minamiarupusushi

大文字の使用が変則的な固有名や専門用語等が、名称に含まれる場合は、一般に知られている形で記録する。

  aiko
  Do As Infinity
  UVERworld
  dSPACE Japan 株式会社
  e-まちタウン
  IgG4 研究会

#A.2.7.1　個人の名称と結びつくその他の語

　称号を個人の名称の一部として記録する場合、または名称以外の識別要素として記録する場合は、当該言語の慣用に従って大文字を使用する。
（参照：#6.1.8.3a）、#6.4 を見よ。）

  Cavour, Camillo Benso, conte di
  Anne, Queen of Great Britain, 1665-1714

　活動分野、職業およびその他の識別要素は、初語および固有名を構成する要語を大文字で始める。
（参照：活動分野については、#6.5 を見よ。職業については、#6.6 を見よ。その他の識別要素については、#6.8 を見よ。）

  La Salle, Jean Baptiste de, Saint, 1651-1719
  Haven, Gilbert, 1821-1880（Spirit）

#A.2.7.2　イニシャル・頭字語

　団体によって用いられるイニシャルまたは頭字語は、その団体が主として用いている慣用に従って大文字を使用する。

  JETRO
  CeMI
   （正式名称：Crisis & Environment Management Policy Institute（環境防災総合政策研究機構の英語名））
  AfDB
   （正式名称：African Development Bank）

#A.2.7.3　家族・団体の名称と結びつくその他の語

　家族のタイプまたは団体のその他の識別要素は、初語を大文字で始める。
（参照：家族のタイプについては、#7.3 を見よ。団体のその他の識別要素については、#8.7 を見よ。）

  Von Heiden（Family）
  0047（Organization）
  Carlow（Ireland：County）

付　録

Malaya（Territory under British Military Administration, 1945-1946）

付録A.3　略語使用法

#A.3.0　範囲
　本付録では、属性または関連の記録における略語の使用法について規定する。

#A.3.1　通則
　略語は、#A.3.2～#A.3.6、#A.3.8に従って、使用する。指示がある場合は、表A.3.7a～表A.3.8の略語を使用する。
　メートル法による単位の記号（cmなど）は、略語として扱わない。

#A.3.1　通則　別法
　＊体現形または個別資料の属性を記録する場合は、国際的に標準とされる用法に従って略語を使用する。ただし、データ作成機関が定める、または採用すると定めた基準に従って略語を使用することができる。統制形アクセス・ポイントにおけるタイトルおよび名称を記録する場合は、#A.3.3～#A.3.6、#A.3.8に従って、略語を使用する＊。指示がある場合は、表A.3.7a～表A.3.8の略語を使用する。
　メートル法による単位の記号（cmなど）は、略語として扱わない。

#A.3.2　転記
　情報源における表示を転記するエレメントにおいては、情報源に略語が表示されている場合に限り、略語を使用する。エレメントのすべてまたは一部を情報源における表示以外から補う場合は、略語を使用しない。
（参照：#1.10、#1.10別法を見よ。）

#A.3.3　著作のタイトル
　著作のタイトルにおいては、次の場合に限り、略語を使用する。
　a）　タイトルの不可欠な構成部分（参照：#1.11.11を見よ。）
　b）　音楽作品の部分に対するタイトルにおける「Number」、またはこれに相当する語句
　　（参照：#4.14.1.4.1.1a)を見よ。）

#A.3.4　個人・家族・団体、場所の名称
　個人・家族・団体、場所の名称においては、その不可欠な構成部分である場合に限り、略語を使用する。
（参照：#1.11.11を見よ。）
　場所の名称にその上位の場所または法域の名称を含める場合は、#A.3.8に従って略語を使用することができる。
（参照：#12.1.3.2を見よ。）

#A.3.5　その他のエレメント
#A.3.5.1　大きさ

付　　録

　大きさをメートル法以外の単位で記録する場合は、単位を示す用語として表A.3.7aの略語を使用する。
（参照：＃2.18.0.2別法を見よ。）

#A.3.5.2　音楽作品の番号
　音楽作品の番号を記録する場合は、表A.3.7a～表A.3.7dの略語を使用する。
（参照：＃4.14.4.3を見よ。）

#A.3.5.3　赤経・赤緯
　赤経・赤緯を記録する場合は、表A.3.7aの略語を使用する。
（参照：＃4.18.3.2を見よ。）

#A.3.5.4　音楽の演奏手段
　音楽の演奏手段の複数の声域を記録する場合は、表A.3.7aから適切な略語を使用する。
（参照：＃5.21.0.2を見よ。）

　　　　　SA
　　　　　（sopranoとaltoの略語）

#A.3.5.5　所要時間
　所要時間を記録する場合は、表A.3.7aの略語を使用する。
（参照：＃5.22.0.2を見よ。）

#A.3.5.6　尺度の付加的情報
　尺度の付加的情報を記録する場合は、表A.3.7aの略語を使用する。
（参照：＃5.23.4.2を見よ。）

#A.3.5.7　部分の順序表示
　部分の順序表示を記録する場合は、表A.3.7a～表A.3.7dの略語を使用する。
（参照：＃43.1.2を見よ。）

#A.3.5.8　日付
　次の日付を西暦で記録する場合に、紀元後または紀元前を示す必要があるときは、略語のA.D.およびB.C.を用いる。
　a）　著作の日付（参照：＃4.4を見よ。）
　b）　表現形の日付（参照：＃5.2を見よ。）
　c）　個人と結びつく日付（参照：＃6.3を見よ。）
　d）　家族と結びつく日付（参照：＃7.4を見よ。）
　e）　団体と結びつく日付（参照：＃8.5を見よ。）

#A.3.5.9　法令等のその他の特性
　用語の「Protocols, etc.」（議定書等）には、「etc.」を使用する。
（参照：＃4.13.4.3を見よ。）

#A.3 略語使用法

#A.3.6 本付録にない語に対応する略語

本付録以外の言語で通常使用される略語が、本付録において対応する語に用いる略語と同一の綴りの場合は、その略語を使用する。判断できない場合は、その略語を使用しない。

#A.3.7 各種文字の略語

表A.3.7a　ラテン文字

語	略語
alto	A *
Anno Domini	A.D.
Band	Bd.
band	bd.
Bände	Bde.
baritone	Bar *
bass	B *
Before Christ	B.C.
bind	bd.
book	bk.
broj	br.
číslo	čís.
djilid	djil.
et cetera	etc. **
foot, feet	ft.
frames per second	fps
hour, -s	hr.
inch, -es	in.
inches per second	ips
jilid	jil.
kniha	kn.
knjiga	knj.
kötet	köt.
mezzo-soprano	Mz *
minute, -s	min.
nombor	no.
nomor	no.
number, -s	no.
numer	nr.
numero（フィンランド語）	nro
numéro, -s（フランス語）	n^o, n^{os}
numero（イタリア語）	n.
número（スペイン語）	no.

付　録

語	略語
Nummer	Nr.
nummer	nr.
opus	op.
part, -s	pt., pts.***
partie, -s	part.***
revolutions per minute	rpm
ročník	roč.
rocznik	rocz.
second, -s	sec.
sešit	seš.
soprano	S*
številka	št.
svazek	sv.
szám	sz.
tenor	T*
tome	t.
tomo	t.
volume, -s（英語）	v.
volume, -s（フランス語）	vol.
volume（イタリア語）	vol.
zväzok	zv.
zvezek	zv.

* 音楽の演奏手段として、複数のパートから成る合唱の声域を記録するために使用する。
** 「Protocols, etc.」（議定書等）のみに使用する。
*** 楽譜の数量の記録には、使用しない。

表A.3.7b　キリル文字

語	略語
выпуск	вып.
год	г.
головний	гол.
дополненный	доп.
заглавие	загл.
књига	књ.
книга	кн.
отделение	отдние
рік	р.
том	т.
часть	ч.

— 648 —

#A.3 略語使用法

表A.3.7 c　ギリシャ文字

語	略語
ἀριθμός	ἀρ.
μέρος	μέρ.
τεῦχος	τεῦχ.
τόμος	τ.

表A.3.7 d　ヘブライ文字

語	略語
באנד	בד.
גליון	גל׳
חוברת	חוב׳
טייל	טל.
יארגאנג	יארג.
מספר	מס׳
נומער	נום.

#A.3.8　特定の国名、州名、準州名、領域等

　表A.3.8にある国名およびアメリカ合衆国、オーストラリア、カナダの州名、準州名、領域等を次の記録に用いる場合は、表A.3.8の略語を使用することができる。

　　a)　上位の場所または法域の名称として付加する場合
　　b)　個人・家族・団体と結びつく場所の名称またはその一部として記録する場合

　市や町の名称が、表A.3.8の州と同じ名称の場合でも、表A.3.8の略語を使用しない。表A.3.8にない場所の名称については、略語を使用しない。

　　　　　Washington, D.C.
　　　　　（Wash., D.C. としない。）

表A.3.8　特定の国名、州名、準州名、領域等

語	略語
Alabama	Ala.
Alberta	Alta.
Arizona	Ariz.
Arkansas	Ark.
Australian Capital Territory	A.C.T.
British Columbia	B.C.
California	Calif.
Colorado	Colo.

付　録

語	略語
Connecticut	Conn.
Delaware	Del.
District of Columbia	D.C.
Florida	Fla.
Georgia	Ga.
Illinois	Ill.
Indiana	Ind.
Kansas	Kan.
Kentucky	Ky.
Louisiana	La.
Maine	Me.
Manitoba	Man.
Maryland	Md.
Massachusetts	Mass.
Michigan	Mich.
Minnesota	Minn.
Mississippi	Miss.
Missouri	Mo.
Montana	Mont.
Nebraska	Neb.
Nevada	Nev.
New Brunswick	N.B.
New Hampshire	N.H.
New Jersey	N.J.
New Mexico	N.M.
New South Wales	N.S.W.
New York	N.Y.
New Zealand	N.Z.
Newfoundland	Nfld.
Newfoundland and Labrador	N.L.
North Carolina	N.C.
North Dakota	N.D.
Northern Territory	N.T.
Northwest Territories	N.W.T.
Nova Scotia	N.S.
Oklahoma	Okla.
Ontario	Ont.
Oregon	Or.

#A.3 略語使用法

語	略語
Pennsylvania	Pa.
Prince Edward Island	P.E.I.
Puerto Rico	P.R.
Queensland	Qld.
Rhode Island	R.I.
Russian Soviet Federated Socialist Republic	R.S.F.S.R.
Saskatchewan	Sask.
South Australia	S.A.
South Carolina	S.C.
South Dakota	S.D.
Tasmania	Tas.
Tennessee	Tenn.
Territory of Hawaii	T.H.
Texas	Tex.
Union of Soviet Socialist Republics	U.S.S.R.
United Kingdom	U.K.
United States	U.S.
Vermont	Vt.
Victoria	Vic.
Virginia	Va.
Washington	Wash.
West Virginia	W. Va.
Western Australia	W.A.
Wisconsin	Wis.
Wyoming	Wyo.

付　　録

付録B.1　語彙のリストの用語

表2.12.3　刊行方式を示す用語
条項内の表の各用語に説明を付している。
（参照：付録#Dをも見よ。）

表2.13.3　刊行頻度を示す用語
各用語の定義は行わない。

表2.15.0.2　機器種別の用語
条項内の表の各用語に説明を付している。
（参照：付録#Dをも見よ。）

表2.16.0.2　キャリア種別の用語
付録#Dを見よ。

表2.17.2　楽譜の形式を示す用語
表5.20.0.2　楽譜の形式を示す用語

ヴォーカル・スコア　vocal score 　すべての声部のスコア。伴奏は省略されるか、鍵盤楽器等の和声楽器用に編曲されている。 参照：コーラス・スコア
クワイア・ブック　choir book 　聖歌隊の前の台に置く大きな本型の楽譜。通常はソプラノとテノールのパートが見開きの左ページにあり、アルトとバスのパートが右ページにあるような形状で、それぞれのパートが別々に記譜されている。
コーラス・スコア　chorus score 　独唱や合唱のための作品の、合唱の声部だけを示すスコア。少なくとも合唱の部分においては、伴奏は省略されるか鍵盤楽器等の和声楽器用に編曲されている。 参照：ヴォーカル・スコア
コンデンス・スコア　condensed score 　二つまたは少数の譜表に簡約したスコア。通常は楽器のセクションや声部ごとに編成され、しばしば個々のパートの演奏指示楽節（cue）を伴う。
指揮者用ヴァイオリン・パート譜　violin conductor part 　アンサンブルにおけるヴァイオリン奏者のためのパート譜で、演奏者が指揮をもとれるように、他の楽器のための演奏指示楽節（cue）を伴う。
指揮者用ピアノ・パート譜　piano conductor part 　アンサンブルにおけるピアノ奏者のためのパート譜で、演奏者が指揮をもとれるように、他の楽器のための演奏指示楽節（cue）を伴う。
スコア　score 　すべてのパートをまとめて表した楽譜。アンサンブルに対するもののほか、ソロ演奏者または電子メディアのための作品に対するものをも含む。総譜とも。パート譜とは異なる。

スタディ・スコア　study score
演奏に用いることが基本的に想定されていない、縮小したスコア。ミニチュア・スコアとも。
テーブル・ブック　table book
演奏者がテーブルを囲む際に卓上に置く本型の楽譜。通常は楽譜を開いた状態で複数のパートをそれぞれの位置から読みとれるように、各パートは別々に記譜されている。
パート譜　part
複数の楽器または声部から成る音楽作品の演奏時に用いられる、楽器ごとまたは声部ごとに記された楽譜。
ピアノ・スコア　piano score
器楽作品または伴奏付声楽作品を、ピアノ用に簡約したスコア。
合奏譜
複数の器楽のパートを並列させ、合奏の際にパート間の時間的関係が一目瞭然となるように記されている邦楽の楽譜。

表2.17.3　地図資料の種類を示す用語

地図　map　＊
地球などの天体の表面または想像上の場所について、選択した事項や抽象化された特徴を（またはこれらに関して）、通常は縮尺して二次元の媒体上に表現した地図資料。
ダイアグラム　diagram
数値データまたは行動や過程から生じる軌跡や結果を、地理的に表現した地図資料。非常に単純化された、または概略的な表現を特徴とする地図にも適用する。
対景図　view
地図の作成において、あたかも斜めに投影したかのような風景の透視画法の地図資料。鳥瞰図、パノラマ、パノラマ式描写、虫瞰図など。
断面図　section
地形などを裁断した場合の切り口を表現した地図資料。天球または何らかの概念的模型の表面を横切る断面と、地質断面（図）のように垂直断面に沿った下層構造の双方を表す。
地球儀　globe
球体の表面に、地球を表現した地図資料。
地質断面図　profile
地下の地質構造について、垂直断面を模様や色などで図示した地図資料。
地図帳　atlas
地図等の複数の地図資料を収録した冊子体の地図資料。説明文の有無は問わない。
天球儀　globe
球体の表面に、実在する天体または想像上の天体を表現した地図資料。
模型　model
実在のまたは想像上の場所を、何らかの縮尺で三次元的に表現した地図資料。
リモートセンシング図　remote-sensing image
遠方からの反射および（または）放射された電磁放射（ソナーの場合は反射された水中音波）を検出および測定する、リモートセンシング機器が作成した画像の地図資料。

＊表中に該当する用語が他にない場合に使用する。

付　録

表 2.17.4　静止画の種類を示す用語

静止画資料　picture　＊	
二次元の視覚的表現から成る静止画。	
アクティビティ・カード　activity card	
教育等のアクティビティを行う際に個人やグループが使用する、語、数および（または）絵が印刷されたカードの静止画。通常はセットで発行される。	
イコン　icon	
神聖な存在を描写し、それ自体が神聖とみなされる静止画。パネルに描かれたテンペラ画が一般的だが、フレスコ画を含む二次元の表現または浮彫もある。	
絵はがき　postcard	
メッセージを書いたり印刷したりすることができる、封筒なしでの郵送用カードの静止画。	
絵画　painting	
懸濁した顔料を直接塗布して制作される静止画。通常は二次元の表面上に色の広がりが配置されている。	
掛図　wall chart	
データを表形式またはグラフ形式にし、壁に掲示するのに適した形にした静止画。	
コラージュ　collage	
紙、布、写真などの材料を平らな面に貼付することによって制作された、二次元または非常に浅い浮彫の静止画。	
写真　photograph	
感光面などに光が当たってできた画像の静止画。通常は写真フィルムまたは電子媒体上に感光して生成される。	
スタディ・プリント　study print	
テキスト付きで構成されることもある、教育で使用される静止画。	
図表　chart	
グラフ形式または表形式の、二次元のデータ表現の静止画。	
製図　technical drawing	
工学などの技術上の問題に関連して使用するために作成された静止画。横断面図、詳細図、ダイアグラム、立面図、透視図、図面、工作図などがある。	
素描　drawing	
鉛筆、ペン、チョークなどの描写用の道具で、紙面上に線による形で描画された静止画。しばしばコンピュータで作成した画像をも指すように広く定義される。	
版画　print	
板、ブロック、スクリーンなどを版材とし、様々な刷りの過程を経て、画像を転写して制作された静止画。	
フラッシュ・カード　flash card	
学習の補助教材として短時間の表示のためにデザインされた文字、数、または絵などが印刷された、カードやカードのデジタル表現の静止画。	
放射線写真　radiograph	
不透明な物体の中を、エックス線、ガンマ線、または中性子線のような放射線を通過させることによって作成した写真の静止画。	
墨跡	
墨を使用して書いた筆跡の静止画。	
ポスター　poster	
活動、主張、製品またはサービスを宣伝、広告するための、装飾的もしくは絵画的な掲示物の静止画。または吊り下げ用の装飾的な大量生産の印刷物の静止画。	

＊表中に該当する用語が他にない場合に使用する。

表2.17.5 三次元資料の種類を示す用語

玩具　toy 　教育、娯楽などのために、遊びを意図してデザインされた三次元資料。 参照：ゲーム、模型
ゲーム　game 　教育、娯楽、または治療のために、規定もしくは暗黙のルールに従って操作する三次元資料。 参照：玩具
コイン　coin 　政府機関が通貨として使用するために刻印した、金属片の三次元資料。
ジオラマ　diorama 　二次元の背景の前に各種のオブジェクトやフィギュアなどを置いて作成され、ある場面を表現した三次元資料。
ジグソー・パズル　jigsaw puzzle 　反復して組み立てることを想定して、静止画を噛み合う形の断片に切断した三次元資料。通常は厚紙または木材を用いる。
実用模型　mock-up 　練習や分析のために手を加えられることがある、特定の部分や機能を強調して作成された装置や処理を表現した三次元資料。
彫刻　sculpture 　浮彫、陰刻または丸彫で、イメージや形が生成された三次元資料。通常は芸術作品。
展示物　exhibit 　ケース、ラベルなどの手段を伴って陳列される三次元資料。
標本　specimen 　集団または集合を代表するものとして選択された、個々のユニットまたはサンプルの三次元資料。
メダル　medal 　片面または両面に浮彫の文字や図案があり、記念のために作られた小さな金属片の三次元資料。交換の媒体としては使用されない。
模型　model 　実在のまたは想像上の対象を表現した三次元資料。 参照：玩具

表2.19.0.2 材料の種類を示す用語

アクリル絵具　acrylic paint 　アクリル樹脂の乳剤と結合した顔料または染料から成る材料。
アセテート　acetate 　セルロースの酢酸エステルから成る材料。 参照：トリアセテート、プラスチック
厚紙　cardboard 　0.1524mm より厚く、種類や強度は様々だが、主に良質の化学パルプまたはラグパルプで作られた硬いシートから成る材料。
油絵具　oil paint 　乾性油に懸濁された顔料から成る材料。
アルミニウム　aluminium 　非磁性金属で、通常は合金化され延性があり、灰色から銀の範囲の光沢をもつ材料。
石　stone 　天然に存在する形状のままの、または切断、成形、粉砕などの方法で加工された岩石から成る材料。

付　録

イラスト・ボード　illustration board 　水彩紙やケント紙のように、様々な用紙の裏に厚紙を貼り合わせたものから成る材料。
インク　ink 　液体またはペーストに含まれる顔料または染料から成る材料。
紙　paper 　動物、植物、鉱物、合成繊維を水中で懸濁したものから、形成および乾燥して作られた、フェルト状シートや網状の薄い材料。
ガラス　glass 　1種以上の塩基性酸化物と融合したシリカとして知られる二酸化ケイ素から成る材料。一般に透明であるが、半透明または不透明なものもある。
皮　skin 　羊、山羊、子牛などから剥いだ外皮を、毛を取り除き乾燥させ鞣すなどの方法で仕上げた材料。 参照：革、羊皮紙
革　leather 　乾燥したときに腐敗抵抗性を有し柔軟になるように鞣された、動物の皮から成る材料。 参照：皮
木　wood 　樹木の主要組織とそれに類似する植物から成る材料。
キャンバス　canvas 　一般に亜麻、麻、ジュート、または綿の様々な厚さの緊密に織られた布地であり、絵画や印刷の支持体として使用される材料。
金属　metal 　電気と熱の良導体で、不透明で特有の光沢、可融性、および一般に可鍛性または延性のある物質から成る材料。
グワッシュ　gouache 　不透明な有色の水溶性塗料を形成する、顔料と結合剤から成る材料。不活性物質が添加される場合がある。ポスター塗料をも含む。元来、テンペラの上に塗布された不透明水彩の技法を指す。
合成物質　synthetic 　天然素材の代用品として、人工素材を加工して作られた材料。
ゴム　rubber 　高い弾力性と伸縮性をもつ天然または合成ポリマーから成る材料。
ジアセテート　diacetate 　セルロースを酢酸で処理して作られた材料。 参照：セーフティ・ベース、トリアセテート、プラスチック
ジアゾ　diazo emulsion 　ジアゾ化合物という窒素化合物を含んだ感光剤。ジアゾ化合物には紫外線によって分解される性質と、アルカリによって発色する性質がある。マイクロフィルム、マイクロフィッシュの画像形成層に利用される。この感光剤によるフィルムをジアゾフィルムと呼ぶ。
シェラック　shellac 　雌のラックカイガラムシから分泌される樹脂状物であるラックから成る材料。エチルアルコールに溶解して、ブラシで塗布することができる液体を形成する。
磁製　porcelain 　セラミック物質を形成するために加熱された、カオリンとして知られている耐火性白土と長石から成る材料。
磁粉　magnetic particles 　二進またはアナログ情報を格納するために一般に使用される、強い磁気を帯びた粒子から成る、天然または合成無機化合物である材料。

— 656 —

#B.1 語彙のリストの用語

硝酸エステル　nitrate 　樟脳で可塑化された硝酸セルロースの材料。 参照：セーフティ・ベース、プラスチック
水彩絵具　watercolour 　透明な塗装材とするために水に懸濁された顔料から成る材料。
炭　charcoal 　動植物の物質から水分などの揮発性成分を取り除いた灰から生成される、炭素でできた濃い灰色の材料。
墨 　油煙や松煙を固めたものから成る材料。それを水で磨って作った液体をも含む。
石墨　graphite 　不透明で柔らかく滑らかな感触で黒色から灰色の、自然に発生する炭素の同素体から成る材料。粉末、棒、または鉛筆状で使用される。
セーフティ・ベース　safety base　* 　不燃性酢酸セルロースまたはポリエステルから成る材料。 参照：ジアセテート、硝酸エステル、トリアセテート、ポリエステル
染料　dye 　基底材によって吸収され得る、液体に溶解または懸濁された有色物質から成る材料。
象牙　ivory 　ゾウ、セイウチ、イッカクなどの動物の歯と牙の大部分を構成する、象牙質から成る材料。
チョーク　chalk 　細粒の石灰岩または柔らかい土状の炭酸カルシウムから成る材料。
テンペラ　tempera 　恒久的な速乾性塗装材とするため、卵黄やにじみ止めのような膠質材料の水溶性結合材と混合された顔料から成る材料。
陶製　ceramic 　粘土のような非金属鉱物を高温で焼成してできる、硬く脆く耐熱性と耐腐食性のある材料。
トリアセテート　triacetate 　セルロースと酢酸エステルの元で通常、無水酢酸から製造された材料。 参照：アセテート、ジアセテート、セーフティ・ベース、プラスチック、ポリエステル
泥 　金属箔を粉状にし膠などの媒体と混合した材料。
布　textile 　天然繊維または合成繊維を、織る、フェルトにする、結ぶ、撚り合わせるなどの工程を経て、結合させて作成した材料。ファイバーボード、紙、張り子、パピルスを除く。
パステル　pastel 　結合材と混合された顔料から成る、通常は棒状の材料。
ハードボード　hardboard 　緻密で堅い板で構成された材料。しばしば、加熱圧縮機で固められた繊維から製造される。
ハロゲン化銀　silver halide emulsion 　ゼラチンなどのコロイド媒体中に、銀とハロゲン族元素（塩素、臭素、ヨウ素、フッ素など）との化合物を懸濁させた感光剤。マイクロフィルム、マイクロフィッシュの画像形成層に利用される。この感光剤によるフィルムを銀塩フィルム、写真を銀塩写真と呼ぶ。
ビニール　vinyl 　ビニル基、一般に塩化ビニルから派生したポリマーまたはコポリマーから成る材料。
プラスター　plaster 　石膏として知られる硫酸カルシウム二水和物または炭酸カルシウムから調製された粉末から成る材料。水や充填剤と混合し、放熱してから硬化するペーストを形成する。

付　録

プラスチック　plastic 　成型可能な高分子量の合成または半合成有機ポリマーから成る材料。 参照：アセテート、ジアセテート、硝酸エステル、トリアセテート、ポリエステル
ブリストル紙　Bristol board 　一般に厚手の用紙と貼り合わせて作られた、高品質の白い厚紙から成る材料。
ベシキュラ　vesicular emulsion 　熱可塑性樹脂の中にジアゾ化合物を含ませ、光分解中に発生する窒素気泡を、加熱冷却して樹脂により固定して画像を形成する感光剤。マイクロフィルム、マイクロフィッシュの画像形成層に利用される。
ベラム　vellum 　良質の子牛または子羊の羊皮紙から成る材料。 参照：羊皮紙
ポリエステル　polyester 　主鎖にエステル官能基を含むポリマーの一種である材料。 参照：セーフティ・ベース、トリアセテート、プラスチック
羊皮紙　parchment 　筆記、製本などの用途のための、子牛、羊、または山羊の皮から成る、薄く強く半透明または不透明な材料。 参照：皮、ベラム
ラッカー　lacquer 　揮発性有機化合物などの溶剤に溶解したポリマーまたはアクリル化合物から成り、乾くと硬質で耐久性のある材料。透明のまたは着色された仕上げ剤として一般に使用される。
蝋　wax 　周囲温度付近で可塑性がある、滑らかな感触で融点が低く、通常は半透明で撥水性があり有機溶媒に溶ける、動物、植物、鉱物または合成した原料からの化合物から成る材料。
和紙 　ガンピ、コウゾ、ミツマタなど植物の繊維を主原料として作成された材料。日本古来の抄紙法によるほか、機械漉きのものもある。

＊映画フィルム、写真フィルム、マイクロフィルム、マイクロフィッシュの基底材が、ジアセテート、硝酸エステル、トリアセテート、ポリエステルのいずれであるのか不明な場合に用いる。

表2.22.0.2　制作手段の種類を示す用語

青写真　blueprint process 　鉄塩類の感光性を利用した密着印画の工程から成り、青地に白の印画が得られる写真・複写技法。 参照：青焼き、白焼き
青焼き　blueline process 　ジアゾニウム塩とアゾ色素の化学反応を利用した密着印画の工程から成り、無彩色の背景に青の印画が得られる複写技法。 参照：青写真、白焼き
印刷　printing 　原版の図形や文字などの画像を、プレート、ブロック、石、転写可能な材料でコーティングされたスクリーンなどの被印刷体へ転写する技法。コンピュータに保存されたデータからの写真印刷、紙へのコピーを含む。 参照：木版
エッチング　etching 　防食剤でコーティングした金属板にデザインを彫り、露出した金属を酸で腐食させて作った凹版により、版画を作成する技法。 参照：エングレーヴィング

#B.1　語彙のリストの用語

エングレーヴィング　engraving	
鋭い工具を用いて硬質材料の表面に線や点などを彫刻する技法。凹版印刷用の版の作成も含まれる。	
参照：エッチング、銘刻	
エンボス　embossing	
金属やプラスチックのシートに凹凸を付け、それを原版として型押しし、浮き出しのような触知表現をもつ複製物を作成する技法。	
銀板写真　daguerreotype process	
銀板をカメラで露光した後、水銀蒸気を用いて現像し、塩でポジ画像を定着させる写真技法。	
グラビア印刷　photogravure process	
写真製版法を用いた凹版印刷の技法。金属板上に深さの異なるセルというインクポケット用の凹みを作り、そこに入れるインクの量によって濃淡を出す。	
コロタイプ　collotype	
写真製版法を用いた平板印刷の技法。紫外線への曝露時にゼラチンを硬化させる二クロム酸塩の化学反応を用いた密着印画の工程から成り、リトグラフィの印刷工程に使われるポジ型マスター版を作成する。	
写真製版　photoengraving	
写真技術を用いて印刷用の版を作る技法。文字や写真、絵画などの原稿を撮影してネガまたはポジを作り、感光液を塗った金属板に焼き付け、印刷版を作成する。	
焼成　burning	
材料の表面に熱を加えることにより、印をつける製造技法。	
白焼き　white print process	
感光性を利用した密着印画の工程から成り、白地に黒の印画が得られる複写技法。	
参照：青写真、青焼き	
スウェル・ペーパー　swell paper	
アルコールのマイクロカプセルが埋め込まれた特殊な紙に印刷された画像に熱を加え、紙の表面を膨潤させることによる触知表現の発現方法。	
スタンピング　stamping	
材料の表面に型押しをするため圧力による加工を施す技法。	
点字　solid dot	
強度のある薄い紙の表面に、熱によりプラスチックを点状に付着させることによる、触知表現の発現方法。	
電子複写　photocopying	
不透明材料に接触または投射された放射エネルギーを使用した、写真複製の工程から成る複写技法。一般にマイクロ画像を含まない。	
熱成形　thermoform	
加熱したプラスチックのシートで型を覆い、シートと型の間を真空にして模型やダイアグラムの複製物を成形する触知表現の発現方法。	
銘刻　inscribing	
表面を切削することによって、記号などを基底材に定着させる工程から成る製造技法。	
参照：エングレーヴィング	
木版　woodcut making	
版木の表面に文字や絵を彫り込み、印刷する浮き彫りによる製造技法。	
参照：印刷	
リトグラフィ　lithography	
石またはプレートに、撥水物質を用いてインクを受容する版を作る、平版印刷の工程から成る製造技法。	

付　録

表 2.23.0.2　世代の種類を示す用語

＜映画フィルム＞
オリジナル・ネガ　original negative 　カメラに装着され、露光されたフィルム。画像は被写体の色彩および色調が反転した陰画として表現される。後続の世代のフィルムまたは派生物よりも優れた画質をもつ。
マスター・ポジ　master positive 　前の世代のネガ・フィルムから作られたポジ・フィルム。映写よりも複製ネガの準備のために使われることが多い。ポジ・フィルムとは被写体の色彩および色調に反転のない陽画のことを指す。
複製　duplicate 　元の画像やサウンドトラックから複製された世代。通常ネガの極性をもつ。複製ネガはオリジナル・ネガから作られたマスター・ポジを元に作られるほか、オリジナル・ネガから直接作成される場合（ダイレクト・デュープ）もある。
リファレンス・プリント　reference print 　プロデューサーと監督が承認した上映用プリントの世代。
ビューイング・コピー　viewing copy 　研究者の閲覧用に複製された世代。
＜電子資料＞
オリジナル　original 　電子資料として最初に作成された世代。
マスター　master 　最高解像度によるデジタル化の工程を経て作成され、しばしば派生コピーを作るために使用される世代。
デリバティブ・マスター　derivative master 　マスターから派生した世代。
＜ビデオテープ＞
第1世代　first generation 　動画または静止画の記録のために使われたオリジナルのビデオテープの世代。
＜マイクロ資料＞
第1世代　first generation 　マイクロ画像の記録のために使われたオリジナルのカメラ・フィルムの世代。
プリント・マスター　printing master 　後続の世代のマイクロ資料を制作するために使われる世代。
提供用コピー　service copy 　主に利用を目的として複製された世代。
世代混合　mixed generation 　複数の世代が組み合わさっており、適切な用語を当てはめることができない場合に用いる世代の用語。
＜録音資料＞
マスター・テープ　master tape 　複製物を作成する際に元となるオリジナル・バージョンのテープの世代。
複製マスター・テープ　tape duplication master 　通常はマスター・テープからの複製物の第1世代。複数の複製物を作成するために使用される。
マスター盤　disc master 　レコードの作成過程において、オリジナルのラッカー原盤に金属メッキを施し、それを剥離して作成された金属性のマスター盤。凹型のラッカー盤にメッキしたものを剥がすため凸型になる。
マザー盤　mother 　レコードの作成過程において、マスター盤に金属メッキを施し、それを剥離して作成された凹型の複製物。生産用のマスターとなり、ここから1または複数のスタンパー盤が作成される。

#B.1 語彙のリストの用語

スタンパー盤　stamper	
レコードの作成過程において、マザー盤に金属メッキを施し、それを剥離して作成された凸型の複製物。プレス装置にセットし、レコードの生産工程で凹型の溝の刻印のために使われる。	
テスト盤　test pressing	
レコードの作成過程において、完全なプレスを実行する前に欠陥をチェックするためにテストとして作成される盤。批評家やDJなどに提供される初期のプレスとは異なる。	

表2.24.0.2　レイアウトの種類を示す用語

＜シートおよびテキスト（触知）資料＞
片面　single sided
1枚のシートの片面のみを用いる、シートおよびテキスト（触知）資料のレイアウト。
ダブル・スペース　double line spacing
テキストの行間に空白行を含んだテキスト（触知）資料のレイアウト。
両面　double sided
1枚のシートの両面を用いる、シートおよびテキスト（触知）資料のレイアウト。
＜地図資料＞
両面　both sides
同じ尺度の地図が、1枚または複数枚のシートの両面にわたって記載される地図資料のレイアウト。同じ尺度の異なる地図が複数点記載される場合をも含む。
両面（異言語）　back to back
1枚のシートのそれぞれの面に、異なる言語の同一の地図が記載される地図資料のレイアウト。
＜楽譜（触知）資料＞
アウトライン　outline
アウトライン形式から成る楽譜（触知）資料のレイアウト。
ヴァーティカル・スコア　vertical score
複数のパートが1つにまとめられ、和音として書かれた楽譜（触知）資料のレイアウト。
オープン・スコア　open score
パラレルとよばれるユニットで表された小節から成る楽譜（触知）資料のレイアウト。バー・オーバー・バーに似ているが、アンサンブル・スコアに使用される。
ショート・フォーム・スコアリング　short form scoring
パラレルとよばれるユニットに歌詞、和音記号、メロディが記され、和音記号に点字が使用される楽譜（触知）資料のレイアウト。主にポピュラー音楽やフォーク音楽で使用される。
シングル・ライン　single line
単一の楽器のパート譜、またはソロ譜が2行から5行のまとまりで記された楽譜（触知）資料のレイアウト。最初の行に小節番号またはリハーサル指示が記される。
セクション・バイ・セクション　section by section
左側の余白に目立つように記されたハンド・サインまたはパート・サインから成る楽譜（触知）資料のレイアウト。
バー・オーバー・バー　bar over bar
パラレルとよばれるユニットで表された小節から成る楽譜（触知）資料のレイアウト。各パートの小節の先頭が別のパートの同じ小節の先頭と縦に揃っている。
バー・バイ・バー　bar by bar
それぞれの小節ごとに各パートが横に並べて書かれた、字下げしたパラグラフから成る楽譜（触知）資料のレイアウト。
パラグラフ　paragraph
複数のパラグラフから成る楽譜（触知）資料のレイアウト。1つのパートが1パラグラフで表される。

付　録

メロディー・コード・システム　melody chord system	
複数のパラグラフで表示された和音記号とメロディから成る楽譜（触知）資料のレイアウト。和音記号には楽譜用点字が使用される。	
ライン・オーバー・ライン　line over line	
パラレルとよばれるユニットで表された小節から成る楽譜（触知）資料のレイアウト。各行の先頭が縦に揃っているとは限らない。	
ライン・バイ・ライン　line by line	
歌詞の行と、それに対応する楽譜の行が交互に並べられた楽譜（触知）資料のレイアウト。	

表 2.25.0.2　書型・判型の種類を示す用語

＜江戸時代の和古書の書型＞
大本
美濃判の紙を二つ折りにした大きさの書型。
半紙本
半紙判の紙を二つ折りにした大きさの書型。
中本
大本の半分の大きさの書型。
小本
半紙本の半分の大きさの書型。
＜初期印刷資料（和古書・漢籍を除く）などの判型＞
2折　folio
全紙を 1/2 の大きさに折った紙葉から成る判型。
4折　4to
全紙を 1/4 の大きさに折った紙葉から成る判型。
8折　8vo
全紙を 1/8 の大きさに折った紙葉から成る判型。
12折　12mo
全紙を 1/12 の大きさに折った紙葉から成る判型。
16折　16mo
全紙を 1/16 の大きさに折った紙葉から成る判型。
24折　24mo
全紙を 1/24 の大きさに折った紙葉から成る判型。
32折　32mo
全紙を 1/32 の大きさに折った紙葉から成る判型。
48折　48mo
全紙を 1/48 の大きさに折った紙葉から成る判型。
64折　64mo
全紙を 1/64 の大きさに折った紙葉から成る判型。

表 2.26.0.2　フォント・サイズの種類を示す用語

大活字　large print
通常サイズの活字を読むのが困難な読者を援助するためのフォント・サイズ。
特大活字　giant print
大活字を読むのが困難な読者を援助するための、非常に大きなフォント・サイズ。
ジャンボ・ブレイル　jumbo braille
個々のマスを拡張して、点の間隔を広げた点字のフォント・サイズ。

#B.1 語彙のリストの用語

表 2.27.0.2　極性の種類を示す用語

ネガ　negative	
画像に使用される色彩および色調が被写体と反対である極性。	
ポジ　positive	
画像に使用される色彩および色調が被写体と同じである極性。	
極性混合　mixed polarity	
ネガとポジが混在している場合に用いる極性の用語。	

表 2.28.1　縮率を示す語句を示す用語

低縮率　low reduction
マイクロ資料の原資料に対するマイクロ画像の縮率で、16倍未満のもの。
中縮率　normal reduction
マイクロ資料の原資料に対するマイクロ画像の縮率で、16倍から30倍のもの。
高縮率　high reduction
マイクロ資料の原資料に対するマイクロ画像の縮率で、31倍から60倍のもの。
超高縮率　very high reduction
マイクロ資料の原資料に対するマイクロ画像の縮率で、61倍から90倍のもの。
極超高縮率　ultra high reduction
マイクロ資料の原資料に対するマイクロ画像の縮率で、90倍を超えるもの。

表 2.29.1　録音の方式を示す用語

アナログ　analog
音声が媒体に連続可変量として格納される録音の方式。
デジタル　digital
音声が連続的にサンプリングされ、離散バイナリ値のシーケンスが格納されて波形の各サンプルの振幅を表す録音の方式。

表 2.29.2　録音の手段の種類を示す用語

光学　optical
音声を光信号に変換し、透明状の媒体にバイナリ・データとして記録する録音の手段。
磁気　magnetic
音声を電気信号に変換し、磁気テープ、磁気ディスクなどの磁性体上に磁気的変化として記録する録音の手段。
光磁気　magneto-optical
レーザー加熱による磁場の変化を利用してディスクにデータを記録する録音の手段。

表 2.29.4 A　音溝の幅の種類を示す用語

コース・グルーヴ　coarse groove
1cm あたり約40本、1インチあたり100本の音溝が含まれる、アナログ・ディスクの音溝の幅。初期のシェラック盤に見られる。
マイクログルーヴ　microgroove
1cm あたり120 から160 本またはそれ以上、1インチあたり300 から400 本またはそれ以上の音溝が含まれる、アナログ・ディスクの狭い音溝の幅。一般に1945年以降のバイナル盤に見られる。

付　録

表 2.29.4 B　音溝のピッチの種類を示す用語

精細　fine	1cm あたり 60 から 64 ターン、1 インチあたり 150 から 160 ターンのアナログ・シリンダーの音溝のピッチ。
通常　standard	1cm あたり 40 ターン、1 インチあたり 100 ターンのアナログ・シリンダーの音溝のピッチ。

表 2.29.5　トラック構成の種類を示す用語

エッジ・トラック　edge track	オーディオ・トラックが、フィルム・ロールの縁近くに配置されているトラック構成。
センター・トラック　centre track	オーディオ・トラックが、別のフィルム・ロールの中央に配置されているトラック構成。

表 2.29.7　再生チャンネルの種類を示す用語

モノラル　mono	単一のチャンネルから成るモノラル・サウンド用の再生チャンネルの構成。
ステレオ　stereo	2 つのチャンネルから成るステレオ・サウンド用の再生チャンネルの構成。
4 チャンネル　quadraphonic	4 つのチャンネルから成る 4 チャンネル・サウンド用の再生チャンネルの構成。
サラウンド　surround	5 つ以上のチャンネルから成るサラウンド・サウンド用の再生チャンネルの構成。

表 2.29.8　特定の再生仕様の種類を示す用語

ドルビー　Dolby	ドルビー・ラボラトリーズによって開発された、アナログ磁気テープの録音のための一連のノイズ・リダクション・システムを採用した音声の再生仕様。
ドルビー A　Dolby-A encoded	ドルビー・ラボラトリーズによって業務用に開発された、アナログ磁気テープの録音のためのノイズ・リダクション・システムを採用した音声の再生仕様。
ドルビー B　Dolby-B encoded	ドルビー・ラボラトリーズによって民生用に開発された、アナログ磁気テープの録音のためのノイズ・リダクション・システムを採用した音声の再生仕様。ドルビー A を簡略化したもの。
ドルビー C　Dolby-C encoded	ドルビー・ラボラトリーズによって 1980 年に民生用に開発された、アナログ磁気テープの録音のためのノイズ・リダクション・システムを採用した音声の再生仕様。
リニア PCM　LPCM	パルス符号変調方式によってアナログ音声をデジタル・サンプリングした音声の再生仕様。
CCIR　CCIR encoded	国際無線通信諮問委員会（Comité consultatif international pour la radio）の規格に準拠した音声の再生仕様。
CX　CX encoded	CBS ラボラトリーズによって 1970 年代後半に開発された、アナログ音声の録音のためのノイズ・リダクション・システムを採用した音声の再生仕様。
dbx　dbx encoded	dbx によって開発された、一連のノイズ・リダクション・システムを採用した音声の再生仕様。

#B.1 語彙のリストの用語

NAB　NAB standard
　全米商業放送連盟（National Association of Broadcasters）の規格に準拠した音声の再生仕様。

表 2.30.1　映写方式の種類を示す用語

サーカラマ　Circarama	
円形に配置されたスクリーンに複数のプロジェクターを使用する映画フィルムの映写方式。	
シネミラクル　Cinemiracle	
3台の同期プロジェクターを使用する、アスペクト比が 2.59:1 である映画フィルムの映写方式。	
シネラマ　Cinerama	
アスペクト比が 2.88:1 の映画フィルムの映写方式。本来は 3 台の同期プロジェクターを使用する。	
ステレオスコピック　stereoscopic	
立体映像を使用して 3 次元の錯視を与える映画フィルムの映写方式。	
テクニスコープ　techniscope	
35mm フィルムを使用する、アスペクト比が 2.33:1 である映画フィルムの映写方式。	
パナビジョン　Panavision	
パナビジョンのアナモルフィック・レンズを使用して撮影された、ワイドスクリーン・アスペクト比で映写する映画フィルムの映写方式。	
標準サイレント・アパーチャー　standard silent aperture	
標準的なプロジェクターのアパーチャーを使用する、サイレント映画用の映画フィルムの映写方式。	
標準サウンド・アパーチャー　standard sound aperture	
標準的なプロジェクターのアパーチャーを使用する、サウンドトラック付き映画用の映画フィルムの映写方式。	
マルチスクリーン　multiscreen	
複数の画面を使用する映画フィルムの映写方式。	
マルチプロジェクター　multiprojector	
複数の同期プロジェクターを使用する映画フィルムの映写方式。	
IMAX　IMAX	
従来のフィルム・システムよりもはるかに大きなサイズと解像度の画像を映写する映画フィルムの映写方式。	
3D　3D	
3 次元の錯視を与える映画フィルムの映写方式。	

表 2.31.1　ビデオ・フォーマットの種類を示す用語

ベータカム　Betacam	
ソニーによって 1982 年に業務用に開発された、アナログ・テープのビデオ・フォーマット。	
ベータカム SP　Betacam SP	
ベータカム・フォーマットの水平解像度を 340 本に向上させた、アナログ・テープのビデオ・フォーマット。	
ベータマックス　Betamax	
ソニーによって 1975 年に民生用に開発された、アナログ・テープのビデオ・フォーマット。	
CED　CED	
静電容量方式のアナログ・ディスクのビデオ・フォーマット。Capacitance Electronic Disc の略。	
D-2　D-2	
アンペックスによって 1988 年に業務用に開発された、アナログ・テープのビデオ・フォーマット。	
EIAJ　EIAJ	
日本電子機械工業会（Electronic Industries Association of Japan）によって 1969 年に業務用に開発された、アナログ・テープのビデオ・フォーマット。	

付　録

Hi8　Hi-8 mm	
アナログ・テープのビデオ・フォーマット。8 mm フォーマットの一つ。	
LD　Laser optical	
レーザーで読み取る光ディスクのビデオ・フォーマット。	
M-II　M-II	
パナソニックによって 1986 年に業務用に開発された、アナログ・テープのビデオ・フォーマット。	
S-VHS　Super-VHS	
VHS の水平解像度を 420 本に向上させた、アナログ・テープのビデオ・フォーマット。	
Type C　Type C	
アンペックスとソニーによって 1976 年に業務用に開発された、アナログ・テープのビデオ・フォーマット。	
U 規格　U-matic	
ソニー等によって民生用に開発された、アナログ・テープのビデオ・フォーマット。	
VHS　VHS	
日本ビクターによって 1970 年代に民生用に開発された、アナログ・テープのビデオ・フォーマット。	
4 ヘッド VTR　Quadruplex	
アンペックスによって 1956 年に業務用に開発された、アナログ・テープのビデオ・フォーマット。	
8 mm　8 mm	
幅 8mm のテープを使用するアナログおよびデジタルテープの一連のビデオ・フォーマット。Video 8、Hi 8、および Digital 8 形式など。	

表 2.31.2　テレビ放送の標準方式の種類を示す用語

HDTV
デジタル・テレビ放送の標準方式。高精細度テレビジョン放送。
NTSC
米国のほとんどの地域や日本をはじめとする極東地域で使用されたアナログ・テレビ放送の標準方式。
PAL
主にヨーロッパや中国、オーストラリアなどで使用されているアナログ・カラー・テレビ放送の標準方式。走査線 625 本／フレーム、25 フレーム／秒で放送される。
SECAM
フランスで初めて使用されたアナログ・カラー・テレビ放送の標準方式。

表 2.32.1　ファイル種別を示す用語

オーディオ・ファイル　audio file
電子的に記録されたオーディオを格納するためのファイル種別。
画像ファイル　image file
電子的に記録された静止画像を格納するためのファイル種別。
テキスト・ファイル　text file
電子的に記録されたテキストを格納するためのファイル種別。
データ・ファイル　data file
電子的に記録されたデータ値を格納するためのファイル種別。
ビデオ・ファイル　video file
電子的に記録された動画を格納するためのファイル種別。
プログラム・ファイル　program file
電子的に記録されたコンピュータ・ソフトウェアのプログラムを格納するためのファイル種別。

#B.1 語彙のリストの用語

表 2.32.7.2　地図データ種別を示す用語

ベクタ　vector	
点、線、面という3つの要素で構成された地図データ種別。	
ポイント　point	
点で表す地図データ種別。	
ラスタ　raster	
格子状に並んだピクセルを用い、点を二次元に配した構造で表す地図データ種別。	

表 4.14.3.3.1.2　管弦楽、弦楽合奏、吹奏楽の器楽曲の種類を示す用語

管弦楽　orchestra	
様々な管楽器・弦楽器・打楽器の組み合わせによる大規模な合奏の楽曲。	
弦楽合奏　string orchestra	
弦楽器の組み合わせによる合奏の楽曲。	
吹奏楽　band	
管楽器を主体とする組み合わせによる合奏の楽曲。	

表 4.14.3.3.2.1 a　ソロの声域を示す用語

ソプラノ　soprano	
歌手の声域区分で、女声の高い音域。	
メゾソプラノ　mezzo-soprano	
歌手の声域区分で、ソプラノとアルトとの中間の女声の音域。	
アルト　alto	
歌手の声域区分で、女声の最低音域。	
テノール　tenor	
歌手の声域区分で、男声の高い音域。	
バリトン　baritone	
歌手の声域区分で、テノールとバスとの中間の音域。	
バス　bass	
歌手の声域区分で、男声の最低音域。	

表 4.14.3.3.2.1 b　複数の異なる声域を示す用語

混声ソロ　mixed solo voices	
男声と女声との組み合わせで演奏されるソロ。	
男声ソロ　men's solo voices	
男声のみで演奏されるソロ。	
女声ソロ　women's solo voices	
女声のみで演奏されるソロ。	

表 4.14.3.3.2.2　合唱曲の種類を示す用語

混声合唱　mixed voices	
男声と女声との組み合わせで演奏される合唱。	
男声合唱　men's voices	
男声のみで演奏される合唱。	
女声合唱　women's voices	
女声のみで演奏される合唱。	

付　録

斉唱　unison voices
同じ旋律を多くの人が同時に歌う合唱。

表 5.1.3　表現種別の用語

条項内の表の各用語に説明を付している。

(参照：付録 #D をも見よ。)

表 5.13.2.2　楽譜の記譜法を示す用語

数字記譜法　number notation
数字を使用して音の高さを表す記譜法。キーボードの鍵盤や、弦楽器の指ポジションやフレット、管楽器の穴や弁に割り当てられる。
図形記譜法　graphic notation
様々な示唆的な線や記号や色彩などを使用して、演奏者に促したり指示したりする記譜法。あいまいな音の高さ、長さ、調子を表すために用いられ、また演奏者が関与することのない電子音楽を図示するためにも用いられる。
ソルミゼーション　solmization
音名ではなく、標準的な音節からの相対的な高さによって音の高さを示す記譜法。
タブラチュア　tablature
楽器固有の奏法を文字や数字で示す記譜法。
定量記譜法　mensural notation
4つの主要な音符とそれに対応する休符を使用する記譜法。
トニック・ソルファ　tonic sol-fa
線譜をドレミファまたはその頭文字に置き換えた記譜法。
ネウマ記譜法　neumatic notation
ネウマという記号を使用して、メロディの音の高さを示す記譜法。
譜線記譜法　staff notation
五線譜を代表とする、複数の平行線を使用して、音の高さと持続時間を示す記譜法。
文字記譜法　letter notation
文字によって音の高さを示す記譜法。

表 5.13.3.2　触知資料の表記法を示す用語

楽譜用点字　music braille code
点字セルを使用する楽譜のための触知表記法。
情報処理用点字　computing braille code
記号や ASCII コードの表現を可能とするコンピュータ関連資料のための触知表記法。
触図　tactile graphic
表面に凹凸のある図を使用する触知表記法。
触知楽譜　tactile musical notation
楽譜の触知表記法。楽譜用点字などの触知表記法を含む。
数学用点字　mathematics braille code
数学的および科学的情報に使用する触知表記法。
点字　braille code　*
通常、6点の突起の組み合わせで数字、アルファベット等を表す触知表記法。
ムーン・タイプ　Moon code
簡略な文字形態に基づく触知表記法。

* 点字は、テキストを表記したものに使用する。

#B.1 語彙のリストの用語

表 5.13.4.2 運動譜の記譜法を示す用語

アクション・ストローク・ダンス記譜法　action stroke dance notation 　抽象的な記号を使用して、身体と四肢の位置と動きを表す運動譜の記譜法。腕、脚、および胴体等を個別に垂直に表す譜表に記録される。
エシュコル・ワハマン記譜法　Eshkol-Wachman movement notation 　球座標を使用して、身体と四肢の位置を示す運動譜の記譜法。
キネトグラフィー・ラバン　Kinetography Laban 　抽象的な記号を使用して、後ろから見たときの身体と四肢の動きを表す運動譜の記譜法。身体を表現する3本の垂直の譜表に記録される。20世紀半ばにヨーロッパで開発された。 　参照：ラバノーテーション
ステパノフ舞踊記譜法　Stepanov dance notation 　楽譜を使用して、身体の単一の部分による動きを表現するためのダンス用の運動譜の表記法。身体を表す9行の水平な譜表に記録される。
ダンスライティング　DanceWriting 　形象的、抽象的な記号を使用して、身体と四肢の位置と動きを表現する運動譜の記譜法。身体を表す5行の水平な譜表に記録される。
ベネッシュ記譜法　Benesh movement notation 　抽象的な記号を使用して、後ろから見た身体と四肢の位置を表す運動譜の記譜法。身体を表す5行の水平な譜表に記録される。
ボーシャン・フイエ記譜法　Beauchamp-Feuillet notation 　抽象的な記号を使用して、演奏中の足の動きを表現する運動譜の記譜法。
ラバノーテーション　Labanotation 　抽象的な記号を使用して、後ろから見たときの身体と四肢の動きを表す運動譜の記譜法。身体を表現する3本の垂直の譜表に記録される。20世紀半ばに英米で開発された。 　参照：キネトグラフィー・ラバン
ゲーム記録譜　game play notation 　ゲームの進行中のプレイヤーやコマの位置を記録するための運動譜の記譜法。

表 5.15.0.2 図の種類を示す用語

グラフ　graph 　データ間の量や質の関係を示す図。
系図　genealogical table 　個人または家族の系統を表す表または線図から成る図。
彩飾　illumination 　単色または多色の塗料、インク、金属箔で塗装した装飾から成る図。
サンプル　sample 　集団全体またはロットから抽出された単一の構成要素、部分または少量のものから成る図。
写真　photograph 　通常は写真フィルムまたは電子媒体上に感光して生成される画像から成る図。
肖像　portrait 　人または動物の容貌、姿態などを写しとることを目的とした表現から成る図。対象が単一か集団かは問わない。
書式　form 　構造化されたデータを入力するためのラベル付き領域から成る図。
図面　plan 　詳細な描画や図表から成る図。

付　録

地図　map 　地球などの天体の表面または想像上の場所について、選択した事項や抽象化された特徴を（またはこれらに関して）、通常は縮尺して二次元の媒体上に表現した図。
ファクシミリ　facsimile 　オリジナルの図の正確な複製から成る図。
紋章　coat of arms 　盾形の紋地とその付属物から成る図。

表 5.17.0.2　色彩の種類を示す用語

単色　monochrome 　一色、白黒、または白か黒と別の一色から成る色彩。
多色　polychrome 　白と黒を除く 2 色以上から成る色彩。

表 5.18.0.2　音声の有無を示す用語

音声あり　sound 　音声を含む資料を示す。
無声　silent 　音声を含まない資料を示す。

表 5.19.0.2　画面アスペクト比の種類を示す用語

フル・スクリーン　full screen 　1.5:1 未満のアスペクト比。
ワイド・スクリーン　wide screen 　1.5:1 以上のアスペクト比。
アスペクト比混合　mixed aspect ratio 　同一資料内に複数のアスペクト比が含まれる場合に用いるアスペクト比の用語。

表 5.20.0.2　楽譜の形式を示す用語

　（参照：#B.1　表 2.17.2 を見よ。）

表 6.9.3　性別を示す用語

　各用語の定義は行わない。

付録B.2 三次元資料の種類を示す用語と用いる助数詞（追加分）

#B.2.0 範囲

表2.17.5に適切な用語がない場合、またはより特定的な用語が望ましい場合は、表B.2.0の用語を用いることができる。その場合は、表B.2.0の助数詞をあわせて用いる。必要に応じて、付表を参考にする。

表B.2.0 三次元資料の種類を示す用語と用いる助数詞（追加分）

分類			用語	助数詞
有形文化財	彫刻		彫刻	基（き）
			仏像、神像、肖像	頭（かしら）、軀（く）、体（たい）
			仏像光背	面（めん）
			押出仏像	面
			仮面	面
	工芸品	金工芸	御正体、鏡像	面、具（ぐ）、口（く）
			宝塔	基、合（ごう）、具、口
			法具	口、面、本（ほん）、柄、対（つい）、枝、合、組、枚、節、条、括、頭
			梵鐘	口
			灯籠	基、箇
			茶釜	口
			茶匙	支
		漆工芸	厨子	基
			大壇	基
			礼盤	基
			卓（しょく）	基
			机	脚
			経台	脚
			経箱	合
			経櫃、唐櫃	合
			袈裟箱	合
			壺	口
			笈	背
			手箱	合
			文台	基
			硯箱	合
			花盆、花盤	枚

付　録

分類			用語	助数詞
有形文化財	工芸品	漆工芸	棚	基
			燈台、燭台	基
			手巾掛	基
			脇息	基
			扇	柄
			太鼓縁	基
			鼓胴	口
			羯鼓台	脚
			琴	張（ちょう）
			琴柱	枚
			尺八、横笛	管
			輿	基
			瓶子	口
			鉢	口
			枡	箇
			鞍	背
			鐙	双、隻（片側）
			轡	口、具
		楽器	尺八、横笛	管
			琴	張、調（ちょう）、面
			琴柱	枚
			鼓	張り、丁
			弦	筋、条
			胡弓	張り
			三味線	棹、挺、丁
			撥	丁、本
			琵琶	面
			笛	管
		陶磁工芸	硯	面
			壺	口
			狛犬	対
			花生	口
			茶碗	口
			鉢	口
			水差	口
			瓶子	口
			皿	枚
			香炉	口
			釘隠し	箇

#B.2 三次元資料の種類を示す用語と用いる助数詞（追加分）

分類			用語	助数詞
有形文化財	工芸品	陶磁工芸	碗	口
		染織工芸	繡仏裂	枚
			幅	幅
			袈裟	領（りょう）
			袈裟（屏風仕立）	隻
			帯	条
			幟、旗	旒（りゅう）
			褥	枚
			畳	枚
			筵	枚
			毛氈	枚
			能装束、舞楽装束	領
			陣羽織	領
			帷子	領
			織物	才（さい）
			錦織	坪
		甲冑、弓箭具	鎧、胴丸、腹巻	領
			具足	領
			兜鉢、兜	頭
			鎧金具	括
			弓	張
			鏑矢	隻
			箭	本、隻、条
			やなぐい	腰、枚
			箙	腰
			楯	枚
		刀剣、刀装具	刀	口、腰、振、刀、剣
			薙刀	口、柄、振
			脇差	口、腰
			短刀	口、丁、挺
			大小	腰、揃
			鐔	枚
			槍	条、筋
		木竹工芸	額	架（か）、面
			茶器	組、揃
			茶杓	本、筒（とう）
			筆	管、茎（けい）
		書跡等	記念碑	基
		考古資料	石器、土器、骨角器	点、箇
			銅鐸	口

付　録

分類			用語	助数詞
有形文化財	工芸品	考古資料	銅戈	口
			銅剣	口
			銅鐸舌	箇
			銅鏡	面
			勾玉	顆
			鎔范	箇
			埴輪馬、家、犬、船	箇
			埴輪男子、女子	基、点
			刀身	口
			石人、石馬	箇
			墓誌	面
			骨壺	口
			瓦	箇
			銅印、木印	顆
		歴史資料（上記の各項目以外のもの）	時計	型、石
			版木	枚
			ロザリオ	連
			十字架	口
			マント	具
			踏み絵	面
民俗文化財	衣食住関係		行燈	張り
			衣桁	架
			衣類	重（かさね）、点
			臼	基
			桶	荷（か）、個
			笠	蓋（がい）、笠（りゅう）
			傘	張り
			被衣	枚、領
			釜	口
			竈（かまど）	台、基
			裃	具
			蚊帳	垂れ、張り
			脇息	脚
			鏡台	基、台
			行李（こうり）	合
			皿	口、枚
			敷物	枚
			重箱	重、組、下げ
			頭巾	頭
			簾（すだれ）	垂れ、張

#B.2 三次元資料の種類を示す用語と用いる助数詞（追加分）

分類		用語	助数詞
民俗文化財	衣食住関係	すりばち	鉢
		膳	客、膳
		松明	本、把
		煙草盆	面
		足袋	足
		箪笥	竿
		提灯	挺、張り
		机	脚
		葛籠（つづら）	荷
		長櫃	棹
		長持	棹、合
		袴	具、腰、行（ゆき）
		櫃	架、合、竿
		火箸	具、揃
		風呂桶	桶、据（すえ）
		丸帯	本、筋
		椀	客
		猪口	組
		銚子	本
		草履	足
		蓑	枚
		煙管	管
		煙草入れ	袋
		下駄	足
	生産関係	鎌	挺
		剃刀	口、丁
		鍬、鋤	挺
		樽	荷、樽、駄
		暖簾	垂れ
		ふいご	口、穂（ほ）
		轆轤（ろくろ）	台
		田下駄	丁
		糸車	台
		綿操り器	台、基
		石臼	柄
		薬研	具
		鋸	丁
		山刀	丁
	交通・運輸・通信関係	駕籠	具、挺
		車	乗、台、両、輪

付　録

分類		用語	助数詞
民俗文化財	交通・運輸・通信関係	人力車	挺
	交易関係	大判、小判	枚
		算盤	挺、面
		天秤	台、具
		枡	個
		分銅	個
	信仰関係	錫杖	本、杖（じょう）
		数珠	具、連
	民俗芸能・娯楽遊戯関係	碁、将棋盤	面
		双六	調
		トランプ	組
		幕	垂れ、帳
		人形	体、個、組
		羽子板	面
	人の一生関係	位牌	柱（はしら）
	年中行事関係	鏑矢	本、筋、条
		山車	台
		松飾り	揃い、門（かど）

#B.2 三次元資料の種類を示す用語と用いる助数詞（追加分）

付表　三次元資料の数量に用いる助数詞に関する説明

単位	単位の読み	説明
宇	う	建物や屋根、天幕などを数えるのに用いる。
柄	え	把手のあるものなどを数える。
折	おり	折箱に入れたものや折詰にしたもの、重ねて折った紙の束などを数える。
架	か	額、衣桁などものを立てかけたり、のせかけたりしたものを数える。
荷	か	ひとりで肩に担えるだけのものの量を数える。
顆	か	果物、石、涙など丸く小さい粒になったものを数える。
蓋	がい	笠または笠状のものを数える。
掛・懸	かけ	長手網のように細長いものや、衣櫃のようにひとりで背負える程度のものを数えるのに用いる。
重・襲	かさね	衣服、器物、供え餅、布団など重なっているもの、重ねてあるものを数える。
頭	かしら	烏帽子、兜、仮面、仏像などを数えるのに用いる。
株	かぶ	根のついた植物を数えるのに用いる。
缶	かん	缶（ブリキ製の容器）に入ったものを数える。
巻	かん	書籍、巻きもの、映画フィルムなどを数える。
管	かん	管楽器、筆などのようにくだで作られたものの個数を数える。
基	き	灯籠、几帳、厨子、輿、墓石、塔婆など台や足などがあって立てて据えておくものを数える。
機	き	飛行機を数えるのに用いる。
客	きゃく	接待用の道具、器物を数える。
脚	きゃく	机、椅子など足のついた道具を数える。
球	きゅう	球状のものを数えるときに用いる。
口	く・こう	口のあいている器物や、武器や農具などの刃物の類を数えるのに用いる。
軀	く	仏像などを数えるのに用いる。
具	ぐ	衣服、器具や食器に盛った食物などの揃いを数えるのに用いる。
括	くくり	紐や縄などで多くのものを一つにまとめてくくったものを数える。
組	くみ	重箱、食器類、衣類など幾つかが一緒になって一揃いになるものを数える。
茎	けい	草のくきなど細長いものを数える。
結	けつ	きし縄に通した銭などを数える。
軒・戸・棟	けん・こ・とう	家の数を数える。
庫	こ	ものをしまっておく建物を数える。
個・箇	こ	ものの数を数えるのに用いる。
合	ごう	箱、椀などふたのある容器を数えるのに用いる。
腰	こし	袴、帯、太刀など腰のあたりにつけるものを数えるのに用いる。
座・坐	ざ	祭神、仏、菩薩などの坐像を数えるのに用いる。
才	さい	織物などの単位（1才≒92㎠）として用いる。

付　録

単位	単位の読み	説明
竿・棹・桿	さお	箪笥、長持、旗、羊羹など細長いものを数える。
札	さつ	文書、書状、証文、手形などを数える。
枝	し	薙刀、幕柱など細長いものを数える。
敷・舗	しき	屋敷、家などを数える。
軸	じく	巻物や掛軸などを数える。
締・〆	しめ	半紙やちり紙など束ねたものを数える。
床・牀	しょう	ベッドの数を数える。
条	じょう	糸、帯、縄、幕など細長いものを数えるのに用いる。
帖	じょう	折本、屏風や楯の類、僧の袈裟、紙や海苔などの一定枚数、幕二張りを一まとめとして数えるのに用いる。
乗	じょう	車、兵車を数える。
畳	じょう	畳、布団を数える。
筋・条	すじ	矢、槍、手拭など細長いものを数える。
背	せ	笈など背負うものを数える。
隻	せき	①艦船、矢、魚、鳥などを数える。 ②屏風など対になっているものの片方を数えるのに用いる。
膳	ぜん	椀に盛った料理、箸、火箸などを数える。
双	そう	屏風など一対になっているものを数える。
艘	そう	小さな舟を数える。
足	そく	鐙、足袋、靴、下駄、草履など両足につける一対のものを数える。椅子、毬などを数える。
束	そく・たば	稲、薪など束ねたものを数える。
揃	そろい	幾つかで一組になるものを数えるのに用いる。
駄	だ	牛馬に負わせた荷物を数える。
体・躰	たい	神仏の像を数える。
袋	たい	茶、薬など袋に入れたものを数える。
台	だい	車両や機械などを数える。
垂	たれ	幕、暖簾などたれ下ったものを数える。
着	ちゃく	衣服などを数える。
丁	ちょう	和装本裏表2ページのひとまとまり、豆腐、料理の一人前などを数える。
挺・梃・丁	ちょう	鋤、槍、銃、艪、墨、蝋燭、三味線など細長い器具の類、駕籠、人力車などの乗り物、酒、醤油などの樽を数えるのに用いる。
張	ちょう	弓、琴など弦を張ったもの、幕、蚊帳など張りめぐらすもの、紙や皮などを数えるのに用いる。
対	つい	衣服や調度などの一揃いや、二つで一組になるものを数える場合に用いる。
通	つう	手紙、証文、届書などを数える。
包	つつみ・ほう	風呂敷、布、紙などで包んだものを数えるのに用いる。
点	てん	点数や品物の数を数える。

#B.2 三次元資料の種類を示す用語と用いる助数詞（追加分）

単位	単位の読み	説明
灯・燈	とう	電灯を数える。
筒	とう	注射器など筒状のものを数えるのに用いる。
杯・盃	はい	茶碗、盃、匙、桶などの器物に入れた液体、飯などを数える。蛸、イカ、アワビなどや、船を数える。
箱・筥・函・筐・匣	はこ	菓子、果物、たばこ、マッチなどものをおさめるための器（直方体のものが多い）の形をしたものを数える。
柱	はしら	神仏を数える。
鉢	はち	仏道修行者の食器、火鉢、鉢植えのものを数える。
針	はり	針で縫う目数を数える。
封	ふう	書状、包物などを封じたものを数える。
服	ふく	煎じ薬、粉薬の包みなどを数える。
幅	ふく	画像、掛軸などを数える。
振	ふり	刀剣を数える。
鋪・舗	ほ	地図など畳ものの本を数える。
本	ほん	植物またはこれに似た細長い棒状のものや映画の作品数などを数える。
枚	まい	紙、板、楯、皿、花びら、煎餅など平たく薄いもの、金銀貨幣、着衣、田畑の一区画を数えるのに用いる。
面	めん・おもて	鏡、琵琶などの楽器、硯、能面、仮面、碁盤、複数の紙を継ぎ合わせたもの、カルタの一組が描かれたもの、テニスやバレーボールのコートなど平面状のものを数えるのに用いる。
門	もん	大砲を数える。
葉	よう	木の葉、紙などのように薄いものや小舟を数えるのに用いる。
粒	りゅう	米、豆類、丸薬など粒状のものを数える。
旒・流	りゅう	旗、幟、吹き流しなどの数を数える。
両	りょう	二つで一組になっているものの数、車両の数（両）などを数えるのに用いる。
領	りょう	衣類、甲冑などの一揃いの数を数える。
連	れん	ひとまとめに括ったものやひとつながりに列ねたものの数を数える。紙、旗、筵、簾などの数、鷹の数、印刷用紙を数えるのに用いる。
把	わ	薪、野菜などを束ねたものや、射芸での矢を数える。
輪・環	わ	鍬、鋤などを数える。細長いものを曲げて輪のようにしたものを数える。
椀・碗・盌	わん	椀に盛った飲食物を数える。

付　録

付録C.1　関連指示子：資料に関するその他の関連

#C.1.0　範囲

本付録は、資料に関するその他の関連で使用する関連指示子のリストであり、その各々について規定する。（参照：#43を見よ。）

これらの関連指示子は、関連元の記録中で使用して、関連先との関連の詳細な種類を示す。関連指示子は、次に列挙する用語から、データ作成機関が必要とする詳細度のものを記録する。例えば、映画化後の著作の記録に、その原作について記録する場合は、「映画化の原作（著作）」か、より包括的な「翻案の原作（著作）」か、最も包括的な「原作（著作）」のいずれかを使用することができる。

適切な用語がない場合は、データ作成機関が、関連の種類を示す簡略な用語を定めて記録する。

#C.1.1　著作間の関連
#C.1.1.1　著作の派生の関連

原作（著作） based on（work） 　　原作。	派生（著作） derivative（work） 　　記述対象を改変した著作。
音楽化の原作（著作） musical setting of（work） 　　オペラ、ミュージカル、オラトリオを除く音楽作品を構成するテキスト（歌詞等）の基とされた著作。	音楽化（著作） set to music as（work） 　　記述対象のテキストを歌詞等に使用した音楽作品。オペラ、ミュージカル、オラトリオを除く。
索引サービスの対象（著作） indexing for（work） 　　記述対象の抄録索引サービスによって、その内容が索引化された著作。	索引サービス（著作） indexed in（work） 　　記述対象の内容を索引化したサービス。
自由訳の対象（著作） free translation of（work） 　　その趣旨が保持されたまま、自由に翻訳された著作。	自由訳（著作） freely translated as（work） 　　記述対象の趣旨を保持したまま、自由に翻訳した著作。
縮約の対象（著作） abridgement of（work） 　　記述対象によって、全体的な意味や表現形式が変わらずに短縮された著作。	縮約（著作） abridged as（work） 　　記述対象を全体的な意味や表現形式を変更せずに短縮した著作。
抄録サービスの対象（著作） abstracts for（work） 　　記述対象の抄録索引サービスによって、その内容が抄録化された著作。	抄録サービス（著作） abstracted in（work） 　　記述対象の内容を抄録化したサービス。
抄録の対象（著作） abstract of（work） 　　記述対象によって、簡略かつ客観的に短縮された著作。	抄録（著作） abstracted as（work） 　　記述対象を簡略かつ客観的に短縮した著作。

#C.1 関連指示子：資料に関するその他の関連

増補の対象（著作） expanded version of（work） 　　記述対象によって、その内容が拡充された著作。	増補（著作） expanded as（work） 　　記述対象の内容を拡充した著作。
ダイジェストの対象（著作） digest of（work） 　　記述対象によって、体系的かつ包括的に圧縮された著作。	ダイジェスト（著作） digested as（work） 　　記述対象を体系的かつ包括的に圧縮した著作。
着想を得た著作 inspired by 　　記述対象が着想を得た著作。	着想を与えた著作 inspiration for 　　記述対象が着想を与えた著作。
パラフレーズの対象（著作） paraphrase of（work） 　　記述対象によって、その内容が別の表現で置き換えられた著作。	パラフレーズ（著作） paraphrased as（work） 　　記述対象の内容を別の表現で置き換えた著作。
変奏の原作（著作） variations based on（work） 　　記述対象によって、そのメロディー、テーマ、ハーモニーを基に別のテーマが形成された音楽作品。すなわち、変奏曲の基とされた曲。	変奏（著作） modified by variation as（work） 　　記述対象のメロディー、テーマ、ハーモニーを使用して、別のテーマを形成する音楽作品。すなわち、変奏曲。
翻案の原作（著作） adaptation of（work） 　　記述対象によって、当初意図されていなかった目的や手段で使用するために改変された著作。形式が変更されたり、同じ形式で完全に書き直されたりすることがある。	翻案（著作） adapted as（work） 　　記述対象を当初意図されていなかった目的や手段で使用するために、改変した著作。形式を変更したり、同じ形式で完全に書き直したりすることがある。
韻文化の原作（著作） 　verse adaptation of（work） 　　　記述対象によって、韻文形式の文学作品として翻案された著作。	韻文化（著作） 　adapted in verse as（work） 　　　記述対象から翻案された韻文形式の文学作品。
映画化の原作（著作） 　motion picture adaptation of（work） 　　　記述対象によって、映画として翻案された著作。	映画化（著作） 　adapted as motion picture（work） 　　　記述対象を基に作成された映画。
オペラ化の原作（著作） 　opera adaptation of（work） 　　　記述対象によって、オペラとして翻案された著作。	オペラ化（著作） 　adapted as opera（work） 　　　記述対象を基に作成されたオペラ。
オラトリオ化の原作（著作） 　oratorio adaptation of（work） 　　　記述対象によって、オラトリオとして翻案された著作。	オラトリオ化（著作） 　adapted as oratorio（work） 　　　記述対象を基に作成されたオラトリオ。
脚本化の原作（著作） 　screenplay based on（work） 　　　記述対象によって、映画、テレビ番組、ビデオ作品の脚本として翻案された著作。	脚本化（著作） 　adapted as screenplay（work） 　　　記述対象を基に作成された映画、テレビ番組、ビデオ作品の脚本から成る著作。
映画の脚本化の原作（著作） 　　motion picture screenplay based on（work） 　　　　記述対象によって、映画の脚本として翻案された著作。	映画の脚本化（著作） 　　adapted as motion picture screenplay（work） 　　　　記述対象を基に作成された映画の脚本から成る著作。

付　録

テレビ番組の脚本化の原作（著作） television screenplay based on（work） 　記述対象によって、テレビ番組の脚本として翻案された著作。	テレビ番組の脚本化（著作） adapted as television screenplay（work） 　記述対象を基に作成されたテレビ番組の脚本から成る著作。
ビデオ作品の脚本化の原作（著作） video screenplay based on（work） 　記述対象によって、ビデオ作品の脚本として翻案された著作。	ビデオ作品の脚本化（著作） adapted as video screenplay（work） 　記述対象を基に作成されたビデオ作品の脚本から成る著作。
コレオグラフィー化の原作（著作） choreographic adaptation of（work） 　ダンス等の動作から成る著作として翻案された著作。	コレオグラフィー化（著作） adapted as choreography（work） 　記述対象を基に作成されたダンス等の動作から成る著作。
小説化の原作（著作） novelization of（work） 　記述対象によって、小説として翻案された著作。	小説化（著作） adapted as novel（work） 　記述対象から翻案された小説。
テレビ番組化の原作（著作） television adaptation of（work） 　記述対象によって、テレビ番組として翻案された著作。	テレビ番組化（著作） adapted as television program（work） 　記述対象を基に作成されたテレビ番組。
ドラマ化の原作（著作） dramatization of（work） 　記述対象によって、ドラマとして翻案された著作。	ドラマ化（著作） dramatized as（work） 　記述対象から翻案されたドラマ。
ビデオゲーム化の原作（著作） video game adaptation of（work） 　記述対象によって、ビデオゲームとして翻案された著作。	ビデオゲーム化（著作） adapted as video game（work） 　記述対象を基に作成されたビデオゲーム。
ビデオ作品化の原作（著作） video adaptation of（work） 　記述対象によって、ビデオ作品として翻案された著作。	ビデオ作品化（著作） adapted as video（work） 　記述対象を基に作成されたビデオ作品。
漫画化の原作（著作） graphic novelization of（work） 　記述対象によって、漫画として翻案された著作。	漫画化（著作） adapted as graphic novel（work） 　記述対象を基に作成された漫画。
ミュージカル化の原作（著作） musical theatre adaptation of（work） 　記述対象によって、ミュージカルとして翻案された著作。	ミュージカル化（著作） adapted as musical theatre（work） 　記述対象を基に作成されたミュージカル。
ラジオ番組化の原作（著作） radio adaptation of（work） 　記述対象によって、ラジオ番組として翻案された著作。	ラジオ番組化（著作） adapted as radio program（work） 　記述対象を基に作成されたラジオ番組。
ラジオ番組の脚本化の原作（著作） radio script based on（work） 　記述対象によって、ラジオ番組の脚本として翻案された著作。	ラジオ番組の脚本化（著作） adapted as radio script（work） 　記述対象を基に作成されたラジオ番組の脚本から成る著作。
リブレット化の原作（著作） libretto based on（work）	リブレット化（著作） adapted as libretto（work）

#C.1 関連指示子:資料に関するその他の関連

オペラ等の音楽劇やオラトリオのテキストの原作とされた著作。	記述対象を基に作成された、オペラ等の音楽劇やオラトリオのテキストから成る著作。
模倣の対象(著作) imitation of (work) 　記述対象によって、様式や内容を模倣された著作。	模倣(著作) imitated as (work) 　記述対象の様式や内容を模倣した著作。
パロディの原作(著作) parody of (work) 　記述対象によって、パロディ化された著作。	パロディ(著作) parodied as (work) 　記述対象をパロディ化した著作。
要約の対象(著作) summary of (work) 　記述対象によって、内容が簡略に要約された著作。	要約(著作) summarized as (work) 　記述対象の内容を簡略に要約した著作。
リメイクの対象(著作) remake of (work) 　記述対象によって、新たな映画、ラジオ番組、テレビ番組、ビデオ作品として改作された著作。	リメイク(著作) remade as (work) 　記述対象を基に作成された新たな映画、ラジオ番組、テレビ番組、ビデオ作品。

#C.1.1.2 著作の参照の関連

その著作を記念した著作 commemoration 　記述対象を記念した著作。	記念の対象とされた著作 commemoration of 　記述対象によって記念された著作。

#C.1.1.3 著作の全体・部分の関連

上位(著作) contained in (work) 　記述対象が構成要素の一つである上位の著作。	下位(著作) container of (work) 　記述対象を構成する下位の著作。
上位のシリーズ subseries of 　記述対象がそのサブシリーズとして属する上位のシリーズ。	サブシリーズ subseries 　記述対象に属するサブシリーズ。
シリーズ in series 　記述対象がその一部として属するシリーズ。	シリーズの一部 series container of 　記述対象に属するシリーズの一部。

#C.1.1.4 著作の付属・付加の関連

相互補完(著作) complemented by (work) 　記述対象と主従関係がなく、一対である著作。	相互補完(著作) complemented by (work) 　記述対象と主従関係がなく、一対である著作。
脚本(著作) screenplay (work) 　記述対象の映画、テレビ番組、ビデオ作品の脚本とされた著作。	脚本が使用された著作 screenplay for (work) 　記述対象を脚本として使用した映画、テレビ番組、ビデオ作品の著作。
映画の脚本(著作) motion picture screenplay (work) 　記述対象の映画の脚本とされた著作。	脚本が使用された映画(著作) screenplay for motion picture (work) 　記述対象を脚本として使用した映画の著作。

付　録

テレビ番組の脚本（著作） television screenplay（work） 　　記述対象のテレビ番組の脚本とされた著作。	脚本が使用されたテレビ番組（著作） screenplay for television program（work） 　　記述対象を脚本として使用したテレビ番組の著作。
ビデオ作品の脚本（著作） video screenplay（work） 　　記述対象のビデオ作品の脚本とされた著作。	脚本が使用されたビデオ作品（著作） screenplay for video（work） 　　記述対象を脚本として使用したビデオ作品の著作。
コレオグラフィー（著作） choreography（work） 　　記述対象の関連する著作において振付として使用された著作。	コレオグラフィーの対象（著作） choreography for（work） 　　記述対象の関連する著作の振付を使用した著作。
使用された音楽（著作） music（work） 　　記述対象の映画、演劇、テレビ番組等で使用された音楽作品。	音楽が使用された著作 music for（work） 　　記述対象の音楽作品を使用した映画、演劇、テレビ番組等の著作。
映画音楽（著作） motion picture music（work） 　　記述対象の映画で使用された音楽作品。	音楽が使用された映画（著作） music for motion picture（work） 　　記述対象の音楽作品を使用した映画の著作。
テレビ番組の音楽（著作） television program music（work） 　　記述対象のテレビ番組で使用された音楽作品。	音楽が使用されたテレビ番組（著作） music for television program（work） 　　記述対象の音楽作品を使用したテレビ番組の著作。
ビデオ作品の音楽（著作） video music（work） 　　記述対象のビデオ作品で使用された音楽作品。	音楽が使用されたビデオ作品（著作） music for video（work） 　　記述対象の音楽作品を使用したビデオ作品の著作。
付随音楽（著作） incidental music（work） 　　記述対象の演劇等で使用された音楽作品。	音楽が使用された演劇（著作） incidental music for（work） 　　記述対象の音楽作品を付随音楽として使用した演劇等の著作。
ラジオ番組の音楽（著作） radio program music（work） 　　記述対象のラジオ番組で使用された音楽作品。	音楽が使用されたラジオ番組（著作） music for radio program（work） 　　記述対象の音楽作品を使用したラジオ番組の著作。
ラジオ番組の脚本（著作） radio script（work） 　　記述対象のラジオ番組の脚本とされた著作。	脚本が使用されたラジオ番組（著作） script for radio program（work） 　　記述対象を脚本として使用したラジオ番組の著作。
リブレット（著作） libretto（work） 　　記述対象のオペラ等の音楽劇やオラトリオの台本とされた著作。	リブレットの対象（著作） libretto for（work） 　　記述対象の関連する著作のテキストをリブレットとして使用した、オペラ等の音楽劇やオラトリオ等の音楽作品。
本体（著作） augmentation of（work） 　　別の著作によって、内容が追加された著作。	付属（著作） augmented by（work） 　　主要な著作に内容を追加した著作。
ガイドの対象（著作） guide to（work）	ガイド（著作） guide（work）

#C.1 関連指示子：資料に関するその他の関連

記述対象（注釈、学習補助、練習問題、Q&A、講師用・学生用教材等）が、その利用の一助となる著作。	記述対象の利用に役立つ著作。注釈、学習補助、練習問題、Q&A、講師用・学生用教材等。
カデンツァが付された音楽（著作） cadenza composed for（work） 　独奏のための装飾的な楽節が挿入された協奏曲等の音楽作品。カデンツァと協奏曲等との作曲者が同一かどうかは問わない。	カデンツァ（著作） cadenza（work） 　協奏曲等の音楽作品に挿入された、独奏のための装飾的な楽節による音楽作品。カデンツァと協奏曲等との作曲者が同一かどうかは問わない。
検索手段の対象（著作） finding aid for（work） 　記述対象の検索手段に記述されている文書コレクション。	検索手段（著作） finding aid（work） 　文書コレクションの組織化、排列、内容のための手引きとなる著作。
コンコーダンスの対象（著作） concordance to（work） 　記述対象の用語索引（コンコーダンス）によって、出現する全ての語を見出し語とされた著作。	コンコーダンス（著作） concordance（work） 　記述対象に出現する全ての語を見出し語とした用語索引（コンコーダンス）。
索引の対象（著作） index to（work） 　記述対象の索引の対象とされた著作。	索引（著作） index（work） 　記述対象に対する索引。
図版の対象（著作） illustrations for（work） 　記述対象の説明または装飾を目的とした図版が追加される対象とされた著作。	図版（著作） illustrations（work） 　記述対象を説明または装飾するための図版から成る著作。
正誤表の対象（著作） errata to（work） 　記述対象の正誤表の対象とされた著作。	正誤表（著作） errata（work） 　記述対象に対する正誤表。
追補の対象（著作） addenda to（work） 　記述対象の追補の対象とされた著作。追補は、補遺より小規模であるがその著作に不可欠な、簡易な資料から成る。	追補（著作） addenda（work） 　記述対象を追補する著作。補遺より小規模だが、記述対象に不可欠な、簡易な資料から成る著作。
付録の対象（著作） appendix to（work） 　記述対象の付録の対象とされた著作。	付録（著作） appendix（work） 　記述対象に対する付録。
補遺の対象（著作） supplement to（work） 　記述対象の補遺の対象とされた著作。	補遺（著作） supplement（work） 　記述対象に対する補遺。
目録の対象（著作） catalogue of（work） 　記述対象の目録の対象とされた著作。	目録（著作） catalogue（work） 　記述対象に対する目録。

#C.1.1.5 著作の連続の関連

先行（著作） preceded by（work） 　時系列や話の筋において、記述対象に先行する著作。連番が付与された著作のうち、内容の修正を伴う場合は、#C.1.1.1（著作の派生の関連）を見よ。	後続（著作） succeeded by（work） 　時系列や話の筋において、記述対象に後続する著作。連番が付与された著作のうち、内容の修正を伴う場合は、#C.1.1.1（著作の派生の関連）を見よ。

付　録

一部吸収前（著作） absorption in part of (work) 　　記述対象に部分的に編入された著作。	一部吸収後（著作） absorbed in part by (work) 　　記述対象を部分的に編入した著作。
一部差替前（著作） replacement in part of (work) 　　記述対象によって、その内容の一部が差替えられた著作。一般に、単巻資料、複数巻単行資料および更新資料に適用する。	一部差替後（著作） replaced in part by (work) 　　記述対象の一部と差替えられた著作。一般に、単巻資料、複数巻単行資料および更新資料に適用する。
過去編 prequel 　　記述対象の話の筋を過去に遡って拡張した著作。	正編 prequel to 　　記述対象によって、その話の筋が過去に遡って拡張された著作。
合併前（著作） merger of (work) 　　記述対象を形成する複数の著作のうちの一つ。	合併後（著作） merged to form (work) 　　記述対象を含む複数の著作が結びついて形成された著作。
吸収前（著作） absorption of (work) 　　記述対象に編入された著作。	吸収後（著作） absorbed by (work) 　　記述対象を編入した著作。
継続前（著作） continuation of (work) 　　記述対象の内容が継続された著作。一般に逐次刊行物に適用する。	継続後（著作） continued by (work) 　　その内容が記述対象を継続した著作。一般に逐次刊行物に適用する。
差替前（著作） replacement of (work) 　　記述対象によって、その内容が差替えられた著作。一般に、単巻資料、複数巻単行資料および更新資料に適用する。	差替後（著作） replaced by (work) 　　記述対象と差替えられた著作。一般に、単巻資料、複数巻単行資料および更新資料に適用する。
前編 sequel to 　　記述対象によって、その話の筋が継続された著作。	続編 sequel 　　記述対象の話の筋を継続した著作。
派生前（著作） separated from (work) 　　記述対象が形成された、分離する前の著作。	派生後（著作） continued in part by (work) 　　記述対象から分離した結果生じた、新たな著作。一般に逐次刊行物に適用する。
分離前（著作） continuation in part of (work) 　　新たなタイトルをもつ複数の著作に分かれた著作。一般に逐次刊行物に適用する。	分離後（著作） split into (work) 　　記述対象から分離した結果生じた、複数の著作のうちの一つ。

#C.1.2　表現形間の関連

#C.1.2.1　表現形の派生の関連

原作（表現形） based on (expression) 　　原作の表現形。	派生（表現形） derivative (expression) 　　記述対象の表現形を改変した表現形。
音楽化の原作（表現形） musical setting of (expression)	音楽化（表現形） set to music as (expression)

#C.1 関連指示子:資料に関するその他の関連

オペラ、ミュージカル、オラトリオを除く音楽作品を構成するテキスト(歌詞等)の基とされた著作の表現形。	記述対象のテキスト(歌詞等)を使用した音楽作品の表現形。オペラ、ミュージカル、オラトリオを除く。
改訂の対象 revision of 　更新、修正または増補された版のベースとして使われた著作の表現形。	改訂 revised as 　更新、修正または増補された著作の表現形。
索引サービスの対象(表現形) indexing for (expression) 　記述対象の抄録索引サービスによって、その内容が索引化された著作の表現形。	索引サービス(表現形) indexed in (expression) 　記述対象の内容を索引化したサービスの表現形。
自由訳の対象(表現形) free translation of (expression) 　その趣旨が保持されたまま、自由に翻訳された著作の表現形。	自由訳(表現形) freely translated as (expression) 　記述対象の趣旨を保持したまま、自由に翻訳した著作の表現形。
縮約の対象(表現形) abridgement of (expression) 　記述対象によって、全体的な意味や表現形式が変わらずに短縮された著作の表現形。	縮約(表現形) abridged as (expression) 　記述対象を全体的な意味や表現形式を変更せずに短縮した著作の表現形。
抄録サービスの対象(表現形) abstracts for (expression) 　記述対象の抄録索引サービスによって、その内容に抄録が付された著作の表現形。	抄録サービス(表現形) abstracted in (expression) 　記述対象の内容を抄録化したサービスの表現形。
抄録の対象(表現形) abstract of (expression) 　記述対象によって、簡略かつ客観的に短縮された著作の表現形。	抄録(表現形) abstracted as (expression) 　記述対象が、簡略かつ客観的に短縮した著作の表現形。
増補の対象(表現形) expanded version of (expression) 　記述対象によって、その内容が拡充された著作の表現形。	増補(表現形) expanded as (expression) 　記述対象の内容を拡充した著作の表現形。
ダイジェストの対象(表現形) digest of (expression) 　記述対象によって、体系的かつ包括的に圧縮された著作の表現形。	ダイジェスト(表現形) digested as (expression) 　記述対象を体系的かつ包括的に圧縮した著作の表現形。
パラフレーズの対象(表現形) paraphrase of (expression) 　記述対象によって、その内容が別の表現で置き換えられた著作の表現形。	パラフレーズ(表現形) paraphrased as (expression) 　記述対象の内容を別の表現で置き換えた著作の表現形。
編曲の対象 arrangement of 　記述対象によって、当初意図されたものとは異なる手段による演奏用に書き換えられた音楽作品の表現形。	編曲 arranged as 　記述対象を当初意図されたものとは異なる手段による演奏用に書き換えた音楽作品の表現形。
変奏の原作(表現形) variations based on (expression) 　記述対象によって、そのメロディー、テーマ、ハーモニーを基に別のテーマが形成された音楽作品の表現形。すなわち、変奏曲の基とされた曲の表現形。	変奏(表現形) modified by variation as (expression) 　記述対象のメロディー、テーマ、ハーモニーを使用して、別のテーマを形成する音楽作品の表現形。すなわち、変奏曲の表現形。

付　録

翻案の原作（表現形）	翻案（表現形）
adaptation of (expression)　記述対象によって、当初意図されていなかった目的や手段で使用するために改変された著作の表現形。	adapted as (expression)　記述対象を当初意図されていなかった目的や手段で使用するために改変した著作の表現形。
韻文化の原作（表現形）	韻文化（表現形）
verse adaptation of (expression)　記述対象によって、韻文形式の文学作品として翻案された著作の表現形。	adapted in verse as (expression)　記述対象から翻案された韻文形式の文学作品の表現形。
映画化の原作（表現形）	映画化（表現形）
motion picture adaptation of (expression)　記述対象によって、映画として翻案された著作の表現形。	adapted as motion picture (expression)　記述対象を基に作成された映画。
オペラ化の原作（表現形）	オペラ化（表現形）
opera adaptation of (expression)　記述対象によって、オペラとして翻案された著作の表現形。	adapted as opera (expression)　記述対象を基に作成されたオペラの表現形。
オラトリオ化の原作（表現形）	オラトリオ化（表現形）
oratorio adaptation of (expression)　記述対象によって、オラトリオとして翻案された著作の表現形。	adapted as oratorio (expression)　記述対象を基に作成されたオラトリオの表現形。
脚本化の原作（表現形）	脚本化（表現形）
screenplay based on (expression)　記述対象によって、映画、テレビ番組、ビデオ作品の脚本として翻案された著作の表現形。	adapted as screenplay (expression)　記述対象を基に作成された映画、テレビ番組、ビデオ作品の脚本から成る著作の表現形。
映画の脚本化の原作（表現形）	映画の脚本化（表現形）
motion picture screenplay based on (expression)　記述対象によって、映画の脚本として翻案された著作の表現形。	adapted as motion picture screenplay (expression)　記述対象を基に作成された映画の脚本から成る著作の表現形。
テレビ番組の脚本化の原作（表現形）	テレビ番組の脚本化（表現形）
television screenplay based on (expression)　記述対象によって、テレビ番組の脚本として翻案された著作の表現形。	adapted as television screenplay (expression)　記述対象を基に作成されたテレビ番組の脚本から成る著作の表現形。
ビデオ作品の脚本化の原作（表現形）	ビデオ作品の脚本化（表現形）
video screenplay based on (expression)　記述対象によって、ビデオ作品の脚本として翻案された著作の表現形。	adapted as video screenplay (expression)　記述対象を基に作成されたビデオ作品の脚本から成る著作の表現形。
コレオグラフィー化の原作（表現形）	コレオグラフィー化（表現形）
choreographic adaptation of (expression)　ダンス等の動作から成る著作として翻案された著作の表現形。	adapted as choreography (expression)　記述対象を基に作成されたダンス等の動作から成る著作の表現形。
小説化の原作（表現形）	小説化（表現形）
novelization of (expression)　記述対象によって、小説として翻案された著作の表現形。	adapted as novel (expression)　記述対象から翻案された小説の表現形。
テレビ番組化の原作（表現形）	テレビ番組化（表現形）
television adaptation of (expression)　記述対象によって、テレビ番組として翻案された著作の表現形。	adapted as television program (expression)　記述対象を基に作成されたテレビ番組。

#C.1 関連指示子:資料に関するその他の関連

ドラマ化の原作(表現形) dramatization of (expression) 　記述対象によって、ドラマとして翻案された著作の表現形。	ドラマ化(表現形) dramatized as (expression) 　記述対象から翻案されたドラマの表現形。
ビデオ作品化の原作(表現形) video adaptation of (expression) 　記述対象によって、ビデオ作品として翻案された著作の表現形。	ビデオ作品化(表現形) adapted as video (expression) 　記述対象を基に作成されたビデオ作品。
漫画化の原作(表現形) graphic novelization of (expression) 　記述対象によって、漫画として翻案された著作の表現形。	漫画化(表現形) adapted as graphic novel (expression) 　記述対象を基に作成された漫画。
ミュージカル化の原作(表現形) musical theatre adaptation of (expression) 　記述対象によって、ミュージカルとして翻案された著作の表現形。	ミュージカル化(表現形) adapted as musical theatre (expression) 　記述対象を基に作成されたミュージカルの表現形。
ラジオ番組化の原作(表現形) radio adaptation of (expression) 　記述対象によって、ラジオ番組として翻案された著作の表現形。	ラジオ番組化(表現形) adapted as radio program (expression) 　記述対象を基に作成されたラジオ番組。
ラジオ番組の脚本化の原作(表現形) radio script based on (expression) 　記述対象によって、ラジオ番組の脚本として翻案された著作の表現形。	ラジオ番組の脚本化(表現形) adapted as radio script (expression) 　記述対象を基に作成されたラジオ番組の脚本から成る著作の表現形。
リブレット化の原作(表現形) libretto based on (expression) 　オペラ等の音楽劇やオラトリオのテキストの原作とされた著作の表現形。	リブレット化(表現形) adapted as libretto (expression) 　記述対象を基に作成された、オペラ等の音楽劇やオラトリオのテキストから成る著作の表現形。
翻訳の対象 translation of 　記述対象と異なる言語に翻訳された著作の表現形。	翻訳 translated as 　記述対象と異なる言語に翻訳した著作の表現形。
吹替の対象 dubbed version of 　吹替の対象となる映像作品の表現形。吹替に使用された言語と異なる言語による会話が含まれている。	吹替 dubbed version 　記述対象で使用されている会話の言語と異なる言語に吹き替えた映像作品の表現形。
模倣の対象(表現形) imitation of (expression) 　記述対象によって、様式や内容が模倣された著作の表現形。	模倣(表現形) imitated as (expression) 　記述対象の様式や内容を模倣した著作の表現形。
パロディの原作(表現形) parody of (expression) 　記述対象によって、パロディ化された著作の表現形。	パロディ(表現形) parodied as (expression) 　記述対象をパロディ化した著作の表現形。
要約の対象(表現形) summary of (expression) 　記述対象によって、内容が簡略に要約された著作の表現形。	要約(表現形) summarized as (expression) 　記述対象の内容を簡略に要約した著作の表現形。

付　録

リメイクの対象（表現形）	リメイク（表現形）
remake of (expression) 　　記述対象によって、新たな映画、ラジオ番組、テレビ番組、ビデオ作品として改作された著作の表現形。	remade as (expression) 　　記述対象を基に作成された新たな映画、ラジオ番組、テレビ番組、ビデオ作品の表現形。

#C.1.2.2　表現形の参照の関連（保留）

#C.1.2.3　表現形の全体・部分の関連

上位（表現形）	下位（表現形）
contained in (expression) 　　記述対象が構成要素の一つである上位の著作の表現形。	container of (expression) 　　記述対象を構成する下位の著作の表現形。

#C.1.2.4　表現形の付属・付加の関連

相互補完（表現形）	相互補完（表現形）
complemented by (expression) 　　記述対象と主従関係がなく、一対である著作の表現形。	complemented by (expression) 　　記述対象と主従関係がなく、一対である著作の表現形。
脚本（表現形） screenplay (expression) 　　映画、テレビ番組、ビデオ作品の脚本とされた著作の表現形。	脚本が使用された表現形 screenplay for (expression) 　　記述対象を脚本として使用した映画、テレビ番組、ビデオ作品の著作の表現形。
映画の脚本（表現形） 　motion picture screenplay (expression) 　　　映画の脚本とされた著作の表現形。	脚本が使用された映画（表現形） 　screenplay for motion picture (expression) 　　　記述対象を脚本として使用した映画の著作の表現形。
テレビ番組の脚本（表現形） 　television screenplay (expression) 　　　テレビ番組の脚本とされた著作の表現形。	脚本が使用されたテレビ番組（表現形） 　screenplay for television program (expression) 　　　記述対象を脚本として使用したテレビ番組の著作の表現形。
ビデオ作品の脚本（表現形） 　video screenplay (expression) 　　　ビデオ作品の脚本とされた著作の表現形。	脚本が使用されたビデオ作品（表現形） 　screenplay for video (expression) 　　　記述対象を脚本として使用したビデオ作品の著作の表現形。
コレオグラフィー（表現形） choreography (expression) 　　関連する著作において振付として使用された著作の表現形。	コレオグラフィーの対象（表現形） choreography for (expression) 　　関連する著作の振付を使用した著作の表現形。
使用された音楽（表現形） music (expression) 　　映画、演劇、テレビ番組等で使用された音楽作品の表現形。	音楽が使用された表現形 music for (expression) 　　音楽作品を使用した映画、演劇、テレビ番組等の著作の表現形。
映画音楽（表現形） 　motion picture music (expression) 　　　映画で使用された音楽作品の表現形。	音楽が使用された映画（表現形） 　music for motion picture (expression) 　　　音楽作品を使用した映画の著作の表現形。
テレビ番組の音楽（表現形） 　television program music (expression)	音楽が使用されたテレビ番組（表現形） 　music for television program (expression)

#C.1 関連指示子：資料に関するその他の関連

	テレビ番組で使用された音楽作品の表現形。	音楽作品を使用したテレビ番組の著作の表現形。
ビデオ作品の音楽（表現形） video music（expression） 　ビデオ作品で使用された音楽作品の表現形。	**音楽が使用されたビデオ作品（表現形）** music for video（expression） 　音楽作品を使用したビデオ作品の著作の表現形。
付随音楽（表現形） incidental music（expression） 　演劇等で使用された音楽作品の表現形。	**音楽が使用された演劇（表現形）** incidental music for（expression） 　音楽作品を付随音楽として使用した演劇等の著作の表現形。
ラジオ番組の音楽（表現形） radio program music（expression） 　ラジオ番組で使用された音楽作品の表現形。	**音楽が使用されたラジオ番組（表現形）** music for radio program（expression） 　音楽作品を使用したラジオ番組の著作の表現形。
ラジオ番組の脚本（表現形） radio script（expression） 　ラジオ番組の脚本とされた著作の表現形。	**脚本が使用されたラジオ番組（表現形）** script for radio program（expression） 　記述対象を脚本として使用したラジオ番組の著作の表現形。
リブレット（表現形） libretto（expression） 　オペラ等の音楽劇やオラトリオの台本とされた著作の表現形。	**リブレットの対象（表現形）** libretto for（expression） 　関連する著作のテキストをリブレットとして使用した、オペラ等の音楽劇やオラトリオ等の音楽作品の表現形。
本体（表現形） augmentation of（expression） 　別の表現形によって、内容が追加された著作の表現形。	**付属（表現形）** augmented by（expression） 　主要な表現形に内容を追加した表現形。
ガイドの対象（表現形） guide to（expression） 　記述対象（注釈、学習補助、練習問題、Q&A、講師用・学生用教材等）が、その利用の一助となる著作の表現形。	**ガイド（表現形）** guide（expression） 　記述対象の利用に役立つ著作の表現形。注釈、学習補助、練習問題、Q&A、講師用・学生用教材等。
カデンツァが付された音楽（表現形） cadenza composed for（expression） 　独奏のための装飾的な楽節が挿入された協奏曲等の音楽作品の表現形。カデンツァと協奏曲等との作曲者が同一かどうかは問わない。	**カデンツァ（表現形）** cadenza（expression） 　協奏曲等の音楽作品に挿入された、独奏のための装飾的な楽節による音楽作品の表現形。カデンツァと協奏曲等との作曲者が同一かどうかは問わない。
検索手段の対象（表現形） finding aid for（expression） 　検索手段に記述されている文書コレクションの表現形。	**検索手段（表現形）** finding aid（expression） 　文書コレクションの組織化、排列、内容のための手引きとなる著作の表現形。
コンコーダンスの対象（表現形） concordance to（expression） 　記述対象の用語索引（コンコーダンス）によって、出現する全ての語を見出し語とされた著作の表現形。	**コンコーダンス（表現形）** concordance（expression） 　記述対象に出現する全ての語を見出し語とした索引（コンコーダンス）の表現形。
索引の対象（表現形） index to（expression） 　索引の対象とされた著作の表現形。	**索引（表現形）** index（expression） 　記述対象に対する索引の表現形。

付　録

図版の対象（表現形） illustrations for (expression) 　　記述対象の説明または装飾を目的とした図版が追加された著作の表現形。	図版（表現形） illustrations (expression) 　　記述対象を説明または装飾するための図版から成る著作の表現形。
正誤表の対象（表現形） errata to (expression) 　　正誤表の対象とされた著作の表現形。	正誤表（表現形） errata (expression) 　　記述対象に対する正誤表の表現形。
追補の対象（表現形） addenda to (expression) 　　追補の対象とされた著作の表現形。追補は、補遺より小規模であるがその著作に不可欠な、簡易な資料から成る。	追補（表現形） addenda (expression) 　　記述対象を追補する著作の表現形。補遺より小規模だが、記述対象に不可欠な、簡易な資料から成る著作の表現形。
付録の対象（表現形） appendix to (expression) 　　付録の対象とされた著作の表現形。	付録（表現形） appendix (expression) 　　記述対象に対する付録の表現形。
補遺の対象（表現形） supplement to (expression) 　　補遺の対象とされた著作の表現形。	補遺（表現形） supplement (expression) 　　記述対象に対する補遺の表現形。
目録の対象（表現形） catalogue of (expression) 　　目録の対象とされた著作の表現形。	目録（表現形） catalogue (expression) 　　記述対象に対する目録の表現形。

#C.1.2.5　表現形の連続の関連

先行（表現形） preceded by (expression) 　　時系列や話の筋において、記述対象に先行する著作の表現形。連番が付与された著作のうち、内容の修正を伴う場合は、#C.1.2.1（表現形の派生の関連）を見よ。	後続（表現形） succeeded by (expression) 　　時系列や話の筋において、記述対象に後続する著作の表現形。連番が付与された著作のうち、内容の修正を伴う場合は、#C.1.2.1（表現形の派生の関連）を見よ。
一部吸収前（表現形） absorption in part of (expression) 　　記述対象に部分的に編入された著作の表現形。	一部吸収後（表現形） absorbed in part by (expression) 　　記述対象を部分的に編入した著作の表現形。
一部差替前（表現形） replacement in part of (expression) 　　記述対象によって、その内容の一部が差替えられた著作の表現形。一般に、単巻資料、複数巻単行資料および更新資料に適用する。	一部差替後（表現形） replaced in part by (expression) 　　記述対象の一部と差替えられた著作の表現形。一般に、単巻資料、複数巻単行資料および更新資料に適用する。
合併前（表現形） merger of (expression) 　　記述対象を形成する複数の表現形のうちの一つ。	合併後（表現形） merged to form (expression) 　　記述対象を含む複数の表現形が結びついて形成された著作の表現形。
吸収前（表現形） absorption of (expression) 　　記述対象に編入された著作の表現形。	吸収後（表現形） absorbed by (expression) 　　記述対象を編入した著作の表現形。
継続前（表現形） continuation of (expression) 　　記述対象の内容が継続された著作の表現形。一般に逐次刊行物に適用する。	継続後（表現形） continued by (expression) 　　その内容が記述対象を継続した著作の表現形。一般に逐次刊行物に適用する。

#C.1 関連指示子：資料に関するその他の関連

差替前（表現形） replacement of（expression） 　記述対象によって、その内容が差替えられた著作の表現形。一般に、単巻資料、複数巻単行資料および更新資料に適用する。	差替後（表現形） replaced by（expression） 　記述対象と差替えられた著作の表現形。一般に、単巻資料、複数巻単行資料および更新資料に適用する。
派生前（表現形） separated from（expression） 　記述対象が形成された、分離する前の著作の表現形。	派生後（表現形） continued in part by（expression） 　記述対象から分離した結果生じた、新たな著作の表現形。一般に逐次刊行物に適用する。
分離前（表現形） continuation in part of（expression） 　新たなタイトルをもつ複数の表現形に分かれた著作の表現形。一般に逐次刊行物に適用する。	分離後（表現形） split into（expression） 　記述対象から分離した結果生じた、複数の表現形のうちの一つ。

#C.1.3 体現形間の関連

#C.1.3.1 体現形の等価の関連

等価（体現形） equivalent（manifestation） 　記述対象と同じ著作の表現形を具体化した体現形。	等価（体現形） equivalent（manifestation） 　記述対象と同じ著作の表現形を具体化した体現形。
異版 　also issued as 　　記述対象と同じ著作の表現形を、別の形式で刊行した体現形。	異版 　also issued as 　　記述対象と同じ著作の表現形を、別の形式で刊行した体現形。
複製の対象（体現形） 　reproduction of（manifestation） 　　複製の対象とされた体現形。	複製（体現形） 　reproduced as（manifestation） 　　記述対象を複製した体現形。
デジタル化の対象（体現形） 　　electronic reproduction of（manifestation） 　　　デジタル化の対象とされたアナログ形式の体現形。	デジタル化（体現形） 　　electronic reproduction（manifestation） 　　　アナログ形式の体現形をデジタル化した体現形。
デジタル変換の対象（体現形） 　　digital transfer of（manifestation） 　　　デジタル変換の対象とされたデジタル形式の体現形。	デジタル変換（体現形） 　　digital transfer（manifestation） 　　　デジタル形式の体現形を別のデジタル形式に変換した体現形。
復刻の対象（体現形） 　　facsimile of（manifestation） 　　　忠実に再現する対象とされた体現形。	復刻（体現形） 　　facsimile（manifestation） 　　　記述対象を忠実に再現した体現形。
保存のための復刻の対象（体現形） 　　　preservation facsimile of（manifestation） 　　　　中性紙等の保存性の高い媒体に忠実に再現する対象とされた体現形。	保存のための復刻（体現形） 　　　preservation facsimile（manifestation） 　　　　中性紙等の保存性の高い媒体に忠実に再現した体現形。
リプリントの対象（体現形） 　　reprint of（manifestation） 　　　リプリントの対象とされた印刷体の体現形。	リプリント（体現形） 　　reprinted as（manifestation） 　　　記述対象をリプリントした体現形。
ミラー・サイト 　mirror site 　　ウェブサイトに対するミラー・サイト。	ミラー・サイト 　mirror site 　　ウェブサイトに対するミラー・サイト。

付　　録

#C.1.3.2　体現形の参照の関連（保留）

#C.1.3.3　体現形の全体・部分の関連

上位（体現形） contained in (manifestation) 　　記述対象が構成要素の一つである上位の体現形。	下位（体現形） container of (manifestation) 　　記述対象を構成する下位の体現形。
挿入先 inserted in 　　記述対象が挿入された体現形。記述対象はその体現形の不可分な一部ではない。	挿入 insert 　　記述対象に挿入した体現形。記述対象の一部ではなく、個別に刊行されたもの。
復刻の全体 facsimile contained in 　　記述対象の復刻が構成要素の一つである体現形。復刻とは、記述対象を忠実に再現した体現形である。	復刻に含まれる対象 facsimile container of 　　復刻の対象の一部を構成する体現形。
本誌 special issue of 　　特定の主題を扱った単一の号や補遺（増刊号や記念号等）を含む逐次刊行物。その号の順序表示の有無は問わない。	特別号 special issue 　　逐次刊行物の特定の主題を扱った単一の号や補遺（増刊号や記念号等）から成る体現形。

#C.1.3.4　体現形の付属・付加の関連

付属・付加（体現形） accompanied by (manifestation) 　　記述対象とともに刊行された体現形。その内容に関する関連を伴わない。	付属・付加（体現形） accompanied by (manifestation) 　　記述対象とともに刊行された体現形。その内容に関する関連を伴わない。
合冊刊行 issued with 　　記述対象と同じキャリア内に収載され、刊行された体現形。	合冊刊行 issued with 　　記述対象と同じキャリア内に収載され、刊行された体現形。
ディスク内の同時収載（体現形） on disc with (manifestation) 　　記述対象と同じディスク内に格納され、刊行された体現形。	ディスク内の同時収載（体現形） on disc with (manifestation) 　　記述対象と同じディスク内に格納され、刊行された体現形。
マイクロ資料内の同時収載（体現形） filmed with (manifestation) 　　記述対象と同じマイクロ資料内に収録され、刊行された体現形。	マイクロ資料内の同時収載（体現形） filmed with (manifestation) 　　記述対象と同じマイクロ資料内に収録され、刊行された体現形。

#C.1.4　個別資料間の関連

#C.1.4.1　個別資料の等価の関連

等価（個別資料） equivalent (item) 　　記述対象と同じ体現形を具体化した個別資料。	等価（個別資料） equivalent (item) 　　記述対象と同じ体現形を具体化した個別資料。

#C.1 関連指示子:資料に関するその他の関連

複製の対象(個別資料) reproduction of(item) 　複製の対象とされた個別資料。	複製(個別資料) reproduced as(item) 　記述対象を複製した個別資料。
デジタル化の対象(個別資料) 　electronic reproduction of(item) 　　デジタル化の対象とされたアナログ形式の個別資料。	デジタル化(個別資料) 　electronic reproduction(item) 　　アナログ形式の個別資料をデジタル化した個別資料。
デジタル変換の対象(個別資料) 　digital transfer of(item) 　　デジタル変換の対象とされたデジタル形式の個別資料。	デジタル変換(個別資料) 　digital transfer(item) 　　デジタル形式の個別資料を別のデジタル形式に変換した個別資料。
復刻の対象(個別資料) 　facsimile of(item) 　　忠実に再現する対象とされた個別資料。	復刻(個別資料) 　facsimile(item) 　　記述対象を忠実に再現した個別資料。
保存のための復刻の対象(個別資料) 　　preservation facsimile of(item) 　　　中性紙等の保存性の高い媒体に忠実に再現する対象とされた個別資料。	保存のための復刻(個別資料) 　　preservation facsimile(item) 　　　中性紙等の保存性の高い媒体に忠実に再現した個別資料。
リプリントの対象(個別資料) 　reprint of(item) 　　リプリントの対象とされた個別資料。	リプリント(個別資料) 　reprinted as(item) 　　記述対象をリプリントした個別資料。

#C.1.4.2 個別資料の参照の関連(保留)

#C.1.4.3 個別資料の全体・部分の関連

上位(個別資料) contained in(item) 　記述対象が構成要素の一つである上位の個別資料。	下位(個別資料) container of(item) 　記述対象を構成する下位の個別資料。

#C.1.4.4 個別資料の付属・付加の関連

付属・付加(個別資料) accompanied by(item) 　記述対象の刊行後に、ともにまとめられた個別資料。	付属・付加(個別資料) accompanied by(item) 　記述対象の刊行後に、ともにまとめられた個別資料。
合冊 　bound with 　　記述対象とともに製本された個別資料。	合冊 　bound with 　　記述対象とともに製本された個別資料。
ディスク内の同時収載(個別資料) 　on disc with(item) 　　記述対象と同じディスク内に格納された個別資料。	ディスク内の同時収載(個別資料) 　on disc with(item) 　　記述対象と同じディスク内に格納された個別資料。
マイクロ資料内の同時収載(個別資料) 　filmed with(item) 　　記述対象と同じマイクロ資料内に収録された個別資料。	マイクロ資料内の同時収載(個別資料) 　filmed with(item) 　　記述対象と同じマイクロ資料内に収録された個別資料。

付　録

付録C.2　関連指示子：資料と個人・家族・団体との関連

#C.2.0　範囲

本付録は、資料と個人・家族・団体との関連で使用する関連指示子のリストであり、その各々について規定する。
（参照：#44を見よ。）

これらの関連指示子は、関連元の記録中で使用して、関連先との関連の詳細な種類を示す。

関連指示子は、次に列挙する用語から、データ作成機関が必要とする詳細度のものを記録する。例えば、楽曲の表現形と歌詞を付加した者との関連を記録する場合は、「歌詞付加者」、より包括的な「テキスト付加者」、最も包括的な「内容付加者」のいずれかを使用することができる。

適切な用語がない場合は、データ作成機関が、関連の種類を示す簡略な用語を定めて記録する。

#C.2.1　著作と関連を有する個人・家族・団体

#C.2.1A　創作者として著作と関連を有する個人・家族・団体

インタビュアー　interviewer 　インタビュアー、記者、世論調査員等の情報収集者としての役割を果たすことによって、著作の創作に責任を有する個人・家族・団体。 （参照：#C.2.2Aのインタビュアー（表現形）をも見よ。）
インタビュイー　interviewee 　インタビュアー（通常は記者、世論調査員等の情報収集者）に応答することによって、著作の創作に責任を有する個人・家族・団体。 （参照：#C.2.2Aのインタビュイー（表現形）をも見よ。）
建築設計者　architect 　建造物などの完成予想図を含む、建築設計の創作に責任を有する個人・家族・団体。 　　　庭園・景観設計者　landscape architect 　　　　庭園・景観著作の創作に責任を有する建築設計者。
作曲者　composer 　音楽作品の創作に責任を有する個人・家族・団体。さらに、別の音楽作品を改作して独自の編曲（例えば、フリー・トランスクリプション）を行う者、作品のパラフレーズを行う者、または別の作曲者の音楽を基にした作品（例えば、ある主題による変奏曲）を創作する者等に対しても、この用語を用いる。 （参照：#C.2.2Aの作曲者（表現形）をも見よ。）
自主映画製作者　filmmaker 　自主映画の創作に責任を有する個人・家族・団体。映像のすべての面の構想と製作に単独で責任を有する。
写真撮影者　photographer 　写真著作の創作に責任を有する個人・家族・団体。 （参照：#C.2.2Aの写真撮影者（表現形）をも見よ。）
制定法域団体　enacting jurisdiction 　法律、条例、憲法、裁判所規則などを制定する、当該領域に管轄権を有する団体。
地図製作者　cartographer 　地図、地図帳、地球儀等の地図著作の創作に責任を有する個人・家族・団体。 （参照：#C.2.2Aの地図製作者（表現形）をも見よ。）

#C.2　関連指示子：資料と個人・家族・団体との関連

著者　author
　機器種別またはジャンルにかかわらず、内容が主にテキストである著作の創作に責任を有する個人・家族・団体。別の創作者による原作に対して、性質、内容、表現手段を変更した者についても、新しい著作の創作ととらえて、この用語を用いる。

> 脚本作者　screenwriter
> 　脚本、台本、またはト書きの著者。
>
> 作詞者　lyricist
> 　ポピュラー・ソングの歌詞の著者。ミュージカルの歌詞を含む。
> （参照：ミュージカルの台本の著者については、リブレット作者を見よ。）
>
> 報告担当者　rapporteur
> 　会議において、開催組織から命じられ、会議録を記録する著者。
> （参照：その責任が記録することに限定されている個人・家族・団体については、#C.2.2Aの議事記録者を見よ。）
>
> リブレット作者　librettist
> 　オペラ等の音楽劇、オラトリオ、ミュージカルの台本の著者。
> （参照：ミュージカルの歌詞の部分のみの著者については、作詞者を見よ。）

デザイナー　designer
　オブジェクト（立体工芸品など）のデザインの創作に責任を有する個人・家族・団体。

発明者　inventor
　新しい機器や工程の創作に責任を有する個人・家族・団体。

美術制作者　artist
　独自のグラフィック・デザイン、素描、絵画などを着想し、また多くの場合それを形にすることによって、著作の創作に責任を有する個人・家族・団体。

> 書者　calligrapher
> 　文字著作（書、カリグラフィー等）の創作に責任を有する美術制作者。文字テキストの著者と同一の者であるかは問わない。書法などの視覚的な芸術性の側面から書を創作する者。
>
> 彫刻制作者　sculptor
> 　彫塑または類似の手法によって、三次元著作の創作に責任を有する個人・家族・団体。
>
> ブック・アーティスト　book artist
> 　本の外観・形状などの物的側面が著作の内容の一部をも構成しているとみなされる場合に、その創出または改造の責任を有する者。芸術著作の創作者である。

プラエセス　praeses
　学術的討議の調整を行う役職に就いている個人。通常はその討議に論文を提示し、続く議論に参加する。

振付者　choreographer
　動作（舞踊等）から成る著作の創作に責任を有する個人・家族・団体。
（参照：#C.2.2Aの振付者（表現形）をも見よ。）

プログラマー　programmer
　コンピュータ・プログラムの創作に責任を有する個人・家族・団体。

編纂者　compiler
　データや情報などの選択、編成、収集、編集によって、新たな著作（例えば、書誌、名簿）の創作に責任を有する個人・家族・団体。

レスポンダント　respondent
　学術的討議において、プラエセスによって提示された論文に対して、弁護または反論する学位取得希望者。

#C.2.1B　非創作者として著作と関連を有する個人・家族・団体

委託者　commissioning body
　著作を委託することに責任を有する個人・家族・団体。

付　録

開催機関　host institution
　著作が生じるもととなるイベント、展示会、会議等を主催しながら、その著作の内容に関する責任をほとんどまたはまったく有していない団体。

学位委員会構成員　degree committee member
　学生の学位論文を監督する委員会の一員である個人。

学位監督者　degree supervisor
　学位論文研究のアドバイザーまたは監督者として、学位または学位論文を監督する個人。

学位授与機関　degree granting institution
　学位を授与する団体。

原告　plaintiff
　民事訴訟で提訴する個人または団体。

献呈者　dedicator
　著作を献呈する個人・家族・団体。

後援者　sponsoring body
　著作の何らかの面を後援する、例えば、調査に資金を提供したり、イベントを後援したりする個人・家族・団体。

コンサルタント　consultant
　著作の創作者として表されている個人・家族・団体に対して、相談サービスを提供したり、提言したりする個人・家族・団体。

裁判官　judge
　裁判所で訴訟を審理し判決を下す個人。

撮影監督　director of photography
　電子的にまたはフィルムもしくはビデオ上に画像を収録し、多くは照明の選択と配置を行う個人・家族・団体。ビデオグラファー（videographer）についても、この指示子を用いる。

主催者　organizer
　著作が生じるもととなるイベント、展示会、会議等を企画・運営する個人・家族・団体。

上訴人　appellant
　下級裁判所の判決を上訴する個人または団体。

条約締約者　participant in a treaty
　条約に署名し批准し加盟した政府、国際的政府間組織等の団体。

制作会社　production company
　舞台、映画、録音物、テレビ、ウェブキャスト等の制作の、財務、技術および組織に関する管理に責任を有する団体。

責任刊行者　issuing body
　団体の公式機関誌のような著作を責任刊行する個人・家族・団体。

調査者　researcher
　著作の創作の助けとなる調査を行う個人・家族・団体。

著作創刊者　founder of work
　逐次刊行物、更新資料または複数巻単行資料の創刊に責任を有する個人・家族・団体。

ディレクター　director
　映画、テレビ・ラジオ番組等の、総合管理と監督指揮の責任を有する個人・家族・団体。

　　映画監督　film director
　　　映画の総合管理と監督指揮に責任を有するディレクター。

　　テレビ・ディレクター　television director
　　　テレビ番組の総合管理と監督指揮に責任を有するディレクター。

　　ラジオ・ディレクター　radio director
　　　ラジオ番組の総合管理と監督指揮に責任を有するディレクター。

適用法域　jurisdiction governed
　別の法域団体（領域に管轄権を有する団体）によって制定された法律、規則等が適用される法域。

名宛人　addressee
　著作または著作の一部の宛先である個人・家族・団体。

#C.2 関連指示子：資料と個人・家族・団体との関連

被記念者　honouree 　著作によって称えられた個人・家族・団体（例えば、記念論文集の被記念者）。 （参照：#C.2.4Bの被記念者（個別資料）をも見よ。）
被献呈者　dedicatee 　著作を献呈される個人・家族・団体。 （参照．#C.2.4Bの被献呈者（個別資料）をも見よ。）
被告人　defendant 　刑事訴訟で起訴される、または民事訴訟で提訴される個人または団体。
被上訴人　appellee 　上訴された個人または団体。
被適用裁判所　court governed 　裁判所規則（その公的性格は問わない）が適用される裁判所。
プロデューサー　producer 　映画、録音物、テレビ、ウェブキャスト等の制作の、事業面の大部分に責任を有する個人・家族・団体。資金調達、制作管理、主要な人員の採用、配給等の手配に総合的な責任を有する。
映画プロデューサー　film producer 　　映画の事業面の大部分に責任を有するプロデューサー。
テレビ・プロデューサー　television producer 　　テレビ番組の事業面の大部分に責任を有するプロデューサー。
ラジオ・プロデューサー　radio producer 　　ラジオ番組の事業面の大部分に責任を有するプロデューサー。
編集責任者　editorial director 　逐次刊行物、更新資料または複数巻単行資料の内容に、法的および（または）知的責任（創作を除く）を有する個人・家族・団体。 （参照：著作の表現形における改訂、内容の明確化等については、#C.2.2Aの編者を見よ。）
霊媒　medium 　現世と精神世界の間の交信チャンネルと考えられる個人。

#C.2.2　表現形と関連を有する個人・家族・団体

#C.2.2A　寄与者として表現形と関連を有する個人・家族・団体

アニメーター　animator 　動きのない物または素描に外見上の動きを与えることによって、動画著作またはコンピュータ・プログラムの表現形に寄与する個人・家族・団体。 （参照：動画の元の素描の創作者については、#C.2.1Aの美術制作者を見よ。）
衣裳デザイナー　costume designer 　動画制作または音楽や演劇などの上演のための衣裳をデザインすることによって、著作の表現形に寄与する個人・家族・団体。
インタビュアー（表現形）　interviewer (expression) 　インタビュアー、記者、世論調査員等の情報収集者としての役割を果たすことによって、著作の表現形に寄与する個人・家族・団体。 （参照：#C.2.1Aのインタビュアーをも見よ。）
インタビュイー（表現形）　interviewee (expression) 　インタビュアー（通常は記者、世論調査員等の情報収集者）に応答することによって、著作の表現形に寄与する個人・家族・団体。 （参照：#C.2.1Aのインタビュイーをも見よ。）
演者　performer 　多くの場合、音楽または演劇の上演等において、演奏、演技、舞踊、発声によって、著作の表現形に寄与する個人・家族・団体。

付　録

オンスクリーン・プレゼンター　on-screen presenter	
文脈や背景的情報を提供するためにスクリーンに登場することによって、著作の表現形に寄与する演者。ノンフィクションの動画資料に、またはフィクションの動画資料の導入部に登場することがある。別の用語（例えば、ナレーター、司会者）が適切でないか望ましくない場合に使用する。 （参照：スクリーン上に登場する、演者ではない参加者については、オンスクリーン参加者を見よ。）	
歌唱者　singer	
音楽を制作するために、伴奏の有無にかかわらず声を用いることによって、著作の表現形に寄与する演者。歌唱には歌詞を含むこともあれば、含まないこともある。	
器楽奏者　instrumentalist	
楽器を演奏することによって、著作の表現形に寄与する演者。	
コメンテーター　commentator	
録音物、映画等の音響映像メディアにおいて、主題の解釈、分析、または考察を提供することによって、著作の表現形に寄与する演者。	
司会者　host	
ゲスト、演者などを含むプログラム（多くは放送番組）を先導することによって、著作の表現形に寄与する演者（例えば、トークショーのホスト）。	
指揮者　conductor	
音楽または演劇の上演などにおいて、演奏・演技グループ（オーケストラ、合唱団、歌劇団等）を指揮することによって、音楽作品の表現形に寄与する演者。	
	楽器指揮者　instrumental conductor
	音楽または演劇の上演において、楽器を指揮することによって、音楽作品の表現形に寄与する指揮者。
	合唱指揮者　choral conductor
	音楽または演劇の上演において、合唱を指揮することによって、音楽作品の表現形に寄与する指揮者。
実演指導者　teacher	
指示を与えるか実演してみせることによって、著作の表現形に寄与する演者。	
ストーリーテラー　storyteller	
創作者の元の筋書きを、演劇や芝居の解釈とともに伝えることによって、著作の表現形に寄与する演者。	
ナレーター　narrator	
朗読したり、行動、事件、出来事の経過を説明したりすることによって、著作の表現形に寄与する演者。	
人形遣い　puppeteer	
動画制作または音楽や演劇などの上演において、指人形や操り人形を操作し、制御し、または指揮することによって、著作の表現形に寄与する演者。	
俳優　actor	
音楽または演劇の上演等において、出演者や奏者の役割を果たすことによって、著作の表現形に寄与する演者。	
	声優　voice actor
	ラジオや録音制作物におけるキャラクターの声、動画著作におけるアニメーションのキャラクターの声、ラジオ・テレビコマーシャルや吹替え版等におけるナレーションの声を提供することによって、著作の表現形に寄与する俳優。
パネリスト　panelist	
討論会（放送番組を含む）に参加することによって、著作の表現形に寄与する演者。討論会には通常、議論に関連する分野の専門家が参加する。	
舞踊者　dancer	
音楽または演劇等の上演において、舞踊によって著作の表現形に寄与する演者。	

#C.2 関連指示子：資料と個人・家族・団体との関連

モデレーター　moderator
　討論会（放送番組を含む）を取り仕切ることによって、著作の表現形に寄与する演者。討論会には通常、議論に関連する分野の専門家が参加する。

話者　speaker
　言葉を話すこと（講演や演説等）によって、著作の表現形に寄与する演者。

音楽監督　musical director
　動画制作または音楽や演劇などの上演のための作曲者、サウンド・エディター（音声編集者）、サウンド・ミキサーの活動を調整することによって、著作の表現形に寄与する個人・家族・団体。

オンスクリーン参加者　on-screen participant
　参加者として積極的な役割を果たすことによって、ノンフィクションの動画著作の表現形に寄与する個人・家族・団体。
（参照：スクリーン上に登場し、前後や背景の情報を提供する演者については、オンスクリーン・プレゼンターを見よ。）

議事記録者　minute taker
　会議の議事の記録に責任を有する個人・家族・団体。

検閲者　censor
　原作の性質や内容を本質的には変更せず、道徳性、政治性、軍事性、その他の根拠で好ましくないと考える部分を抑圧する目的で内容を修正することによって、著作の表現形に寄与する個人・家族・団体。
（参照：新たな著作の創作となる本質的な変更については、#C.2.1Aの著者を見よ。）

サウンド・デザイナー　sound designer
　音響部分をデザインすることによって、著作の表現形に寄与する個人・家族・団体。

挿絵者　illustrator
　素描、図表、写真等で主要な内容を補足することによって、著作の表現形に寄与する個人・家族・団体。
（参照：著作が主としてこの実体によって創作された芸術的内容である場合は、#C.2.1Aの美術制作者および写真撮影者を見よ。）

写真撮影者（表現形）　photographer (expression)
　写真で原作の内容を補足することによって、著作の表現形に寄与する挿絵者。
（参照：原作自体が写真撮影者によって創作された芸術的内容である場合は、#C.2.1Aの写真撮影者を見よ。）

レタラー　letterer
　文章や字句、効果音を視覚的に表すことによって、コミック・ブック、グラフィック・ノベル等の表現形に寄与する挿絵者。

作曲者（表現形）　composer (expression)
　著作に楽曲を追加したり、原曲の代わりに新たな楽曲を作曲したり、または既存の楽曲を補足するために新たな曲を作曲したりすることによって、表現形に寄与する個人・家族・団体。
（参照：#C.2.1Aの作曲者をも見よ。）

視覚効果提供者　visual effects provider
　撮影後の視覚効果をデザインすることによって、動画著作の表現形に寄与する個人・家族・団体。

修復者（表現形）　restorationist (expression)
　損傷があったり断片的であったりする以前の表現形を修復および（または）結合し、新しい表現形を現出することによって、著作の表現形に寄与する個人・家族・団体。
（参照：#C.2.4Bの修復者（個別資料）をも見よ。）

縮約者　abridger
　原作の性質や内容を本質的には変更せず、原作を短縮するか縮約することによって、著作の表現形に寄与する個人・家族・団体。
（参照：新たな著作の創作となる本質的な変更については、#C.2.1Aの著者を見よ。）

照明デザイナー　lighting designer
　照明部分をデザインすることによって、著作の表現形に寄与する個人・家族・団体。

付　　録

製図者　draftsman
　建造物、船舶、航空機、機械、物体等の設計図や製図を作製することによって、設計者や考案者等の著作の表現形に寄与する個人・家族・団体。

測量者　surveyor
　対象の地理的範囲に対して、測量値または次元上の関連を提供することによって、地図著作の表現形に寄与する個人・家族・団体。

ソフトウェア開発者　software developer
　ソフトウェアを研究し、設計し、実装し、またはテストすることによって、著作の表現形に寄与する個人・家族・団体。

地図製作者（表現形）　cartographer (expression)
　地図を追加することや既存の地図を変更することによって、著作の表現形に寄与する個人・家族・団体。
（参照：＃C.2.1Aの地図製作者をも見よ。）

着色者　colourist
　素描、印刷物、写真、地図、動画等を着色することによって、著作の表現形に寄与する個人・家族・団体。

提供者　presenter
　動画資料に「○○ presents」というクレジットで名前が挙がり、何らかの形で制作、財政、または頒布と関連を有すると考えられる個人・家族・団体。

動画著作編集者　editor of moving image work
　映像と音声の双方を含むフィルム、ビデオ等の動画フォーマットを、集め、整理し、カットすることに責任を有する個人・家族・団体。

特殊効果提供者　special effects provider
　セット上の特殊効果（セット上の機械的効果およびカメラ内の光学的効果）をデザインすることによって、動画著作または音声著作の表現形に寄与する個人・家族・団体。

トランスクライバー　transcriber
　書き留められていない内容を書き留めたり、記譜したり、またはある記譜法から別の記譜法に楽譜を変更したりすることによって、著作の表現形に寄与する個人・家族・団体。
（参照：異なる楽器または演奏グループのために編曲された著作については、＃C.2.2Aの編曲者を見よ。）

内容付加者　writer of supplementary textual content
　原作に付加的なテキスト内容（例えば、序論、序文）を提供することによって、著作の表現形に寄与する個人・家族・団体。

> **後書作者　writer of postface**
> 　原作に後書を提供することによって、著作の表現形に寄与する個人・家族・団体。
>
> **序文作者　writer of preface**
> 　原作に序文を提供することによって、著作の表現形に寄与する個人・家族・団体。
>
> **序論作者　writer of introduction**
> 　原作に序論を提供することによって、著作の表現形に寄与する個人・家族・団体。
>
> **注釈者　writer of added commentary**
> 　原作の解釈または批評を提供することによって、著作の表現形に寄与する個人・家族・団体。
>
> **テキスト付加者　writer of added text**
> 　テキスト（例えば、写真の説明、地図の解説）を提供することによって、主な内容が非テキストである著作の表現形に寄与する個人・家族・団体。
>
>> **歌詞付加者　writer of added lyrics**
>> 　音楽作品の表現形に付加する言葉の作者。
>> （参照：原作を形成するために作曲者と共同で行う作詞については、＃C.2.1Aの作詞者を見よ。）
>
> **跋文作者　writer of afterword**
> 　原作に跋文を提供することによって、著作の表現形に寄与する個人・家族・団体。
>
> **前書作者　writer of foreword**
> 　原作に前書を提供することによって、著作の表現形に寄与する個人・家族・団体。

#C.2 関連指示子：資料と個人・家族・団体との関連

美術監督　art director	動画制作のためのセットを組み立てる、美術制作者と職人を監督することによって、表現形に寄与する個人・家族・団体。
舞台監督　stage director	パフォーマンスの総合管理と監督指揮を通して、演劇著作の表現形に寄与する個人・家族・団体。
振付者（表現形）　choreographer (expression)	振り付けを追加することや、既存の振り付けを変更することによって、著作の表現形に寄与する個人・家族・団体。 （参照：＃C.2.1Aの振付者をも見よ。）
プロダクション・デザイナー　production designer	動画制作の視覚表現全体のデザインに責任を有する個人・家族・団体。
編曲者　arranger of music	原曲で意図されたものとは異なる演奏手段のために楽曲を書き換えることによって、音楽作品の表現形に寄与する個人・家族・団体。原曲の音楽的な本質は変更しないまま、同じ演奏手段等のために作品を改作することもある。 （参照：事実上、新たな音楽作品の創作となる大きな変更については、＃C.2.1Aの作曲者を見よ。）
編者　editor	1または複数の創作者による著作や著作の部分の内容を改訂もしくは明確化し、またはそれらを選択し集めることによって、著作の表現形に寄与する個人・家族・団体。寄与には、序論や注記などを追加したり、制作、出版または頒布のために著作の表現形を用意したりすることも含まれる。 （参照：原作の性質や内容を本質的に変更し、新たな著作の創作となる大幅な改作や翻案などについては、＃C.2.1Aの著者を見よ。）
法廷速記者　court reporter	出版用に法廷意見を記録することによって、著作の表現形に寄与する個人・家族・団体。
メイクアップ・アーティスト　make-up artist	動画制作または音楽や演劇などの上演のために、メイク（特殊メイクを含む）によって、著作の表現形に寄与する個人・家族・団体。
訳者　translator	著作の既存の表現形と異なる言語で、その著作の言語面の内容を表現することによって、著作の表現形に寄与する個人・家族・団体。同一言語の時期による相違についても、異なる言語による表現として扱うことがある。
録音技術者　recording engineer	録音セッションの技術面を監督することによって、音声面の内容において著作の表現形に寄与する個人・家族・団体。
録音・録画者　recordist	自然音、民俗行事、音楽等の野外収録を含む、収録セッション中の音声および（または）映像を、記録装置を用いて取り込むことによって、著作の表現形に寄与する個人・家族・団体。

#C.2.3　体現形と関連を有する個人・家族・団体

#C.2.3A　出版者として体現形と関連を有する個人・家族・団体

体現形の出版者（参照：＃44.3.1を見よ。）に対する典拠形アクセス・ポイントまたは識別子とともに、次のリストから適切な用語を記録する。

放送製作者　broadcaster	ラジオ、テレビ、ウェブキャストなどを通じて、視聴者への体現形の放送に関与した個人・家族・団体。

付　　録

#C.2.3 B　頒布者として体現形と関連を有する個人・家族・団体

　体現形の頒布者（参照：#44.3.2を見よ。）に対する典拠形アクセス・ポイントまたは識別子とともに、次のリストから適切な用語を記録する。

フィルム配給者　film distributor 　動画の体現形を劇場等の販路に頒布することに関与した個人・家族・団体。

#C.2.3 C　製作者として体現形と関連を有する個人・家族・団体

　体現形の製作者（参照：#44.3.3を見よ。）に対する典拠形アクセス・ポイントまたは識別子とともに、次のリストから適切な用語を記録する。

印刷者　printer 　図書、新聞、雑誌、ブロードサイド、楽譜などのように、版面から印刷されたテキスト、楽譜などの体現形の製作に関与した個人・家族・団体。
エッチャー　etcher 　金属、ガラス、または印刷に使用されるその他の物の表面を、酸または別の腐食剤にさらすことによって、体現形の製作に関与した個人・家族・団体。
エングレーヴァー　engraver 　印刷のために使用される木板または金属板のような表面に、文字、図案などを彫ることによって、体現形の製作に関与した個人・家族・団体。
コロタイプ製作者　collotyper 　インク浸透性と撥インク性の表面を有するゼラチンなどのコロイド物質の硬化フィルムから、直接にプリントを作製する写真製版法を使用することによって、体現形の製作に関与した個人・家族・団体。
製紙者　papermaker 　体現形を製作するために用いる紙の制作に責任を有する個人・家族・団体。
製版者　platemaker 　印刷画像および（または）印刷テキストの制作で使用される板を準備することによって、体現形の製作に関与した個人・家族・団体。
装丁者　book designer 　本のグラフィック・デザイン全体（活字とイラストの配置、素材の選択、製作手法を含む）に責任を有することによって、体現形の製作に関与した個人・家族・団体。
鋳造者　caster 　液体または溶融材料を鋳型に注ぎ、固めて型を取ることによって、体現形の製作に関与した個人・家族・団体。
点字製作者　braille embosser 　尖筆器具、点字プリンター等の機器を用いて点字を打ち出すことによって、体現形の製作に関与した個人・家族・団体。
版面製作者　printmaker 　凸版、凹版、または平版印刷の印刷面を作ることによって、体現形の製作に関与した個人・家族・団体。
リトグラファー　lithographer 　リトグラフィ印刷のための石または板を準備することによって、体現形の製作に関与した個人・家族・団体。版面に直接図案を作るグラフィック・アーティストを含む。

#C.2.4　個別資料と関連を有する個人・家族・団体

#C.2.4 A　所有者として個別資料と関連を有する個人・家族・団体

　個別資料の所有者（参照：#44.4.1を見よ。）に対する典拠形アクセス・ポイントまたは識

#C.2 関連指示子:資料と個人・家族・団体との関連

別子とともに、次のリストから適切な用語を記録する。

現所有者 current owner 　個別資料の法的所有権を現在有している個人・家族・団体。
寄託者 depositor 　　所有権を有したまま、別の個人・家族・団体に管理を寄託した、個別資料の現所有者。
前所有者 former owner 　個別資料の法的所有権を以前有していた個人・家族・団体。
寄贈者 donor 　　個別資料を別の所有者に寄贈した、その個別資料の前所有者。
売却者 seller 　　個別資料を別の所有者に売却した、その個別資料の前所有者。

#C.2.4B　個別資料と関連を有するその他の個人・家族・団体

個別資料とその他の個人・家族・団体の関連(参照:#44.4.3を見よ。)に対する典拠形アクセス・ポイントまたは識別子とともに、次のリストから適切な用語を記録する。

キュレーター curator 　展示会、コレクションなどを計画し、集成し、組織する個人・家族・団体。
コレクション・レジストラー collection registrar 　　個別資料を集めたコレクションの目録を作るキュレーター。
収集者 collector 　　多様な由来の個別資料を集め、コレクションとして整理し、目録を作るキュレーター。
献辞者 inscriber 　個別資料に献辞を書いた個人。
修復者(個別資料) restorationist (item) 　可能な限り元の状態に戻すことによって個別資料の劣化を手当てすることを目的とする、技術的、編集上、そして知的な一連の処置に責任を有する個人・家族・団体。 (参照:#C.2.2Aの修復者(表現形)をも見よ。)
署名者 autographer 　個別資料に手書きの署名が表示されている個人。
製本者 binder 　個別資料を製本する個人。
装飾者 illuminator 　貴金属や顔料を使用し、多くの場合、精巧なデザインやモチーフを伴い、特定の個別資料に装飾を施す個人。
手書き注釈者 annotator 　個別資料に手書きの注釈を付す個人。
被記念者(個別資料) honouree (item) 　個別資料によって称えられる個人・家族・団体。例えば、献本される個人。 (参照:#C.2.1Bの被記念者をも見よ。)
被献呈者(個別資料) dedicatee (item) 　個別資料が献呈される個人・家族・団体。 (参照:#C.2.1Bの被献呈者をも見よ。)

付　録

付録C.4　関連指示子：個人・家族・団体の間の関連

#C.4.0　範囲

　本付録は、個人・家族・団体の間の関連で使用する関連指示子のリストであり、その各々について規定する。（参照：＃46を見よ。）

　これらの関連指示子は、関連元の記録中で使用して、関連先との関連の詳細な種類を示す。

　関連指示子は、次に列挙する用語から、データ作成機関が必要とする詳細度のものを記録する。例えば、企業と代表取締役との関連を記録する場合は、「最高責任者」、包括的な「役員」のいずれかを使用することができる。

　適切な用語がない場合は、データ作成機関が、関連の種類を示す簡略な用語を定めて記録する。

#C.4.1　個人と個人との関連

学友　fellow student 　その学生と同じ機関で学ぶ仲間。	学友　fellow student 　その学生と同じ機関で学ぶ仲間。
教師　teacher 　その個人を指導する個人。	学生　student 　その個人から指導を受ける個人。
同業者　colleague 　同じ職業集団、職場、大学などの構成員。	同業者　colleague 　同じ職業集団、職場、大学などの構成員。
協力者　partner 　　ビジネス・パートナーなど、共通の目的を果たすために、その個人とともに働く同業者。	協力者　partner 　　ビジネス・パートナーなど、共通の目的を果たすために、その個人とともに働く同業者。
同僚　co-worker 　　その個人とともに、または分担して働く同業者。	同僚　co-worker 　　その個人とともに、または分担して働く同業者。
補助者　assistant 　　その個人を助ける同業者。	被補助者　assistant to 　　その個人に助けられる同業者。
別名　alternate identity 　その個人が使用する筆名などの本名とは異なる名称。	本名　real identity 　その別名を使用する個人の本当の名称。
友人　friend 　その個人と親しい個人。	友人　friend 　その個人と親しい個人。

#C.4.2　家族と個人との関連、個人と家族との関連

家族と個人との関連	個人と家族との関連
家族構成員　family member 　その家族の構成員である個人。	家族　family 　その個人が属している家族。
家祖　progenitor 　その家族の祖にあたる個人。	後裔　descendants 　ある個人の子孫にあたる家族。

#C.4.3　団体と個人との関連、個人と団体との関連

団体と個人との関連	個人と団体との関連
学位取得者　graduate 　その団体から学位を取得した個人。	学位授与団体　graduate of 　その個人に学位を授与した団体。

#C.4 関連指示子：個人・家族・団体の間の関連

後援者　sponsor 　　その団体を後援している個人。	
構成員　member 　　その団体の構成員である個人。	所属団体　corporate body 　　その個人が所属する団体。
在籍生　enrolled student 　　その教育機関で指導を受ける個人。	在籍校　student at 　　その個人を指導する教育機関。
創設者　founder 　　その団体を創設した個人。	個人による創設団体 founded corporate body of person 　　その個人に創設された団体。
被雇用者　employee 　　その団体に雇用されている個人。	雇用団体　employer 　　その個人を雇用している団体。
役員　officer 　　その団体の幹部職に就いている、または統括を担っている個人。	役員としての在任団体　officer of 　　その個人が統括している、または幹部職に就いている団体。
経営役員　trustee 　　その団体の経営の権限を委ねられている役員。	経営役員としての在任団体　trustee of 　　その役員に経営の権限を委ねている団体。
最高責任者　chief executive 　　その団体の最高位の役員。	最高責任者としての在任団体　chief executive of 　　その個人が最高位の役員として在任する団体。

#C.4.4　家族と家族との関連

後裔の家族　descendant family 　　その家族の血筋を引いている家族。

#C.4.5　団体と家族との関連、家族と団体との関連

団体と家族との関連	家族と団体との関連
後援者一族　sponsoring family 　　その団体を後援している家族。	家族による後援団体 sponsored corporate body of family 　　その家族に後援されている団体。
創設者一族　founding family 　　その団体を創設した家族。	家族による創設団体 founded corporate body of family 　　その家族に創設された団体。

#C.4.6　団体と団体との関連

合併相手団体　mergee 　　その団体と合併して新しい団体を形成した団体。	合併相手団体　mergee 　　その団体と合併して新しい団体を形成した団体。
合併前団体　component of merger 　　その団体を形成するため、別団体と合併した団体。	合併後団体　product of merger 　　複数の別団体が合併した結果できた団体。
加盟団体　membership corporate body 　　他の団体の加盟によって組織される団体。	構成団体　corporate member 　　他の団体を構成する団体。
吸収団体　absorbing corporate body 　　その団体を吸収した団体。	被吸収団体　absorbed corporate body 　　その団体に吸収された団体。
広域統括団体　broader affiliated body 　　その傘下地域団体などを広域の組織レベルで代表する団体。	傘下地域団体　local affiliate 　　その広域統括団体の傘下にある地域レベルの団体。
後援団体　sponsoring corporate body 　　その団体を後援している団体。	被後援団体 sponsored corporate body of corporate body 　　その団体に後援されている団体。

付　　録

合同開催会議　jointly held conference 　　他の会議と合同で開催した会議。	**合同開催会議**　jointly held conference 　　他の会議と合同で開催した会議。
上位団体　hierarchical superior 　　その団体の上位の団体。	**下位団体**　hierarchical subordinate 　　その団体の下位の団体。
前身団体　predecessor 　　その団体の前身となる団体。	**後身団体**　successor 　　その団体の後身となる団体。
創設団体　founding corporate body 　　その団体を創設した団体。	**被創設団体** founded corporate body of corporate body 　　その団体に創設された団体。
分割前団体　predecessor of split 　　その団体へと分割・分離された団体。	**分割後団体**　product of split 　　その団体から分割・分離された結果生じた団体。

付録D　用語解説

参考のため、ICP、FRBR、RDAなどで相当する用語を「英語形（参考）」の欄に示した。

用語	英語形（参考）	解説
アクセシビリティ	accessibility content	視覚または聴覚に障害をもつ利用者などが、資料の内容を理解できるように補助する手段。
アクセシビリティ・ラベル	accessible labels	触覚認識する画像、地図またはダイアグラムに付された、アクセスのためのテキスト（触知）。
アクセス制限（個別資料）	restriction on access to item	個別資料へのアクセスに関する制限についての情報。
アクセス制限（体現形）	restriction on access to manifestation	体現形へのアクセスに関する制限についての情報。
アクセス・ポイント	access point	それにより書誌データまたは典拠データを検索し、識別する名称、用語、コード等。統制形アクセス・ポイントと非統制形アクセス・ポイントとがある。
アドレス（個人）	address of person	個人、個人の職場、個人の雇用者の住所および（または）電子メールまたはインターネットのアドレス。
アドレス（団体）	address of corporate body	団体の本部所在地または所在地の住所および（または）電子メールまたはインターネットのアドレス。
アパーチュア・カード	aperture card	マイクロフィルムを35ミリフレーム一こまの大きさの窓に固定したパンチカード。キャリア種別の一種。
異形アクセス・ポイント	variant access point	典拠形アクセス・ポイントとは異なる形から実体を発見する手がかりとなる統制形アクセス・ポイント。
異形タイトル（体現形）	variant title	本タイトル、並列タイトル、タイトル関連情報、並列タイトル関連情報、先行タイトル、後続タイトル、キー・タイトル、または略タイトルのいずれとしても記録しないが、体現形と結びついているタイトル。
異形タイトル（著作）→ **著作の異形タイトル**		
異形名称	variant name	個人・家族・団体または場所の優先名称として選択しなかった名称、または優先名称として選択した名称の異なる形。
異形名称（家族）→ **家族の異形名称**		
異形名称（個人）→ **個人の異形名称**		
異形名称（団体）→ **団体の異形名称**		
異形名称（場所）→ **場所の異形名称**		
一枚もの → **シート**		
イテレーション	iteration	特定の時点における更新資料の状態。
緯度 → **経緯度**		
印行年		和古書・漢籍で、その図書が実際に印刷された年。
印刷	printing	文字や画像から成る固定された版面を記録した原版によって、同一コピーを複製すること。
運動譜	notated movement	視覚認識する運動記譜に適用する表現種別。

付　録

運動譜（触知）	tactile notated movement	触覚認識する運動記譜に適用する表現種別。
運動譜の記譜法	form of notated movement	運動を可視的に表現する、文字および（または）記号等の用法。
映画フィルムの映写特性	projection characteristic of motion picture film	映画フィルムの映写に関係する技術的仕様。映写方式、映写速度など。
映写	projected	動画または静止画を保持し、映画フィルム・プロジェクター、スライド・プロジェクター、OHPなどの映写機器の使用を想定した体現形に適用する機器種別。二次元、三次元いずれの画像も該当する。
映写速度	projection speed	目的の動画を生成するために映写装置を作動する速度。
映写方式	presentation format	映写画像の生成に使用するフォーマット。
エレメント	element	実体の属性および実体間の関連を記録する、データの構成単位。
エレメント・サブタイプ	element subtype	エレメントを種類によって区分したときの下位のエレメント。例えば、エレメント「タイトル」における本タイトル、並列タイトル、タイトル関連情報など。
沿革	corporate history	団体の歴史に関する情報。
エンコーディング	encoding	コンピュータ処理が可能な形式で、メタデータを実際のデジタル・データとして符号化すること。例えば、MARCフォーマットは目録データを扱うエンコーディングの一方式である。本規則では方式は規定しない。
演奏	performed music	聴覚認識する音楽表現に適用する表現種別。
演奏手段（著作）	medium of performance	音楽作品に本来使用すると想定されている楽器、声および（または）アンサンブルなど。

演奏手段（表現形）→ **音楽の演奏手段**

| 大きさ | dimensions | 記述対象のキャリアおよび（または）容器の寸法（高さ、幅、奥行など）。 |

大きさに関する注記（個別資料）→ **個別資料の大きさに関する注記**

大きさに関する注記（体現形）	note on dimensions of manifestation	大きさとして記録しなかった、その体現形に固有の大きさに関する注記。
奥付	colophon	資料の末尾にあって、タイトル、著者、出版者、印刷者、出版・印刷日付、版次、刷次、定価等を表示した部分。
オーディオ	audio	録音音声を保持するなどし、ターンテーブル、オーディオカセット・プレーヤー、CDプレーヤー、MP3プレーヤーなどの再生機器の使用を想定した体現形に適用する機器種別。アナログ方式、デジタル方式いずれの音声も該当する。
オーディオカセット	audiocassette	録音テープを収めたカセット。キャリア種別の一種。
オーディオ・カートリッジ	audio cartridge	録音テープまたはオーディオ・ディスクを収めたカートリッジ。録音テープを収めたカートリッジについては、特にオーディオテープ・カートリッジということがある。また、オーディオ・ディスクを収めたカートリッジには、MDなどがある。キャリア種別の一種。
オーディオ・シリンダー	audio cylinder	録音音声を保持するシリンダー。キャリア種別の一種。
オーディオ・ディスク	audio disc	録音音声を保持するディスク。キャリア種別の一種。

#D 用語解説

オーディオテープ・リール	audiotape reel	録音テープを巻きつけたオープン・リール。キャリア種別の一種。
オーディオ・ロール	audio roll	自動演奏ピアノなどの使用を想定し、音符を穿孔記録したロール。キャリア種別の一種。
オブジェクト	object	機器を使用せず認識できる三次元の資料。キャリア種別の一種。彫刻、模型など。
音楽作品	musical work	音楽を内容とする著作。
音楽作品の番号	numeric designation of musical work	作曲者、出版者、音楽研究者により付与された一連番号、作品番号、主題目録番号などの総称。
音楽の演奏手段	medium of performance of musical content	演奏に使用されているか、または使用が想定されている楽器、声などの種類。表現形の属性の一種。
音溝の特性	groove characteristic	アナログ・ディスクの音溝の幅やアナログ・シリンダーの音溝のピッチ。
音声	1) sounds 2) sound 3) sound content	1) 話声または演奏を除く、聴覚認識する表現に適用する表現種別。 2) 聴覚認識される情報。 3) 音の有無等に関する情報。表現形の内容のエレメント。
オンライン資料	online resource	通信ネットワークへのハードウェアおよびソフトウェア接続によってアクセスされる電子資料。キャリア種別の一種。
会議、大会、集会等の開催地	location of conference, etc.	会議、大会、集会等が開催された場所。
会議、大会、集会等の開催年	date of conference, etc.	会議、大会、集会等が開催された年。
会議、大会、集会等の回次	number of conference, etc.	一連の会議、大会、集会等の番号付け。

下位シリーズ → サブシリーズ

階層的記述	hierarchical description	包括的記述に一つまたは複数の分析的記述を連結した記述。多段階記述ともいう。記述のタイプの一種。
解像度	resolution	画素数などの画像の計測値によって表されるデジタル画像の精細度。
概念	concept	抽象的観念や思想を表す実体。FRBRの第3グループに属する。
下位ユニット	subunit	ユニットを物理的または論理的に細分した単位。冊子のページ、マイクロフィッシュのフレーム、コンピュータ・ディスク等のファイル、レコードなど。
学位	academic degree	学術的な能力を保証する位階。
学位授与機関	granting institution or faculty	候補者に学位を授与する機関または学部教授団。
学位授与年	year degree granted	学位授与機関が候補者に学位を授与した年。暦年を用いる。
学位論文情報	dissertation or thesis information	学位論文によって個人に授与された学位、学位授与機関、学位授与年を含む情報。
確定状況	status of identification	実体を識別するデータの確定の程度を示す情報。
楽譜	notated music	視覚認識する音楽記譜に適用する表現種別。
楽譜（触知）	tactile notated music	点字楽譜など、触覚認識する音楽記譜に適用する表現種別。

付　　録

楽譜の記譜法	form of musical notation	音楽を可視的に表現する、文字および（または）記号等の用法。
楽譜の形式	format of notated music	楽譜がどのような形状またはレイアウトで表されているかを示す情報。
楽譜の出版者番号	publisher's number for notated music	出版者が楽譜に付与する識別子。通常はタイトル・ページ、表紙、最初のページにのみ表示されている。
楽譜のプレート番号	plate number for notated music	出版者が楽譜に付与する識別子。通常は各ページの下部に、場合によってはタイトル・ページに表示されている。
雅号		文人、学者、画家などが実名以外につける別名。
加除式資料	updating loose-leaf	ページ単位で内容を随時差し替えたり、不要となった部分を適宜除去したりして更新を行う資料。
カセット	cassette	フィルムやテープなどの帯状の記録体を保護するとともに、再生時の装塡を容易にした小型の容器。記録体を供給する芯と巻き取る芯とがある。
家族	family	出生、婚姻、養子縁組もしくは同様の法的地位によって関連づけられた、またはそれ以外の手段によって自分たちが家族であることを示す複数の個人を表す実体。FRBR の第2グループに属する。
家族と結びつく場所	place associated with family	家族の現在もしくは過去の居住地、または関係のある場所。
家族と結びつく日付	date associated with family	家族の歴史における重要な日付。
家族の異形名称	variant name for family	家族の優先名称として選択しなかった名称、または優先名称として選択した名称の異なる形。
家族の言語	language of family	家族がコミュニケーションに使用する言語。
家族の識別子	identifier for family	家族または家族に代わる情報（典拠レコードなど）と結びつく一意の文字列。
家族のタイプ	type of family	家、氏、王家、王朝など家族の一般的な種類を示す語。
家族の著名な構成員	prominent member of family	家族の一員のうち、よく知られた個人。
家族の名称	name of family	それによって家族が知られている、語、文字および（または）その組み合わせ。優先名称と異形名称とがある。
家族の優先名称	preferred name for family	家族を識別するために選択する名称。
家族の歴史	family history	家族とその構成員の履歴（経歴）に関する情報。
片仮名表記形		エレメントの記録において、日本語、中国語、韓国・朝鮮語以外の言語のタイトルまたは名称を片仮名で表記する形。片仮名だけでなく、数字、記号およびラテン文字等の各種文字種を含むこともある。
片仮名読み形		エレメントの記録において、読み形のうち、主として片仮名で表記する形。片仮名だけでなく、数字、記号およびラテン文字等の各種文字種を含むこともある。
活動期間（個人）→ **個人の活動期間**		
活動期間（団体）→ **団体の活動期間**		
活動分野（個人）	field of activity of person	個人が従事している、または従事していた活動領域や専門分野等。

#D 用語解説

活動分野（団体）	field of activity of corporate body	団体が従事している業務等の分野および（または）権限、責任、主権等を有している領域。
カデンツァ	cadenza	協奏曲などの音楽作品にその作曲者自身または別の作曲者によって挿入される、ソリストのための装飾的な経過句から成る音楽作品。
カード	card	不透明な材料の小さなシート。キャリア種別の一種。
カートリッジ	cartridge	フィルム、テープ、チップ、ディスクなどの記録体を保護するとともに、再生時の装填を容易にした小型の容器。帯状記録体を対象とする場合は、一つの芯で供給し巻き取る。
カバー	jacket	新刊書の装丁の保護等の目的で表紙を覆う紙。ブック・ジャケット、ラッパーとも。なお、英語のcoverは図書の表紙をいう。
画面アスペクト比	aspect ratio	動画の幅と高さの比。
刊記		和古書・漢籍の刊本の巻末などにある、出版年月、出版地、出版者などの表示。
関係団体	associated institution	その団体に密接な関連がある他の団体。
刊行年		和古書・漢籍で、一般に版木の彫刻、校正、印刷が終了し、出版した時点の年。
刊行頻度	frequency	逐次刊行物の各巻号の刊行の間隔、または更新資料の更新の間隔を表す用語。
刊行頻度に関する注記	note on frequency	刊行頻度の詳細または変化に関する情報を提供する注記。
刊行方式	mode of issuance	体現形の刊行単位、継続性、更新の有無などによる刊行形態の区分。
巻次		複数巻単行資料、逐次刊行物などを構成する個々の資料に対する、数字、文字などから成る順序表示。
巻次（終号）→ 終号の巻次、終号の別方式の巻次		
巻次（初号）→ 初号の巻次、初号の別方式の巻次		
監修者		著作の創作または編集を指導、統括する個人・家族・団体。
漢籍		中国人の編著書で、中国文で書かれ、主として辛亥革命（1911年）より前に著述、刊行された資料。日本等で刊行されたものをも含む。
巻頭		巻物、図書などの本文の最初の部分。
完本		巻数、内容などが完全に揃っている資料。
管理者	custodian	個別資料に対して管理権を有する個人・家族・団体。
関連	relationship	実体（資料、個人・家族・団体、主題）間に存在する様々な関係性。属性の記録とともに、実体についての記述を構成する。
関連指示子	relationship designator	典拠形アクセス・ポイントや、記述および（または）識別子で表された、実体間の関連の詳細な種類を示す指示子。
関連に関する説明	explanation of relationship	関連の記録を行う際、必要に応じて付加する説明。
機器種別	media type	記述対象の内容を利用（表示、再生、実行など）するために必要な機器の種類を示す種別。

付　録

機器不用	unmediated	機器を使用せず、人間の感覚器官を通して直接認識することを想定した体現形に適用する機器種別。印刷、手描き、点字などによって作製された資料、彫刻、模型などの三次元資料が該当する。
記述	description	実体について記録し識別するデータの集合。
記述のタイプ	type of description	体現形の記述の方式。包括的記述、分析的記述、階層的記述がある。
基礎書誌レベル		記述対象として選択することが望ましい書誌レベル。
キー・タイトル	key title	ISSN登録機関が登録する、逐次刊行物、更新資料または一部の複数巻単行資料の一意のタイトル。ISSNと1対1で結びつく。多くは本タイトルと対応するが、識別要素が付加されることがある。
基底材	base material	記述対象の基底となる物理的な材料。
議定書	protocol	他の条約を修正、補完する条約。
キャプション	caption	テキストや楽譜の最初のページの冒頭や地図の題字欄などにある見出し。
キャリア	carrier	記述対象の内容を記録した媒体。可視的なものだけではなく不可視的なものもある。
キャリア種別	carrier type	記述対象の内容を記録した媒体およびその形状を示す種別。
キャリアに関するその他の情報の変化に関する注記	note on changes in carrier characteristics	キャリアに関する情報のうち、刊行途中の変化に関する情報を提供する注記。ただし、機器種別、数量および大きさの変化を除く。
キャリアに関する注記	note on carrier	キャリアに関する情報に記録しなかった、体現形のキャリアの識別または選択に必要な情報を提供する注記。

キャリアに関する注記（個別資料）→ 個別資料のキャリアに関する注記

休刊		複数巻単行資料、逐次刊行物または更新資料がその刊行を一時停止すること。廃刊、終刊とは異なる。
行政区分を表す語	type of jurisdiction	市町村名やそれより上位の地方政府・自治体名に含まれる行政区分を表す語。
共通タイトル	common title	本タイトルが本体と部分の名称から成る場合の本体の名称。複数巻単行資料、逐次刊行物または更新資料の、独立して刊行されたすべての部編、補遺等に共通するタイトル。
極性	polarity	映画フィルム、写真、マイクロ資料の画像における色彩および色調と、複製されたものの色彩および色調との関係。ポジ、ネガ。
寄与者	contributor	表現形の成立に寄与する個人・家族・団体。編者、訳者、注釈者、演奏・演技者など。
居住地等	place of residence, etc.	個人が住んでいる場所、住んでいた場所、または出生地、死没地、居住地以外で個人と結びつく重要な場所（勤務地、研究していた場所など）。
訓点		漢文を日本文に読み下す際に原漢文の文字の四周や欄外、紙背に施す、送り仮名、返り点、ヲコト点などの、文字や補助記号の総称。

#D 用語解説

経緯度	longitude and latitude	地図が対象とする区域を、最西端および最東端の経度、ならびに最北端および最南端の緯度で特定する情報。
経度 → 経緯度		
軽微な変化	minor change	逐次刊行物の本タイトルの変化のうち、体現形の新規の記述を作成しない程度の軽微なもの。
外題		表紙に付けられたタイトル。表紙に貼付した紙片(題簽)に書かれる場合(貼外題)と、直接に書かれる場合(書き外題)とがある。
結合形		著作に対する典拠形アクセス・ポイントの形の一種で、優先タイトルと創作者に対する典拠形アクセス・ポイントを結合したもの。その他の識別要素を付加する場合もある。
元期	epoch	星図における天体の位置などの観測時点を示す情報。
原タイトル	original title	翻訳の対象となった表現形のタイトル。体現形の情報源に本タイトルと同等に表示されている場合は、並列タイトルとしても扱う。
顕微鏡	microscopic	肉眼では見えない微小な対象を見るために、顕微鏡などの機器の使用を想定した体現形に適用する機器種別。
顕微鏡スライド	microscope slide	顕微鏡などの機器の使用を想定した微小な対象を収めた、透明な材質から成る小さなシート。保護用の包材を伴うことも伴わないこともある。キャリア種別の一種。
コア・エレメント	core element	資料の発見・識別に不可欠であり、記録を必須とするエレメント。
後印本		和古書・漢籍で、以前使用した版木を用いて、後に印刷した図書。
校閲者		他人の原稿に目を通し、その正誤、適否などを調べ、訂正を加えるなどして、指導、助言する個人・家族・団体。
考古資料		過去の人類、民族等にかかわる生活文化を研究するための、遺跡等に残された有形資料。
後修本		和古書・漢籍で、版木の一部の欠損など何らかの事情で、その部分の版木を後から補修した図書。
更新資料	integrating resource	追加、変更などによって更新されるが、一つの刊行物としてのまとまりは維持される資料。更新前後の資料は、別個の資料として存在するのではなく、更新箇所が全体に統合される。ページを差し替えることにより更新されるルーズリーフ形式のマニュアル、継続的に更新されるウェブサイトなど。
構造記述	structured description	関連先の著作・表現形・体現形・個別資料を識別できるように、いくつかの属性を標準的な表示形式(ISBDなど)による順序で組み合わせて記録した記述。
後続タイトル	later title proper	複数巻単行資料の本タイトルが変化した場合、または逐次刊行物の本タイトルに軽微な変化があった場合の変化後の本タイトル。
小口書		下小口(本文用紙の下の切り口)に記された、略タイトルや巻次など。書根字とも。

付　録

個人	person	人を表す実体。複数の人が共同で設定するアイデンティティ、または人が使用範囲を定めて使い分ける各アイデンティティの場合もある。また、伝説上または架空の個人、人間以外の実体をも含む。FRBRの第2グループに属する。
個人・家族・団体と家族との関連	related family	個人・家族・団体が、ある家族に対して有する関連。
個人・家族・団体と個人との関連	related person	個人・家族・団体が、ある個人に対して有する関連。
個人・家族・団体と団体との関連	related corporate body	個人・家族・団体が、ある団体に対して有する関連。
個人と結びつく国	country associated with person	それを付加することでその個人を識別できる場合に使用する国名。
個人と結びつく日付	date associated with person	個人の生涯、履歴における重要な日付。生年、没年、個人の活動期間。
個人の異形名称	variant name for person	個人の優先名称として選択しなかった名称、または優先名称として選択した名称の異なる形。同一実体として扱う場合における、旧名称に対する新名称、筆名に対する本名などの異なる名称と、言語や綴りなどの違いによる同一名称の異なる形を含む。
個人の活動期間	period of activity of person	個人がその主な活動分野で活動した期間または職業に従事した期間。
個人の言語	language of person	個人が出版を目的とした執筆や放送の際に使用する言語。
個人の識別子	identifier for person	個人または個人に代わる情報（典拠レコードなど）と結びつく一意の文字列。
個人の名称	name of person	それによって個人が知られている、語、文字および（または）その組み合わせ。優先名称と異形名称とがある。
個人の優先名称	preferred name for person	個人を識別するために選択する名称。
コーディング		特定の規則に従った記号やタグを用いてエレメントを記録すること。
個別資料	item	体現形の単一の例示を表す実体。FRBRの第1グループに属する。
個別資料から体現形への関連	manifestation exemplified	個別資料から、それが例示した体現形への関連。個別資料は、通常は一つの体現形を例示する。個別資料の記録中に、体現形を、関連先の情報として記録する。
個別資料間の関連	related item	個別資料と個別資料との関連。体現形と別の体現形の個別資料との関連をも、個別資料間の関連として表す。
個別資料と関連を有するその他の個人・家族・団体	other person, family and corporate body associated with item	個別資料と関連を有する、所有者または管理者以外の個人・家族・団体。
個別資料に関する注記	note on item	個別資料のエレメントとして記録しなかった、識別、選択またはアクセスに必要な情報を提供する注記。
個別資料の大きさに関する注記	note on dimensions of item	大きさとして記録しなかった、その個別資料に固有の大きさに関する注記。

#D 用語解説

個別資料のキャリアに関する注記	note on item-specific carrier characteristic	個別資料に固有で、同一の体現形に属する他の個別資料が有しないキャリアの特性について、付加的な情報を提供する注記。
個別資料の識別子	identifier for item	個別資料と結びつけられ、他の個別資料との判別を可能とする文字列および（または）番号。
個別資料の数量に関する注記	note on extent of item	数量として記録しなかった、その個別資料に固有の数量に関する注記。
固有のタイトル		書誌階層構造において、それぞれの書誌レベルが有するタイトル。
コレクション	collection	個人収集者、販売者、図書館、文書館等が収集した資料の一群。
コンピュータ	computer	電子ファイルを保持し、コンピュータの使用を想定した体現形に適用する機器種別。コンピュータ・テープ、コンピュータ・ディスクなどにローカル・アクセスする場合と、ファイル・サーバを通じてリモート・アクセスする場合のいずれも該当する。
コンピュータ・カード	computer card	コンピュータの使用を想定し、デジタル・コード化されたデータを格納するカード。キャリア種別の一種。
コンピュータ・チップ・カートリッジ	computer chip cartridge	小型の半導体シリコン・ウエハーの上に小型の電子回路を収めたカートリッジ。キャリア種別の一種。処理性能、メモリまたは保存容量を追加できる。
コンピュータ・ディスク	computer disc	磁気的または光学的に記録され、デジタル・コード化されたデータを格納するディスク。キャリア種別の一種。
コンピュータ・ディスク・カートリッジ	computer disc cartridge	コンピュータ・ディスクを収めたカートリッジ。キャリア種別の一種。
コンピュータ・データセット	computer dataset	コンピュータ処理用にデジタル・コード化したデータセットに適用する表現種別。平均、相関などの計算やモデル作成のための、アプリケーション・ソフトウェアに使用される数値データ、統計データなどが該当する。コンピュータ処理用の地図データ、視覚認識または聴覚認識するデータは除く。
コンピュータ・テープ・カセット	computer tape cassette	コンピュータ・テープを収めたカセット。キャリア種別の一種。
コンピュータ・テープ・カートリッジ	computer tape cartridge	コンピュータ・テープを収めたカートリッジ。キャリア種別の一種。
コンピュータ・テープ・リール	computer tape reel	コンピュータ・テープ・ドライブの使用を想定し、コンピュータ・テープを巻きつけたオープン・リール。キャリア種別の一種。
コンピュータ・プログラム	computer program	コンピュータが処理、実行する指令をデジタル・コード化したデータに適用する表現種別。オペレーティング・システム（OS）、アプリケーション・ソフトウェアなどが該当する。
再生時間 → 所要時間		
再生速度	playing speed	目的の音声を生成するためにオーディオ装置を操作する速度。
再生チャンネル	configuration of playback channels	録音に使用する音声チャンネル。
サウンドトラック・リール	sound-track reel	音声が記録されたフィルムを巻きつけたオープン・リール。キャリア種別の一種。
作品番号		芸術作品に付与された、制作順、発表順、テーマ別などの序数。

付　　録

冊子	volume	1枚以上のシートが製本等によって一つのユニットとなっている資料。キャリア種別の一種。
座標（地図）→ 地図の座標		
サブエレメント	sub-element	エレメントの構成部分となる下位のエレメント。例えば、エレメント「出版表示」における出版地、出版者、出版日付が該当する。
サブシリーズ	subseries	1) シリーズ内のシリーズ。すなわち、通常はより包括的である別のシリーズと常に結合して表示され、その別のシリーズの一部分を形成するシリーズ。サブシリーズのタイトルは、主なシリーズのタイトルに従属していることもないこともある。 2) 上位の著作に一貫して表示される、逐次刊行物または複数巻の著作。サブシリーズのすべての号または部編に、上位の著作のタイトルが表示される。
サブシリーズ内番号	numbering within subseries	サブシリーズ内の個々の資料に与えられている番号付け。単独の数字・文字・記号か、またはそれらの組み合わせ。前後にそれを修飾する語句が付いているものもある。
サブシリーズに関係する責任表示	statement of responsibility relating to subseries	責任表示のうち、サブシリーズに関係する表示。
サブシリーズに関係する並列責任表示	parallel statement of responsibility relating to subseries	サブシリーズに関係する責任表示の異なる言語および（または）文字種による表示。
サブシリーズのタイトル関連情報	other title information of subseries	サブシリーズの本タイトルを限定、説明、補完する表示。
サブシリーズの並列タイトル	parallel title proper of subseries	サブシリーズの本タイトルとして記録したものと異なる言語および（または）文字種によるタイトル。
サブシリーズの並列タイトル関連情報	parallel other title information of subseries	サブシリーズのタイトル関連情報として記録したものと異なる言語および（または）文字種による同一内容の表示。
サブシリーズの本タイトル	title proper of subseries	サブシリーズを識別する主な名称。
サブシリーズのISSN	ISSN of subseries	ISSN登録機関によってサブシリーズに付与された識別子。
サブタイトル	subtitle	本タイトルを限定または説明しているタイトル関連情報。
参考資料	reference source	典拠となる情報が得られる、参考図書や典拠ファイルなどの情報源。
三次元資料	three-dimensional form	彫刻、模型、自然物、標本、ホログラムなど、視覚認識する三次元形状の表現に適用する表現種別。 （参照：立体地図、地球儀については、「三次元地図」を見よ。）
三次元資料（触知）	tactile three-dimensional form	触覚認識する三次元形状の表現に適用する表現種別。
三次元地図	cartographic three-dimensional form	地球儀、地形模型など、視覚認識する三次元形状の地図表現に適用する表現種別。
三次元地図（触知）	cartographic tactile three-dimensional form	触覚認識する三次元形状の地図表現に適用する表現種別。
三次元動画	three-dimensional moving image	3D映画、ステレオスコピック3Dビデオゲームなど、音声の有無を問わず、視覚認識する三次元の動的な画像表現に適用する表現種別。

#D 用語解説

識語		和古書・漢籍で、所有者や読者が、資料の伝来、入手の経緯、書写の年月、読後の感想等を、その資料に書き加えた文章。
色彩	colour content	資料に存在する特定の色、色調。
識別	identify	記録された実体が求める実体に合致することを確認すること、または同種の特性をもつ複数の実体間の判別を行うこと。FRBRの利用者タスクの一つ。
識別子	identifier	対象となる実体を一意に表し、その実体と他の実体を判別するのに役立つ番号、コード、語、句などの文字列。
識別子（家族）→ 家族の識別子		
識別子（個人）→ 個人の識別子		
識別子（個別資料）→ 個別資料の識別子		
識別子（体現形）→ 体現形の識別子		
識別子（体現形）に関する注記 → 体現形の識別子に関する注記		
識別子（団体）→ 団体の識別子		
識別子（著作）→ 著作の識別子		
識別子（表現形）→ 表現形の識別子		
識別の基盤	basis for identification of manifestation	記述対象の体現形が複数の部分（巻号，部編など）から成る場合、または複数のイテレーションをもつ場合に、体現形の識別のよりどころとなる部分またはイテレーション。
識別の基盤に関する注記	note on issue, part, or iteration used as basis for identification of manifestation	識別の基盤に関する情報を提供する注記。
識別要素		統制形アクセス・ポイントの構築において、基礎となる名称もしくはタイトルが同一の場合などにそれらを判別するため、またはその他識別の必要に応じて、付加する各種のエレメント。
実体	entity	書誌データの利用者の主要な関心対象を表す単位。各実体には、必要な属性が設定される。他の実体との間に関連を有する場合がある。
シート	sheet	紙やプラスチックなど、薄い材料から成る平らな一葉。キャリア種別の一種。
自筆	holograph	内容に責任を有する個人による手書き。制作手段を表す用語として用いる。
死没地	place of death	個人が没した場所（市町村名，上位の地方自治体名等および（または）国名）。
尺度	scale	資料の全部または一部を構成する地図、静止画、三次元資料の大きさと、その元である実物の大きさの比。縮尺および倍尺を含む。
尺度の付加的情報	additional scale information	距離を示す語句による尺度、または資料の特定部分の尺度に関する補足的な情報。
終号の巻次	numeric and/or alphabetic designation of last issue or part of sequence	逐次刊行物の順序表示で、終号に表示された巻次、および本タイトルまたは責任表示等の重要な変化により体現形に対する新規の記述を作成した場合の、変化前の最後の号の巻次。

付　録

終号の年月次	chronological designation of last issue or part of sequence	逐次刊行物の順序表示で、終号に表示された年月次、および本タイトルまたは責任表示等の重要な変化により体現形に対する新規の記述を作成した場合の、変化前の最後の号の年月次。
終号の別方式の巻次	alternative numeric and/or alphabetic designation of last issue or part of sequence	逐次刊行物の順序表示で、複数の順序表示の方式を保持していて双方が巻次である場合に、終号の巻次のうち、主でない巻次または2番目以降に表示されている巻次。
終号の別方式の年月次	alternative chronological designation of last issue or part of sequence	逐次刊行物の順序表示で、複数の順序表示の方式を保持していて双方が年月次である場合に、終号の年月次のうち、主でない年月次または2番目以降に表示されている年月次。
従属タイトル		複数巻単行資料、逐次刊行物または更新資料の、独立して刊行された部編、補遺等のタイトル。
重要な変化	major change	逐次刊行物の本タイトルの変化のうち、新しい著作の出現とみなし、その体現形に対する新規の記述の作成が必要なもの。
収録の場所 → 収録の日付・場所		
収録の日付 → 収録の日付・場所		
収録の日付・場所	place and date of capture	資料の内容の収録（録音、撮影など）と結びつく日付および場所。
縮尺 → 尺度		
縮率	reduction ratio	マイクロ資料の原資料に対するマイクロ画像のサイズの比率。
縮率を示す語句	reduction ratio designation	マイクロ画像の縮率を、数値ではなく程度を示して表現した語句。
手稿		著者自身が書いた原稿。自筆稿本。
主題	subject	著作が何についてのものであるかを示す情報であり、用語、語句、分類記号などで表される。これには、FRBRの第3グループの実体が該当する。このグループには、概念、物、出来事、場所の4実体が属する。さらに、第1グループおよび第2グループの各実体についても、著作が何についてのものであるかに関する対象となることから、第3グループの実体とみなすことがある。これら第3グループに含める実体の総称として、「主題」の語を用いることがある。
出生地	place of birth	個人が生まれた場所（市町村名、上位の地方自治体名等および（または）国名）。
出典	source consulted	実体の識別要素を決定する際に使用した情報源。
出版者	publisher publisher's name	刊行物の出版、発行、公開に責任を有する個人・家族・団体またはその名称。
出版者番号（楽譜）→ 楽譜の出版者番号		
出版地	place of publication	刊行物の出版、発行、公開と結びつく場所（市町村名等）。
出版日付	date of publication	刊行物の出版、発行、公開と結びつく日付。
出版表示	publication statement	刊行物の出版、発行、公開に関して、場所、責任を有する個人・家族・団体、日付を識別する表示。
出版表示に関する注記	note on publication statement	出版表示として記録しなかった情報を提供する注記。
順序表示（逐次刊行物）→ 逐次刊行物の順序表示		

#D 用語解説

順序表示（部分）→ 部分の順序表示		
賞	award	授賞団体による公式の顕彰。
使用期間	date of usage	個人の優先名称とした名称が使用されている日付または期間。
称号	title of person	王族、貴族、聖職者であることを示す語句、およびその他の階級、名誉、公職者であることを示す語句。
使用範囲	scope of usage	実体の優先名称とした名称が結びつく著作のタイプや形式。
情報源	source of information	記述の作成における、データの記録のよりどころ。
条約参加者	participant in treaty	条約に署名者、批准者等として参加した政府または団体。
初期印刷資料	early printed resource	機械印刷の登場より前（おおむね1830年まで）に製作された印刷資料。
初期活字資料 → 初期印刷資料		
職業	profession or occupation	個人が一般に生業として従事している業種。
触知資料の表記法	form of tactile notation	点字のように、触覚を通じて認識することができる形式で、資料の内容を表現するために使用する、文字および（または）記号の用法。
書型・判型	book format	和古書・漢籍については、用紙の大きさを基準にした資料の大きさで、初期印刷資料（和古書・漢籍を除く）等については、全紙を折り畳んだ後の大きさ。
初号の巻次	numeric and/or alphabetic designation of first issue or part of sequence	逐次刊行物の順序表示で、初号に表示された巻次、および本タイトルまたは責任表示等の重要な変化により体現形に対する新規の記述を作成した場合の、変化後の最初の号の巻次。
初号の年月次	chronological designation of first issue or part of sequence	逐次刊行物の順序表示で、初号に表示された年月次、および本タイトルまたは責任表示等の重要な変化により体現形に対する新規の記述を作成した場合の、変化後の最初の号の年月次。
初号の別方式の巻次	alternative numeric and/or alphabetic designation of first issue or part of sequence	逐次刊行物の順序表示で、複数の順序表示の方式を保持していて双方が巻次である場合に、初号の巻次のうち、主でない巻次または2番目以降に表示されている巻次。
初号の別方式の年月次	alternative chronological designation of first issue or part of sequence	逐次刊行物の順序表示で、複数の順序表示の方式を保持していて双方が年月次である場合に、初号の年月次のうち、主でない年月次または2番目以降に表示されている年月次。
書誌階層構造		体現形のシリーズとその中の各巻、逐次刊行物とその中の各記事のように、それぞれが固有のタイトルを有する複数のレベルから成る、階層的な構造。
書誌的巻数		著作の成立時または初期の刊行（製作）時の巻数。物理的な現況に基づく巻数と区別する。
書誌データ	bibliographic data	資料に関する諸情報を圧縮・構造化した記録。
書写	manuscript	自筆以外の手書き。制作手段を表す用語として用いる。
書写者		写本等を書いた、または転写した個人等。
書写資料	manuscript	写本・手稿など、手書きで作成された資料。

付　録

書誌レベル		書誌階層構造における上下の位置づけを示す用語。記述対象として選択することが望ましい書誌レベルを、基礎書誌レベルといい、その上下の書誌レベルを、それぞれ上位書誌レベル、下位書誌レベルと定める。
所属	affiliation	個人が雇用、会員資格、文化的アイデンティティなどを通じて属している、または属していた集団。
所有・管理履歴	custodial history of item	個別資料の過去の所有、責任、保管などの変遷。
所有者	owner	個別資料に対して所有権を有する個人・家族・団体。
所要時間	duration	資料の再生、実行、実演に要する時間。
シリーズ	series	終期の有無を問わない上位の書誌レベルの資料の集合。各資料の固有のタイトルのほかに、そのグループ全体に共通する総合タイトルがあり、相互に関連づけられている。個々の資料には、順序づけのためのシリーズ番号が付いているものと、付いていないものがある。
シリーズ・タイトル・ページ	series title page	当該出版物のタイトル・ページとは別に、シリーズの本タイトルなどのシリーズに関する情報を提示するページ。
シリーズ内番号	numbering within series	シリーズ内の個々の資料に与えられている番号付け。単独の数字・文字・記号か、またはそれらの組み合わせ。番号の前後にそれを修飾する語句が付いているものもある。
シリーズに関係する責任表示	statement of responsibility relating to series	責任表示のうち、シリーズに関係する表示。
シリーズに関係する並列責任表示	parallel statement of responsibility relating to series	シリーズに関係する責任表示として記録したものと異なる言語および（または）文字種による表示。
シリーズのタイトル関連情報	other title information of series	シリーズの本タイトルを限定、説明、補完する表示。
シリーズの並列タイトル	parallel title proper of series	シリーズの本タイトルとして記録したものと異なる言語および（または）文字種によるタイトル。
シリーズの並列タイトル関連情報	parallel other title information of series	シリーズのタイトル関連情報として記録したものと異なる言語および（または）文字種による同一内容の表示。
シリーズの本タイトル	title proper of series	シリーズを識別する主な名称。
シリーズのISSN	ISSN of series	ISSN登録機関によってシリーズに付与された識別子。
シリーズ表示	series statement	記述対象の単行資料、逐次刊行物、更新資料より上位の書誌レベルに関する表示。記述対象を識別するとともに、複数の書誌レベルからの検索を可能とするために記録する。
シリーズ表示に関する注記	note on series statement	シリーズ表示として記録しなかった情報を提供する注記。
資料	resource	著作、表現形、体現形、個別資料の全体または一部を指す用語。一つのユニットを成す場合も、集合体である場合も、ユニットの構成部分である場合もある。有形の場合も、無形の場合もある。
図	illustrative content	資料の主要な内容を表す、または説明する図、絵、写真など。本文のページ中にある挿図など。
数量	extent	記述対象のユニット数。原則として、キャリアの種類を示す語を伴う。

#D 用語解説

数量に関する注記（個別資料）→ **個別資料の数量に関する注記**

数量に関する注記（体現形）	note on extent of manifestation	数量として記録しなかった、その体現形の数量に関する注記。
スコア	score	すべてのパートをまとめて表した楽譜。アンサンブルに対するもののほか、ソロ演奏者または電子メディアのための作品に対するものをも含む。総譜とも。パート譜とは異なる。
図版	plate	前付けや本体部分の一連のページ付に属さない、図のある丁。説明文の有無は問わない。
スライド	slide	スライド映写機またはビューワで使用されることを意図した画像を保持した（通常は保護用の包材に入れられた）小さな透明のシート。キャリア種別の一種。
背	spine	図書等の紙葉が綴じられた部分の表紙。通常はタイトル、著者名、出版者名等の表示がある。
製作者	manufacturer manufacturer's name	刊行物の印刷、複写、成型等に責任を有する個人・家族・団体またはその名称。

制作者 → **非刊行物の制作者**

制作手段	production method	記述対象を制作するときに使用された手段。刊行物、非刊行物の双方に用いる。
製作地	place of manufacture	刊行物の印刷、複写、成型等と結びつく場所（市町村名等）。

制作地 → **非刊行物の制作地**

製作日付	date of manufacture	刊行物の印刷、複写、成型等と結びつく日付。

制作日付 → **非刊行物の制作日付**

製作表示	manufacture statement	刊行物の印刷、複写、成型等に関して、場所、責任を有する個人・家族・団体、日付を識別する表示。

制作表示 → **非刊行物の制作表示**

製作表示に関する注記	note on manufacture statement	製作表示として記録しなかった情報を提供する注記。

制作表示に関する注記 → **非刊行物の制作表示に関する注記**

静止画	still image	線図、絵画、写真など、視覚認識する線、図形、陰影などによる、二次元の静的な画像表現に適用する表現種別。 （参照：視覚認識する地図類については、「地図」を見よ。）
静止画（触知）	tactile image	触覚認識する線、図形などによる、二次元の静的な画像表現に適用する表現種別。 （参照：触覚認識する地図類については、「地図（触覚）」を見よ。）
静止画の大きさ	dimensions of still image	静止画の画面の寸法または記録媒体の寸法。
静止画または三次元資料の尺度	scale of still image or three-dimensional form	資料の一部または全部を構成する静止画または三次元資料の大きさと、その元である実物の大きさとの比。
聖典		それぞれの宗教の教義の基本となる、教理、教条、戒律などを記した著作。仏教の経典、キリスト教の聖書、イスラム教のコーランなど。
生年	date of birth	個人が生まれた年。

付　録

政府	government	特定の法域において権力を行使する行政・立法・司法機関の総体。地方自治体等をも含む。
性別	gender	個人の性別。
責任刊行者	issuing body	団体の公式機関誌のような著作を責任刊行する個人・家族・団体。これらが、その著作に対する創作者に該当する場合は除く。
責任表示	statement of responsibility	資料の知的・芸術的内容の創作または実現に、責任を有するか寄与した個人・家族・団体に関する表示。
責任表示に関する注記	note on statement of responsibility	責任表示として記録しなかった情報を提供する注記。
世襲の称号	hereditary title	家族と結びつく貴族の称号など、家族で継承される称号。
世代	generation	原版のキャリアと、原版から作られた複製のキャリアとの関係。映画フィルム、デジタル資料、ビデオテープ、マイクロ資料、録音資料などにある。
赤緯 → 赤経・赤緯		
赤経 → 赤経・赤緯		
赤経・赤緯	right ascension and declination	星図が対象範囲とする天球上での位置を、赤経および赤緯の位置で特定する情報。
説明・管理要素		実体の属性のうち、説明や管理のために記録する要素。注記や識別子など。典拠コントロールに用いるが、統制形アクセス・ポイントの一部とはならない。
設立年	date of establishment	団体が設立された年。
先行タイトル	earlier title proper	更新資料の本タイトルが変化した場合の、変化前のイテレーションにおける本タイトル。
先秦書		漢籍として扱われる著作のうち、秦の全国統一（紀元前221年）より前に成立したもの。
選択	select	内容、物理的形態等に関して、利用者の要件を満たす実体を選ぶこと、または利用者ニーズに適合しない実体を排除すること。FRBRの利用者タスク。
総合タイトル	collective title	複数の著作から成る資料で、各著作にそれぞれ個別のタイトルがある場合に、その資料全体に付けられた包括的なタイトル。
創作者	creator	著作の創作に責任を有する個人・家族・団体。著者、編纂者、作曲者など。
挿図 → 図		
装置・システム要件	equipment or system requirement	記述対象の利用や再生に必要な装置やシステム。
装丁	binding	図書の形態上のつくりや体裁。
蔵版印		蔵版者であることを証明するために蔵版者が捺す印章。見返し、刊記等の蔵版者名の下、封切り紙の継ぎ目、中央などに捺す。
蔵版者		版木の株を所蔵し、出版する権利をもつ個人・家族・団体。

#D 用語解説

属性	attribute	実体の発見・識別等に必要な特性。関連の記録とともに、実体についての記述を構成する。
その他の識別語句（団体）	other designation	団体の「その他の識別要素」のうち、団体の種類、行政区分を表す語以外の語句。
その他の識別要素（個人）	other designation associated with person	日付、称号、活動分野、職業、展開形以外で、個人の名称に結びつく識別要素。
その他の識別要素（団体）	other designation associated with corporate body	場所、関係団体、日付、会議等の回次以外で、団体の名称に結びつく識別要素。
体現形	manifestation	著作の表現形を物理的に具体化した実体。FRBRの第1グループに属する。
体現形から個別資料への関連	exemplar of manifestation	体現形から、それを例示した一つ以上の個別資料への関連。体現形の記録中に、個別資料を、関連先の情報として記録する。
体現形から著作への関連	work manifested	体現形から、それを具体化した一つ以上の著作への関連。表現形を特定せずに、体現形を著作と直接に結びつける場合は、体現形の記録中に、著作を、関連先の情報として記録する。
体現形から表現形への関連	expression manifested	体現形から、それが具体化した一つ以上の表現形への関連。体現形の記録中に、表現形を、関連先の情報として記録する。
体現形間の関連	related manifestation	体現形と体現形との関連。 （参照：体現形と別の体現形の個別資料との関連については、「個別資料間の関連」を見よ。）
体現形と関連を有するその他の個人・家族・団体	other person, family, and corporate body associated with manifestation	体現形と関連を有する、出版者、頒布者、製作者、非刊行物の制作者以外の個人・家族・団体。
体現形に関する注記	note on manifestation	体現形のエレメントとして記録しなかった情報を提供する注記。
体現形の識別子	identifier for manifestation	体現形と結びつけられ、他の体現形との判別を可能とする文字列および（または）番号。資料の体現形に付与されたISBN、ISSN等の国際標準番号、出版者等による番号、公文書館等が独自の体系に基づき割り当てた番号など。
体現形の識別子に関する注記	note on identifier for manifestation	体現形の識別子として記録しなかった情報を提供する注記。
対象利用者	intended audience	資料の内容が対象とする、またはその内容が適していると思われる利用者層。年齢層（児童、ヤング・アダルト、成人など）、教育段階（小学生、中学生など）、障害の種類など。
題字欄		地図、掛図など一枚ものに、タイトルなどが表示されている欄。 （参照：新聞や雑誌については、「マストヘッド」を見よ。）
題簽		タイトルや巻次などを記して資料に貼付した紙片。主として表紙の左上部または中央上部に貼付される。
代替楽器	alternative instrument	音楽作品の演奏手段において、本来使用すると想定されている楽器の代わりに使用する楽器。
タイトル	title	体現形の名称または体現形で具体化された著作の名称である語、句または文字の集合。
タイトル関連情報	other title information	本タイトルを限定、説明、補完する表示。サブタイトルなど。
タイトル・スクリーン	title screen	電子資料における、タイトルに関する情報の表示画面。

付　録

タイトルに関する注記	note on title	タイトルとして記録しなかった情報を提供する注記。
タイトル・フレーム	title frame	映像フィルムやマイクロフィルムの、通常は冒頭に現れる一こま。その資料のタイトルなど、著作にかかわる情報が表示されている。ターゲットともいう。
タイトル・ページ	title page	出版物の冒頭にあり、当該出版物の本タイトル、加えて通常は責任表示、出版表示などの情報を提示するページ。
畳もの		1枚の用紙に書写または印刷されたもの、または数枚に書写または印刷されたものを継いで1連としたもので、折り畳んだ形で保存される資料。
縦長本		縦の長さが横の長さの2倍以上ある冊子。
単巻資料	single unit	物理的に単一のユニットとして刊行される資料（例えば、1冊のみの単行資料）。無形資料の場合は、論理的に単一のユニットとして刊行される資料（例えば、ウェブに掲載されたPDFファイル）。
単行資料	monograph	固有のタイトルを有する単独に刊行された資料。形態的には複数のユニットから成る場合もある。その場合、各部分に固有のタイトルがないときや、固有のタイトルのない付随物（付録、補遺など）が伴うときなどがある。
団体	corporate body	一体として活動し特定の名称によって識別される組織、あるいは個人および（または）組織の集合を表す実体。会議、大会、集会等を含む。FRBRの第2グループに属する。
団体と結びつくその他の場所	other place associated with corporate body	会議等の開催地以外で、団体と結びつく場所。本部所在地など。
団体と結びつく場所	place associated with corporate body	団体にとって重要な場所。団体の本部所在地（または団体の活動地）や会議等の開催地など。
団体と結びつく日付	date associated with corporate body	団体の歴史で重要な日付。設立年、廃止年、活動期間、会議等の開催年。
団体の異形名称	variant name for corporate body	団体の優先名称として選択しなかった名称、または優先名称として選択した名称の異なる形。同一実体として扱う場合における、言語の異なる名称と、文字種や綴りなどの違いによる同一名称の異なる形を含む。
団体の活動期間	period of activity of corporate body	団体の活動が判明している期間。
団体の言語	language of corporate body	団体がコミュニケーションに使用する言語。
団体の識別子	identifier for corporate body	団体または団体に代わる情報（典拠レコードなど）と結びつく一意の文字列。
団体の種類	type of corporate body	団体であることを示す総称的な語句、または団体の種類を具体的に示す語句。
団体の名称	name of corporate body	それによって団体が知られている、語、文字および（または）その組み合わせ。優先名称と異形名称とがある。
団体の優先名称	preferred name for corporate body	団体を識別するために選択する名称。

#D 用語解説

単独形		著作に対する典拠形アクセス・ポイントの形の一種で、優先タイトル単独で構築したもの。創作者に対する典拠形アクセス・ポイントを含めない一方、その他の識別要素を付加する場合がある。
逐次刊行物	serial	終期を予定せず、部分に分かれて継続して刊行され、通常はそれぞれに順序表示がある資料（例えば、定期刊行物、モノグラフ・シリーズ、新聞）。刊行期間は限定されているが、部分に分かれて定期または不定期に継続して刊行され、順序表示があるなど、逐次刊行物としての特徴を備えた資料（例えば、特定のイベントに関するニュースレター）や逐次刊行物の複製をも含む。
逐次刊行物の順序表示	numbering of serials	逐次刊行物の個々の部分（巻号）を識別するための順序表示。巻次と年月次とがある。巻次は、数字、文字、その他の語句から成り、年月次は、年、月、日または時期を示す数字、文字から成る。
逐次刊行物の順序表示に関する注記	note on numbering of serials	逐次刊行物の順序表示として記録しなかった情報を提供する注記。
地図	1) map 2) cartographic image	1) 地球などの天体の表面または想像上の場所について、選択した事項や抽象化された特徴を（またはこれらに関して）、通常は縮尺して二次元の媒体上に表現した図。 2) シート状の地図、地図帳、対景図、リモートセンシング図など、視覚認識する静止画としての地図表現に適用する表現種別。
地図（触知）	cartographic tactile image	触覚認識する静止画としての地図表現に適用する表現種別。
地図資料	cartographic resource	地球などの天体、または想像上の場所の全体もしくは部分を縮尺して表現した資料。
地図資料のデジタル表現	digital representation of cartographic content	地理空間情報の符号化にかかわる技術的詳細。
地図データ種別	cartographic data type	地理空間を機械可読形式で表す方式の種類。ベクタ、ラスタなどがある。
地図データセット	cartographic dataset	コンピュータ処理用にデジタル・コード化したデータセットとしての、地図表現によるデータに適用する表現種別。 （参照：画像として認識する地図データについては、「地図」を見よ。三次元形状として認識する地図データについては、「三次元地図」を見よ。）
地図動画	cartographic moving image	地球などの天体を映した衛星動画など、二次元動画としての地図表現に適用する表現種別。
地図等の大きさ	dimensions of map, etc.	地図等の図面の寸法または記録媒体の寸法。
地図の座標	coordinates of cartographic content	地図が対象とする区域を、経緯度、頂点座標、赤経・赤緯のいずれかで特定する情報。
地図の垂直尺度	vertical scale of cartographic content	地図の高度または垂直方向の大きさの尺度。
地図の水平尺度	horizontal scale of cartographic content	地図における水平距離と実際の距離の比。
地図のその他の詳細	other details of cartographic content	尺度、投影法、座標に記録していない、地図の数値などに関係するデータやその他の特徴を示す情報。

付　録

地図の投影法	projection of cartographic content	地球や天球の表面を平面である地図上に表現する図法。
帙		和古書・漢籍などを保護するための覆い。鏡帙、無双帙、四方帙など。
注記	note	特定のエレメントとして記録しなかった、識別、選択またはアクセスに必要な情報。
調	key	音楽作品の調性または基本的調性の主音を決定する一組の音程。主音と長調か短調かのいずれかで表現される。
丁	leaf	枚と同じく紙葉等を数えるときに用いる語。折り畳んだ状態のものを数える場合が多く、和装本など袋綴じの紙葉を数える語として用いられる。
頂点座標	strings of coordinate pairs	地図が対象とする区域を、多角形の各頂点の座標を使用し、経緯度よりも厳密に特定する情報。
直接入手元	immediate source of acquisition of item	個別資料の直接の入手元、入手日付および入手方法。
著作	work	個別の知的・芸術的創作の結果、すなわち、知的・芸術的内容を表す実体。FRBRの第1グループに属する。
著作から体現形への関連	manifestation of work	著作から、それを具体化した一つ以上の体現形への関連。表現形を特定せずに、著作を体現形と直接に結びつける場合は、著作の記録中に、体現形を、関連先の情報として記録する。
著作から表現形への関連	expression of work	著作から、それを実現した一つ以上の表現形への関連。著作の記録中に、表現形を、関連先の情報として記録する。
著作間の関連	related work	著作と著作との関連。表現形と別の著作との関連をも、著作間の関連として表す。
著作権日付	copyright date	記述対象の著作権または著作権に相当する権利の発生と結びつく日付。原盤権日付（録音の権利保護と結びつく日付）も含まれる。
著作権日付に関する注記	note on copyright date	著作権日付として記録しなかった情報を提供する注記。
著作と関連を有する非創作者	other person, family, or corporate body associated with work	創作者以外で、著作と関連を有する個人・家族・団体。書簡の名宛人、記念論文集の被記念者、ディレクターなど。
著作の異形タイトル	variant title for work	著作の一般に知られているタイトル、体現形に表示されているタイトルなどで、優先タイトルとして選択しなかったタイトル。
著作の形式	form of work	著作の該当する種類やジャンル。映画、小説など。
著作の識別子	identifier for work	著作または著作に代わる情報（典拠レコードなど）と結びつく一意の文字列。
著作の成立場所	place of origin of work	著作が成立した国または国以外の法域。
著作のその他の特性	other distinguishing characteristic of work	著作の識別要素のうち、著作の形式、著作の日付、著作の成立場所、責任刊行者以外で、著作のタイトルと結びつく情報。
著作のタイトル	title of work	著作の名称。優先タイトルと異形タイトルとがある。
著作の日付	date of work	著作に関係する最も早い日付。著作が成立した日付であることも、著作が最初に出版または公開された日付であることもある。

#D　用語解説

著作の優先タイトル	preferred title for work	著作を識別するために選択する名称。
著作の履歴	history of work	著作の履歴に関する情報。
定型的総合タイトル	conventional collective title	単数または複数の特定の創作者による著作の集合について、優先タイトルとして選択する定型的な語で構成したタイトル。「作品集」「Works」など。
ディスク	disc	円盤状の記録体。溝方式、磁気方式、レーザー光方式などにより、データを記録する。記録信号には、アナログ方式とデジタル方式とがある。アナログ信号を音溝に記録したものがレコードであり、デジタル信号をレーザー光方式で記録したものがコンパクト・ディスク（CD）、DVD、ブルーレイ・ディスク。
出来事	event	行為や事件を表す実体。FRBRの第3グループに属する。
テキスト	text	視覚認識する言語表現に適用する表現種別。
テキスト（触知）	tactile text	点字、ムーン・タイプなど触覚認識する言語表現に適用する表現種別。
デジタル・コンテンツ・フォーマット	encoding format	デジタル・コンテンツのフォーマットに用いられているスキーマや標準。
デジタル・ファイルの特性	digital file characteristic	オーディオ、画像、テキスト、ビデオなどのデータのデジタル変換にかかわる技術的仕様。
データ作成者の注記	cataloguer's note	典拠形アクセス・ポイントを使用または更新するデータ作成者にとって、または関連する実体に対する典拠形アクセス・ポイントを構築する者に役立つ説明。
テープのトラック構成	tape configuration	オーディオテープ上のトラックの数。
テレビ放送の標準方式	broadcast standard	テレビ放送用のビデオ映像の放送方式。
展開形	fuller form of name	ラテン文字等から成る個人の優先名称またはその一部が、イニシャル、略語、短縮形などである場合の完全な形。ラテン文字等から成る優先名称に含まれなかった姓または名を含める形もある。
転記	transcription	情報源における情報をエレメントとして記録する際に、表示されているとおりに書き写す作業。
典拠形アクセス・ポイント	authorized access point	実体の優先名称（または優先タイトル）を基礎として構築され、他の実体と明確に判別できる統制形アクセス・ポイント。その実体を発見、識別し、または関連する他の実体を発見する手がかりとなる。
典拠コントロール	authority control	典拠データを通して、統制形アクセス・ポイントの一貫性を保つように管理する作業。
典拠データ	authority data	特定の実体に関連する資料を正確に発見できるよう、それらに関する統制形アクセス・ポイントの一貫性を保つように管理するための記録。
典拠ファイル	authority file	実体を識別し、その実体に対する統制形アクセス・ポイントを管理するために、典拠データを収めたファイル。
電子資料	digital resource	コンピュータおよびその周辺装置によって利用可能となるよう符号化された資料。データ、プログラム、または両者の組み合わせのものがある。

投影法（地図）→ 地図の投影法

付　録

動画資料	moving image resource	視覚認識する動的な画像表現による資料。
統制形	controlled form	タイトルおよび名称の記録に使用する一式の規定に基づく表記形式。
統制形アクセス・ポイント	controlled access point	一群の資料に関するデータを集中するために必要な一貫性をもたらすアクセス・ポイント。典拠ファイルなどの手段で統制される。典拠形アクセス・ポイントと異形アクセス・ポイントとがある。
特定の再生仕様	special playback characteristic	録音・再生に用いるシステムの種類。イコライゼーション・システム、ノイズ・リダクション・システムなど。
扉		1) 和書のタイトル、著者・編者、発行所などが表示されているページの総称。 2) 和古書・漢籍で、通常は見返しに続く丁の表に書名・巻次等を表示したもの。
トラック		ディスク型記憶媒体の記録単位となる、一つの同一円周上の記録部分。
トランスペアレンシー	overhead transparency	OHPやライト・ボックスとともに使用する、画像を印刷した透明な材質のシート。キャリア種別の一種。
内部情報源		電子資料のタイトル・スクリーン（ページソース等のメタデータを含む）またはメニュー、プログラム記述、ヘッダー、リードミー・ファイル、索引などの、体現形に内在する情報源。
内容の言語	language of content	資料の内容を表現する言語に関する情報。
内容の性質	nature of content	著作の内容が何であるかを具体的に示す特質。
内容の対象範囲	coverage of content	資料の内容が対象とする年代的または地理的範囲。
内容の特性の変化に関する注記	note on changes in content characteristics	表現形のエレメントの、刊行途中の変化に関する情報を提供する注記。
内容の要約	summarization of content	資料の内容の抄録、要旨、あらすじなど。
二次元動画	two-dimensional moving image	映画、ビデオ、ビデオゲームなど、音声の有無を問わず、視覚認識する二次元の動的な画像表現に適用する表現種別。
入手	obtain	購入、貸出等による実体の獲得および（または）オンライン接続による電子的な実体へのアクセス。FRBRの利用者タスクの一つ。
入手条件	term of availability	記述対象に表示されている定価および（または）その入手可能性を示す情報。
任意規定		対応する本則または別法の直後に置かれた、本則の内容を拡充または限定する規定。任意追加と任意省略とがある。
年月次（終号）→ 終号の年月次、終号の別方式の年月次		
年月次（初号）→ 初号の年月次、初号の別方式の年月次		
廃止年	date of termination	団体が廃止された年または活動を終了した年。
倍尺 → 尺度		
箱書		書画などを収める箱の蓋等に、その資料のタイトル、作成者名、由来などを記し、署名、押印などをした書き付け。
場所	place	名称によって識別される空間の範囲を表す実体。FRBRの第3グループに属する。

#D 用語解説

場所の異形名称	variant name for place	場所の優先名称として選択しなかった名称、または優先名称として選択した名称の異なる形。
場所の名称	name of place	それによって場所が知られている、語、文字および（または）その組み合わせ。優先名称と異形名称とがある。
場所の優先名称	preferred name for place	場所を識別するために選択する名称。
発見	find	実体の属性または関連を用いた検索結果として、ファイルまたはデータベースのなかに単一の実体または一組の実体を見つけ出すこと。FRBRの利用者タスクの一つ。
パート譜	part	複数の楽器または声部から成る音楽作品の演奏時に用いられる、楽器ごとまたは声部ごとに記された楽譜。
ハングル読み形		エレメントの記録において、読み形のうち、主としてハングルで表記する形。ハングルだけでなく、数字、記号およびラテン文字等の各種文字種を含むこともある。
判型 → 書型・判型		
版次	designation of edition	記述対象が属する版を示す語、数字またはこれらの組み合わせ。
版心		袋綴じの図書において、紙の中央の折り目に当たる部分。タイトル、巻数、丁付等が、彫り込まれることが多い。柱とも。
版に関係する責任表示	statement of responsibility relating to edition	責任表示のうち、特定の版に関係する表示。
版に関係する並列責任表示	parallel statement of responsibility relating to edition	版に関係する責任表示の、異なる言語および（または）文字種による表示。
版表示	edition statement	記述対象がどのような版であるかを示す表示。版次の他に、付加的版次、版に関係する責任表示、付加的版に関係する責任表示の全部または一部を伴う場合がある。
版表示に関する注記	note on edition statement	版表示として記録しなかった情報を提供する注記。
頒布		刊行物を特定または不特定の多数者に配布すること。
頒布者	distributor distributor's name	刊行物の頒布、発売に責任を有する個人・家族・団体またはその名称。
頒布地	place of distribution	刊行物の頒布、発売と結びつく場所（市町村名等）。
頒布日付	date of distribution	刊行物の頒布、発売と結びつく日付。
頒布表示	distribution statement	刊行物の頒布、発売に関して、場所、責任を有する個人・家族・団体、日付を識別する表示。刊行物の頒布、発売に関する表示が含まれる。
頒布表示に関する注記	note on distribution statement	頒布表示として記録しなかった情報を提供する注記。
非刊行物		書写資料、絵画、彫刻、地域文書など刊行されていない制作物。
非刊行物の制作者	producer of unpublished manifestation producer's name	非刊行物の書写、銘刻、作製、組立等に責任を有する個人・家族・団体またはその名称。
非刊行物の制作地	place of production	非刊行物の書写、銘刻、作製、組立等と結びつく場所（市町村名等）。

付　録

非刊行物の制作日付	date of production	非刊行物の書写、銘刻、作製、組立等と結びつく日付。
非刊行物の制作表示	production statement	非刊行物の書写、銘刻、作製、組立等に関して、場所、責任を有する個人・家族・団体、日付を識別する表示。
非刊行物の制作表示に関する注記	note on production statement	非刊行物の制作表示として記録しなかった情報を提供する注記。
非刊行物の並列制作者	parallel producer's name	非刊行物の制作者として記録したものと異なる言語および（または）文字種による制作者の名称。
非刊行物の並列制作地	parallel place of production	非刊行物の制作地として記録したものと異なる言語および（または）文字種による制作地。
非構造記述	unstructured description	関連先と関連の種類に関する情報を、標準的な表示形式（ISBDなど）に従わず、語句、文、パラグラフなどで記録した記述。
ビットレート	encoded bitrate	ストリーミング・オーディオまたはストリーミング・ビデオの再生速度。
筆名	pseudonym	個人が著作に用いる本名以外の名称。ペンネーム。他の個人と共同名義で用いるものをも含む。
ビデオ	video	動画または静止画を保持し、ビデオカセット・プレーヤー、DVDプレーヤーなどの再生機器の使用を想定した体現形に適用する機器種別。アナログ方式、デジタル方式いずれの画像も該当する。二次元、三次元いずれの画像も該当する。
ビデオカセット	videocassette	ビデオテープを収めたカセット。キャリア種別の一種。
ビデオ・カートリッジ	video cartridge	ビデオテープまたはビデオディスクを収めたカートリッジ。ビデオテープを収めたカートリッジについては、特にビデオテープ・カートリッジということがある。また、ビデオディスクを収めたカートリッジには、VHDなどがある。キャリア種別の一種。
ビデオディスク	videodisc	ビデオを保持するディスク。キャリア種別の一種。
ビデオテープ・リール	videotape reel	ビデオテープを巻きつけたオープン・リール。キャリア種別の一種。
ビデオの特性	video characteristic	ビデオ画像の符号化に関する技術的仕様。
ビデオ・フォーマット	video format	アナログ・ビデオの内容を符号化するために使用する標準など。
非統制形アクセス・ポイント	uncontrolled access point	典拠コントロールの対象とならないアクセス・ポイント。
表記法	form of notation	資料の内容を表現する文字および（または）記号の体系。
表現形	expression	文字による表記、記譜、運動譜、音声、画像、物、運動等の形式またはこれらの組み合わせによる著作の知的・芸術的実現を表す実体。FRBRの第1グループに属する。
表現形から体現形への関連	manifestation of expression	表現形から、それが具体化された一つ以上の体現形への関連。表現形の記録中に、体現形を、関連先の情報として記録する。
表現形から著作への関連	work expressed	表現形から、それが実現した著作への関連。表現形の記録中に、著作を、関連先の情報として記録する。
表現形間の関連	related expression	表現形と表現形との関連。 （参照：表現形と別の著作との関連については、「著作間の関連」を見よ。）

#D 用語解説

表現形に関する注記	note on expression	表現形のエレメントとして記録しなかった情報を提供する注記。
表現形の言語	language of expression	著作を表現している言語。
表現形の識別子	identifier for expression	表現形またはその表現形に代わる情報（典拠レコードなど）と結びつく一意の文字列。
表現形のその他の特性	other distinguishing characteristic of expression	表現形の識別要素のうち、表現形の種別、表現形の日付、表現形の言語以外で、表現形と結びつく情報。
表現形の日付	date of expression	表現形に関係する最も早い日付。
表現種別	content type	表現形の内容を表現する基本的な形式を示す種別。動きの有無、次元、内容を知覚するための人間の感覚器官に対応する語句を含む。
表紙	cover	資料の表と裏に付けてその本体を保護する紙、布、革などの覆い。
表示形		エレメントの記録に用いる表記の形のうち、情報源に表示された形。漢字（繁体字または簡体字を含む。）、仮名、ハングル、ラテン文字、キリル文字、ギリシャ文字等や、数字、記号など、各種文字種を含む。
ファイル・サイズ	file size	デジタル・ファイルの容量。バイト数で表す。
ファイル種別	file type	デジタル・ファイル内のデータ・コンテンツの種類。
フィルム	film	撮影、現像に用いる写真感光材料。
フィルム・カセット	film cassette	映画フィルムを収めたカセット。キャリア種別の一種。
フィルム・カートリッジ	film cartridge	映画フィルムを収めたカートリッジ。キャリア種別の一種。
フィルムストリップ	filmstrip	1枚ずつの投影を想定した数十こまの陽画が連続しているロール状のフィルム。キャリア種別の一種。
フィルムストリップ・カートリッジ	filmstrip cartridge	フィルムストリップを収めたカートリッジ。キャリア種別の一種。
フィルムスリップ	filmslip	ロール状ではなく、硬く短い形状のフィルム。キャリア種別の一種。
フィルムのトラック構成	track configuration	フィルムの音声を収録する部分の構成。
フィルム・リール	film reel	映画フィルムを巻きつけたオープン・リール。キャリア種別の一種。
フィルム・ロール	film roll	ロール状の映画フィルム。キャリア種別の一種。
フォント・サイズ	font size	記述対象中の文字や記号（点字を含む）の大きさ。
付加材	applied material	基底材に塗布または追加された物理的または化学的材料（例えば、絵具の種類）。
付加的内容	supplementary content	資料の主要な内容に付加することを意図した内容。索引、参考文献表、付録など。
付加的版次	designation of named revision of edition	ある版に変更が加えられて再発行されたことを示す版次。
付加的版に関係する責任表示	statement of responsibility relating to named revision of edition	責任表示のうち、特定の付加的版に関係する表示。

付　録

付加的版に関係する並列責任表示	parallel statement of responsibility relating to named revision of edition	付加的版に関係する責任表示の、異なる言語および（または）文字種による表示。
複合記述	composite description	体現形の記述と、著作・表現形・個別資料の属性を組み合わせた記述。
複合姓	compound surname	複数の固有名から成る姓。ハイフン、接続詞、前置詞等を用いて結ばれていることが多い。
複数巻単行資料	multipart monograph	同時に、または継続して刊行される複数の部分から成る資料で、一定数の部分により完結する、または完結することを予定するもの（例えば、2巻から成る辞書、1セットとして刊行された3巻から成るオーディオカセット）。
複製	reproduction	印刷、写真、複写、録音、録画などの機械的または電子的手段によって、原資料の内容を忠実に復元し再製したコピー。
複製物 → 複製		
袋綴じ	double leaf	二つ折りにした紙を重ね、折り目でない方を糸で綴じた形態の装丁。和装本では最も一般的な形態。
付属資料	accompanying material	記述対象の本体に付属し、本体と併せて使用するように意図されている資料。
復刻	facsimile	図書などの資料について、元の体現形を忠実に再現した複製。通常は元の体現形と同じ大きさで作成される。
覆刻本		和古書・漢籍で、既存の図書の版面通りに模して版木を作り、出版した図書。複製本の一種。
物理レベル		固有のタイトルを有しない物理的（または論理的）な単位に記述対象を分割して扱う場合の単位。
部分の順序表示	numbering of part	上位の著作内における部分を配列する表示。
フリップチャート	flipchart	一端を綴じて1枚ずつめくれるようにした図解・説明用シート。イーゼル上で使用する。キャリア種別の一種。
文書	archival resource	業務の遂行の過程で個人・家族・団体によって作成、蓄積、および（または）使用された後、継続的な価値を認められて保存された書類など。
文書・コレクションの組織化	system of organization	利用者のニーズに合致した資料の選択に役立つように記録された、文書類またはコレクションの編成に関する情報。
分析的記述	analytical description	より大きな単位の体現形の一部を記述対象とする記述。複数の部分から成る体現形のうちの一つの部分を記述対象とする場合や、シリーズのうちの1巻を記述対象とする場合などがある。書誌階層構造でいえば、上位書誌レベルが存在する場合の下位書誌レベルの記述が該当する。また、物理レベルでの記述もこれに該当する。記述のタイプの一種。
分点	equinox	星図の赤経・赤緯が、何年の春分点を基準としているかを示す情報。
並列出版者	parallel publisher's name	出版者として記録したものと異なる言語および（または）文字種による出版者の名称。
並列出版地	parallel place of publication	出版地として記録したものと異なる言語および（または）文字種による出版地。

#D 用語解説

| 並列製作者 | parallel manufacturer's name | 製作者として記録したものと異なる言語および（または）文字種による製作者の名称。 |

並列制作者 → 非刊行物の並列制作者

| 並列製作地 | parallel place of manufacture | 製作地として記録したものと異なる言語および（または）文字種による製作地。 |

並列制作地 → 非刊行物の並列制作地

用語	英語	説明
並列タイトル	parallel title proper	本タイトルとして記録したものと異なる言語および（または）文字種によるタイトル。
並列タイトル関連情報	parallel other title information	タイトル関連情報として記録したものと異なる言語および（または）文字種による同一内容の表示。
並列版次	parallel designation of edition	版次として記録したものと異なる言語および（または）文字種による表示。
並列頒布者	parallel distributor's name	頒布者として記録したものと異なる言語および（または）文字種による頒布者の名称。
並列頒布地	parallel place of distribution	頒布地として記録したものと異なる言語および（または）文字種による頒布地。
並列付加的版次	parallel designation of named revision of edition	付加的版次として記録したものと異なる言語および（または）文字種による表示。
ページ	page	紙葉の一つの面。
ページ付	pagination	ページ等に付けられた、順序づけのための連続した番号数など。丁付など、ページ以外のものを含む総称として使用する。
ヘッダー		1) マイクロフィッシュ等で、タイトルや責任表示のある欄。一般に資料の上部にあって肉眼で読むことができる。 2) 磁気テープやディスク等の、電子資料におけるデータに関する情報を記録したもの。ヘッダーレコード、ヘッダーラベルとも。
別タイトル	alternative title	本タイトルがいずれもタイトルである2部分から成るときの、2番目のタイトル。通常は「一名○○○○」や、英語の「or」など、同等の関係を示す語句によって連結された形で表示される。
別法		対応する本則の後に置かれた、本則と二者択一の関係にある規定。
編曲	arrangement	音楽作品の表現形。 1) 作品を本来指定されたものとは異なる演奏手段用に書き直した楽曲。 2) 作品を同一の演奏手段で単純化した楽曲。
法域	jurisdiction	法律、規則等を制定し施行する公的団体によって管轄されている領域。国、州、県、市町村など。
包括的記述	comprehensive description	体現形の全体を記述対象とする記述。書誌階層構造でいえば、下位書誌レベルが存在する場合の上位書誌レベルの記述が該当する。また、単一の書誌レベルしか存在しない場合の記述も該当する。記述のタイプの一種。
法令等	legal work	法律等、命令等、裁判所規則、憲章、条約、判例集、裁判記録などの著作。
没年	date of death	個人が没した年。

付　録

翻案	adaptation	原著作の改作、改訂によって派生した新しい著作。原著作とは、内容等に実質的な変更がある。
翻字形		エレメントの記録において、ラテン文字以外の文字種をラテン文字に翻字して表記する形。ラテン文字だけでなく、数字、記号等の各種文字種を含むことがある。
本タイトル	title proper	体現形を識別するための固有の名称。
本タイトルに関係する責任表示	statement of responsibility relating to title proper	責任表示のうち、本タイトルに関係する表示。
本タイトルに関係する並列責任表示	parallel statement of responsibility relating to title proper	本タイトルに関係する責任表示として記録したものと異なる言語および（または）文字による表示。
翻訳		ある言語の著作の内容を、他の言語に変えること。古文を現代文に改めることをも含む。
枚		紙葉、写真、録音ディスク、ビデオディスク、マイクロフィッシュなど、平らで薄い資料を数えるときに用いる語。
マイクロ	microform	閲覧するために拡大を必要とするマイクロ画像を保持し、マイクロフィルム・リーダー、マイクロフィッシュ・リーダーなどの機器の使用を想定した体現形に適用する機器種別。透明、不透明いずれの媒体も該当する。
マイクロオペーク	microopaque	格子状にマイクロ画像を配列した不透明な材質のシート。キャリア種別の一種。
マイクロ資料	microform	閲覧に拡大を必要とする縮小したマイクロ画像を収めた、機器種別が「マイクロ」である資料。
マイクロフィッシュ	microfiche	格子状にマイクロ画像を配列したシート状のフィルム。キャリア種別の一種。
マイクロフィッシュ・カセット	microfiche cassette	カットされていないマイクロフィッシュを収めたカセット。キャリア種別の一種。
マイクロフィルム	microfilm	複数のマイクロ画像を配列したフィルム。
マイクロフィルム・カセット	microfilm cassette	マイクロフィルムを収めたカセット。キャリア種別の一種。
マイクロフィルム・カートリッジ	microfilm cartridge	マイクロフィルムを収めたカートリッジ。キャリア種別の一種。
マイクロフィルム・スリップ	microfilm slip	マイクロフィルム・ロールから切り出された一片のマイクロフィルム。キャリア種別の一種。
マイクロフィルム・マイクロフィッシュの感光剤	emulsion on microfilm and microfiche	マイクロフィルムやマイクロフィッシュの画像を形成する付加材に使用する物質。
マイクロフィルム・リール	microfilm reel	マイクロフィルムを巻きつけたオープン・リール。キャリア種別の一種。
マイクロフィルム・ロール	microfilm roll	ロール状のマイクロフィルム。キャリア種別の一種。
マウント	mount	基底材の支持物または裏張りに使用する物質。
巻物	roll	紙を横につなぎ、一方の端に軸をつけて、保管するときはそれに巻いておく形態の資料。キャリア種別の一種。
枡型本		枡の形すなわち正方形（ほぼそれに近い形をも含む）の形状の冊子。

#D 用語解説

マストヘッド	masthead	新聞や雑誌の名称、発行人、編集者、所在地などを表示した欄。
見返し		表紙の裏。江戸中期以降の版本では、タイトル、著者、出版者等が表示されることが多い。
民俗文化財		衣食住・生業にかかわる生活・生産用具、信仰、年中行事、風俗慣習、民間芸能および（または）それらに使われる衣服・器具・家屋等の有形資料。
無著者名古典		著者が不明または不詳のため、通常はタイトルで知られていて、長年にわたって書写、翻刻、翻訳等が行われ、異版の多い著作。
名称	name	それによって実体が知られている、語、文字および（または）その組み合わせ。
名称未判別標示	undifferentiated name indicator	優先名称および記録した名称以外の識別要素では、複数の同一名称をもつ個人を判別するために不十分であることを示す標示。
メタデータ	metadata	何らかのデータを発見、識別、選択、入手等するために、その特徴を記述したデータ。データそのものの内容とは別に、そのデータに関係する補助的な情報を指す。
目首		和古書・漢籍の目次の冒頭の語句。
目録	catalogue	利用者が図書館で利用可能な資料を発見・識別・選択・入手できるよう、資料に対する書誌データ、所在データおよび各種の典拠データを作成し、適切な検索手段を備えて、データベース等として編成するもの。
目録用言語		情報源における表示からの転記または統制形による記録のいずれにもよらない場合のために、データ作成機関が定めて用いる言語。
文字種	script	資料の内容の言語表現に使用する、文字および（または）記号の体系。
持ち替え楽器	doubling instrument	オーケストラにおいて、主に管楽器で、曲の中で必要に応じて持ち替えられる派生楽器。
物	object	物体を表す実体。自然界に現れる生命体および非生命体、人間の創作の所産である固定物、可動物および移動物、もはや存在しない物体を含む。FRBRの第3グループに属する。
屋号		姓とは別に、家を特定するために付けられた名称。
有形資料	tangible resource	形態を有し手に取ることができる資料。
有形文化財		建造物、絵画、彫刻、典籍などの、有形のすぐれた文化的所産物。
優先引用形	preferred citation	資料の著作者、出版者、管理者、抄録索引サービス機関などが推奨する、当該資料の引用形式。
優先情報源	preferred source of information	体現形の記録にあたって優先的に選定する情報源。
優先タイトル → **著作の優先タイトル**		
優先名称	preferred name	個人・家族・団体または場所を識別するために選択した名称。
優先名称（家族）→ **家族の優先名称**		
優先名称（個人）→ **個人の優先名称**		

付　　録

優先名称（団体）→ 団体の優先名称

優先名称（場所）→ 場所の優先名称

ユニット	unit	資料の数量を認識する際の、物理的または論理的な単位。
容器	container	資料を収容するための、資料本体とは物理的に分離している様々な形態の入れもの。
横長本		横の長さが縦の長さよりも長い冊子。
読み形		エレメントの記録において、表示形等とあわせて、その読みを表記する形。片仮名読み形、ローマ字読み形、ハングル読み形がある。
ラベル		タイトルなどを記載して資料本体や容器に貼付する紙片など。録音資料ではレーベルという。
欄	column	出版物の組版において、1ページを2段以上に分けて組んである場合の一つの段。ページ数の表示がなく、欄の番号付のみが表示されていることがある。
リージョン・コード	regional encoding	ビデオディスクまたはビデオゲーム装置の再生可能な地域を限定するコード。
立体視	stereographic	三次元効果を与えるように、対をなす静止画によって構成され、ステレオスコープ、立体視ビューワなどの機器の使用を想定した体現形に適用する機器種別。
立体視カード	stereograph card	立体視用のカード形態の資料。キャリア種別の一種。
立体視ディスク	stereograph disc	立体視用のディスク形態の資料。キャリア種別の一種。
リーフ	leaf	片面印刷されている紙葉。
リモート・アクセス	remote access	電子資料の利用形態の一つ。資料は利用者の手元になく大規模記憶装置やハードディスクに格納されている。
略タイトル	abbreviated title	索引または識別を目的として省略された形のタイトル。
略歴	biographical information	個人の生涯、履歴に関する情報。
利用制限（個別資料）	restriction on use of item	個別資料における、複写、出版、展示のような、資料の利用に関する制限についての情報。
利用制限（体現形）	restriction on use of manifestation	体現形における、複写、出版、展示のような、資料の利用に関する制限についての情報。
リール	reel	映画フィルム、ビデオテープ、マイクロフィルム、オーディオテープなど、帯状の記録体を保持するための巻き枠。
レイアウト	layout	記述対象中のテキスト、画像、触知表記等の配置。
零本		欠巻・欠冊が多くて、残存部分が少ない資料。端本。
レーベル名		発行者や製作会社の製品のすべてまたはその一部に付けられる、ブランド名または商標名。
連絡先情報	contact information	資料が入手可能な機関等に関する情報。刊行物については、資料の出版者・頒布者の名称、住所・アドレス等を含む。文書、コレクションについては、資料を管理する機関の名称、住所・アドレス等を含む。

#D 用語解説

ローカル・アクセス		電子資料の利用形態の一つ。利用者自身がディスク等のキャリアを、コンピュータの周辺装置に挿入することによって利用可能となる場合をいう。
録音資料	sound recording	機械的または電子的手段でその音声が再生されるように、符号化した音声を記録した資料。映像を伴うものは含めない。
録音の手段	recording medium	録音の固定に用いた手段の種類。光学、磁気の別などがある。
録音の特性	sound characteristic	録音に関する技術的仕様。録音の方式、録音の手段、再生速度、音溝の特性、フィルムのトラック構成、テープのトラック構成、再生チャンネルおよび特定の再生仕様など。
録音の方式	type of recording	音声を符号化する方式。アナログ、デジタルの別などがある。
ローマ字読み形		読み形のうち、主としてローマ字で表記する形。ローマ字だけでなく、数字、記号およびラテン文字等の各種文字種を含むこともある。
ロール	roll	紙、フィルム、テープなどを巻いた形状の資料。
和古書		日本人の編著書で、日本文で書かれ、日本で主として江戸時代まで（1868年より前）に書写・刊行された資料。
和資料		日本語、中国語、韓国・朝鮮語等、漢字圏の言語（文字）が用いられている資料。
話声	spoken word	朗読、話芸、ラジオドラマ、演説、インタビューなどの録音など、聴覚認識する言語表現に適用する表現種別。コンピュータ発話を含む。
ISBN		International Standard Book Number（国際標準図書番号）。図書に対して与えられる、国際的な識別子。国際ISBN機関と各国のISBN機関が付与する。接頭記号、国別記号、出版者記号、書名記号、チェック数字の計13桁の数字から成る。2006年以前は10桁の数字から成っていた。
ISSN		International Standard Serial Number（国際標準逐次刊行物番号）。逐次刊行物等に対して与えられる国際的な識別子。これを付与した逐次刊行物等のデータは、ISSN国際センターが維持・管理しているデータベースISSNレジスターに登録し管理する。8桁の番号で、7桁の数字と1桁のチェック数字から成る。
URL	Uniform Resource Locator	記述対象であるインターネット上の資料の所在を特定するアドレス。

索　引

凡　例

<用語の採録>
- ＃B.1、＃C.1、＃C.2、＃C.4、＃Dの用語を中心に採録している。各章の条項の見出しに用いた用語についても採録したものがある。
- ＃B.2については、一部の用語を除いて採録していない。

<用語の所在>
- 各章（第0章〜第46章）および付録における出現箇所のうち、有用と判断した条項を示している。序説における出現は示していない。
- 原則として規定の見出しおよび本文中の出現に限定し、例示中の出現は示していない。ただし、＃C.1、＃C.2、＃C.4の関連指示子の用語については、例示も対象としている。＃B.1、＃C.1、＃C.2、＃C.4、＃Dについては、見出し語のみを対象とし、各用語の説明中の出現は示していない。
- 所在は、条項番号で示している。条項内の表（語彙のリスト）に含まれる用語については、表番号で示している。
- ＃B.1の用語の所在については、あわせて示している表番号から、該当箇所に到達されたい。

<用語の排列>
- 五十音順とし、その後に英字、数字を順に排している。五十音順においては、長音記号を無視し、また清音・濁音を区別していない。

<ア>

アウトライン　　表2.24.0.2、＃B.1
青写真　　表2.22.0.2、＃B.1
青焼き　　表2.22.0.2、＃B.1
アクション・ストローク・ダンス記譜法
　　表5.13.4.2、＃B.1
アクセシビリティ　　＃5.14、＃D
アクセシビリティ・ラベル　　＃5.14.0.1.1、＃D
アクセス制限（個別資料）　　＃3.3、＃D
アクセス制限（体現形）　　＃2.37、＃D
アクセス・ポイント　　＃0.5.4、＃21〜＃23、
　　＃26〜＃28、＃D
　　→：異形アクセス・ポイント、典拠形アクセス・ポイント、統制形アクセス・ポイント、非統制形アクセス・ポイント
アクセント　　＃1.11.7
アクティビティ・カード　　表2.17.4、＃B.1
アクリル絵具　　表2.19.0.2、＃B.1
アスペクト比　→ 画面アスペクト比
アスペクト比混合　　表5.19.0.2、＃B.1
アセテート　　表2.19.0.2、＃B.1
厚紙　　表2.19.0.2、＃B.1

後書作者　　＃C.2.2A
アドレス（個人）　　＃6.14、＃D
アドレス（団体）　　＃8.9、＃D
アナログ　　表2.29.1、＃B.1
アナログ・シリンダー　　＃2.29.4B
アナログ・ディスク　　＃2.29.3、＃2.29.4A
アナログ・ビデオ　　＃2.31.1
アニメーター　　＃C.2.2A
アパーチュア・カード　　表2.16.0.2、表2.17.0.2、
　　＃2.18.0.2.1B、＃D
油絵具　　表2.19.0.2、＃B.1
アルト　　表4.14.3.3.2.1a、＃B.1
アルミニウム　　表2.19.0.2、＃B.1
アンサンブル　　＃4.14.3.3.1.1F、＃4.14.3.3.1.3、
　　＃22.5.7.1A

<イ>

異形アクセス・ポイント　　＃21.1、＃22.2、＃22.4、
　　＃22.6、＃23.2、＃23.4、＃23.6、＃26.2、＃27.2、
　　＃28.2、＃D
異形タイトル（体現形）　　＃2.1.9、＃2.41.1.2.1.3、
　　＃D
異形タイトル（著作）→ 著作の異形タイトル

索　引

異形名称　#1.11、#D
　→：家族の異形名称、個人の異形名称、団体の
　　異形名称、場所の異形名称
イコン　表2.17.4、#B.1
石　表2.19.0.2、#B.1
衣裳デザイナー　#C.2.2A
委託者　#C.2.1B
一部吸収後　#C.1.1.5、#C.1.2.5
一部吸収前　#C.1.1.5、#C.1.2.5
一部差替後　#C.1.1.5、#C.1.2.5
一部差替前　#C.1.1.5、#C.1.2.5
一連番号　#4.14.1.3B、#4.14.4.3.1
イテレーション　#1.3、#1.6.2、#2.1.5、
　#2.41.12.2.2、#D
緯度 → 経緯度
イニシャル　#1.10.7、#1.11.10、#2.1.1.2.7、
　#2.1.1.4.1、#6.1.8、#8.1.4.1B、#12.1.3.1B、
　#A.2.7.2
異版　#43.3.1、#C.1.3.1
イラスト・ボード　表2.19.0.2、#B.1
インク　表2.19.0.2、#B.1
印行年　#2.5.5.2A、#2.41.5.2.4、#D
印刷　#2.7.0.1、表2.22.0.2、#B.1、#D
印刷者　#2.5.0.1、#C.2.3C
インタビュアー　#44.1.1B、#C.2.1A、
　#C.2.2A
インタビュイー　#44.1.1B、#C.2.1A、
　#C.2.2A
韻文化　#C.1.1.1、#C.1.2.1
引用　#1.13.1

<ウ>

ヴァーティカル・スコア　表2.24.0.2、#B.1
ヴォーカル・スコア　表2.17.2、#5.4.3C、
　表5.20.0.2、#B.1
運動譜　表5.1.3、#D
運動譜（触知）　表5.1.3、#D
運動譜の記譜法　#5.13.4、#D

<エ>

映画音楽　#C.1.1.4、#C.1.2.4
映画化　#C.1.1.1、#C.1.2.1
映画監督　#44.1.2、#C.2.1B

映画の脚本　#C.1.1.4、#C.1.2.4
映画の脚本化　#C.1.1.1、#C.1.2.1
映画フィルムの映写特性　#2.30、#D
映画プロデューサー　#C.2.1B
映写　表2.15.0.2、表2.16.0.2、#D
映写速度　#2.30.2、#D
映写方式　#2.30.1、#D
エシュコル・ワハマン記譜法　表5.13.4.2、#B.1
エッジ・トラック　表2.29.5、#B.1
エッチャー　#C.2.3C
エッチング　表2.22.0.2、#B.1
絵はがき　表2.17.4、#B.1
エレメント　#0.5.1、#1.9、#D
エレメント・サブタイプ　#0.5.1.1、#D
沿革　#8.11、#22.1.1A、#44.1.1A1、#D
エングレーヴァー　#C.2.3C
エングレーヴィング　表2.22.0.2、#B.1
エンコーディング　#0.5.7、#D
演者　#C.2.2A
演奏　表5.1.3、#D
演奏手段（著作）　#4.14.1.4.2.2、#4.14.3、
　#22.5.7.1A、#A.2.6.1.1、#D
演奏手段（表現形）→ 音楽の演奏手段
エンボス　表2.22.0.2、#B.1

<オ>

王家　#7.1.4.2、#7.3.3
王族　#6.1.8.5、#6.4、#26.1.1
王朝　#7.1.4.2、#7.3.3
大きさ　#2.18、#2.25.0.1、#2.26.0.1、
　#A.3.5.1、#D
大きさに関する注記（個別資料）→ 個別資料の大
　きさに関する注記
大きさに関する注記（体現形）　#2.42.2、#D
大本　表2.25.0.2、#B.1
大文字使用法　#1.11.5、#A.2
奥付　#2.0.2.2.1、#2.17.1.1.2、#D
オーディオ　表2.15.0.2、表2.16.0.2、#D
オーディオカセット　表2.16.0.2、表2.17.0.2、
　#2.18.0.2.1G、#D
オーディオ・カートリッジ　表2.16.0.2、
　表2.17.0.2、#2.18.0.2.1H、#D
オーディオ・シリンダー　表2.16.0.2、

索引

　　　　　表2.17.0.2、#D
オーディオ・ディスク　表2.16.0.2、表2.17.0.2、
　　　　　#D
オーディオテープ・リール　表2.16.0.2、
　　　　　表2.17.0.2、#2.18.0.2.1J、#D
オーディオ・ファイル　表2.32.1、#B.1
オーディオ・ロール　表2.16.0.2、表2.17.0.2、
　　　　　#D
オブジェクト　表2.16.0.2、表2.17.0.2、
　　　　　#2.18.0.2.1F、#D
オープン・スコア　表2.24.0.2、#B.1
オペラ化　#C.1.1.1、#C.1.2.1
オラトリオ化　#C.1.1.1、#C.1.2.1
折り込み　#2.17.1.1.10
オリジナル　表2.23.0.2、#B.1
オリジナル・ネガ　表2.23.0.2、#B.1
折りたたみ　#2.17.1.4、#2.18.0.2.1C、
　　　　　#2.18.0.2.3、#2.18.1.4
音域　#4.14.3.3.1.1C、#4.14.3.3.3、
　　　　　#22.5.7.1A
音楽化　#C.1.1.1、#C.1.2.1
音楽が使用された映画　#C.1.1.4、#C.1.2.4
音楽が使用された演劇　#C.1.1.4、#C.1.2.4
音楽が使用された著作　#C.1.1.4
音楽が使用されたテレビ番組　#C.1.1.4、
　　　　　#C.1.2.4
音楽が使用されたビデオ作品　#C.1.1.4、
　　　　　#C.1.2.4
音楽が使用された表現形　#C.1.2.4
音楽が使用されたラジオ番組　#C.1.1.4、
　　　　　#C.1.2.4
音楽監督　#C.2.2A
音楽劇　#4.14.0.4、#22.5.5
音楽作品　#4.14、#5.4.3A〜#5.4.3C、
　　　　　#22.2.1、#22.5〜#22.6、#23.5〜#23.6、
　　　　　#A.2.6.1.1、#D
音楽作品の番号　#4.14.4、#A.2.6.1.1、
　　　　　#A.3.5.2、#D
音楽資料　#2.1.1.2.11A、#2.1.1.2.13、
　　　　　#2.1.2.1.1、#2.1.2.2、#2.1.3.1.1C、
　　　　　#2.2.0.4.3
音楽の演奏手段　#5.21、#A.3.5.4、#D
音溝の特性　#2.29.4、#D

オンスクリーン参加者　#C.2.2A
オンスクリーン・プレゼンター　#C.2.2A
音声　表5.1.3、#5.18、#D
音声あり　表5.18.0.2、#B.1
オンライン資料　#2.0.2.2.2B、#2.0.2.2.3B、
　　　　　#2.5.0.1、#2.6.0.1、#2.14.0.6、表2.16.0.2、
　　　　　表2.17.0.2、#2.41.12.2.3、#D

<カ>

下位　#4.14.1.3.1、#4.14.1.4.1、#43.3.1、
　　　　　#C.1.1.3、#C.1.2.3、#C.1.3.3、#C.1.4.3
絵画　表2.17.4、#B.1
海外領土　#12.1.3.2.3
会議、大会、集会等　#8.1.3.1E、#8.1.4.1D、
　　　　　#28.1A
会議、大会、集会等の開催地　#8.1.4.1D、
　　　　　#8.3.3.1、#28.1.7、#D
会議、大会、集会等の開催年　#8.1.4.1D、
　　　　　#8.5.3.4、#28.1.7、#D
会議、大会、集会等の回次　#8.1.4.1D、#8.6、
　　　　　#28.1.7、#D
開催機関　#C.2.1B
下位シリーズ → サブシリーズ
階層的記述　#1.5.2.3、#D
解像度　#2.32.4、#D
下位団体　#46.3.1、#C.4.6
改訂　#2.3.1.1.1、#2.3.5.1.1、#22.1.3、
　　　　　#22.3.5、#43.2.1、#44.1.1C、#C.1.2.1
ガイド　#C.1.1.4、#C.1.2.4
概念　#0.3.1、#D
概念モデル　#0.3
下位ユニット　#2.17.0.2.1、#2.17.1.2.1、
　　　　　#2.17.1.4A、#2.17.1.5、#2.17.5.1、#D
学位　#4.23.1、#D
学位委員会構成員　#C.2.1B
学位監督者　#C.2.1B
学位取得者　#C.4.3
学位授与機関　#4.23.2、#C.2.1B、#D
学位授与団体　#C.4.3
学位授与年　#4.23.3、#D
学位論文情報　#4.23、#D
確定状況　#4.10、#5.6、#6.21、#7.12、#8.14、
　　　　　#D

索　引

楽譜　#2.2.1.1.1、#2.3.1.1.1B、#2.17.2、
　　#2.18.0.2.3、表5.1.3、#D
楽譜（触知）　表2.24.0.2、表5.1.3、#D
楽譜の記譜法　#5.13.2、#D
楽譜の形式　表2.17.2、#5.20、#D
楽譜の出版者番号　#2.34.1、#D
楽譜のプレート番号　#2.34.2、#D
楽譜用点字　表5.13.3.2、#B.1
学友　#C.4.1
掛図　表2.17.4、#B.1
雅号　#6.1.5.3、#D
過去編　#C.1.1.5
歌詞　#22.2.1、#22.5.1
歌詞付加者　#C.2.0、#C.2.2A
歌唱者　#C.2.2A
加除式資料　#2.0.5C、#2.17.1.3、#D
カセット　#2.18.0.2.1G、#D
家祖　#C.4.2
画像ファイル　表2.32.1、#B.1
家族　#0.3.1、#7、#27、#C.4.2、#D
家族構成員　#46.1.1、#C.4.2
家族と結びつく場所　#7.5、#12.1.3.2B、
　　#27.1.3、#D
家族と結びつく日付　#7.4、#27.1.2、#D
家族による後援団体　#C.4.5
家族による創設団体　#46.3.1、#C.4.5
家族の異形名称　#7.2、#27.2、#D
家族の言語　#7.8、#D
家族の識別子　#7.10、#D
家族のタイプ　#7.3、#27.1.1、#D
家族の著名な構成員　#7.6、#27.1.4、#D
家族の名称　#7.1〜#7.2、#D
家族の優先名称　#7.1、#27.1、#27.2、#D
家族の歴史　#7.9、#D
片仮名記録法　#A.1
片仮名表記形　#0.9.1、#1.11.4.3、#A.1.0、
　　#D
片仮名読み形　#0.9.1、#1.12.1、#A.1.0、#D
片面　表2.24.0.2、#B.1
楽器指揮者　#C.2.2A
楽曲形式　#2.1.1.2.13、#2.1.2.2、#4.14.1.3B、
　　#4.14.1.4A、#4.14.1.4.2.3、#22.5.7.1
合冊　#43.4.1、#C.1.4.4

合冊刊行　#C.1.3.4
合唱曲　#4.14.3.3.2.2
合唱指揮者　#C.2.2A
合奏譜　表2.17.2、表5.20.0.2、#B.1
活動期間 → 個人の活動期間、団体の活動期間
活動分野（個人）　#6.5、#26.1.5、#D
活動分野（団体）　#8.10、#D
合併相手団体　#C.4.6
合併後　#C.1.1.5、#C.1.2.5
合併後団体　#C.4.6
合併前　#C.1.1.5、#C.1.2.5
合併前団体　#C.4.6
カデンツァ　#4.14.0.4、#4.14.1.3C、#22.5.4、
　　#22.6.1、#C.1.1.4、#C.1.2.4、#D
カード　#2.0.2.2.1、表2.16.0.2、表2.17.0.2、
　　#2.17.1.4、#2.18.0.2.1B、#D
カートリッジ　#2.18.0.2.1H、#D
カバー　#2.0.2.2.1.1、#2.0.2.2.1.2、#D
下部組織　#8.1.4.2、#8.1.5.2
紙　表2.19.0.2、#B.1
加盟団体　#C.4.6
画面アスペクト比　#5.19、#D
ガラス　表2.19.0.2、#B.1
皮　表2.19.0.2、#B.1
革　表2.19.0.2、#B.1
刊記　#2.41.5.2.4、#D
玩具　表2.17.5、#B.1
関係団体　#8.4、#28.1.3、#D
管弦楽　#4.14.3.3.1.2、表4.14.3.3.1.2、#B.1
刊行機関　#44.1.2.1.2
感光剤 → マイクロフィルム・マイクロフィッシュ
　　の感光剤
刊行年　#2.5.5.2A、#D
刊行頻度　#2.1.1.2.17、#2.13、#D
刊行頻度に関する注記　#2.41.11、#D
刊行方式　#0.5.3、#1.4、#2.0.5、#2.12、#D
冠詞　#1.11.8、#8.1.4.1C、#12.1.3.1A、
　　#A.2.1.2
巻次　#2.4.0.1、2.4.0.4.1、#2.4.0.4.4、
　　#2.10.9.2.2、#D
巻次（終号）→ 終号の巻次、終号の別方式の巻次
巻次（初号）→ 初号の巻次、初号の別方式の巻次
監修者　#2.2.0.1、#2.2.1.1.1、#D

— 743 —

索　引

漢籍　　#1.3別法、#2.0.2.2.1.3、#2.1.1.2.12、
　　　　#2.2.0.4A、#2.2.0.4.3A、#2.5.1.2A、
　　　　#2.5.1.2.1A、#2.5.3.2A、#2.5.3.2.2A、
　　　　#2.5.5.2A、#2.8.1.2A、#2.8.3.2.1A、
　　　　#2.8.5.2A、#2.17.0.2A、#2.18.0.2.1A、
　　　　#2.25.0.1、#2.41.1.2.5、#2.41.5.2.4、
　　　　#2.41.8.2.3、#2.42.0.3.2、#2.42.1.2.6、
　　　　#3.7.0.3.2、#3.7.1.2.2、#D
巻頭　　#2.0.2.2.1.3、#2.1.1.1.2、#2.41.1.2.5、
　　　　#D
完本　　#2.1.1.2.12、#D
管理者　　#44.4.2、#D
管理要素 → 説明・管理要素
管理履歴 → 所有・管理履歴
関連　　#0.3.3、#0.5.5、#41～#44、#46、#D
関連先情報　　#41.4、#42.0.4.1、#43.0.4.1、
　　　　#44.0.4.1、#46.0.4.1
関連指示子　　#43.0.5、#44.0.5、#46.0.5、
　　　　#C.1、#C.2、#C.4、#D
関連に関する説明　　#43.1.3、#43.2.2、#46.1.2、
　　　　#46.2.2、#46.3.2、#D

＜キ＞

木　　表2.19.0.2、#B.1
器楽曲　　#4.14.3.3.1
器楽奏者　　#44.2.1、#C.2.2A
機器種別　　#0.5.3、#2.0.5、#2.14.0.6、#2.15、
　　　　#D
機器不用　　表2.15.0.2、表2.16.0.2、#D
議事記録者　　#C.2.2A
記述　　#0.5.1.4、#D
記述対象　　#1.3
記述のタイプ　　#1.5.2、#D
寄贈者　　#C.2.4A
貴族　　#6.1.8.3、#6.4、#7.7.1、#26.1.1
起訴状　　#22.3.7.3、#44.1.2.1.5.2
基礎書誌レベル　　#0.5.6、#1.5.1、#D
キー・タイトル　　#2.1.7、#D
寄託者　　#44.4.1、#C.2.4A
基底材　　#2.19、#D
議定書　　#4.13.4.3、#22.3.5、#22.3.8.2、
　　　　#A.3.5.9、#D
キネトグラフィー・ラバン　　表5.13.4.2、#B.1

記念の対象とされた著作　　#C.1.1.2
記譜法 → 運動譜の記譜法、楽譜の記譜法
脚本　　#42.6.1、#C.1.1.4、#C.1.2.4
脚本化　　#43.1.1、#C.1.1.1、#C.1.2.1
脚本が使用された映画　　#C.1.1.4、#C.1.2.4
脚本が使用された著作　　#C.1.1.4
脚本が使用されたテレビ番組　　#C.1.1.4、
　　　　#C.1.2.4
脚本が使用されたビデオ作品　　#C.1.1.4、
　　　　#C.1.2.4
脚本が使用された表現形　　#C.1.2.4
脚本が使用されたラジオ番組　　#C.1.1.4、
　　　　#C.1.2.4
脚本作者　　#C.2.1A
キャプション　　#2.0.2.2.1.1、#2.0.2.2.1.2、
　　　　#D
キャリア　　#2.14、#D
キャリア種別　　#0.5.3、#2.14.0.4.1、
　　　　#2.14.0.6、#2.16、#D
キャリアに関するその他の情報の変化に関する注記
　　　　#2.42.3、#D
キャリアに関する注記　　#2.42、#D
キャリアに関する注記（個別資料）→ 個別資料の
　　　　キャリアに関する注記
キャンバス　　表2.19.0.2、#B.1
休刊　　#2.41.5.2.6、#D
吸収後　　#C.1.1.5、#C.1.2.5
吸収団体　　#C.4.6
吸収前　　#43.1.1、#C.1.1.5、#C.1.2.5
キュレーター　　#44.4.3、#C.2.4B
教育・研究組織　　#8.1.5.5A、#8.1.6.3A
教師　　#C.4.1
行政機関　　#8.1.5.1、#22.3.2.1、#22.3.2.3、
　　　　#22.3.3
行政区分を表す語　　#8.7.2、#12.1.3.1C、
　　　　#28.1.5、#D
共通タイトル　　#2.1.1.2.8、#A.2.2、#D
協力者　　#C.4.1
曲種　　#4.14.1.4.2.3
極性　　#2.27、#D
極性混合　　表2.27.0.2、#B.1
寄与者　　#44.2.1、#C.2.2A、#D
居住地等　　#6.13、#D

索　引

金属　　表2.19.0.2、#B.1
銀板写真　　表2.22.0.2、#B.1

<ク>

句読記号　　#1.10.4
グラビア印刷　　表2.22.0.2、#B.1
グラフ　　表5.15.0.2、#B.1
クワイア・ブック　　表2.17.2、表5.20.0.2、#B.1
グワッシュ　　表2.19.0.2、#B.1
訓点　　#3.7.0.3.2、#D

<ケ>

経緯度　　#4.18.1、#D
経営役員　　#C.4.3
経営役員としての在任団体　　#C.4.3
形式 → 楽譜の形式、楽曲形式、著作の形式
刑事訴訟　　#22.3.7.1、#44.1.2.1.5.1
系図　　表5.15.0.2、#B.1
継続後　　#43.1.1、#C.1.1.5、#C.1.2.5
継続前　　#C.1.1.5、#C.1.2.5
経度 → 経緯度
軽微な変化　　#2.1.1.4.2、#D
外題　　#2.41.1.2.5、#D
結合形　　22.1A、#D
ゲーム　　表2.17.5、#B.1
ゲーム記録譜　　表5.13.4.2、#B.1
検閲者　　#C.2.2A
弦楽合奏　　#4.14.3.3.1.2、表4.14.3.3.1.2、#B.1
元期　　#4.20、#D
研究組織 → 教育・研究組織
言語　　#0.9
　→：家族の言語、個人の言語、団体の言語、内容の言語、表現形の言語、目録用言語
原告　　#22.3.7.2、#C.2.1B
原作　　#43.1.1、#C.1.1.1、#C.1.2.1
検索手段　　#C.1.1.4、#C.1.2.4
献辞者　　#44.4.3、#C.2.4B
憲章　　#22.3.4、#44.1.2.1.4
現所有者　　#C.2.4A
原タイトル　　#2.1.2.1.1、#2.1.3.1.1、#D
建築設計者　　#C.2.1A
限定語　　#2.34.0.4.3

献呈者　　#C.2.1B
顕微鏡　　表2.15.0.2、表2.16.0.2、#D
顕微鏡スライド　　表2.16.0.2、表2.17.0.2、#D

<コ>

コア・エレメント　　#0.5.1.2、#0付表、#1.2.2、#41.2.2、#D
語彙のリスト　　#0.5.8、#1.9、#B.1
コイン　　表2.17.5、#B.1
広域統括団体　　#C.4.6
後印本　　#2.41.5.2.4、#D
後裔　　#C.4.2
後裔の家族　　#46.2.1、#C.4.4
校閲者　　#2.2.0.1、#2.2.1.1.1、#D
後援者　　#C.2.1B、#C.4.3
後援者一族　　#C.4.5
後援団体　　#C.4.6
光学　　表2.29.2、#B.1
考古資料　　表B.2.0、#D
皇室　　#7.1.4.2、#7.3.3
後修本　　#2.41.5.2.4、#D
高縮率　　表2.28.1、#B.1
更新資料　　#1.4.4、#1.5.1、#1.6.2、#2.0.5C、#2.5.0.6.2、#2.6.0.6.2、#2.7.0.6.2、#2.8.0.6.2、表2.12.3、#2.41.2.2.4.2、#2.41.3.2.4.2、#2.41.5.2.7.2、#2.41.6.2.4.2、#2.41.7.2.4.2、#2.41.8.2.5.2、#2.41.10.2.3.2、#2.42.2.2.5.2、#2.42.3.2.2、#3.7.1.2.1、#4.0.4.3、#5.27.1.2.2、#44.0.6C、#D
後身団体　　#C.4.6
構成員　　#C.4.3
構成団体　　#C.4.6
合成物質　　表2.19.0.2、#B.1
構造記述　　#41.4、#43.0.4.1C、#D
皇族　　#6.1.5.7
後続　　#C.1.1.5、#C.1.2.5
後続タイトル　　#2.1.6、#D
合同開催会議　　#C.4.6
合同機関　　#8.1.4.3
公布日　　#4.13.3.3.1、#22.3.8.1
国際団体　　#8.1.3.1A、#8.1.3.1D、#8.1.7
小口書　　#2.0.2.2.1.3、#D

— 745 —

索　引

極超高縮率　　表2.28.1、#B.1
個人　　#0.3.1、#6、#26、#D
個人・家族・団体と家族との関連　#46.2、#D
個人・家族・団体と個人との関連　#46.1、#D
個人・家族・団体と団体との関連　#46.3、#D
個人・家族・団体の間の関連　#46、#C.4
個人と結びつく国　#6.12、#D
個人と結びつく日付　#6.3、#D
個人による創設団体　#46.3.1、#C.4.3
個人の異形名称　#6.2、#26.2、#D
個人の活動期間　#6.3.3.3、#26.1.4、#D
個人の言語　#6.16、#D
個人の識別子　#6.18、#D
個人の名称　#6.1〜#6.2、#26.1B、#D
個人の優先名称　#6.1、#26.1、#26.2、#D
コース・グルーヴ　表2.29.4A、#B.1
コーディング　#D
誤表示　#1.10.11、#2.1.0.4.1、#2.41.0.3.1、
　　　#2.41.1.2.3、#2.41.4.2.2
個別資料　#0.3.1、#3、#D
個別資料から体現形への関連　#42.8、#D
個別資料間の関連　#43.4、#C.1.4、#D
個別資料と関連を有するその他の個人・家族・団体
　　　#44.4.3、#C.2.4B、#D
個別資料に関する注記　#3.6、#D
個別資料の大きさに関する注記　#3.7.2、#D
個別資料のキャリアに関する注記　#3.7、#D
個別資料の識別子　#3.5、#D
個別資料の数量に関する注記　#3.7.1、#D
小本　表2.25.0.2、#B.1
ゴム　表2.19.0.2、#B.1
コメンテーター　#C.2.2A
固有のタイトル　#0.5.6、#1.5.1、#D
雇用団体　#C.4.3
コラージュ　表2.17.4、#B.1
コーラス・スコア　表2.17.2、#5.4.3C、
　　　表5.20.0.2、#B.1
コレオグラフィー　#C.1.1.4、#C.1.2.4
コレオグラフィー化　#C.1.1.1、#C.1.2.1
コレクション　#2.1.1.2.11D、#2.8.5.2C、
　　　#2.17.0.2.6、#2.36.3.2、#4.22、#D
　　　→：文書・コレクションの組織化
コレクション・レジストラー　#C.2.4B

コロタイプ　表2.22.0.2、#B.1
コロタイプ製作者　#C.2.3C
コンコーダンス　#C.1.1.4、#C.1.2.4
コンサルタント　#C.2.1B
混声合唱　表4.14.3.3.2.2、#B.1
混声ソロ　表4.14.3.3.2.1b、#B.1
コンデンス・スコア　表2.17.2、表5.20.0.2、
　　　#B.1
コンピュータ　表2.15.0.2、表2.16.0.2、
　　　#2.17.0.2.1A、#D
コンピュータ・カード　表2.16.0.2、表2.17.0.2、
　　　#2.18.0.2.1B、#D
コンピュータ・チップ・カートリッジ
　　　表2.16.0.2、表2.17.0.2、#2.18.0.2.1H、#D
コンピュータ・ディスク　表2.16.0.2、
　　　表2.17.0.2、#2.17.0.2.1A、#D
コンピュータ・ディスク・カートリッジ
　　　表2.16.0.2、表2.17.0.2、#2.18.0.2.1H、#D
コンピュータ・データセット　表5.1.3、#D
コンピュータ・テープ・カセット　表2.16.0.2、
　　　表2.17.0.2、#2.18.0.2.1G、#D
コンピュータ・テープ・カートリッジ
　　　表2.16.0.2、表2.17.0.2、#2.18.0.2.1H、#D
コンピュータ・テープ・リール　表2.16.0.2、
　　　表2.17.0.2、#D
コンピュータ・プログラム　表5.1.3、#D

＜サ＞

在外公館　#8.1.5.1B、#8.1.6.1A
最高責任者　#46.1.1、#C.4.3
最高責任者としての在任団体　#46.3.1、#C.4.3
彩飾　表5.15.0.2、#B.1
再生時間　→　所要時間
再生仕様　→　特定の再生仕様
再生速度　#2.29.3、#D
再生チャンネル　#2.29.7、#D
在籍校　#C.4.3
在籍生　#C.4.3
裁判官　#22.3.7.3、#44.1.2.1.5.1、
　　　#44.1.2.1.5.3、#44.1.2.1.5.4、
　　　#44.1.2.1.5.5、#C.2.1B
裁判記録　#22.3.7、#44.1.2.1.5
裁判所規則　#22.3.3、#44.1.2.1.3

索　引

サウンド・デザイナー　#C.2.2A
サウンドトラック・リール　表2.16.0.2、
　　表2.17.0.2、#2.18.0.2.1J、#D
サーカラマ　表2.30.1、#B.1
索引　#5.16.0.1.1、#22.3.6、#44.1.2.1.0、
　　#C.1.1.4、#C.1.2.4
索引サービス　#C.1.1.1、#C.1.2.1
作詞者　#44.1.1B、C.2.1A
作品番号　#2.1.1.2.18、#4.14.4.3.2、#D
挿絵者　#C.2.2A
差替後　#C.1.1.5、#C.1.2.5
差替前　#C.1.1.5、#C.1.2.5
撮影監督　#C.2.1B
作曲者　#2.2.0.1、#2.2.1.1.1、#4.14.0.4、
　　#4.14.1.3、#4.14.1.4、#4.14.3.3.1、
　　#4.14.3.3.3、#4.14.4.1、#4.14.4.3.3、
　　#4.14.5.1、#5.4.3B、#22.2.1、#22.5、#22.6、
　　#44.1.1、#44.2.1、#C.2.1A、#C.2.2A
冊子　表2.16.0.2、表2.17.0.2、#2.17.1.1、
　　#2.17.1.2、#2.18.0.2.1A、#D
座標 → 地図の座標、頂点座標
サブエレメント　#0.5.1.1、#D
サブシリーズ　#2.10.0.4.1、
　　#2.10.9～#2.10.16、#C.1.1.3、#D
サブシリーズ内番号　#2.10.16、#A.2.5、#D
サブシリーズに関係する責任表示　#2.10.13、
　　#D
サブシリーズに関係する並列責任表示
　　#2.10.14、#D
サブシリーズのタイトル関連情報　#2.10.11、
　　#D
サブシリーズの並列タイトル　#2.10.10、#D
サブシリーズの並列タイトル関連情報
　　#2.10.12、#D
サブシリーズの本タイトル　#2.10.9、#D
サブシリーズのISSN　#2.10.15、#D
サブタイトル　#2.1.3.1.1、#D
サラウンド　表2.29.7、#B.1
傘下地域団体　#C.4.6
参考資料　#1.8.3、#1.8.4、#2.0.2.3、#4.1.3、
　　#D
三次元資料　#2.17.5、表5.1.3、#B.2、#D
三次元資料（触知）　表5.1.3、#D

三次元資料の尺度 → 静止画または三次元資料の尺度
三次元地図　表5.1.3、#5.23.3.2、#D
三次元地図（触知）　表5.1.3、#D
三次元動画　表5.1.3、#D
参照　#1.13.2、#43.0.2、#43.1.0、#C.1.1.2
サンプル　表5.15.0.2、#B.1

<シ>

ジアセテート　表2.19.0.2、#B.1
ジアゾ　表2.19.0.2、#B.1
シェラック　表2.19.0.2、#B.1
ジオラマ　表2.17.5、#B.1
司会者　#C.2.2A
視覚効果提供者　#C.2.2A
磁気　表2.29.2、#B.1
識語　#2.0.2.2.1.3、#3.7.0.3.2、#D
色彩　#5.17、#D
指揮者　#C.2.2A
指揮者用ヴァイオリン・パート譜　表2.17.2、
　　表5.20.0.2、#B.1
指揮者用ピアノ・パート譜　表2.17.2、
　　表5.20.0.2、#B.1
識別　#0.4、#1.1、#41.1、#D
識別子　#0.3.4、#41.4、#42.0.4.1A、
　　#43.0.4.1A、#44.0.4.1A、#46.0.4.1A、#D
　　→：家族の識別子、個人の識別子、個別資料の
　　　識別子、体現形の識別子、団体の識別子、著
　　　作の識別子、場所の識別子、表現形の識別子
識別の基盤　#1.6、#2.4.1.2.2、#2.4.2.2.2、
　　#2.4.3.2.2、#2.4.4.2.2、#D
識別の基盤に関する注記　#2.41.12、#D
識別要素　#4.3～#4.7、#4.13.3～#4.13.5、
　　#4.14.3～#4.14.5、#5.1～#5.4、
　　#6.3～#6.8、#7.3～#7.6、#8.3～#8.7、
　　#21.3.1、#22.1.6、#22.3.8、#22.5.7、
　　#23.1、#26.1A、#27.1A、#28.1A、#D
ジグソー・パズル　表2.17.5、#B.1
自主映画製作者　#22.1.2、#C.2.1A
システム要件 → 装置・システム要件
磁製　表2.19.0.2、#B.1
氏族　#7.1.4.2
実演指導者　#C.2.2A

索　　引

実体　　#0.3.1、#D
実用模型　　表2.17.5、#B.1
シート　　#2.0.2.2.1、表2.16.0.2、表2.17.0.2、
　　#2.17.1.4、#2.17.3、#2.18.0.2.1C、#2.18.1、
　　#2.18.2、表2.24.0.2、#2.42.1.2.7、#D
シネミラクル　　表2.30.1、#B.1
シネラマ　　表2.30.1、#B.1
自筆　　#2.8.3.2.1A、#2.22.0.2A、#D
磁粉　　表2.19.0.2、#B.1
司法機関　　#8.1.5.2
死没地　　#6.11、#D
尺度　　#2.1.1.2.14、#5.23、#5.25.0.2、#D
尺度の付加的情報　　#5.23.4、#A.3.5.6、#D
写真　　#2.0.2.3.2、#2.1.1.2.11、表2.17.4、
　　#2.27.0.1、表5.15.0.2、#B.1
写真撮影者　　#44.1.1A、#C.2.1A、#C.2.2A
写真製版　　表2.22.0.2、#B.1
ジャンボ・ブレイル　　表2.26.0.2、#B.1
宗教団体　　#8.1.3.1F
終号の巻次　　#2.4.3、#D
終号の年月次　　#2.4.4、#D
終号の別方式の巻次　　#2.4.7、#D
終号の別方式の年月次　　#2.4.8、#D
収集者　　#1.5.2.1、#1.5.2.2、#2.1.1.2.11D、
　　#44.4.3、#C.2.4B
従属タイトル　　#2.1.1.2.8、#A.2.2、#D
修復者　　#44.4.3、#C.2.2A、#C.2.4B
自由訳　　#43.1.1、#C.1.1.1、#C.1.2.1
重要な変化　　#2.1.1.4.1、#2.2.0.6、
　　#4.0.4.2B、#D
収録の場所 → 収録の日付・場所
収録の日付 → 収録の日付・場所
収録の日付・場所　　#5.11、#D
縮尺 → 尺度
縮約　　#C.1.1.1、#C.1.2.1
縮約者　　#C.2.2A
縮率　　#2.28、#D
縮率を示す語句　　#2.28.1、#2.28.2、#D
手稿　　#4.1.3B、#4.14.1.3、#D
主催者　　#C.2.1B
主題　　#0.3.1、#D
主題目録番号　　#4.14.4.3.3、#A.2.6.1.1
出生地　　#6.10、#D

出典　　#4.11、#5.7、#6.23、#7.13、#8.15、
　　#43.5、#46.4、#D
出版者　　#2.1.0.4.4、#2.2.1.1.1、#2.5.3、
　　#44.3.1、#C.2.3A、#D
　→：並列出版者
出版者番号（楽譜）→ 楽譜の出版者番号
出版地　　#2.5.1、#D
　→：並列出版地
出版日付　　#2.4.0.4.3、#2.5.5、#D
出版表示　　#2.5、#D
出版表示に関する注記　　#2.41.5、#D
順序表示 → 逐次刊行物の順序表示、部分の順序表
　　示
賞　　#5.26、#D
上位　　#4.14.1.3.1、#4.14.1.4.1、#43.1.1、
　　#43.3.1、#C.1.1.3、#C.1.2.3、#C.1.3.3、
　　#C.1.4.3
上位団体　　#C.4.6
上位のシリーズ　　#C.1.1.3
使用期間　　#6.20、#D
称号　　#6.1.8.3、#6.4、#26.1.1、#A.2.7.1、
　　#D
　→：世襲の称号
使用された音楽　　#C.1.1.4、#C.1.2.4
硝酸エステル　　表2.19.0.2、#B.1
焼成　　表2.22.0.2、#B.1
小説化　　#C.1.1.1、#C.1.2.1
肖像　　表5.15.0.2、#B.1
上訴人　　#C.2.1B
使用範囲　　#6.1.3.1B、#6.19、#7.11、#8.13、
　　#D
情報源　　#1.8、#2.0.2、#3.0.2、#4.0.2、#5.0.2、
　　#6.0.2、#7.0.2、#8.0.2、#12.0.2、#41.3、
　　#42.0.3、#43.0.3、#44.0.3、#46.0.3、#D
　→：内部情報源、優先情報源
情報処理用点字　　表5.13.3.2、#B.1
照明デザイナー　　#C.2.2A
条約　　#4.13.1.3.3、#4.13.3.3.2、#4.13.4.3、
　　#22.3.5、#22.3.8.2、#22.4.2、#44.1.2.1.6
条約参加者　　#4.13.5、#D
条約締約者　　#C.2.1B
抄録　　#C.1.1.1、#C.1.2.1
抄録サービス　　#C.1.1.1、#C.1.2.1

索 引

所管機関　　#44.1.2.1.2
初期印刷資料　　#1.3別法、#2.0.2.2.1.2C、
　　　#2.17.1.1.1A、#2.17.1.1.4A、
　　　#2.17.1.1.5A、#2.17.1.4A、#2.25.0.1、
　　　#2.42.1.2.7、#3.7.0.3.3、#D
初期活字資料 → 初期印刷資料
職業　　#6.6、#26.1.5、#D
触図　　表5.13.3.2、#B.1
触知楽譜　　表5.13.3.2、#B.1
触知資料の表記法　　#5.13.3、#D
書型・判型　　#2.25、#D
初号の巻次　　#2.4.1、#A.2.4、#D
初号の年月次　　#2.4.2、#A.2.4、#D
初号の別方式の巻次　　#2.4.5、#D
初号の別方式の年月次　　#2.4.6、#D
書誌階層構造　　#0.5.6、#1.5.1、#43.3.0、#D
書式　　表5.15.0.2、#B.1
書誌的巻数　　#2.1.1.2.12、#2.41.1.2.5、
　　　#2.42.1.2.5、#D
書誌データ　　#1.2、#1.3、#21.0、#D
書写　　#2.8.0.1、#2.22.0.2A、#D
書者　　#44.1.1A、#C.2.1A
書写者　　#2.8.3.2.4、#D
書写資料　　#2.3.1.1.1A、#2.8.3.2.1A、
　　　#2.8.5.2A、#2.22.0.2A、#4.1.4E、#D
書誌レベル　　#1.5.1、#D
序数　　#1.10.10.4
助数詞　　#2.17.0.2、#2.17.3、#2.17.4、
　　　#2.17.5、#B.2
女声合唱　　表4.14.3.3.2.2、#B.1
女声ソロ　　表4.14.3.3.2.1b、#B.1
所属　　#6.15、#D
所属団体　　#2.2.0.4、#C.4.3
ショート・フォーム・スコアリング　　表2.24.0.2、
　　　#B.1
序文作者　　#C.2.2A
署名者　　#C.2.4B
署名日　　#4.13.3.3.2、#22.3.8.2
所有・管理履歴　　#3.1、#D
所有者　　#44.4.1、#C.2.4A、#D
所要時間　　#5.22、#A.3.5.5、#D
序論作者　　#C.2.2A
シリーズ　　#2.10.0.1、#43.1.1、#A.2.6.1.2、
　　　#C.1.1.3、#D
　　　→：サブシリーズ
シリーズ・タイトル・ページ　　#2.10.1.1.2、
　　　#2.10.7.1.2、#2.10.9.1.2、#2.10.15.1.2、
　　　#D
シリーズ内番号　　#2.10.1.2.4、#2.10.8、
　　　#A.2.5、#D
シリーズに関係する責任表示　　#2.10.5、#D
シリーズに関係する並列責任表示　　#2.10.6、#D
シリーズの一部　　#C.1.1.3
シリーズのタイトル関連情報　　#2.10.3、#D
シリーズの並列タイトル　　#2.10.2、#D
シリーズの並列タイトル関連情報　　#2.10.4、#D
シリーズの本タイトル　　#2.10.1、#D
シリーズのISSN　　#2.10.7、#D
シリーズ表示　　#2.10、#D
シリーズ表示に関する注記　　#2.41.10、#D
資料　　#0.5.3、#2.0.2.1、#2.0.2.3、#D
資料自体　　#2.0.2.1
資料と個人・家族・団体との関連　　#44、#C.2
資料に関する基本的関連　　#42
資料に関するその他の関連　　#43、#C.1
資料の種別　　#0.5.3
白焼き　　表2.22.0.2、#B.1
シングル・ライン　　表2.24.0.2、#B.1

<ス>

図　　#2.17.3.2、#5.15、#D
水彩絵具　　表2.19.0.2、#B.1
吹奏楽　　#4.14.3.3.1.2、表4.14.3.3.1.2、#B.1
垂直尺度 → 地図の垂直尺度
水平尺度 → 地図の水平尺度
数　　#1.10.10、#1.11.6
スウェル・ペーパー　　表2.22.0.2、#B.1
数字　　#1.10.10.1、#2.1.1.2.12、#2.3.0.4.1、
　　　#2.4.0.4、#2.17.1.1.2、#A.1.3
数字記譜法　　表5.13.2.2、#B.1
数学用点字　　表5.13.3.2、#B.1
数量　　#2.17、#D
数量に関する注記（個別資料）→ 個別資料の数量
　　　に関する注記
数量に関する注記（体現形）　　#2.42.1、#D
図形記譜法　　表5.13.2.2、#B.1

索　引

スケッチ　#5.4.3B
スコア　　表2.17.2、表5.20.0.2、#B.1、#D
スタディ・スコア　表2.17.2、表5.20.0.2、#B.1
スタディ・プリント　表2.17.4、#B.1
スタンパー盤　表2.23.0.2、#B.1
スタンピング　表2.22.0.2、#B.1
ステパノフ舞踊記譜法　表5.13.4.2、#B.1
ステレオ　表2.29.7、#B.1
ステレオスコピック　表2.30.1、#B.1
ストーリーテラー　#C.2.2A
図版　#2.17.1.1.9、#C.1.1.4、#C.1.2.4、#D
図表　表2.17.4、#B.1
炭　表2.19.0.2、#B.1
墨　表2.19.0.2、#B.1
図面　表5.15.0.2、#B.1
スライド　表2.16.0.2、表2.17.0.2、
　　#2.18.0.2.1L、#D

<セ>

背　#2.0.2.2.1.1、#2.0.2.2.1.2、#D
声域　#2.3.1.1.1B、#4.14.3.3.2.1、
　　#4.14.3.3.3、#A.3.5.4
声楽曲　#4.14.3.3.2、#22.5.7.1A
世系　#6.1.4.4、#6.1.5.6、#6.1.8.6
正誤表　#C.1.1.4、#C.1.2.4
精細　表2.29.4B、#B.1
制作会社　#28.1.1、#C.2.1B
製作者　#2.7.3、#44.3.3、#C.2.3C、#D
　　→：並列製作者
制作者 → 非刊行物の制作者
制作手段　#2.22、#D
製作地　#2.7.1、#D
　　→：並列製作地
制作地 → 非刊行物の制作地
製作日付　#2.7.5、#D
制作日付 → 非刊行物の制作日付
製作表示　#2.7、#D
制作表示 → 非刊行物の制作表示
製作表示に関する注記　#2.41.7、#D
制作表示に関する注記 → 非刊行物の制作表示に関する注記
静止画　#2.17.4、表5.1.3、#D
静止画（触知）　表5.1.3、#D
静止画資料　表2.17.4、#B.1
静止画の大きさ　#2.18.2、#D
静止画または三次元資料の尺度　#5.23.1、#D
製紙者　#C.2.3C
斉唱　表4.14.3.3.2.2、#B.1
製図　表2.17.4、#B.1
製図者　#C.2.2A
制定法域団体　#44.1.1A1、#C.2.1A
聖典　#4.1.3.1.1、#4.1.3.2、#6.8.3、
　　#22.1.7.1D、#26.1.6、#D
生年　#6.3.3.1、#26.1.2、#D
製版者　#C.2.3C
政府　#8.1.3.1D、#8.1.6.2、#12.1.2.2、
　　#12.1.3.2A、#D
政府関係機関　#8.1.5.3
性別　#6.9、#D
正編　#C.1.1.5
製本者　#44.4.3、#C.2.4B
声優　#C.2.2A
成立場所 → 著作の成立場所
赤緯 → 赤経・赤緯
責任刊行者　#4.6、#22.1.6、#44.1.2、
　　#C.2.1B、#D
責任表示　#2.2、#D
　　→：シリーズに関係する責任表示、版に関係する責任表示、本タイトルに関係する責任表示
責任表示に関する注記　#2.41.2、#D
石墨　表2.19.0.2、#B.1
セクション・バイ・セクション　表2.24.0.2、#B.1
世襲の称号　#7.7、#D
世代　#2.23、#D
世代混合　表2.23.0.2、#B.1
赤経 → 赤経・赤緯
赤経・赤緯　#4.18.3、#A.3.5.3、#D
説明・管理要素　#4.8～#4.12、#5.5～#5.8、
　　#6.9～#6.24、#7.7～#7.14、#8.8～#8.16、#D
設立年　#8.5.3.1、#D
セーフティ・ベース　表2.19.0.2、#B.1
先行　#C.1.1.5、#C.1.2.5
先行タイトル　#2.1.5、#D
前所有者　#C.2.4A

索 引

先秦書　#2.2.0.4A、#D
前身団体　#46.3.1、#C.4.6
全体・部分　#43.0.2、#43.1.0、#43.2.0、
　#43.3.0、#43.4.0、#C.1.1.3、#C.1.2.3、
　#C.1.3.3、#C.1.4.3
選択　#0.4、#1.1、#41.1、#D
センター・トラック　表2.29.5、#B.1
前置語　#6.1.8.1、#7.1.4.1、#7.2.3B
前編　#C.1.1.5
染料　表2.19.0.2、#B.1

<ソ>

象牙　表2.19.0.2、#B.1
総合タイトル　#2.1.1.2.9、#2.1.1.2.10、
　#2.1.2.2.1、#2.1.3.2.4、#2.2.1.2.2、
　#2.41.1.2.4、#4.1.3.2、#4.1.4.2、
　#4.14.1.3.2、#D
　→：定型的総合タイトル
相互補完　#C.1.1.4、#C.1.2.4
創作者　#4.1.3.2.1～#4.1.3.2.3、#22.1B、
　#22.1.1～#22.1.5、#22.1.8、#22.2.3、
　#44.1.1、#C.2.1A、#D
装飾者　#C.2.4B
挿図 → 図
創設者　#C.4.3
創設者一族　#46.2.1、#C.4.5
創設団体　#C.4.6
装置・システム要件　#2.33、#D
装丁　#2.42.0.3.1、#D
装丁者　#44.3.3、#C.2.3C
挿入　#C.1.3.3
挿入先　#C.1.3.3
蔵版印　#2.41.5.2.4、#D
蔵版者　#2.41.5.2.4、#D
増補　#23.1、#C.1.1.1、#C.1.2.1
属性　#0.3.2、#0.5.2、#1～#12、#D
続編　#C.1.1.5
属領　#12.1.3.2.3
測量者　#C.2.2A
その他の識別語句（団体）　#8.7.3、#28.1.6、
　#D
その他の識別要素（個人）　#6.8、#26.1.6、
　#A.2.7.1、#D

その他の識別要素（団体）　#8.7、#A.2.7.3、
　#D
その著作を記念した著作　#43.1.1、#C.1.1.2
素描　表2.17.4、#B.1
ソフトウェア開発者　#C.2.2A
ソプラノ　表4.14.3.3.2.1a、#B.1
ソルミゼーション　表5.13.2.2、#B.1

<タ>

ダイアグラム　表2.17.3、#B.1
第1世代　表2.23.0.2、#B.1
大活字　表2.26.0.2、#B.1
対景図　表2.17.3、#B.1
体現形　#0.3.1、#2、#D
体現形から個別資料への関連　#42.7、#D
体現形から著作への関連　#42.4、#D
体現形から表現形への関連　#42.6、#D
体現形間の関連　#43.3、#C.1.3、#D
体現形と関連を有するその他の個人・家族・団体
　#44.3.5、#D
体現形に関する注記　#2.41、#D
体現形の識別子　#2.34、#D
体現形の識別子に関する注記　#2.41.13、#D
ダイジェスト　#C.1.1.1、#C.1.2.1
対象期間　#2.41.4.2.3
対象利用者　#4.21、#D
題字欄　#D
題簽　#2.0.2.2.1.3、#2.41.1.2.5、#D
代替楽器　#4.14.3.3.1.1D、#D
タイトル　#2.1、#4.1.3D、#22.5.5、
　#22.5.7.1、#22.5.7.2、#A.2.2、#D
　→：異形タイトル、キー・タイトル、共通タイト
　ル、後続タイトル、固有のタイトル、サブタイ
　トル、従属タイトル、先行タイトル、総合タイ
　トル、著作の異形タイトル、著作のタイトル、
　並列タイトル、別タイトル、略タイトル
タイトル関連情報　#2.1.3、#2.41.1.2.2.2、
　#2.41.1.2.4.2、#A.2.2.1、#D
　→：シリーズのタイトル関連情報、並列タイトル
　関連情報
タイトル・スクリーン　#2.0.2.2.2A、
　#2.0.2.2.2B、#D
タイトルに関する注記　#2.41.1、#D

索　引

タイトル・フレーム　#2.0.2.2.2A、
　　#2.0.2.2.2B、#D
タイトル・ページ　#2.0.2.2.1.1、#2.0.2.2.1.2、
　　#D
　　→：シリーズ・タイトル・ページ
代表団　#8.1.5.1C、#8.1.6.1B
多色　表5.17.0.2、#B.1
畳もの　#2.17.0.2A、#2.18.0.2.1C、#D
縦長本　#2.18.0.2.1A、#D
タブラチュア　表5.13.2.2、#B.1
ダブル・スペース　表2.24.0.2、#B.1
単巻資料　#1.4.1、表2.12.3、#D
単行資料　#1.4、#D
単色　表5.17.0.2、#B.1
ダンスライティング　表5.13.4.2、#B.1
男声合唱　表4.14.3.3.2.2、#B.1
男声ソロ　表4.14.3.3.2.1b、#B.1
団体　#0.3.1、#8、#22.1.1A、#22.1.2A、
　　#28、#D
団体と結びつくその他の場所　#8.3.3.2、#D
団体と結びつく場所　#8.3、#12.1.3.2B、
　　#28.1.2、#D
団体と結びつく日付　#8.5、#28.1.4、#D
団体の異形名称　#8.2、#28.2、#D
団体の活動期間　#8.5.3.3、#D
団体の言語　#8.8、#D
団体の識別子　#8.12、#D
団体の種類　#8.7.1、#28.1.1、#D
団体の名称　#8.1〜#8.2、#A.2.7、#A.3.4、
　　#D
団体の優先名称　#8.1、#28.1、#28.2、#D
単独形　#22.1A、#D
断面図　表2.17.3、#5.23.3.2、#B.1

<チ>

地球儀　表2.17.3、#2.18.0.2.1F、#B.1
逐次刊行物　#1.4.3、#2.0.2.2.1.1.1A、
　　#2.0.2.2.1.2A、#2.0.5B、
　　#2.1.1.2.15〜#2.1.1.2.17、#2.3.1.1.1C、
　　#2.5.0.6.1、#2.5.5.2B、#2.6.0.6.1、
　　#2.6.5.2A、#2.7.0.6.1、#2.7.5.2A、
　　#2.8.0.6.1、#2.8.5.2B、#2.10.8.2.5B、
　　表2.12.3、#2.17.1.2A、#2.41.2.2.4.1、
　　#2.41.3.2.4.1、#2.41.5.2.3、#2.41.5.2.7.1、
　　#2.41.6.2.4.1、#2.41.7.2.4.1、#2.41.8.2.5.1、
　　#2.41.10.2.3.1、#2.41.12.2.1、#2.42.2.2.5.1、
　　#2.42.3.2.1、#3.7.1.2.1、#4.0.4.2、
　　#5.27.1.2.1、#22.1.7.1B、
　　#44.0.6B、#D
逐次刊行物の順序表示　#2.4、#A.2.4、#D
逐次刊行物の順序表示に関する注記　#2.41.4、
　　#D
地質断面図　表2.17.3、#B.1
地図　表2.17.3、表5.1.3、表5.15.0.2、#B.1、
　　#D
地図（触知）　表5.1.3、#D
地図資料　#2.1.1.2.11B、#2.1.1.2.14、
　　#2.1.3.1.1A、#2.17.3、表2.24.0.2、#D
地図資料のデジタル表現　#2.32.7、#D
地図製作者　#C.2.1A、#C.2.2A
地図帳　表2.17.3、#2.17.3.1、#2.18.1、#B.1
地図データ種別　#2.32.7.2、#D
地図データセット　表5.1.3、#D
地図動画　表5.1.3、#D
地図等の大きさ　#2.18.1、#D
地図の座標　#4.18、#D
地図の垂直尺度　#5.23.3、#D
地図の水平尺度　#5.23.2、#D
地図のその他の詳細　#5.25、#D
地図の投影法　#5.24、#D
帙　#2.42.0.3.2、#D
地方自治体　#8.1.5.4、#8.1.6.2、#12.1.3.1C
着色者　#C.2.2A
着想を与えた著作　#C.1.1.1
着想を得た著作　#C.1.1.1
注記　#1.13、#D
　　→：個別資料に関する注記、体現形に関する注
　　　記、キャリアに関する注記、データ作成者の注
　　　記、表現形に関する注記
注釈者　#44.4.3、#C.2.2A
中縮率　表2.28.1、#B.1
鋳造者　#C.2.3C
虫損　#3.7.0.3.1
中本　表2.25.0.2、#B.1
調　#2.1.1.2.13、#4.14.5、#22.5.7、#D
丁　#2.17.1.1、#D

索　引

調音　#4.14.3.3.1.1C、#22.5.7.1A
超高縮率　表2.28.1、#B.1
彫刻　表2.17.5、#B.1
彫刻制作者　#C.2.1A
調査者　#C.2.1B
頂点座標　#4.18.2、#D
チョーク　表2.19.0.2、#B.1
直接入手元　#3.2、#D
著作　#0.3.1、#4、#12.1.3.2B、#22、#44.0.3A、#D
著作から体現形への関連　#42.3、#D
著作から表現形への関連　#42.1、#D
著作間の関連　#43.1、#C.1.1、#D
著作権日付　#2.9、#D
著作権日付に関する注記　#2.41.9、#D
著作創刊者　#C.2.1B
著作と関連を有する非創作者　#44.1.2、#D
著作の異形タイトル　#4.2、#22.2、#D
著作の形式　#4.3、#22.1.6、#D
著作の識別子　#4.9、#D
著作の成立場所　#4.5、#22.1.6、#D
著作のその他の特性　#4.7、#22.1.6、#D
著作のタイトル　#4.1〜#4.2、#A.2.6、#A.3.3、#D
著作の日付　#4.4、#22.1.6、#D
著作の優先タイトル　#4.1、#22.1、#22.2、#D
著作の履歴　#4.8、#D
著者　#2.2.0.1、#2.2.1.1.1、#6.3.3.3、#44.0.7、#44.1.1、#C.2.1A

<ツ>

追補　#C.1.1.4、#C.1.2.4
通常　表2.29.4B、#B.1

<テ>

庭園・景観設計者　#C.2.1A
提供者　#2.38.3、#C.2.2A
提供用コピー　表2.23.0.2、#B.1
定型的総合タイトル　#4.1.3.1.2別法、#4.1.3.2.1、#4.1.3.2.2、#4.1.3.2.3別法、#4.1.4.2.1、#4.14.1.3.1.2別法、#4.14.1.3.2.1、#4.14.1.3.2.2、#4.14.1.3.2.3別法、#4.14.1.4.1.2、#4.14.1.4.2.2、#22.2.3、#22.6.3、#D
低縮率　表2.28.1、#B.1
ディスク　#2.18.0.2.1 I、#D
ディスク内の同時収載　#C.1.3.4、#C.1.4.4
定量記譜法　表5.13.2.2、#B.1
ディレクター　#44.1.2、#C.2.1B
手書き注釈者　#44.4.3、#C.2.4B
出来事　#0.3.1、#D
テキスト　#2.17.1、表5.1.3、#D
テキスト（触知）　表2.24.0.2、表5.1.3、#D
テキスト・ファイル　表2.32.1、#B.1
テキスト付加者　#C.2.0、#C.2.2A
テキスト・ブロック　#2.18.0.2.1A、#2.42.2.2.1
適用法域　#C.2.1B
テクニスコープ　表2.30.1、#B.1
デザイナー　#C.2.1A
出先機関　#8.1.5.1A
デジタル　表2.29.1、#B.1
デジタル化　#43.4.1、#C.1.3.1、#C.1.4.1
デジタル・コンテンツ・フォーマット　#2.32.2、#D
デジタル・ファイルの特性　#2.32、#D
デジタル変換　#C.1.3.1、#C.1.4.1
テスト盤　表2.23.0.2、#B.1
データ作成者の注記　#4.12、#5.8、#6.24、#7.14、#8.16、#43.6、#46.5、#D
データ・ファイル　#2.17.0.2.1A、表2.32.1、#B.1
手の数　#4.14.3.3.1.1B
テノール　表4.14.3.3.2.1 a、#B.1
テープのトラック構成　#2.29.6、#D
テーブル・ブック　表2.17.2、表5.20.0.2、#B.1
デリバティブ・マスター　表2.23.0.2、#B.1
テレビ・ディレクター　#C.2.1B
テレビ番組化　#C.1.1.1、#C.1.2.1
テレビ番組の音楽　#C.1.1.4、#C.1.2.4
テレビ番組の脚本　#C.1.1.4、#C.1.2.4
テレビ番組の脚本化　#C.1.1.1、#C.1.2.1
テレビ・プロデューサー　#C.2.1B
テレビ放送の標準方式　#2.31.2、#D
テレビ・ラジオ番組　#22.1.7.1C
展開形　#6.7、#8.2.3B、#12.2.2、#26.1.3、#D

索　引

転記　　　#1.9、#1.10、#A.3.2、#D
天球儀　　表2.17.3、#2.18.0.2.1F、#B.1
典拠形アクセス・ポイント　　#21.1、#22.1、
　　　#22.3、#22.5、#23.1、#23.3、#23.5、#26.1、
　　　#27.1、#28.1、#42.0.4.1B、#43.0.4.1B、
　　　#44.0.4.1B、#46.0.4.1B、#D
典拠コントロール　　#0.5.2、#0.5.4、#21.1、#D
典拠データ　　#0.2、#1.2、#21.0、#D
典拠ファイル　　#1.9、#D
点字　　表2.22.0.2、#2.26.0.1、表5.13.3.2、
　　　#B.1
電子資料　　#2.0.2.2.1A、表2.23.0.2、
　　　#5.23.0.2.3、#D
点字製作者　　#C.2.3C
電子複写　　表2.22.0.2、#B.1
展示物　　表2.17.5、#B.1
天皇　　#6.1.5.7
テンペラ　　表2.19.0.2、#B.1

<ト>

投影法 → 地図の投影法
等価　　#43.0.2、#43.3.0、#43.4.0、#C.1.3.1、
　　　#C.1.4.1
動画資料　　#2.0.2.2.2、#2.1.1.2.11C、
　　　#2.1.3.1.1B、#D
動画著作編集者　　#C.2.2A
同業者　　#C.4.1
頭字語　　#1.10.7、#1.11.10、#2.1.1.2.7、
　　　#2.1.1.4.1、#A.2.7.2
当事者　　#22.3.7.3、#22.4.2、#44.1.2.1.5.6、
　　　#44.1.2.1.5.7
陶製　　表2.19.0.2、#B.1
統制形　　#1.9、#1.11、#D
統制形アクセス・ポイント　　#0.3.4、#0.5.4、
　　　#21.1、#D
同僚　　#C.4.1
特殊効果提供者　　#C.2.2A
特大活字　　表2.26.0.2、#B.1
特定の再生仕様　　#2.29.8、#D
特別号　　#C.1.3.3
トニック・ソルファ　　表5.13.2.2、#B.1
扉　　#2.0.2.2.1.3、#D
トラック　　#2.29.5、#2.29.6、#D
　　　→：テープのトラック構成、フィルムのトラック
　　　構成
ドラマ化　　#C.1.1.1、#C.1.2.1
トランスクライバー　　#C.2.2A
トランスペアレンシー　　表2.16.0.2、表2.17.0.2、
　　　表2.17.0.2.1、#2.18.0.2.1M、#2.42.2.2.3、
　　　#D
トリアセテート　　表2.19.0.2、#B.1
ドルビー　　表2.29.8、#B.1
ドルビーA　　表2.29.8、#B.1
ドルビーB　　表2.29.8、#B.1
ドルビーC　　表2.29.8、#B.1
泥　　表2.19.0.2、#B.1

<ナ>

名宛人　　#44.1.2、#C.2.1B
内部情報源　　#2.0.2.2.2A、#2.0.2.2.3A、#D
内容の言語　　#5.12、#D
内容の性質　　#4.16、#D
内容の対象範囲　　#4.17、#D
内容の特性の変化に関する注記　　#5.27.1、#D
内容の要約　　#5.10、#D
内容付加者　　#C.2.2A
ナレーター　　#C.2.2A

<ニ>

二次元動画　　表5.1.3、#D
入手　　#0.4、#1.1、#2.0.1、#3.0.1、#D
入手条件　　#2.35、#D
入手元 → 直接入手元
任意規定　　#0.7.2、#D
人形遣い　　#C.2.2A

<ヌ>

布　　表2.19.0.2、#B.1

<ネ>

ネウマ記譜法　　表5.13.2.2、#B.1
ネガ　　表2.27.0.2、#B.1
熱成形　　表2.22.0.2、#B.1
年月次（終号）→ 終号の年月次、終号の別方式の
　　　年月次
年月次（初号）→ 初号の年月次、初号の別方式の

索　引

年月次

<ハ>

売却者　#C.2.4A
廃止年　#8.5.3.2、#D
倍尺 → 尺度
俳優　#C.2.2A
バー・オーバー・バー　表2.24.0.2、#B.1
箱書　#2.1.1.2.11、#D
場所　#0.3.1、#12、#D
　→：家族と結びつく場所、団体と結びつく場所、著作の成立場所
場所の異形名称　#12.2、#D
場所の名称　#12.1～#12.2、#A.2.7、#A.3.4、#A.3.8、#D
場所の優先名称　#12.1、#D
バス　表4.14.3.3.2.1a、#B.1
パステル　表2.19.0.2、#B.1
派生　#4.14.0.4、#22.1、#43.0.2、#43.1.0、#43.2.0、#C.1.1.1、#C.1.2.1
派生後　#C.1.1.5、#C.1.2.5
派生前　#C.1.1.5、#C.1.2.5
破損　#3.7.0.3.1
発音符号　#1.10.2、#1.11.7
発見　#0.4、#1.1、#21.1.1、#21.2.1、#41.1、#D
跋文作者　#C.2.2A
発明者　#C.2.1A
パート譜　#2.17.2、表2.17.2、表5.20.0.2、#B.1、#D
ハードボード　表2.19.0.2、#B.1
パナビジョン　表2.30.1、#B.1
パネリスト　#C.2.2A
バー・バイ・バー　表2.24.0.2、#B.1
パラグラフ　表2.24.0.2、#B.1
パラフレーズ　#4.14.0.4、#22.5.6、#C.1.1.1、#C.1.2.1
バリトン　表4.14.3.3.2.1a、#B.1
ハロゲン化銀　表2.19.0.2、#B.1
パロディ　#C.1.1.1、#C.1.2.1
版画　表2.17.4、#B.1
ハングル読み形　#0.9.1、#1.12.3、#D
判型 → 書型・判型
判決文　#22.3.7.3
版次　#2.3.1、#D
　→：付加的版次、並列版次
半紙本　表2.25.0.2、#B.1
版心　#2.0.2.2.1.3、#2.42.0.3.2、#D
版に関係する責任表示　#2.3.3、#D
版に関係する並列責任表示　#2.3.4、#D
版表示　#2.3、#A.2.3、#D
版表示に関する注記　#2.41.3、#D
頒布　#2.6.0.1、#D
頒布者　#2.6.3、#44.3.2、#C.2.3B、#D
　→：並列頒布者
頒布地　#2.6.1、#D
　→：並列頒布地
頒布日付　#2.6.5、#D
頒布表示　#2.6、#D
頒布表示に関する注記　#2.41.6、#D
版面製作者　#C.2.3C
判例集　#22.3.6

<ヒ>

ピアノ・スコア　表2.17.2、表5.20.0.2、#B.1
光磁気　表2.29.2、#B.1
非刊行物　#2.8、#D
非刊行物の制作者　#2.8.3、#44.3.4、#D
非刊行物の制作地　#2.8.1、#D
非刊行物の制作日付　#2.8.5、#D
非刊行物の制作表示　#2.8、#D
非刊行物の制作表示に関する注記　#2.41.8、#D
非刊行物の並列制作者　#2.8.4、#D
非刊行物の並列制作地　#2.8.2、#D
被記念者　#44.1.2、#C.2.1B、#C.2.4B
被吸収団体　#C.4.6
被献呈者　#C.2.1B、#C.2.4B
被後援団体　#C.4.6
非構造記述　#41.4、#43.0.4.1D、#D
被告人　#22.3.7.1、#C.2.1B
被雇用者　#C.4.3
美術監督　#C.2.2A
美術資料　#2.1.1.2.18、#2.1.3.1.1D
美術制作者　#22.1.1A、#44.1.1A、#C.2.1A
被上訴人　#C.2.1B
日付　#1.10.10.5、#2.4.0.4

索　引

　　→：家族と結びつく日付、個人と結びつく日付、
　　　出版日付、製作日付、団体と結びつく日付、著
　　　作権日付、著作の日付、頒布日付、非刊行物の
　　　制作日付、表現形の日付
非線形尺度　#5.23.0.2.5
被創設団体　#C.4.6
ビットレート　#2.32.6、#D
筆名　#6.1.3、#6.1.5.2、#6.1.5.3、#6.2.3A、
　　　#D
ビデオ　表2.15.0.2、表2.16.0.2、#D
ビデオカセット　表2.16.0.2、表2.17.0.2、
　　　#2.18.0.2.1G、#2.42.2.2.2、#D
ビデオ・カートリッジ　表2.16.0.2、表2.17.0.2、
　　　#2.18.0.2.1H、#2.42.2.2.2、#D
ビデオゲーム化　#C.1.1.1
ビデオ作品化　#C.1.1.1、#C.1.2.1
ビデオ作品の音楽　#C.1.1.4、#C.1.2.4
ビデオ作品の脚本　#C.1.1.4、#C.1.2.4
ビデオ作品の脚本化　#C.1.1.1、#C.1.2.1
ビデオディスク　表2.16.0.2、表2.17.0.2、
　　　表2.17.0.2.1、#2.32.5、#D
ビデオテープ・リール　表2.16.0.2、表2.17.0.2、
　　　#2.18.0.2.1J、#2.42.2.2.2、#D
ビデオの特性　#2.31、#D
ビデオ・ファイル　表2.32.1、#B.1
ビデオ・フォーマット　#2.31.1、表2.31.1、
　　　#2.31.1.1、#D
被適用裁判所　#22.3、#C.2.1B
非統制形アクセス・ポイント　#0.5.4、#21.2、
　　　#D
ビニール　表2.19.0.2、#B.1
被補助者　#C.4.1
ビューイング・コピー　表2.23.0.2、#B.1
表記の形　#0.9.1
表記法　#5.13、#D
表現形　#0.3.1、#5、#23、#D
表現形から体現形への関連　#42.5、#D
表現形から著作への関連　#42.2、#D
表現形間の関連　#43.2、#C.1.2、#D
表現形に関する注記　#5.27、#D
表現形の言語　#5.3、#23.1、#D
表現形の識別子　#5.5、#D
表現形のその他の特性　#5.4、#23.1、#D

表現形の日付　#5.2、#23.1、#D
表現種別　#0.5.3、#5.1、#23.1、#D
表紙　#2.0.2.2.1.1、#2.42.0.3.2、#D
表示形　#0.9.1、#0.9.2、#1.11.1～#1.11.4、
　　　#A.2.1.1、#D
標準サイレント・アパーチャー　表2.30.1、#B.1
標準サウンド・アパーチャー　表2.30.1、#B.1
標本　表2.17.5、#B.1

<フ>

ファイル・サイズ　#2.32.3、#D
ファイル種別　#2.32.1、#D
ファクシミリ　表5.15.0.2、#B.1
フィルム　#2.42.2.2.2、#D
フィルム・カセット　表2.16.0.2、表2.17.0.2、
　　　#2.18.0.2.1G、#2.42.2.2.2、#D
フィルム・カートリッジ　表2.16.0.2、
　　　表2.17.0.2、#2.18.0.2.1H、#2.42.2.2.2、#D
フィルムストリップ　表2.16.0.2、表2.17.0.2、
　　　#2.17.0.2.1、#2.18.0.2.1N、#D
フィルムストリップ・カートリッジ　表2.16.0.2、
　　　表2.17.0.2、表2.17.0.2.1、#2.18.0.2.1H、
　　　#2.42.2.2.2、#D
フィルムスリップ　表2.16.0.2、表2.17.0.2、
　　　#2.17.0.2.1、表2.17.0.2.1、#2.18.0.2.1N、
　　　#D
フィルムのトラック構成　#2.29.5、#D
フィルム配給者　#C.2.3B
フィルム・リール　表2.16.0.2、表2.17.0.2、
　　　#2.18.0.2.1J、#2.42.2.2.2、#D
フィルム・ロール　表2.16.0.2、表2.17.0.2、
　　　#D
フォント・サイズ　#2.26、#D
付加材　#2.20、#D
付加的内容　#5.16、#D
付加的版次　#2.3.5、#D
　　→：並列付加的版次
付加的版に関係する責任表示　#2.3.7、#D
付加的版に関係する並列責任表示　#2.3.8、#D
吹替　#C.1.2.1
複合記述　#41.4、#42.0.4.1C、#D
複合姓　#6.1.5.1、#6.1.8別法、#6.1.8.2、#D
複数巻単行資料　#1.4.2、#2.0.5A、#2.1.1.2.16、

索　引

　　#2.5.0.6.1、#2.5.5.2B、#2.6.0.6.1、#2.6.5.2A、
　　#2.7.0.6.1、#2.7.5.2A、#2.8.0.6.1、#2.8.5.2B、
　　#2.10.8.2.5A、表2.12.3、#2.41.2.2.4.1、
　　#2.41.3.2.4.1、#2.41.5.2.3、#2.41.5.2.7.1、
　　#2.41.6.2.4.1、#2.41.7.2.4.1、#2.41.8.2.5.1、
　　#2.41.10.2.3.1、#2.41.12.2.1、#2.42.2.2.5.1、
　　#2.42.3.2.1、#3.7.1.2.1、#4.0.4.1、
　　#5.27.1.2.1、#44.0.6A、#D
複製　　#2.0.2.2.4.3、#2.0.4、#2.1.0.5、#2.1.1.5、
　　#2.2.0.5、#2.3.0.5、#2.4.0.5、#2.5.0.5、
　　#2.6.0.5、#2.7.0.5、#2.8.0.5、#2.10.0.5、
　　#2.14.0.5、#2.23、表2.23.0.2、#2.27、
　　#2.34.0.5、#2.41.4.2.5、#3.5.3、#B.1、
　　#C.1.3.1、#C.1.4.1、#D
複製物 → 複製
複製マスター・テープ　　表2.23.0.2、#B.1
袋綴じ　　#2.17.1.1.11、#2.42.0.3.2、#D
父称　　#6.1.8.4
付随音楽　　#4.14.0.4、#22.5.3、#C.1.1.4、
　　#C.1.2.4
譜線記譜法　　表5.13.2.2、#B.1
付属　　#43.0.2、#43.1.0、#43.2.0、#43.3.0、
　　#43.4.0、#C.1.1.4、#C.1.2.4、#C.1.3.4、
　　#C.1.4.4
付属機関　　#8.1.4.2、#8.1.5.1A
付属資料　　#2.0.2.1、#D
付属・付加 → 付属
舞台監督　　#C.2.2A
ブック・アーティスト　　#C.2.1A
復刻　　#43.3.1、#C.1.3.1、#C.1.4.1、#D
復刻に含まれる対象　　#C.1.3.3
復刻の全体　　#C.1.3.3
覆刻本　　#2.41.5.2.4、#D
物理レベル　　#1.5.1、#1.5.2.2、#D
部分図　　#2.17.3.3、#2.18.1.3
部分の順序表示　　#43.1.2、#A.2.6.1.2、
　　#A.3.5.7、#D
舞踊　　#22.5.2
舞踊者　　#C.2.2A
プラエセス　　#C.2.1A
プラスター　　表2.19.0.2、#B.1
プラスチック　　表2.19.0.2、#B.1
フラッシュ・カード　　表2.17.4、#B.1

ブリストル紙　　表2.19.0.2、#B.1
振付者　　#C.2.1A、#C.2.2A
フリップチャート　　表2.16.0.2、表2.17.0.2、
　　表2.17.0.2.1、#2.18.0.2.1D、#D
プリント・マスター　　表2.23.0.2、#B.1
フル・スクリーン　　表5.19.0.2、#B.1
プレート番号 → 楽譜のプレート番号
付録　　#5.16.0.1.1、#C.1.1.4、#C.1.2.4
プログラマー　　#C.2.1A
プログラム・ファイル　　#2.17.0.2.1A、表2.32.1、
　　#B.1
プロダクション・デザイナー　　#C.2.2A
プロデューサー　　#C.2.1B
分割後団体　　#C.4.6
分割前団体　　#C.4.6
文書　　#2.1.1.2.11D、#2.8.5.2C、#2.36.3.2、
　　#D
文書・コレクションの組織化　　#4.22、#D
分析的記述　　#1.5.2.2、#2.0.2.1、
　　#2.1.1.2.9.2、#D
分点　　#4.19、#D
分離後　　#C.1.1.5、#C.1.2.5
分離前　　#C.1.1.5、#C.1.2.5

<ヘ>

併記された語句　　#2.1.1.2.4、#2.1.9.2.2
並列出版者　　#2.5.4、#D
並列出版地　　#2.5.2、#D
並列製作者　　#2.7.4、#D
並列制作者 → 非刊行物の並列制作者
並列製作地　　#2.7.2、#D
並列制作地 → 非刊行物の並列制作地
並列責任表示 → シリーズに関係する並列責任表
　　示、版に関係する並列責任表示、本タイトルに
　　関係する並列責任表示
並列タイトル　　#2.1.1.2.4、#2.1.1.2.6、
　　#2.1.2、#2.41.1.2.1.2、#2.41.1.2.2、#D
　　→：シリーズの並列タイトル
並列タイトル関連情報　　#2.1.4、#2.41.1.2.2、
　　#D
　　→：シリーズの並列タイトル関連情報
並列版次　　#2.3.2、#D
並列頒布者　　#2.6.4、#D

索　引

並列頒布地　#2.6.2、#D
並列付加的版次　#2.3.6、#D
ベクタ　表2.32.7.2、#B.1
ページ　#2.0.2.2.1、#2.17.1.1.1、#D
ベシキュラ　表2.19.0.2、#B.1
ページ付　#2.17.1.1、#D
ベータカム　表2.31.1、#B.1
ベータカムSP　表2.31.1、#B.1
ベータマックス　表2.31.1、#B.1
ヘッダー　#2.0.2.2.1A、#D
別タイトル　#2.1.1.2.1、#4.1.3、#4.14.1.3、#D
別法　#0.7.1、#D
別名　#46.1.1、#C.4.1
ベネッシュ記譜法　表5.13.4.2、#B.1
ベラム　表2.19.0.2、#B.1
変化　#1.7、#2.0.5、#4.0.4、#22.0.2、#44.0.6
　→：軽微な変化、重要な変化
編曲　#4.14.0.4、#5.4.3A、#22.5.6、#C.1.2.1、#D
編曲者　#2.2.0.1、#2.2.1.1.1、#22.5A、#22.5.6、#22.6、#44.2.1、#C.2.2A
弁護士　#22.3.7.3、#44.1.2.1.5.7
編纂者　#2.2.0.1、#2.2.1.1.1、#44.1.1、#44.1.1A、#C.2.1A
編者　#2.0.2.2.1.3、#2.2.0.1、#2.2.0.6、#2.2.1.1.1、#2.41.2.2.4.1、#2.41.2.2.4.2、#44.2.1、#C.2.2A
編集責任者　#C.2.1B
変奏　#C.1.1.1、#C.1.2.1

<ホ>

補遺　#2.1.1.2.8、#22.1.7.1B、#C.1.1.4、#C.1.2.4
ポイント　表2.32.7.2、#B.1
法域　#12.1.3.2、#22.3.1.1、#44.1.2.1.1、#D
包括的記述　#1.5.2.1、#2.0.2.1、#2.1.1.2.9.1、#2.1.1.2.10、#D
報告担当者　#C.2.1A
放射線写真　表2.17.4、#B.1
放送製作者　#C.2.3A
法廷速記者　#C.2.2A
法律　#4.13.1.3.1、#4.13.1.3.2、#4.13.3.3.1、#22.3.1、#22.3.8.1、#22.4.1、#44.1.2.1.1、#44.1.2.1.2
法律案　#22.3.1.2
法令等　#4.13、#22.3～#22.4、#23.3～#23.4、#44.1.1A1、#44.1.2.1、#A.3.5.9、#D
墨跡　表2.17.4、#B.1
ポジ　表2.27.0.2、#B.1
ボーシャン・フイエ記譜法　表5.13.4.2、#B.1
補助者　#C.4.1
ポスター　#2.1.1.2.11、表2.17.4、#B.1
保存のための復刻　#C.1.3.1、#C.1.4.1
没年　#6.3.3.2、#26.1.2、#D
ポートフォリオ　#2.17.1.5
ポリエステル　表2.19.0.2、#B.1
翻案　#C.1.1.1、#C.1.2.1、#D
本誌　#C.1.3.3
翻字形　#0.9.1、#0.9.2、#1.11.4.2、#A.2.1.2、#D
本体　#C.1.1.4、#C.1.2.4
本タイトル　#2.1.1、#2.41.1.2.1.1、#2.41.1.2.2.1、#4.0.4.2B、#4.0.4.3B、#D
　→：シリーズの本タイトル
本タイトルに関係する責任表示　#2.2.1、#D
本タイトルに関係する並列責任表示　#2.2.2、#D
本名　#6.1.3、#6.1.4.1、#6.1.4.3、#6.2.3A、#46.1.1、#C.4.1
翻訳　#2.0.2.2.4.1、#43.2.1、#C.1.2.1、#D

<マ>

枚　表2.17.0.2、#2.17.0.2A、表2.17.0.2.1、#2.17.1.1.1、#2.17.1.1.1A、#D
マイクロ　表2.15.0.2、表2.16.0.2、#D
マイクロオペーク　表2.16.0.2、表2.17.0.2、#2.18.0.2.1O、#D
マイクログルーヴ　表2.29.4A、#B.1
マイクロ資料　#2.0.2.2.1A、#2.1.0.5別法、#2.1.1.3別法、表2.23.0.2、#2.27.0.1、#2.28.0.1、#B.1、#D
マイクロ資料内の同時収載　#C.1.3.4、#C.1.4.4
マイクロフィッシュ　表2.16.0.2、表2.17.0.2、#2.17.0.2.1B、#2.18.0.2.1O、#2.20.1、#D

索　引

マイクロフィッシュ・カセット　　表2.16.0.2、
　　表2.17.0.2、#2.18.0.2.1G、#D
マイクロフィルム　　#2.17.0.2.1B、#2.20.1、
　　#D
マイクロフィルム・カセット　　表2.16.0.2、
　　表2.17.0.2、#2.18.0.2.1G、#D
マイクロフィルム・カートリッジ　　表2.16.0.2、
　　表2.17.0.2、#2.18.0.2.1H、#D
マイクロフィルム・スリップ　　表2.16.0.2、
　　表2.17.0.2、#D
マイクロフィルム・マイクロフィッシュの感光剤
　　#2.20.1、#D
マイクロフィルム・リール　　表2.16.0.2、
　　表2.17.0.2、#2.18.0.2.1J、#D
マイクロフィルム・ロール　　表2.16.0.2、
　　表2.17.0.2、#D
マウント　　#2.21、#D
前書作者　　#C.2.2A
巻物　　表2.16.0.2、表2.17.0.2、#2.18.0.2.1E、
　　#D
マザー盤　　表2.23.0.2、#B.1
枡型本　　#2.18.0.2.1A、#D
マスター　　表2.23.0.2、#B.1
マスター・テープ　　表2.23.0.2、#B.1
マスター盤　　表2.23.0.2、#B.1
マスター・ポジ　　表2.23.0.2、#B.1
マストヘッド　　#2.0.2.2.1.2、#D
マルチスクリーン　　表2.30.1、#B.1
マルチプロジェクター　　表2.30.1、#B.1
漫画化　　#43.1.1、#C.1.1.1、#C.1.2.1

　　　　　　　　<ミ>

見返し　　#2.0.2.2.1.3、#D
ミュージカル化　　#C.1.1.1、#C.1.2.1
ミラー・サイト　　#C.1.3.1
民事訴訟　　#22.3.7.2、#44.1.2.1.5.3、
　　#44.1.2.1.5.4
民俗文化財　　表B.2.0、#D

　　　　　　　　<ム>

無声　　表5.18.0.2、#B.1
無著者名古典　　#D
ムーン・タイプ　　表5.13.3.2、#B.1

　　　　　　　　<メ>

メイクアップ・アーティスト　　#C.2.2A
銘刻　　#2.8.0.1、表2.22.0.2、#B.1
名称　　#0.3.4、#D
　　→：異形名称、家族の名称、個人の名称、団体
　　　　の名称、場所の名称、優先名称
名称未判別標示　　#6.22、#D
命令　　#22.3.2、#44.1.2.1.2
メゾソプラノ　　表4.14.3.3.2.1 a、#B.1
メタデータ　　#1.10、#2.0.2.2.2B、#2.0.2.2.3B、
　　#D
メダル　　表2.17.5、#B.1
メロディー・コード・システム　　表2.24.0.2、
　　#B.1

　　　　　　　　<モ>

目首　　#2.0.2.2.1.3、#D
木版　　表2.22.0.2、#B.1
目録　　#0.4、#C.1.1.4、#C.1.2.4、#D
目録用言語　　#0.9.4、#1.9、#D
模型　　表2.17.3、#B.1
文字記譜法　　表5.13.2.2、#B.1
文字種　　#0.9、#5.13.1、#D
持ち替え楽器　　#4.14.3.3.1.1E、#D
モデレーター　　#C.2.2A
物　　#0.3.1、#D
モノラル　　表2.29.7、#B.1
模倣　　#43.3.1、#C.1.1.1、#C.1.2.1
紋章　　表5.15.0.2、#B.1

　　　　　　　　<ヤ>

役員　　#22.1.1A、#44.1.1A1、#C.4.3
役員としての在任団体　　#C.4.3
訳者　　#2.2.0.1、#2.2.1.1.1、#44.2.1、
　　#C.2.2A、#D
役割を示す語句　　#2.2.0.4.3、#2.5.3.2.1、
　　#2.6.3.2.1、#2.7.3.2.1、#2.8.3.2.1
屋号　　#2.5.3.2A、#6.1.5.3、#D

　　　　　　　　<ユ>

有形資料　　#2.0.2.2.2A、#2.0.2.2.3A、#D
有形文化財　　表B.2.0、#D

索　引

友人　　#C.4.1
優先引用形　　#2.40、#D
優先情報源　　#2.0.2.2、#D
優先タイトル → 著作の優先タイトル
優先名称　　#1.11、#D
　　→：家族の優先名称、個人の優先名称、団体の
　　　優先名称、場所の優先名称
ユニット　　#2.17、#D
　　→：下位ユニット

<ヨ>

容器　　#2.0.2.1、#2.14.0.4.1、#2.17.0.2.6、
　　#2.18.0.2.2、#2.18.0.2.4、#D
用語索引 → コンコーダンス
羊皮紙　　表2.19.0.2、#B.1
要約　　#C.1.1.1、#C.1.2.1
　　→：内容の要約
横長本　　#2.18.0.2.1A、#D
読み　　#1.12
読み形　　#0.9.1、#D

<ラ>

ライン・オーバー・ライン　　表2.24.0.2、#B.1
ライン・バイ・ライン　　表2.24.0.2、#B.1
ラジオ・ディレクター　　#C.2.1B
ラジオ番組化　　#C.1.1.1、#C.1.2.1
ラジオ番組の音楽　　#C.1.1.4、#C.1.2.4
ラジオ番組の脚本　　#C.1.1.4、#C.1.2.4
ラジオ番組の脚本化　　#C.1.1.1、#C.1.2.1
ラジオ・プロデューサー　　#C.2.1B
ラスタ　　表2.32.7.2、#B.1
ラッカー　　表2.19.0.2、#B.1
ラバノーテーション　　表5.13.4.2、#B.1
ラベル　　#2.0.2.2.1A、#2.0.2.2.2A、
　　#2.0.2.2.3A、#D
欄　　#2.17.1.1.1、#D

<リ>

リージョン・コード　　#2.32.5、#D
立体視　　表2.15.0.2、表2.16.0.2、#D
立体視カード　　表2.16.0.2、表2.17.0.2、
　　表2.17.0.2.1、#2.18.0.2.1B、#D
立体視ディスク　　表2.16.0.2、表2.17.0.2、
　　表2.17.0.2.1、#D
立法機関　　#8.1.5.2
リトグラファー　　#C.2.3C
リトグラフィ　　表2.22.0.2、#B.1
リニアPCM　　表2.29.8、#B.1
リーフ　　#2.0.2.2.1、#D
リファレンス・プリント　　表2.23.0.2、#B.1
リプリント　　#C.1.3.1、#C.1.4.1
リブレット　　#22.2.1、#22.5.1、#C.1.1.4、
　　#C.1.2.4
リブレット化　　#C.1.1.1、#C.1.2.1
リブレット作者　　#44.1.1A、#44.1.1B、
　　#C.2.1A
リメイク　　#C.1.1.1、#C.1.2.1
リモート・アクセス　　#D
リモートセンシング図　　表2.17.3、#B.1
略語　　#1.10.9、#1.11.11
略語使用法　　#A.3
略タイトル　　#2.1.8、#D
略歴　　#6.17、#D
利用制限（個別資料）　　#3.4、#D
利用制限（体現形）　　#2.38、#D
両面　　表2.24.0.2、#B.1
両面（異言語）　　表2.24.0.2、#B.1
リール　　#2.18.0.2.1J、#D

<ル>

ルビ　　#2.1.1.2.3、#2.1.9.2.1

<レ>

レイアウト　　#2.24、#D
例示　　#0.8
霊媒　　#C.2.1B
零本　　#2.1.1.2.12、#D
レスポンダント　　#C.2.1A
レタラー　　#C.2.2A
レーベル名　　#2.5.3.1.1、#D
連続　　#43.0.2、#43.1.0、#43.2.0、#C.1.1.5、
　　#C.1.2.5
連絡先情報　　#2.36、#D

<ロ>

蝋　　表2.19.0.2、#B.1

索　引

ローカル・アクセス　　#D
録音技術者　　#C.2.2A
録音資料　　#2.5.3.1.1、表2.23.0.2、#B.1、#D
録音の手段　　#2.29.2、#D
録音の特性　　#2.29、#D
録音の方式　　#2.29.1、#D
録音・録画者　　#C.2.2A
ローマ字読み形　　#0.9.1、#1.12.2、#D
ロール　　#2.18.0.2.1K、#2.42.2.2.2、#D

＜ワ＞

ワイド・スクリーン　　表5.19.0.2、#B.1
和古書　　#1.3別法、#2.0.2.2.1.3、#2.1.1.2.12、
　　#2.2.0.4A、#2.2.0.4.3A、#2.5.1.2A、
　　#2.5.1.2.1A、#2.5.3.2A、#2.5.3.2.2A、
　　#2.5.5.2A、#2.8.1.2A、#2.8.3.2.1A、
　　#2.8.5.2A、#2.17.0.2A、#2.18.0.2.1A、
　　#2.25.0.1、#2.41.1.2.5、#2.41.5.2.4、
　　#2.41.8.2.3、#2.42.0.3.2、#2.42.1.2.6、
　　#3.7.0.3.2、#3.7.1.2.2、#D
和紙　　表2.19.0.2、#B.1
話者　　#C.2.2A
和資料　　#2.0.2.2.1.1.1、#D
話声　　表5.1.3、#D

＜英字＞

CCIR　　表2.29.8、#B.1
CED　　表2.31.1、#B.1
CX　　表2.29.8、#B.1
dbx　　表2.29.8、#B.1
D-2　　表2.31.1、#B.1
EIAJ　　表2.31.1、#B.1
HDTV　　表2.31.2、#B.1
Hi 8　　表2.31.1、#B.1
IMAX　　表2.30.1、#B.1
ISBN　　#2.34.0.1、#2.34.0.4、#D
ISSN　　#2.34.0.1、#2.34.0.4、#D
　→：サブシリーズのISSN、シリーズのISSN
LD　　表2.31.1、#B.1
M-II　　表2.31.1、#B.1
NAB　　表2.29.8、#B.1
NTSC　　表2.31.2、#B.1
PAL　　表2.31.2、#B.1

RDA　　#0.2.1
SECAM　　表2.31.2、#B.1
S-VHS　　表2.31.1、#B.1
Type C　　表2.31.1、#B.1
U規格　　表2.31.1、#B.1
URL　　#2.39、#D
VHS　　表2.31.1、#B.1

＜数字＞

12折　　表2.25.0.2、#B.1
16折　　表2.25.0.2、#B.1
2折　　表2.25.0.2、#B.1
24折　　表2.25.0.2、#B.1
3D　　表2.30.1、#B.1
32折　　表2.25.0.2、#B.1
4折　　表2.25.0.2、#B.1
4チャンネル　　表2.29.7、#B.1
4ヘッドVTR　　表2.31.1、#B.1
48折　　表2.25.0.2、#B.1
64折　　表2.25.0.2、#B.1
8折　　表2.25.0.2、#B.1
8mm　　表2.31.1、#B.1

視覚障害者その他活字のままではこの本を利用できない人のために,日本図書館協会及び著者に届け出ることを条件に音声訳(録音図書)及び拡大写本,電子図書(パソコンなど利用して読む図書)の製作を認めます。ただし,営利を目的とする場合は除きます。

| 日本目録規則　2018年版 | 定価：本体5,000円(税別) |

| 2018年12月25日 | 2018年版第1刷発行 | ©2018 |
| 2024年11月20日 | 2018年版第5刷発行 | |

　　　　　編　者　公益社団法人日本図書館協会目録委員会
　　　　　発行者　公益社団法人　日　本　図　書　館　協　会
　　　　　　　　　東京都中央区新川一丁目11番14号
　　　　　　　　　〒104-0033 電話(03)3523-0811(代表)
　　　　　　　　　FAX(03)3523-0841

JLA202416　　　　　　　　　　　　　　　　平河工業社
Printed in Japan.

ISBN978-4-8204-1814-6　　C3000　　¥5000E

本文の用紙は中性紙を使用しています。